Herausgegeben von Hans Bohrmann,
Institut für Zeitungsforschung
der Stadt Dortmund

NS-Presseanweisungen der Vorkriegszeit

Edition und Dokumentation
Bd. 3/I: 1935

Bearbeitet von
Gabriele Toepser-Ziegert

K·G·Saur München
London·New York·Oxford·Paris 1987

CIP-Kurztitelaufnahme der Deutschen Bibliothek

NS-Presseanweisungen der Vorkriegszeit : Ed. u.
Dokumentation / hrsg. von Hans Bohrmann. Bearb.
von Gabriele Toepser-Ziegert. – München ;
London ; New York ; Oxford ; Paris : Saur
  Teilw. mit d. Erscheinungsorten München,
New York, London, Paris
ISBN 3-598-10551-7
NE: Bohrmann, Hans [Hrsg.]; Toepser-Ziegert,
Gabriele [Bearb.]
Bd. 3. 1935.
1 (1987).
  ISBN 3-598-10554-1

© 1987 by K. G. Saur Verlag KG, München
Satz: Fotosatz H. Buck, 8300 Kumhausen
Druck: Strauss Offsetdruck GmbH, Hirschberg
Binden: Buchbinderei Schaumann, Darmstadt
Printed in the Federal Republic of Germany
ISBN 3-598-10551-7 (Gesamt)
ISBN 3-598-10554-1 (Band 3/I)

Inhalt

Bd. 3/I: 1935

Abkürzungsverzeichnis 7*
Danksagung 13*

Einleitung

A. Allgemeiner Teil

Das Jahr 1935 .... 15*
1. Die historische Situation 15*
2. Die Situation der Presse 20*
   a) Die Amann-Anordnungen 23*
   b) Der Personalwechsel in der Presseabteilung des RMVP 27*
   c) Der Reichspressetag 29*
   d) Die Reichspresseschule 34*
   e) Androhung und Durchführung von Sanktionen gegenüber
      Journalisten 38*

B. Die Presseanweisungen 1935

3. Die Sammlung ZSg. 110 .... 40*

4. Gottfried Traub 45*

5. Editionstechnische Erläuterungen 52*

Editions- und Dokumentationsteil

Chronologisches Register der Anweisungen III

Die Anweisungen 1935 1-478

Bd. 3/II: 1935

Editions- und Dokumentationsteil (Fortsetzung)

Die Anweisungen 1935 479-904

Anhang

Literaturverzeichnis 907
Errata 1933/34 922
Zeitungs- und Zeitschriftenregister 925
Personenregister 933
Sach- und Ortsregister 955

Abkürzungsverzeichnis

AA	Auswärtiges Amt
A.A.	Abendausgabe
ADAP	Akten zur Deutschen Auswärtigen Politik
ADCA	Allgemeine Deutsche Credit-Anstalt
ADW	Allgemeiner Deutscher Waffenring
AEG	Allgemeine Elektricitäts-Gesellschaft
AIACR	Association Internationale des Automobile Clubs Reconnus
ALA	Allgemeine Anzeigen Gesellschaft mbH
A.O.	Auslandsorganisation der NSDAP
AP	Auslandspresse
	Associated Press
APK	Akten der Partei-Kanzlei der NSDAP
ARRH	Akten der Reichskanzlei. Regierung Hitler
AvD	Automobil-Club von Deutschland
AZ	Allgemeine Zeitung
BA	Bundesarchiv
B.A.	Berliner Ausgabe
BB	Berliner Berichterstattung-Sonderdienst
BBC	Berliner Börsen-Courier
	British Broadcasting Corporation
BBZ	Berliner Börsen-Zeitung
BDM	Bund Deutscher Mädel
BIZ	Berliner Illustrirte Zeitung
BLA	Berliner Lokal-Anzeiger
BLN	Berliner Lokalnachrichten
BT	Berliner Tageblatt
BZ	Berliner Zeitung am Mittag
CDU	Christlich-Demokratische Union Deutschlands
Chronik	Chronik deutscher Zeitgeschichte
Cvd	Chef vom Dienst
DAF	Deutsche Arbeitsfront
DAZ	Deutsche Allgemeine Zeitung
DBB	Deutscher Beamten-Bund
DBZ	Deutsche Bergwerks-Zeitung
DC	Deutsche Christen
DDP	Deutsche Demokratische Partei
DDR	Deutsche Demokratische Republik

DEK	Deutsche evangelische Kirche
DF	Deutsche Front
DFG	Deutsche Forschungsgemeinschaft
DFV	Deutscher Flottenverein
DHD	Deutscher Handelsdienst
Dienatag	Dienst nationaler Tageszeitungen
DIHT	Deutscher Industrie- und Handelstag
DINAT	Dienst nationaler Zeitungen
DKP	Deutsche Kurz-Post
DN	Düsseldorfer Nachrichten
DNB	Deutsches Nachrichtenbüro
DNVP	Deutschnationale Volkspartei
DP	Deutsche Presse
dpa	Deutsche Presseagentur
DRPS	Deutscher Reichsanzeiger und Preußischer Staatsanzeiger
DSD	Deutscher Schnelldienst
DSt	Deutsche Studentenschaft
DVP	Deutsche Volkspartei
DWK	Deutsche Werke Kiel
EAZ	Essener Allgemeine Zeitung
EDZ	Ergänzungsdienst deutscher Zeitungen
Egelhaaf	Egelhaafs Historisch-politische Jahresübersicht für 1935
FAD	Freiwilliger Arbeitsdienst
FAZ	Frankfurter Allgemeine Zeitung
FIA	Fédération Internationale de l'Automobile
FIDAC	Fédération interalliée des anciens combattants
FK	Fränkischer Kurier
FZ	Frankfurter Zeitung
GDP	Großdeutscher Pressedienst
GStV	Gemeinschaft Studentischer Verbände
gtz	Bearbeiterin
Hdb	Handbuch
HHF	Hamburger Fremdenblatt
HHN	Hamburger Nachrichten
HHT	Hamburger Tageblatt
HJ	Hitlerjugend
HR	Hessischer Rundfunk
IfZ	Institut für Zeitgeschichte
IG-Farben	Interessengemeinschaft Farbenindustrie

ILO	Internationale Arbeitsorganisation
IMT	Internationales Militärtribunal
Indie	Informationsdienst
INS	International News Service
K.D.A.I.	Kampfbund der Deutschen Architekten und Ingenieure
KDDK	Kameradschaft der deutschen Künstler e.V.
KdF	„Kraft durch Freude"-Gemeinschaft
Keesing	Keesings Archiv der Gegenwart
KöZ	Kölnische Zeitung
KPD	Kommunistische Partei Deutschlands
KPdSU	Kommunistische Partei der Sowjet-Union
Kreuz-Z	Kreuz-Zeitung
KV	Kölnische Volkszeitung
KVR	Korrespondenz für Volksaufklärung und Rassenpflege
KZ	Konzentrationslager
LAG	Landesarbeitsgericht
LNN	Leipziger Neueste Nachrichten
M.A.	Morgenausgabe
MAA	München-Augsburger Abendzeitung
MdL	Mitglied des Landtags
MdR	Mitglied des Reichstags
Mgbl.	Morgenblatt
MNN	Münchner Neueste Nachrichten
MS	Maschinenschrift
MZ	Magdeburgische Zeitung
NAG	Nationale Automobil-Gesellschaft A.G.
NDZ	Nachrichtenbüro deutscher Zeitungsverleger GmbH
NFZ	Neue Frankfurter Zeitung
NIU	Nachrichten- und Informationsblatt
NL	Nachlaß
NSAK	NS-Automobil-Korps
NSBO	Nationalsozialistische Betriebszellen-Organisation
NSDAP	Nationalsozialistische Deutsche Arbeiterpartei
NSDFB	Nationalsozialistischer Deutscher Frontkämpferbund
NSDStB	Nationalsozialistischer Deutscher Studentenbund
NS-Hago	Nationalsozialistische Handel- und Gewerbeorganisation
NSK	Nationalsozialistische Parteikorrespondenz
NSKK	Nationalsozialistische Kraftfahrer-Korps
NSL	Nationalsozialistischer Lehrerbund
NSV	Nationalsozialistische Volkswohlfahrt

NTB	Das Neue Tage-Buch
NWD	Neuer Wirtschafts-Dienst
NTZ	Niedersächsische Tageszeitung
NZ	National-Zeitung, Essen
NZZ	Neue Zürcher Zeitung
OHL	Oberste Heeresleitung
OKW	Oberkommando der Wehrmacht
ONS	Oberste Nationale Sportkommission
OS	Oberschlesien
PA	Politisches Archiv des Auswärtigen Amtes
Pg	Parteigenosse
P.O.	Politische Organisation
Preko	Pressekonferenz
PTb	Pariser Tageblatt
R.A.	Reichsausgabe
RAK	Rassenpolitische Auslands-Korrespondenz
RDM	Reichsverband Deutscher Makler
RDP	Reichsverband der Deutschen Presse
RfG	Reichsstelle für Getreide
RGBl.	Reichsgesetzblatt
RJM	Reichsjustizministerium
RKK	Reichskulturkammer
RKW	Reichskuratorium Wirtschaftlichkeit
RLM	Reichsluftfahrtministerium
RMI	Reichsinnenministerium
RMV	Rhein-Mainische Volkszeitung
RMVP	Reichsministerium für Volksaufklärung und Propaganda
RPS	Reichspresseschule
RRG	Reichs-Rundfunk-Gesellschaft
RWM	Reichswirtschaftsministerium
RWZ	Rheinisch-Westfälische Zeitung
SA	Sturmabteilung
SBZ	Sowjetische Besatzungszone
SED	Sozialistische Einheitspartei Deutschlands
SLG	Schriftleitergesetz
Sopade	Deutschland-Berichte der Sozialdemokratischen Partei Deutschlands
SPD	Sozialdemokratische Partei Deutschlands
SS	Schutzstaffel
SZ	Schlesische Zeitung

Tass	Telegraphen-Agentur der Sowjet-Union
TO	Transocean
TU	Telegraphen-Union Internationaler Nachrichtendienst GmbH
UP	United Press
Uschla	Untersuchungs- und Schlichtungsausschuß der NSDAP
VB N.A.	Völkischer Beobachter, Norddeutsche Ausgabe
VDA	Volksbund für das Deutschtum im Ausland
VDI	Verein Deutscher Ingenieure
VDZ	Nachrichtenbüro des Vereins Deutscher Zeitungsverleger GmbH
VE	Volksempfänger
VjhZ	Vierteljahreshefte für Zeitgeschichte
Voss.	Vossische Zeitung
VuL	Volkssport und Leibeserziehung
WB	Westdeutscher Beobachter
WHW	Winterhilfswerk
WLZ	Westdeutsche Landeszeitung – Rote Erde
WPD	Wirtschaftspolitischer Dienst
WTB	Wolff's Telegraphisches Büro
ZK	Zentralkomitee
ZSg.	Zeitgeschichtliche Sammlung
ZV	Zeitungsverlag
ZVDI	Zeitschrift des Vereins deutscher Ingenieure
ZV+ZV	Zeitungsverlag und Zeitschriftenverlag
ZW	Zeitungswissenschaft

Danksagung

Folgende Institutionen haben mich bei meinen Recherchen unterstützt, wofür ich ihnen dankbar bin:

Bayerische Staatsbibliothek, München; Belgische Botschaft, Bonn; Bibliothek der Hansestadt Lübeck; Bibliothek der Industrie- und Handelskammer Frankfurt/Main; Bibliothek des Instituts für Auslandsbeziehungen, Stuttgart; Bibliothek des Instituts für Weltwirtschaft an der Universität Kiel; Bibliothek des John F. Kennedy-Instituts für Nordamerika-Studien an der Freien Universität Berlin; The British Newspaper Library, London; Bundesarchiv Koblenz; Demeter-Bund, Stuttgart; Deutsche Bücherei, Leipzig; Deutsche Staatsbibliothek, Berlin (DDR); Fördergemeinschaft organisch-biologischer Land- und Gartenbau e.V., Heiningen; Freiherr von Twickel'sche Hauptverwaltung, Havixbeck; Institut für Zeitgeschichte, München; Landesarchiv Berlin; Landesarchiv Saarbrücken; The New York Public Library; Niedersächsische Landesbibliothek, Hannover; Öffentliche Bibliothek der Universität Basel; Pfälzische Landesbibliothek, Speyer; Politisches Archiv des Auswärtigen Amtes, Bonn; Schleswig-Holsteinische Landesbibliothek, Kiel; Staatsarchiv Ludwigsburg; Staatsbibliothek Preußischer Kulturbesitz, Berlin; Staats- und Universitätsbibliothek Bremen; Stadtarchiv Bad Tölz; Stadtarchiv Dresden; Stadtarchiv Frankfurt/Oder; Stadtarchiv Ludwigshafen; Stadtarchiv Magdeburg; Stadtarchiv München; Stadtarchiv Rostock; Stadtarchiv Wismar; Stadt- und Landesbibliothek Dortmund; Stadtbibliothek Hannover; Stadtverwaltung Bad Herrenalb; Stadtverwaltung Bonn; Stadtverwaltung Gütersloh; Stadtverwaltung Karlsruhe; Stadtverwaltung Wuppertal; Süddeutsche Zeitung, Redaktions-Archiv, München; Süddeutscher Verlag, München; Universitätsbibliothek Bonn; Universitätsbibliothek Freiburg i.Br.; Universitätsbibliothek Mannheim; Universitätsbibliothek Münster; Universitätsbibliothek Stuttgart; Verlag Ungeheuer und Ulmer, Ludwigsburg; Württembergische Landesbibliothek Stuttgart.

Mit der Menge des Editionsmaterials ist erfreulicherweise auch die Zahl der Mitarbeiter gewachsen und ich möchte mich an dieser Stelle bei der Deutschen Forschungsgemeinschaft (Bonn) für die weitere Finanzierung und bei der Stadt Dortmund für die verwaltungsmäßige Abwicklung des Projektes bedanken.

Denjenigen meiner Kolleginnen und Kollegen in Bibliothek, Magazin und Verwaltung des Instituts für Zeitungsforschung, die mir in vielfältiger Weise geholfen haben, danke ich sehr.

Meinen Mitarbeiterinnen Frau Heike Backer, Frau Erika Groß und Frau Doris Kohlmann M.A. gilt mein besonderer Dank für ihre Aufmerksamkeit, Ausdauer und Fleiß. Die Zusammenarbeit mit ihnen war anregend und verpflichtend.

Dortmund, im September 1986   *Gabriele Toepser-Ziegert*

Einleitung

A. Allgemeiner Teil

Das Jahr 1935

1. Die historische Situation

Der NSDAP-Parteitag des Jahres 1935, der seine historische Bedeutung durch die Verkündung der Nürnberger Rassengesetze erlangte, trug den offiziellen Titel „Parteitag der Freiheit". Dementsprechend verlieh Joseph Goebbels in seiner Rede zum Jahreswechsel 1935/36 der Hoffnung Ausdruck, „das Jahr werde als das Jahr der deutschen Freiheit in die Geschichte übergehen". Und er fuhr fort: „Drei markante Ereignisse haben diesem Jahr ihren Stempel aufgedrückt: Der Sieg an der Saar, die Wiederherstellung der deutschen Wehrhoheit und der Abschluß des deutsch-englischen Flottenabkommens."[1] Damit hob er die Ereignisse hervor, die mit außenpolitischer Anerkennung verbunden waren: Am 13. Januar hatte die Saarabstimmung, die durch den Versailler Vertrag festgelegt war, eine überwältigende Mehrheit (90,8 %) für die Rückgliederung des Saargebiets an das Deutsche Reich ergeben. Am 16. März wurde die allgemeine Wehrpflicht eingeführt, und am 18. Juni erreichte die deutsche Regierung ein Flottenabkommen mit Großbritannien, das ihr 35 % der Gesamttonnage der britischen Marine sicherte, wobei die U-Boote sogar zu 100 % berücksichtigt wurden.[2]

Ein Jahr vor den Olympischen Spielen in Berlin bemühte sich die deutsche Regierung um internationales Ansehen und Anerkennung sowie Gleichberechtigung bei der militärischen Ausstattung. Mit der nun offiziellen Aufrüstung[3] wurden einerseits die militärischen Ambitionen befriedigt, andererseits wurde der davon profitierenden Rüstungsindustrie signalisiert, daß sie mit einem wachsenden Aufschwung rechnen konnte. Die Zahl der Arbeitslosen konnte im Laufe des Jahres 1934 um 600 000 auf 2,7 Millionen reduziert werden, der weitere Abbau im Jahr 1935 ging allerdings nicht so zügig voran. Anfang 1936 wies die Statistik immer noch 2,5 Millionen Arbeitslose aus. Dabei hatte es verschiedene Projekte gegeben, mit deren Hilfe die Arbeitslosigkeit bekämpft werden sollte. Die Arbeitsdienstpflicht wurde am 6. März zunächst für Abiturienten, die studieren wollten, einge-

---

[1] HHN, Nr. 1 v. 1. Januar 1936, S. 1–2
[2] vgl. dazu die entsprechenden Presseanweisungen
[3] Das „Gesetz über die Beurlaubung von Angestellten und Arbeitern für Zwecke der Leibeserziehung" vom 15. Februar 1935 wurde noch heimlich und unauffällig an die Öffentlichkeit gebracht, vgl. ZSg. 101/5/55/Nr. 1127 v. 20. Februar 1935.

führt, ab dem 26. Juni war sie allgemein gültig.[4] Ab dem 17. Lebensjahr (freiwillig) bzw. 18. Lebensjahr (Pflicht), sollten durchschnittlich 200 000 Personen für ein halbes Jahr im Reichsarbeitsdienst tätig sein und somit aus den Arbeitslosenstatistiken herausfallen.[5]

Die Einführung der allgemeinen Wehrpflicht hatte denselben Nebeneffekt. Am 14. März, einem Donnerstag, fand die letzte reguläre Pressekonferenz vor der Wiedereinführung der Wehrpflicht statt. Auf der nächsten Pressekonferenz am 18. März (Montag) wurde bereits die Aufarbeitung der ausländischen Reaktionen reglementiert. Nach dem Metger-Material[6] hat allerdings am 16. März 1935 (Samstag) eine Pressekonferenz stattgefunden, die von den beiden anderen Korrespondenten (Dienatag/FZ) offenbar nicht wahrgenommen wurde. Diese Pressekonferenz wurde noch vor der Veröffentlichung des Wehrpflicht-Gesetzes abgehalten.[7] Der darauffolgende Sonntag (17. März) war der „Heldengedenktag", woran wieder einmal der Sinn der nationalsozialistischen Propagandisten für dramatische Effekte abzulesen ist.

Eine Arbeitsbeschaffungsmaßnahme ganz besonderer Art war die Weiterführung des Baues der Reichsautobahn, deren Planung ein Erbe der Weimarer Republik war. Am 19. Mai wurde das erste Teilstück (Darmstadt-Frankfurt) eingeweiht und in der Folgezeit wurden die Schatten des Unternehmens, die sich durch die Arbeitsbedingungen ergaben, deutlich. Die Arbeiter waren im ganzen Reich angeworben worden, sie lebten in Lagern, nahe ihrer Arbeitsstätte, aber weit entfernt von jeder Zivilisation. Die Isolation und wochenlange Trennung von den Familien brachten soziale Probleme mit sich, dazu kamen Streitigkeiten wegen der Löhne und der Versorgung.[8] Gleichzeitig stagnierte die Konstruktion des Volkswagens, der 1936 schließlich ganz aus der Diskussion verschwinden sollte[9], so daß für die Bevölkerung noch nicht einmal ersichtlich wurde, wer auf den neuen Autobahnen eigentlich fahren sollte. Verfolgt man die nichtoffizielle Debat-

---

[4] Reichsarbeitsdienstgesetz v. 26. Juni 1935 (RGBl. 1935, I, S. 769–771). Erlaß des Führers und Reichskanzlers über die Dauer der Dienstzeit und die Stärke des Reichsarbeitsdienstes vom 27. Juni 1935 (RGBl 1935, I, S. 772).

[5] § 1 (1) Der Reichsarbeitsdienst ist Ehrendienst am Deutschen Volke. (2) Alle jungen Deutschen beiderlei Geschlechts sind verpflichtet, ihrem Volk im Reichsarbeitsdienst zu dienen. (3) Der Reichsarbeitsdienst soll die deutsche Jugend im Geiste des Nationalsozialismus zur Volksgemeinschaft und zur wahren Arbeitsauffassung, vor allem zur gebührenden Achtung der Handarbeit erziehen. (4) Der Reichsarbeitsdienst ist zur Durchführung gemeinnütziger Arbeiten bestimmt. ... Reichsarbeitsdienstgesetz v. 26. Juni 1935, a. a. O., S. 769

[6] s. dazu das Kapitel „Die Sammlung ZSg. 110"

[7] Um 13 Uhr trat der Ministerrat zusammen, um über das „Gesetz über den Aufbau der Wehrmacht" informiert zu werden, vgl. R. Absolon, Die Wehrmacht im Dritten Reich, Bd. 3, Boppard 1975, S. 6.

[8] s. dazu ZSg. 102/1/69 (2) v. 18. Mai 1935. ZSg. 101/6/31/Nr. 1489 v. 26. Juli 1935. ZSg. 101/6/35/Nr. 1500 v. 30. Juli 1935. ZSg. 101/6/38/Nr. 1508 v. 1. August 1935

[9] s. ZSg. 101/5/19/Nr. 1055 v. 22. Januar 1935. ZSg. 101/5/177/Nr. 1361 v. 31. Mai 1935. ZSg. 101/6/13/Nr. 1455 v. 13. Juli 1935. ZSg. 101/7/5/Nr. 8 v. 4. Januar 1936

te[10] um die Arbeit an dem Autobahnnetz, liegt der Verdacht nahe, daß die einhellige Begeisterung, die heute im Gedächtnis so manchen Zeitgenossens mit dem modernen Bauwerk verbunden ist, ein gutes Quentchen erfolgreiche Propaganda beinhaltet.

Dabei nahm die Versorgungskrise des Jahres 1935 derartige Ausmaße an, daß sie Goebbels noch rückblickend in seiner Ansprache zum Jahreswechsel erwähnte: „Weil wir Rohstoffe für die Arbeitsschlacht und für die Wehrhaftmachung unseres Volkes nötig haben, mußten wir die Einfuhr von Lebensmitteln, vor allem von Fetten und Fleisch, zu einem Teil einschränken. Das bedingte zeitweilige Verknappungen an Butter und Schweinefleisch. Es mußte Tag für Tag versucht werden, zu einem erträglichen Ausgleich zu kommen; Regierung und Volk haben schon im vergangenen Jahr ihre Sorgen gehabt und werden sie auch im künftigen haben. Entscheidend aber ist, daß wir *nach besten Kräften gegen Elend und Mangel ankämpfen* und nicht untätig zuschauten, wenn sich irgendwo ein Notstand bemerkbar machte."[11]

Tatsächlich stellte die Lebensmittelversorgung die Regierung, nicht zuletzt wegen einer schlechten Ernte im Vorjahr, vor erhebliche Probleme, die der Öffentlichkeit logischerweise nicht verborgen blieben. Die Futtermittelknappheit wirkte sich negativ auf den Viehbestand aus, der wiederum reagierte mit Engpässen bei Molkereiprodukten und Fleisch. Da aber eine Einfuhr soweit wie möglich vermieden werden sollte, machte man sich an verantwortlicher Stelle Gedanken über Rationierung und Lebensmittelmarken, die in einigen Regionen schließlich auch ausgegeben wurden.[12] Als Ausweg wurden neue Konservierungstechniken erörtert, um derartige Mangelsituationen langfristig zu vermeiden.[13]

Die katastrophale Versorgungslage hatte schließlich auch personelle Konsequenzen, die allerdings nichts an der kritischen Gesamtsituation änderten.[14] Es ist bemerkenswert, daß die Lebensmittelknappheit dieses Jahres, die durch die eigensinnige NS-Wirtschaftspolitik heraufbeschworen wurde und die für die Bevölkerung sehr wohl spürbar war[15], in der Rückschau auf die Vorkriegsjahre kaum erwähnt wird, geschweige denn eine Rolle spielt. Das mag mit der in diesem Punkt wirkungsvollen Meinungsbildung durch die öffentlichen Medien zu erklären sein, es kann aber auch damit zusammenhängen, daß die Wahrnehmung der

---

[10] z.B. in den Sopade-Berichten
[11] HHN, Nr. 1 v. 1. Januar 1936, S. 2
[12] s. a. Sopade, 2. Jg. (1935), S. 1138 ff. ZSg. 102/1/52 (3) v. 10. Dezember 1935
[13] vgl. dazu ZSg. 101/6/58/Nr. 1561 v. 16. August 1935. ZSg. 101/6/64/Nr. 1577 v. 22. August 1935. ZSg. 101/6/84/Nr. 1612 v. 3. September 1935. ZSg. 102/1/55 v. 26. September 1935. ZSg. 101/6/123/Nr. 1680 v. 27. September 1935. ZSg. 101/6/127/Nr. 1691 v. 30. September 1935. ZSg. 101/28/255 – 259 v. 4. September 1935 (Vertrauliche Information Nr. 46). ZSg. 102/1/61 (8) v. 5. Oktober 1935. ZSg. 101/6/183/Nr. 1832 v. 14. November 1935. ZSg. 101/28/331 v. 7. November 1935 (Informationsbericht Nr. 55). ZSg. 101/6/214/Nr. 1936 v. 12. Dezember 1935
[14] vgl. ZSg. 101/6/127/Nr. 1692 v. 30. September 1935. ZSg. 101/6/140/Nr. 1717 v. 12. Oktober 1935. s. a. Die Lageberichte der Geheimen Staatspolizei über die Provinz Hessen-Nassau 1933 – 1936, Köln, Wien 1986
[15] s. a. NS-Presseanweisungen, 2:34, S. 14*f.

Entbehrungen im 1. bzw. 2. Weltkrieg weitaus eindrucksvoller war als in den „Friedensjahren". Doch bereits die Tatsache, daß Goebbels die Krise mehrfach öffentlich eingestand, läßt auf ihre Dimensionen schließen.

Wie schon 1933 wurde der Wirtschaftsteil der Zeitung weiterhin als Versteck für brisante Informationen genutzt.[16] Dabei kam es allerdings auch vor, daß die Anregung dafür von der Regierung kam, sei es bei der Festsetzung der Preise für Weizenmehl[17], sei es bei der Vorschätzung der Kartoffelernte[18], sei es bei Außenhandelsberichten[19] oder im Fall der Steigerung der Arbeitslosenzahl[20].

Daraus ist schon ersichtlich, wie nachdrücklich das Verbot gemeint war, keine lohnpolitischen Diskussionen in den Zeitungen zu führen, wenn es ausdrücklich auch für die Handelsteile gelten sollte.[21]

Besonderes Fingerspitzengefühl war bei Außenhandelsfragen geboten, deren Erörterung von der ausländischen Presse aufmerksam verfolgt wurde. Deswegen wurden die Schriftleiter besonders der nationalsozialistischen Blätter angewiesen, „hier sehr vorsichtig ((zu)) sein", um nicht als „offiziöse oder offizielle Regierungsmeinung" zitiert zu werden.[22]

Wie behutsam die Regierung in der – für breite Bevölkerungsschichten – wirtschaftlich miserablen Lage des Jahres 1935 mit dem „Volksgenossen" umging, demonstriert auch die Presseanweisung, die ankündigt, daß „trotz des Ernstes" des 9. November Kabaretts und Varietés spielen dürfen, um „wirtschaftliche und soziale Härten" zu vermeiden.[23]

Das für die folgenden Jahre wegweisende Ereignis sprach Goebbels in seiner Rede zum Jahreswechsel aber nicht an: die Gesetze, die auf dem Nürnberger Parteitag 1935 so überstürzt und überraschend verkündet wurden, und die als „Nürnberger Rassengesetze" in die Geschichte eingingen. Das Reichsflaggengesetz erklärte die Hakenkreuzflagge zur Reichs- und Nationalflagge[24], das Reichsbürgergesetz unterschied zwischen Staatsangehörigen und Reichsbürgern (= „Staatsangehörige deutschen oder artverwandten Blutes")[25] und das „Gesetz zum Schutze des deutschen Blutes und der deutschen Ehre"[26] untersagte Eheschlie-

---

[16] s. a. NS-Presseanweisungen, 1:33, S. 107*
[17] ZSg. 101/6/101/Nr. 1633 v. 12. September 1935
[18] ZSg. 101/6/150/Nr. 1753 v. 21. Oktober 1935
[19] ZSg. 101/6/184/Nr. 1833 v. 15. November 1935. ZSg. 101/6/222/Nr. 1961 v. 17. Dezember 1935
[20] ZSg. 101/6/178/Nr. 1814 v. 9. November 1935
[21] ZSg. 101/5/142/Nr. 1294 v. 7. Mai 1935
[22] ZSg. 102/1/30 (1) v. 14. Mai 1935
[23] ZSg. 101/6/157/Nr. 1768 v. 25. Oktober 1935
[24] Reichsflaggengesetz v. 15. September 1935 (RGBl. 1935, I, S. 1145)
[25] Reichsbürgergesetz vom 15. September 1935 (RGBl. 1935, I, S. 1146)
[26] Gesetz zum Schutze des deutschen Blutes und der deutschen Ehre vom 15. September 1935 (RGBl. 1935, I, S. 1146 – 1147). Die entsprechenden Literaturangaben sind bei den Presseweisungen im Editionsteil zu finden: ZSg. 101/6/109/Nr. 1645 v. 16. September 1935. ZSg. 101/6/19 v. 2. Oktober 1935. ZSg. 101/28/335 v. 11. November 1935 (Informationsbericht Nr. 56). ZSg. 102/1/45 (3) v. 25. November 1935. ZSg. 102/1/58 (4) v. 28. Dezember 1935

ßungen „zwischen Juden und Staatsangehörigen deutschen oder artverwandten Blutes" und die Beschäftigung „weiblicher Staatsangehöriger deutschen oder artverwandten Blutes" unter 45 Jahren in jüdischen Haushalten, außerdem durften Juden nicht mehr die Hakenkreuzfahne hissen, und ihnen war auch „das Zeigen der Reichsfarben verboten".

Zu diesen Gesetzen kamen weiterreichende Verordnungen, durch die Juden vom Wahlrecht, von öffentlichen Ämtern und vom öffentlichen Dienst ausgeschlossen wurden.[27]

In den darauffolgenden Jahren wurde den Juden der Zugang zu weiteren Berufsgruppen verwehrt. Die auch nach außen hin deutliche Intensivierung der Ausgrenzung der jüdischen Mitbürger aus dem öffentlichen Leben nahm mit dieser Gesetzgebung einen weiteren Aufschwung, nachdem durch die Reichskulturkammergesetzgebung und das Schriftleitergesetz bereits im Jahr 1933 die Juden von künstlerischen Berufen und von Medienberufen ferngehalten werden sollten.

Ergänzt wurden diese rassenpolitischen Maßnahmen durch das „Gesetz zum Schutze der Erbgesundheit des deutschen Volkes" (Ehegesundheitsgesetz) vom 18. Oktober 1935[28], mit dem eine körperlich und geistig gesunde Nachkommenschaft gesichert werden sollte.

Die außenpolitische Aufmerksamkeit der deutschen Bevölkerung wurde, nachdem das deutsch-britische Flottenabkommen unter Dach und Fach war, auf die Vorbereitungen des italienischen Abessinienfeldzuges gelenkt, bis im Herbst der Konflikt unter großer Anteilnahme der Westmächte mit Waffen ausgetragen wurde. Die deutsche Regierung legte sich in dieser Anfangsphase noch nicht auf die eine oder andere Seite fest, sie betonte die selbstauferlegte Neutralität bei jeder sich bietenden Gelegenheit.[29]

Die Olympischen Spiele warfen ihre Schatten voraus. Es gab Probeauftritte deutscher Mannschaften auf der internationalen Sportbühne, in Frankreich, in Großbritannien, und die offizielle Propaganda wurde nie müde zu betonen, daß Sport und Politik nichts miteinander zu tun hätten[30], was teilweise auch damit zu erklären ist, daß man sich deutsche Sportniederlagen nicht als außenpolitische Niederlagen anrechnen lassen wollte.

Alles in allem war das Jahr 1935 dazu geeignet, Adolf Hitler und seiner Regierung trotz einiger unbequemer Begleiterscheinungen weiterhin das Selbstbewußtsein zu stärken und eine erfreuliche und friedliche Zukunft in Aussicht zu stellen.[31] Möglicherweise löste gerade die Versorgungskrise ein Zusammengehö-

---

[27] Erste Verordnung zum Reichsbürgergesetz vom 14. November 1935 (RGBl. 1935, I, S. 1333 – 1334). Zweite Verordnung zum Reichsbürgergesetz vom 21. Dezember 1935 (RGBl. 1935,I, S. 1524 – 1525)

[28] (RGBl. 1935, I, S. 1246), s. a. ZSg. 102/1/62 (1) v. 19. Oktober 1935

[29] vgl. dazu die entsprechenden Presseanweisungen

[30] s. ZSg. 101/6/200/Nr. 1883 v. 29. November 1935. ZSg. 101/6/201/Nr. 1894 v. 30. November 1935

[31] Deswegen wurde den Verlagen auch nahegelegt, aus ihren Zeitungsköpfen „Streiks und Aussperrungen" zu streichen, bei denen man nicht zur Lieferung verpflichtet sei, „da es ((sie)) nach den neuen Gesetzen ... nicht mehr gebe", vgl. ZSg. 102/1/55 (2) v. 29. März 1935.

rigkeitsgefühl in der Bevölkerung und loyales Verhalten zu einer Regierung aus, die es vordergründig darauf anlegte, dem Deutschen Reich wieder das Ansehen zu verschaffen, das es durch den 1. Weltkrieg verloren hatte. Diese Solidarität forderte Entbehrungen, die fast jedermann am eigenen Leib spüren konnte und die mit Nationalstolz in Verbindung mit Autarkievorstellungen gerechtfertigt wurden.

2. Die Situation der Presse

Wenige Tage vor dem Reichspressetag 1935 appellierte Goebbels an die obersten Reichs- und Provinzbehörden, die Zahl der Pressekonferenzen für die Provinzpresse wieder einzuschränken und ihre Einberufung grundsätzlich über die „zuständigen Landesstellen meines Ministeriums" abwickeln zu lassen.[32] Daran wird deutlich, daß die schon im Jahr 1934 bemängelte Eigenmächtigkeit der amtlichen Stellen in der Provinz[33] eine Quelle ständigen Ärgernisses für den um Einheitlichkeit bemühten Propagandaminister geblieben war. Der Leiter des RDP war da schon deutlicher: „Ich fürchte, wir haben auch heute noch zu viel Pressechefs im ganzen Lande."[34]

Der „Erlaß des Reichsministers für Volksaufklärung und Propaganda", der im Mai 1934 eine „neue Pressepolitik" einleiten sollte und der in der DNB-Fassung veröffentlicht wurde, hatte eine bemerkenswerte Vorlage.[35] In seinem Schreiben vom 25. April 1934 an „die Herren Reichsminister, den Stellvertreter des Führers, Herrn Reichsminister Heß, den Stabschef der SA, Herrn Reichsminister Röhm, die Landesregierungen, den Pressechef der NSDAP, Herrn Dr. Otto Dietrich" regte Goebbels die Durchsetzung seiner Richtlinien an, „um einer Verflachung und Uniformierung der deutschen Presse vorzubeugen und um zu verhindern, daß die deutsche Presse durch behördliche Einwirkungen in der notwendigen freien Entfaltung der geistigen Arbeit unnötig gehemmt und wirtschaftlich in unerträglicher Weise belastet wird"[36].

Die moderaten Töne waren ganz neu in Goebbels' Verlautbarungen zur Pressepolitik, und das Interessante daran ist, daß in dem offiziellen Text alle reflektierenden Stellen entfernt sind. An diesen Stellen ging es einmal um die Einschränkung von Berichtsverboten auf das notwendigste Minimum[37] und zum anderen um die taktischen Überlegungen, die hinter den so ungewöhnlich gemä-

---

[32] BA: R 43 II/471, S. 137–138
[33] vgl. NS-Presseanweisungen, 2:34, S. 25*ff.
[34] W. Weiß, Presse und Nationalsozialismus. In: DP, 25. Jg. (1935), Nr. 29 v. 20. Juli 1935, S. 349
[35] DP, 24. Jg. (1934), Nr. 19 v. 12. Mai 1934, S. 8, s. a. NS-Presseanweisungen, 2:34, S. 22*f.
[36] BA: R 43 II/467, S. 137
[37] ... Es darf sich nicht der Brauch herausstellen, dass lediglich aus Gründen der Bequemlichkeit oder der autoritären Handhabung der Verwaltungspraxis solche Verbote erlassen werden. ... ebd., S. 137a

ßigten Richtlinien steckten.[38] Immerhin war Goebbels realistisch genug, zuzugeben, daß Deutschland nicht im weltpolitischen Vakuum existierte, sondern im internationalen Kräftefeld seinen neuen Kurs durchsetzen und beibehalten mußte.

„Der Nationalsozialismus betrachtet die Presse mit anderen Augen, als es z.b. eine liberalistische Betrachtungsweise tut. Da die Presse nach nationalsozialistischem Denken eine öffentliche Aufgabe erfüllt, nimmt der nationalsozialistische Staat an ihr ein weitergehendes Interesse als z.B. an einem Unternehmen, das lediglich wirtschaftliche Interessen verfolgt."[39] Diese Aussage des Präsidenten der Reichspressekammer, Max Amann, könnte als Motto über der Pressepolitik des Jahres 1935 stehen, denn sie unterstreicht das doppelte Interesse der nationalsozialistischen Regierung an der Presse: einmal an ihrem Inhalt, dann aber auch an ihrer wirtschaftlichen Dimension.

Die Situation der Presse verschärfte sich 1935 zunehmend. Nachdem die erste Phase der Unsicherheit und Anpassung bzw. der Liquidierungen 1934 abgeschlossen werden konnte[40], sahen sich die Nationalsozialisten veranlaßt, offensiver gegen mögliche unliebsame Presseverlage und vor allem Verleger vorzugehen. Nachdem sie in den beiden ersten Jahren ihrer Herrschaft vorwiegend auf die institutionelle und inhaltliche Presselenkung gesetzt hatten[41], entwickelten sie ab 1935, unter Anleitung von Max Amann und seinem Stabschef Rolf Rienhardt, ein Bündel von Maßnahmen, die der ökonomischen Presselenkung zuzuordnen sind.

Die Anordnungen des Präsidenten der Reichspressekammer verbreiteten neue Unsicherheit unter den Verlegern, die bereits durch das Schriftleitergesetz – allerdings gegen den Willen des Verlegers Amann – in ihrem Berufsfeld eingeschränkt worden waren. In den Anordnungen des April 1935 sicherte Amann seine Interessen als Verleger durch eine Extraklausel, von der später noch die Rede sein wird.

Für die Journalisten der Pressekonferenz bahnte sich im Laufe des Jahres ein personeller Wechsel an: Kurt Jahncke sollte durch Alfred-Ingemar Berndt auf dem Posten des Abteilungsleiters der Abteilung Presse (IV) im RMVP ersetzt werden und damit neuer Ansprechpartner für die Hauptstadt-Korrespondenten sein. Dieser Wechsel bedeutete auch das Ende einer Übergangszeit in der Presseabteilung,

---

[38] Ich würde es begrüssen, wenn im Sinne dieser Richtlinien eine nachdrückliche und wiederholte Einwirkung auf alle in Frage kommenden Amts- und Parteistellen erfolgen würde. Dies kann umso eher der Fall sein, als die nicht zu verhindernde Einfuhr vor allem auch deutschsprachiger Zeitungen aus dem Ausland ohnedies manche pressepolitische Massnahme problematisch macht und die Gefahr entsteht, dass sich die deutsche Verwaltungspraxis in einem nur künstlichen Raum bewegt. Zum anderen bieten die Bestimmungen des Schriftleitergesetzes die Gewähr dafür, dass auch bei freierer Behandlung der Presse die nationalsozialistische Welt-, Staats- und Kulturanschauung keinerlei Gefahr ausgesetzt ist, im Gegenteil ihrer Verwurzelung und Vertiefung ein um so aufnahmefähigerer und geeigneterer Boden bereitet wird. ebd., S. 138
[39] VB (N. A.), Nr. 141 v. 21. Mai 1935, S. 2
[40] vgl. dazu NS-Presseanweisungen, 2:34, S. 16*–20*
[41] vgl. dazu die Definitionen in: NS-Presseanweisungen, 1:33, S. 23*

denn Jahncke kam aus dem Lager der bürgerlichen Presse, und Berndt war ein überzeugter Nationalsozialist, der beim Pressekorps nicht sehr beliebt war wegen seiner Direktheit und seiner unverblümten Parteipropaganda.[42] Der Reichspressetag Ende November zog eine erste Bilanz der vergangenen zwei Jahre, in der zwar Schwierigkeiten eingeräumt wurden, andererseits aber Zuversicht geäußert wurde für ideologische Geschlossenheit in der Zukunft. Diese Zuversicht basierte auf der Durchführung der ersten drei Dreimonatslehrgänge in der neueröffneten Reichspresseschule, in denen der journalistische Nachwuchs geschult werden sollte, und zwar in geistigen wie körperlichen Disziplinen. Hinter allen Überlegungen zur Pressepolitik standen die bedrohlichen Fakten der Entwicklung der Zeitungsauflage, die eine rückläufige Tendenz aufwies.

Im 2. Vierteljahr 1935 stellte der Werberat der Deutschen Wirtschaft im Vergleich zu 1934 einen Rückgang der Auflage um 6,5 % fest (von 19,99 Mill. auf 18,69 Mill.). Da die Zeitungsschließungen nicht mehr im selben Tempo und in demselben Ausmaß vorgenommen wurden wie 1933/34, wurde von derselben Stelle eine Interpretationshilfe mitgeliefert: „Der Werberat bemerkt zu der Entwicklung, daß zu prüfen sei, ob sie in der statistischen Erfassung ihre Ursache habe oder ob wirtschaftliche Gründe vorlägen. Es seien verschiedene Zeitschriften aus der Zeitungsstatistik ausgegliedert worden. Zuverlässige Schlüsse würden sich überhaupt erst ermöglichen lassen, wenn ein längerer Beobachtungszeitraum genaueren Einblick gestatte."[43] Wie die weitere Entwicklung zeigte, konnte 1935 der rückläufige Trend nicht gestoppt werden, geschweige denn ins Gegenteil verkehrt werden, weshalb eine umfangreiche Pressewerbekampagne ausgearbeitet und ins Werk gesetzt wurde, von der im Jahr 1936 zu reden sein wird.

H. Brandes widerspricht der Einschätzung des Dr. W.[44], der den Auflagenschwund der Hauptstadtpresse verallgemeinert hatte, und konstatiert eine gegenläufige Entwicklung der Provinzpresse, vor allem der parteieigenen Provinzpresse, die er aber nur mit einigen Beispielen belegt. Darüber hinaus führt er die „Konkurrenten der Zeitung" (Rundfunk und Tonfilm) als Gründe für den damit eingestandenen Leserverlust an. Die verlorenen Leser sieht er vor allem in der Arbeiterschicht („eine in die Hunderttausende gehende Zahl von ehemaligen Lesern – vor allem der marxistischen Presse"), deren Zurückgewinnung als Abonnenten die oberste Aufgabe der nächsten Jahre sein müsse: „Eine Aufgabe, zu der allerdings die Parteipresse besonders berufen sein wird, da sie sozialistisch ist und auch durch NSBO und Arbeitsfront den notwendigen Kontakt mit den Arbeitern besitzt, der leider einem Teil der ehemaligen bürgerlichen Presse noch vollkommen fehlt."[45]

---

[42] Margret Boveri charakterisierte ihn so: „... ein noch junger Bursche, die rüdeste Verkörperung nationalsozialistischer Aggressivität, mit der wir es zu tun bekamen."
M. Boveri, Wir lügen alle, Olten und Freiburg/Br. 1965, S. 238
[43] FZ, Nr. 53 v. 29. Januar 1936, S. 2
[44] vgl. NS-Presseanweisungen, 2:34, S. 17*
[45] H. Brandes, Massenflucht aus den deutschen Zeitungen? Kritische Betrachtungen zur Frage des Abonnentenschwundes. In: DP, 24. Jg. (1934), Nr. 11 v. 17. März 1934, S. 8–10

a) Die Amann-Anordnungen

Zunächst einmal gab der Präsident der Reichspressekammer, Max Amann, am 24. April drei Anordnungen heraus, die über die Verlagsseite auf die Zeitungen einwirken sollten. Sie werden im allgemeinen verkürzt bezeichnet als „Amann-Anordnungen".[46]

Die erste war eine „Anordnung zur Wahrung der Unabhängigkeit des Zeitungsverlagswesens"[47]. Sie zielte ab auf die konfessionelle Presse[48] und die Zeitungsunternehmen mit mehreren Besitzern[49], außerdem wurde für jeden Verleger und seinen Ehegatten der Ariernachweis zurück bis 1800[50] vorgeschrieben.

Mit diesen Bestimmungen sollten übersichtlichere pressewirtschaftliche Verhältnisse geschaffen und die Generalanzeigerpresse an einer weiteren Konzernbildung gehindert werden. Allerdings sorgten die Nationalsozialisten selbst dafür, daß dieses Ziel nicht erreicht wurde. In der Anordnung wurde dem Reich und der NSDAP eine Sonderstellung eingeräumt, durch die sie von den sehr präzisen Verlagsbestimmungen ausgenommen wurden.[51]

Insofern hatte Amann die Genugtuung, sich mit seinen eigenen (bzw. Rienhardts) Anordnungen im Einklang zu befinden, als er einen Verlag nach dem anderen schließen und seinem Eher-Verlag zuführen konnte, was nicht zuletzt durch die beiden anderen Anordnungen vom 24. April möglich war. Der Eher-Verlag, der 1920 zum „Zentralverlag der NSDAP" geworden war, nahm in seine durch Max Winkler organisierten Tochtergesellschaften im Laufe der Zeit so viele Verlage auf, daß er am Ende (1945) 80 % der Zeitungsauflage produzierte.[52] Die verbliebenen privateigenen Zeitungen waren zahlenmäßig fast doppelt so stark (625 statt 350), aber ihr Anteil an der Gesamtauflage betrug nur 20 %.[53]

Hale beziffert die Zahl der Zeitungen, die durch die Amann-Anordnungen im Laufe der nächsten 18 Monate auf die eine oder andere Weise „verschwanden"

---

[46] s. dazu auch O.J. Hale, Presse in der Zwangsjacke, Düsseldorf 1965, S. 153 ff.
[47] Pressehandbuch, Berlin 1938, S. I, 39
[48] Artikel IV.: Zeitungen dürfen nach ihrer inhaltlichen Gestaltung nicht auf einen konfessionell, beruflich oder interessenmäßig bestimmten oder bestimmbaren Personenkreis abgestellt sein. Ein Verstoß hiergegen hat den Ausschluß des Zeitungsverlegers aus der Reichspressekammer zur Folge.
[49] Artikel II. 1.: Zeitungsverleger können nicht sein: a) öffentlich-rechtliche Körperschaften und ihren Zwecken dienende Einrichtungen, b) Aktiengesellschaften, Kommanditgesellschaften auf Aktien, Gesellschaften mit beschränkter Haftung, Genossenschaften, Stiftungen, c) juristische Personen und Personengesamtheiten, deren Zweck, Betätigung oder Zusammensetzung dartut, daß sie unter Beachtung beruflicher, ständischer oder konfessioneller Gesichtspunkte gebildet sind, d) Personen und Personengesamtheiten, die als Organe, Beamte, Angestellte oder in einem anders gearteten Treuverhältnis für die unter a und c aufgeführten Personen und Personengesamtheiten tätig sind. ...
[50] Artikel I. 3.
[51] Artikel II. 4.: Von vorstehenden Bestimmungen werden das Reich und die NSDAP sowie von diesen im Einzelfalle ausdrücklich beauftragte Personen und Personengesamtheiten nicht betroffen.
[52] O. J. Hale, Presse in der Zwangsjacke, Düsseldorf 1965, S. 305 f.
[53] ebd.

(Zusammenlegung, Schließung, Übernahme durch den Eher-Verlag) mit 500 – 600.[54]

In der „amtlichen" Interpretation der neuen Anordnung wurde die „Schaffung der Unabhängigkeit des Zeitungswesens" und der Ausschluß „zeitungsfremder Interessen" in den Mittelpunkt gestellt.[55] Dazu sollte die Anonymität beseitigt werden, die bei einigen Zeitungen die Besitzverhältnisse umgab, und gleichzeitig sollte aber durch die Eingriffe der Anordnung nicht der „geistige Inhalt" geschmälert werden: „Mit der Ausführung der vorstehend erwähnten Grundsätze und insbesondere dem Ausschluß jeder Vertretung von Interessenpolitik ist eine Verringerung des geistigen Inhaltes der Zeitung nicht verbunden. Vielfach wird gerade dadurch, daß anstelle der Vertretung eines einseitigen Interesses die Wiedergabe der verschiedenen Meinungen in objektiver Form erfolgt, der Inhalt der Zeitung nicht unerheblich bereichert werden."[56] Ganz offen wurde auch in dieser Darlegung eingeräumt, daß die konfessionellen Tageszeitungen nach nationalsozialistischer Auffassung überflüssig waren, d.h. außer der NS-Tendenz sollte keine andere öffentlich verbreitet werden.[57]

Die zweite Anordnung[58] hörte sich dem Titel nach gleichermaßen sinnvoll an, war aber auch gleichermaßen flexibel und auf dasselbe Ziel gerichtet wie die erste. Sie gründete sich auf die Überzeugung Amanns, daß schon vor 1933 der

---

[54] ebd., S. 157

[55] „Hätte man sich darauf beschränkt, lediglich für die inhaltliche Gestaltung der Zeitung bestimmte Richtlinien zu geben, so hätte, abgesehen von der verwaltungsmäßigen Schwierigkeit, die Innehaltung einer solchen Bestimmung zu beobachten, der an zeitungsfremde Interessen noch gebundene Verlag die von ihm erwarteten Leistungen zumindest nicht mit dem notwendigen freien Willen erfüllen können. Es war daher der Verlag von allen Bindungen zu befreien, die seinem Blatte eine nicht auf die Interessen des gesamten Volkes abgestellte Ausrichtung geben könnten. Der Verleger ist in Zukunft in wirtschaftlicher Hinsicht vollkommen frei; seine Einwirkung auf die Zeitung wird daher weder von fremden, ihm aufoktroyierten, wirtschaftlichen Einflüssen, noch von eigenen zeitungsfremden Interessen diktiert sein. Wenn diese Voraussetzungen erfüllt sind, so spricht die Vermutung dafür, daß der Verleger seinen Einfluß nur noch in einer auf die Wahrnehmung der Interessen des gesamten Volkes abgestellten Weise ausübt, so daß der Verdacht, Interessenpolitik zu treiben, kaum wird auftauchen können. . . ." K. Zweck, Grundgedanken der neuen Anordnungen der Reichspressekammer. In: ZW, 10. Jg. (1935), Nr. 7 v. 1. Juli 1935, S. 373 – 376, bes. 374

[56] ebd., S. 374 f.

[57] „Der gläubig Interessierte hat seine Kirchenblätter und dergl. zur Verfügung; wer sich in wissenschaftlicher Weise mit religiösen Fragen beschäftigen will, kann die dafür reichlich vorhandene Fachliteratur in Anspruch nehmen. Ein Bedürfnis, eine ständige oder besonders eingehende Beschäftigung mit diesen Fragen auch Lesern aufzuzwingen, die mit dem Bezug einer Tageszeitung lediglich ihrem Wunsche nach Unterrichtung über Politik, allgemeine Tagesfragen und Tagesereignisse Ausdruck gegeben haben, besteht dagegen nicht." ebd., S. 375

[58] Anordnung über Schließung von Zeitungsverlagen zwecks Beseitigung ungesunder Wettbewerbsverhältnisse. Pressehandbuch, Berlin 1938, S. I, 51 – 52

Pressemarkt übersättigt war[59] und daß mit dem Zurückdrängen der verschiedenen parteipolitischen „Gesinnungen" auch das Meinungsspektrum auf eine, die nationalsozialistische Gesinnung, reduziert werden sollte. Gleichzeitig sollte die wirtschaftliche Basis für die Parteipresse verbreitert werden, nachdem sich diese Veränderung nicht von selbst in Gang gesetzt hatte. Die Anordnung besagte: „I. Ist in einem Orte eine Mehrzahl von Zeitungsverlagen vorhanden, deren Betriebe auf den Absatz einer höheren Auflage angewiesen sind, als nach den örtlichen Verhältnissen und gesunden verlegerischen Grundsätzen insgesamt vertrieben werden kann, so können zur Herbeiführung gesunder wirtschaftlicher Verhältnisse einzelne Verlage geschlossen werden..."[60] Die Berufsvertretung der Verleger sollte sich um die Durchführung kümmern: „II. Zur Durchführung dieser Anordnung wird der Reichsverband der deutschen Zeitungsverleger beauftragt, mir diejenigen Orte zu melden, in denen infolge zahlenmäßiger Übersetzung überspitzte Wettbewerbsverhältnisse bestehen und die Verlage zu benennen, die einer Prüfung unterworfen werden sollen...."[61]

Mit dieser Anordnung war der Zeitungsschließung von Staatswegen Tor und Tür geöffnet, da ja nicht mitgeregelt wurde, ob grundsätzlich der größere oder der kleinere Verlag in wirtschaftlich angespannten Gebieten geschlossen werden sollte. Dadurch konnten die Parteizeitungen, die in der Regel keine große Auflage zu verzeichnen hatten, leicht saniert werden. Die juristische Auslegung verband mit dieser Anordnung eine staatspolitische Aufgabe. „Der Staat kann daher nicht untätig abwarten, bis eines Tages die geistig wertvolle Presse von den Geschäftsblättern erdrückt ist und ein Verlegerstand vorherrscht, dem der Dienst am Volk unwichtig ist gegenüber dem aus seinem Zeitungsunternehmen zu erzielenden Gewinn. ... Es blieb daher nur der Weg, die Auswahl der zu schließenden Verlage davon abhängig zu machen, in welchem Maße sie den politischen und kulturellen Interessen des Staates entgegenkommen."[62] Und da die Schließung nur den Verlag als solchen betraf, nicht aber das Eigentum, Verlagsgebäude und Druckerei[63], konnten diese reibungslos einem anderen Besitzer, in der Regel der NSDAP, zugeführt werden.

Die dritte Anordnung[64] hat einen hohen moralischen Anspruch, der sich aber in der Durchführung wegen der Beliebigkeit der Beurteilung als ziemlich wertlos

---

[59] „Wesentlich erscheint mir aber vor allem, klar auszusprechen, daß das deutsche Zeitungswesen schon unter den vor dem 30. Januar 1933 herrschenden politischen und wirtschaftlichen Verhältnissen zahlenmäßig bei weitem übersetzt war, und daß die durch die Nationalsozialistische Revolution zum Segen des deutschen Volkes vollbrachte Überwindung der Parteiherrschaft diese Tatsache noch stärker hervortreten läßt...." M. Amann, Die Presse im 2. Jahr des nationalsozialistischen Staates. In: ZV, 36. Jg. (1935), Nr. 6 v. 9. Februar 1935, S. 87–89 hier 88
[60] Pressehandbuch, Berlin 1938, S. I, 51
[61] ebd., S. 52
[62] K. Zweck, Grundgedanken der neuen Anordnungen der Reichspressekammer, a. a. O., S. 375 f.
[63] ebd., S. 376
[64] Anordnung zur Beseitigung der Skandalpresse. Pressehandbuch, Berlin 1938, S. I, 51

erwies: „Von der Betätigung als Zeitungsverleger sind Verlage ausgeschlossen, deren Zeitungen ihr Gepräge und ihren Absatz dadurch erhalten, daß sie über Geschehnisse in einer Form berichten, die der Bedeutung für die Öffentlichkeit nicht entspricht und die geeignet ist, Anstoß zu erregen oder der Würde der Presse zu schaden." Es ist schon wiederholt darauf hingewiesen worden, daß von dieser Anordnung z.B. das antisemitische Hetzblatt von Julius Streicher „Der Stürmer" zu keiner Sekunde bedroht bzw. betroffen war.

Das Programm zur Umstrukturierung der Presse war also sehr vielseitig und bot mancherlei Handhabe zur Durchsetzung der nationalsozialistischen Machtposition auf dem Pressemarkt, immer unter dem Deckmantel des „nationalen Interesses", das über allen anderen Interessen zu stehen habe und das nach der Abschaffung der anderen Parteien nur von der NSDAP realisiert werden sollte.

Bemerkenswert ist in diesem Zusammenhang die Existenz von „Erläuterungen des Entwurfs für Herrn Präsidenten A.", (undatiert), die als „Streng vertraulich" einem kleinen Kreis von „führenden Persönlichkeiten in der Reichspressekammer" zugestellt wurden. Diese ausführlichen Erläuterungen sind enthalten einmal in der Zusammenstellung der „vertraulichen Informationsberichte"[65], zum anderen sind sie wenige Tage nach der Veröffentlichung der Anordnungen gekürzt in der „Neuen Zürcher Zeitung"[66] abgedruckt worden.

In diesen Erläuterungen wird bereits auf mögliche Differenzen mit dem Reichswirtschaftsministerium hingewiesen, unter dessen Schutz sich die Verleger nur zu gerne begeben würden.[67] Die Einwände gleich mehrerer Minister sowie der katholischen Kirche müssen allerdings so gewichtig gewesen sein[68], daß Amann sich genötigt sah, einen Monat nach Veröffentlichung seiner Anordnungen in einem ausführlichen Interview mit dem Leiter des Reichsverbandes der Deutschen Presse, Wilhelm Weiß, seine Intentionen in der Öffentlichkeit darzustellen. Dabei kam er auch auf die Kritik zu sprechen: „Die Ablehnung des Anordnungswerkes durch Kreise, die alles andere als Nationalsozialisten sind, erfüllt mich mit der gleichen Freude, wie der Widerhall der Anordnung in den Reihen der Partei und aller Nationalsozialisten. ... Gewisse Kreise suchen die Anord-

---

[65] ZSg. 101/28/195–207 v. (April 1935)
[66] NZZ, Nr. 812 v. 10. Mai 1935, S. 1
[67] ZSg. 101/28/207 v. (April 1935)
[68] Schon am 27. April formulierte der Außenminister seine Bedenken: „wir brauchen die deutsche Presse sozusagen als ein Orchester, in dem alle Instrumente vertreten sein müssen. Insbesondere sind für unsere aussenpolitische Pressearbeit – ausser der nationalsozialistischen Presse – Zeitungen wie die „Deutsche Allgemeine Zeitung", „Berliner Börsenzeitung", „Berliner Tageblatt", „Germania" in Berlin sowie eine Reihe grosser Provinzzeitungen wie etwa die „Frankfurter Zeitung", „Leipziger Neueste Nachrichten", „Hamburger Fremdenblatt" und ähnliche erforderlich." BA: R 43 II/471, S. 119. Am 6. Mai ging in der Reichskanzlei eine „Vorstellung des Deutschen Episkopats" gegen die Anordnungen ein (R 43 II/467, S. 153–157). Die Antwort des RMVP vom 27. Mai war gleichermaßen nichtssagend wie unbefriedigend (R 43 II/467, S. 167). Am 6. Juni schließlich wurde im Vatikan eine Note gefertigt, die das Anliegen der deutschen Bischöfe unterstützen sollte (R 43 II/467, S. 161–165).

nung dadurch zu verkleinern, daß sie sie als eine finanziellen Erwägungen erwachsene Hilfsmaßnahme für die parteiamtliche Presse bezeichnen!"[69]

Sehr viel deutlicher äußerte sich dagegen die NZZ, die die Minister Schacht und Seldte als diejenigen bezeichnete, die „aus Gründen der Arbeitsmarktpolitik und der *Erhaltung volkswirtschaftlicher Werte*" verlangten, „daß die Dekrete ... nicht zur Anwendung gebracht werden"[70]. Offensichtlich hatte aber Amann, der ehemalige Feldwebel Hitlers, die besseren Karten und konnte sich gegen die Bedenken der Minister, die für eine ganze Bevölkerungsgruppe standen, durchsetzen.

b) Der Personalwechsel in der Presseabteilung des RMVP

Daß sich der ideologisch gefestigte Parteigenosse nicht immer so reibungslos durchsetzen konnte gegenüber Fachleuten, zeigt das Beispiel von Alfred-Ingemar Berndt[71].

Bereits im Februar 1935 zeichneten sich personelle Veränderungen im Bereich der Presse-Administration ab, wobei ganz klar zu erkennen war, daß Alfred-Ingemar Berndt, der getreue Propagandist, auf seiner steilen Karriere weiter befördert werden sollte. Mit 28 Jahren war er im Juni 1933 Hauptschriftleiter im offiziösen WTB geworden, das Anfang des nächsten Jahres in das DNB übergeleitet wurde. Seinen besonderen Zugang zu Hitler eröffnete ihm wohl Otto Dietrich, der Reichspressechef der NSDAP, dessen Adjutant Berndt war. Mit Argwohn betrachteten die anderen Journalisten den sich abzeichnenden Wechsel[72] und befürchteten noch ein Ausscheiden der beiden Führungskräfte beim DNB, Otto Mejer und Otto von Ritgen, die auch schon in der Weimarer Republik leitende Positionen bei der TU innehatten: „Sicher ist jedoch, daß der sachliche Einfluß dieser beiden alten erfahrenen Journalisten mehr und mehr zurückgeht zugunsten des vornehmlich kämpferisch-propagandistisch eingestellten Kollegen Berndt. Die Folgen für die sachliche Gestaltung des DNB-Dienstes liegen auf der Hand."[73]

Der ergänzende Brief, der zwei Tage später die besorgten Hauptschriftleiter in der Provinz informieren sollte, ist bestes Anschauungsmaterial für Gerüchtebildung[74]:

Dertinger berichtete über die Gefährdung der Position des Staatssekretärs Meißner, dessen Etatstelle Otto Dietrich zugewiesen werden sollte. Somit müßte Dietrich „aus der Führung des Reichsverbandes der deutschen Presse ausscheiden und damit automatisch der Platz für den Kollegen Berndt frei werden". Diese Spe-

---

[69] VB (N. A.), Nr. 141 v. 21. Mai 1935, S. 1
[70] NZZ, Nr. 940 v. 30. Mai 1935, S. 2
[71] Zu seinem Lebenslauf s. ZSg. 101/6/109/Nr. 1645 v. 16. September 1935
[72] s. ZSg. 101/28/65–66 v. 20. Februar 1935 (=ZSg. 101/5/64/Nr. 1143 v. 27. Februar 1935) Brief v. G. Dertinger an Roßberg, Dr. Sieverts, Dr. Dyrssen. Man muß berücksichtigen, daß die Hauptstadt-Korrespondenten, von denen hier im besonderen die Rede ist (Dertinger, Kausch, Sänger) und deren Reaktionen hier vorliegen, in derselben Altersgruppe waren wie der aufstrebende Parteikarrierist.
[73] ZSg. 101/28/65 v. 20. Februar 1935
[74] ZSg. 101/28/73–74 v. 22. Februar 1935

kulation war hinfällig, denn Dietrich war bereits im November 1933, als er Vizepräsident der Reichspressekammer geworden war, aus der Führung des RDP ausgeschieden und Berndt war seit März 1934 im „Kleinen Führerrat" des RDP, der an die Stelle des Vorstandes trat[75].

Auf alle Fälle war klar, daß für den 30jährigen Berndt eine Führungsposition anstand. Gleichzeitig kam aber die Informationspolitik des DNB ins Gespräch: Die Bezieher wurden darauf aufmerksam gemacht, wie mit den DNB-Kommentaren umzugehen sei.[76]

Die sich anbahnende Rivalität zwischen DNB und der derzeitigen Leitung der Presseabteilung wurde dokumentiert durch öffentliche Rügen („scharf verwarnt") auf der Pressekonferenz, wobei dem DNB gleich „mehrfach erhebliche Verstöße"[77] vorgeworfen wurden.

Seinen ersten großen Auftritt vor den regelmäßigen Besuchern der Pressekonferenz hatte Berndt nur namentlich als Kommentator der Rassengesetze[78], die im Mittelpunkt des Reichsparteitages gestanden hatten. Seine Stellungnahme sollte „unter allen Umständen" verwertet werden, und daß der Einstand ausgerechnet bei einem so brisanten Thema erfolgte, war schon als „Empfehlung" zu werten. Im darauffolgenden Monat war gerüchteweise zu hören, daß Jahncke bereits zum 1. November[79] durch Berndt abgelöst werden sollte.

Doch so reibungslos verlief der Wechsel nicht. Berndt behielt vorläufig seine Stelle als innenpolitischer Hauptschriftleiter beim DNB bei und wurde zur „kommissarischen Beschäftigung" in die Presseabteilung berufen. Erst am 1. April 1936 war es dann soweit. Goebbels ernannte Berndt zum Leiter der Abteilung IV des RMVP (Presseabteilung der Reichsregierung), damit wurde er automatisch stellvertretender Pressechef der Reichsregierung, außerdem wurde er zum Ministerialrat[80] befördert.

Kurt Jahncke wurde Verlagsleiter beim „Berliner Tageblatt", das seit 1934 im Verlag der „Buch- und Tiefdruck mbH" erschien, hinter dem sich der frühere Mosse-Verlag[81] verbarg. Mit dem Wechsel der Personen ging ein atmosphärischer Wechsel auf der Pressekonferenz und eine Veränderung der Weichenstellung in der offiziellen Pressepolitik einher. Die personalpolitische Durchsetzung

---

[75] vgl. DP, 23. Jg. (1933), Nr. 22 v. 30. November 1933, S. 331 bzw. DP, 24. Jg. (1934), Nr. 12 v. 24. März 1934, S. 1–3
[76] ZSg. 101/5/62 v. 26. Februar 1935 (= ZSg. 101/6/38/Nr. 1507 v. 1. August 1935). ZSg. 102/1/40 (4) v. 2. August 1935
[77] s. ZSg. 101/5/64/Nr. 1143 v. 27. Februar 1935
[78] ZSg. 101/6/109/Nr. 1645 v. 16. September 1935
[79] ZSg. 102/1/66 (7) v. 26. Oktober 1935
[80] Das Archiv, April 1936, S. 75 (1. April)
[81] vgl. dazu M. Boveri, Wir lügen alle, Olten und Freiburg/Br. 1965, S. 237–238. ZV und DP geben als Verlagsnamen die „Berliner Druck- und Zeitungsbetriebe AG" an; DP, 26. Jg. (1936), Nr. 14 v. 4. April 1936, S. 166. ZV, 37. Jg. (1936), Nr. 14 v. 4. April 1936, S. 218. s. a. NS-Presseanweisungen, 1:33, S. 164, wo irrtümlich diese Spur aufgenommen wurde.

von Alfred-Ingemar Berndt bedeutete im Konkurrenzverhältnis Goebbels-Dietrich einen Pluspunkt für Dietrich, der möglicherweise wieder seinen direkten Zugang zu Hitler dafür genutzt hatte. Fast drei Jahre konnte sich Berndt auf diesem Posten halten, bis er im Dezember 1938 von Hans Fritzsche abgelöst wurde, einem Mann, der Goebbels näherstand als dem Parteipressechef Dietrich.

Eine Kostprobe seiner Auffassung von der Aufgabe der Journalisten gab Berndt Anfang Dezember anläßlich der Berichterstattung über eine Hitler-Rede.[82] Wie so häufig war die Rede nicht im Wortlaut an die Presse gegeben worden, sondern die Korrespondenten waren gehalten einige Stimmungsbilder zu zeichnen. „Es sei gar nicht erwuenscht, dass im Zuge der ganzen Rednerkampagne der NSDAP jede einzelne Rede als goettliche Offenbarung in der Presse erscheine. Die Aufgabe der Presse sei, das, was wichtig in solchen Reden sei, festzuhalten und zwar nicht in direkten Worten, sondern in indirekter Form. Denn der Journalist sei kein Photograph, sondern, wenn man so sagen duerfe, ein „Kunstmaler"."[83]

Der neue Stil wurde gekennzeichnet von dem Bemühen, Hitler nicht als Übermenschen, sondern als Mitmenschen darzustellen. „Man werde sich natuerlich bemuehen, vorher immer festzustellen, ob eine Fuehrerrede herausgegeben werde oder nicht, koenne das aber nicht in jedem Falle mit Sicherheit tun, denn auch der Fuehrer unterliege, wie jeder andere Redner Stimmungen, so dass die eine Rede einmal weniger gut und die andere wieder besser werde."[84]

Zwar kritisierte er die Zeitungen für die Berichte, die er bis dahin gelesen hatte, dafür lobte er die Berliner Presse am nächsten Tag für ihre Berichterstattung aus demselben Anlaß und ließ sich sogar hinreißen, ihr ein Kompliment[85] zu machen. Es liegt auf der Hand, daß diese Schmeichelei nicht ganz uneigennützig war.

Auch die alljährliche Rede zum 30. Januar sollte nur als „Stimmungsbild"[86] sinngemäß wiedergegeben werden. Offenbar war zu diesem frühen Zeitpunkt schon klar, daß Hitler nicht in der Stimmung sein würde, eine gute Rede zu halten!

c) Der Reichspressetag

Auch zur Berichterstattung über den Reichspressetag in Köln hatte Berndt eine dezidierte Meinung, nach der er sich sogar erlaubte, die Rede seines Ministers zu zensieren. Er bestimmte, was davon in die Zeitungen kommen sollte und was nicht, z.B. „nicht das, was Intimitaeten aus dem Berufsstand seien. Ob zum Beispiel der Superlativ zu haeufig angewendet werde oder nicht, das sei eine zu interne Frage, um sie vor der Oeffentlichkeit zu eroertern."[87]

---

[82] Bereits im November hatte Berndt für Hitler einen Sonderstatus in der Berichterstattung reklamiert, der das ausgibige Warten der Journalisten auf amtliche Rede-Texte in seinen Augen rechtfertigte, vgl. ZSg. 102/1/Herrn Reifenberg v. 2. November 1935 (= ZSg. 101/6/138/Nr. 1709 v. 10. Oktober 1935).
[83] ZSg. 102/1/68 (6) v. 2. Dezember 1935
[84] ZSg. 102/1/68 (6) und 69 (1) v. 2. Dezember 1935
[85] ZSg. 102/1/51 (4) v. 3. Dezember 1935
[86] ZSg. 101/7/65/Nr. 81 v. 27. Januar 1936
[87] ZSg. 102/1/69 (2) v. 2. Dezember 1935

Der 2. Reichspressetag fand am 29./30. November 1935 in Köln statt. Der erste hatte 1934 in Berlin stattgefunden. Am Abend des 28. (Donnerstag) war ein Kameradschaftsabend angesetzt worden und die Veranstaltung klang am Samstagabend mit einem Presseball aus. Dazwischen gab es eine Arbeitstagung des RDP, eine Vertretertagung und eine „Kundgebung mit einer Rede des Reichsministers Dr. Goebbels" im Gürzenich. Der Reichspressetag bot erneut Gelegenheit, eine Bilanz der bisherigen Pressepolitik zu ziehen. Auf der Arbeitstagung waren Fachausschüsse für Jugendpresse, freie Mitarbeiter, Zeitschriftenschriftleiter, Wirtschaftsschriftleiter, Bildberichterstatter, Rundfunkschriftleiter, Sportschriftleiter und für Schriftleiterinnen repräsentiert.[88]

Sie schilderten ihre Probleme und Errungenschaften. Besonders die freien Mitarbeiter beklagten sich über eine unbefriedigende Arbeitsmarktlage, an der nicht zuletzt das preiswerte Nachrichtenmaterial des DNB eine Mitschuld hatte, durch das die Redaktionsstäbe klein gehalten werden konnten.[89]

Immer wieder wurde von den offiziellen Festrednern auf die nationalsozialistische Pressegesetzgebung[90] hingewiesen, besonders auf die im selben Jahr verkündeten Amann-Anordnungen. Im Mittelpunkt stand das Bemühen der Regierung den deutschen Journalisten ein neues gefestigtes Selbstbewußtsein zu vermitteln. Dafür wurde die Problematik der Uniformität, die 1934 noch eine Rolle gespielt hatte[91] für überwunden erklärt.[92]

Gleichzeitig wurde das gestärkte internationale Ansehen hervorgehoben, das sich die deutsche Presse unter den Nationalsozialisten erworben habe: „Man findet in der deutschen Presse keine Beleidigungen fremder Nationen, keine Hetzartikel mehr. ... Die deutsche Presse ist aus einem Instrument der Zersetzung und des Verfalls zu einem mächtigen Faktor des Aufbaues im Innern und zu einem scharfen Schwert des Geistes[93] im Lebenskampf der Nation nach außen geworden."[94]

Dabei wurde – wie so häufig – eine widersprüchliche Argumentation in Kauf genommen, denn einerseits wurde die Existenz einer einheitlich informie-

---

[88] DP, 25. Jg. (1935), Nr. 50 v. 14. Dezember 1935, S. 663–671
[89] ebd., S. 668
[90] „Wir haben den Schriftleiter aus der demütigenden und entwürdigenden Abhängigkeit von Parteien und Wirtschaftsgruppen herausgehoben und haben ihn damit in eine ehrenvolle und loyale Abhängigkeit vom Staate gebracht. Denn wir sehen die Freiheit des deutschen Mannes nicht in der Möglichkeit, zu tun und zu lassen, was man will, sondern in der Möglichkeit, sich freiwillig und verantwortungsvoll in die höheren Gesetze und die höheren sittlichen Gebote eines Staates einzufügen." DP, 25. Jg. (1935), Nr. 49 v. 7. Dezember 1935, S. 658
[91] vgl. NS-Presseanweisungen, 2:34, S. 20*–24*
[92] „Man komme mir nicht mehr mit den Phrasen von der Eintönigkeit der deutschen Presse. Solche Behauptungen kennzeichnen nur den, der keine Zeitungen liest oder böswillig urteilt." Aus dem Grußwort von Goebbels. DP, 25. Jg. (1935), Nr. 48 v. 29. November 1935 (Sonderheft zum Reichspressetag), S. 588
[93] „Das Buch – ein Schwert des Geistes", war das Motto der „Woche des Deutschen Buches", die vom 27. Oktober – 3. November 1935 durchgeführt wurde.
[94] ebd., S. 587 f.

renden Presse in Abrede gestellt, andererseits wurde die Presse auch als „geschlossene Meinungsfront der deutschen Nation"[95] bezeichnet. Walther Funk, der Pressechef der Reichsregierung, schaffte es sogar, beide Positionen in einen Zusammenhang zu bringen. Unter der Überschrift „Bitte etwas mehr Zivilcourage!" schrieb er zum Reichspressetag: „Ich habe kürzlich in einem Vortrag vor den Presseamtsleitern der Partei eine ganze Reihe von führenden deutschen Zeitungen genannt, die ein durchaus verschiedenes Gesicht und einen durchaus verschiedenen Wirkungsbereich haben. ... Der autoritäre Staat verlangt von der Presse weiter nichts, als eine *einheitliche Willensausrichtung* und eine *nationalsozialistische Grundeinstellung*. Selbstverständlich darf die Presse nichts schreiben, was dem Staat und dem Volke *schadet*, denn es wird nicht dadurch gut, daß die Presse darüber schreibt."[96] Die neue Richtung in der Formulierung der NS-Pressepolitik wurde durch die Person Berndts signalisiert: die Sprache wurde kämpferischer, markiger und unbestimmter. Otto Dietrich führte zum Thema „Was der deutschen Presse noch fehlt" drei Punkte an: Disziplin, Ideenreichtum, Persönlichkeiten.[97]

Wilhelm Weiß, der Leiter des RDP, beschrieb die „Persönlichkeiten", an denen es fehlte, so: „Das, was die deutsche Presse heute braucht, sind charakterfeste Männer mit soldatischer Disziplin, Kämpfernaturen, die sich jeden Augenblick ihrer Verantwortung gegenüber dem neuen Reich und vor allem gegenüber seinem Führer Adolf Hitler bewußt sind."[98]

Natürlich wurde auch die Neuregelung des Berufszugangs häufig thematisiert, nachdem die Berufsausübung durch das Schriftleitergesetz geregelt worden war. Volontäre sollten aus der HJ rekrutiert werden, Schriftleiter sollten nicht ohne „Arbeitsdienst und den Heeresdienst" in den entsprechenden Zeiten durchlaufen zu haben, tätig sein, schließlich sollte der Besuch der neu eingerichteten Reichspresseschule[99] obligatorisch werden. Aus den Reihen der bereits berufstätigen Journalisten sollten die Juden, entsprechend dem Schriftleitergesetz, ausgeschlossen werden, da „nahezu drei Jahre nach der Machtübernahme ein Bedürfnis zur Beschäftigung nichtarischer Schriftleiter grundsätzlich nicht mehr anerkannt werden kann."[100]

Die Verleger, die nur als Gäste auf dem Reichspressetag waren, setzten deutli-

---

[95] Grußwort von W. Weiß. DP, 25. Jg. (1935), Nr. 48 v. 29. November 1935, S. 589. Weiß unterstrich, wie Goebbels, die internationale Bedeutung: „Die deutsche Presse ist in ihrer Gesamtheit ein Faktor in der internationalen Öffentlichkeit."
[96] DP, 25. Jg. (1935), Nr. 48 v. 29. November 1935, S. 593. s. a. ZSg. 102/1/66 (8) v. (30. November 1935)
[97] O. Dietrich, Was der deutschen Presse noch fehlt. In: DP, 25. Jg. (1935), Nr. 49 v. 7. Dezember 1935, S. 647–648. s. a. ZSg. 101/6/201/Nr. 1889 v. 30. November 1935
[98] W. Weiß, Die deutsche Presse eine wirkliche Großmacht. In: DP, 25. Jg. (1935), Nr. 49 v. 7. Dezember 1935, S. 651
[99] ebd., S. 652 und: Die Arbeitstagung des RDP in Köln. In: DP, 25. Jg. (1935), Nr. 50 v. 14. Dezember 1935, S. 666
[100] DP, 25. Jg. (1935), Nr. 50 v. 14. Dezember 1935, S. 664

che Akzente. In ihrer Verbandszeitschrift wurde lediglich die Rede ihres Verbandsvertreters in Auszügen wiedergegeben – und der Artikel von W. Funk „Bitte etwas mehr Zivilcourage!", während das Verbandsorgan der Journalisten drei Nummern für die Wiedergabe der Berichterstattung, der Ausschußprotokolle und der einzelnen Reden in Anspruch nahm.

Max Amann, der einerseits ja Verleger war, auf der anderen Seite aber durch seine Anordnungen mit den Verlegern in Konflikt geraten war, erschien nicht auf dem Reichspressetag in Köln.[101] Er war dafür bekannt, daß er kein großer Redner war, und seine Artikel und Reden schrieb ihm Rolf Rienhardt. So auch im Sonderheft der „Deutschen Presse" zum Pressetag, wo er euphorisch verkündete: „Es ist meine feste Überzeugung, daß die Zeitungen niemals reichhaltiger gestaltet werden konnten, als es in der Zeit des jetzigen Aufbaues der nationalsozialistischen Volksgemeinschaft und des nationalsozialistischen Staates nach Bereinigung der Grundfragen der Presse möglich sein wird."[102]

Abgesehen von der grammatikalischen Fragwürdigkeit des Satzes, rührte er hier mit seiner Formulierung an ein Thema, das Berndt für die Öffentlichkeit nicht für geeignet hielt: „die Gestaltung der deutschen Sprache".[103]

Auf einem schmalen Grad der Argumentation bewegte sich der Großbritannien-Korrespondent Dr. Theodor Seibert[104], der einen Vergleich der internationalen Presse vornahm.[105]

Er bemängelte, daß in der Sowjetunion und Italien eine Amtspresse existierte, die kein Profil[106] zeigte. An der englischen Presse kritisierte er den Gesellschaftsbesitz von Zeitungen, der in Deutschland durch die neuen Anordnungen abgeschafft worden war und lobte gleichzeitig die „Ausschaltung der Anonymität", möglicherweise in Unkenntnis der wirtschaftlichen Verbindungen, die zwischen dem Eher-Verlag und seinen Tochtergesellschaften bestanden. Nach seiner Einschätzung war durch die neue Presseordnung eine Zensur, „auf die bisher noch

---

[101] DP, 25. Jg. (1935), Nr. 49 v. 7. Dezember 1935, S. 655

[102] M. Amann, Verleger und Schriftleiter, eine Arbeitsgemeinschaft. In: DP, 25. Jg. (1935), Nr. 48 v. 29. November 1935, S. 593

[103] s. ZSg. 102/1/69 (2) v. 2. Dezember 1935: „Die deutsche Presse trage auch für die Gestaltung der deutschen Sprache die größte Verantwortung. Durch die Sucht zum Superlativ werde die Kraft der deutschen Sprache entwertet. Es müsse dafür gesorgt werden, daß für ganz große Gelegenheiten ein unverbrauchter Wortschatz zur Verfügung stehe."
Goebbels auf der Kundgebung im Gürzenich. In: DP, 25. Jg. (1935), Nr. 49 v. 7. Dezember 1935, S. 659

[104] Er arbeitete für die „Badische Presse" (Karlsruhe), die „Königsberger Allgemeine Zeitung", die „Münchner Neuesten Nachrichten", das „Hamburger Fremdenblatt", und ab 1937 auch für den „Völkischen Beobachter" mit Sitz in London. Zu seinem Lebenslauf s. T-70/82/3598657 National Archives, Washington (German Records Microfilmed at Alexandria, Va.)

[105] Th. Seibert, Wir und die Presse der anderen. In: DP, 25. Jg. (1935), Nr. 50 v. 14. Dezember 1935, S. 661–663

[106] „... nicht nur die Spitzen und Kanten abgebrochen, sondern auch die Fassade etwas allzu glatt poliert", ebd., S. 662

kein revolutionäres oder autoritär regiertes Staatssystem verzichtet hat", überflüssig geworden: „Wir können auf die Zensur deshalb verzichten, weil die Amann-Verordnung und das Schriftleitergesetz dafür sorgen, daß im deutschen Zeitungswesen nur Männer und Frauen arbeiten, die den moralischen und ethischen Bedingungen entsprechen, die jedes gesunde Staatswesen an die Sprachrohre seiner Politik stellen sollte."[107]

Der Tenor des 2. Reichspressetages war eindeutig festgelegt, die deutschen Journalisten sollten mit den Verlockungen internationalen Ansehens dazu gebracht werden, die Pressegesetzgebung der Jahre 1933 – 1935 zu akzeptieren, wodurch sie vom Image der Uniformität und Eintönigkeit loskommen könnten. Die Journalisten von privateigenen Zeitungen interessierten sich bei dem Treffen mit Berufskollegen in erster Linie für ihr weiteres Schicksal, nachdem die Amann-Anordnungen einschneidende Veränderungen für ihre Verlage nahelegten. Aber sie machten sich Mut auf ein Ende der Zeitungsschließungen, indem sie darauf vertrauten, daß sich die Nationalsozialisten nach dem Prinzip der Generalanzeigerpresse zur Sanierung der Parteipresse am Profit gutgehender Traditions- und Familienbetriebe beteiligen wollten. Und sie hofften, daß die Aktionen des Jahres 1935 die letzten ihrer Art sein würden.[108] Die Einrichtung des Reichspressetages genügte den Nationalsozialisten offenbar nicht als Feierstunde der deutschen Presse. Zum Abschluß der Veranstaltungen proklamierte W. Weiß im Auftrag des Präsidenten der Reichspressekammer einen „Tag der deutschen Presse"[109], der jährlich stattfinden sollte, beginnend im Frühjahr 1936. Wie kläglich dieser großartige Plan, nach mehreren Aufschüben, scheiterte, wird bei der Darstellung des Jahres 1936 zu sehen sein.

---

[107] ebd., S. 662

[108] s. a. ZSg. 101/28/361 – 365 v. 5. Dezember 1935 (Die Lage der deutschen Presse) (= ZSg. 102/1/69 (2) v. 2. Dezember 1935): ... Diese Wendung, die beinahe den Willen, bürgerliche Zeitungen zu erhalten, zeigt, ist nicht mehr überraschend, wenn man sich vor Augen hält, nach welchen Methoden zum grossen Teil die Frage der Zeitungskonzerne geregelt worden ist. Die grossen Konzerne, wie Huck und Girardet, sind im ganzen nach dem Schema aufgegliedert worden, dass die Besitzer eine grosse Zeitung für sich behalten, weitere Zeitungen etwa vorhandenen Söhnen und Schwiegersöhnen übereignen, dagegen sind die überschüssigen Zeitungen des Konzerns von der Partei übernommen. Es sind z.B. vom Huck-Konzern die „Breslauer Neuesten Nachrichten" 100 %ig in den Parteibesitz übergegangen. Im Gegensatz zu den seinerzeitigen Fällen „Dortmunder Generalanzeiger", „Münchner Neueste Nachrichten" handelt es sich dabei aber nicht um einen Enteignungsvorgang, sondern die Konzernbesitzer sind, regulär 100 %ig ausbezahlt worden. ...

[109] *Jährlich „Tag der deutschen Presse"*
... In einer großen gemeinschaftlichen Pressekundgebung werden der Reichsminister für Volksaufklärung und Propaganda und der Präsident der Reichspressekammer das Wort ergreifen. Dieser beabsichtigte große „Tag der deutschen Presse", der jährlich wiederholt werden soll, soll ein Dokument der geschlossenen Standesgemeinschaft aller für die deutsche Presse tätigen deutschen Menschen darstellen. ... WB, Nr. 555 v. 30. November 1935, S. 1

Ein Thema des Reichspressetages 1935 war besonders aktuell: die Neuregelung des Berufszugangs und die Einrichtung der Reichspresseschule.

d) Die Reichspresseschule

Die Reichspresseschule (RPS) kam einer Anforderung des Schriftleitergesetzes[110] nach. Sie unterstand dem Reichsverband der Deutschen Presse (RDP), dessen Leiter, Wilhelm Weiß, in vielfältiger Weise darum bemüht war, den Gesetzesauftrag zu erfüllen. Nach seiner Meinung war „im neuen Reich" Journalismus „keine bürgerliche Angelegenheit mehr, sondern eine Aufgabe für ganze Kerle und charaktervolle Menschen."[111] Es war eine Zielvorstellung, wie er auf dem Reichspressetag verkündete, die Zulassung zum Beruf des „Vollschriftleiters" von dem erfolgreichen Besuch der RPS abhängig zu machen.[112]

Es sollte eine „Charakterschule des deutschen Journalisten" werden, in der es nicht nur um Bildung und Ausbildung ging, sondern wo auch eine regelrechte Erziehung der Jungschriftleiter vorgenommen werden sollte[113]. Doch der Weg, der dahin führen sollte, war mit Hindernissen gepflastert.

Neben Wilhelm Weiß gab es einen Reichsschulungsleiter im RDP, Hans Schwarz van Berk, der für die RPS zuständig war, sowie den Leiter der Reichspresseschule, Wolf Meyer-Christian. Im September 1935 bestellte Weiß eine Reichsschulungsleitung, bestehend aus dem Reichsschulungsleiter und einem von ihm zu benennenden Verwaltungsrat, und er reklamierte sein Recht, den Leiter der Reichspresseschule zu bestimmen.[114] Allein diese organisatorischen Umstellungen deuten auf Probleme in der Leitung hin. Und es gab in der Tat Probleme: mit den Ausbildern und mit den Schülern.

Es lag ein vages Ausbildungskonzept vor, das nach jedem Kurs modifiziert wurde. Die Voraussetzungen für die Aufnahme waren mindestens 9 Monate Ausbildung als Volontär (1936 auf 10 Monate erweitert) und die Volljährigkeit. Die Kosten für den Kurs mußten die Verleger übernehmen. Den Teilnehmern selbst stand aus dieser Summe ein Taschengeld zur Verfügung. Die äußeren Bedingungen (900 erwerbslose Schriftleiter und 800 Schriftleiter in Ausbildung)[115] zwangen zur Suche nach Möglichkeiten, um den Rückstand zur obligatorischen Teilnahme schnell aufzuholen. Die Zeit, die die Schriftleiter i.A. in der RPS verbrachten, sollte nicht auf die im Schriftleitergesetz vorgesehene einjährige Ausbildungszeit angerechnet werden.[116]

---

[110] § 25 (1) Der Reichsverband hat die Aufgabe: 1. Ausbildungs-, Fortbildungs- und Wohlfahrtseinrichtungen für Schriftleiter zu schaffen.
[111] W. Weiß, Presse und Nationalsozialismus. In: DP, 25. Jg. (1935), Nr. 29 v. 20. Juli 1935, S. 347 – 350
[112] DP, 25. Jg. (1935), Nr. 49 v. 7. Dezember 1935, S. 652
[113] DP, 25. Jg. (1935), Nr. 3 v. 19. Januar 1935, S. 28 – 30
[114] DP, 25. Jg. (1935), Nr. 37 v. 14. September 1935, S. 453
[115] DP, 25. Jg. (1935), Nr. 17 v. 27. April 1935, S. 197
[116] DP, 25. Jg. (1935), Nr. 19 v. 11. Mai 1935, S. 233

Die Verantwortlichen im Reichsverband sahen die Notwendigkeit, eine neue Journalistengeneration zu formen, da einerseits die politischen Bedingungen des Berufes geändert worden waren und zum anderen festzustellen war, daß trotzdem die Inhalte der Zeitungen nur oberflächlich verändert waren. Dem Schulungsleiter Hans Schwarz van Berk, der für den Lehrplan verantwortlich war, bereitete es offenbar Sorgen, daß unter den Journalisten zu wenig Nationalsozialisten waren und dadurch der Nachwuchs keine Vorbilder hatte, denen er nacheifern konnte. „Ja, unter den Kollegen geht es ja längst wieder so gemütlich zu, als seien die Nationalsozialisten nur ein Spuk der Straße gewesen. Welche Zeitungen wären denn, bitte, in diesen drei Jahren von der Zeit umgekrempelt worden?"[117] Der Journalist sollte nicht länger die Position eines „Söldners" haben, sondern die eines „Soldaten" einnehmen, und das mußte er erst einmal beigebracht bekommen.

Das Motto des ersten Lehrganges könnte man mit „Kameradschaft und Arbeitsgemeinschaft" bezeichnen.[118] Der erste Kurs dauerte von Anfang Januar bis Ende März. 87 Teilnehmer waren zugelassen worden[119], darunter zwei weibliche, dabei attestierte Meyer-Christian gerade den Berufsanfängerinnen eine besondere Motivation und größeren Eifer im Vergleich mit den männlichen Kollegen, die nach seiner Beobachtung mehr als eine Verlegenheitslösung den Beruf des Journalisten ergriffen.[120] Auch in den folgenden Kursen überstieg der Frauenanteil nicht die Quote von 10 %.

„Wer klare, soldatische Haltung hat, hat solide Arbeiten."[121] Dieser Satz umreißt die nationalsozialistischen Ideale, die in allen Lebensbereichen durchgesetzt werden sollten. Entsprechend gestaltete sich die Journalistenausbildung in der Reichspresseschule als ein Zusammenspiel von Sport und Vorlesungen.

Für die Zeit der sogenannten „geschlossenen Schulung"[122] wurden die Kursteilnehmer auf vier Hotels verteilt und mußten sich dann für die Veranstaltungen und die gemeinsamen Mahlzeiten jeweils zusammenfinden. Danach wurden aus

---

[117] H. Schwarz van Berk, Routine – aber kein Nachwuchs! In: DP, 25. Jg. (1935), Nr. 32 v. 10. August 1935, S. 386. Auch ein Kursteilnehmer stellte fest, daß unter den Kollegen der ersten beiden Lehrgänge „erschreckend wenig Nationalsozialisten" waren. H. Boltze, Die Reichspresseschule – ein Sieb für den Nachwuchs. In: DP, 25. Jg. (1935), Nr. 32 v. 10. August 1935, S. 384

[118] DP, 25. Jg. (1935), Nr. 3 v. 19. Januar 1935, S. 28–30

[119] vgl. W. Meyer-Christian, Der erste Kursus der Reichspresseschule. In: DP, 25. Jg. (1935), Nr. 16 v. 20 April 1935, S. 186–189

[120] „Anderswo nicht An- oder Weitergekommene, abgebrochene Studenten, die keine Lust mehr hatten und sich bei uns ein Paradies ohne öffentliche Geltung ohne Zwang zu Arbeit und Haltung versprachen, Muttersöhnchen, denen die Hochschulreife nicht gewährt wurde. Das sind die häufigsten Erscheinungen. Bei den Mädchen liegt dies viel besser! Sie wissen, daß sie es nicht leicht im Beruf haben werden und wählen ihn in den meisten Fällen nur, wenn Neigung sie treibt." W. Meyer-Christian, „Volontärausbildung" – die andere Seite. Verbildeter Nachwuchs und die Verantwortung des Hauptschriftleiters. In: DP, 25. Jg. (1935), Nr. 32 v. 10. August 1935, S. 390

[121] H. Boltze, a. a. O., S. 385

[122] W. Meyer-Christian, Der erste Kursus der Reichspresseschule, a. a. O., S. 186

den „besser qualifizierten Schülern" Reisegruppen gebildet, die in drei verschiedene Himmelsrichtungen Berlin verließen und „vor Ort" in der Provinz ihr Handwerk unter Anleitung der Betreuer lernen sollten. Die Tischkasse dieses Kurses, die dem Winterhilfswerk gestiftet wurde und die aus Bußgeldern von „Fleckemachern, Vorlosessern, Zuspätkommern und Lesern bei Tisch" gespeist wurde, erbrachte 19.55 RM.[123]

Im Mai wurde der zweite Lehrgang in der Reichspresseschule, die erst im April 1936 über ein eigenes Gebäude verfügen konnte, begrüßt. „Die Kursusteilnehmer müssen im Besitz eines dunklen Anzuges sein. Es sind ferner Sportzeug (Sporthose, Schwimmhose, Handtuch, Turnschuhe) sowie „Räuberzivil" (Stiefel oder Schnürschuhe und Gamaschen, entsprechende Hose und alter Rock) mitzubringen, sowie ein Paßbild und ein Eßbesteck. Uniform wird nicht gebraucht. Es empfiehlt sich dringend, eine (eigene oder entliehene) Schreibmaschine mitzubringen."[124] Vor die journalistische Ausbildung war nun ein 14tägiger Lageraufenthalt zur körperlichen Ertüchtigung gelegt worden. Dennoch setzte den Volontären das Großstadtleben gehörig zu, so daß insgesamt 30 Teilnehmer wieder nach Hause geschickt wurden: 20 wegen „mangelnder Leistungen" und 10 „aus charakterlichen Gründen."[125] Von den verbliebenen 55 Teilnehmern waren 5 Jungschriftleiterinnen.

Goebbels empfing den zweiten Kursus und richtete „ernste Mahnworte an den Schriftleiternachwuchs"[126]. Er vergatterte die jungen Leute, die den nötigen Arbeitseifer vermissen ließen, und seiner Ansprache ist zu entnehmen, daß bereits der erste Kurs Schwierigkeiten mit dem Berliner Nachtleben hatte. „Er hatte die aus etwa 80 Mitgliedern bestehende Gruppe zu sich gebeten, um ihnen, die sich dem Schriftleiterberuf zuwenden möchten, angesichts betrüblicher Erfahrungen, die Reichspresseschulungsleiter Schwarz van Berk und der Leiter der Reichspresseschule, Regierungsrat a.D. Meyer-Christian, in dem jetzigen Kursus, aber auch schon im vorigen gemacht haben, in aller Offenheit und Deutlichkeit seine Meinung über die unerläßliche Notwendigkeit zu sagen, mit Fleiß und Strebsamkeit an sich selbst zu arbeiten und die Chancen zur Weiterbildung auch tatsächlich auszunutzen."[127] Die monierte moralische Instabilität und die Haltlosigkeit der jungen Generation wurde als eine Folge des 1. Weltkrieges interpretiert: „Diese Generation wuchs auf, als ihre Väter im Feld waren. Es ist eine Generation ohne Zuchtrute. In ihrer Kindheit waren die Ereignisse um sie herum so gewaltig und erschütternd, daß man darüber die sonst selbstverständlichen Kleinigkeiten des persönlichen Lebens außer acht ließ. Die Milde der Mutter, die um das Leben ihres Mannes an der Front bangte und mit doppelter Liebe an dem gemeinsamen Kind hing, sah über vieles hinweg, was ein Kind mit guter Kinderstube nicht tut. Diese „gute Kinderstube" fehlt den meisten von ihnen."[128]

---

[123] DP, 25. Jg. (1935), Nr. 20 v. 18. Mai 1935, S. 246
[124] DP, 25. Jg. (1935), Nr. 16 v. 20 April 1935, S. 193
[125] H. Boltze, a. a. O., S. 381
[126] DP, 25. Jg. (1935), Nr. 26 v. 29. Juni 1935, S. 309–310
[127] ebd.
[128] H. Boltze, a. a. O., S. 382. s. a. ZSg. 102/1/45 (5) v. 25. November 1935

Der Leiter der Schule, Meyer-Christian, machte sich Gedanken darüber, wie der journalistische Nachwuchs in den Redaktionen betreut werden sollte, um der Verantwortung seines Berufes gerecht zu werden. Dabei gab er zu bedenken, daß der ganze Mensch geformt werden müßte und nicht nur der Mensch in Ausübung seines Berufes. Er schlug vor, den Volontären einen „Fuchsmajor" zur Seite zu stellen, der im Nationalsozialismus gefestigt war, über Führergaben verfügen müßte und nicht zu alt sein dürfte. Dieser sollte sich auch in der Freizeit um seine Schützlinge kümmern. „Soll abends beim Bier seinem Mann eine Stunde schenken oder auch Sonntags mal auf die Fahrt mit ihm gehen."[129]

Meyer-Christian war von dem Erfolg seines pädagogischen Konzepts überzeugt[130], allerdings konnte er es nicht allzu lange umsetzen: Im Sommer 1936 wurde er wegen eines „homosexuellen Attentats auf einen ehemaligen Presseschüler"[131] fristlos entlassen.

Der Tagesablauf des zweiten Kurses hört sich ziemlich gemütlich an. Der Tag begann für die Jungschriftleiter um 7 Uhr mit einem 10-minütigen Lauf durch den Tiergarten (ab 1936 durch den Grunewald), das Kolleg wurde von 9 – 12 Uhr abgehalten, danach gab es eine Mittagspause mit Essen und Bettruhe (14 – 15 Uhr bzw. Baden „wer an der Reihe ist"), zwischen 15 – 17 Uhr wurden die Hausaufgaben erledigt, und danach war Freizeit angesagt. Möglicherweise waren die Presseschüler mit dem Lehrangebot nicht ausgelastet und deshalb für die Ablenkungen der Großstadt nur allzu zugänglich. Es ist erstaunlich, wie deutlich über die Probleme mit dem Schriftleiter-Nachwuchs in dem Fach-Organ berichtet wurde. Gleichzeitig wurde aber auch Sorge getragen, daß in der Öffentlichkeit darüber nichts bekannt wurde.[132]

Im Sommer 1935 widmete die „Deutsche Presse" der Reichspresseschule sogar ein Sonderheft mit der einleitenden Bemerkung: „Die Aufsätze dieses Sonderheftes handeln von den nicht gerade ermutigenden Ergebnissen dieser beiden Lehrgänge."[133]

Mit dem 3. Lehrgang wurde den Problemen, die in den beiden ersten Lehrgängen aufgetaucht waren, Rechnung getragen. Es wurden nur noch Berliner Jungschriftleiter und -leiterinnen aufgenommen. Über diesen Kurs der 43 Teilnehmer, die nur ein 8-tägiges Schulungslager hatten, wurde in der „Deutschen Presse" nichts berichtet[134]. Der 4. aus allen Gegenden zusammengesetzte Lehrgang (30. März – 6. Juni 1936) konnte am 24. April die Einweihung der neuen Reichspresseschule miterleben. Von da an waren die Freizeit- und Arbeitsbereiche unter dem einen Dach einer umgebauten Grunewald-Villa untergebracht.

---

[129] W. Meyer-Christian, „Volontärausbildung" – die andere Seite, a. a. O., S. 390 f.
[130] „Und es wird sich zeigen, daß liebevolle Arbeit an jungen Menschen, auch wenn sie mal in der Form zu Härte zwingt, eine der größten Freuden dieses Lebens ist." ebd.
[131] Die Einzelheiten dazu und zu seinem weiteren Schicksal werden NS-Presseanweisungen 4:36 zu entnehmen sein.
[132] vgl. ZSg. 102/1/45 (5) v. 25. November 1935
[133] DP, 25. Jg. (1935), Nr. 32 v. 10. August 1935, S. 381 – 393
[134] DP, 25. Jg. (1935), Nr. 47 v. 23. November 1935, S. 582

Während der Olympiade wurde 1936 kein Kurs durchgeführt, der 5. Lehrgang (August – November 1936) dauerte nur mehr 10 Wochen und die Teilnehmer hatten vorher eine Vorprüfung durch die Landesverbände zu überstehen. Gleich zu Anfang eines Lehrgangs wurde eine Klausur geschrieben, in der zunächst 80, später 100 Fragen zu beantworten waren, unter denen sich auch „Fangfragen" befanden.[135]

Hier soll nur eine Auswahl der Fragen präsentiert werden, um einen Einblick zu geben in den geforderten Sachwissensstand. Für den 2. Kurs gab es 8 verschiedene Fragebereiche: 1. Weltpolitik, 2. Innenpolitik, 3. Wirtschaft, 4. Volkstum, Volkskunde, Rassenlehre, 5. Judenfrage, 6. Sozialismus, 7. Kulturpolitik, 8. Allgemeines. Im folgenden wird aus jedem dieser Bereiche eine Frage zitiert: 10. Wer ist Rothermere? ... 39. Welche Kanzleien hat der Führer und von wem werden sie geleitet? ... 48. Für wieviel Millionen Reichsmark exportiert Deutschland augenblicklich monatlich an Waren? ... 61. Wo in der Welt gibt es heute Rassenkonflikte und welche? ... 70. Welche Juden dürfen den journalistischen Beruf ausüben? ... 77. Wie stand Bismark ((sic)) zur sozialen Frage? ... 82. Wer ist der Erbauer des Brandenburger Tores? ... 89. Wie ist das dienstliche Verhältnis von Göring zu Blomberg?[136]

Die Reichspresseschule war der untaugliche Versuch, erwachsene Menschen, denn sie waren immerhin mindestens 21 Jahre alt, in drei Monaten auf das nationalsozialistische Verständnis von Presse, ihre Aufgaben und Möglichkeiten einzuschwören. Gleichzeitig war sie in der Tat ein „Sieb für den Nachwuchs", da die Kurse bei der geringen Zahl der Teilnehmer genug Gelegenheit boten, jeden Einzelnen unter die Lupe zu nehmen, bevor er seine journalistische Laufbahn fortsetzte. Daß die Anfangszeit eine Testphase für das neue „ganzheitliche" Konzept war, ist nicht überraschend.

e) Androhung und Durchführung von Sanktionen gegenüber Journalisten

Dieses Thema wurde bereits im letzten Jahresband[137] behandelt.

Es ist bei der weiteren Bearbeitung nicht außer acht gelassen worden und soll auch in Zukunft berücksichtigt werden. Das Jahr 1935 weist einen interessanten Fall von Überwachung journalistischer Tätigkeiten auf. Ein Wirtschaftsredakteur der „Berliner Börsen-Zeitung", Walter Schwerdtfeger, hatte monatelang Presseanweisungen an Auslandskorrespondenten weitergegeben[138], war längere Zeit beobachtet und schließlich verhaftet worden.[139] Zum Zeitpunkt seiner Verhaftung

---

[135] z.B. Nr. 46 Was produzieren die Leunawerke aus Steinkohle? DP, 25. Jg. (1935), Nr. 16 v. 20 April 1935, S. 188

[136] DP, 25. Jg. (1935), Nr. 32 v. 10. August 1935, S. 393

[137] NS-Presseanweisungen, 2:34, S. 32* – 34*

[138] Es ist denkbar, daß Jahncke auf diesen Fall anspielte bei der Erwähnung der Indiskretion, die ihren Weg in den „Manchester Guardian" gefunden hatte, vgl. ZSg. 110/1/72–73 v. 24. Mai 1935 (= ZSg. 102/1/65 (1) v. 4. Mai 1935).

[139] ZSg. 110/1/97 v. 5. Juli 1935 und ZSg. 110/1/110 f. v. 25. Juli 1935 (= ZSg. 101/6/29 v. 25. Juli 1935). Es existieren unveröffentlichte Erinnerungen von Walter Schwerdtfeger, die im Institut für Zeitgeschichte, München, in Manuskriptform aufbewahrt wer-

(am 2. Juli 1935) rechneten seine Journalistenkollegen noch mit einer Strafe von 5 Jahren Zuchthaus, obwohl Indiskretionen aus der Pressekonferenz als „Landesverrat"[140] geahndet wurden. Eine Notiz in der „Deutschen Presse" zeigt aber, daß die Strafe viel drastischer ausfiel: „*Lebenslanges Zuchthaus für einen Landesverräter.* Die Justizpressestelle Berlin gibt bekannt: Der Volksgerichtshof hat durch Urteil vom 21. Juli 1936 den 35jährigen Schriftleiter Walter Schwerdtfeger aus Berlin wegen Landesverrats zu lebenslangem Zuchthaus und zu dauerndem Verlust der bürgerlichen Ehrenrechte verurteilt."[141] Bei weiteren Recherchen stellte sich heraus, daß es sich bei dem Fall Schwerdtfeger um denselben Fall handeln muß, den Lochner und Shirer[142] anführten. Die unterschiedliche Datierung (1935 bzw. 1936) läßt sich leicht durch die Tatsache erklären, daß die Verhaftung 1935 stattfand und das Urteil 1936 verkündet wurde. Es geht hierbei offensichtlich nicht um zwei, sondern um *einen* Fall von Bestrafung wegen Weitergabe von Presseanweisungen an Dritte, der den Auslandskorrespondenten bekannt wurde und der in dieser Weise geahndet wurde.[143]

Bemerkenswert an der Berichterstattung der amerikanischen Journalisten ist, daß beide davon sprachen, daß die ursprünglich verhängte Todesstrafe in eine lebenslängliche umgeändert wurde, eine Revision beim Volksgerichtshof aber nicht vorgesehen war. Außerdem datierte Shirer die Begnadigung auf Anfang 1936, was aber auch mit dem Datum der Veröffentlichung seines Buches (1941) zu tun haben kann, und dem möglichen Schutz der Betroffenen. Der Sachverhalt, daß dieses

---

den: Zuchthausjahre 1935 – 1945. Aufzeichnungen von Walter Schwerdtfeger o.D. IfZ: Ms 361. Nach dieser Darstellung war Schwerdtfegers Verhaftung eine Verwechslung und die Informationen aus der Pressekonferenz nicht über ihn an den „Manchester Guardian" gekommen, vgl. ebd., S. 16 ff. Er sah sich als ein Opfer der Auseinandersetzungen zwischen den unterschiedlichen Wirtschaftsauffassungen von Goebbels und Schacht in der Abwertungsfrage, die ihren Niederschlag in der BBZ fanden, wobei Schachts Position favorisiert wurde, s. a. ZSg. 101/5/204/Nr. 1405 v. (22. Juni 1935). ZSg. 101/6/15/Nr. 1458 v. 15. Juli 1935.

[140] ZSg. 102/1/Herrn Reifenberg v. 18. Oktober 1935. Es ist nicht bekannt, seit wann diese Regelung bestand bzw. wann und wie oft sie angewendet wurde.

[141] DP, 26. Jg. (1936), Nr. 32 v. 8. August 1936, S. 400. Nach der Darstellung Schwerdtfegers war die Todesstrafe beantragt worden, das Gericht erkannte aber auf „Lebenslänglich", weil trotz der gutachtlichen Zeugenaussage von Alfred-Ingemar Berndt der Geheimnischarakter der Presseanweisungen nicht geklärt werden konnte, vgl. Zuchthausjahre 1935 – 1945, a. a. O., S. 51 und 70. Schwerdtfeger berichtet, daß nach seiner Verhaftung die Pflicht zur Geheimhaltung der Presseanweisungen stärker betont wurde, v. a. auf das Einwirken Berndts hin.

[142] s. NS-Presseanweisungen, 1:33, S 37*. 2:34, S. 34*

[143] Beide Journalisten berichteten zwar ohne Namensnennung über das Verfahren, aber Shirer erwähnte die Tätigkeit des Verhafteten bei der „Börsen-Zeitung" und Lochner begründete den Umstand, daß der Verurteilte an der Todesstrafe vorbeikam mit dessen Onkel, der ein „well-known German general" war. (Gemeint war Bernhard Schwertfeger ((sic)), der nach seiner militärischen Laufbahn ab 1926 als Dozent an der TH Hannover tätig war und die Frage nach der Kriegsschuld in den Mittelpunkt seiner Forschungen gestellt hatte.) vgl. W. Shirer, Berlin Diary, New York 1941, S. 44 bzw. L. Lochner, What about Germany? New York 1942, S. 259.

Verfahren auf der Pressekonferenz mindestens zweimal als warnendes Beispiel zitiert wurde und in der Memoirenliteratur ebenfalls zweimal auftaucht, unterstreicht den Ausnahmecharakter der Angelegenheit. Wären derartige Strafverfahren mit ähnlich hohen Strafzumessungen an der Tagesordnung gewesen, wäre der Fall Schwerdtfeger sicherlich nicht so herausgehoben worden. So gewinnt die These an Substanz, nach der das Repertoire an ausgeübten Sanktionen gegenüber Journalisten, die sich nicht an die Vorschriften hielten, nicht ganz so lebensbedrohlich war, wie rückschauend oft dargestellt wurde.

B. Die Presseanweisungen 1935

3. Die Sammlung ZSg. 110

Die heute mit ZSg. 110 bezeichnete Sammlung von Presseanweisungen stammt aus dem Nachlaß des Pfarrers und Politikers Gottfried Traub, den das Bundesarchiv 1958 käuflich erwarb (NL 59). Sie umfaßt den Zeitraum von Februar 1935 – März 1939 und September – Oktober 1940 und beinhaltet die auf der Pressekonferenz verbreiteten Anweisungen an die deutsche Presse, wie sie von den Mitarbeitern des Metger-Sonderdienstes aufgezeichnet und ihren Abonnenten übermittelt worden sind.

Der folgende Überblick über Entstehung und Geschichte des Metger-Sonderdienstes ist, entsprechend den verwirrenden Zusammenhängen im Korrespondenzwesen der Weimarer Republik, einigermaßen komplex, nicht zuletzt wegen der notwendigen Kürze. Es geht dabei auch um die Frage, wie Gottfried Traub nach seinem Ausscheiden aus dem Tagesjournalismus die Presseanweisungen erhielt. Dabei spielen Dr. Kurt Metger und Alfred Walter Kames, zwei Agenturjournalisten, die im Hugenberg-Konzern arbeiteten, eine Rolle, sowie Dr. Rudolf Dammert, der seinen Korrespondenzverlag wiederholt an Hugenberg verlor.

Dr. Kurt Metger war ein Journalist, der während der Weimarer Republik im Rahmen von Hugenbergs „Dammert-Verlag GmbH" arbeitete. Er versorgte in einer sogenannten „Sammelvertretung" mehrere Provinzzeitungen[144] mit Nachrichten aus Berlin. 1928 war er neben Georg Bernhard im Vorstand des Vereins Berliner Presse[145].

---

[144] Die Tendenz der Zeitungen, die er belieferte, bewegte sich entsprechend zwischen DNVP-nahestehend, bürgerlich und liberal: „Rhein- und Ruhrzeitung" (Duisburg), „Gelsenkirchener Allgemeine Zeitung", „Gothaisches Tageblatt", „Badische Presse" (Karlsruhe), „Bergische Zeitung" (Solingen), vgl. Jahrbuch der Tagespresse, 1. Jg. (1928). Im Laufe der Jahre kamen noch weitere Zeitungen dazu.

[145] s. DP, 18. Jg. (1928), Nr. 50 v. 8. Dezember 1928, S. 587 und Kürschners Deutscher Literatur-Kalender auf das Jahr 1928, 44. Jg., Berlin und Leipzig 1928, S. 265*

Die „Dammert-Verlag GmbH" war eine der beiden kleineren Nachrichtenagenturen, die Hugenberg neben der großen „Telegraphen-Union" unterhielt. Die andere hieß „Patria Literarischer Verlag mbH" und war bereits im Kaiserreich in den Konzern[146] aufgenommen worden.

Der Dammert-Verlag hatte eine wechselvolle Geschichte, die bestimmt wurde durch das offensichtliche finanzielle Unvermögen des Gründers, Dr. Rudolf Dammert[147]. 1912 gründete er die Nachrichtenagentur „Deutscher Telegraph" mit den Mitteln, die ihm sein Bruder Dr. med. Franz Dammert und dessen Schwiegervater, ein Industrieller, August Batschari[148], zur Verfügung stellten.

Die neue Agentur konnte schnell Gewinn machen und so die etablierten Presseagenturen „Wolff's Telegraphisches Büro" und das „Hirsch-Telegraphen-Büro", das vom Börsendienst herkam, in finanzielle Bedrängnis bringen. Der Grund für den zügigen Anfangserfolg war die personelle Ausstattung der Dammert-Dienste, durch die eine ausgewählte Berichterstattung aus erster Hand gewährleistet war, während beispielsweise Hirsch die Privatdepeschen großer Verlage als Vorlage nahm und seine Abonnenten mit Bergen von Material geradezu überschüttete. So war es nur konsequent, daß nach einem Jahr des Wettbewerbs der „Deutsche Telegraph" mit dem „Hirsch-Telegraphen-Büro" und einigen kleineren Nachrichtenbüros zusammenging zur „Telegraphen-Union".

Bei Ausbruch des 1. Weltkriegs war eine weitere Finanzierung jedoch nicht mehr gesichert. Hugenberg, der sich auf Kreise der Schwerindustrie stützen konnte, kaufte die „Telegraphen-Union" auf und verfügte von da an über die größte Agentur neben WTB bis zu ihrer Zusammenlegung 1933/34. Den 1. Weltkrieg erlebte Dammert als Presseoffizier in Rumänien. 1920 wagte er einen neuen Anfang. Seine Idee bestand darin, einen deutschen Weltdienst nach dem Vorbild von Reuter und Havas aufzuziehen. Sein Problem war dasselbe wie immer, die Finanzierung. Er gründete die „Dammert-Verlag GmbH". Die einzigen Geldgeber, die in dieser Nachkriegssituation verfügbar waren, fanden sich in der Schwerindustrie. Dammert gewann Otto Wolff als Teilhaber, der gemeinsam mit einem Partner (Ottmar Strauß) über 60 % der Anteile[149] verfügte.

---

[146] vgl. H. Holzbach, Das „System Hugenberg", Stuttgart 1981, S. 283

[147] Nach einem Studium in Freiburg, Berlin und London war Dammert 1904–1906 Redakteur der „Wormser Volkszeitung", danach ein Jahr beim „Berliner Lokal-Anzeiger". 1907 kam er als Redakteur zur Münchener „Allgemeinen Zeitung", nach einem Jahr wurde er Herausgeber der Wochenschrift dieser Zeitung. Ein weiteres Jahr (1909/10) war er Chefredakteur der „Württembergischen Zeitung" in Stuttgart. 1910 siedelte er nach Berlin über und gründete ein „Berliner Redaktionsbüro für die deutsche Presse und Korrespondenz-Verlag" in der Voßstraße. Er richtete zwei Korrespondenzen ein: im Frühjahr die „Kultur-Beiträge" und im Herbst den „Berliner Dienst", vgl. R. Dammert, Zeitung. Unser täglicher Hausgast, Leipzig 1938, S. 39. Die verschiedenen Aspekte des Dammert-Unternehmens rechtfertigten eine eigene Darstellung, die hier nicht vorgenommen werden soll.

[148] R. Dammert, a. a. O., S. 28

[149] R. Lewinsohn (Morus), Das Geld in der Politik, Berlin 1930, S. 171 f.

Nachdem die Kölner Großindustriellen ihr Interesse an der Agentur verloren hatten, verkauften sie ihre Anteile an den „Patria Literarischen Verlag mbH", wodurch Dammert wieder von Hugenberg majorisiert wurde und ausschied. In der Folgezeit agierten beide Gesellschaften „Patria Literarischer Verlag mbH" und die „Dammert-Verlag GmbH" als selbständige Agenturen, wobei die Geschäftsführung bei Hugenbergs „Telegraphen-Union" lag. Der Name des aufgekauften Verlages wurde beibehalten, obwohl Rudolf Dammert ausschied und einen „Presse-Verlag Dr. Rudolf Dammert" gründete (1921) und die abonnierenden Zeitungen gar nicht unterscheiden konnten, bei welchem Dammert-Unternehmen sie Kunden waren. Entsprechend seinem ursprünglichen Konzept baute er eine Agentur mit der größten Vielseitigkeit auf allen redaktionellen Gebieten aus. Er hatte ein weitgespanntes Mitarbeiternetz im In- und Ausland, das die eingehenden Gebühren voll in Anspruch nahm. Ende der 20er Jahre hatte er 34 verschiedene Dienste, von denen 19 Materndienste waren. Dennoch gab es ständig Finanzprobleme: „Als 1929 die Wirtschaftskonjunktur im Zeitungsgewerbe rückläufig wurde, der Unkostenapparat der Leistungen aus den Einnahmen nicht mehr gedeckt werden konnte und die Preußische Regierung sich stützend einschaltete – W. T. B. hatte seinen finanziellen Rückhalt am Reich, die T. U. an der Schwerindustrie –, wurde in den Verträgen Vorsorge getroffen, daß der Pressedienst unabhängig blieb." Die Einzelfirma wurde in eine GmbH[150] umgegründet.

Auch aus diesem Unternehmen schied Dammert schließlich 1932 aus und gründete als letzten Versuch die „Dammert-Pressedienst GmbH", während gleichzeitig die „Dammert-Verlag GmbH" als Hugenberg-Dienst weiter existierte.

1935 war Dammert aufgrund seiner unsoliden Finanzierungen in einen Korruptionsprozeß[151] verwickelt. Danach muß er seine Agentur endgültig[152] verloren haben. 1938 veröffentlichte er ein Buch „Zeitung. Unser täglicher Hausgast", in dem er mit dem naheliegenden Schwerpunkt auf dem Korrespondenz-

---

[150] R. Dammert, a.a. O., S. 40. s. a. BA: NL 4 (Nachlaß Dietrich)/282 – 284. Hermann Dietrich (1879 – 1954) war Wirtschafts- und Finanzminister unter Brüning (1930 – 1932) und Gesellschafter der „Rudolf Dammert GmbH".

[151] ... In seinen fetten Jahren hatte Dr. Dammert die Universalität des Geschäftes so weit getrieben, daß vier besondere Abteilungen für bürgerlich-liberale, linksdemokratische, katholische und deutschnationale Politik existierten und jede mit einem Stab von Journalisten versehen war. Den Bedürfnissen der Abonnenten, die sich vom Winkelblatt bis zur größeren Provinzpresse erstreckten, wurde so bereitwillig gehuldigt, daß die verschiedenen Abteilungen der Firma Dammert gegeneinander ihre Federn in polemischen Feldzügen schwangen. Der oberste Chef dieses Warenhauses der politischen Meinungen und Weltanschauungen lebte auf üppigem Fuße. Sein unordentliches Wirtschaften führte den *Bankerott* der Firma herbei, die alsbald in anderer Form neu gegründet wurde und im Strudel des Dritten Reiches wieder unterging. ... NZZ, Nr. 946 v. 31. Mai 1935, S. 2

[152] In der 6. Aufl. (1937) des „Handbuchs der deutschen Tagespresse", S. 180 erscheint sein Name nur als „Dr. Dammert Nachf." und „Berliner Vertretung der Schönebecker Zeitung" in Sachsen.

wesen über die Geschichte des Journalismus, den Aufbau eines Pressehauses sowie die Gestaltung einer Zeitung berichtete. Im 2. Weltkrieg war er für die „Danziger Neuesten Nachrichten", den „Westdeutschen Beobachter" (Köln) und die „Westfälische Zeitung" (Bielefeld) als „Mitarbeiter im Inland" tätig – in Hinterzarten.

Kurt Metger arbeitete also zu einer Zeit im „Dammert-Verlag GmbH", als dieser in den Besitz Hugenbergs übergegangen war. Dementsprechend bezeichnete sich der Direktor der TU, Otto Mejer, als „rechtsverbindlicher Vertreter"[153].

Der Verlag vertrieb zwei Korrespondenzen: einmal die „Berliner Dienste" und dann die „Kulturbeiträge", wie sie von Dammert ursprünglich gegründet worden waren. Hauptschriftleiter war Kurt Metger und außerdem war er neben Wilhelm Siebert Schriftleiter des „Berliner Dienstes" mit der Richtung „volksparteilich", die Richtung „bürgerlich" wurde von Joseph Bretz und Dr. v. Kries vertreten. Schriftleiterin bei den „Kulturbeiträgen" war Emma Schmitt-Hauser. Gleichzeitig war Metger in einer Sonderredaktion der TU tätig, die Provinzzeitungen als „Berliner Vertretung"[154] dienen sollte. Hier arbeitete neben Metger und Bretz auch Alfred Walter Kames, der gleichzeitig Hauptschriftleiter einer Korrespondenz „Deutscher Schnelldienst, täglicher Dienst für nationale Zeitungen" (DSD)[155] war, die in Hugenbergs „Patria Literarischer Verlag mbH" erschien.

Eine der Zeitungen, die Kames in Berlin repräsentierte, war die „München-Augsburger Abendzeitung", deren Herausgeber Gottfried Traub vermutlich auf dieser Schiene auch nach der Einstellung der Zeitung (Ende 1934) die Anweisungen aus der Pressekonferenz erhielt. Nach 1934 übernahm Metger die Vertretung der Provinzzeitungen, für die Kames[156] bis dahin gearbeitet hatte.

Der „Berliner Dienst", dessen Hauptschriftleiter Metger war, wurde im Zuge der Zusammenlegung von WTB und TU[157] dem „Patria Literarischen Verlag mbH" einverleibt, der wiederum dem halbamtlichen „Deutschen Nachrichtenbüro" (DNB) unterstellt wurde. Es gab nun einen „Berliner Dienst A", den Dr. Metger redigierte und einen „Berliner Dienst BC" (verbunden mit katholischen Nachrichten)", den Joseph Bretz zu verantworten hatte.[158] 1937 hat der Herausgeber der Korrespondenz noch einmal gewechselt.[159]

---

[153] Handbuch der deutschen Tagespresse, 4. Aufl. 1932, S. 392
[154] H. Holzbach, a.a. O., S. 284
[155] Hugenberg hatte 1927 die Korrespondenz der DNVP, den „Täglichen Dienst für nationale Zeitungen", aufgekauft und mit dem DSD vereinigt. Die Parteikorrespondenz blieb weiterhin als solche erkennbar, da sie im Untertitel führte „mit Mitteilungen der Deutschnationalen Volkspartei", vgl. H. Holzbach, a.a. O., S. 210 und Handbuch der deutschen Tagespresse, 4. Aufl. 1932, S. 392 f. und 400.
[156] Der deutschnationale Alfred Kames wurde 1933 in der Hauptschriftleitung des „Deutschen Schnelldienstes" durch den bewährten Pg. Caroly Kampmann abgelöst. Kampmann war „daneben" noch führend im Reichsverband der Deutschen Presse (RDP) tätig, er leitete den RDP-Landesverband im Gau Groß-Berlin und war Vorsitzender der Schulungsleitung der Reichspresseschule ab 1935.
[157] vgl. NS-Presseanweisungen, 1:33, S. 40*
[158] Handbuch der deutschen Tagespresse, 5. Aufl. 1934, S. 292
[159] Handbuch der deutschen Tagespresse, 6. Aufl. 1937, S. 301 f.

Obwohl der „Patria Literarische Verlag mbH" weiterbestand, firmierte nun das DNB als Herausgeber diverser Sondernachrichtendienste, unter denen sich auch der „Metger-Sonderdienst" befand. Seine Existenz ist bis 1944[160] nachzuweisen.

Im Folgenden soll wegen der eindeutigen Zuordnung vom „Metger-Sonderdienst" die Rede sein, auch wenn die Korrespondenz zum Zeitpunkt der Überlieferung (1935) möglicherweise noch „Berliner Dienst" hieß. Durch die Unterstellung des „Metger-Sonderdienstes" unter das halbamtliche „Deutsche Nachrichtenbüro" (DNB), haben die durch ihn verbreiteten Presseanweisungen einen besonderen Stellenwert, der dem der „Vertraulichen Informationen" ähnelt, die über die Reichspropagandaämter[161] verbreitet wurden. Aufgrund dieser Tatsache sind die hier verzeichneten Presseanweisungen besonders ausführlich unter Angabe des jeweiligen Sprechers. Die hektographierten Seiten sind überschrieben: *Streng vertraulich! Nur zur Information!* Die Berichte sind als Briefe abgefaßt und beginnen mit der Anrede „Sehr geehrter Herr Kollege!". Sie sind unterschrieben mit „Heil Hitler! Kurt Metger" bzw. „Siebert" oder „i.V. Hopf", „Mit kollegialem Gruß!" oder „Mit deutschem Gruß! Ihr ergebener...".[162] Die jeweiligen Pressekonferenz-Berichte sind in der Regel mit einem Datum (oben rechts) auf der ersten Seite versehen und paginiert.[163]

Anhand der Seitenzählung, die durch das Bundesarchiv vorgenommen worden ist, kann man ersehen, daß es Lücken in der Überlieferung gibt, da manchmal nur die zweite bzw. dritte Seite eines Berichtes (ohne Datum) vorhanden ist. In der Regel ist das fehlende Datum einfach zu ermitteln mit Hilfe der beiden anderen Sammlungen. Teilweise fehlen auch größere Zeiträume.[164]

Es sprachen mehrere Gründe gegen eine gleichberechtigte Einbeziehung der „Vertraulichen Informationen" des „Metger-Sonderdienstes" in die editorische Bearbeitung. Da es sich bei dieser Korrespondenz um einen DNB-Sonderdienst handelte, wurde er nur dann in der Edition zur Kommentierung herangezogen, wenn dieselben Anweisungen bereits in den Mitschriften der Journalisten (ZSg. 101/102) auftauchten. Grundsätzlich wird im Kommentar verzeichnet, wenn eine Anweisung, die in ZSg. 101 bzw. 102 aufgeführt wurde, in ZSg. 110 nachzuweisen ist. Inhaltliche Abweichungen werden nicht wie beim Vergleich ZSg. 101/102 bis in Nuancen dokumentiert, sondern nur, wenn es sich um wesentliche Zusatzinformationen handelt. Andere Empfehlungen, Verbote oder Anweisungen, die darüber hinaus in ZSg. 110 verzeichnet sind, wurden nicht

---

[160] Handbuch der deutschen Tagespresse, 7. Aufl. 1944, S. 335
[161] Eine Sammlung, die Anweisungen aus der Pressekonferenz für Provinzzeitungen *ohne* eigenen Korrespondenten in Berlin zusammenfaßt, ist die Sammlung Oberheitmann (ZSg. 109).
[162] Die Unterschriften sind immer handschriftlich.
[163] Meistens sind es nicht mehr als drei Seiten pro Tag.
[164] Die Überlieferung für das Jahr 1935 setzt erst am 14. Februar ein. Größere Lücken bestehen 30. April – 23. Mai, 1. – 18. Juni, 13. August – 1. November, 28. November – 12. Dezember.

editorisch bearbeitet, weil sie eine andere Ausgangsbasis haben als die Mitschriften der Korrespondenten von bestimmten Zeitungen. Die Ausgangsbasis des „Metger-Sonderdienstes" sind die offiziellen Gesprächsprotokolle der Pressekonferenzen und darüber hinaus Nachrichtenmaterial, das den „gewöhnlichen" Teilnehmern der Pressekonferenz so nicht zugänglich war[165].

Regionale Ereignisse, die nicht in der Reichspresse berücksichtigt werden sollten, wurden in ZSg. 110[166] vernachlässigt. Vermutlich hängt diese Auswahltendenz damit zusammen, daß der mögliche Empfängerkreis einen viel größeren geographischen Raum abdeckte als die Korrespondenten von ZSg. 101/102, die eine bestimmte Region zu versorgen hatten.

Die vollständige Einbeziehung des „Metger-Sonderdienstes" würde den Rahmen der Edition sprengen, die die alltägliche journalistische Arbeitsweise dokumentieren soll und nicht das globale Spektrum der nationalsozialistischen Informationspolitik nachzeichnen kann. Mit der Beschränkung auf die Mitschriften der Dienatag- und FZ-Korrespondenten ist die bei einer Edition notwendige Auswahl und Eingrenzung getroffen worden. Hätte man den „DNB-Sonderdienst-Metger" zum Gegenstand gemacht, wären mit derselben Berechtigung sämtliche anderen überlieferten DNB-Haupt- und Sonderdienste (ZSg. 116) zur Bearbeitung zu berücksichtigen gewesen. Durch ihre Zwitterstellung ist die Sammlung eine nützliche Bereicherung der Dokumente zur NS-Pressepolitik und eine zusätzliche Informationsquelle für Erkenntnisse über den Ablauf der Pressekonferenzen und für Aufschlüsselungshilfen zu ihren Inhalten. Sie kann aber nicht gleichgesetzt werden mit den Sammlungen ZSg. 101/102, sondern „stellt... eine offiziöser formulierte Parallelreihe"[167] zu diesem Bestand dar. Daher ist ihr Sonderstatus in der Edition gerechtfertigt.

Grundsätzlich wird auch in diesem Jahresband ausgegangen von ZSg. 101/102 und in den Kommentaren werden die in ZSg. 110 überlieferten Presseanweisungen (Parallelüberlieferungen) aufgeführt.[168]

4. Gottfried Traub

Der Mann, dem die Sammlung ZSg. 110 zu verdanken ist, war der Theologe, Politiker und Journalist Gottfried Traub (1869 – 1956). Theodor Heuss schilderte ihn

---

[165] z.B. ZSg. 110/1/1 v. 14. Februar 1935: Durch DNB ist bereits mitgeteilt worden, daß der „Reichswart" des Grafen Reventlow verboten ist. Den Grund des Verbots, den Artikel „Wir sind doch ganz allein", darf ich Ihnen in nachstehendem Wortlaut zur Verfügung stellen. Ich nehme an, dass er Sie interessiert. Der Verfasser ist ein Redaktionsvolontär, der, glaube ich, ganze neunzehn Jahre alt ist. ...

[166] s. ZSg. 101/6/166/Nr. 1796 v. 4. November 1935. Ausnahme: Kundgebung für die Wittelsbacher in München: ZSg. 110/1/7 v. 16. Februar 1935

[167] vgl. Findbuch ZSg. 110, Vorbemerkung, S. 2

[168] Lediglich in einem Fall, ZSg. 110/1/95 (3) und (5) vom 4. Juli 1935, wurde von der ZSg. 110-Fassung ausgegangen, weil sie umfangreicher und informativer war bzw. der Fernschreiber (ZSg. 102) defekt war. Für weitere Einzelheiten s. a. die „Editionstechnischen Erläuterungen".

als einen „Mann von eindrucksvoller Redekraft" und urteilte weiter „sein intellektualistischer Rationalismus wurde im Laufe des Krieges von einer fast kritiklosen Romantik überschwemmt"[169].

Er studierte in Tübingen Theologie und veröffentlichte theologische Schriften seit 1894. In der Nachfolge von Friedrich Naumann, der 1902/1903 seine „Andachten" bzw. „Briefe über Religion" nicht mehr fortführte, veröffentlichte Traub regelmäßig seine Überlegungen in der sozialpolitischen Wochenschrift „Die Hilfe".[170] Seine erste Anstellung fand er in Schwäbisch-Hall als Stadtpfarrer. Von 1901 bis 1912 besetzte er die 2. Pfarrstelle der St. Reinoldi-Gemeinde in Dortmund. Wegen wiederholter Auseinandersetzungen mit den vorgesetzten kirchlichen Behörden wurde er nach einem Disziplinarverfahren aus dem kirchlichen Dienst entlassen[171]. Sein Verfahren rief eine vielstimmige publizistische Resonanz hervor.[172]

In den folgenden Jahren wandte er sich einer politischen Betätigung zu. Als Mitglied der Fortschrittlichen Volkspartei kam er 1913 in das Preußische Abgeordnetenhaus. Die Fortschrittliche Volkspartei war ein Zusammenschluß der Deutschen Volkspartei und der Freisinnigen Vereinigung (1910). Sie „faßte ... erstmals alle linksliberalen und bürgerlich-demokratischen Kräfte in Deutschland zusammen. In der F. V. waren, wie in den Vorgänger-Parteien, vor allem die Interessen von Banken, Handel und Exportindustrie, das Bildungsbürgertum und – insbes. in Süddeutschland – Handwerk und Gewerbe vertreten. Sie trat für eine liberale, demokratische Reformpolitik ein. ... Zu den leitenden Persönlichkeiten gehörte(n) u.a. ... F. Naumann. ... Ab Herbst 1916 bemühte sich die F. V. um eine energische Friedenspolitik und drängte ab Frühjahr 1917 auf rasche innere Reformen, insbes. die sofortige Aufhebung des Dreiklassen-Wahlrechts. ... Zusammen mit Nationalliberaler Partei, SPD und Zentrum, bildete sie im Reichstag ... den Interfraktionellen Ausschuß als Organ der friedensbereiten und reformwilligen Reichstagsmehrheit, die ... den Entwurf der Friedensresolution (19. 7. 1917) einbrachte".[173] 1913 wurde Traub auch Direktor des Deutschen Protestantenbundes.

---

[169] Gemeint war der 1. Weltkrieg. Th. Heuss, Erinnerungen. 1905 – 1933, Tübingen 1963, S. 175 f.
[170] Th. Heuss, a. a. O., S. 173
[171] s. dazu Ernst Brinkmann, Der Fall Traub. In: Die evangelische Kirche im Dortmunder Raum in der Zeit von 1815 bis 1945. Dortmund 1979, S. 107 – 127
[172] Das Urteil des preußischen Oberkirchenrats über Traub, analysiert und beurteilt von Otto Baumgarten. Kirchliche Chronik aus dem Septemberheft der „Evangelischen Freiheit", Tübingen 1912. – B. Dörries, Das System Voigts, die Berufsstellung der Pfarrer und der Fall Traub, Göttingen 1912. – A. Harnack, Die Dienstentlassung des Pfarrers Lic. G. Traub, Leipzig 1912. – E. König, Der Fall Traub und angebliche sowie wirkliche Krankheiten der Landeskirche unter Kritisierung der diesbezüglichen *neuesten* Veröffentlichungen beleuchtet von Eduard König, Gütersloh 1912. – R. Moeller,D. Harnack und der Fall Traub. Eine Entgegnung, Berlin 1912. – G. Traub, Meine Verteidigung gegen den Evangelischen Oberkirchenrat, Bonn 1912.
[173] Lexikon der Deutschen Geschichte, Stuttgart 1977, S. 353

Seine journalistische Laufbahn begann er 1905 als Herausgeber und Chefredakteur des „Evangelischen Gemeindeblatts für Rheinland und Westfalen", das später den Titel „Christliche Freiheit" führte. In dieser Funktion war er bis 1918 tätig. In den Kriegsjahren bereiste Traub als Redner die Fronten im Auftrag des Kriegspresseamtes und war ein großer Anhänger und Förderer der deutsch-türkischen Freundschaft[174].

Zu Beginn des 1. Weltkrieges gab er die „Eisernen Blätter" zunächst als Flugschrift, ab 1919 dann als „Wochenschrift für deutsche Politik und Kultur" heraus, der Erscheinungsort war München.[175] Die erste Beschlagnahme der Zeitschrift erfolgte sofort im Juni 1919 durch die britische Besatzung, während die zweite erst 1935 durchgeführt wurde[176]. Ab 1935 gab es eine Serie von Beschlagnahmen zu folgenden Themen: Kirchenfragen, die deutsche Politik gegenüber Polen und Frankreich, wiederholtes Eintreten für die Monarchie (80. Geburtstag des Kaisers), das neue Ehescheidungsrecht. Gegen die letzte Beschlagnahme (Dezember 1939) erhob Traub, nach eigener Aussage, Einspruch[177], weil sie nicht begründet war. Zudem hatte er die beanstandete Notiz einer anderen Kirchenzeitung entnommen, und dort hatte sie offenbar keinen Anstoß erregt. Durch „eine Mittelsperson" wurde Traub schließlich mitgeteilt, daß er zukünftig von der Geheimen Staatspolizei nicht gerade zurückhaltend behandelt werden würde. Da er keine Bedrohung seines Leserkreises riskieren wollte, entschloß er sich zur Einstellung der „Eisernen Blätter" mit Ablauf des Jahres 1939.

Nachdem sich die Fortschrittliche Volkspartei an dem Entwurf der Friedensresolution (1917) beteiligt hatte, wandte sich Traub der neugegründeten (2. September 1917) Deutschen Vaterlandspartei[178] zu, der er als Vorstandsmitglied angehörte. Diese Partei war ein Zusammenschluß von Gegnern der Friedens-

---

[174] K. Piepenstock, Die Münchener Tagespresse 1918–1933, phil. Diss. München 1955, S. 257

[175] vgl. BA: NL 59/15, S. 122–133. In Traubs Nachlaß befindet sich ein Bericht über „verschiedene Beschlagnahmen" in den 21 Jahren seiner Herausgeberschaft. Es handelt sich um insgesamt 17, davon wurden 16 in den letzten 5 Jahren des Bestehens der Zeitschrift ausgesprochen.

[176] Es klingt schon fast enttäuscht, wenn Traub schreibt: „Selbst meine Beteiligung am Kapp-Unternehmen hatte nur die Folge, daß nach dem 14. März zwei Nummern ausfielen." ebd., S. 122

[177] Sie richtete sich gegen die Notiz, daß Keitel für die Kapelle seines Heimatortes eine Glocke gestiftet hatte, die bei der Einweihung eines Gedenksteines für die im 1. Weltkrieg Gefallenen zum erstenmal geläutet wurde, ebd., S. 132. Die Notiz konnte nicht nachgewiesen werden, weil die Angaben (Nr. 44, S. 519) nicht mit der überlieferten Ausgabe übereinstimmen, s. dazu das Ende der „Eisernen Blätter" weiter unten.

[178] Rückblickend schrieb Traub 1925: „(423) Meine politische Wandlung von der Freisinnigen Volkspartei nach rechts war eine Folge des Kriegs.... (439) Nach wie vor bin ich der Überzeugung, daß wir ohne Rückkehr zum Bismarckschen Reich mit Monarchie, Bundesstaaten, Wehrpflicht und Zweikammersystem verelenden.... Der Weimarer Staat ist und bleibt der revolutionäre Staat, die Mißgeburt fremden Geistes...." G. Traub, Wie ich deutschnational wurde. In: Deutscher Aufstieg. Bilder aus der Vergangenheit und Gegenwart der rechtsstehenden Parteien, hrsg. von Hans v. Arnim und Georg v. Below, Berlin u.a. 1925, S. 423–439

resolution[179], gegründet wurde sie von Wolfgang Kapp und Alfred von Tirpitz. Nach Kriegsende löste sich die kurzlebige Partei, die sich für einen siegreichen Frieden eingesetzt hatte, wieder auf. Für Traub bedeutete das einen erneuten Parteienwechsel, diesmal zur Deutschnationalen Volkspartei, die Ende November 1918 gegründet worden war. In der bürgerlichen Rechtspartei sammelten sich Vertreter der ehemals führenden Schichten des Kaiserreichs wie Angehörige des Adels, des gehobenen Bürgertums und Mittelstandes, Beamte und Offiziere.

Mittlerweile war Traub – auf Anregung des Kaisers – wieder in sein Amt eingesetzt worden (1918)[180] und Mitglied des Presbyteriums seiner ehemaligen Gemeinde in Dortmund (seit 1919). Im März 1920 beteiligte er sich am Kapp-Putsch, mit dem u.a. versucht werden sollte, die Reichsregierung zur Zurücknahme der Truppenreduzierungen gemäß den Versailler Vertragsbedingungen zu zwingen. Eine Position als Kultusminister in der geplanten neuen Regierung lehnte er ab, jedoch betätigte er sich erfolglos als Pressechef in der unübersichtlichen Putschsituation.[181]

Der Putsch scheiterte nach wenigen Tagen, und für einige Zeit ging Traub, wie andere am Putsch Beteiligte auch, ins Ausland (Österreich).

In diesem Jahr hatte Traub eine Auseinandersetzung mit Hitler über eine Zentralisierung des Propaganda- und Pressewesens[182], wobei zu berücksichtigen ist, daß in dieser frühen Phase der Weimarer Republik die Deutschnationalen die Nationalsozialisten sehr wohlwollend als Koalitionspartner in Betracht zogen[183].

Bei seiner Rückkehr profitierte er weiter von der großzügigen Unterstützung durch Alfred Hugenberg, der bereits vor dem Putsch über die DNVP die „Eisernen Blätter" finanziell gesichert hatte, obwohl sich nach dem Scheitern die meisten DNVP-Politiker von Traub distanzierten[184].

Hugenberg übernahm die Finanzierung eines Hauses für Traub in München[185], er verschaffte ihm 1921 die Herausgeberposition bei der „München-

---

[179] Lexikon der Deutschen Geschichte, Stuttgart 1977, S. 251

[180] G. Traub, Wie ich deutschnational wurde, a. a. O., S. 436

[181] vgl. J. Erger, Der Kapp-Lüttwitz-Putsch, Düsseldorf 1967, S. 94. – Fünf Tage Militärdiktatur. Dokumente zur Gegenrevolution. Unter Verwendung amtlichen Materials bearbeitet von Karl Brammer, Berlin 1920. – Verfassungsgrundlagen und Hochverrat. Beiträge zur Geschichte des neuen Deutschlands. Nach stenographischen Verhandlungsberichten und amtlichen Urkunden des Jagow-Prozesses. Bearbeitet von Karl Brammer, Berlin 1922

[182] „Wie wenig Verständnis gerade die sogenannten nationalen Kreise diesen Dingen entgegenbrachten, habe ihm bereits im Jahre 1920 eine Auseinandersetzung mit dem Herausgeber der „Eisernen Blätter", Pfarrer Traub, gezeigt. Als er diesem Pfarrer Traub klipp und klar nachgewiesen habe, daß die Pressefreiheit zugunsten einer einheitlichen Presselenkung verschwinden müsse, da die Pressefreiheit nichts anderes sei als ein Freibrief für Interessen-Cliquen, habe dieser sich vor Bedenken förmlich gekrümmt." Henry Picker, Hitlers Tischgespräche im Führerhauptquartier 1941–1942, Bonn 1951, S. 289

[183] Vor dem Hitler-Putsch betrieb Traub, später mit Hilfe der MAA, eine gemäßigte Unterstützung der NSDAP, s. H. Holzbach, Das „System Hugenberg", Stuttgart 1981, S. 152.

[184] H. Holzbach, a.a. O., S. 86

[185] ebd., S. 122

Augsburger Abendzeitung", die er im selben Jahr seinem Konzern zugeführt hatte.[186]

Die MAA war das auflagenstärkste deutschnationale Organ in Bayern.[187] Sie beanspruchte bei ihrem 325jährigen Jubiläum, die älteste deutsche Zeitung[188] zu sein.

Gegründet als „Aviso, Relation oder Zeitung", führte sie erst ab 1912 ihren endgültigen Titel. Nach den „Richtlinien für die „München-Augsburger Abendzeitung"", die aus den 20er Jahren stammen müssen[189], war die Zeitung „kein Parteiblatt, sondern eine nationale deutsche Zeitung"[190], trotz der deutschnationalen Geldgeber. Und selbst in der Werbung 1934, nach Auflösung der Partei, bezeichnete sich die Zeitung als „das Blatt, das vom Vertrauen seiner Leser getragen wird, das Blatt, das nie seine nationale Richtung verleugnet hat"[191].

Im Dezember 1933 hatte Traub bei dem „verehrten Herrn Reichskanzler" um ein Geleitwort für die Jubiläumsausgabe angefragt, wobei er die MAA mit einem einzigen Satz charakterisierte: „Sie hat unbekümmert um persönliche Interessen und parteipolitische Strömungen stets an der nationalen Linie einheitlich festgehalten und ist eine Wegbereiterin der nationalen Wiedergeburt."[192]

Die MAA erschien siebenmal wöchentlich mit verschiedenen Beilagen. Nach Gestaltung und Aufmachung ist ihre Tendenz als „deutschnational mit Bildungsanspruch" einzustufen.[193] Besonders angesehen war die Unterhaltungs- und Literaturbeilage „Der Sammler", die am Wochenende erschien. Sie hatte einen

---

[186] ebd., S. 85 ff. Aus der Zeit Ende der 20er Jahre existieren noch Unterlagen darüber, daß Traub mit einem betrügerischen Goldmacher in Kontakt getreten war, um Zuwendungen an Politiker zu vermitteln. Offensichtlich war auch Ludendorff in die Angelegenheit verwickelt. IfZ: MA 616/23

[187] ebd., S. 237. 1933 hatte die MAA eine Auflage von 27 800 aufzuweisen. Zum Vergleich: der „Völkische Beobachter" erschien in München in seiner Süddeutschen Ausgabe mit 50 000 Exemplaren. Spitzenreiter waren allerdings die „Münchner Neuesten Nachrichten", die der Verlag Knorr und Hirth herausgab mit 130 000. Auch an dieser Zeitung war Hugenberg über seine Treuhandgesellschaften finanziell beteiligt.

[188] Zu der Debatte über die älteste deutsche Zeitung, die, angeführt von Walther Heide, 1936 in Fachkreisen stattfand, s. G. Kieslich, Wo kommt der Aviso her? Feststellungen zu einem gleichnamigen Aufsatz von Dr. Hans Jessen. In: Publizistik, 1. Jg. (1956), S. 208–221. – DP, 26. Jg. (1936), Nr. 2 v. 11. Januar 1936, S. 21 und Nr. 3 v. 18. Januar 1936, S. 35. – Die erste gedruckte Zeitung der Welt. Deutschland als Ursprungsland der Presse. In: ZV, 37. Jg. (1936), Nr. 5 v. 1. Februar 1936, S. 76–77 und ZV 37. Jg. (1936), Nr. 6 v. 8. Februar 1936, S. 93. – W. Heide, Die älteste gedruckte Zeitung. Notwendige Feststellungen zu Streitfragen. In: ZW, 11. Jg. (1936), Nr. 2 v. 1. Februar 1936, S. 61–70.

[189] NL 59/12, S. 84–85

[190] ebd., S. 84

[191] Ala-Zeitungskatalog, 59. Jg. (1934), Anzeigenteil, S. 179

[192] BA: R 43 II/471, S. 59. Der „Herr Reichskanzler" lehnte es grundsätzlich ab, Geleitworte zur Verfügung zu stellen und war „auch in Ihrem Falle zu seinem Bedauern nicht in der Lage", dem Wunsch zu entsprechen. ebd., S. 60

[193] vgl. K. Piepenstock, Die Münchener Tagespresse 1918–1933, phil.Diss. München 1955, S. 151 bzw. 178–184

Umfang von 24 Seiten. Ursprünglich bestand der Plan, nach dem Einstellen der Zeitung, „in Zukunft den unpolitischen ‚Sammler' als Wochenschrift herauszugeben"[194]. Dieser Plan wurde nicht realisiert.

Die Leserschaft der MAA setzte sich nach eigenen Angaben zusammen aus den Berufsbereichen Industrie, Fabrik, Großhandel, Finanzen, Behörden (31,6 %), Staats- und Kommunalbeamte (22,7 %), Ärzte, Apotheker, Rechtsanwälte (10,3 %), Handwerk und Gewerbe (9,6 %) und Landwirtschaft (7,7 %).[195] Seit dem 1. Juni 1932 gab der Verlag eine Ausgabe B mit dem Untertitel „Augsburger Neueste Nachrichten" heraus, deren Hauptschriftleiter Richard Hauber[196] wurde. Die Ausgabe B hatte im Februar 1934 eine Auflage von 4 700 Exemplaren, die Gesamtauflage betrug 20 550[197]. Danach ging die Auflagenhöhe zurück und erreichte bei der letzten Bestandsaufnahme im November 1934 nur noch eine Höhe von 3 372 (Ausgabe B) bzw. 11 909 (Gesamtauflage)[198].

Die beiden letzten Chefredakteure waren Eugen Mündler (1921–1930) und Fred Ottow (1930–1934). Mündler ging anschließend zur „Rheinisch-Westfälischen Zeitung" und war an der Konzipierung und Einführung der Wochenzeitung „Das Reich" ab 1940 beteiligt.

Gottfried Traub war auch im Aufsichtsrat der MAA und bestimmte mit seinen Leitartikeln die politische Linie der Zeitung[199]. Ende 1934 stellte die MAA ihr Erscheinen ein. In einem letzten Leitartikel „An unsere Leser!" wurden nur sehr vage die Gründe für die Einstellung angesprochen, dafür aber in geschickter Weise die lange Tradition der Zeitung in Einklang mit der herrschenden Ideologie gebracht[200]: „Man sagt, daß dort, wo wirkliche Entschlossenheit ist, sich auch ein Weg finden muß. Nun, am festen Willen, das Blatt über alle Fährnisse der für das deutsche Zeitungswesen so kritischen Gegenwart, denen in der letzten Zeit schon manches alte und angesehene Blatt zum Opfer gefallen ist, hinwegzuführen, hat es gewiß nicht gefehlt. Von unserer Seite ist alles Erdenkliche versucht worden, um die MAA für die Zukunft zu sichern. Aber die Verhältnisse waren stärker als wir. ... Durch drei Jahrhunderte hat die Zeitung ihre Sendung darin gesehen, Vorkämpferin und Hüterin eines wahrhaft deutschen und christlichen Staatsideals zu sein. Sie ist Wegbereiterin gewesen, als unter Führung Bismarcks der Glanz der deutschen Kaiser-Krone wieder erstand und unter der schwarz-weiß-roten Flagge der Traum der deutschen Einheit sich zu verwirklichen begann. Niemals hat sie davon abgelassen, das zu pflegen, was groß und wertvoll in der Vergangenheit unseres Volkes war und was an Wille und Sehnsucht für die Befreiung von feindlichen Ketten und undeutschem Wesen in der Nation lebendig

---

[194] vgl. An unsere Leser! MAA, Nr. 357 v. 31. Dezember 1934, S. 1–2
[195] Handbuch der deutschen Tagespresse, 4. Aufl. 1932, S. 46
[196] Handbuch der deutschen Tagespresse, 4. Aufl. 1932, S. 27
[197] ebd., 5. Aufl. 1934, S. 37
[198] MAA, Nr. 357 v. 31. Dezember 1935, S. 2
[199] vgl. K. Piepenstock, a.a. O., S. 147 bzw. 253–263
[200] vgl. dazu auch die ähnlichen Bemühungen in dem letzten Leitartikel der „Hamburger Nachrichten" im August 1939, NS-Presseanweisungen, 1:33, S. 79*.

gewesen ist. Richtschnur war ihr dabei bis zum letzten Tag ihres Wirkens, was der verewigte Feldmarschall des Großen Krieges ausgesprochen hat, nämlich, daß die Hoffnungen, die der denkwürdige 30. Januar 1933 in die Herzen des deutschen Volkes gesenkt hat, sich in vollem Umfang erfüllen mögen."[201]

Traub blieb weiterhin als Herausgeber der „Eisernen Blätter" tätig, die Ende 1939 eingestellt wurden. Bereits die unmittelbar nach Kriegsausbruch erscheinende Nummer der „Eisernen Blätter" mußte unvollständig bleiben[202]. Auch die veränderte Erscheinungsweise konnte die Zeitschrift nicht retten. Die Nr. 44, die am 17. Dezember hätte erscheinen sollen, wurde nicht ausgeliefert. Stattdessen gab es eine letzte Nr. 44/45 vom 31. Dezember 1939. Sie enthielt nur das Inhaltsverzeichnis des Jahrgangs[203]. Noch auf der letzten Seite der vorhergehenden Nummer hatte Traub um Abonnements „zunächst auf ein Vierteljahr" geworben.

Traub hatte mit seiner Frau Elma, einer Tochter des Pfarrers Heinersdorff, drei Söhne: Hans, Helmut und Eberhard. Helmut wurde ebenfalls Pfarrer und Eberhard Physiker. Der älteste Sohn, Hans Traub (1901–1943) sicherte sich durch seinen publizistischen Fleiß als Zeitungswissenschaftler einen größeren Bekanntheitsgrad als seine Brüder[204]. Auch nach dem Krieg blieb Gottfried Traub seiner deutschnationalen Überzeugung treu und beschäftigte sich weiterhin mit aktuellen politischen Fragestellungen. Ein zweiter Teil seiner Erinnerungen[205] ist nicht mehr veröffentlicht worden.

---

[201] MAA, Nr. 357 v. 31. Dezember 1934, S. 1–2. Der Titel der Zeitung wurde später noch einmal verwendet. Im Verlag Knorr und Hirth ging am 1. April 1941 eine „München-Augsburger Abendzeitung" aus dem „Münchner Abendblatt" (s. 1937) hervor. Das Blatt hatte seit 1922 („Telegramm-Zeitung") diverse Namensänderungen hinter sich und konnte sich bis April 1945 halten.

[202] Sie wurde mit folgender Verlagserklärung versehen: „Infolge technischer Schwierigkeiten ist es leider unmöglich, diese Nummer rechtzeitig fertigzustellen. Auch wollen wir unsere Leser schon jetzt darauf vorbereiten, daß wir zunächst nur in vierzehntägiger Folge erscheinen können. Sobald aber die augenblicklichen Schwierigkeiten überwunden sind und die künftige Form unseres Erscheinens geregelt ist, wird unsern Lesern die nächste Nummer zugehen." Eiserne Blätter, 21. Jg. (1939), Nr. 37 v. 5. September 1939

[203] „Die „Eisernen Blätter" hören hiermit auf zu erscheinen. All meinen Mitarbeitern und Lesern wie auch der Druckerei aus vollem Herzen Dank! Die geschäftlichen Dinge bitte ich langsam erledigen zu dürfen. Etwaige Vorauszahlungen werden geregelt. Auch dafür erbitte ich Zeit. Umstehend das Inhaltsverzeichnis dieses Jahrgangs. Der Verlag D. Gottfried Traub." Eiserne Blätter, 21. Jg. (1939), Nr. 44/45 v. 31. Dezember 1939, S. 17

[204] vgl. dazu die biographische Studie von Frank Biermann, Hans Traub (1901–1943). In: Zeitungswissenschaftler im Dritten Reich. Sieben biographische Studien, hrsg. von A. Kutsch unter Mitarb. v. F. Biermann und R. Herpolsheimer, Köln 1984, S. 45–78. Ein Nachlaßteil von Hans Traub befindet sich im Institut für Zeitungsforschung der Stadt Dortmund. Seine Dissertation schrieb Hans Traub über einen Vorläufer der MAA: „Die Augsburger Abendzeitung und die Revolution im Jahre 1848"

[205] Gottfried Traub, Erinnerungen, München 1949: I. Aus der sozialen Bewegung, II. Aus meinen kirchlichen Kämpfen

5. Editionstechnische Erläuterungen

Das Editionsverfahren bei der Berücksichtigung von drei Sammlungen wird im Kapitel „Die Sammlung ZSg. 110" erläutert.

In der Regel werden die Anweisungen aus ZSg. 110 nur im Kommentar aufgeführt und normalerweise werden bei diesen ZSg. 110-Verweisen lediglich die Band-Nummer und Seitenzahl angegeben.

Nur in speziellen Fällen wird in Klammern die Themenanordnung zur besseren Kenntlichmachung notiert und wie bei ZSg. 102 fingiert: ZSg. 110/1/95 (3) bzw. (5) v. 4. Juli 1935. An dieser Stelle werden ausnahmsweise die entsprechenden Anweisungen aus ZSg. 110 angeführt. Aufgrund technischer Schwierigkeiten (der übermittelnde Fernschreiber der FZ war im Juni/Juli 1935 defekt und produzierte z.T. unleserliche Texte) wurde hier von dem üblichen Verfahren abgewichen und die entsprechenden ZSg. 102-Textstellen wurden mit Verweisen versehen, wenn abzuschätzen war, daß es sich um denselben Inhalt d.h. die ursprünglich selbe Presseanweisung handelte.

Im *Dokumentationsteil* gibt es folgende Änderungen: Die „korrespondierenden" Zeitungen („Frankfurter Zeitung", „Hamburger Nachrichten" und in besonderen Fällen „Schlesische Zeitung") wurden grundsätzlich auf ihre Umsetzung überprüft und zitiert. Wenn keine entsprechende Fundstelle zitiert wird, wurde die Presseanweisung von den Journalisten nicht berücksichtigt. Die anderen Zeitungen wurden weiterhin exemplarisch herangezogen. Die Angabe der Seitenzahlen richtet sich nach der Mikrofilmfassung der Zeitungen. Außerdem werden im Dokumentationsteil immer neben der entsprechenden Schlagzeile, soweit vorhanden, die Angaben darüber mit angeführt, ob es sich um einen eigenen Bericht der Zeitung handelt (z.B. „Privattelegramm der Frankfurter Zeitung", „Von unserem Berichterstatter").

Bei der *Wiedergabe* wurde die Kennzeichnung der handschriftlichen Vermerke gegenüber den Jahrgängen 1933[206] und 1934 folgendermaßen abgeändert: Handschriftliche Anmerkungen oder Verbesserungen auf der Vorlage werden jetzt durch eine [eckige] Klammer kenntlich gemacht, um sie besser von möglichen (runden) Klammern im vorgegebenen Text unterscheiden zu können.

Durch die Journalisten angebrachte Markierungen (Anstreichungen) der Anweisungen in Blei- oder Farbstift bzw. Paraphen in Blei-, Farb- oder Kopierstift[207] werden nicht verzeichnet, weil sie den „amtlichen" Charakter der Anweisungsinhalte nicht tangieren.

Eine [eckige] Klammer im Datum zeigt an, daß eine falsche Datierung vorliegt, deren Angabe aber zum Wiederauffinden der Quelle notwendig ist. Die richtige

---

[206] vgl. NS-Presseanweisungen, 1:33, S. 127*
[207] vgl. die Edition der Akten der Reichskanzlei durch die Historische Kommission bei der Bayerischen Akademie der Wissenschaften und das Bundesarchiv, in der ebenfalls Unterstreichungen durch Farb- oder Bleistift „im allgemeinen unberücksichtigt" bleiben und „Korrekturen im Text der Vorlage ... nur dann angemerkt ((werden)), wenn sie den Sinn in sachlich relevanter Weise verändern". Zuletzt: Akten der Reichskanzlei: Weimarer Republik. Das Kabinett von Schleicher, Boppard 1986, S. XVI

Datierung wird in (einfache) Klammern davorgesetzt, und dementsprechend wird die Anweisung eingeordnet. Zitiert wird die Anweisung mit der korrigierten Datumsangabe in (einfacher) Klammer. Der Fundort ist über das chronologische Register festzustellen, wo die falsche Datumsangabe in [eckiger] Klammer[208] mit angeführt wird. Ergänzungen, Anmerkungen oder kurze Kommentare durch die Bearbeiterin werden weiterhin durch ((doppelte)) Klammern markiert.

Zur *Schreibweise:* Offensichtliche Schreibfehler werden weiterhin stillschweigend korrigiert, das gilt auch für Eigennamen, es sei denn, der Fehler hat eine besondere Bedeutung, dann wird er mit einem ((sic)) versehen. Die eigentümliche Schreibweise des Fernschreibers (ae, oe, ue statt ä, ö, ü und ss statt ß) wird übernommen, nur Eigennamen werden in der üblichen Schreibweise wiedergegeben (z.B. Heß).[209]

Hervorhebungen im Original (Fettdruck, Spationierung, Kursivschrift) werden durch *Unterstreichen* markiert.

Der Anweisungstext ZSg. 101/5/198 v. 18. Juni 1935 wurde auf einer Schreibmaschine mit Fraktur-Typen geschrieben.

Zu ZSg. 101:
Die Anweisungs-Nr. 1778 wurde zweimal vergeben, einmal am 28. Oktober und einmal am 29. Oktober.

Die im Institut für Zeitungsforschung vorliegende Mikrofilmfassung der „Hamburger Nachrichten" enthält ab 1. Juli 1935 die nur einmal täglich erscheinende Ausgabe C, wodurch sich die Ausgabenzählung schlagartig ändert. Auf Nr. 299 folgt Nr. 180 und von daher ist es möglich, daß zwischen diesen beiden Zahlen dieselben Zeitungsnummern mit divergierenden Daten vorkommen.

Zu ZSg. 102:
Die als + ... + vorgegebenen Anführungszeichen in den Fernschreibertexten wurden durch die geläufigen „ ... " ersetzt.

In den Fällen, in denen es keine Nummern zur Kennzeichnung der jeweiligen Ausrichtung gab, wurde die erste Zeile, die in der Regel den Adressaten[210] nennt, zur besseren Unterscheidung mit angeführt.

Es hat den Anschein, daß im August kein FZ-Korrespondent die Pressekonferenz besucht hat, denn es sind für diesen Monat in ZSg. 102 keine Anweisungen überliefert und die in den beiden anderen Sammlungen überlieferten Anweisungen wurden in der FZ nicht berücksichtigt, was an den im Kommentar fehlenden Nachweis-Stellen deutlich wird. Offensichtlich war der defekte Fernschreiber ein willkommener Anlaß, die Presseanweisungen zu vernachlässigen.

Gelegentlich kam es nach der Pressekonferenz noch zu Unterhaltungen der FZ-Korrespondenten mit dem Pressesprecher, die, wenn sie thematisch zu den

---

[208] ZSg. 102/1/4 v. (3. Juli 1935) [4. Juli 1935]
[209] Der defekte Fernschreiber des Sommers wurde im Herbst durch einen neuen ersetzt, denn ab 12. September sind die Texte statt in der einheitlichen Großschreibung in einheitlicher Kleinschreibung verfaßt.
[210] ZSg. 102/1/Ausr. Herrn Reifenberg v. 8. Februar 1935

Anweisungen paßten, in deren Kommentaren „untergebracht" wurden, d.h. sie wurden wie Informationsberichte behandelt; wenn sie in keinem engeren Zusammenhang zu den Anweisungen standen, wurden sie nicht berücksichtigt.[211]

---

[211] ZSg. 102/1/53 v. 7. November 1935. ZSg. 102/1/32 (6) v. 22. Juli 1935

Editions- und Dokumentationsteil

Chronologisches Register
der Anweisungen

Erläuterungen zum chronologischen Register

Die edierten Presseanweisungen sind ausgehend vom Datum verzeichnet.

In den Jahrgängen 1934 ff zeigen in einfache Klammern gesetzte Signaturen generell an, daß es sich hierbei um Fundstellen handelt, die im Kommentar angesiedelt sind.

Ein in einfache Klammer gesetztes Datum signalisiert eine Presseanweisung, die nicht datiert war.

Jahr	Monat	Tag	Signatur	Seite
1935	Januar	02	ZSg. 101/5/1/Nr. 1019	1
		03	ZSg. 101/5/2/Nr. 1020	1
			ZSg. 101/5/2/Nr. 1021	1
			ZSg. 101/5/2/Nr. 1022	2
			ZSg. 102/1/33 (3)	3
			ZSg. 102/1/49	4
		04	ZSg. 102/1/32	5
			ZSg. 102/1/55	6
		05	ZSg. 101/5/3/Nr. 1023	7
		07	ZSg. 101/5/4/Nr. 1024	7
			ZSg. 101/5/4/Nr. 1025	8
			ZSg. 102/1/33 (1)	9
			ZSg. 102/1/33 (2)	10
			ZSg. 102/1/38	11
			ZSg. 102/1/39 (1)	11
			ZSg. 102/1/39 (2)	11
			ZSg. 102/1/39 (4)	12
		(08	ZSg. 102/1/40 (1)	8)
		(08	ZSg. 102/1/42	10)
		(08)	ZSg. 101/5/6/Nr. 1026	12
		(08)	ZSg. 101/5/6/Nr. 1027	13
		08	ZSg. 101/5/6/Nr. 1028	14
			ZSg. 102/1/41 (1)	15
		(09	ZSg. 102/1/54	13)
		09	ZSg. 101/5/7/Nr. 1029	15
			ZSg. 101/5/7/Nr. 1030	16
			ZSg. 101/5/7/Nr. 1031	16
			ZSg. 101/5/7/Nr. 1032	17
		11	ZSg. 101/5/8/Nr. 1033	18
			ZSg. 101/5/8/Nr. 1034	18
		13	ZSg. 101/5/9/Nr. 1035	19
		14	ZSg. 101/5/10/Nr. 1036	19
		16	ZSg. 101/5/11/Nr. 1037	20
			ZSg. 101/5/11/Nr. 1038	20
			ZSg. 101/5/11/Nr. 1039	21
		(16	ZSg. 102/1/34 (2)	21)
		16	ZSg. 102/1/34 (1)	21
		(16	ZSg. 102/1/34 (1)	22)
		16	ZSg. 102/1/34 (3)	22
			ZSg. 102/1/35 (2)	23
			ZSg. 102/1/36 (1)	24
		17	ZSg. 101/5/12/Nr. 1040	24
			ZSg. 101/5/13/Nr. 1041	25
		(17	ZSg. 101/28/15f.	41)
		18	ZSg. 101/5/14/Nr. 1042	25
			ZSg. 101/5/14/Nr. 1043	26
			ZSg. 101/5/14/Nr. 1044	27
		(18	ZSg. 102/1/70 (1)	27)
		18	ZSg. 101/5/14/Nr. 1045	28
			ZSg. 101/5/15	29
		(18	ZSg. 102/1/60 (1)	30)
		21	ZSg. 101/5/17/Nr. 1046	31
			ZSg. 101/5/17/Nr. 1047	32
			ZSg. 101/5/17/Nr. 1048	33
			ZSg. 101/5/17/Nr. 1049	33
		(21	ZSg. 102/1/39 (1)	34)

- VI -

Jahr	Monat	Tag	Signatur	Seite
1935	Januar	21	ZSg. 101/5/18/Nr. 1050	34
			ZSg. 102/1/39 (2)	35
			ZSg. 102/1/39 (3)	35
			ZSg. 102/1/41	35
		22	ZSg. 101/5/19/Nr. 1051	36
			ZSg. 101/5/19/Nr. 1052	36
			ZSg. 101/5/19/Nr. 1053	37
			ZSg. 101/5/19/Nr. 1054	37
		(22	ZSg. 102/1/43 (2)	37)
		22	ZSg. 101/5/19/Nr. 1055	37
			ZSg. 101/5/20/Nr. 1056	38
			ZSg. 102/1/43 (1)	39
		23	ZSg. 101/5/21/Nr. 1057	39
		(23	ZSg. 102/1/50 (2)	40)
		23	ZSg. 101/5/21/Nr. 1058	41
		(23	ZSg. 102/1/50 (1)	41)
		23	ZSg. 101/5/21/Nr. 1059	42
			ZSg. 101/5/21/Nr. 1060	42
		24	ZSg. 101/5/22/Nr. 1061	43
			ZSg. 101/5/22/Nr. 1062	43
			ZSg. 101/5/22/Nr. 1063	44
			ZSg. 102/1/49 (3)	44
		28	ZSg. 101/5/23/Nr. 1064	45
			ZSg. 101/5/23/Nr. 1065	46
			ZSg. 101/5/23/Nr. 1066	47
		29	ZSg. 101/5/24/Nr. 1067	48
			ZSg. 101/5/24/Nr. 1068	48
			ZSg. 101/5/24/Nr. 1069	48
		31	ZSg. 101/5/25/Nr. 1070	49
			ZSg. 101/5/25/Nr. 1071	49
		(31	ZSg. 102/1/66 (1)	49)
		31	ZSg. 101/5/25/Nr. 1072	50
			ZSg. 101/5/26	50
			ZSg. 102/1/66 (2)	51
			ZSg. 102/1/66 (3)	52
	Februar	01	ZSg. 101/5/27/Nr. 1073	54
			ZSg. 101/5/27/Nr. 1074	54
			ZSg. 101/5/27/Nr. 1075	54
			ZSg. 101/5/28/Nr. 1076	55
		03	ZSg. 101/5/29/Nr. 1077	55
		04	ZSg. 101/5/30/Nr. 1078	56
		(04	ZSg. 102/1/42 (1)	56)
		04	ZSg. 101/5/30/Nr. 1079	57
			ZSg. 101/5/30/Nr. 1080	57
		(04	ZSg. 102/1/43	58)
		04	ZSg. 101/5/30/Nr. 1081	58
			ZSg. 101/5/31/Nr. 1082	59
			ZSg. 102/1/48	59
		05	ZSg. 101/5/32/Nr. 1083	60
			ZSg. 101/5/33/Nr. 1084	61
			ZSg. 101/5/33/Nr. 1085	61
			ZSg. 101/5/33/Nr. 1086	62
			ZSg. 101/5/33/Nr. 1087	63
			ZSg. 101/5/34/Nr. 1088	63
		(06	ZSg. 101/28/21	60)

- VII -

Jahr	Monat	Tag	Signatur	Seite
1935	Februar	(06	ZSg. 101/28/25	62*)
		06	ZSg. 101/5/35/Nr. 1089	64
			ZSg. 101/5/35/Nr. 1090	64
		07	ZSg. 101/5/36/Nr. 1091	65
			ZSg. 101/5/36/Nr. 1092	66
			ZSg. 101/5/36/Nr. 1093	66
			ZSg. 102/1/8	66
			ZSg. 101/5/36/Nr. 1094	67
			ZSg. 101/5/36/Nr. 1095	67
		(07	ZSg. 102/1/61 (2)	67)
		07	ZSg. 101/5/37/Nr. 1096	68
			ZSg. 102/1/5 (2)	68
			ZSg. 102/1/61 (1)	69
			ZSg. 102/1/61 (3)	69
		08	ZSg. 102/1/Ausr. Herrn Reifenberg (1)	70
			ZSg. 102/1/Ausr. Herrn Reifenberg (2)	70
			ZSg. 102/1/Ausr. Herrn Reifenberg (3)	70
			ZSg. 102/1/Ausr. Herrn Reifenberg (4)	71
		09	ZSg. 101/5/38/Nr. 1097	72
		(11	ZSg. 101/28/27	60)
		11	ZSg. 101/5/39/Nr. 1098	72
			ZSg. 101/5/39/Nr. 1099	73
		(11	ZSg. 102/1/48 (2)	73)
		11	ZSg. 101/5/40/Nr. 1100	74
		12	ZSg. 101/5/41/Nr. 1101	74
			ZSg. 101/5/41/Nr. 1102	75
			ZSg. 101/5/41/Nr. 1103	75
			ZSg. 101/5/41/Nr. 1104	76
			ZSg. 101/5/42/Nr. 1105	77
		13	ZSg. 101/5/43/Nr. 1106	78
			ZSg. 101/5/43/Nr. 1107	79
			ZSg. 101/5/44/Nr. 1108	79
			ZSg. 101/5/45/Nr. 1109	80
			ZSg. 102/1/48 (2)	80
			ZSg. 102/1/48 (3)	80
			ZSg. 102/1/48 (4)	81
		14	ZSg. 101/5/46/Nr. 1110	81
			ZSg. 101/5/46/Nr. 1111	82
			ZSg. 101/5/47/Nr. 1112	82
		15	ZSg. 101/5/48/Nr. 1113	83
			ZSg. 101/5/49/Nr. 1114	83
		16	ZSg. 101/5/50/Nr. 1115	84
			ZSg. 101/5/51/Nr. 1116	85
			ZSg. 101/5/51/Nr. 1117	85
			ZSg. 102/1/74 (1)	86
			ZSg. 102/1/74 (2)	86
			ZSg. 102/1/74 (3)	87
			ZSg. 102/1/80	87
		(16	ZSg. 110/1/5f.	87)
		18	ZSg. 101/5/52/Nr. 1118	88
			ZSg. 101/5/52/Nr. 1119	89
			ZSg. 101/5/52/Nr. 1120	89

Jahr	Monat	Tag	Signatur	Seite
1935	Februar	18	ZSg. 101/5/53/Nr. 1121	90
		(18	ZSg. 101/28/57-59	90)
		18	ZSg. 102/1/42 (4)	91
		19	ZSg. 101/5/54/Nr. 1122	91
			ZSg. 101/5/54/Nr. 1123	92
			ZSg. 101/5/54/Nr. 1124	93
			ZSg. 101/5/54/Nr. 1125	93
			ZSg. 101/5/54/Nr. 1126	93
		(19	ZSg. 102/1/51 (5)	93)
		19	ZSg. 102/1/51 (4)	94
			ZSg. 102/1/51 (6)	94
			ZSg. 102/1/51 (7)	94
			ZSg. 102/1/51 (8)	95
		(20	ZSg. 102/1/51 (2)	94)
		(20	ZSg. 102/1/51 (3)	95)
		20	ZSg. 101/5/55/Nr. 1127	95
			ZSg. 101/5/55/Nr. 1128	96
			ZSg. 101/5/55/Nr. 1129	96
			ZSg. 102/1/52	97
			ZSg. 102/1/51 (4)	97
			ZSg. 102/1/53 (1)	97
		(20	ZSg. 101/28/65-66	114)
		21	ZSg. 101/5/56/Nr. 1130	98
			ZSg. 102/1/44 (1)	99
			ZSg. 102/1/44 (2)	100
			ZSg. 102/1/44 (3)	100
			ZSg. 102/1/45	101
		23	ZSg. 101/5/57/Nr. 1131	101
		(23	ZSg. 101/28/75-77	102)
		23	ZSg. 101/5/57/Nr. 1132	102
			ZSg. 101/5/57/Nr. 1133	103
			ZSg. 101/5/58/Nr. 1134	103
		25	ZSg. 101/5/59/Nr. 1135	104
			ZSg. 101/5/59/Nr. 1136	104
			ZSg. 102/1/50 (1)	105
			ZSg. 102/1/50 (2)	105
		26	ZSg. 101/5/60/Nr. 1137	106
			ZSg. 101/5/61/Nr. 1138	107
			ZSg. 101/5/61/Nr. 1139	107
			ZSg. 101/5/61/Nr. 1140	109
		(26	ZSg. 102/1/46 (1)	109)
		26	ZSg. 101/5/63	109
			ZSg. 102/1/46 (2)	110
			ZSg. 102/1/51 (1)	111
			ZSg. 102/1/51 (2)	111
			ZSg. 102/1/51 (3)	112
			ZSg. 102/1/51 (4)	113
		27	ZSg. 101/5/64/Nr. 1141	113
			ZSg. 101/5/64/Nr. 1142	113
			ZSg. 101/5/64/Nr. 1143	114
			ZSg. 101/5/65/Nr. 1144	115
		28	ZSg. 101/5/66/Nr. 1145	115
			ZSg. 101/5/66/Nr. 1146	116
			ZSg. 101/5/66/Nr. 1147	116
			ZSg. 101/5/67/Nr. 1148	117

Jahr	Monat	Tag	Signatur	Seite
1935	März	01	ZSg. 101/5/68/Nr. 1149	118
			ZSg. 101/5/68/Nr. 1150	118
			ZSg. 101/5/68/Nr. 1151	119
			ZSg. 101/5/68/Nr. 1152	119
		02	ZSg. 101/5/69/Nr. 1153	120
			ZSg. 101/5/69/Nr. 1154	120
			ZSg. 101/5/70/Nr. 1155	121
		04	ZSg. 101/5/71/Nr. 1156	122
			ZSg. 102/1/41 (2)	123
			ZSg. 102/1/41 (3)	123
		05	ZSg. 101/5/72/Nr. 1157	124
			ZSg. 101/5/73/Nr. 1158	125
			ZSg. 101/5/73/Nr. 1159	125
			ZSg. 101/5/73/Nr. 1160	126
			ZSg. 101/5/76/Nr. 1161	127
			ZSg. 102/1/72	127
		(05	ZSg. 101/28/83	130)
		06	ZSg. 101/5/77/Nr. 1162	128
		(06	ZSg. 102/1/48 (3)	129)
		06	ZSg. 102/1/48 (1)	129
		((06)	ZSg. 102/1/50	129)
		06	ZSg. 102/1/48 (2)	130
		07	ZSg. 101/5/78/Nr. 1163	130
		(07	ZSg. 102/1/58	131)
		07	ZSg. 101/5/78/Nr. 1164	131
			ZSg. 101/5/78/Nr. 1165	131
			ZSg. 101/5/78/Nr. 1166	132
			ZSg. 101/5/78/Nr. 1167	132
			ZSg. 102/1/57 (2)	132
		08	ZSg. 101/5/79/Nr. 1168	133
			ZSg. 101/5/79/Nr. 1169	133
		09	ZSg. 101/5/81/Nr. 1170	134
			ZSg. 101/5/80/Nr. 1171	135
			ZSg. 101/5/80/Nr. 1172	136
		10	ZSg. 101/5/82/Nr. 1173	136
		11	ZSg. 101/5/83/Nr. 1174	137
			ZSg. 101/5/83/Nr. 1175	138
			ZSg. 101/5/84/Nr. 1176	138
			ZSg. 101/5/85/Nr. 1177	139
			ZSg. 102/1/46 (1)	140
			ZSg. 102/1/46 (2)	140
		12	ZSg. 101/5/86/Nr. 1178	141
			ZSg. 101/5/87	141
			ZSg. 101/5/86/Nr. 1179	142
		13	ZSg. 101/5/88/Nr. 1180	142
			ZSg. 101/5/88/Nr. 1181	142
			ZSg. 101/5/88/Nr. 1182	143
		14	ZSg. 101/5/89/Nr. 1183	144
		(14	ZSg. 102/1/32 (2)	144)
		14	ZSg. 101/5/89/Nr. 1184	144
			ZSg. 101/5/89/Nr. 1185	145
			ZSg. 101/5/89/Nr. 1186	146
			ZSg. 102/1/32 (4)	146
			ZSg. 101/5/89/Nr. 1187	146
			ZSg. 101/5/89/Nr. 1188	146
			ZSg. 102/1/31	147

Jahr	Monat	Tag	Signatur	Seite
1935	März	(15	ZSg. 101/28/125	141)
		16	ZSg. 102/1/89	148
		18	ZSg. 101/5/90/Nr. 1189	148
			ZSg. 101/5/90/Nr. 1190	149
			ZSg. 101/5/90/Nr. 1191	150
			ZSg. 101/5/90/Nr. 1192	151
			ZSg. 101/5/90/Nr. 1193	151
			ZSg. 101/5/91/Nr. 1194	152
			ZSg. 101/5/91/Nr. 1195	153
			ZSg. 101/5/91/Nr. 1196	154
		19	ZSg. 101/5/92/Nr. 1197	154
			ZSg. 101/5/92/Nr. 1198	155
			ZSg. 101/5/92/Nr. 1199	156
			ZSg. 101/5/92/Nr. 1200	156
		(19	ZSg. 102/1/48	156)
		19	ZSg. 101/5/92/Nr. 1201	157
			ZSg. 102/1/49 (3)	157
		(20	ZSg. 101/28/133-135	149)
		(20	ZSg. 101/28/137-141	164)
		21	ZSg. 101/5/93/Nr. 1202	158
		(21	ZSg. 101/5/94	158)
		21	ZSg. 101/5/95/Nr. 1203	158
			ZSg. 101/5/95/Nr. 1204	159
			ZSg. 101/5/95/Nr. 1205	159
			ZSg. 102/1/39	160
		22	ZSg. 101/5/96/Nr. 1206	160
			ZSg. 101/5/96/Nr. 1207	160
			ZSg. 101/5/96/Nr. 1208	161
			ZSg. 101/5/96/Nr. 1209	161
			ZSg. 101/5/97/Nr. 1210	162
			ZSg. 101/5/98/Nr. 1211	162
			ZSg. 101/5/98/Nr. 1212	163
			ZSg. 102/1/38	164
		(23	ZSg. 102/1/51 (2)	161)
		23	ZSg. 101/5/99/Nr. 1213	165
			ZSg. 101/5/99/Nr. 1214	165
			ZSg. 102/1/51 (1)	165
			ZSg. 102/1/51 (3)	166
			ZSg. 102/1/51 (5)	166
		25	ZSg. 101/5/100/Nr. 1215	167
			ZSg. 101/5/100/Nr. 1216	167
			ZSg. 101/5/100/Nr. 1217	168
			ZSg. 101/5/101/Nr. 1218	169
			ZSg. 101/5/101/Nr. 1219	169
			ZSg. 101/5/101/Nr. 1220	169
			ZSg. 102/1/32 (4)	170
		26	ZSg. 101/5/102/Nr. 1221	171
			ZSg. 101/5/102/Nr. 1222	172
			ZSg. 101/5/102/Nr. 1223	173
			ZSg. 101/5/102/Nr. 1224	174
			ZSg. 110/1/47	174
			ZSg. 101/5/103/Nr. 1225	175
			ZSg. 102/1/43 (2)	176
		(27	ZSg. 101/28/Nr. 149-153	174)
		27	ZSg. 102/1/50	176
		(27	ZSg. 101/28/145	178)

Jahr	Monat	Tag	Signatur	Seite
1935	März	28	ZSg. 102/1/50 (1)	177
			ZSg. 102/1/50 (2)	177
			ZSg. 102/1/50 (3)	178
		29	ZSg. 101/5/104/Nr. 1226	179
		(29	ZSg. 102/1/55 (3)	179)
		29	ZSg. 101/5/104/Nr. 1227	179
			ZSg. 102/1/55 (2)	180
		30	ZSg. 101/5/105/Nr. 1228	181
		(30	ZSg. 102/1/55 (4)	181)
		30	ZSg. 101/5/106/Nr. 1229	182
			ZSg. 102/1/55 (1)	182
			ZSg. 102/1/55 (2)	183
			ZSg. 102/1/55 (3)	183
			ZSg. 102/1/55 (5)	184
			ZSg. 102/1/55 (6)	185
	April	01	ZSg. 101/5/107/Nr. 1230	186
		(01	ZSg. 102/1/41 (8)	186)
		01	ZSg. 101/5/107/Nr. 1231	186
			ZSg. 101/5/107/Nr. 1232	187
			ZSg. 101/5/108/Nr. 1233	187
			ZSg. 101/5/108/Nr. 1234	188
			ZSg. 102/1/41 (2)	189
			ZSg. 102/1/41 (4)	189
			ZSg. 102/1/41 (5)	190
			ZSg. 102/1/41 (6)	190
			ZSg. 102/1/41 (7)	191
		02	ZSg. 102/1/43 (1)	191
			ZSg. 102/1/43 (2)	192
			ZSg. 102/1/43 (3)	193
			ZSg. 102/1/57	193
		03	ZSg. 101/5/109/Nr. 1235	195
			ZSg. 101/5/109/Nr. 1236	195
		(03	ZSg. 102/1/40 (1)	195)
		03	ZSg. 101/5/109/Nr. 1237	196
		(03	ZSg. 102/1/40 (2)	196)
		03	ZSg. 101/5/109/Nr. 1238	197
		(03	ZSg. 102/1/40 (3)	197)
		03	ZSg. 101/5/111/Nr. 1239	198
			ZSg. 102/1/40 (4)	198
			ZSg. 102/1/40 (5)	199
			ZSg. 102/1/40 (6)	199
		04	ZSg. 101/5/110/Nr. 1240	200
			ZSg. 101/5/110/Nr. 1241	200
			ZSg. 102/1/55 (1)	200
			ZSg. 102/1/55 (2)	201
		05	ZSg. 101/5/112/Nr. 1242	202
			ZSg. 101/5/112/Nr. 1243	202
			ZSg. 101/5/112/Nr. 1244	203
		06	ZSg. 101/5/113/Nr. 1245	203
			ZSg. 102/1/63 (1)	204
			ZSg. 102/1/63 (3)	205
			ZSg. 102/1/63 (4)	205
			ZSg. 102/1/63 (5)	205
		08	ZSg. 101/5/114/Nr. 1246	206
			ZSg. 101/5/114/Nr. 1247	206

Jahr	Monat	Tag	Signatur	Seite
1935	April	08	ZSg. 101/5/115/Nr. 1248	207
			ZSg. 102/1/48 (2)	208
		09	ZSg. 101/5/116/Nr. 1249	209
			ZSg. 101/5/116/Nr. 1250	209
			ZSg. 101/5/116/Nr. 1251	209
			ZSg. 101/5/116/Nr. 1252	210
			ZSg. 101/5/116/Nr. 1253	211
		(09	ZSg. 102/1/42 (6)	211)
		09	ZSg. 102/1/42 (4)	212
			ZSg. 102/1/42 (5)	213
			ZSg. 102/1/42 (7)	213
		10	ZSg. 101/5/117/Nr. 1254	213
			ZSg. 101/5/117/Nr. 1255	213
			ZSg. 101/5/118/Nr. 1256	214
		(11	ZSg. 101/28/155-157	204)
		11	ZSg. 101/5/119/Nr. 1257	215
			ZSg. 102/1/45 (1)	215
		(11	ZSg. 102/1/11	216)
		(11	ZSg. 102/1/46	216)
		12	ZSg. 101/5/120/Nr. 1258	216
			ZSg. 101/5/120/Nr. 1259	217
			ZSg. 101/5/120/Nr. 1260	218
			ZSg. 102/1/60 (2)	218
			ZSg. 102/1/60 (4)	219
		13	ZSg. 101/5/121/Nr. 1261	220
		15	ZSg. 102/1/36 (1)	220
			ZSg. 102/1/36 (2)	221
		16	ZSg. 101/5/122/Nr. 1262	221
			ZSg. 101/5/122/Nr. 1263	221
			ZSg. 101/5/122/Nr. 1264	222
			ZSg. 101/5/122/Nr. 1265	223
		(16	ZSg. 102/1/47 (2)	223)
		16	ZSg. 101/5/122/Nr. 1266	223
			ZSg. 102/1/47 (4)	224
			ZSg. 102/1/47 (5)	224
			ZSg. 101/5/123/Nr. 1267	225
		17	ZSg. 102/1/58 (1)	226
			ZSg. 102/1/58 (2)	227
			ZSg. 102/1/58 (3)	228
			ZSg. 102/1/58 (4)	228
			ZSg. 102/1/58 (5)	229
			ZSg. 102/1/58 (6)	229
		18	ZSg. 101/5/124/Nr. 1268	230
			ZSg. 101/5/124/Nr. 1269	231
			ZSg. 101/5/124	231
		(18	ZSg. 101/28/159-163	232)
		18	ZSg. 102/1/37 (1)	232
		(18	ZSg. 101/28/161f.	233)
		18	ZSg. 102/1/37 (3)	233
			ZSg. 102/1/37 (4)	234
			ZSg. 102/1/37 (6)	234
		23	ZSg. 101/5/125/Nr. 1270	235
			ZSg. 101/5/126	235
			ZSg. 101/5/127/Nr. 1271	236
			ZSg: 102/1/33 (1)	237
			ZSg. 102/1/33 (4)	237

Jahr	Monat	Tag	Signatur	Seite
1935	April	24	ZSg. 101/5/128/Nr. 1272	238
			ZSg. 101/5/129/Nr. 1273	239
			ZSg. 101/5/129/Nr. 1274	240
			ZSg. 101/5/129/Nr. 1275	240
		25	ZSg. 101/5/130/Nr. 1276	241
			ZSg. 101/5/131	242
			ZSg. 102/1/53 (1)	243
		(27)	ZSg. 101/5/132	244
		(27	ZSg. 102/1	245)
		29	ZSg. 101/5/133/Nr. 1277	245
			ZSg. 102/1/32 (2)	246
			ZSg. 102/1/32 (3)	246
		30	ZSg. 101/5/134/Nr. 1278	246
			ZSg. 101/5/135/Nr. 1279	247
	Mai	02	ZSg. 101/5/136/Nr. 1280	249
			ZSg. 102/1/46 (3)	249
			ZSg. 101/5/136/Nr. 1281	249
			ZSg. 101/5/137/Nr. 1282	250
			ZSg. 102/1/46 (2)	251
			ZSg. 102/1/46 (4)	251
			ZSg. 102/1/46 (5)	251
		03	ZSg. 101/5/138/Nr. 1283	252
			ZSg. 101/5/138/Nr. 1284	253
			ZSg. 101/5/138/Nr. 1285	253
			ZSg. 102/1/59 (2)	254
			ZSg. 102/1/59 (3)	254
			ZSg. 102/1/59 (4)	255
		04	ZSg. 101/5/139/Nr. 1286	256
			ZSg. 101/5/139/Nr. 1287	257
			ZSg. 101/5/139/Nr. 1288	257
			ZSg. 101/5/140/Nr. 1289	258
			ZSg. 102/1/44 (1)	259
			ZSg. 102/1/44 (2)	260
			ZSg. 102/1/44 (3)	260
			ZSg. 102/1/65 (1)	260
			ZSg. 102/1/65 (2)	262
			ZSg. 102/1/65 (6)	263
		06	ZSg. 101/5/141/Nr. 1290	264
			ZSg. 101/5/141/Nr. 1291	264
			ZSg. 101/5/143/Nr. 1292	265
			ZSg. 101/5/144/Nr. 1293	266
			ZSg. 102/1/4 M (1)	267
			ZSg. 102/1/4 M (3)	267
			ZSg. 102/1/4 M (4)	267
		07	ZSg. 101/5/142/Nr. 1294	268
			ZSg. 101/5/146/Nr. 1295	268
			ZSg. 101/5/147/Nr. 1296	269
			ZSg. 102/1/55 (1)	270
			ZSg. 102/1/55 (2)	270
			ZSg. 102/1/55 (4)	271
		08	ZSg. 101/5/148/Nr. 1297	272
			ZSg. 101/5/148/Nr. 1298	273
		(08	ZSg. 102/1/57 (1)	273)
		08	ZSg. 101/5/149/Nr. 1299	273
			ZSg. 102/1/57 (3)	274
		(09)	ZSg. 101/5/150/Nr. 1300	275

Jahr	Monat	Tag	Signatur	Seite
1935	Mai	09	ZSg. 101/5/151/Nr. 1301	276
			ZSg. 101/5/151/Nr. 1302	276
			ZSg. 101/5/151/Nr. 1303	277
		10	ZSg. 101/5/152/Nr. 1304	278
			ZSg. 101/5/152/Nr. 1305	278
			ZSg. 101/5/152/Nr. 1306	279
			ZSg. 101/5/152/Nr. 1307	279
			ZSg. 101/5/152/Nr. 1308	280
			ZSg. 101/5/152/Nr. 1309	280
			ZSg. 102/1/49 (3)	280
			ZSg. 102/1/49 (4)	281
		11	ZSg. 101/5/153/Nr. 1310	282
			ZSg. 101/5/153/Nr. 1311	282
		13	ZSg. 101/5/154/Nr. 1312	283
			ZSg. 101/5/154/Nr. 1313	284
			ZSg. 102/1/4 (2)	285
		14	ZSg. 101/5/155/Nr. 1314	286
		(14	ZSg. 102/1/30 (1)	286)
		14	ZSg. 101/5/155/Nr. 1315	287
			ZSg. 101/5/156/Nr. 1316	288
			ZSg. 102/1/30 (2)	289
			ZSg. 102/1/30 (4)	290
		15	ZSg. 101/5/157/Nr. 1317	291
			ZSg. 102/1/69 (1)	292
			ZSg. 102/1/69 (2)	292
			ZSg. 102/1/69 (3)	293
			ZSg. 102/1/69 (4)	294
		16	ZSg. 101/5/158/Nr. 1318	294
			ZSg. 101/5/158/Nr. 1319	295
			ZSg. 101/5/159/Nr. 1320	296
			ZSg. 102/1/48 (1)	296
			ZSg. 102/1/48 (2)	297
		17	ZSg. 101/5/160	297
			ZSg. 101/5/161/Nr. 1321	298
		18	ZSg. 101/5/162/Nr. 1322	298
			ZSg. 102/1/69 (1)	299
			ZSg. 102/1/69 (2)	299
			ZSg. 102/1/69 (3)	300
		20	ZSg. 101/5/163/Nr. 1323	300
			ZSg. 101/5/163/Nr. 1324	301
			ZSg. 102/1/4 (2)	302
			ZSg. 102/1/4 (3)	303
		21	ZSg. 101/5/164/Nr. 1325	304
			ZSg. 101/5/164/Nr. 1326	305
			ZSg. 101/5/164/Nr. 1327	305
			ZSg. 102/1/34 (1)	306
		(22	ZSg. 102/1/53 (2)	302)
		22	ZSg. 101/5/165/Nr. 1328	306
			ZSg. 101/5/166/Nr. 1329	307
			ZSg. 102/1/53 (1)	308
		(22	ZSg. 101/28/179-181	308)
		23	ZSg. 101/5/167/Nr. 1330	309
			ZSg. 102/1/4 (1)	310
			ZSg. 102/1/4 (2)	310
			ZSg. 102/1/4 (3)	310
			ZSg. 102/1/4 (4)	311

Jahr	Monat	Tag	Signatur	Seite
1935	Mai	(24	ZSg. 110/1/72-73	261)
		24	ZSg. 101/5/168/Nr. 1331	311
			ZSg. 101/5/168/Nr. 1332	312
			ZSg. 101/5/168/Nr. 1333	312
			ZSg. 101/5/168/Nr. 1334	313
			ZSg. 101/5/168/Nr. 1335	313
			ZSg. 101/5/168/Nr. 1336	314
			ZSg. 101/5/168/Nr. 1337	314
			ZSg. 101/5/168/Nr. 1338	315
			ZSg. 101/5/169/Nr. 1339	316
		(24	ZSg. 102/1/45 (9)	318)
		25	ZSg. 101/5/170/Nr. 1340	317
			ZSg. 101/5/170/Nr. 1341	318
			ZSg. 101/5/170/Nr. 1342	318
			ZSg. 101/5/170/Nr. 1343	319
			ZSg. 101/5/170/Nr. 1344	319
			ZSg. 101/5/170/Nr. 1345	319
			ZSg. 101/5/170/Nr. 1346	320
			ZSg. 101/5/171/Nr. 1347	322
			ZSg. 101/5/172/Nr. 1348	322
			ZSg. 101/5/172/Nr. 1349	323
			ZSg. 102/1/48 (4)	323
		(26)	ZSg. 101/5/173/Nr. 1350	324
		26	ZSg. 101/5/174/Nr. 1351	324
			ZSg. 101/5/174/Nr. 1352	325
	(Mai) [Juni]	27	ZSg. 102/1/44 (1)	325
			ZSg. 102/1/44 (2)	326
		(28	ZSg. 102/1/67	263)
		28	ZSg. 101/5/175/Nr. 1353	327
			ZSg. 101/5/175/Nr. 1354	327
			ZSg. 101/5/175/Nr. 1355	327
		29	ZSg. 101/5/176/Nr. 1356	328
			ZSg. 101/5/176/Nr. 1357	329
			ZSg. 101/5/176/Nr. 1358	329
			ZSg. 101/5/176/Nr. 1359	329
			ZSg. 101/5/176/Nr. 1360	330
			ZSg. 102/1/58 (3)	331
			ZSg. 102/1/58 (5)	331
		31	ZSg. 101/5/177/Nr. 1361	332
			ZSg. 101/5/178/Nr. 1362	334
			ZSg. 102/1/40 (1)	334
			ZSg. 102/1/40 (2)	335
			ZSg. 102/1/40 (3)	335
			ZSg. 102/1/40 (4)	336
			ZSg. 102/1/40 (5)	336
	Juni	01	ZSg. 101/5/179/Nr. 1363	338
			ZSg. 101/5/180/Nr. 1364	338
		03	ZSg. 101/5/181/Nr. 1365	339
		05	ZSg. 101/5/182/Nr. 1366	340
			ZSg. 101/5/182/Nr. 1367	341
			ZSg. 101/5/182/Nr. 1368	342
			ZSg. 101/5/182/Nr. 1369	342
			ZSg. 101/5/182/Nr. 1370	343
			ZSg. 101/5/182/Nr. 1371	344
		(05	ZSg. 102/1/39 (3)	344)

Jahr	Monat	Tag	Signatur	Seite
1935	Juni	05	ZSg. 101/5/183/Nr. 1372	345
			ZSg. 102/1/39 (1)	346
		06	ZSg. 101/5/184/Nr. 1373	346
			ZSg. 101/5/184/Nr. 1374	346
			ZSg. 101/5/184/Nr. 1375	347
			ZSg. 101/5/184/Nr. 1376	347
			ZSg. 101/5/184/Nr. 1377	348
			ZSg. 101/5/185/Nr. 1378	349
		07	ZSg. 101/5/186/Nr. 1379	349
			ZSg. 101/5/187/Nr. 1380	351
			ZSg. 102/1/49 (2)	352
		11	ZSg. 101/5/188/Nr. 1381	352
		12	ZSg. 101/5/189/Nr. 1382	353
			ZSg. 101/5/189/Nr. 1382((a))	354
			ZSg. 101/5/189/Nr. 1382((b))	355
		(13	ZSg. 102/1/9	350)
		13	ZSg. 101/5/190/Nr. 1383	355
			ZSg. 101/5/190/Nr. 1384	356
			ZSg. 101/5/190/Nr. 1385	357
			ZSg. 101/5/191/Nr. 1386	357
			ZSg. 101/5/192/Nr. 1387	359
		14	ZSg. 101/5/193/Nr. 1388	360
			ZSg. 101/5/193/Nr. 1389	360
			ZSg. 101/5/193/Nr. 1390	360
			ZSg. 101/5/193/Nr. 1391	361
			ZSg. 101/5/194/Nr. 1392	362
			ZSg. 101/5/195/Nr. 1393((a))	363
			ZSg. 101/5/196/Nr. 1393((b))	363
			ZSg. 102/174 (4)	364
			ZSg. 102/1/4 (5)	364
		17	ZSg. 101/5/197/Nr. 1393((c))	365
		18	ZSg. 101/5/198/Nr. 1394	366
			ZSg. 101/5/198/Nr. 1395	366
		(18	ZSg. 102/1/33 (3)	366)
		18	ZSg. 101/5/199/Nr. 1396	367
			ZSg. 102/1/33 (1)	368
			ZSg. 102/1/33 (4)	368
			ZSg. 102/1/33 (5)	369
		19	ZSg. 101/5/200/Nr. 1397	369
		(19	ZSg. 102/1/44 (1)	370)
		19	ZSg. 102/1/44 (2)	370
			ZSg. 102/1/44 (3)	371
		20	ZSg. 101/5/201/Nr. 1398	371
		21	ZSg. 101/5/202/Nr. 1399	372
			ZSg. 101/5/202/Nr. 1400	373
			ZSg. 101/5/202/Nr. 1401	373
			ZSg. 101/5/202/Nr. 1402	373
			ZSg. 101/5/202/Nr. 1403	374
			ZSg. 101/5/202/Nr. 1404	374
		(22)	ZSg. 101/5/204/Nr. 1405	375
		(22)	ZSg. 101/5/204/Nr. 1406	376
		(22)	ZSg. 101/5/204/Nr. 1407	376
		(22)	ZSg. 101/5/204/Nr. 1408	377
		22	ZSg. 101/5/203/Nr. 1409	378
			ZSg. 101/5/203/Nr. 1410	378
			ZSg. 101/5/205/Nr. 1411	379

Jahr	Monat	Tag	Signatur	Seite
1935	Juni	22	ZSg. 102/1/66 (1)	380
			ZSg. 102/1/66 (4)	380
			ZSg. 102/1/66 (7)	381
		24	ZSg. 101/5/206/Nr. 1412	382
			ZSg. 101/5/206/Nr. 1413	382
		25	ZSg. 101/5/207/Nr. 1414	383
			ZSg. 101/5/207/Nr. 1415	384
			ZSg. 101/5/207/Nr. 1416	384
			ZSg. 102/1/53 (3)	385
			ZSg. 102/1/53 (5)	385
		26	ZSg. 102/1/40	386
		27	ZSg. 101/5/208/Nr. 1417	387
			ZSg. 101/5/208/Nr. 1418	387
			ZSg. 101/5/208/Nr. 1419	388
			ZSg. 101/5/208/Nr. 1420	389
		29	ZSg. 101/5/209/Nr. 1421	389
			ZSg. 101/5/209/Nr. 1422	390
			ZSg. 101/5/209/Nr. 1423	391
			ZSg. 101/5/210/Nr. 1424	392
		30	ZSg. 102/1/40 (1)	392
			ZSg. 102/1/40 (2)	393
	Juli	01	ZSg. 101/6/1/Nr. 1425	394
			ZSg. 101/6/1/Nr. 1426	394
		02	ZSg. 101/6/2/Nr. 1427	395
			ZSg. 101/6/2/Nr. 1428	396
			ZSg. 101/6/2/Nr. 1429	396
			ZSg. 101/6/2/Nr. 1430	397
			ZSg. 102/1/36 (1)	398
		(03) [04]	ZSg. 102/1/4 (1)	399
		03	ZSg. 102/1/4 (2)	400
			ZSg. 102/1/4 (3)	401
			ZSg. 102/1/4 (4)	401
		04	ZSg. 101/6/3/Nr. 1431	402
			ZSg. 101/6/3/Nr. 1432	403
			ZSg. 102/1/47 (2)	403
			ZSg. 110/1/95 (3)	404
			ZSg. 110/1/95 (5)	404
		05	ZSg. 101/6/4/Nr. 1433	405
			ZSg. 101/6/4/Nr. 1434	405
			ZSg. 101/6/4/Nr. 1435	406
			ZSg. 102/1/33 (3)	406
			ZSg. 102/1/33 (5)	407
			ZSg. 102/1/33 (6)	408
		06	ZSg. 101/6/5/Nr. 1436	408
		(06	ZSg. 102/1/56 (1)	408)
		06	ZSg. 101/6/5/Nr. 1437	409
			ZSg. 101/6/5/Nr. 1438	410
		(06	ZSg. 102/1/56 (2)	410)
		06	ZSg. 101/6/5/Nr. 1439	410
		(06)	ZSg. 101/6/6	411
		08	ZSg. 101/6/7/Nr. 1440	412
			ZSg. 101/6/7/Nr. 1441	413
			ZSg. 102/1/30 (2)	413
		09	ZSg. 101/6/8/Nr. 1442	414
			ZSg. 101/6/8/Nr. 1443	415

- XVIII -

Jahr	Monat	Tag	Signatur	Seite
1935	Juli	09	ZSg. 101/6/8/Nr. 1444	415
		10	ZSg. 101/6/9/Nr. 1445	416
			ZSg. 101/6/9/Nr. 1446	417
			ZSg. 101/6/9/Nr. 1447	418
			ZSg. 102/1/38 (2)	418
		11	ZSg. 101/6/11/Nr. 1448	419
			ZSg. 101/6/11/Nr. 1449	419
			ZSg. 101/6/12/Nr. 1450	420
			ZSg. 102/1/25 (3)	420
			ZSg. 102/1/25 (4)	421
		12	ZSg. 101/6/14/Nr. 1451	422
			ZSg. 102/1/45 (1)	422
			ZSg. 102/1/45 (2)	423
			ZSg. 102/1/45 (3)	424
			ZSg. 102/1/45 (4)	424
			ZSg. 102/1/45 (5)	425
(1935) [1937]			ZSg. 102/1/50 (1)	425
			ZSg. 102/1/50 (2)	426
			ZSg. 102/1/50 (3)	426
1935		13	ZSg. 101/6/13/Nr. 1452	427
			ZSg. 101/6/13/Nr. 1453	428
			ZSg. 101/6/13/Nr. 1454	428
			ZSg. 101/6/13/Nr. 1455	429
			ZSg. 101/6/13/Nr. 1456	429
		(13	ZSg. 102/1/46 (3)	429)
		13	ZSg. 102/1/46 (4)	430
			ZSg. 102/1/46 (5)	430
		15	ZSg. 101/6/15/Nr. 1457	431
			ZSg. 101/6/15/Nr. 1458	432
			ZSg. 101/6/15/Nr. 1459	432
			ZSg. 102/1/26 (2)	433
			ZSg. 102/1/26 (4)	433
		16	ZSg. 102/1/42 (1)	433
			ZSg. 102/1/42 (2)	434
		17	ZSg. 101/6/16	434
		18	ZSg. 101/6/18/Nr. 1460	435
		19	ZSg. 101/6/17/Nr. 1461	436
			ZSg. 101/6/17/Nr. 1462	437
			ZSg. 101/6/17/Nr. 1463	437
			ZSg. 101/6/19/Nr. 1464	438
			ZSg. 102/1/51 (1)	438
			ZSg. 102/1/51 (4)	439
			ZSg. 102/1/51 (5)	440
		20	ZSg. 101/6/20/Nr. 1465	441
			ZSg. 101/6/20/Nr. 1466	441
		(20)	ZSg. 101/6/21	442
		20	ZSg. 101/6/23/Nr. 1467	443
			ZSg. 102/1/50 (3)	443
			ZSg. 102/1/50 (4)	443
		22	ZSg. 101/6/22	444
			ZSg. 101/6/24/Nr. 1468	445
			ZSg. 101/6/24/Nr. 1469	445
			ZSg. 101/6/24/Nr. 1470	446
			ZSg. 101/6/25/Nr. 1471	447
			ZSg. 101/6/25/Nr. 1472	447
			ZSg. 102/1/37	448

Jahr	Monat	Tag	Signatur	Seite
1935	Juli	23	ZSg. 101/6/26/Nr. 1473	449
		(23	ZSg. 102/1/74	449)
		23	ZSg. 101/6/26/Nr. 1474	449
			ZSg. 101/6/26/Nr. 1475	450
			ZSg. 101/6/26/Nr. 1476	450
			ZSg. 101/6/26/Nr. 1477	450
			ZSg. 101/6/26/Nr. 1478	451
			ZSg. 102/1/67	451
			ZSg. 102/1/73	452
		24	ZSg. 101/6/27/Nr. 1479	454
		(24	ZSg. 102/1/37 (1)	454)
		24	ZSg. 101/6/27/Nr. 1480	456
			ZSg. 101/6/27/Nr. 1481	456
			ZSg. 102/1/37 (4)	457
			ZSg. 102/1/37 (5)	457
			ZSg. 102/1/37 (6)	457
			ZSg. 102/1/37 (7)	458
			ZSg. 102/1/37 (8)	458
		25	ZSg. 101/6/28/Nr. 1482	459
			ZSg. 101/6/28/Nr. 1483	459
		(25	ZSg. 102/1/35 (5)	459)
		25	ZSg. 101/6/28/Nr. 1484	460
			ZSg. 101/6/28/Nr. 1485	461
			ZSg. 101/6/29	461
			ZSg. 101/6/30/Nr. 1486	463
			ZSg. 102/1/35 (2)	464
			ZSg. 102/1/35 (4)	464
			ZSg. 102/1/35 (6)	464
		26	ZSg. 101/6/31/Nr. 1487	465
			ZSg. 101/6/31/Nr. 1488	465
			ZSg. 101/6/31/Nr. 1489	466
			ZSg. 101/6/31/Nr. 1490	467
			ZSg. 102/1/88 (1)	467
		((26)	ZSg. 102/1/10	468)
		26	ZSg. 102/1/88 (2)	469
			ZSg. 102/1/88 (3)	469
		(27	ZSg. 102/1/10 FFT	468)
		27	ZSg. 101/6/32/Nr. 1491	470
			ZSg. 101/6/32/Nr. 1492	470
			ZSg. 101/6/32/Nr. 1493	470
			ZSg. 101/6/32/Nr. 1494	471
			ZSg. 102/1/40 (4)	472
		29	ZSg. 101/6/33/Nr. 1495	472
			ZSg. 101/6/33/Nr. 1496	473
			ZSg. 101/6/34/Nr. 1497	474
			ZSg. 101/6/34/Nr. 1498	474
			ZSg. 101/6/34/Nr. 1499	474
		30	ZSg. 101/6/35/Nr. 1500	475
			ZSg. 102/1/39 (2)	475
			ZSg. 102/1/39 (3)	476
		31	ZSg. 101/6/36/Nr. 1501	476
			ZSg. 101/6/36/Nr. 1502	477
			ZSg. 101/6/36/Nr. 1503	477
			ZSg. 101/6/36/Nr. 1504	477
			ZSg. 101/6/37/Nr. 1505	478
			ZSg. 102/1/42 (4)	478

Jahr	Monat	Tag	Signatur	Seite
1935	August	01	ZSg. 101/6/38/Nr. 1506	479
			ZSg. 101/6/38/Nr. 1507	479
		(01	ZSg. 102/1/36 (3)	479)
			ZSg. 101/6/38/Nr. 1508	480
			ZSg. 101/6/38/Nr. 1509	481
			ZSg. 101/6/39/Nr. 1510	481
			ZSg. 102/1/36 (2)	482
			ZSg. 102/1/36 (6)	482
		02	ZSg. 101/6/40/Nr. 1511	483
			ZSg. 101/6/40/Nr. 1512	484
			ZSg. 101/6/41/Nr. 1513	485
			ZSg. 102/1/40 (3)	485
			ZSg. 102/1/40 (4)	486
			ZSg. 102/1/40 (5)	486
			ZSg. 102/1/40 (6)	486
		03	ZSg. 101/6/42/Nr. 1514	487
			ZSg. 101/6/42/Nr. 1515	488
			ZSg. 101/6/42/Nr. 1516	488
		(03)	ZSg. 101/6/43	489
		05	ZSg. 101/6/44/Nr. 1517	490
			ZSg. 101/6/45/Nr. 1518	491
			ZSg. 101/6/45/Nr. 1519	491
		06	ZSg. 101/6/46/Nr. 1520	492
			ZSg. 101/6/46/Nr. 1521	492
			ZSg. 101/6/46/Nr. 1522	493
			ZSg. 101/6/46/Nr. 1523	493
			ZSg. 101/6/46/Nr. 1524	493
		07	ZSg. 101/6/47/Nr. 1525	494
			ZSg. 101/6/47/Nr. 1526	494
			ZSg. 101/6/47/Nr. 1527	495
			ZSg. 101/6/47/Nr. 1528	495
			ZSg. 101/6/47/Nr. 1529	495
			ZSg. 101/6/47/Nr. 1530	495
		08	ZSg. 101/6/48/Nr. 1531	496
			ZSg. 101/6/48/Nr. 1532	497
			ZSg. 101/6/49/Nr. 1533	498
		09	ZSg. 101/6/50/Nr. 1534	499
			ZSg. 101/6/50/Nr. 1535	499
			ZSg. 101/6/50/Nr. 1536	499
			ZSg. 101/6/50/Nr. 1537	500
			ZSg. 101/6/51	501
		10	ZSg. 101/6/52/Nr. 1538	501
			ZSg. 101/6/52/Nr. 1539	502
			ZSg. 101/6/52/Nr. 1540	502
			ZSg. 101/6/52/Nr. 1541	503
			ZSg. 101/6/52/Nr. 1542	503
			ZSg. 101/6/52/Nr. 1543	504
			ZSg. 101/6/52/Nr. 1544	504
		12	ZSg. 101/6/53/Nr. 1545	505
			ZSg. 101/6/53/Nr. 1546	505
			ZSg. 101/6/53/Nr. 1547	506
			ZSg. 101/6/53/Nr. 1548	506
		13	ZSg. 101/6/54/Nr. 1549	507
			ZSg. 101/6/54/Nr. 1550	508
		14	ZSg. 101/6/55/Nr. 1551	508
			ZSg. 101/6/55/Nr. 1552	509

Jahr	Monat	Tag	Signatur	Seite
1935	August	14	ZSg. 101/6/55/Nr. 1553	509
			ZSg. 101/6/55/Nr. 1554	509
			ZSg. 101/6/56	510
		15	ZSg. 101/6/57/Nr. 1555	510
			ZSg. 101/6/57/Nr. 1556	511
			ZSg. 101/6/57/Nr. 1557	511
			ZSg. 101/6/57/Nr. 1558	512
		16	ZSg. 101/6/58/Nr. 1559	513
			ZSg. 101/6/58/Nr. 1560	513
			ZSg. 101/6/58/Nr. 1561	514
		19	ZSg. 101/6/59/Nr. 1562	514
			ZSg. 101/6/59/Nr. 1563	515
			ZSg. 101/6/59/Nr. 1564	515
			ZSg. 101/6/59/Nr. 1565	516
		20	ZSg. 101/6/60/Nr. 1566	516
			ZSg. 101/6/60/Nr. 1567	517
			ZSg. 101/6/60/Nr. 1568	517
		(20)	ZSg. 101/6/61/Nr. 1569	518
		21	ZSg. 101/6/62/Nr. 1570	519
			ZSg. 101/6/63/Nr. 1571	519
		22	ZSg. 101/6/64/Nr. 1572	520
			ZSg. 101/6/64/Nr. 1573	520
			ZSg. 101/6/64/Nr. 1574	520
			ZSg. 101/6/64/Nr. 1575	521
			ZSg. 101/6/64/Nr. 1576	521
			ZSg. 101/6/64/Nr. 1577	522
			ZSg. 101/6/64/Nr. 1578	522
			ZSg. 101/6/65/Nr. 1579	523
			ZSg. 101/6/65/Nr. 1580	523
		23	ZSg. 101/6/66/Nr. 1579((a))	523
			ZSg. 101/6/66/Nr. 1580((a))	523
			ZSg. 101/6/66/Nr. 1581	524
			ZSg. 101/6/66/Nr. 1582	525
			ZSg. 101/6/67/Nr. 1583	525
		24	ZSg. 101/6/68/Nr. 1584	525
			ZSg. 101/6/69/Nr. 1585	526
			ZSg. 101/6/69/Nr. 1586	526
			ZSg. 101/6/69/Nr. 1587	526
			ZSg. 101/6/69/Nr. 1588	527
			ZSg. 101/6/69/Nr. 1589	527
		26	ZSg. 101/6/70/Nr. 1590	528
			ZSg. 101/6/70/Nr. 1591	528
			ZSg. 101/6/70/Nr. 1592	529
			ZSg. 101/6/70/Nr. 1593	529
			ZSg. 101/6/70/Nr. 1594	530
			ZSg. 101/6/70/Nr. 1595	530
			ZSg. 101/6/71	531
		27	ZSg. 101/6/72/Nr. 1596	532
			ZSg. 101/6/72/Nr. 1597	532
			ZSg. 101/6/72/Nr. 1598	532
			ZSg. 101/6/73	533
			ZSg. 101/6/74	534
		28	ZSg. 101/6/75/Nr. 1599	535
			ZSg. 101/6/75/Nr. 1600	535
		(28)	ZSg. 101/6/76	536
		30	ZSg. 101/6/77/Nr. 1601	537

Jahr	Monat	Tag	Signatur	Seite
1935	August	30	ZSg. 101/6/78/Nr. 1602	538
			ZSg. 101/6/78/Nr. 1603	539
		31	ZSg. 101/6/79/Nr. 1604	539
			ZSg. 101/6/79/Nr. 1605	540
	September	02	ZSg. 101/6/80/Nr. 1606	541
			ZSg. 101/6/80/Nr. 1607	541
			ZSg. 101/6/80/Nr. 1608	541
			ZSg. 101/6/80/Nr. 1609	542
			ZSg. 101/6/81	542
		(02)	ZSg. 101/6/82	543
		03	ZSg. 101/6/83/Nr. 1610	544
			ZSg. 101/6/83/Nr. 1611	544
			ZSg. 101/6/84/Nr. 1612	545
			ZSg. 101/6/85	545
		04	ZSg. 101/6/86/Nr. 1613	546
			ZSg. 101/6/87/Nr. 1614	547
			ZSg. 101/6/88/Nr. 1615	547
			ZSg. 101/6/88/Nr. 1616	548
		(04	ZSg. 102/1/42 (5)	548)
		04	ZSg. 101/6/88/Nr. 1617	548
			ZSg. 102/1/42 (1)	549
			ZSg. 102/1/42 (2)	550
			ZSg. 102/1/42 (3)	550
			ZSg. 102/1/42 (4)	550
		05	ZSg. 101/6/89/Nr. 1618	551
			ZSg. 101/6/89/Nr. 1619	551
			ZSg. 101/6/90	552
			ZSg. 102/1/52 (1)	553
			ZSg. 102/1/52 (4)	553
			ZSg. 102/1/52 (5)	554
		06	ZSg. 101/6/91/Nr. 1620	554
		(06	ZSg. 102/1/41 (2)	555)
		06	ZSg. 101/6/91/Nr. 1621	555
			ZSg. 101/6/92/Nr. 1622	555
			ZSg. 101/6/93/Nr. 1623	556
			ZSg. 102/1/41 (1)	556
			ZSg. 102/1/41 (4)	557
		07	ZSg. 101/6/94/Nr. 1624	557
		(07	ZSg. 102/1/31	558)
		07	ZSg. 101/6/94/Nr. 1625	558
			ZSg. 101/6/94/Nr. 1626	559
		(07	ZSg. 102/1/38 (2)	559)
		07	ZSg. 101/6/94/Nr. 1627	560
			ZSg. 101/6/95/Nr. 1628	560
			ZSg. 102/1/38 (3)	561
			ZSg. 102/1/38 (4)	561
		09	ZSg. 101/6/96/Nr. 1629	562
			ZSg. 101/6/96/Nr. 1630	562
		(09	ZSg. 102/1/36 (1)	562)
		09	ZSg. 101/6/96/Nr. 1631	563
			ZSg. 102/1/36 (3)	563
			ZSg. 102/1/36 (4)	564
			ZSg. 102/1/36 (5)	565
		10	ZSg. 101/6/97/Nr. 1632	565
			ZSg. 101/6/98	567

Jahr	Monat	Tag	Signatur	Seite
1935	September	10	ZSg. 101/6/99	567
			ZSg. 102/1/54 (1)	568
		11	ZSg. 102/1/36 (1)	569
			ZSg. 102/1/36 (2)	570
			ZSg. 102/1/36 (3)	570
			ZSg. 102/1/36 (4)	571
		12	ZSg. 101/6/100	571
			ZSg. 101/6/101/Nr. 1633	572
		(12	ZSg. 102/1/45 (2)	572)
		12	ZSg. 101/6/101/Nr. 1634	573
		(12	ZSg. 102/1/33 (3)	573)
		12	ZSg. 102/1/33 (2)	574
			ZSg. 101/6/102	574
			ZSg. 101/6/103/Nr. 1635	575
			ZSg. 102/1/45 (1)	576
		13	ZSg. 101/6/104/Nr. 1636	576
			ZSg. 101/6/104/Nr. 1637	577
			ZSg. 101/6/104/Nr. 1638	577
			ZSg. 101/6/105/Nr. 1639	578
			ZSg. 101/6/105/Nr. 1640	579
			ZSg. 102/1/52 (3)	579
			ZSg. 102/1/52 (4)	580
			ZSg. 102/1/53 (1)	580
			ZSg. 102/1/53 (3)	582
		14	ZSg. 101/6/106	582
			ZSg. 101/6/107/Nr. 1641	583
			ZSg. 102/1/63 (1)	583
			ZSg. 102/1/63 (3)	584
		15	ZSg. 101/6/108/Nr. 1642	585
			ZSg. 101/6/108/Nr. 1643	585
			ZSg. 101/6/108/Nr. 1644	585
		16	ZSg. 101/6/109/Nr. 1645	586
		(16	ZSg. 102/1/30 (2)	586)
		16	ZSg. 101/6/109/Nr. 1646	588
			ZSg. 101/6/109/Nr. 1647	588
			ZSg. 101/6/109/Nr. 1648	589
			ZSg. 102/1/30 (5)	589
		17	ZSg. 101/6/110/Nr. 1649	590
		(17	ZSg. 102/1/38 (1)	590)
		17	ZSg. 101/6/110/Nr. 1650	592
			ZSg. 101/6/110	592
			ZSg. 102/1/30	593
			ZSg. 102/1/38 (2)	593
			ZSg. 102/1/38 (4)	594
			ZSg. 102/1/38 (5)	594
		(18	ZSg. 101/28/261	592)
		18	ZSg. 101/6/111/Nr. 1651	595
			ZSg. 101/6/111/Nr. 1652	595
			ZSg. 102/1 (1)	595
		19	ZSg. 101/6/112/Nr. 1653	596
			ZSg. 101/6/112/Nr. 1654	597
			ZSg. 101/6/112/Nr. 1655	597
			ZSg. 102/1/37 (2)	598
			ZSg. 102/1/37 (5)	598
			ZSg. 102/1/79	599
		20	ZSg. 101/6/113/Nr. 1656	599

Jahr	Monat	Tag	Signatur	Seite
1935	September	20	ZSg. 101/6/113/Nr. 1657	600
			ZSg. 101/6/113/Nr. 1658	600
			ZSg. 101/6/113/Nr. 1659	601
			ZSg. 102/1/30 (3)	602
			ZSg. 102/1/43	602
		21	ZSg. 101/6/114/Nr. 1660	603
			ZSg. 102/1/57 (2)	603
			ZSg. 102/1/70 (1)	604
			ZSg. 102/1/70 (2)	605
		23	ZSg. 101/6/115/Nr. 1661	605
			ZSg. 101/6/115/Nr. 1662	606
			ZSg. 101/6/115/Nr. 1663	606
			ZSg. 101/6/116/Nr. 1664	607
		(24	ZSg. 101/28/263-265	599)
		24	ZSg. 101/6/117/Nr. 1665	607
			ZSg. 101/6/117/Nr. 1666	608
			ZSg. 101/6/117/Nr. 1667	608
			ZSg. 101/6/117	609
			ZSg. 101/6/118/Nr. 1668	609
			ZSg. 102/1/39 (1)	610
			ZSg. 102/1/39 (2)	610
			ZSg. 102/1/39 (3)	611
			ZSg. 102/1/39 (7)	611
		25	ZSg. 101/6/119/Nr. 1669	612
			ZSg. 101/6/119/Nr. 1670	613
			ZSg. 101/6/119/Nr. 1671	613
			ZSg. 101/6/119/Nr. 1672	613
			ZSg. 102/1/38 (5)	614
		26	ZSg. 101/6/120/Nr. 1673	614
			ZSg. 101/6/121/Nr. 1674	615
			ZSg. 101/6/121/Nr. 1675	615
			ZSg. 101/6/121/Nr. 1676	616
			ZSg. 101/6/122/Nr. 1677	617
			ZSg. 102/1/55	617
			ZSg. 102/1/44 (1)	619
		27	ZSg. 101/6/123/Nr. 1678	620
			ZSg. 101/6/123/Nr. 1679	621
			ZSg. 101/6/123/Nr. 1680	621
			ZSg. 101/6/123/Nr. 1681	621
			ZSg. 101/6/123/Nr. 1682	622
			ZSg. 101/6/123/Nr. 1683	622
		28	ZSg. 101/6/124/Nr. 1684	623
			ZSg. 101/6/124/Nr. 1685	624
			ZSg. 101/6/124/Nr. 1686	624
			ZSg. 101/6/124/Nr. 1687	625
			ZSg. 101/6/124/Nr. 1688	625
			ZSg. 101/6/125 ((1))	626
			ZSg. 101/6/125 ((2))	627
			ZSg. 101/6/126	627
			ZSg. 102/1/50 (6)	628
		30	ZSg. 101/6/127/Nr. 1689	628
			ZSg. 101/6/127/Nr. 1690	629
			ZSg. 101/6/127/Nr. 1691	630
			ZSg. 101/6/127/Nr. 1692	631
			ZSg. 102/1/45 (1)	631

Jahr	Monat	Tag	Signatur	Seite
1935	Oktober	01	ZSg. 102/1/53 (1)	633
			ZSg. 102/1/53 (2)	633
			ZSg. 102/1/53 (3)	633
			ZSg. 102/1/53 (4)	634
			ZSg. 102/1/53 (5)	634
		02	ZSg. 101/6/128/Nr. 1693	635
			ZSg. 101/6/129	635
		(02	ZSg. 101/28/269-273	635)
		03	ZSg. 101/6/130/Nr. 1694	636
			ZSg. 102/1/55 (1)	637
			ZSg. 102/1/55 (3)	638
			ZSg. 102/1/55 (4)	639
		04	ZSg. 101/6/131/Nr. 1695	639
			ZSg. 101/6/132/Nr. 1696	641
			ZSg. 102/1/70 (2)	642
			ZSg. 102/1/70 (3)	642
			ZSg. 102/1/70 (4)	642
			ZSg. 102/1/83 (1)	643
			ZSg. 102/1/83 (2)	644
		05	ZSg. 102/1/70 (5)	643
			ZSg. 101/6/133/Nr. 1697	645
			ZSg. 101/6/133/Nr. 1698	646
			ZSg. 101/6/133/Nr. 1699	646
			ZSg. 101/6/133/Nr. 1700	647
			ZSg. 102/1/61 (1)	647
			ZSg. 102/1/61 (2)	647
			ZSg. 102/1/61 (7)	648
			ZSg. 102/1/61 (8)	648
		07	ZSg. 101/6/134/Nr. 1701	649
			ZSg. 101/6/134/Nr. 1702	650
			ZSg. 101/6/134/Nr. 1703	650
			ZSg. 101/6/134/Nr. 1704	650
			ZSg. 101/6/135/Nr. 1705	651
		08	ZSg. 101/6/136/Nr. 1706	652
			ZSg. 101/6/136/Nr. 1707	652
		(08	ZSg. 102/1/38 (2)	652)
		08	ZSg. 101/6/137/Nr. 1708	653
			ZSg. 102/1/48 (1)	653
		10	ZSg. 101/6/138/Nr. 1709	655
			ZSg. 101/6/138/Nr. 1710	655
			ZSg. 101/6/138/Nr. 1711	656
			ZSg. 102/1/39 (1)	657
		((10)	ZSg. 102/1/54	657)
		11	ZSg. 101/6/139/Nr. 1712	658
			ZSg. 101/6/139/Nr. 1713	659
			ZSg. 101/6/139/Nr. 1714	659
			ZSg. 101/6/139/Nr. 1715	659
			ZSg. 101/6/139/Nr. 1716	660
			ZSg. 102/1/67 (1)	660
			ZSg. 102/1/67 (5)	661
			ZSg. 102/1/67 (7)	661
			ZSg. 102/1/77	662
		12	ZSg. 101/6/140/Nr. 1717	662
			ZSg. 101/6/140/Nr. 1718	663
			ZSg. 101/6/140/Nr. 1719	663
			ZSg. 101/6/140/Nr. 1720	664

Jahr	Monat	Tag	Signatur	Seite
1935	Oktober	12	ZSg. 101/6/140/Nr. 1721	664
			ZSg. 101/6/140/Nr. 1722	665
			ZSg. 101/6/140/Nr. 1723	665
			ZSg. 101/6/140/Nr. 1724	666
			ZSg. 102/1/71 (2)	666
			ZSg. 102/1/71 (3)	667
			ZSg. 102/1/73	667
		14	ZSg. 101/6/141/Nr. 1725	668
			ZSg. 102/1/42 (1)	668
			ZSg. 102/1/56	669
		15	ZSg. 101/6/142/Nr. 1726	670
			ZSg. 101/6/142/Nr. 1727	670
			ZSg. 101/6/142/Nr. 1728	671
			ZSg. 101/6/142/Nr. 1729	671
			ZSg. 101/6/142/Nr. 1730	672
			ZSg. 101/6/142/Nr. 1731	673
			ZSg. 102/1/33 (1)	673
			ZSg. 102/1/33 (5)	673
			ZSg. 102/1/33 (6)	673
			ZSg. 102/1/33 (8)	674
		16	ZSg. 101/6/144/Nr. 1732	675
			ZSg. 101/6/144/Nr. 1733	675
			ZSg. 101/6/144/Nr. 1734	676
		17	ZSg. 101/6/145/Nr. 1735	677
			ZSg. 101/6/145/Nr. 1736	677
			ZSg. 101/6/145/Nr. 1737	678
			ZSg. 101/6/145/Nr. 1738	678
			ZSg. 101/6/145/Nr. 1739	678
		18	ZSg. 101/6/146/Nr. 1740	679
			ZSg. 101/6/146/Nr. 1741	679
			ZSg. 101/6/146/Nr. 1742	680
			ZSg. 101/6/146/Nr. 1743	680
			ZSg. 101/6/146/Nr. 1744	681
			ZSg. 101/6/146/Nr. 1745	681
			ZSg. 102/1/Brief an Reifenberg	682
		19	ZSg. 101/6/147/Nr. 1746	682
		((19)	ZSg. 102/1/73 (1)	683)
		19	ZSg. 101/6/147/Nr. 1747	683
			ZSg. 101/6/147/Nr. 1748	683
			ZSg. 101/6/147/Nr. 1749	684
			ZSg. 102/1/62 (1)	684
			ZSg. 102/1/62 (2)	686
		(19)	ZSg. 102/1/73 (2)	686
		19	ZSg. 102/1/73 (3)	686
		21	ZSg. 101/6/148/Nr. 1750	687
			ZSg. 101/6/148/Nr. 1751	688
		(21)	ZSg. 101/6/149/Nr. 1752	689
		21	ZSg. 101/6/150/Nr. 1753	689
		22	ZSg. 101/6/151/Nr. 1754	690
			ZSg. 101/6/151/Nr. 1755	690
			ZSg. 101/6/152/Nr. 1756	692
			ZSg. 101/6/152/Nr. 1757	692
			ZSg. 101/6/152/Nr. 1758	693
		23	ZSg. 101/6/153/Nr. 1759	693
			ZSg. 101/6/153/Nr. 1760	694

- XXVII -

Jahr	Monat	Tag	Signatur	Seite
1935	Oktober	23	ZSg. 101/6/153/Nr. 1761	694
		((23)	ZSg. 101/6/154	695)
		23	ZSg. 101/6/155/Nr. 1762	696
		24	ZSg. 101/6/156/Nr. 1763	697
			ZSg. 101/6/156/Nr. 1764	697
			ZSg. 101/6/156/Nr. 1765	698
		(24	ZSg. 102/1/44 (4)	698)
		24	ZSg. 102/1/44 (1)	699
			ZSg. 102/1/57 (1)	700
		(24	ZSg. 102/1/44 (2)	703)
		25	ZSg. 101/6/157/Nr. 1766	701
			ZSg. 101/6/157/Nr. 1767	701
			ZSg. 101/6/157/Nr. 1768	702
			ZSg. 101/6/157/Nr. 1769	702
			ZSg. 102/1/45 (1)	703
			ZSg. 102/1/45 (2)	704
			ZSg. 102/1/45 (3)	704
		(26	ZSg. 102/1/66 (6)	698)
		26	ZSg. 101/6/158/Nr. 1770	705
			ZSg. 101/6/158/Nr. 1771	705
			ZSg. 101/6/158/Nr. 1772	706
			ZSg. 101/6/158/Nr. 1773	706
			ZSg. 101/6/158/Nr. 1774	707
		28	ZSg. 101/6/160/Nr. 1775	707
			ZSg. 101/6/160/Nr. 1776	707
			ZSg. 101/6/160/Nr. 1777	708
			ZSg. 101/6/160/Nr. 1778	709
			ZSg. 102/1/41 (4)	710
			ZSg. 102/1/41 (5)	711
			ZSg. 102/1/41 (6)	711
		29	ZSg. 101/6/161/Nr. 1778((a))	712
			ZSg. 101/6/161/Nr. 1779	712
			ZSg. 101/6/161/Nr. 1780	713
			ZSg. 102/1/49 (4)	714
		30	ZSg. 101/6/162/Nr. 1781	714
		(30	ZSg. 102/1/36 (4)	714)
		30	ZSg. 101/6/162/Nr. 1782	715
			ZSg. 101/6/162/Nr. 1783	715
			ZSg. 101/6/162/Nr. 1784	716
			ZSg. 101/6/162/Nr. 1785	716
			ZSg. 101/6/163	717
		31	ZSg. 102/1/((41?)) (1)	719
			ZSg. 102/1/((41?)) (2)	719
	November	01	ZSg. 101/6/164/Nr. 1786	721
			ZSg. 101/6/164/Nr. 1787	721
			ZSg. 102/1/43 (1)	722
			ZSg. 102/1/43 (4)	722
			ZSg. 102/1/43 (5)	723
		(02	ZSg. 102/1/62	723)
		02	ZSg. 101/6/165/Nr. 1788	724
			ZSg. 101/6/165/Nr. 1789	724
			ZSg. 101/6/165/Nr. 1790	724
			ZSg. 101/6/165/Nr. 1791	725
			ZSg. 101/6/165/Nr. 1792	725
			ZSg. 101/6/165/Nr. 1793	726

- XXVIII -

Jahr	Monat	Tag	Signatur	Seite
1935	November	02	ZSg. 102/1/62 (3)	727
			ZSg. 102/1/62 (7)	727
			ZSg. 102/1/62 (8)	727
			ZSg. 102/1/62 (10)	728
			ZSg. 102/1/62 (11)	729
		(04	ZSg. 102/1/39 (8)	728)
		04	ZSg. 101/6/166/Nr. 1794	729
			ZSg. 101/6/166/Nr. 1795	729
			ZSg. 101/6/166/Nr. 1796	730
			ZSg. 101/6/168	730
			ZSg. 101/6/169/Nr. 1797	731
			ZSg. 101/6/169/Nr. 1798	731
			ZSg. 102/1/39 (3)	732
			ZSg. 102/1/39 (4)	732
			ZSg. 102/1/39 (5)	733
			ZSg. 102/1/39 (6)	734
		05	ZSg. 102/1/47 (1)	734
			ZSg. 102/1/47 (2)	735
		06	ZSg. 101/6/170/Nr. 1799	735
			ZSg. 101/6/170/Nr. 1800	736
			ZSg. 101/6/170/Nr. 1801	736
			ZSg. 101/6/170/Nr. 1802	736
			ZSg. 101/6/170/Nr. 1803	737
			ZSg. 101/6/171	737
			ZSg. 101/6/172	738
		07	ZSg. 101/6/173/Nr. 1804	739
		(07	ZSg. 102/1/52 (5)	739)
		07	ZSg. 101/6/173/Nr. 1805	740
		(07	ZSg. 102/1/52 (1)	740)
		07	ZSg. 101/6/173/Nr. 1806	740
			ZSg. 101/6/173/Nr. 1807	741
			ZSg. 102/1/52 (4)	742
		08	ZSg. 101/6/177/Nr. 1808	742
			ZSg. 101/6/177/Nr. 1809	743
			ZSg. 101/6/177/Nr. 1810	743
		(08	ZSg. 102/1/45 (1)	743)
		08	ZSg. 101/6/177/Nr. 1811	744
			ZSg. 101/6/177/Nr. 1812	745
			ZSg. 101/6/177/Nr. 1813	745
			ZSg. 102/1/55 (2)	746
		09	ZSg. 101/6/178/Nr. 1814	747
			ZSg. 101/6/178/Nr. 1815	747
		(09	ZSg. 102/1	747)
		09	ZSg. 101/6/178/Nr. 1816	748
		(09)	ZSg. 101/6/179/Nr. 1817	749
		11	ZSg. 101/6/180/Nr. 1818	749
			ZSg. 101/6/180/Nr. 1819	750
			ZSg. 101/6/180/Nr. 1820	750
			ZSg. 101/6/180/Nr. 1821	751
			ZSg. 102/1/42 (2)	751
			ZSg. 102/1/45 (2)	752
			ZSg. 102/1/45 (3)	752
		12	ZSg. 101/6/181/Nr. 1822	753
			ZSg. 101/6/181/Nr. 1823	753
			ZSg. 101/6/181/Nr. 1824	753
			ZSg. 101/6/181/Nr. 1825	754

- XXIX -

Jahr	Monat	Tag	Signatur	Seite
1935	November	13	ZSg. 101/6/182/Nr. 1826	754
			ZSg. 102/1/38 (1)	755
			ZSg. 102/1/38 (3)	755
			ZSg. 102/1/38 (4)	756
			ZSg. 102/1/38 (5)	756
		14	ZSg. 101/6/183/Nr. 1827	757
			ZSg. 101/6/183/Nr. 1828	758
			ZSg. 101/6/183/Nr. 1829	758
			ZSg. 101/6/183/Nr. 1830	759
			ZSg. 101/6/183/Nr. 1831	759
			ZSg. 101/6/183/Nr. 1832	760
		15	ZSg. 101/6/184/Nr. 1833	760
			ZSg. 101/6/184/Nr. 1834	761
		(15	ZSg. 102/1/32 (1)	762)
		16	ZSg. 101/6/185	761
		(16)	ZSg. 101/6/186/Nr. 1835	764
		(16)	ZSg. 101/6/186/Nr. 1836	764
		16	ZSg. 101/6/187/Nr. 1837	765
			ZSg. 101/6/187/Nr. 1838	765
			ZSg. 101/6/187/Nr. 1839	766
		18	ZSg. 101/6/188/Nr. 1840	766
			ZSg. 101/6/188/Nr. 1841	767
		(18	ZSg. 101/28/339	767)
		18	ZSg. 101/6/188/Nr. 1842	767
			ZSg. 101/6/188/Nr. 1843	768
		(18)	ZSg. 101/6/189/Nr. 1844	768
		18	ZSg. 102/1/39 (3)	769
			ZSg. 102/1/39 (4)	769
			ZSg. 102/1/39 (6)	770
		19	ZSg. 101/6/190/Nr. 1845	770
		(19	ZSg. 102/1/48 (1)	770)
		19	ZSg. 101/6/190/Nr. 1846	772
		(19	ZSg. 102/1/48 (3)	772)
		19	ZSg. 101/6/190/Nr. 1847	772
		(19	ZSg. 102/1/48 (4)	772)
		19	ZSg. 101/6/190/Nr. 1848	773
		(19	ZSg. 102/1/48 (5)	773)
		19	ZSg. 101/6/190/Nr. 1849	773
		(19	ZSg. 102/1/48 (6)	773)
		19	ZSg. 101/6/190/Nr. 1850	774
		(19	ZSg. 102/1/48 (7)	774)
		19	ZSg. 102/1/48 (2)	774
		21	ZSg. 101/6/191/Nr. 1851	775
			ZSg. 101/6/191/Nr. 1852	776
			ZSg. 101/6/191/Nr. 1853	777
			ZSg. 101/6/191/Nr. 1854	777
			ZSg. 101/6/191/Nr. 1855	778
			ZSg. 102/1/47 (1)	778
			ZSg. 102/1/47 (3)	779
			ZSg. 102/1/47 (4)	779
			ZSg. 102/1/47 (5)	780
			ZSg. 102/1/47 (7)	780
		22	ZSg. 101/6/192/Nr. 1856	781
			ZSg. 101/6/192/Nr. 1857	781
			ZSg. 101/6/192/Nr. 1858	781
			ZSg. 101/6/192/Nr. 1859	782

Jahr	Monat	Tag	Signatur	Seite
1935	November	22	ZSg. 101/6/192/Nr. 1860	783
			ZSg. 101/6/192/Nr. 1861	783
			ZSg. 101/6/192/Nr. 1862	783
			ZSg. 101/6/192-193/Nr. 1863	784
		23	ZSg. 101/6/194/Nr. 1864	784
		(23	ZSg. 102/1/77 (8)	784)
		23	ZSg. 101/6/194/Nr. 1865	785
			ZSg. 101/6/194/Nr. 1866	786
			ZSg. 101/6/195/Nr. 1867	786
		(23	ZSg. 102/1/77 (1)	786)
		23	ZSg. 101/6/195/Nr. 1868	787
			ZSg. 102/1/77 (2)	788
			ZSg. 102/1/77 (3)	788
			ZSg. 102/1/77 (6)	789
			ZSg. 102/1/77 (7)	790
			ZSg. 102/1/77 (9)	790
		25	ZSg. 102/1/45 (1)	790
			ZSg. 102/1/45 (2)	791
			ZSg. 102/1/45 (3)	791
			ZSg. 102/1/45 (4)	791
			ZSg. 102/1/45 (5)	792
		26	ZSg. 101/6/196/Nr. 1869	793
			ZSg. 101/6/196/Nr. 1870	794
			ZSg. 101/6/196/Nr. 1871	794
			ZSg. 102/1/3 (1)	795
			ZSg. 102/1/3 (2)	796
			ZSg. 102/1/3 (5)	797
		27	ZSg. 101/6/197/Nr. 1872	797
			ZSg. 101/6/197/Nr. 1873	797
			ZSg. 101/6/197/Nr. 1874	798
			ZSg. 101/6/197/Nr. 1875	798
			ZSg. 101/6/197/Nr. 1876	799
		(27)	ZSg. 101/6/198/Nr. 1877	800
		27	ZSg. 102/1/14	800
		28	ZSg. 101/6/199/Nr. 1878	801
			ZSg. 101/6/199/Nr. 1879	801
			ZSg. 102/1/58 (2)	802
			ZSg. 102/1/58 (3)	802
		29	ZSg. 101/6/200/Nr. 1880	803
			ZSg. 101/6/200/Nr. 1881	803
		(29	ZSg. 102/1/53 (3)	804)
		29	ZSg. 101/6/200/Nr. 1882	804
		(29	ZSg. 102/1/53 (4)	804)
		29	ZSg. 101/6/200/Nr. 1883	805
			ZSg. 101/6/200/Nr. 1884	805
			ZSg. 101/6/200/Nr. 1885	806
			ZSg. 101/6/200/Nr. 1886	806
			ZSg. 101/6/200/Nr. 1887	807
			ZSg. 101/6/200/Nr. 1888	807
			ZSg. 102/1/53 (1)	808
			ZSg. 102/1/53 (2)	808
			ZSg. 102/1/53 (9)	808
		(29	ZSg. 102/1/Brief an Hans Kallmann	814)
		30	ZSg. 101/6/201/Nr. 1889	809
			ZSg. 101/6/201/Nr. 1890	809

Jahr	Monat	Tag	Signatur	Seite
1935	November	30	ZSg. 101/6/201/Nr. 1891	810
			ZSg. 101/6/201/Nr. 1892	810
			ZSg. 101/6/201/Nr. 1893	810
		((30)	ZSg. 102/1/66 (4)	810)
		30	ZSg. 101/6/201/Nr. 1894	811
			ZSg. 101/6/201/Nr. 1895	811
		(30)	ZSg. 102/1/66 (1)	812
		30	ZSg. 102/1/66 (2)	813
			ZSg. 102/1/66 (7)	813
			ZSg. 102/1/66 (8)	813
	Dezember	02	ZSg. 101/6/202/Nr. 1896	815
			ZSg. 101/6/202/Nr. 1897	815
			ZSg. 101/6/202/Nr. 1898	815
			ZSg. 101/6/202/Nr. 1899	816
			ZSg. 102/1/68 (3)	816
			ZSg. 102/1/68 (4)	817
			ZSg. 102/1/68 (6)	818
			ZSg. 102/1/69 (1)	818
			ZSg. 102/1/69 (2)	819
		03	ZSg. 101/6/203/Nr. 1900	820
			ZSg. 101/6/203/Nr. 1901	821
			ZSg. 101/6/203/Nr. 1902	821
			ZSg. 101/6/203/Nr. 1903	822
		(03	ZSg. 102/1/51 (5)	822)
		03	ZSg. 101/6/203/Nr. 1904	823
			ZSg. 102/1/51 (1)	823
			ZSg. 102/1/51 (3,2)	824
			ZSg. 102/1/51 (4)	824
		04	ZSg. 101/6/204/Nr. 1905	824
			ZSg. 101/6/204/Nr. 1906	825
			ZSg. 101/6/204/Nr. 1907	825
			ZSg. 101/6/205/Nr. 1908	826
			ZSg. 101/6/205/Nr. 1909	827
			ZSg. 102/1/50 (2)	828
			ZSg. 102/1/50 (3)	828
			ZSg. 102/1/50 (5)	829
		(05	ZSg. 101/28/361-365	819)
		05	ZSg. 101/6/206/Nr. 1910	829
			ZSg. 101/6/206/Nr. 1911	829
			ZSg. 101/6/206/Nr. 1912	830
			ZSg. 101/6/206/Nr. 1913	831
			ZSg. 101/6/206/Nr. 1914	831
			ZSg. 101/6/206/Nr. 1915	832
			ZSg. 101/6/207/Nr. 1916	832
			ZSg. 101/6/208/Nr. 1917	833
			ZSg. 102/1/50 (1)	833
			ZSg. 102/1/50 (7)	834
			ZSg. 102/1/50 (8)	835
		06	ZSg. 101/6/209/Nr. 1918	835
			ZSg. 101/6/209/Nr. 1919	836
			ZSg. 101/6/209/Nr. 1920	837
			ZSg. 101/6/209/Nr. 1921	837
			ZSg. 101/6/209/Nr. 1922	838
			ZSg. 102/1/58 (3)	838
		(06	ZSg. 102/1/Brief an B. Reifenberg	839)

Jahr	Monat	Tag	Signatur	Seite
1935	Dezember	06	ZSg. 102/1/58 (5)	839
			ZSg. 102/1/58 (6)	840
			ZSg. 102/1/74 (1)	840
			ZSg. 102/1/74 (2)	841
			ZSg. 102/1/74 (3)	841
			ZSg. 102/1/74 (4)	842
		(06	ZSg. 102/1/74 (5)	843)
		07	ZSg. 101/6/210/Nr. 1923	842
			ZSg. 101/6/210/Nr. 1924	842
			ZSg. 101/6/210/Nr. 1925	843
			ZSg. 101/6/210/Nr. 1926	843
			ZSg. 101/6/210/Nr. 1927	844
			ZSg. 102/1/64 (2)	845
			ZSg. 102/1/64 (4)	845
			ZSg. 102/1/64 (5)	846
			ZSg. 102/1/64 (7)	846
		09	ZSg. 101/6/211/Nr. 1928	847
			ZSg. 101/6/211/Nr. 1929	848
			ZSg. 101/6/211/Nr. 1930	848
			ZSg. 101/6/211/Nr. 1931	849
			ZSg. 101/6/211/Nr. 1932	849
			ZSg. 101/6/212/Nr. 1933	850
			ZSg. 102/1/34 (3)	850
			ZSg. 102/1/34 (4)	850
		10	ZSg. 101/6/213/Nr. 1934	851
			ZSg. 102/1/52 (1)	851
			ZSg. 102/1/52 (2)	852
			ZSg. 102/1/52 (3)	852
		11	ZSg. 102/1/36 (1)	853
			ZSg. 102/1/36 (2)	853
			ZSg. 102/1/36 (3)	854
			ZSg. 102/1/36 (4)	854
			ZSg. 102/1/36 (5)	854
			ZSg. 102/1/36 (6)	855
		12	ZSg. 101/6/214/Nr. 1935	856
		(12	ZSg. 102/1/56 (6)	856)
		12	ZSg. 101/6/214/Nr. 1936	857
		(12	ZSg. 102/1/56 (5)	857)
		12	ZSg. 101/5/214/Nr. 1937	857
			ZSg. 101/6/214/Nr. 1938	858
			ZSg. 101/6/214/Nr. 1939	858
			ZSg. 101/6/214/Nr. 1940	858
			ZSg. 102/1/56 (4)	859
		13	ZSg. 101/6/215/Nr. 1941	860
			ZSg. 101/6/215/Nr. 1942	860
			ZSg. 101/6/215/Nr. 1943	861
			ZSg. 101/6/215/Nr. 1944	861
			ZSg. 101/6/215/Nr. 1945	862
			ZSg. 101/6/215/Nr. 1946	862
		(13	ZSg. 102/1/48 (8)	862)
		13	ZSg. 101/6/215/Nr. 1947	863
		(13	ZSg. 102/1/48 (9)	863)
		13	ZSg. 101/6/216/Nr. 1948	863
			ZSg. 102/6/217	864
			ZSg. 102/1/48 (11)	865

Jahr	Monat	Tag	Signatur	Seite
1935	Dezember	13	ZSg. 102/1/48 (12)	866
		14	ZSg. 101/6/218/Nr. 1949	867
			ZSg. 102/1/97 (1)	868
			ZSg. 102/1/97 (2)	869
			ZSg. 102/1/97 (4)	869
			ZSg. 102/1/97 (5)	870
			ZSg. 102/1/97 (6)	870
		16	ZSg. 101/6/219/Nr. 1950	871
			ZSg. 101/6/219/Nr. 1951	872
			ZSg. 101/6/219/Nr. 1952	873
			ZSg. 101/6/219/Nr. 1953	874
			ZSg. 101/6/219/Nr. 1954	874
			ZSg. 101/6/219/Nr. 1955	875
			ZSg. 101/6/219/Nr. 1956	875
			ZSg. 101/6/220/Nr. 1957	876
			ZSg. 101/6/220/Nr. 1958	876
			ZSg. 101/6/220/Nr. 1959	876
		(16)	ZSg. 101/6/221/Nr. 1960	877
		17	ZSg. 101/6/222/Nr. 1961	878
			ZSg. 101/6/222/Nr. 1962	878
			ZSg. 101/6/222/Nr. 1963	879
			ZSg. 101/6/222/Nr. 1964	880
			ZSg. 101/6/223/Nr. 1965	880
			ZSg. 102/1/42 (5)	881
			ZSg. 102/1/42 (6)	881
		(18	ZSg. 110/1/162f.	866)
		18	ZSg. 101/6/224/Nr. 1966	882
			ZSg. 101/6/224/Nr. 1967	882
			ZSg. 101/6/224/Nr. 1968	883
			ZSg. 101/6/224/Nr. 1969	883
			ZSg. 101/6/224/Nr. 1970	883
			ZSg. 101/6/225/Nr. 1971	884
		(19	ZSg. 110/1/165	880)
		19	ZSg. 101/6/226/Nr. 1972	885
			ZSg. 101/6/226/Nr. 1973	886
		(19	ZSg. 102/1/(2)	886)
		19	ZSg. 101/6/226/Nr. 1974	886)
			ZSg. 101/6/226/Nr. 1975	887
			ZSg. 101/6/226/Nr. 1976	887
			ZSg. 101/6/226/Nr. 1977	887
		20	ZSg. 101/6/227/Nr. 1978	888
			ZSg. 101/6/227/Nr. 1979	888
			ZSg. 101/6/227/Nr. 1980	888
			ZSg. 101/6/227/Nr. 1981	889
			ZSg. 101/6/227/Nr. 1982	889
			ZSg. 101/6/227/Nr. 1983	890
			ZSg. 101/6/227/Nr. 1984	890
			ZSg. 101/6/228/Nr. 1985	891
			ZSg. 101/6/228/Nr. 1986	891
			ZSg. 102/1/63 (2)	892
		21	ZSg. 102/1/64 (1)	893
			ZSg. 102/1/64 (2)	893
			ZSg. 102/1/64 (3)	894
			ZSg. 102/1/64 (4)	894
		23	ZSg. 102/1/53 (1)	894
			ZSg. 102/1/53 (2)	895

Jahr	Monat	Tag	Signatur	Seite
1935	Dezember	23	ZSg. 102/1/53 (3)	895
			ZSg. 102/1/53 (4)	896
			ZSg. 102/1/53 (5)	896
		27	ZSg. 102/1/46 (1)	897
			ZSg. 102/1/46 (2)	898
			ZSg. 102/1/46 (3)	898
			ZSg. 102/1/46 (4)	899
			ZSg. 102/1/46 (5)	899
		28	ZSg. 101/6/229/Nr. 1987	900
			ZSg. 101/6/229/Nr. 1988	901
			ZSg. 102/1/58 (1)	901
			ZSg. 102/1/58 (4)	902
		30	ZSg. 101/6/230/Nr. 1989	903
			ZSg. 101/6/230/Nr. 1990	903
			ZSg. 101/6/230/Nr. 1991	904

Die Anweisungen 1935

ZSg. 101/5/1/Nr. 1019			2. Januar 1935

Bestellung a. d. Pressekonferenz v. 2. Januar 1935
Nachrichten über eine beabsichtigte Scheidung der Ehe des schwedischen Prinzen Sigvard sind unerwünscht, da der Prinz in glücklichster Ehe lebt.
Gesehen: D., Fa., K.		Hbg. 12.55 Uhr
					Brsl. 12.50 "
					Chmn. 1.20 "

Bestellungen a. d. Pressekonferenz v. 3. Januar 1935

ZSg. 101/5/2/Nr. 1020			3. Januar 1935

Ueber eine Versammlung des Staatsrats Weber in München in Angelegenheiten des Kraftfahrgewerbes soll nicht berichtet werden, bevor amtliche Meldungen erscheinen.

s. a. ZSg. 102/1/50 (1) v. 3. Januar 1935: ... Es handelt sich um jene Kraftfahrttreibenden, die sich dem neu gegründeten Verband noch nicht angeschlossen haben.
Der in ZSg. 101 als Staatsrat und in ZSg. 102 als Stadtrat bezeichnete Weber konnte nicht ermittelt werden.

Der "Reichsverband des Kraftfahrgewerbes", ein "Zusammenschluß der öffentlichen Großverbraucher zu einer Arbeitsgemeinschaft" war ein Anliegen der Abteilung für Kraftverkehr und Straßenwesen im Reichsverkehrsministerium, s. dazu Das Archiv, Oktober 1934, S. 1010 - 1011.

ZSg. 101/5/2/Nr. 1021			3. Januar 1935

Ueber die Behandlung der Auslieferungsanträge in Sachen Rotter und Heinz Neumann soll vorläufig noch keine Zustimmung der schweizerischen bezw. französischen Behörden mitgeteilt werden, da die Angelegenheiten noch durchaus in der Schwebe sind. Alle politischen Motivierungen sind vollkommen fehl am Platze, weil dadurch die Auslieferungsangelegenheit erschwert wird.

3.01.1935 - 2 -

s. a. ZSg. 102/1/33 (1) v. 3. Januar 1935
   ZSg. 102/1/50 (2) v. 3. Januar 1935

Heinz Neumann (1902 - 1937), kommunistischer Politiker, 1929 Chefredakteur der "Roten Fahne", in dieser Zeit Theoretiker seiner Partei, 1930 - 1933 MdR. 1933 Emigration in die Schweiz, 1934 dort in Auslieferungshaft genommen, 1935 in die Sowjetunion abgeschoben, 1937 verhaftet und im Verlaufe einer Säuberungsaktion hingerichtet.

Fritz Rotter (richtiger Name: Schaie) (1886 - 1939), Theaterdirektor in Berlin mit seinem Bruder Alfred (1884 - 1933). Beide gingen nach ihrem Bankrott nach Liechtenstein. Alfred R. kam mit seiner Frau bei einem Entführungsversuch durch Nationalsozialisten ums Leben.

Der Fall Neumann
NZZ, Nr. 2363 v. 28. Dezember 1934, S. 1 - 2

ZSg. 101/5/2/Nr. 1022   3. Januar 1935

Die kleineren und grösseren Zwischenfälle im Saargebiet, die von Seiten der Kommunisten und Separatisten angezettelt werden, sollen von nun an nicht mehr sensationell aufgemacht werden, da sonst im Saargebiet, wo die deutschen Zeitungen lebhaft gelesen werden, nur grössere Unruhe entsteht. Deutschland hat keinerlei Interesse daran, diese letzten Versuche der Sabotage durch eine aufregende Aufmachung besonders zu kennzeichnen. Auch über Truppenverstärkungen an der lothringischen Grenze soll nicht berichtet werden, da es sich hier lediglich um Verstärkung der Grenzpatrouillen handelt. Von all diesen Dingen soll keine Notiz genommen werden, weil die deutsche Sache nicht gestört werden soll.

Gesehen: Fa., D., K.   Hbg.   12.55 Uhr
                        Brsl.   1.10 "
                        Chmn.   1.25 "

s. a. ZSg. 101/4/217/Nr. 985 v. 14. Dezember 1934
      ZSg. 102/1/33 (2) v. 3. Januar 1935: ... Überlegungen über den prozentualen Ausgang der Abstimmung seien unzweckmäßig. Da das Verfahren gegen Polizeikommissar Machts noch nicht abgeschlossen sei, empfehle es sich nicht, jetzt besonders gegen ihn zu polemisieren.

s. a. ZSg. 102/1/55 v. 4. Januar 1935

Hartwig Machts (1895 -   ), preußischer Kriminalbeamter, Kriminalkommissar im Polizeipräsidium Berlin. Mitglied der SPD und

- 3 - 3.01.1935

Leiter der Technischen Abteilung beim Bundesvorstand des Reichsbanners, Juli 1932 zur Disposition gestellt. 1933 Emigration ins Saargebiet, dort Leiter der uniformierten Polizei unter dem Direktor der Abteilung Inneres, Heimburger. 1935 Emigration nach Frankreich.
Zu den Angriffen gegen ihn im Vorfeld der Saarabstimmung s. P. von zur Mühlen, "Schlagt Hitler an der Saar!", Bonn 1979, S. 177 ff.

Schwere separatistische Terrorfälle
HHN, Nr. 2 v. 2. Januar 1935, S. 1

Planmäßiger Separatisten-Terror im Saargebiet
HHN, Nr. 3 v. 3. Januar 1935, S. 2

Machts zurückgetreten?
Emigranten-Dämmerung in der Saarpolizei
VB (N.A.), Nr. 2 v. 2. Januar 1935, S. 1

ZSg. 102/1/33 (3) 3. Januar 1935

Wie gestern schon, wurde noch einmal gebeten, keinerlei Überlegungen anzustellen über Möglichkeiten oder auch nur Zweckmäßigkeiten einer deutschen Beteiligung an irgend einem der in Rom zu besprechenden Pakte.

s. a. ZSg. 102/1/41 (2) v. 7. Dezember 1934
    ZSg. 102/1/39 (4) v. 7. Januar 1935
    ZSg. 102/1/41 (1) v. 8. Januar 1935
    ZSg. 101/5/7/Nr. 1029 v. 9. Januar 1935

Am 7. Januar 1935 wurde in Rom ein Freundschaftsvertrag zwischen Italien und Frankreich abgeschlossen.

"In dem römischen Verständigungsprotokoll wurde festgelegt, daß sich Frankreich und Italien ins Benehmen setzen sollten, falls der Unabhängigkeit Österreichs Gefahr drohe", daß die Nachbar- und Nachfolgestaaten Österreichs zum Abschluß eines Grenzachtungs-Nichteinmischungspaktes veranlaßt werden möchten, ... Egelhaaf, 1935, S. 100 f.

Eifrige Rettungsversuche in Paris
Die Stockung der französisch-italienischen Verhandlungen ... Der ((deutsche)) Botschafter erklärte, eine Beeinflussung Mussolinis durch Deutschland sei nicht unternommen worden. ...
HHN, Nr. 2 v. 2. Januar 1935, S. 2

3.01.1935   - 4 -

ZSg. 102/1/49   3. Januar 1935

(Vertraulich)
Heute Nachmittag um 4 Uhr beginnt in der Staatsoper ein "Neujahrsempfang", zu dem alle wichtigen Leute aus der Partei eingeladen sind. Soweit wir erfahren haben, geht die Initiative von Göring aus, der neben Hitler dort auch sprechen wird. Berichterstattung ist nur durch das DNB möglich, zumal ja auch keine Journalisten zugelassen werden. Gewisse sicherheitspolizeiliche Maßnahmen für diese Veranstaltung lassen vermuten, daß sie nicht ganz unwichtig sein dürfte. Ob für Reichsausgabe ein Bericht schon vorliegt, ist zweifelhaft, doch darf außer dem DNB nichts gebracht werden, auch nicht die tatsächliche Mitteilung dieser Veranstaltung.

Korrespondenten-Kommentar: Rechenschaft über den 30. 6. 34!
Es heißt, der Führer werde mit der Wehrmacht eine Bereinigung vornehmen.

s. a. ZSg. 101/28/1 v. 3. Januar 1935 (Vertraulicher Informationsbericht)
ZSg. 101/28/5-7 v. 15. Januar 1935 (Vertraulicher Informationsbericht)

R((udolf)) K((ircher)):
Die Neujahrskundgebungen
... Die Geschichte des Jahres brachte es mit sich, daß der Reichswehrminister in seiner Neujahrsansprache ganz besonderen Dank dem Manne darzubringen hatte, dessen starke Hand den Aufstand niederschlug, der, wie Generaloberst von Blomberg rundweg erklärte, "in erster Linie gegen die Wehrmacht gerichtet war als gegen eine der beiden Säulen, die das Gewölbe des neuen Reiches tragen". Damit ist der Kern der innerdeutschen Entwicklung des vergangenen Jahres berührt: Nicht eine Säule, sondern zwei Säulen sollen das Reich tragen. Neben dem politischen Willensträger steht kraftvoll und neu gestärkt die Wehrmacht als Waffenträger der Nation. Diese Tatsache kam klar zum Ausdruck, als die Reichswehr im abgelaufenen Jahr zum ersten Male offiziell und aktiv am Nürnberger Parteitag teilnahm, ...
FZ, Nr. 9 v. 5. Januar 1935, S. 1

Neuer Hetzfeldzug sofort vereitelt
Wie es zu der großen Kundgebung der deutschen Führerschaft kam
... Am Neujahrstage trafen in der Reichskanzlei Nachrichten über eine neue Lügenkampagne im Ausland aus Anlaß der bevorstehenden Saarabstimmung ein. Als Gegenmaßnahme wurde die sofortige Zusammenberufung der gesamten Führerschaft von Partei, Staat und Wehrmacht zu dieser Kundgebung beschlossen ...
HHN, Nr. 5 v. 4. Januar 1935, S. 1

- 5 -   3./4.01.1935

Großer Konvent des nationalsozialistischen Regimes
NZZ, Nr. 16 v. 4. Januar 1935, S. 1

Der nationalsozialistische Führerkonvent
Wirklichkeit und amtliche Auslegung
NZZ, Nr. 22 v. 5. Januar 1935, S. 1-2

s. a. FZ, Nr. 7 v. 4. Januar 1935, S. 1-2
     NTB, 3. Jg. (1935), 2, S. 27, 37

ZSg. 102/1/32   4. Januar 1935

Die "DAZ" hatte gestern von ihrem Münchner Korrespondenten ein
Interview mit Eckener, zu dem heute in der Pressekonferenz vom
Luftfahrtministerium aus Stellung genommen wurde. Zunächst wurde es als durchaus unerwünscht bezeichnet, daß dort weitere
Einzelheiten über den neuen Zeppelinhafen bei Darmstadt gebracht und von der Gründung einer Zeppelinluftschiff-Reederei
mit Reichsbeteiligung von 3 Millionen geschrieben worden sei.
Diese letztere Nachricht hätte nicht in die Öffentlichkeit gelangen dürfen. Grundsätzlich wurde deshalb gebeten, alle Nachrichten über Luftschiffbau und Luftschiffverkehr einschließlich
der Interviews mit Eckener, der eben wirtschaftliche und politische Gesichtspunkte manchmal nicht recht überschauen könne,
nur nach Vorlegung bei der zuständigen Stelle zu veröffentlichen.
Die Meldung der DAZ ist nicht zu übernehmen. Berichtet werden
kann über Luftschiffverkehr Japan - Mandschurei, jedoch ohne
Nennung des Kapitänleutnants a. D. Breithaupt, der die Linie
dort offenbar einrichtet.

s. a. ZSg. 101/1/28 v. 24. Juni 1933
     ZSg. 101/5/98/Nr. 1211 v. 22. März 1935

Neue Fortschritte auf dem Wege zum Weltluftschiffverkehr
DAZ-Unterredung mit Dr. Eckener - Die kommende "Zeppelin-Luftreederei" - Der Bau des Weltluftschiffhafens Frankfurt a. M.
DAZ (B. A.), Nr. 4 v. 3. Januar 1935, S. 1
DAZ (R. A.), Nr. 3-4 v. 4. Januar 1935, S. 9

Hugo Eckener (1868 - 1954), seit 1908 im Luftschiffbau Zeppelin
beschäftigt, setzte den Bau des "Graf Zeppelin" (LZ 127) mit
Hilfe einer Volksspende durch und unternahm verschiedene Luftfahrten (USA 1928, Weltfahrt 1929, Polarfahrt 1931). Ab 1936

4.01.1935

fahrplanmäßige Fahrten nach Nordamerika mit dem Luftschiff "Hindenburg", das in Lakehurst N. Y. durch eine Explosion 1937 zerstört wurde.

Am 22. März 1935 wurde in Berlin unter finanzieller Beteiligung der Deutschen Lufthansa und Vorsitz von Göring die Deutsche Zeppelin-Reederei GmbH gegründet. Vorsitzender des Aufsichtsrates war Dr. Eckener. Aufgabe waren Errichtung und Betrieb regelmäßiger Luftschifflinien.
vgl. a. Das Archiv, März 1935, S. 1919 (22. März 1935).
Denselben offiziellen Text verzeichnet Keesing (D 2002) fälschlicherweise unter dem Datum vom 24. April 1935. In der Chronik deutscher Zeitgeschichte, Bd. 2/I (1982), wird der Text unter beiden Daten aufgeführt.

Joachim Breithaupt (1883 - 1960) war im Reichsluftfahrtministerium mit der Luftschiffahrt betraut. (s. a. Das Bundesarchiv und seine Bestände, Boppard 1977, S. 506)

Der künftige Weltluftschiffhafen bei Frankfurt
Eine "Zeppelin-Luftschiff-Reederei" geplant
(Von unserer Berliner Schriftleitung)
... Diese Angaben stammen von Dr. Eckener und sind daher als authentisch anzusehen ...
HHN, Nr. 5 v. 4. Januar 1935 (M. A.), S. 4

In seinen Erinnerungen bezifferte Eckener das Startkapital mit 9 Millionen Mark und damit die Reichsbeteiligung (über die Lufthansa) mit 4,5 Millionen, was erheblich über der in der Anweisung genannten Zahl von 3 Millionen lag. vgl. H. Eckener, Im Zeppelin über Länder und Meere, Flensburg 1949, S. 435. Zur Förderung der "Deutschen Zeppelin-Reederei" durch die Reichsregierung vgl. ebd., S. 484 f.

ZSg. 102/1/55   4. Januar 1935

In der heutigen Pressekonferenz wurde und zwar diesmal vom Innenministerium noch einmal gebeten, die Zwischenfälle im Saargebiet nicht groß aufzumachen. Es lägen nämlich jetzt schon Anfragen von Abstimmungsberechtigten vor, die wissen wollten, ob eine Reise nach Saarbrücken zum 13. Januar nicht mit Lebensgefahr verbunden sei.

s. a. ZSg. 101/5/2/Nr. 1022 v. 3. Januar 1935
     ZSg. 102/1/38 v. 7. Januar 1935

4./5./7.01.1935

57 Sonderzüge zur Saarabstimmung
Für die Volksabstimmung im Saargebiet kommen rund 48 500 Abstimmungsberechtigte aus dem Reichsgebiet in Betracht. Die Beförderung dieser Abstimmungsberechtigten zum Saargebiet und zurück erfolgt auf Kosten des Bundes der Saarvereine, der die ganze Organisation der Hin- und Rückbeförderung übernommen hat. Für den einzelnen Abstimmungsberechtigten ist die Beförderung unentgeltlich.
...
VB (N. A.), Nr. 4 v. 4. Januar 1935, S. 4

ZSg. 101/5/3/Nr. 1023　　　　　5. Januar 1935

DNB.-Rundruf vom 5. Januar 1935
Der Quartalsbericht Oktober-Dezember der Wirtschaftsgruppe "Holzverarbeitende Industrie" ist im Original von einer Veröffentlichung ausgeschlossen. Es kann die DNB-Fassung gebracht werden.

Gesehen: Fa., D., K.　　Hbg.　10 Uhr 10
　　　　　　　　　　　　Bresl. 8.00
　　　　　　　　　　　　Chemn. brieflich

s. dazu
Die Sicherstellung der deutschen Holzversorgung
Importsteigerung durch Mengenkonjunktur
... Die Versorgung der Holz verarbeitenden Industrien konnte trotz größerer Anforderungen in fast allen Fällen ausreichend gesichert werden. ... Trotzdem die Versorgung den Bedürfnissen des Verbrauchs gefolgt ist, hat sich im Laufe des Jahres eine Erhöhung der Preise durchgesetzt. Bei dieser Preisbewegung muß allerdings nicht vergessen werden, daß vorher der Preisstand anormal niedriger gewesen ist. ...
DAZ (B. A.), Nr. 11 v. 8. Januar 1935, S. 9-10

Bestellungen a. d. Pressekonferenz v. 7. Januar 1935

ZSg. 101/5/4/Nr. 1024　　　　　7. Januar 1935

Es ist aufgefallen, daß bei den Aufmärschen das NSKK als Gliederung der NSDAP in der Aufführung der Verbände häufig vergessen wird. Die lokalen Schriftleitungen werden gebeten, in Zukunft

7.01.1935   - 8 -

diese Organisation genau so wie die SA und SS in den Berichten
aufzuführen.

s. a. ZSg. 102/1/39 (3) v. 7. Januar 1935

Am 23. 8. 1934 war das Nationalsozialistische Kraftfahr-Korps
(NSKK) zu einer selbständigen Gliederung der NSDAP ernannt worden. Im Frühjahr 1930 war die Organisation als Reserve der Motor-SA aufgestellt worden. Im April 1931 wurde das NS-Automobil-Korps
(NSAK) umbenannt in NSKK. Bis zur Verselbständigung und zur Zusammenlegung mit der Motor-SA unterstand das NSKK dem Obersten
SA-Führer. Der neue Korpsführer war Adolf Hühnlein (vgl. a. Das
Bundesarchiv und seine Bestände, Boppard 1977, S. 367).

ZSg. 101/5/4/Nr. 1025   7. Januar 1935

Vom Reichswirtschaftsministerium wird mitgeteilt, daß in der
Treibstofffrage eine gewisse Klärung erfolgt sei und daß darum
Berichte und Notizen über das Treibstoffproblem erscheinen dürfen. Allerdings ist nach wie vor eine polemische Behandlung dieser Frage unerwünscht und Zurückhaltung am Platze.

Gesehen: Fa., D., K.   Hbg.   brfl.
                        Brsl.   8.00
                        Chemn. brfl.

s. a. ZSg. 102/1/40 (1) v. 8. Januar 1935: ... Diese Anordnung
ist natürlich sehr dehnbar, ja nichtssagend. Sie haben vielleicht
in der DAZ von heute einen Aufsatz über die Treibstoffkonvention
gelesen, von dem nun in der Pressekonferenz festgestellt wurde,
daß er dem, was man gestern als Richtlinien meinte, nicht entspreche.
s. a. ZSg. 101/4/229/Nr. 1011 v. 21. Dezember 1934
     ZSg. 101/5/206/Nr. 1412 v. 24. Juni 1935

Heiser:
Die deutsche Treibstoffkonvention besteht weiter
... Das positive Ergebnis der Treibstoffverhandlungen läßt jedenfalls darauf schließen, daß man in den beteiligten Kreisen
der langen Unruhe und Preisunsicherheit müde ist, und die begründete Hoffnung besteht, daß die nun in Umlauf gesetzten Unterschriftsbogen auch wirklich unterschrieben werden.
DAZ (B. A.), Nr. 11 v. 8. Januar 1935, S. 9

ZSg. 102/1/33 (1)   7. Januar 1935

In der Pressekonferenz teilte Dr. Jahncke folgendes mit:
Auf dem Gebiet der Zeitungswerbung seien 1933 gewisse Mißstände
vorgekommen, die man dann energisch bekämpft habe. Nunmehr aber
habe sich eine bemerkenswerte Erscheinung gezeigt, daß nämlich
die paar Fälle unzulässiger Werbungsmethoden, die dennoch vorgekommen seien, von einer gewissen Presse in besonders starker
Aufmachung veröffentlicht worden seien. Dabei sei der berechtig-
te Eindruck entstanden, daß die Veröffentlichung nicht aus nach-
richtlichen Gründen, sondern umgekehrt zur eigenen Werbung gemacht worden sei. Diese Art der Eigenwerbung werde ausdrücklich untersagt. In Nr. 1 des Zeitungsverlags (den wir Sie bitten sich beim Verlag geben zu lassen) werden auf Seite 4 vier
Fälle von unzulässigen Veröffentlichungen aufgeführt, die heute
von Dr. Jahncke als allgemeinverbindlich erklärt wurden. Über
irgendwelche unzulässigen Vorkommnisse bei der Bezieherwerbung
von Zeitungen darf überhaupt nicht mehr berichtet werden.

s. a. ZSg. 101/5/5-5a v. 7. Januar 1935
Diese Anweisung wird in ZSg. 101 durch einen Brief von Dr. Kausch
an den Verlagsdirektor der "Schlesischen Zeitung", Dr. Sieverts
übermittelt und nicht auf dem üblichen Wege. Der Brief schließt:
"Wegen der Wichtigkeit der Mitteilungen bitten wir von diesem
Schreiben auch der politischen und lokalen Schriftleitung Kenntnis zu geben."

Auslösendes Moment für die Anweisung war diesem Bericht ((=
Kausch)) zufolge ein offener Brief des "Führers der deutschen Beamtenschaft" Hermann Neef (geb. 1904), in dem er für ein Abonne-
ment des "Völkischen Beobachter" warb: ... "Ich erwarte von jedem
deutschen Beamten, gleichgültig an welcher Stelle, ob im Staat
oder Gemeinde oder sonstigen Körperschaften, der Staat und Volk
dient, als selbstverständlich, daß er ständig mindestens eine, in
erster Linie eine parteiamtliche Zeitung bezieht. Der "Völkische
Beobachter", die größte und bedeutendste Tageszeitung der nationalsozialistischen Bewegung, ist in erster Linie zu beziehen ..."
VB (N. A.), Nr. 6/7 v. 6./7. Januar 1935, S. 2

Methoden der Zeitungswerbung als Gegenstand der Eigenwerbung oder
redaktionellen Berichterstattung. In: ZV, 36. Jg. (1935), Nr. 1
v. 5. Januar 1935, S. 4-5

Die in dem Aufsatz angesprochene Zeitungswerbung wurde darin gesehen, daß durch die Nennung der Zeitungstitel, für die mit un-
lauteren Methoden geworben wurde, was u. U. Strafverfahren nach
sich zog, das Ansehen eben dieser Blätter herabgesetzt werden
könnte. Gleichzeitig wäre indirekt für die Zeitung, die über derartige Verfahren berichtete, eine Eigenwerbung damit verbunden.

7.01.1935 - 10 -

Seit der Errichtung der Reichspressekammer im September 1933 mußte sich ihr Präsident, Max Amann, mit Fragen der "Bezieherwerbung" auseinandersetzen, weil es immer wieder zu Übergriffen auf diesem Gebiet kam und Zeitungsabonnenten, meistens für parteiamtliche Blätter, unter Druck "geworben" wurden. vgl. die "Anordnung zur Regelung der Bezieherwerbung durch Werber" v. 17. Juni 1938 im Pressehandbuch, Berlin 1938, II, S. 1 ff.

Die Heimatredaktion der FZ reagierte durch einen Brief von Hans Kallmann (Vertreter des Chef vom Dienst, Oskar Stark): ... Wir haben uns die vier Fälle in Nummer 1 des Zeitungsverlags angesehen und kommen danach zu einem immerhin etwas milderen Ergebnis. ... Wir haben zunächst die Kollegen in dem Sinne der von Ihnen gegebenen völligen Sperre informiert. Wir wären Ihnen aber dankbar, wenn Sie uns mitteilen wollten, ob Sie das Verbot für ein ganz allgemeines halten oder ob Sie der oben geschilderten Auffassung zustimmen. ...(ZSg. 102/1/Brief v. 7. Januar 1935)

s. a. ZSg. 102/1/42 v. 8. Januar 1935: Ich habe wegen der Anordnung, über unzulässige Werbungsmethoden beim Zeitungsbezug nicht mehr zu berichten, mit einem Herrn des Propagandaministeriums gesprochen. Wenn die vier Punkte, die im "Zeitungsverlag" aufgeführt sind, genau eingehalten werden, so meinte er, könne man wohl noch berichten. Es wird dann allerdings wohl kaum mehr herauskommen als Notizen folgenden Inhalts: "Wegen der Anwendung unzulässiger Methoden bei der Bezieherwerbung von Zeitungen wurde in NN ein Mann zu 2 Monaten Gefängnis verurteilt." Nennt man nämlich den Namen des Verurteilten, dann ist möglich, daß, wenn es sich um einen kleinen Ort handelt, von höherer Stelle angenommen wird, daß der namentlich Aufgeführte in dem betreffenden Ort als Werber für ein bestimmtes Blatt, z. B. den V.B., allgemein bekannt ist. Im übrigen empfehle ich größte Zurückhaltung, weil unter der "gewissen Presse", von der man gestern in der Pressekonferenz sprach, gerade wir gemeint sind, die wir ja ziemlich ausführlich über dieses Thema berichtet haben.

ZSg. 102/1/33 (2)   7. Januar 1935

Früher war einmal gesagt worden, daß die vertraulichen Mitteilungen aus der Pressekonferenz nicht für die Verleger und Verlagsdirektoren bestimmt seien. Heute wurde diese Anweisung nun dahin abgeändert, daß in allen Fällen, in denen diese Herren ein berechtigtes Interesse an den Mitteilungen und Anweisungen hätten, ihnen natürlich unter Wahrung der Vertraulichkeit ihrerseits, davon Mitteilung gemacht werden könne.

s. dazu ZSg. 101/5/5-5a v. 7. Januar 1935

Vermutlich ist dieser Brief vom Korrespondenten Kausch an den Verlagsdirektor Sieverts schon im Zusammenhang mit dieser Ausweitung des Informantenkreises zu sehen, allerdings ohne daß darin auf die neue Regelung eingegangen wird.

- 11 - 7.01.1935

ZSg. 102/1/38　　　7. Januar 1935

Vertraulich:
Vielleicht ist es zweckmäßig, Berichte aus dem Saargebiet nicht so aufzumachen, daß, vor allem jetzt kurz vor der Abstimmung, falsche Hoffnungen geweckt werden können.

  s. a. ZSg. 101/5/2/Nr. 1022 v. 3. Januar 1935
      ZSg. 102/1/55 v. 4. Januar 1935
      ZSg. 101/5/6/Nr. 1028 v. 8. (Januar 1935)

ZSg. 102/1/39 (1)　　　7. Januar 1935

Zu einer Rede des litauischen Außenministers gibt DNB einen Kommentar, den man zusammen mit der Rede bringen möge.

  s. a. ZSg. 101/5/52/Nr. 1120 v. 18. Februar 1935

Die litauische "Mehrheit"
Eine Rede des litauischen Außenministers
... Litauen sei weit davon entfernt, mit dem Deutschtum zu kämpfen. Es lasse aber nicht zu, daß die Mehrheit der Einwohner, die Litauer seien, wegen ihres Litauertums terrorisiert würden, und es lasse nicht zu, daß sie entlitauisiert und die Autonomie verletzt werde.
((Kommentar)) Die Rede ... läßt in sehr bedauerlicher Weise erkennen, wie wenig die litauische Regierung den einwandfrei deutschstämmigen Charakter des Memelgebiets anzuerkennen bereit ist ...
VB (N. A.), Nr. 9 v. 9. Januar 1935, S. 4

Eine ungeheuerliche Geschichtsfälschung des litauischen Außenministers
HHN, Nr. 13 v. 9. Januar 1935, S. 2

ZSg. 102/1/39 (2)　　　7. Januar 1935

Über eine Rede des HJ-Führers Lauterbacher in Mainz darf nicht berichtet werden.

7./8.01.1935 - 12 -

Hartmann Lauterbacher (1909 -   ), Drogist, seit 1927 Mitglied der NSDAP, 1928 Gauführer der HJ Braunschweig, seit Mai 1934 Stellvertreter des Reichsjugendführers, 1936 MdR, 1940 Gauleiter von Hannover, 1945 verhaftet, 1946 entlassen, anschließend nach Italien und West-Afrika, 1956 nach Deutschland zurückgekehrt. Zu seiner Rolle in der Reichsjugendführung Anfang 1935, s. M. Wortmann, Baldur von Schirach. Hitlers Jugendführer, Köln 1982, S. 137 f.

Lauterbacher in Mainz
Am Sonnabend ((5.1.)) sprach der Stabsführer der HJ, Lauterbacher, in Mainz zu der Hitler-Jugend in der Stadthalle über die Arbeit des vergangenen Jahres sowie über die weiteren Aufgaben, die der HJ in diesem Jahre erwachsen.
VB (N. A.), Nr. 8 v. 8. Januar 1935, S. 7

Eine Gebietsführertagung der HJ
FZ, Nr. 13 v. 8. Januar 1935, S. 3

ZSg. 102/1/39 (4)   7. Januar 1935

Zu den römischen Besprechungen wurde eigentlich nur wiederholt, was man schon am Samstag geäußert hatte, daß nämlich die Kommentare sich von der österreichischen Frage weg zu allgemeinen Problemen der Neuordnung im Donauraum hin bewegen sollten.

s. a. ZSg. 102/1/33 (3) v. 3. Januar 1935
     ZSg. 102/1/41 (1) v. 8. Januar 1935

Bestellungen a. d. Pressekonferenz vom 8. (Januar 1935)

ZSg. 101/5/6/Nr. 1026   8. (Januar 1935)

Durch DNB. geht jetzt eine Meldung "Die 12 Gebote für die Saarabstimmung". Diese Meldung, die nicht offiziell als Auflagennachricht gekennzeichnet ist, trägt jedoch, wie wir mitteilen, den Charakter einer Auflage und zwar für je eine Ausgabe an allen Tagen bis zum 13. Januar.

s. a. ZSg. 102/1/38 v. 7. Januar 1935
     ZSg. 101/5/7/Nr. 1032 v. 9. Januar 1935

s. a. ZSg. 102/1/54 v. 9. Januar 1935:
Vielleicht können Sie in der an Dr. Kircher angekündigten Glosse
über die 12 Punkte für die Saarabstimmungsberechtigten, die sich
doch wohl auf den Inhalt der 12 Punkte, nicht auf deren Formulierung bezieht, das heißt also gegen die materiellen Anordnungen der saarländischen Behörden richtet, auch auf folgendes kurz
eingehen, was heute in der Pressekonferenz vorgetragen wurde: Sie
kennen die DNB-Meldung über die Zurückziehung der saarländischen
Polizei aus einem kleinen Teil des Saargebiets. Diese DNB-Meldung
brachte, wie mir der Vertreter des Auswärtigen Amts nach Schluß
der Pressekonferenz sagte, die Dinge in zu sensationeller Aufmachung. Die deutsche Presse dürfe nicht alarmierende Nachrichten
derart bringen, daß dadurch Unruhe in die Bevölkerung getragen
würde. Vor allem müsse unter allen Umständen vermieden werden,
von einer französischen Einmarschdrohung zu sprechen, für die
nicht die geringsten Anhaltspunkte vorlägen. Wohl aber müßte herausgestellt werden, daß es sich um eine Schikane gegenüber der
Deutschen Front handelt. Knox versuche vielleicht seinerseits auf
Unruhen im Saargebiet zu spekulieren, wohl in der Überzeugung,
daß tatsächlich noch nichts passiere. Die Aktion mit der Zurückziehung der Polizisten müsse als eine Sache von Herrn Knox und
dem französischen Polizeidirektor Heimburger hingestellt werden.
Eine ähnlich unverständliche Maßnahme sei die heute erfolgte
Haussuchung oder Besetzung des Hauses der Deutschen Front in
Saarbrücken (über die man DNB abwarten möge). Der Herr des Auswärtigen Amtes hat mich besonders gebeten, daß doch die FZ, vielleicht mit dem Tenor, daß es sich um "politische Mißwirtschaft"
von Herrn Knox handle, gegen diesen noch einmal an sichtbarer
Stelle Stellung nehmen möge.

12 Punkte für die Saarabstimmung
VB (N. A.), Nr. 10 v. 10. Januar 1935, S. 2

Zwölf Gebote für die Saarabstimmung
HHN, Nr. 14 v. 9. Januar 1935, S. 1

Diese 12 Gebote gaben nach dem Motto "Sorge dafür, daß deine Stimme nicht ungültig wird" Verhaltensmaßregeln bei der Saarabstimmung: mit niemandem sprechen, richtig ankreuzen, keine politische Meinungsäußerung im Wahllokal usw.

ZSg. 101/5/6/Nr. 1027   8. (Januar 1935)

Die "Deutsche Landwirtschaftliche Presse" bringt einen Artikel
"Speisekartoffeln - Notreserve". Dieser Artikel darf unter keinen Umständen veröffentlicht werden.

s. a. ZSg. 102/1/40 (2) v. 8. Januar 1935: Das Reichsernährungsministerium hat gebeten, einen Aufsatz ... nicht zu übernehmen,
weil er großen Unsinn enthalte.

Jany:
Speisekartoffel-Notreserven
Ein vordringliches Problem
... ((11)) Niemand kann wissen, wann Deutschland durch den Wil-

8.01.1935 - 14 -

len der trotz ihres angeblichen Sieges immer noch nicht besänftigten Gegner in neue kriegerische Ereignisse verwickelt wird. Es sieht beinahe so aus, als ob wir aus den Vorgängen im Weltkriege in Bezug auf die Kartoffel-Versorgung nur sehr wenig Lehren gezogen haben. So, wie die Dinge heute liegen, schlittern wir in dieser Hinsicht genauso unbedacht in einen Zukunftskrieg hinein wie 1914.
Auch vor dem Weltkriege wußte man nicht, wohin mit den Kartoffeln. Seitdem aber hat die Schaffung von Reserven zur menschlichen Nahrung praktisch nicht den geringsten Fortschritt gemacht, im Gegenteil, es sind fast sämtliche Betriebe, die in der Vorkriegszeit sogenannte Eßpräserven herstellten, zum Erliegen gekommen. ... ((12)) Die Schaffung von Nahrungs-Reserven aus Kartoffeln erscheint mir als ein Problem, das des Schweißes der Edlen wert ist. Möge es zu des Vaterlandes Nutzen bald glänzend gelöst werden!
Deutsche Landwirtschaftliche Presse, 62. Jg. (1935), Nr. 1 v. 5. Januar 1935, S. 1-12

ZSg. 101/5/6/Nr. 1028   8. (Januar 1935)

Das Auswärtige Amt bittet, die aus dem Saargebiet nach Deutschland gelangenden kleineren Meldungen möglichst nicht in großer Aufmachung zu berücksichtigen, vielmehr soll mit sicherer Würde unterschieden werden, was wirklich wichtig ist und was nur im Rahmen dieses Abstimmungskampfes an kleinen Reibungen usw. sich ergibt. In der Aufmachung aller Berichte aus dem Saargebiet soll die Note hervorklingen, daß Deutschland sich seiner Sache absolut sicher ist und kein Zweifel über den Ausgang der Abstimmung besteht.

Gesehen: Fa., D., K.   Hbg. 1.00 Uhr
                        Br. 1.05 "
                        Ch. 1.50 "

s. a. ZSg. 102/1/55 v. 4. Januar 1935
      ZSg. 102/1/38 v. 7. Januar 1935
      ZSg. 102/1/41 (2) v. 8. Januar 1935: ... Es wäre gut, wenn die reichsdeutschen Zeitungen allmählich vom Abstimmungskampf zum Entscheidungskampf in Genf in der Saarfrage übergehen würden.
s. a. ZSg. 101/5/6/Nr. 1026 v. 8. (Januar 1935)
      ZSg. 101/5/7/Nr. 1030 v. 9. Januar 1935

8./9.01.1935

ZSg. 102/1/41 (1) 8. Januar 1935

In einigen Berliner Blättern war heute in Berichten aus Paris davon die Rede, daß in Rom auch ein Protokoll mit einer neuen Auslegung der Fünf-Mächte-Erklärung vom 11. 12. 32 unterzeichnet worden sei. Havas hat dann in einer, auch bei DNB erwähnten, Meldung diese Sache dementiert. In der Pressekonferenz wurde deshalb gebeten, auf die erste Meldung am besten nicht ausführlicher einzugehen.

s. a. ZSg. 102/1/39 (4) v. 7. Januar 1935
ZSg. 101/28/3 v. 8. Januar 1935 (Vertrauliche Mitteilung)
ZSg. 102/1/33 (3) v. 3. Januar 1935

Im Zuge der Abrüstungsverhandlungen, durch die die Versailler Vertragsbestimmungen revidiert werden sollten, wurde von den 5 Mächten (Deutschland, Großbritannien, Frankreich, Italien und Vereinigten Staaten) eine Erklärung unterzeichnet, die ihre Absicht dokumentierte, daß "unverzüglich ein Abkommen ausgearbeitet werde, das eine wesentliche Herabsetzung und eine Begrenzung der Rüstungen herbeiführe und gleichzeitig eine künftige Revision zum Zweck der weiteren Herabsetzung vorsehe". (Egelhaaf, 1932, S. 68)

Die Abrüstungsfrage tritt in den Vordergrund
(Drahtmeldung unseres Korrespondenten)
... Die Behauptung der "Havas"-Agentur, daß die französische und die italienische Regierung in ihrem Abkommen einen Punkt aufgenommen hätten, ... (der) die deutsche Aufrüstung solange als illegal erkläre, bis ein besonderes Abkommen darüber ... abgeschlossen worden sei, wird hier mit der größten Skepsis aufgenommen und daher auch nicht kommentiert.
FZ, Nr. 14 v. 8. Januar 1935, S. 2

Laval dementiert Protokoll über Abrüstungsfrage
VB (N. A.), Nr. 9 v. 9. Januar 1935, S. 3

Die französisch-italienischen Vereinbarungen
Eine neue amtliche Mitteilung
VB (N. A.), Nr. 10 v. 10. Januar 1935, S. 3 ((Bezugnahme auf die Gleichberechtigungserklärung vom 11. Dezember 1932))

Bestellungen a. d. Pressekonferenz v. 9. Januar 1935

ZSg. 101/5/7/Nr. 1029 9. Januar 1935

9.1.1935   - 16 -

Das Auswärtige Amt bittet, in dem ganzen Fragenkomplex der römischen Protokolle äußerste Zurückhaltung zu üben, da die Nachrichten insbesondere über die Rüstungsvereinbarung zum Teil noch sehr dürftig sind.

    s. a. ZSg. 102/1/41 (1) v. 8. Januar 1935
         ZSg. 102/1/39 (4) v. 7. Januar 1935
         ZSg. 102/1/33 (3) v. 3. Januar 1935
         ZSg. 101/5/15 (2) v. 18. Januar 1935

ZSg. 101/5/7/Nr. 1030   9. Januar 1935

Die heute abend stattfindende Rede des Gauleiters Bürckel wird durch DNB in zwei Fassungen übermittelt werden. Das Auswärtige Amt bittet, für den Fall, daß die kürzere Fassung genommen wird, diese wenigstens im Wortlaut zu bringen. Wünschenswert wäre es, wenn die große Fassung genommen würde. Allerdings dürften sich dabei große Platzschwierigkeiten ergeben.

    s. a. ZSg. 101/5/6/Nr. 1028 v. 8. (Januar 1935)
         ZSg. 101/5/7/Nr. 1032 v. 9. Januar 1935

<u>Gauleiter Bürckel spricht zum deutschen Saarvolk</u>
Die Saarfrage ist keine außenpolitische Streitfrage
HHN, Nr. 15 v. 10. Januar 1935, S. 1-2((349 Zeilen à 63 Anschläge))

Am 13. Januar:
<u>Den Weg frei zur Verständigung</u>
Gauleiter Bürckel vor der internationalen Presse in Kaiserslautern
VB (N. A.), Nr. 10 v. 10. Januar 1935, S. 4 ((205 Z. à 46 A.))

"<u>Den Weg frei zur Verständigung!</u>"
Rede des Saarbevollmächtigten Bürckel in Kaiserslautern
FZ, Nr. 18 v. 10. Januar 1935, S. 1 u. 3
Die ausführlichste Fassung brachte danach die FZ mit 538 Z. à 63 A.

ZSg. 101/5/7/Nr. 1031   9. Januar 1935

Die Berichterstattung über die heutige Versammlung des Vereins für Schutzgebietsanleihen ist unerwünscht.

Schutzgebietsanleihen sind die öffentlich-rechtlichen Schulden der Kolonien, welche für außerordentliche Bedürfnisse auf Grund einer gesetzlichen Ermächtigung aufgenommen werden und mit lan-

9./11.01.1935

ger Rückzahlungsfrist und beschränktem Kündigungsrecht der Gläubiger ausgestattet sind. Deutsches Kolonial-Lexikon, Bd. 3, Leipzig 1920, S. 313

ZSg. 101/5/7/Nr. 1032   9. Januar 1935

Im Interesse der Saarbevölkerung sollen die Schikanen des Herrn Knox in letzter Stunde nicht zu sensationell aufgemacht werden. Augenblicklich formuliert das DNB eine Meldung über die Besetzung der Gebäude der Deutschen Front in Saarbrücken, die eine weitere Schikane darstellt. Auch diese Meldung soll zwar ausführlich gebracht, aber nicht nervös und aufgeregt kommentiert werden. Vertraulich teilt das Auswärtige Amt mit, daß die Franzosen entsprechend den römischen Vereinbarungen keinen Handstreich auf das Saargebiet oder einen Teil des Saargebiets planen, sondern daß für die einzelnen Vorfälle lediglich Herr Knox verantwortlich ist, der auf Grund der natürlichen Angriffe in den Versammlungen der Deutschen Front gegen ihn nunmehr einige Rache zu üben versucht. Daß auf dem jetzt von Landjägern entblößten linken Saarufer sich Emigranten niederlassen werden und damit provokatorische Handlungen zu erwarten sind, wird in Berlin nachdrücklich bezweifelt.

Gesehen: Fa., D., K.   Hbg. 1.03 Uhr
                         Brsl. 1.05 "
                         Chmn. 1.16 "

s. a. ZSg. 102/1/55 v. 4. Januar 1935
ZSg. 102/1/54 v. 9. Januar 1935 (= ZSg. 101/5/6/Nr. 1026 v. 8. (Januar 1935))
ZSg. 101/5/9/Nr. 1035 v. 13. Januar 1935

Aufsehen erregende Vorgänge an der Saargrenze
Die Grenze von Sicherheitskräften entblößt
HHN, Nr. 13 v. 9. Januar 1935, S. 1

Eine bestellte Provokation:
Überfallkommando besetzt Gebäude der Deutschen Front
VB (N. A.), Nr. 10 v. 10. Januar 1935, S. 1

Bestellungen a. d. Pressekonferenz v. 11. Januar 1935

11.01.1935   - 18 -

ZSg. 101/5/8/Nr. 1033   11. Januar 1935

Eine Mitteilung über das Verhältnis der Pflichtorganisationen der Wirtschaft zu den Preiskartellen, die von privater Seite veröffentlicht worden ist, hat nicht die Billigung des Preiskommissars [1] gefunden. Es wird daher gebeten, sie nicht zu veröffentlichen.

1) Carl Friedrich Goerdeler (1884 - 1945)

Fachgruppen wirken mit bei der Preisüberwachung
Die eigene preispolitische Betätigung ist zwar durch das Gesetz über den organischen Aufbau der Wirtschaft den auf Grund dieses Gesetzes gebildeten Körperschaften untersagt worden; der Reichskommissar für Preisüberwachung hat aber die Einschaltung der Fachgruppen in die Preisüberwachung vorgesehen. ... Die Tendenz geht dahin, einen Weg zu suchen, der die Einhaltung volkswirtschaftlich gerechtfertigter Preise weniger durch die alten Mittel der Kartellpolitik, wie die Strafzahlungen, starre Quoten usw., als vielmehr mit denjenigen Methoden sichert, die die Pflichtorganisationen anzuwenden in der Lage sind, insbesondere also Ermahnungen, Einforderung und Nachprüfung von Beratungsunterlagen usw. Auf diese Weise könnten die Gliederungen der Wirtschaft die Tätigkeit des Reichskommissars für die Preisüberwachung unterstützen, hierfür ihre Sachkenntnis einsetzen, ohne selbst unmittelbar in die Preisgestaltung einzugreifen.
HHN, Nr. 18 v. 11. Januar 1935 (A. A.), S. 2

ZSg. 101/5/8/Nr. 1034   11. Januar 1935

Es wird noch einmal daran erinnert, daß ein Verbot besteht, über das Zusatzausfuhrverfahren Artikel zu veröffentlichen. Dieses Verbot ist in der letzten Zeit mehrfach überschritten worden, so daß das Reichswirtschaftsministerium sich genötigt sieht, noch einmal daran zu erinnern.

Gesehen: Fa., D., K.   Hbg. 1.00 Uhr
                        Brsl. 1.08 "
                        Chmn. 2.32 "

s. a. ZSg. 101/4/213/Nr. 978 v. 12. Dezember 1934

ZSg. 101/5/9/Nr. 1035   13. Januar 1935

DNB-Rundruf vom 13. Januar 1935

Eine etwaige Rundfunkrede des Führers am Dienstag ((15.1.)) darf
vorher in der Presse nicht angekündigt werden.

Gesehen: Fa., D., K.   Hbg. 9.15
                       Brsl. 6.55
                       Chmn. 7.30 (14.1.) früh

s. a. ZSg. 101/5/10/Nr. 1036 v. 14. Januar 1935
      ZSg. 102/1/80 v. 16. Februar 1935
Der Führer spricht zur Saarabstimmung
HHN, Nr. 22 v. 14. Januar 1935, S. 1
s. a. VB (N. A.), Nr. 15 v. 15. Januar 1935, S. 1
Neben Adolf Hitler sollten noch Bürckel und Goebbels sprechen.
"Alle deutschen Behörden, Schulen usw. werden auf diese Sendung
ausdrücklich hingewiesen. Gauleiter Bürckel hat für den Gau
Pfalz für diese Sendung Gemeinschaftsempfang angeordnet."

ZSg. 101/5/10/Nr. 1036   14. Januar 1935

DNB-Rundruf vom 14.1.35

Die morgige Führerrede darf ohne weitere Anweisung zunächst nicht
von den Zeitungen übernommen werden. Falls die Führerrede frei
ist, erfolgt Rundruf.

Gesehen: Fa., D., K.   Hbg. 9.14 Uhr
                       Brsl. 9.15 früh (15.1.)
                       Chmn. 7.30 "

s. a. ZSg. 101/5/9/Nr. 1035 v. 13. Januar 1935

Brücke zur Verständigung
Der Dank des Führers an die Saar
VB (N. A.), Nr. 16 v. 16. Januar 1935, S. 1

14./16.01.1935 - 20 -

Die Rede wurde vom Postamt Berchtesgaden übertragen. vgl. den Text bei M. Domarus, Hitler. Reden und Proklamationen 1932 - 1945, Bd. I, Neustadt a. d. Aisch 1962, S. 472-473.

Bestellungen a. d. Pressekonferenz v. 16. Januar 1935

ZSg. 101/5/11/Nr. 1037   16. Januar 1935

Ueber die Blei-, Kupfer-, Erz- und Quecksilbervorkommen im Hundsrückgebiet ((sic)) darf nicht berichtet werden.

    s. a. ZSg. 102/1/35 (1) v. 16. Januar 1935
        ZSg. 101/4/111/Nr. 745 v. 19. September 1934

ZSg. 101/5/11/Nr. 1038   16. Januar 1935

Das Problem des Eintritts der Vereinigten Staaten in den Völkerbund soll in den Hintergrund treten. Der Weg von Washington nach Genf ist noch sehr weit. Insbesondere stellen selbst die Freunde des Eintritts der Vereinigten Staaten sehr hohe Forderungen.

    s. a. ZSg. 102/1/36 (2) v. 16. Januar 1935
        ZSg. 101/28/11 v. 17. Januar 1935 (Vertraulicher Informationsbericht Nr. 18) ((Zu den Überlegungen der Reichsregierung zum deutschen Wiedereintritt in den Völkerbund))

Amerika und der Haag
Der Weg von Washington nach Genf ist sehr weit. Diese feststehende politische Tatsache hat alle Versuche der Großmächte bisher scheitern lassen, die Vereinigten Staaten von Amerika zum Mitgliedsstaat des Völkerbundes zu erheben.
In der letzten Zeit mehren sich nun die Gerüchte, daß Amerika dennoch die Absicht habe, unter gewissen Voraussetzungen Mitglied des Völkerbundes zu werden. ...
HHN, Nr. 28 v. 17. Januar 1935 (A. A.), S. 1

Amerika und der Völkerbund
NZZ, Nr. 82 v. 15. Januar 1935, S. 2
Der Artikel beschreibt eine positive Einstellung der US-Regierung, die aber an innenpolitischen Problemen scheitert.

Die Vereinigten Staaten sind nie in den Völkerbund eingetreten.

- 21 -   16.01.1935

ZSg. 101/5/11/Nr. 1039   16. Januar 1935

Alles Nachrichtliche über das Wiederaufleben der Ostpaktpläne
soll ausführlich wiedergegeben werden.

Gesehen: Fa., D., K.   Hbg. 12.58 Uhr
                       Brsl. 12.55 "
                       Chmn. 1.58   "

s. a. ZSg. 102/1/34 (2) v. 16. Januar 1935:
... Ich habe noch mit dem Auswärtigen Amt wegen dieser Anweisung
telephoniert und dort gehört, daß sie rein taktischen Zwecken
dienen soll, um einerseits die Diskussion der römischen Abmachungen nicht zu beschleunigen (Zeitgewinn Ausrufezeichen) und andererseits französische Stellen zu einer Äußerung über den Ostpakt zu veranlassen.
Korrespondenten-Kommentar: Findet aber starke Aufmerksamkeit.

s. a. ZSg. 102/1/41 (2) v. 7. Dezember 1934
      ZSg. 101/5/15 (2) v. 18. Januar 1935

Die französische Diplomatie vor neuen Entschlüssen
Die Umwege zur Gleichberechtigung - Im Dickicht der Pakte
S(ie)b(ur)g. ... Weiterhin heißt es im französischen Lager, daß
eine entsprechende französische Note an Deutschland, welche die
Aufforderung, dem Ostpakt beizutreten, wiederhole, in allernächster Zeit nach Berlin abgehen werde ...
FZ, Nr. 30 v. 17. Januar 1935, S. 1

ZSg. 102/1/34 (1)   16. Januar 1935

Vom Auswärtigen Amt wurde in der Pressekonferenz gesagt, daß man
jetzt eine Mahnung an die Regierungskommission im Saargebiet
richten müsse, sich nicht mehr als Treuhänderin des neutralen
Völkerbundes zu betrachten, sondern des Saarvolkes, das seinen
Willen eindeutig kundgetan habe. Gewissermaßen gehöre sie und
die bestehende Rechtsordnung zu den Geschlagenen des 13. Januar.
1) Wenn die Regierungskommission wirklich demokratisch fühle,
müsse sie sich jetzt dem Mehrheitswillen unterordnen. In diesem
Zusammenhang sei auch besonders Herrn Heimburger zu gedenken. Es
sei unmöglich von den Saardeutschen allein Disziplin zu verlangen, wenn die Behörden keine Pflichttreue zeigten. Nur der Ab-

16.01.1935   - 22 -

stimmungskommission sei es in der letzten Zeit vielfach zu danken gewesen, daß keine Zwischenfälle vorgekommen seien, sie sei der ehrliche Makler zwischen dem Volk und der Regierungskommission gewesen. Wenn die Abstimmungskommission jetzt Saarbrücken verlasse, müsse um so größerer Wert gelegt werden auf eine korrekte Haltung der Regierungskommission.

1) Korrespondenten-Kommentar: Mit einem Male wird die Haltung energischer.

s. a. ZSg. 102/1/34 (1) v. 16. Januar 1935: Nach Schluß der Pressekonferenz meinte der Vertreter des Auswärtigen Amtes noch, daß die Rolle der Regierungskommission im Augenblick zu vergleichen wäre etwa der Stellung einer geschäftsführenden Regierung nach Neuwahlen. Eine eigene Notiz in diesem Sinne wollten wir von Berlin aus eigentlich nicht machen, vielleicht kann man den Appell an die Regierungskommission in anderem Zusammenhang unterbringen.

s. a. ZSg. 101/5/12 (Vertrauliche Bestellung an die Redaktion vom 17. Januar 1935) ((Französische Forderungen nach Entmilitarisierung des Saargebietes, d. h. SA und SS sollen abziehen))

s. a. ZSg. 101/5/19/Nr. 1053 v. 22. Januar 1935
ZSg. 101/5/52/Nr. 1119 v. 18. Februar 1935
ZSg. 110/1/9 v. 18. Februar 1935
ZSg. 110/1/14 v. 1. März 1935

Henri Heimburger war der französische Leiter des Innenressorts bei der Regierungskommission.

Herr Heimburger blamiert sich
HHN, Nr. 25 v. 16. Januar 1935, S. 2
Danach suspendierte er einen saarländischen Polizeibeamten, der anläßlich des Abstimmungsergebnisses den rechten Arm zum deutschen Gruß erhoben hatte.

Wie lange noch Heimburger?
HHN, Nr. 29 v. 18. Januar 1935, S. 1
s. a. VB (N. A.), Nr. 17 v. 17. Januar 1935, S. 3

ZSg. 102/1/34 (3)   16. Januar 1935

Schließlich meinte man noch, es sei angebracht, an Hand der Prognosen der ausländischen Presse über das Abstimmungsergebnis allgemein auf die Zuverlässigkeit der ausländischen Berichterstattung über Deutschland hinzuweisen.

s. a. ZSg. 101/5/14/Nr. 1045 v. 18. Januar 1935

- 23 -   16.01.1935

Noch vier Wochen Bewährungsfrist für Herrn Knox!
... Während so die Mehrheit der Auslandszeitungen sich auf den Boden der neugeschaffenen Tatsache stellt, versucht noch ein kleinerer Teil, und zwar derjenige, der seinen Lesern gegenüber ein schlechtes Gewissen hat, mit albernem Geschwätz sich den Gesetzen der Vernunft und Sachlichkeit zu entziehen. Wir können leider nicht darauf verzichten, auf diese Erscheinungen hinzuweisen. Ein schlechtes Gewissen haben alle jene "Weltblätter", die es wagten, ihren Lesern emigrantenfreundliche Prognosen vorzusetzen, und die nunmehr blamiert dastehen. Unter diese Rubrik fallen z. B. die "Times", die sich von einem kommunistischen Sonderberichterstatter aus Saarbrücken "informieren" ließ, die "Neue Zürcher Zeitung", fast durchweg die "Prager Presse" und bedauerlicherweise auch ein Teil der italienischen Zeitungen, die ihrem Publikum täglich zumuteten, die Schwindeleien, Fälschungen und Angstschreie des Marxisten Matz Braun und seiner volksverräterischen Clique als glaubhaft hinzunehmen. ...
VB (N. A.), Nr. 17 v. 17. Januar 1935, S. 1-2

ZSg. 102/1/35 (2)   16. Januar 1935

Ferner wurde erwähnt, daß verschiedene Zeitungen und Zeitschriften Auszüge aus einem Rundschreiben von Bernhard Köhler, Kommission für Wirtschaftspolitik in der Reichsleitung der NSDAP, an die Gauwirtschaftsberater gebracht hätten. Thema: Werbung der Verbrauchergenossenschaften. Die Auszüge seien aber einseitig und erweckten den Eindruck, als sei die NSDAP gegen Verbrauchergenossenschaften. Es werde deshalb die Bitte Köhlers der Presse übermittelt, diese Meldungen nicht mehr weiter zu verbreiten.

Bernhard Köhler (1882 -   ) war seit Juli 1933 Leiter der Kommission für Wirtschaftspolitik in der Reichsleitung der NSDAP und außerdem Hauptlektor der Reichsstelle zur Förderung des deutschen Schrifttums (München).

Die Werbung der Verbrauchergenossenschaften
... Es geht also nicht an, daß Verbrauchergenossenschaften zur Werbung von Mitgliedern auf einen angeblichen besonderen gemeinnützigen Charakter ihrer Betriebe hinweisen oder gar durchblicken lassen, daß sie nationalsozialistische Wirtschaftsideale verkörperten. ...
Das Archiv, Oktober 1934, S. 1005 f. (6. Oktober)
Eine weitere Auslegung der Anordnung über Verbrauchergenossenschaften vom 9. Juli 1934 von Rudolf Heß gab Köhler am 24. Januar 1935 unter derselben Überschrift: "Der Sinn dieser Anordnung ist, daß die Verbrauchergenossenschaften in einer unpolitischen kaufmännisch lauteren Werbung unbeschränkt sein müssen ... Die

16./17.01.1935 - 24 -

in den Verbrauchergenossenschaften ruhenden Vermögenswerte deutscher Arbeiter sollen erhalten bleiben, die in ihnen zu wirtschaftlichen Zwecken zusammengeschlossenen Volksgenossen dürfen in einer unpolitischen geschäftlichen Betätigung weder gestört noch gar ihretwegen als Volksgenossen zweiter Klasse behandelt werden ...
Das Archiv, Januar 1935, S. 1470 (24. Januar)
s. a. ZSg. 101/5/165/Nr. 1328 v. 22. Mai 1935

ZSg. 102/1/36 (1)   16. Januar 1935

In der Pressekonferenz wurde gesagt, es sei in letzter Zeit eine gewisse Vorliebe, besonders in Zeitschriften, für den Sowjetgeneral Blücher zu bemerken gewesen, die man für unangebracht halte.

Wassilij Konstantinowitsch Blücher (1889 - 1938), sowjetischer Marschall, im 1. Weltkrieg Unteroffizier, seit 1916 Mitglied der bolschewistischen Partei, Truppenbefehlshaber im Bürgerkrieg, 1924 - 1927 Militärberater der chinesischen Revolutionsregierung in Kanton. 1938 im Laufe der Stalinschen Säuberungsaktionen erschossen.

Bildunterschrift: Ein seltener Gast in Moskau. General Blücher, der legendenumworbene Oberkommandierende der fernöstlichen Sonderarmee, bei einem Besuch im "Großen Theater" in Moskau.
BIZ, 43. Jg. (1934), Nr. 45 v. 8. November 1934, S. 1641

ZSg. 101/5/12/Nr. 1040   17. Januar 1935

Bestellung a. d. Pressekonferenz v. 17. Januar 1935
Es wird gebeten, die französischen Antworten der Frontkämpfer auf die Rede Hitlers abzudrucken bezw. soweit nicht geschehen, diese Berichte nachzutragen, die im DNB Nr. 90 mitgeteilt wurden.

D., K., Fa.   Hbg.   1.50
                   Bresl. 2.10
                   Chemn. 1.58

- 25 - 17./18.01.1935

"Beweis für die Aufrichtigkeit Hitlers!"
Französische Frontkämpfer zu den Erklärungen des Führers
... Der Vorsitzende in der linksgerichteten ehemaligen Frontkämpfervereinigung, Henry Pichot, erklärte, daß die Ausführungen des Führers nach der Abstimmung im Saargebiet für ihn nicht überraschend gekommen seien. Der Führer habe sein Wort gehalten und die französische Öffentlichkeit müsse seine Erklärungen mit Genugtuung aufnehmen. Nach der endgültigen Regelung der Saarfrage und nach der Feststellung des Reichskanzlers, daß zwischen Deutschland und Frankreich keine weiteren territorialen Fragen mehr zu bereinigen seien, sei eines der brennendsten Probleme aus der Geschichte Frankreichs ausgemerzt. Von jetzt ab könnten Frankreich und Deutschland sich bei allen zwischenstaatlichen Verhandlungen treffen, ohne daß territoriale Spannungen auf ihren gegenseitigen Beziehungen lasteten. ...
HHN, Nr. 28 v. 17. Januar 1935 (A. A.), S. 1

ZSg. 101/5/13/Nr. 1041   17. Januar 1935

Bestellung a. d. Pressekonferenz v. 17. Januar 1935

Die thüringische Regierung bittet die Zeitungen den Begriff "Geist von Weimar" nur auf die Schiller- und Goethezeit, nicht aber zur Kennzeichnung des Systems der Weimarer Verfassung anzuwenden.

Gesehen: Fa., K., D.   Hbg. 1.50
                        Bresl. 2.10
                        Chemn. 1.58

Seit 1933 war Willi Marschler (1893 - 1955) thüringischer Ministerpräsident und zugleich in Personalunion Finanz- und Wirtschaftsminister, Fritz Sauckel (1894 - 1946) Reichsstatthalter in Thüringen.

Bestellungen a. d. Pressekonferenz v. 18. Januar 1935

ZSg. 101/5/14/Nr. 1042   18. Januar 1935

18.01.1935

Es bestand bisher die Anweisung, daß Beförderungen und Ernennungen der SA und SS von der Reichspressestelle der NSDAP mitgeteilt und nach diesen Mitteilungen Veröffentlichungen in der Presse vorgenommen werden dürften. Diese Anweisung ist jetzt dahin abgeändert worden, daß die bisherige Anordnung nur für Ernennungen vom Standartenführer aufwärts in Zukunft zutrifft, daß für alle übrigen Beförderungen alle Sturmbannführer, Sturmführer usw. die zuständige Gruppenführung verantwortlich zeichnet. Wenn also lokale Beförderungen bis zum Standartenführer ausschließlich erfolgen, so muß wenigstens von der zuständigen Gruppe die Genehmigung zur Veröffentlichung erteilt worden sein.

s. a. ZSg. 102/1/70 (2) v. 18. Januar 1935
ZSg. 101/4/83/Nr. 696 v. 29. August 1934
ZSg. 101/4/27/Nr. 614 v. 19. Juli 1934

Die Rangordnung war: SA (SS) Mann, Sturmmann, Rottenführer, Scharführer, Oberscharführer, Truppenführer, Obertruppenführer, Sturmführer, Ober-Sturmführer, Sturmhauptführer, Sturmbannführer, Ober-Sturmbannführer, <u>Standartenführer</u>, Oberführer, Brigadeführer, Gruppenführer, Obergruppenführer und Stabschef.

ZSg. 101/5/14/Nr. 1043   18. Januar 1935

Der englische Journalist Ward Price veröffentlicht ein Interview mit dem Führer. Sollte Abshagen [1] über dieses Interview berichten, so darf die Meldung nicht veröffentlicht werden. Das Interview wird in korrigierter Form wahrscheinlich sehr bald durch DNB erscheinen. Grundsätzlich wird noch mal an die Anordnung erinnert bei dieser Gelegenheit, daß Interviews politisch führender Persönlichkeiten unter keinen Umständen einfach aus der Auslandspresse durch Korrespondentenmeldungen in die deutschen Zeitungen gelangen dürfen, sondern daß für jeden einzelnen Fall der DNB-Text abgewartet werden muß.

1) Karl Heinz Abshagen war Korrespondent verschiedener Zeitungen in London (vgl. ZSg. 101/4/196/Nr. 944 v. 28. November 1934).

s. a. ZSg. 101/1/24 v. 23. Juni 1933
ZSg. 101/1/28 v. 24. Juni 1933

<u>Adolf Hitler: Wenn ich von Frieden rede, drücke ich den tiefinnersten Wunsch des deutschen Volkes aus</u>
Unterredung des Führers mit dem bekannten englischen Journalisten

und Vertreter der Rothermere-Presse, Ward Price
VB (N. A.), Nr. 20/21 v. 20./21. Januar 1935, S. 1-2

Domarus, der sich auf die Münchener oder Süddeutsche Ausgabe des
VB stützt, zitiert eine Interview-Fassung,die nicht mit der - offenbar überarbeiteten-Norddeutschen Ausgabe übereinstimmt (M.
Domarus, Hitler. Reden und Proklamationen 1932 - 1945, Bd. I,
Neustadt a. d. Aisch 1962, S. 474, bes. Anm. 19).

s. a. Ein neues Interview Hitlers
... Hitler wiederholte seine Friedensbeteuerungen; auf die
Frage, welche die Bedingungen für eine eventuelle Rückkehr
Deutschlands nach Genf seien, antwortete Hitler: "Weder ich,
noch sonst irgend jemand in Deutschland hat die Absicht,
Bedingungen für die Rückkehr in den Völkerbund zu stellen.
Die einzige Frage ist für uns die absolute Gleichberechtigung. Solange der Nationalsozialismus in Deutschland besteht, wird sich diese Haltung nicht ändern. Ich möchte beifügen, daß der Unterschied, den man zwischen moralischer und
materieller Gleichberechtigung macht, vom deutschen Volk
als eine Beleidigung aufgefaßt wird." ...
NZZ, Nr. 103 v. 18. Januar 1935, S. 2

ZSg. 101/5/14/Nr. 1044   18. Januar 1935

Es wird aus Anlaß eines Falles, in den die "Deutsche Allgemeine
Zeitung" verwickelt ist, noch einmal daran erinnert, daß Berichte über Gerichtsverfahren und Gerichtsentscheidungen für den
Fall, daß ein Veröffentlichungsverbot vom Propagandaministerium
ausgesprochen worden ist, auch dann nicht veröffentlicht werden,
wenn der Reichsanzeiger, das Mitteilungsblatt des Treuhänders
der Arbeit, und andere amtliche Organe eine solche Entscheidung
mitteilen oder über ein solches Verfahren berichten. Aus juristischen oder technischen Gründen müssen gewisse Amtsblätter derartige Veröffentlichungen vornehmen. Da diese Organe aber nicht
die Publizität einer solchen Tageszeitung haben, soll diese Publizität nicht durch den Abdruck in den Tageszeitungen nachgeholt
werden.

s. a. ZSg. 102/1/70 (1) v. 18. Januar 1935: Das Urteil des
Sozialen Ehrengerichts gegen einen Berliner Theaterdirektor
(Rosen, von der Plaza), das wir gestern morgen in der Reichsausgabe hatten, stand zuerst in der DAZ von Mittwoch nachmittag. Die DAZ erhielt deswegen in der heutigen Pressekonferenz eine Rüge erteilt, weil immer noch die vor einiger Zeit
gegebene Anweisung Geltung habe, daß über diesen Fall nichts
berichtet werden sollte. Daran habe auch die Tatsache nichts
geändert, daß der Treuhänder in seinem amtlichen Organ den
Fall veröffentlicht habe. Ein für alle Mal werde festgestellt,

18.01.1935   - 28 -

daß die in der Pressekonferenz gegebenen Anweisungen in erster
Linie zu beachten sind und daß sich die Situation nicht ändere,
auch wenn aus juristischen oder anderen Erwägungen Veröffentlichungen, selbst amtlichen Charakters zu einem bestimmten Thema
erscheinen. Was den eigentlichen Anlaß zu diesem Verbot gegeben
hat, wissen wir nicht genau. Ausgegangen ist es vom Ministerialrat Laubinger, dem Leiter der Abteilung 7, Theater, des Propagandaministeriums.

s. a. ZSg. 101/4/223/Nr. 1001 v. 18. Dezember 1934
      ZSg. 101/4/228/Nr. 1010 v. 21. Dezember 1934

Otto Laubinger (1892 - 1935) war seit August 1933 auch Präsident
der Reichstheaterkammer.

10 000 Mark Geldstrafe für unsoziales Verhalten
Ehrengerichtsurteil gegen einen Berliner Theaterdirektor
DAZ (B. A.), Nr. 26 v. 16. Januar 1935, S. 2
    (R. A.), Nr. 25-26 v. 17. Januar 1935, S. 3

Das Soziale Ehrengericht urteilt
10 000 Mark Geldstrafe für einen Intendanten - Eine grundsätzliche Begründung
FZ, Nr. 31 v. 17. Januar 1935, S. 2
Beide Zeitungen beziehen sich auf den Bericht der "Amtlichen Mitteilungen des Treuhänders der Arbeit für das Wirtschaftsgebiet
Brandenburg". In der Urteilsbegründung wurde darauf hingewiesen,
daß der Angeklagte gerade als NSDAP-Mitglied eine besondere Verantwortung trage beim Umgang mit seinen Volksgenossen.

ZSg. 101/5/14/Nr. 1045   18. Januar 1935

Sehr wichtig! Es ist äußerste Vorsicht geboten, die Nachrichten
über die Emigrantenflucht aus dem Saargebiet groß aufzumachen.
Von der Auslandspresse werden die Schilderungen, daß angeblich
10 000 Emigranten flehend an der lothringischen Grenze stehen
und auf den Einlaß nach Frankreich warten, gegen das Staatssystem des neuen Deutschland hämisch ausgewertet. Einmal ist die
Zahl von 10 000 Emigranten falsch, außerdem befinden sich unter
diesen Emigranten Spitzel und Landesverräter, die bereits vor
zwei Jahren aus dem Reich nach dem Saargebiet emigriert waren.
Im Auslande wird durch große Aufmachung der Emigrantenflucht in
deutschen Blättern und allzu groß geäußerte Freude über diese
Emigration ein Bild aufgerollt, das Mitleid mit so vielen "un-
glücklichen Menschen" hervorruft. Daran haben wir aber gar kein
Interesse, umsomehr, als die Emigrantenzahlen tatsächlich sehr
erheblich niedriger sind als 10 000.

- 29 -   18.01.1935

Gesehen: D., K., Fa.   Hbg. brf.
                         Bresl. brf.
                         Chmn. brf.

s. a. ZSg. 102/1/60 (3) v. 18. Januar 1935
      ZSg. 102/1/34 (3) v. 16. Januar 1935

Die Gesamtzahl der Saar-Emigranten wird heute auf 7 000 - 8 000
geschätzt (vgl. P. von zur Mühlen, "Schlagt Hitler an der Saar!",
Bonn 1979, S. 244 ff.)
Die Auswanderung aus dem Saargebiet
NZZ, Nr. 94 v. 17. Januar 1935, S. 2
Danach lagen ca. 5 000 Visa beim französischen Konsulat.
s. a. NZZ, Nr. 101 v. 18. Januar 1935, S. 2

ZSg. 101/5/15   18. Januar 1935

Bestellung für die Redaktion:
Das Auswärtige Amt bittet, die Frage der Entmilitarisierung des
Saargebietes und das Problem der Zerstörung der sogen. strategi-
schen Bahnen nicht zu vertiefen oder ausführlich zu erörtern. Das
Saargebiet ist seit 1920 entmilitarisiert und bei der Bahnfrage
handelt es sich tatsächlich nur um die Zerstörung von einigen
Rampen, mit denen man sowieso nichts anfangen kann. Daß die Zerstörung wertvoller Gebäude verlangt würde, trifft unter keinen Umständen zu. Das Auswärtige Amt sieht deshalb einer Entscheidung in
dieser Frage mit ruhigem Herzen entgegen. Was den Komplex der
Entmilitarisierung anlangt, so wird Deutschland die Frage aufrollen, was überhaupt unter Entmilitarisierung zu verstehen ist. Auf
keinen Fall wird Deutschland zustimmen, daß bei einem Ausbleiben
der Einigung in diesen Fragen etwa das alte Institut der Botschafterkonferenz wieder in Wirksamkeit tritt. Irgendein voreiliger Referent im französischen Außenamt hat nämlich ein Schriftstück gefunden, in dem es heißt, daß im Falle einer Nichteinigung über
Saarfragen die alte Botschafterkonferenz wieder mit dieser Angelegenheit befaßt werden müßte. [1]

Informatorisch kann weiter mitgeteilt werden, daß Deutschland über
die römischen Protokolle (Donaupakt, österreichische Frage usw.)

18.01.1935

zwar unterrichtet worden ist, daß ihm aber keine Dokumente oder Texte zugeleitet wurden. Infolgedessen wurde auch keine Gegenäußerung vom Auswärtigen Amt verlangt. Was den Ostpakt betrifft, so steht man im Auswärtigen Amt auf dem Standpunkt, daß die Fertigstellung der französischen Antwortnote vier Monate gedauert hat, und daß die Rückantwort des Auswärtigen Amtes gut und gerne drei Monate dauern könnte, womit man die Frage vorläufig als in weiter Ferne liegend betrachtet, sich im übrigen aber ans Werk macht, die einzelnen französischen Argumente in gewohnte diplomatische Zeilen zu zerpflücken. 2)
Dr. Kausch

D., K., Fa.

1) s. a. ZSg. 102/1/60 (1) v. 18. Januar 1935: Zu der Rede Lavals in Genf meint das Auswärtige Amt, man möge sie freundlich kommentieren. Man wisse natürlich, daß bei parlamentarischen Ministern eine solche Rede immer innerpolitisch bedingt sei. Der 1. März sei natürlich ein bedingter Termin, nicht etwa abhängig davon, daß vorher die für Rom geplanten Besprechungen zu einem guten Ende gediehen seien oder an ihrer Stelle der Völkerbundsrat entschieden habe. In der Atmosphäre von Rom, so hoffe man, werde sich alles schnell erledigen lassen, denn die Zeit politischer Hintergedanken sei jetzt vorbei. Außerdem habe man sich in Wirtschaftsfragen mit Frankreich immer verhältnismäßig schnell geeinigt. (Ich glaube, diese Äußerung klingt etwas zu optimistisch, vor allem, wenn man die letzten Handelsvertragsverhandlungen berücksichtigt.) In Verbindung mit Lavals Anerkennung der Disziplin der Saarbevölkerung könne man auf den Straßburger Sender zu sprechen kommen, der seine Emigrantenmeldungen immer noch fortsetze. Im übrigen habe Laval recht, wenn er sage, die Emigrantenfrage sei vom Völkerbund zu lösen, unter dessen Auspizien ja auch im Saargebiet gearbeitet hätten. Was er über die Sicherheit sage, könne man anerkennen. Es werde gebeten, mit Alarmnachrichten vorsichtig zu sein. Die Entmilitarisierung habe keine große politische Bedeutung. Was darüber zu lesen gewesen sei, sei wohl eine Referentenarbeit, die vorzeitig den Weg in die Presse gefunden habe. ...
Korrespondenten-Kommentar: Hat eine bemerkenswert friedliche Rede zur Saarfrage gehalten, die hier einen guten Eindruck gemacht hat. Man ist in Berlin der Meinung, daß sich die Saarfrage nun in Frieden lösen wird. Aber man legt auch Wert darauf, daß diese Meinung bekannt wird, weil man damit Einfluß gewinnen möchte, sozusagen Kapital anhäufen möchte, das irgendwann einmal gebraucht werden könnte. Dafür gibt es noch genug politische Probleme, zumal wenn man den heutigen Zustand des Reiches mit den Zielen in Verbindung setzt, die AH. aufgestellt hat. Das AA anerkennt heute, daß die Entmilitarisierung des Saargebietes keine Forderung sei, die uns in Erregung versetzen könnte. Man möchte jetzt keine deutsche Sonderstellung in Europa schaffen, denn der Ostpakt Frankreichs und der in

- 31 -   18./21.01.1935

Aussicht genommene Mittelmeerpakt interessieren hier zu stark
und könnten ein deutsches Engagement nötig machen für das die
Außenpolitik freie Hand haben möchte.

Aufschub der Ratssitzung über die Saar
Lavals Taktik - Die Abstimmungskommission eingetroffen
FZ, Nr. 30 v. 17. Januar 1935, S. 1
s. a. ADAP, Serie C, Bd. III, 2, Nr. 442-444, 448

2) s. a. ZSg. 102/1/60 (2) v. 18. Januar 1935
        ZSg. 102/1/33 (3) v. 3. Januar 1935
        ZSg. 101/5/11/Nr. 1039 v. 16. Januar 1935

Die hier erwähnten "römischen Protokolle" beziehen sich auf die
Verhandlungen Frankreich - Italien vom 7. Januar 1935. Sie sind
nicht identisch mit den "Römischen Protokollen" vom 17. März 1934,
nach denen Italien und Ungarn sich in enger wirtschaftlicher Zusammenarbeit mit Österreich zu dessen Unabhängigkeit verpflichte-
ten.

Zur deutschen Stellungnahme zu den römischen Vereinbarungen
s. ADAP, Serie C, Bd. III, 2, Nr. 439, 454, 469

Zum Ostpakt s. a. ZSg. 101/5/11/Nr. 1039 v. 16. Januar 1935
              ZSg. 101/5/52/Nr. 1118 v. 18. Februar 1935

Man spricht vom Ostpakt
FZ, Nr. 33 v. 18. Januar 1935, S. 1
s. a. FZ, Nr. 30 v. 17. Januar 1935, S. 1
      FZ, Nr. 31 v. 17. Januar 1935, S. 1

Bestellungen a. d. Pressekonferenz v. 21. Januar 1935

ZSg. 101/5/17/Nr. 1046   21. Januar 1935

Die Zahlen des Außenhandelsausweises für 1934 sollen nicht ohne
den amtlichen Kommentar des Reichswirtschaftsministeriums veröffentlicht werden und nur im Wirtschaftsteil der Tageszeitungen erscheinen.

Deutschlands Außenhandel 1934:
284 Mill. RM Einfuhrüberschuß
45 Mill. RM Importüberschuß im Dezember
HHN, Nr. 34 v. 21. Januar 1935, S. 10

Erhöhte Einfuhr
Der Jahresabschluß im Außenhandel
FZ, Nr. 40 v. 22. Januar 1935, S. 3

21.01.1935 - 32 -

aber:
<u>Ursachen des deutschen Außenhandelsdefizits</u>
NZZ, Nr. 127 v. 22. Januar 1935, S. 3

<u>Hintergrund der deutschen Außenhandelskrise</u>
NZZ, Nr. 138 v. 24. Januar 1935, S. 2

ZSg. 101/5/17/Nr. 1047   21. Januar 1935

Es wird dringend ersucht, die katholische Geistlichkeit im Zusammenhang mit der Saarfrage nicht anzugreifen oder durch Bilder zu verhöhnen.

s. a. ZSg. 101/4/200/Nr. 953 v. 1. Dezember 1934
      ZSg. 102/1/39 (1) v. 21. Januar 1935: ... Der Referent, der diese Äußerung tat, hatte dabei den gestrigen "Völkischen Beobachter" in der Hand.

Matz Braun, Hoffmann & Co. — —

Der Status quo hat das Rennen gemacht!

VB (N. A.), Nr. 20/21 v. 20./21. Januar 1935, S. 3

ZSg. 101/5/17/Nr. 1048   21. Januar 1935

- 33 -   21.01.1935

Es wird nachdrücklich darauf aufmerksam gemacht, daß der morgige Geburtstag des General Litzmann durch große Gedenkartikel und lange Berichte über die Geburtstagsfeiern hervorgehoben wird. Hinter dieser Bitte steht der Wunsch des Führers.

Karl Litzmann (1850 - 1936), seit 1867 Soldat, Teilnehmer am Krieg 1870/71, im 1. Weltkrieg kommandierender General einer Infanterie-Division.

s. a. ZSg. 102/1/39 (4) v. 21. Januar 1935: ... Hierzu bemerkte Dr. Jahncke in der Pressekonferenz, man wisse, daß Litzmann der erste Feldherr war, der längst vor der Machtübernahme als einfacher SA-Mann sich für den Nationalsozialismus eingesetzt habe. ...

Litzmann/Zum 85. Geburtstag des Führers nach Brzeziny
von Hauptmann a. D. Dr. Krukenberg, im Kriege Ordonnanzoffizier bei General Litzmann (3. Garde-Infanterie-Division)
HHN, Nr. 34 v. 21. Januar 1935, S. 1-2 ((Leitartikel))
s. a. HHN, Nr. 36 v. 22. Januar 1935, S. 1
    HHN, Nr. 37 v. 23. Januar 1935, S. 1
    HHN, Nr. 38 v. 23. Januar 1935, S. 1 ((Bild))

Litzmann
FZ, Nr. 41 v. 23. Januar 1935, S. 1 ((Lebenslauf))

Adolf Hitler bei General Litzmann
FZ, Nr. 42 v. 23. Januar 1935, S. 2

s. a. VB (N. A.), Nr. 22 v. 22. Januar 1935, S. 1
    VB (N. A.), Nr. 23 v. 23. Januar 1935, S. 1 ((fast die ganze Seite mit Bild))
    VB (N. A.), Nr. 24 v. 24. Januar 1935, S. 1 ((mit Bild))

ZSg. 101/5/17/Nr. 1049   21. Januar 1935

Jede irredentische Propaganda (Südtirol, Eupen-Malmedy usw.) auch durch Karten, die "Deutschlands blutende Grenzen" darstellen, soll aus außenpolitischen Gründen vorläufig unterbleiben. Es genügt, wenn das Deutschtum draußen selbst auf Grund der Saarabstimmung diese Propaganda verstärkt.

Gesehen: Fa., D., K.   Hbg. 1.48 Uhr
                        Brsl. 1.30 "
                        Chmn. 1.45 "

21.01.1935

s. a. ZSg. 102/1/39 (1) v. 21. Januar 1935: ... Ausdrücklich sei seinerzeit für den Osten diese Bezeichnung als unerwünscht hingestellt worden, und was das Elsaß betreffe, so sei ja Hitlers Erklärung vom Tag der Abstimmung deutlich genug. Aber ganz allgemein könne es natürlich keine gute Wirkung haben, wenn man, wie es in einem dieser Artikel geschehen sei, gleich zwölf Ländern gegenüber erkläre, daß Deutschland blutende Grenzen ihnen gegenüber habe. Vor solchen Meldungen werde ausdrücklich gewarnt. Die reichsdeutsche Presse könne ihrerseits nichts dazu tun, um die Bewegung, die nach der Saarabstimmung bei deutschen Minderheiten entstanden sei, zu unterstützen. ...
Korrespondenten-Kommentar: Es bestätigt sich erneut, daß das AA sich freie Hand halten möchte und darum Mäßigung anstrebt.

s. a. ZSg. 101/5/21/Nr. 1058 v. 23. Januar 1935

Nach dem 13. Januar:
Eupen-Malmedy und die Saar
... In weiten Kreisen der deutschen Bevölkerung habe die Sehnsucht zur Rückkehr ins Vaterland eine ungestüme Steigerung erfahren ...
VB (N. A.), Nr. 19 v. 19. Januar 1935, S. 4

ZSg. 101/5/18/Nr. 1050   21. Januar 1935

DNB-Rundruf vom 21. Januar 1935

Über einen etwaigen Jagdbesuch des preußischen Ministerpräsidenten Göring in Polen soll in der Presse vorläufig nichts gemeldet werden.

Gesehen: Fa., D., K.   Hbg. 2.20
                        Brsl. 7.20
                        Chmn. 2.21

s. a. ZSg. 102/1/45 v. 21. Januar 1935
Korrespondenten-Kommentar: wird ungewöhnlich beachtet! Damit ist mehr beabsichtigt als nur Jägerei! Will Hitler den Polenpakt ausbauen? Oder handelt es sich um eine "Feier" aus Anlaß des Jahrestages?

Jagdbesuch Pg. Görings in Polen
... Der Preußische Ministerpräsident trifft am Sonntag ((27. Januar)) in Polen ein. Die Jagdveranstaltung dürfte zwei Tage in Anspruch nehmen. Die Einladung wird die Gäste ... besonders erfreuen, weil vor allen Dingen Wild gejagt werden soll, das in dem übrigen Europa entweder gar nicht vorhanden ist oder doch außerordentlich selten vorkommt. ...

21./22.01.1935

NZ, Nr. 27 v. 27. Januar 1935, S. 1
s. a. ADAP, Serie C, Bd. III, 2, Nr. 474

ZSg. 102/1/39 (2) 21. Januar 1935

((Anfang der Bestellung nicht überliefert))
Artikel gegen das Reichskabinett angekündigt. Mit Rücksicht auf den schlechten Ruf und die geringe Verbreitung des Blattes sei es am zweckmäßigsten, überhaupt keine Notiz von ihm zu nehmen.

ZSg. 102/1/39 (3) 21. Januar 1935

"La Union" Valparaiso, feiere am 23. ihr fünfzigjähriges Jubiläum. Da sich das Blatt immer für Deutschland eingesetzt habe, sei die deutsche Vertretung in Chile der Meinung, es wäre gut, wenn die eine oder andere deutsche Zeitung des Blattes gedenken wollte.

... die dem Bistum Valparaiso gehörende konservative "La Union". Sonntags wird dieses Blatt mit einer fast doppelt so hohen Auflage vertrieben wie alltags.
Handbuch der Weltpresse, Bd. 1, Köln u. a. 1970, S. 71

ZSg. 102/1/41 21. Januar 1935

Eine ostpreußische Zeitung habe, so wurde in der Pressekonferenz gesagt, Reklame gemacht für ein "harmloses" Rauschgift, nämlich das Koka. Hierzu werde festgestellt, daß das Koka unter das Opiumgesetz falle.

Bestellungen a. d. Pressekonferenz v. 22. Januar 1935

22.01.1935   - 36 -

ZSg. 101/5/19/Nr. 1051   22. Januar 1935

<u>Vertraulich und sehr wichtig!</u> Die Berichterstattung über Österreich hat in der nächsten Zeit absolut zu unterbleiben. Es sollen weder Berichte über politische Vorgänge noch über die sogen. "österreichische Frage", noch Feuilletons über Wien und Reisebeschreibungen über Österreich gebracht werden. Diese Anweisung ergeht von höchster Reichsstelle: Österreich existiert für die deutsche Presse in der nächsten Zeit nicht! Das DNB wird seine Berichterstattung ebenfalls auf das äußerste beschränken, aber selbst die DNB-Berichte sollen nur mit großer Vorsicht und auszugsweise gebracht werden.

s. a. ZSg. 102/1/45 (3) v. 22. Januar 1935: ... Die uns unfreundlich gesinnte Auslandspresse habe bereits wieder geschrieben, daß Deutschlands Interesse an Österreich größer werde. Dem dürfte kein Vorschub geleistet werden. Die Korrespondenten in Wien sollten sich mit Fragen des Donauraums und den Balkanländern befassen.

s. a. ZSg. 102/1/61 (1) v. 7. Februar 1935
ZSg. 102/1/Ausr. Herrn Reifenberg (3) v. 8. Februar 1935
ZSg. 102/1/32 (4) v. 25. März 1935
ZSg. 101/6/5/Nr. 1437 v. 6. Juli 1935

ZSg. 101/5/19/Nr. 1052   22. Januar 1935

Über beabsichtigte und soeben getätigte Reichsanleihen soll unter keinen Umständen berichtet werden. Dieses Thema soll auch nicht zur Erörterung gestellt werden. Diese Bestimmung gilt nicht für alte Reichsanleihen und die Umwandlung der Arbeitsbeschaffungsanleihen.

s. a. ZSg. 102/1/42 v. 22. Januar 1935: ... Der tiefere Sinn dieser Anweisung ist, wie sich aus der anschließenden Diskussion in der Pressekonferenz ergab, der gleiche, der es unerwünscht erscheinen läßt, über mehr Beschäftigung in der Schwerindustrie zu berichten. ...

s. a. ZSg. 101/3/253/Nr. 549 v. 20. Juni 1934

Die Reichsbank schloß für Rechnung des Reiches mit dem Deutschen Sparkassen- und Giro-Verband und der Deutschen Girozentrale - Deutschen Kommunalbank eine Reichsanleihe von 500 Millionen RM zur Unterbringung bei den Sparkassen ab. Der Kurs wurde auf 98 1/4 v. H., der Zinsfuß auf 4 1/2 v. H. festgesetzt. ... Der

- 37 -   22.01.1935

Erlös der Anleihe ist zur Konsolidierung von Aufwendungen für Arbeitsbeschaffungszwecke bestimmt und dient somit der Erleichterung der Finanzlage des Reiches in den späteren Jahren. ...
Das Archiv, Januar 1935, S. 1593 (24. Januar)
s. a. HHN, Nr. 41 v. 25. Januar 1935, S. 1
s. a. ZSg. 101/5/167/Nr. 1330 v. 23. Mai 1935

ZSg. 101/5/19/Nr. 1053   22. Januar 1935

Die Regierungskommission soll nunmehr nicht mehr auf Grund alter Tatbestände angegriffen werden, sondern erst dann wieder, wenn neue Vorgänge vorliegen.

s. a. ZSg. 102/1/45 (1) v. 22. Januar 1935: ... Auch die Art, wie Herr Knox persönlich mit Adjektiven belegt worden sei, könnte jetzt wohl eingeschränkt werden.
s. a. ZSg. 102/1/34 (1) v. 16. Januar 1935

Deutsche Flagge über den Amtsgebäuden im Saargebiet
Immer wieder Herr Heimburger!
VB (N. A.), Nr. 20/21 v. 20./21. Januar 1935, S. 3

ZSg. 101/5/19/Nr. 1054   22. Januar 1935

Über Faschingsveranstaltungen im Lande und in der Stadt soll ausführlich Bericht erstattet werden.

s. a. ZSg. 102/1/43 (2) v. 22. Januar 1935: Mit Rücksicht auf verschiedene Anfragen aus dem Reich wurde festgestellt, daß absolut kein Grund vorhanden sei, Faschingsveranstaltungen und Berichte hierüber zu unterdrücken.

ZSg. 101/5/19/Nr. 1055   22. Januar 1935

Artikel über den Volkskraftwagen und die Pläne hierzu bezw. Aufträge sollen nicht gebracht werden.

Gesehen: Fa., K., D.   Hbg. 1.05 Uhr
                        Brsl. 1.05 "
                        Chmn. 1.20 "

s. a. ZSg. 102/1/45 (2) v. 22. Januar 1935

22.01.1935 - 38 -

Ferdinand Porsche hatte am 14. Juni 1934 mit der Zustimmung des Reichsverbandes der deutschen Automobilindustrie einen Konstruktionsauftrag erhalten. Die Frage der Volkswagen wurde immer im Hinblick auf die Automobilausstellung (März) interessant und da keine befriedigenden Fortschritte gemacht worden waren, war das Thema tabu.

In einem Zwischenbericht, den Ferdinand Porsche am 31. Januar 1935 dem Reichsverband der deutschen Automobilindustrie gab, wies er darauf hin, daß das Projekt, ein preiswertes Personenkraftfahrzeug zu produzieren (1.000 RM), nur durchführbar sei, wenn bei dem Rohmaterial und den Zubehörteilen seitens der Industrie erhebliche Preissenkungen durchgeführt würden. vgl. P. Kluke, Hitler und das Volkswagenprojekt. In: VjhZ, 8. Jg. (1960), S. 341-383.
s. a. BA: R 43 II/753 Kraftfahrzeugbau, S. 27

s. a. Wann kommt der deutsche Volkswagen?
HHN, Nr. 7 v. 5. Januar 1935, S. 4

s. a. ZSg. 101/5/177/Nr. 1361 v. 31. Mai 1935

ZSg. 101/5/20/Nr. 1056   22. Januar 1935

DNB-Rundruf vom 22. Januar 1935

Die Meldung vom 22. Januar über Richtlinien des Reichs- und preußischen Ministers für das Innere für die gesundheitliche Betreuung der HJ wird hiermit zurückgezogen und darf nicht übernommen werden.

Gesehen: Fa., K., D.   Hbg. 9.15 Uhr
                        Brsl. 9.10 "
                        Chmn. 8.30 23.1.

Das Jahr 1935 war vom Reichsjugendführer in seiner Neujahrsansprache zum "Jahr der Ertüchtigung" erklärt worden (vgl. H. C. Brandenburg, Die Geschichte der HJ, Köln 1982, S. 170 f.)

Reichsminister Dr. Frick gab den Länderregierungen und Regierungspräsidenten ausführliche Richtlinien für die gesundheitliche Betreuung der Hitlerjugend. Gemäß der zwischen dem Reichsminister für Wissenschaft, Erziehung und Volksbildung und dem Reichsjugendführer getroffenen Vereinbarungen müssen Überanstrengungen der Jugend unbedingt vermieden werden. Ferner ist auf Witterungsverhältnisse genügend Rücksicht zu nehmen. ...
Das Archiv, Januar 1935, S. 1535 (22. Januar)

22./23.01.1935

Für eine gesunde Jugend!
Neue Richtlinien für HJ und BDM
HHN, Nr. 36 v. 22. Januar 1935, S. 2
s. a. VB (N. A.), Nr. 23 v. 23. Januar 1935, S. 2

HJ. im Dienst. Ausbildungsvorschrift für die Ertüchtigung der deutschen Jugend, hrsg. von der Reichsjugendführung, Berlin 1935.

ZSg. 102/1/43 (1)   22. Januar 1935

Ein Berliner Blatt hat heute aus einem Buch von Anton Zischka "Der Kampf um die Weltmacht Öl" einen Auszug gebracht. In der Pressekonferenz wurde hierzu festgestellt, daß dieses Buch seit einigen Wochen beschlagnahmt sei. Wir haben dazu in der Pressekonferenz angeregt, daß die Beschlagnahme von Büchern doch mindestens der Presse grundsätzlich mitgeteilt werden möchte. Man hat es zu tun versprochen.

Anton Emmerich Zischka (1904 -   ) war seit 1929 Redakteur der "Neuen Freien Presse", Wien und Korrespondent der "Politiken" in Kopenhagen und des "Intransigeant" (Boulevardblatt). Seit 1934 Schriftsteller mit zahlreichen Veröffentlichungen zu wirtschafts- und weltpolitischen Fragestellungen. 1935 erschien sein Buch "Der Kampf um die Weltmacht Baumwolle", 1939 - nach Kriegsausbruch - wurde das zunächst unterdrückte Buch "Ölkrieg. Wandlung der Weltmacht Öl" aktualisiert und veröffentlicht. Aus dem Vorwort: "Während dieses Buch in Druck ging, brach der Krieg der Demokratien gegen das nationalsozialistische Deutschland aus. Wie der Weltkrieg wurde dieser Krieg Englands vom ersten Tag an als "Krieg für Freiheit und Recht" getarnt, hetzte England Unzählige in den Tod, nur "um die Ideale der Menschheit aufrechtzuerhalten". Diese Geschichte des Rohstoffes Öl ist nun zu einer Antwort auf die mit allen Mitteln in der Welt verbreitete Hetzpropaganda geworden ..." (S. 5).

Bestellungen a. d. Pressekonferenz v. 23. Januar 1935

ZSg. 101/5/21/Nr. 1057   23. Januar 1935

23.01.1935   - 40 -

"United Press" veröffentlicht eine Mitteilung über die Tagesordnung der nächsten Kabinettssitzung, die wie wir bereits informatorisch mitteilten, am 24. ds. Mts. stattfinden wird. Es wird dringend gebeten, diese Tagesordnung nicht zu veröffentlichen, da sie in verschiedenen Teilen nicht zutrifft. Grundsätzlich dürfen naturgemäß ausländische Agenturen über innerdeutsche Vorgänge nicht gebracht werden.

s. a. ZSg. 102/1/50 (2) v. 23. Januar 1935: Ferner wurde mißfallend bemerkt, daß eine deutsche Zeitung (Das "Hamburger Fremdenblatt") so etwas ähnliches wie eine Vorschau auf die morgige Kabinettssitzung wenn auch in verschleierter Form gebracht habe, nämlich in der Art, daß von bevorstehenden Entscheidungen gesprochen worden sei. Es handelt sich dabei einmal um die Gemeindeordnung [1], die übrigens ja auch schon von Frick für den Januar angekündigt worden ist, ferner um ein neues Reichsstatthaltergesetz [2]. Diese Punkte stehen tatsächlich auf der Tagesordnung des Kabinetts. Ferner u. a., soweit wir hörten, eine neue Verordnung zur Überleitung der Rechtspflege auf das Reich [3], durch die die Justizbeamten Reichsbeamte werden. Ferner wird man sich morgen wahrscheinlich auch darüber schlüssig werden, wie die Leitung des Reichswirtschaftsministeriums [4] - Schachts kommissarische Betreuung läuft ja Anfang Februar ab - aussehen soll. Mehr als Gerüchte sind allerdings bisher nicht zu hören gewesen, die hier genau wie in der Auslandspresse in allen Variationen auftauchen, vom Vizekanzler und Wirtschaftsdiktator Schacht bis zur einfachen Verlängerung seines Kommissariats. Dies zu Ihrer Information.

s. a. ZSg. 101/5/16 v. 21. Januar 1935
    ZSg. 102/1/45 (4) v. 22. Januar 1935
    ZSg. 101/28/13 f. v. 17. Januar 1935 (Vertraulicher Informationsbericht Nr. 18)

Beschleunigte Durchführung der Reichsreform
Die künftige Stellung der Reichsstatthalter
HHF, Nr. 22 v. 22. Januar 1935, S. 1

s. a. HHN, Nr. 41 v. 25. Januar 1935, S. 1

1) s. a. ZSg. 101/5/24/Nr. 1067 v. 29. Januar 1935
   Deutsche Gemeindeordnung vom 30. Januar 1935.(RGBl. 1935, I, S. 49-64.)Aus der Einleitung: Die Deutsche Gemeindeordnung will die Gemeinden in enger Zusammenarbeit mit Partei und Staat zu höchsten Leistungen befähigen und sie damit in Stande setzen ... in einem einheitlichen, von nationalem Willen durchdrungenen Volke die Gemeinschaft wieder vor das Einzelschicksal zu stellen, Gemeinnutz vor Eigennutz zu setzen ...
   Neben den üblichen Körperschaften der kommunalen Selbstverwaltung war auch ein "Beauftragter der NSDAP" (§ 6) vorgesehen "zur Sicherung des Einklangs der Gemeindeverwaltung mit der Partei".

- 41 -   23.01.1935

2) Reichsstatthaltergesetz vom 30. Januar 1935.(RGBl. 1935, I, S. 65-68)
§ 1 Der Reichsstatthalter ist in seinem Amtsbezirk der ständige Vertreter der Reichsregierung. Er hat die Aufgabe, für die Beobachtung der vom Führer und Reichskanzler aufgestellten Richtlinien der Politik zu sorgen. ...
§ 5 Auf Vorschlag des Reichsstatthalters ernennt und entläßt der Führer und Reichskanzler die Mitglieder der Landesregierung ...
§ 9 Der Führer und Reichskanzler ernennt den Reichsstatthalter und kann ihn jederzeit abberufen ...

3) Drittes Gesetz zur Überleitung der Rechtspflege auf das Reich vom 24. Januar 1935.(RGBl. 1935, I, S. 68-69)
Das Gesetz besagte, daß alle Justizbehörden und -bediensteten in den Dienst des Reiches gestellt werden sollten und das Reich in Justizangelegenheiten haushalts- und vermögensrechtlich zum Rechtsnachfolger der Länder werden sollte.

4) Der Führer und Reichskanzler entließ den beurlaubten Reichswirtschaftsminister und Preußischen Minister für Wirtschaft und Arbeit Dr. Schmitt, mit Rücksicht auf seine immer noch nicht hergestellte Gesundheit aus seinen Ämtern und beauftragte den Präsidenten des Reichsbankdirektoriums, Dr. Schacht, erneut mit der weiteren Führung der Geschäfte des Reichswirtschaftsministers und des Preußischen Ministers für Wirtschaft und Arbeit.
Das Archiv, Januar 1935, S. 1537 (31. Januar)

ZSg. 101/5/21/Nr. 1058   23. Januar 1935

Es wird auf unsere frühere Anweisung des Verbots irredentischer Propaganda nochmals hingewiesen, da immer noch kleinere Verstöße dagegen unternommen werden.

s. a. ZSg. 101/5/17/Nr. 1049 v. 21. Januar 1935
ZSg. 102/1/50 (1) v. 23. Januar 1935: Noch einmal wurde unter Erwähnung der "Westfälischen Landeszeitung" dringend die Bitte ausgesprochen, keinerlei irredentistische Artikel zu schreiben. Das genannte Blatt habe u. a. eine Volksabstimmung im Memelgebiet verlangt.

Die ungelöste Memel-Frage
Neue memeldeutsche Beschwerde in Genf/Volksbefragung als beste Lösung/Die Saar im Osten
WLZ, Nr. 21 v. 21. Januar 1935, S. 1

Zum Thema Memelland s. a. ZSg. 101/28/15 f. v. 17. Januar 1935 (Vertraulicher Informationsbericht Nr. 18): Im Auswärtigen Amt war in den letzten Tagen der Plan entstanden, die Frage des Memelgebiets noch in diesem Jahr aufzurollen, um so mehr als die Volksabstimmung im Saargebiet ein so überwältigendes Ergebnis gehabt hat. ...

23.01.1935 - 42 -

ZSg. 101/5/21/Nr. 1059 23. Januar 1935

Der Präsident der Reichstheaterkammer [1] ersucht darum, über personelle Veränderungen im Vorstand des Reichsverbandes der Deutschen Artisten nichts zu berichten, bevor endgültige Entscheidungen getroffen sind.

1) Otto Laubinger (1892 - 1935)
Der Reichsverband der Deutschen Artistik wurde der Fachschaft Artistik innerhalb der Reichstheaterkammer einverleibt. Diese Fachschaft wurde im Juli 1935 gebildet. (vgl. Das Archiv, Juli 1935, S. 620 (31. Juli) und G. Menz, Der Aufbau des Kulturstandes, München 1938, S. 35 ff.)

ZSg. 101/5/21/Nr. 1060 23. Januar 1935

Die kriegsgeschichtliche Abteilung des Reichsarchivs bittet, einen in diesen Tagen herauskommenden Aufruf an alle ehemaligen Angehörigen der deutschen Luftstreitkräfte während des Krieges nach dem DNB-Text abzudrucken, da in der nächsten Zeit ein großes kriegsgeschichtliches Werk über den Luftkrieg herauskommen soll, zu dem die Mitarbeit der alten Flieger gewünscht wird.

Gesehen: Fa., D., K.   Hbg. 1.00 Uhr
                       Br. 1.10 "
                       Ch. 1.30 "

Aufruf an Flieger und Luftschiffer
Eine Bitte der kriegsgeschicht. Abt. des Reichsarchivs
Im Rahmen der Gesamtdarstellung der Geschichte des Weltkrieges 1914 - 1918 ist von der Kriegsgeschichtlichen Abteilung des Reichsarchivs auch die Bearbeitung des Luftkrieges in Angriff genommen worden. Das Werk wird den Zeitraum von Beginn der Militärluftfahrt bis zum Ende des Krieges umfassen und die allseitige Entwicklung der Heeres- und Marine-Luftstreitkräfte, der Flieger und Luftschiffer, der Flugabwehr, des Heimatluftschutzes sowie des Wetterdienstes innerhalb der einzelnen Waffengattungen im Felde und in der Heimat zur Darstellung bringen. ...
Kreuz-Z, Nr. 23 v. 27. Januar 1935, S. 19

s. a. FZ, Nr 47 v. 26. Januar 1935, S. 4

Der Weltkrieg 1914 bis 1918. Die militärischen Operationen zu Lande, bearb. u. hrsg. von der Kriegsgeschichtlichen Forschungsanstalt des Heeres, Bd. 11, Berlin 1938, S. 424, Anm. 1: "Näheres werden die von der Kriegswissenschaftlichen Abteilung der Luftwaffe im Reichsluftfahrministerium herauszugebenden Veröffentlichun-

- 43 -   23./24.01.1935

gen "Die deutschen Luftstreitkräfte im Weltkrieg" bringen."
Dieser Plan wurde nicht realisiert.

Bestellungen a. d. Pressekonferenz v. 24. Januar 1935

ZSg. 101/5/22/Nr. 1061   24. Januar 1935

Vertraulich! Über die SS-Führerschule Wevelsburg ((sic)) sollen
keine Mitteilungen gemacht werden, es sei denn solche, die von
der Reichsführung SS genehmigt und der Presse zur Verfügung gestellt werden.

s. a. ZSg. 102/1/49 (2) v. 24. Januar 1935

Am 22. September 1934 fand die offizielle Übergabe der Wewelsburg aus dem Besitz der Stadt Büren in Westfalen (Nähe Paderborn) an Reichsführer SS, Himmler, statt. Der Umbau zur "Reichsführer-Schule" mit nicht näher definierten Aufgaben begann unter der Dienstaufsicht des von R. W. Darré geleiteten Rasse- und Siedlungshauptamtes. Im Januar/Februar 1935 wurde das gesamte Personal dem Persönlichen Stab Himmlers unterstellt (vgl. K. Hüser, Wewelsburg 1933 - 1945, Paderborn 1982, S. 20 ff.). Ab November 1935 war die offizielle Bezeichnung "SS-Schule Haus Wewelsburg". Ab 1939 (Mai) wurde ein Gefangenenlager als Außenstelle des KZ Sachsenhausen betrieben.

ZSg. 101/5/22/Nr. 1062   24. Januar 1935

Der 27. Januar (Geburtstag des früheren Kaisers)soll nicht in
großen Gedenkartikeln, Leitaufsätzen oder Bildern ein Echo finden. Es sind lediglich kurze Notizen erlaubt, die auf die Tatsache
des Geburtstages hinweisen.

s. a. ZSg. 102/1/49 (4) v. 24. Januar 1935: ... Selbstverständlich rate man ab, Bilder zu veröffentlichen. (Bitte teilen Sie
dies auch der Neuesten und dem Illublatt mit.)

"Neueste Zeitung" (gegründet 1931) und "Frankfurter Illustrierte"
("Das Illustrierte Blatt", gegründet 1912), eine Tageszeitung und
eine Zeitschrift, wurden beide von der Frankfurter Societäts-Druckerei verlegt.

s. a. ZSg. 101/3/34/Nr. 200 v. 24. Januar 1934
     ZSg. 101/3/45/Nr. 213 v. 27. Januar 1934
     ZSg. 101/7/57/Nr. 68 v. 22. Januar 1936

24.01.1935 - 44 -

Geburtstagsfeier in Doorn
Kaiser Wilhelm II. vollendet heute sein 76. Lebensjahr
((Auflistung der Teilnehmer))
Kreuz-Z, Nr. 23 v. 27. Januar 1935, S. 5

ZSg. 101/5/22/Nr. 1063   24. Januar 1935

Am 26. Januar jährt sich der deutsch-polnische Vertrag zum ersten Male. Es werden morgen vom Auswärtigen Amt Hinweise gegeben werden, die das Berliner Büro in einem Artikel oder in einer längeren Glosse verarbeiten wird. Ohne Kenntnis dieser Richtlinien sollen jedoch keine Artikel geschrieben werden.

Gesehen: Fa., D., K.   Hbg. 12.45 Uhr
                        Brsl. 12.50 "
                        Chmn. 1.10   "

s. a. ZSg. 102/1/49 (1) v. 24. Januar 1935: ... Gleichzeitig wurde die dunkle Andeutung gemacht, daß morgen ein bestimmtes Thema genannt werde, über das für Samstag ((26.1.)) unbedingt Leitartikel geschrieben werden müsse (Reichsreform?).

Zur Reichsreform s. ZSg. 101/3/48/Nr. 217 v. 31. Januar 1934

Am 26. Januar 1934 war ein deutsch-polnisches Nichtangriffsabkommen abgeschlossen worden, das auf 10 Jahre begrenzt sein sollte.
s. a. ZSg. 101/5/18/Nr. 1050 v. 21. Januar 1935

Ein Jahr deutsch-polnischer Verträglichkeit
FZ, Nr. 48 v. 26. Januar 1935, S. 1-2 ((Leitartikel))

Auf neuen Wegen
Ein Jahr deutsch-polnischer Vertrag
... Vieles bleibt noch zu tun; vor allem ist zu verlangen, daß die Lebensrechte der deutschen Volksgruppen im polnischen Staat besser gewahrt bleiben. ...
HHN, Nr. 43 v. 26. Januar 1935, S. 1 ((Leitartikel))

ZSg. 102/1/49 (3)   24. Januar 1935

Was den neuen Vormarsch der Japaner anbelangt, so meinte man, aus dem Charakter der Meldung gehe bereits hervor, daß es sich nur um eine lokale Aktion handle, nur um kleine Truppenkontingente, mit

denen man China kaum erobern könne. Also dicke Schlagzeilen seien
darum nicht angebracht.

Ende Januar besetzten japanische Truppen trotz des Einspruchs der
chinesischen Regierung einen strategisch wichtigen Punkt an der
Großen Mauer, durch den die nordwestlich von Peiping gelegene
Stadt Kalgan beherrscht wird.
... Am 31. Januar wünschte Japan von China den Austritt aus dem
Völkerbund als Vorbedingung freundschaftlicher Einigung. Egelhaaf, 1935, S. 429-430

Japan im Vormarsch
HHN, Nr. 45 v. 27. Januar 1935, S. 1

Kampf an der Großen Mauer
Japaner greifen an - 50 Zivilisten bei Beschießung getötet
Kreuz-Z, Nr. 21 v. 25. Januar 1935, S. 3

Der japanische Einmarsch in Tschachar
Chinesischer Protest - Tokio weiß von nichts
FZ, Nr. 45 v. 25. Januar 1935, S. 2

Bombenabwürfe der Japaner
Die Vorgänge in Tschachar
FZ, Nr. 47 v. 26. Januar 1935, S. 2

Bestellungen vom 28. Januar 1935

ZSg. 101/5/23/Nr. 1064   28. Januar 1935

Im Jahre 1936 findet ein internationaler Geflügelkongreß statt.
Alle Meldungen, die in diesen Tagen über die Vorbereitungen
dieses Kongresses durch DNB erscheinen, sollen gut aufgemacht
werden.

6. Welt-Geflügelkongreß 1936 in Berlin
Unter Leitung Darrés - Vorbereitungen begonnen - Auch eine Ausstellung
HHN, Nr. 47 v. 29. Januar 1935 (M. A.), S. 4

Weltgeflügel-Kongreß 1936 in Berlin
In der Zeit vom 31. Juli - 9. August 1936 findet in Berlin der VI.
Weltgeflügelkongreß statt. Der Führer und Reichskanzler hat Reichsminister Darré gebeten, die Leitung des Kongresses zu übernehmen.
...
FZ, Nr. 54 v. 30. Januar 1935, S. 8 ((= letzte Seite))

28.01.1935

ZSg. 101/5/23/Nr. 1065   28. Januar 1935

Vertraulich! Es wird noch einmal daran erinnert, daß bei Veröffentlichung der Geschäftsberichte aus der Schwerindustrie keine Vergleichszahlen über die Verstärkung des Betriebes und der Gefolgschaft zu früheren Jahren gegeben werden sollen.

s. a. ZSg. 101/5/46/Nr. 1110 v. 14. Februar 1935

Der Krupp-Abschluß 1933/34
Wieder ein Gewinnabschluß - Starke Produktionssteigerung - Anhaltende Geschäftsbelebung
HHN, Nr. 43 v. 26. Januar 1935, S. 5

Fried. Krupp A. G., Essen
... Die Zahl der Werkangehörigen des Konzerns einschließlich der nahestehenden Gesellschaften betrug am Ende des Geschäftsjahres 75 240 (55 722). Im ersten Vierteljahr des neuen Geschäftsjahres konnte die Belegschaftsziffer weiter auf 78 800 erhöht werden.
... Der vorliegende Auftragsbestand reiche für eine befriedigende Beschäftigung der meisten Betriebe bis über den Winter hinaus.
...
NZZ, Nr. 153 v. 27. Januar 1935, S. 3

Krupp bildet wieder Reserven
DBZ, Nr. 22 v. 26. Januar 1935, S. 9
s. a. ZSg. 102/1/Ausr. Herrn Oeser vom 7. Februar 1935.
In dieser Redaktionsmitteilung wird deutlich, daß es sich um den Siemens-Bericht gehandelt hat, der ohne Vergleichszahlen gebracht werden sollte. "Vom Wirtschaftsministerium wurde dazu nur noch einmal gesagt, daß man den Bereich Schwerindustrie nicht zu wörtlich nehmen dürfe und z. B. alles mit darunter rechnen müsse, was Flugzeugmotoren, Feinblech und ähnliches herstelle."

Kräftige Geschäftsbelebung im Siemens-Konzern
FZ, Nr. 70 v. 7. Februar 1935, S. 3

Siemens-Werke bauen am Aufstieg
Sämtliche Arbeitsgebiete von der Belebung erfaßt - Inland wesentlicher Absatzmarkt - Ausland Absatz gehalten
Germania, Nr. 39 v. 7. Februar 1935, S. 11

aber:
Abschlüsse im Siemens-Konzern
Fa(lk). ... Diese Ausführungen über devisenschaffende Exporttätigkeit im Zusammenhang mit der weiteren Entwicklung, daß der gesamte Siemens-Konzern im Berichtsjahr 1933/34 seine Belegschaft auf 110 000 (79 000) erhöhen konnte, wovon auf das Inland 93 000 (61 000) Beschäftigte entfielen, zeigen die doppelte Bedeutung der Siemens-Firmen für die Gesamtwirtschaft. ...
HHN, Nr. 63 v. 7. Februar 1935 (M. A.), S. 5

ZSg. 101/5/23/Nr. 1066   28. Januar 1935   - 47 -   28./29.01.1935

Es sollen möglichst wenig Berichte über Raketenflugzeuge, Raketenautos usw. erscheinen, auch nicht in Romanform.

Gesehen: Fa., K., D.   Hbg. 1.05 Uhr
                       Brsl. 1.10   "
                       Chmn. 2.00   "

s. a. ZSg. 101/4/193/Nr. 933 v. 26. November 1934

Bestellungen a. d. Pressekonferenz v. 29. Januar 1935

ZSg. 101/5/24/Nr. 1067   29. Januar 1935

Sollten heute im Laufe des Tages Gesetzestexte der vier großen Gesetze:
1. Reichsstatthaltergesetz,
2. Reichsgemeindeordnung,
3. Verwaltung des Saargebietes,
4. Die Vertretung des Saargebiets im Reich
schon durch DNB veröffentlicht vorliegen, so dürfen sie noch nicht wiedergegeben werden. Die Veröffentlichung darf erst in den Morgenausgaben des morgigen Tages erfolgen.

Zu 1. und 2.
s. a. ZSg. 101/5/21/Nr. 1057 v. 23. Januar 1935
    ZSg. 102/1/50 (2) v. 23. Januar 1935

Zu 3. und 4.
Gesetz über die vorläufige Verwaltung des Saarlandes vom 30. Januar 1935.(RGBl. 1935, I, S. 66-68)

Gesetz über die Vertretung des Saarlandes im Reichstag vom 30. Januar 1935.(RGBl. 1935, I, S. 68)((Der Reichstag wird danach um 8 Abgeordnete erweitert.))

Die Gesetze zur Reichsreform veröffentlicht
HHN, Nr. 49 v. 30. Januar 1935, S. 1-2

s. a. FZ, Nr. 55 v. 30. Januar 1935, S. 2-3

ZSg. 101/5/24/Nr. 1068   29. Januar 1935

In den Zeitungen soll keine Reklame gemacht werden für Goldsammlungen, auch zum Zwecke des Rückkaufs des Saargebietes nicht. Auch Berichte über rührende Goldspenden sollen nicht erscheinen, weil das die Propaganda für die Goldsammlung nur stützen würde, an der das Reichswirtschaftsministerium und die Reichsbank vorläufig kein Interesse haben.

Keine Goldsammlungen für den Rückkauf der Saargruben
... Die Ablieferung von Goldschmuck, wie es im Jahre 1813 und zuletzt in der schlimmsten Notzeit des Weltkrieges stattgefunden hat, ist heute jedoch nicht erforderlich. Das neue Reich ist stark genug, um auf Notspenden im vorliegenden Falle verzichten zu können; es möchte den Opfersinn der Bevölkerung allein vorbehalten für die Milderung von Not und Armut im Lande. Im übrigen sind bereits Vereinbarungen getroffen worden, die sicher stellen, daß die Bezahlung der Saargruben ohne Inanspruchnahme der Gold- und Devisenbestände der Reichsbank erfolgen kann. ... Es wird daher gebeten, von derartigen Goldschmuckspenden abzusehen; Goldmünzen können selbstverständlich nach wie vor bei der Reichsbank umgetauscht werden.
HHN, Nr. 53 v. 1. Februar 1935, S. 1

s. a. NZZ, Nr. 148 v. 26. Januar 1935, S. 2

ZSg. 101/5/24/Nr. 1069   29. Januar 1935

Romane über Werkspionage dürfen nach einer früheren Anweisung nicht veröffentlicht werden. Jetzt werden auch die Besprechungen und Kritiken solcher Bücher in den Zeitungen unter Verbot gesetzt.

Gesehen: Fa., D., K.   Hbg. 1.10 Uhr
                       Brsl. 1.10 "
                       Chmn. 1.50 "

s. a. ZSg. 101/3/119/Nr. 355 v. 14. März 1934
      ZSg. 102/1/63 (3) v. 6. April 1935

Bestellungen a. d. Pressekonferenz v. 31.1.35

ZSg. 101/5/25/Nr. 1070   31. Januar 1935

- 49 -   31.01.1935

Der Abtransport der fremden Truppen aus dem Saargebiet soll in
ähnlicher Weise behandelt werden, wie der Hintransport, d. h.
keine Lobeshymnen, keine Bilder und nur örtliche Notizen für die
Zeitungen, durch deren Gebiet die Truppen transportiert werden.

s. a. ZSg. 101/4/217/Nr. 985 v. 14. Dezember 1934
      ZSg. 102/1/56 (2) v. 21. Dezember 1934
      ZSg. 102/1/48 v. 4. Februar 1935
      ZSg. 102/1/51 v. 20. Februar 1935

ZSg. 101/5/25/Nr. 1071   31. Januar 1935

Die mexikanische Gesandtschaft bittet möglichst keine Äußerungen
gegen die mexikanische Regierung zu veröffentlichen, wie das in
hämischer Weise von verschiedenen deutschen Zeitungen in der
letzten Zeit geschehen ist. Das Auswärtige Amt schließt sich diesem
Wunsche an, und stellt allerdings fest, daß die großen
deutschen Zeitungen im Reich gegen die Gebote des Taktes und der
Sachlichkeit bisher nicht verstoßen haben.

s. a. ZSg. 101/4/175/Nr. 898 v. 8. November 1934
      ZSg. 102/1/66 (1) v. 31. Januar 1935: Die mexikanische
Gesandtschaft hat sich, wie in der Pressekonferenz gesagt wurde,
beschwert über Artikel in mehreren katholischen Zeitungen: Germania,
Badischer Beobachter, Kölnische Volkszeitung, Hildesheimer
Landpost usw. in denen tendenziöse Berichte über die Lage in
Mexiko enthalten gewesen seien. Es wurde gebeten, Nachrichten
aus Mexiko sorgfältig zu prüfen und keine Propaganda gegen die
mexikanische Regierung zu treiben.

Die aufgeführten Blätter waren durch ihre frühere Zentrumsnähe
gekennzeichnet und ihr Eintreten für die Belange der katholischen
Kirche.

Das Hirtenschreiben des mexikanischen Erzbischofs
Aus San Antonio in Texas, den 12. Dezember 1934, ist ein Hirtenschreiben
des mexikanischen Erzbischofs Leopold Ruis datiert,
das die Rechte der Kirche gegenüber der mexikanischen Regierung
verteidigt ...
KV, Nr. 30 v. 29. Januar 1935, S. 2
s. a. KV, Nr. 32 v. 31. Januar 1935, S. 2

Verschärfung der Christenverfolgung in Mexiko
Germania, Nr. 29 v. 28. Januar 1935, S. 5

31.01.1935   - 50 -

ZSg. 101/5/25/Nr. 1072   31. Januar 1935

Es wird darum gebeten, gegen die neuen Operetten keine allzu scharfen Kritiken zu bringen, da es sich hier um einen Anfang handelt, und gewisse mildernde Umstände gegeben sind. Vor der Machtergreifung waren die Operetten eine ausschließlich jüdische Angelegenheit. Es sei selbstverständlich, daß augenblicklich nach Absetzung vieler nichtarischer Operetten ein Rohstoffmangel eingetreten sei, der allmählich erst überwunden werden könne. Die Theater-Kritiker werden deshalb gebeten, einige Vorsicht walten zu lassen.

Gesehen: D., K., Fa.   Hbg. 1.05 Uhr
                       Brsl. 1.05 "
                       Chmn. 1.25 "

s. a. ZSg. 102/1/66 (4) v. 31. Januar 1935: ... (Dem Herrn des Propagandaministeriums, der diese Sache vortrug, war selber nicht recht wohl bei der Angelegenheit; dies zu Ihrer Information).

Operetten-Erfolg in Krefeld
"Spiel ums Herz" von A. Siegfried Schulz
... Der Komponist wie der Textautor Theo Halton belegen mit dieser Erstlingsarbeit eine Kenntnis der Voraussetzungen für das kurzweilige Unterhaltungstheater, die keinen Zweifel darüber läßt, daß beiden mit der Zeit noch mehr dieser Art, und hoffentlich noch besseres als nur die Klischee-Operette gelingen werde. Hier ist sie nach dem üblichen Schema auf dem seit einiger Zeit bevorzugten Schauplatz Südamerika um ein wenig Liebe und Politik angelegt ...
DAZ (R.A.), Nr. 49-50 v. 31. Januar 1935, S. 6

Zur Entwicklung der Operette s. B. Drewniak, Das Theater im NS-Staat. Szenarium deutscher Zeitgeschichte 1933 - 1945, Düsseldorf 1983, S. 335 ff. und I. Grünberg, "Wer sich die Welt mit einem Donnerschlag erobern will ...". Zur Situation und Funktion der deutschsprachigen Operette in den Jahren 1933 - 1945. In: Musik und Musikpolitik im faschistischen Deutschland, Frankfurt/M. 1984, S. 227-242.

ZSg. 101/5/26   31. Januar 1935

Bestellung für die Redaktion:
Im Laufe des heutigen Abends kommt noch eine Mitteilung über amtliche deutsche Rückfragen zu dem Problem des europäischen Nicht-

- 51 -   31.01.1935

einmischungspaktes (Österreich-Garantie). Deutschland hat fünf
Fragen stellen lassen und des weiteren eine grundsätzliche Bedingung für seine Unterschrift gefordert, nämlich daß sowohl England wie die Schweiz den Nichteinmischungspakt unterzeichnen
müssen. Über diese Angelegenheit kommt eine kurze amtliche Meldung, die vorläufig nicht kommentiert werden soll. Der genaue
Zeitpunkt der Veröffentlichung steht noch nicht fest, er wird
gegen 9, 1/2 10 Uhr abends erwartet.

Dr. Kausch,
D., K.

s. a. ZSg. 101/28/17 f. v. 17. Januar 1935 (Vertraulicher Informationsbericht Nr. 18) ((über die Abstimmung von Reichswehr und
Landespropagandastellen zum Thema Aufrüstung im Hinblick auf
die Paktvorschläge Frankreichs mit der Absicht, bei den Aufrüstungsforderungen Handlungsfreiheit zu behalten))

Nach Beratungen der französischen Regierung mit der britischen in
London wurde an die deutsche Regierung die Empfehlung des Abschlusses eines Nichtangriffspaktes herangetragen (Egelhaaf, 1935,
S. 101 ff.)
Für die französische Sicht vgl. A. François-Poncet, Als Botschafter im "Dritten Reich", Neuauflage Mainz, Berlin 1980, 1. Aufl.
1947, S. 256 f.

John und Marianne
Zum französischen Ministerbesuch in London
HHN, Nr. 51 v. 31. Januar 1935, S. 1-2 ((Leitartikel))

Deutsche Rückfragen in Paris und Rom
Deutschland verlangt Aufklärung über den Donaupakt
HHN, Nr. 53 v. 1. Februar 1935 (M. A.), S. 1

ZSg. 102/1/66 (2)   31. Januar 1935

Im Reichsinnenministerium ist ein Artikel in der "Kreuz-Zeitung"
über die Wenden in Deutschland unangenehm aufgefallen, weil er
diese und ihr Brauchtum lächerlich mache. Allerdings ist dieser
Artikel schon am 21. September erschienen.

Kreuz-Zeitung (1848 - 1939), als"Neue Preußische Zeitung"gegründet, christlich-konservativ mit Themenschwerpunkt Adel und Militär.

31.01.1935

Wenden: Sammelbezeichnung für alle in Mittel- und Ostdeutschland und in den Ostalpenländern ansässigen Slawen.

H. Hauser:
Deutschlands seltsamste Bewohner: Die Wenden
Kreuz-Z, Nr. 221 v. 21. September 1934, S. 8
In diesem Artikel werden die Wenden als unheimliche Fabelwesen geschildert mit merkwürdigem Verhalten, absonderlichen Bräuchen und Aberglauben: ... In den Sümpfen des Spreewald, im Sand der Lausitz sind die Wenden sitzen geblieben wie Spreu auf einem Futtersieb. Sie haften nur auf leichtem Boden, ihr Ackergerät ist primitiv; Sand und Wenden sind wie vom gleichen spezifischen Gewicht. Die Gesichter der Frauen sind wie Monde. Wenn sie sprechen, verbergen sie mit einem Zipfel ihres Kopftuches ihren Mund. Sie sind scheu und wild. Lautlos fallen ihre nackten Füße in den Sand der Wege ...
s. a. ZSg. 101/6/34/Nr. 1499 v. 29. Juli 1935

ZSg. 102/1/66 (3)   31. Januar 1935

Im Zusammenhang mit der Entlassung des Privatdozenten Saller in Göttingen wurde gebeten, sein Buch "Vineta" (es hat noch einen Mitherausgeber) nicht mehr zu besprechen. Es bestehe die Gefahr, daß Zeitungsveröffentlichungen über dieses Buch lanziert ((sic)) werden sollen.

Friedrich Merkenschlager und Karl Saller, Vineta. Eine deutsche Biologie vom Osten her geschrieben, Breslau: Korn 1935

s. a. Die Rezension in: Volk und Rasse, 10. Jg. (1935), Januar, S. 31-32.
NZZ, Nr. 125 v. 22. Januar 1935, S. 2

Über die "dynamische Rassenauffassung" Sallers kam es zu Differenzen mit der NS-Auffassung, die keine Umwelteinflüsse gelten ließ (= Nationalbolschewismus). Kern der Kritik war: "Die Biologen Saller und Merkenschlager stellten die durch nichts zu belegende Behauptung auf, die Rassen seien einem dauernden und raschen Wechsel durch die Umwelteinwirkungen unterworfen. Erbfeste Rassen im Sinne der Rassenkunde gebe es nicht. ... Jeder logisch denkende Mensch mußte die Schlüsse ziehen ... wenn die Umwelt den Menschen so rasch zu verändern vermag, dann ist nicht nur die Ariergesetzgebung des neuen Staats zu verwerfen, weil ja dann die Juden schon längst in der deutschen Umwelt zu Menschen "Deutscher Rasse" geworden sein müßten ... K. Saller, Die Rassenlehre des Nationalsozialismus in Wissenschaft und Propaganda, Darmstadt 1961, S. 89. Nach Saller kam Merkenschlager sogar ins KZ (S. 43) s. a. S. 44-47, S. 61-63.

Entziehung der Lehrbefähigung
Wissenschaftlich gedeckte Wühlarbeit
Dem Privatdozenten Dr. Saller - Göttingen ist die Lehrbefähigung entzogen worden ...
VB (N. A.), Nr. 17 v. 17. Januar 1935, S. 1

Die Idee bleibt rein!
von Dr. Groß, Leiter des Rassenpolitischen Amtes der NSDAP
VB (N. A.), Nr. 23 v. 23. Januar 1935, S. 1-2

1.02.1935   - 54 -

Bestellungen a. d. Pressekonferenz v. 1.2.35

ZSg. 101/5/27/Nr. 1073   1. Februar 1935

Die DNB-Meldung über das bedauerliche Flugzeugunglück bei Stettin, bei dem 11 Tote zu verzeichnen sind, darf nicht auf der ersten Seite aufgemacht werden, sondern nur im Innern des Blattes.

Verkehrsflugzeug Moskau - Berlin verunglückt
Acht Fluggäste und die dreiköpfige Besatzung tödlich verunglückt
... Das Unglück ist der erste schwere Unfall, der die Deutsch-Russische Luftverkehrsgesellschaft in den 13 Jahren ihres Bestehens betroffen hat.
HHN, Nr. 54 v. 1. Februar 1935 (A. A.), S. 2
s. a. VB (N. A.), Nr. 33 v. 2. Februar 1935, S. 2 ((mit Lebenslauf der prominenten Opfer))
FZ, Nr. 60 v. 2. Februar 1935, S. 2
NZ, Nr. 33 v. 2. Februar 1935, S. 6

ZSg. 101/5/27/Nr. 1074   1. Februar 1935

Die heutige Rede des Reichspropagandaministers Dr. Goebbels im Sportpalast ist nicht frei. DNB wird in den frühen Morgenstunden einen Bericht darüber geben.

Goebbels auf dem Berliner Gautag der NSDAP
... Wir wollen nicht eine Armee, um Krieg zu führen, sondern um den Frieden zu erhalten.
HHN, Nr. 56 v. 2. Februar 1935, S. 1-2

Deutschland setzt sich durch!
Große Rede des Reichsministers Dr. Goebbels in Berlin
NZ, Nr. 34 v. 3. Februar 1935, S. 6
s. a. FZ, Nr. 62 v. 3. Februar 1935, S. 2

ZSg. 101/5/27/Nr. 1075   1. Februar 1935

Die in der "Berliner Börsen-Zeitung" von heute morgen veröffentlichte sogen. Aufzeichnung des französischen Generalstabes darf weder verwertet noch kommentiert werden.

Gesehen: Fa., D., K.   Hbg. 12.55 Uhr
                        Brsl. 12.55 "
                        Chmn. 2.06 "

Zwischen Weygand und Gamelin
Generalstabsdenkschrift und Kommandowechsel
... Allein irgendwelche militärischen Maßnahmen gegen Deutschland zu unternehmen, sei zu spät. Es gebe deshalb für Frankreich heute Deutschland gegenüber nur noch zwei Möglichkeiten, und zwar einmal eine internationale Aktion der Mächte gegen Deutschland oder aber eine weitgehende Verständigung mit Deutschland. Die erste dieser beiden Möglichkeiten sei nicht nur "problematisch", sondern "geradezu aussichtslos". Die französisch-englische Entente habe rein defensiven Charakter.
BBZ, Nr. 53 v. 1. Februar 1935 (M. A.), S. 1-2

ZSg. 101/5/28/Nr. 1076   1. Februar 1935

DNB-Rundspruch.
Der Artikel im Zeitungsdienst des Reichsnährstandes Ausgabe A Nr. 25 vom 31. Januar 35 I Nachrichten-Seite II "Ruhlsdorfer Lehrgang über Schweinehaltung" darf nicht veröffentlicht werden.

D., Fa., K.   Ch.   brfl.
                 Bresl. 7.25
                 Hbg.   7.15

s. a. ZSg. 101/4/157/Nr. 850 v. 24. Oktober 1934
Der Artikel konnte nicht ermittelt werden.

ZSg. 101/5/29/Nr. 1077   3. Februar 1935

DNB-Rundruf.   Berlin, den 3. Februar 1935
Ein Kommentar zum Londoner Communiqué soll vorläufig nicht gebracht werden.

Gesehen: Fa., K., D.   Hamburg 22 Uhr 10
                        Chemnitz 7.40 "   4.2.)m
                        Breslau 7.20 "   "   "

s. a. ZSg. 101/5/33/Nr. 1085 v. 5. Februar 1935

3./4.02.1935   - 56 -

Am 3. Februar 1935 war es nach dem Treffen der englischen und
französischen Regierung in London zur Veröffentlichung einer gemeinsamen Erklärung gekommen, in der in Abänderung des Versailler
Vertrages neue Rüstungsvereinbarungen gefordert wurden. Hinter
dieser Forderung stand die Überlegung, daß es taktisch klüger
wäre, in Deutschland eine kontrollierte Aufrüstung zuzulassen
als eine heimliche unkontrollierbare. Noch im Juni 1935 kam es
im Zuge dieser Strategie zum deutsch-britischen Flottenabkommen.
Zu den Einzelheiten vgl. A. François-Poncet, Als Botschafter im
"Dritten Reich", Mainz, Berlin 1980, S. 256 f. - D. Aigner, Das
Ringen um England, München und Esslingen 1969, S. 283. - J. Henke,
England in Hitlers politischem Kalkül 1935 - 1939, Boppard 1973,
S. 38 ff. - O. Hauser, England und das Dritte Reich. Bd. I: 1933 -
1936, Stuttgart 1972, S. 98 ff.
s. a. ADAP, Serie C, Bd. III, 2, Nr. 479

Dunkel ist der Rede Sinn
R(udolf) K(ircher). Unsere Leser sehen sich heute einem in London
nach den Minister-Konferenzen entstandenen Kommuniqué gegenüber,
das man nicht deutlicher kennzeichnen kann, als durch die Überschrift: "Dunkel ist der Rede Sinn." ...
FZ, Nr. 65 v. 5. Februar 1935, S. 1-2 ((Leitartikel))

Deutsche Fragen
In Berliner politischen Kreisen ist das Londoner Communiqué im
allgemeinen freundlich aufgenommen worden. ...
HHN, Nr. 58 v. 4. Februar 1935 (A. A.), S. 1

Bestellungen a. d. Pressekonferenz v. 4. Februar 1935

ZSg. 101/5/30/Nr. 1078   4. Februar 1935

Es wird gebeten, bei der Behandlung politischer Äußerungen und
Aufsätze von Lloyd George aus dem Archiv nicht altes bekanntes
Material zu verwenden, das Lloyd George belastet. Lloyd George
soll vielmehr, wenn überhaupt, in positivem Sinne, von der
deutschen Presse behandelt werden.

s. a. ZSg. 102/1/42 (1) v. 4. Februar 1935: Am Samstag Abend gaben wir die Ausrichtung durch, daß über Lloyd George keine Artikel gebracht werden möchten. Zu diesem Thema wurde heute in der
Pressekonferenz in etwas präziserer Form gesagt, man halte es
nicht für zweckmäßig, Lloyd George jetzt durch den Kakao zu ziehen und ihm alles vorzuhalten, was er früher einmal gesagt habe.
Seine historische Rolle sei ja bekannt und es sei origineller,
seine Vergangenheit jetzt nicht zu zitieren als alle seine
früheren Äußerungen wieder aufzuwärmen, nachdem er Zeichen der
"Besserung" gegeben habe.

4.02.1935

David Lloyd George (1863 - 1945), britischer liberaler Staatsmann und Politiker, seit 1908 Schatzkanzler, 1916 - 1922 Premier einer Koalitionsregierung, seit 1926 alleiniger Führer der Liberalen.
vgl. a. O. von Freising, Lloyd Georges historisches Neujahrs-Interview. In: NTB, 3. Jg. (1935), 1, S. 1262-1265. Der Aufsatz beleuchtet Lloyd Georges Rolle vor dem 1. Weltkrieg als er die deutsche Aufrüstung ignorierte.

Kommt Lloyd George wieder?
(Eigenbericht der "Kreuz-Zeitung", Dr. K. H. Abshagen, London)
In den letzten Tagen sind zahlreiche Gerüchte über eine etwaige Einbeziehung Lloyd Georges in die Regierung im Umlauf gewesen.
...
Kreuz-Z, Nr. 32 v. 7. Februar 1935, S. 3

Wirtschaftsanstieg und Bankpolitik
Lloyd George und die Verstaatlichung der Bank von England von Gilbert C. Layton, Direktor des "Economist", London
HHN, Nr. 65 v. 8. Februar 1935, S. 3
s. a. FZ, Nr. 73 v. 9. Februar 1935, S. 1
    Germania, Nr. 31 v. 30. Januar 1935, S. 1

ZSg. 101/5/30/Nr. 1079   4. Februar 1935

Die "Gelbe Gefahr" soll nicht mehr als Schreckgespenst an die Wand gemalt werden, da Deutschlands Rassenstandpunkt sehr wohl die Geltung anderer Rassen zulässt, insbesondere dann, wenn diese Rassen aus politischen Gründen nicht beleidigt werden sollen.

s. a. ZSg. 102/1/42 (2) v. 4. Februar 1935: ... Dazu meinte man, man könne in diesem Zusammenhang die Japaner nicht einfach als eine minderwertige Rasse bezeichnen, abgesehen davon, daß es auch politisch bedenklich sei.
s. a. ZSg. 101/2/24/Nr. 32 v. 1. November 1933
    ZSg. 101/2/65/Nr. 102 v. 7. Dezember 1933
    ZSg. 101/5/36/Nr. 1094 v. 7. Februar 1935
    ZSg. 102/1/4 (4) v. 23. Mai 1935

ZSg. 101/5/30/Nr. 1080   4. Februar 1935

Zum Tode von Junkers sollen keine allzu umfangreichen Kommentare insbesondere keine Würdigung Prof. Junkers für die Wiederaufrüstung Deutschlands erscheinen.

4.02.1935

s. a. ZSg. 102/1/43 v. 4. Februar 1935: Wenn zu seinem Tode geschrieben wird, dann sei es, so wurde in der Pressekonferenz gesagt, selbstverständlich, daß man ihn jetzt nicht zu sehr in Verbindung bringe mit dem, was in den letzten Jahren von Junkers und den Junkerswerken geschaffen worden sei.
s. a. ZSg. 101/3/48/Nr. 219 v. 31. Januar 1934
ZSg. 101/3/17/Nr. 178 v. 13. Januar 1934

Hugo Junkers starb an seinem 76. Geburtstag. vgl.- a. H. Radandt, Hugo Junkers - Ein Monopolkapitalist und korrespondierendes Mitglied der Preußischen Akademie der Wissenschaften. In: Jahrbuch für Wirtschaftsgeschichte, 1960, I, S. 53-113. Der Aufsatz stützt sich bei der Schilderung von Junkers Schicksal auf Akten aus dem Stadtarchiv Dessau und dem Deutschen Zentralarchiv Potsdam.
s. a. NZ, Nr. 35 v. 4. Februar 1935, S. 3
HHN, Nr. 58 v. 4. Februar 1935, S. 1
VB (N. A.), Nr. 36 v. 5. Februar 1935, S. 9
FZ, Nr. 64 v. 4. Februar 1935, S. 1
FZ, Nr. 65 v. 5. Februar 1935, S. 3

Ganz besonders auffallend sind die großformatigen Todesanzeigen der Firma (... Seiner zähen Arbeit und seinem Wagemut, selbst in schweren Zeiten, sind das Entstehen und die Leistungen der Junkerswerke zu verdanken ...) und der Familie:
VB (N. A.), Nr. 37 v. 6. Februar 1935, S. 7 u. 8
1 ganze Seite (Firma)
1/4 Seite (Familie)
FZ, Nr. 67 v. 6. Februar 1935, S. 10
1/2 Seite (Firma)
1/4 Seite (Familie)

ZSg. 101/5/30/Nr. 1081   4. Februar 1935

Ueber die Rede, die Stadtrat Spiewok bei der Begrüßung der saarländischen Arbeiter in der Krolloper gehalten hat, darf nur der DNB- oder BLN-Text veröffentlicht werden.

Gesehen: Fa., D., K.   Hbg. brfl.
                        Brsl. 7.20
                        Chmn. brfl.

BLN: Berliner Lokalnachrichten, ehemals WTB, ab 1934 Nachrichtendienst des DNB; Hauptschriftleiter war vorher und nachher Max Rogatzky.

Eduard Karl Spiewok (1892 -   ), Stadtrat und Leiter des Landes-Wohlfahrts- und Jugendamtes der Stadt Berlin: Gaubeauftragter des Winterhilfswerks - Gau Berlin, MdR.

800 Saardeutsche Arbeiter in Berlin
Festlicher Empfang bei Kroll - Berlin erster Patengau für die Saar

... Krolloper, in der der Gauamtsleiter des Amtes für Volkswohlfahrt, Stadtrat Spiewok, die Gäste herzlich begrüßte. ...
Germania, Nr. 37 v. 5. Februar 1935, S. 7

ZSg. 101/5/31/Nr. 1082   4. Februar 1935

DNB-Rundruf vom 4. Februar 1935
Reichskommissar Dr. Goerdeler hält heute abend im Nationalen Klub einen Vortrag, bittet jedoch die Presse von einer Berichterstattung Abstand zu nehmen.

Gesehen: Fa., K., D.   Hbg. 9.15
                        Brsl. 8.45
                        Chmn. 7.30 vorm. (5.2.)

Der "Nationalklub" (1919 - 1943) war eine Interessenvereinigung, die sich als überparteilich verstand, aber in den 20er Jahren zunächst der DNVP nahestand. Ziel des Klubs war die Förderung der nationalen Wirtschaft und der Staatssouveränität durch Festigung der Wehrhoheit. Die Mitglieder kamen aus dem Finanzbereich, Offizierskorps und der höheren Beamtenschaft. Nach der Gründung des 1. Nationalklubs in Berlin wurden auch in anderen Städten ähnliche Einrichtungen geschaffen. Seit 1930 war Karl Eduard, Herzog von Sachsen - Coburg und Gotha Präsident des Berliner Nationalklubs. Unter ihm wandte sich der Klub dem Nationalsozialismus und seinen Zielen zu.

ZSg. 102/1/48   4. Februar 1935

In der Pressekonferenz wurde zur Verwertung durch die Blätter das folgende mitgeteilt, was Sie als Berliner Meldung aufmachen können, wenn Sie nicht aus Basel direkt eine entsprechende Meldung haben.
Berlin, 4. Febr. Die in Basel geführten Verhandlungen zur näheren Präzisierung der römischen Vereinbarungen über die Rückgliederung des Saargebiets und zur Vorbereitung der Übergabe des Gebiets an Deutschland nehmen einen befriedigenden Verlauf. Einzelne Ab-

4./5.02.1935 - 60 -

machungen sind bereits paraphiert worden, während allerdings ein Punkt der Besprechungen noch weiterer Klärung und Regelung bedarf. Die französische Delegation hat sich deshalb nach Paris gewandt, um weitere Instruktionen zu erhalten. Man nimmt an, daß sie bereits heute abend im Besitz dieser neuen Informationen sein wird, so daß ein rascher Abschluß in Basel und eine baldige Übersiedlung nach Rom zu erwarten ist.

s. a. ZSg. 101/5/25/Nr. 1070 v. 31. Januar 1935
ZSg. 102/1/Ausr. Herrn Reifenberg (1) v. 8. Februar 1935
ZSg. 110/1/6 v. 16. Februar 1935
ZSg. 101/28/27 v. 11. Februar 1935 (Vertraulicher Informationsbericht Nr. 20): ... Es ist zu unterscheiden zwischen den Problemen, die nur international gelöst werden können, und denen, die Deutschland allein regeln muß. ...

Der Stand der Baseler Saar-Verhandlungen
FZ, Nr. 65 v. 5. Februar 1935, S. 2 ((wörtlich übernommen))

ZSg. 101/5/32/Nr. 1083   5. Februar 1935

DNB-Rundruf vom 5. Februar 1935
Der wiederholt gegebene Erlass, daß über Empfänge beim Führer nur auf Grund von DNB- oder NSK-Meldungen berichtet werden dürfe, wird hiermit in Erinnerung gebracht.

Gesehen: Fa., K., D.   Hbg. 12.50
                        Brsl. 12.50
                        Chmn. 2.05

s. a. ZSg. 101/3/92/Nr. 298 v. 22. Februar 1934
ZSg. 101/5/78/Nr. 1167 v. 7. März 1935
ZSg. 101/28/21 v. 6. Februar 1935 (Vertraulicher Informationsbericht Nr. 19): Der Kronprinz ist am Sonnabend vergangener Woche vom Reichskanzler empfangen worden. Durch eine Indiskretion hat die "Kreuz-Zeitung" davon Kenntnis bekommen und auch eine entsprechende Notiz veröffentlicht. Der Führer hat über diese Veröffentlichung sein größtes Mißfallen ausgesprochen. ... Der Kronprinz soll dem Vernehmen nach persönliche Angelegenheiten zur Sprache gebracht haben, die Unterhaltung trug aber keinen politischen Charakter.

Eine entsprechende Notiz konnte in der"Kreuz-Zeitung"nicht nachgewiesen werden.

Ex-Crown Prince Calls on the Führer
The Times, Nr. 46,981 v. 6. Februar 1935, S. 11

Bestellungen a. d. Pressekonferenz v. 5. Februar 1935

ZSg. 101/5/33/Nr. 1084   5. Februar 1935

Es wird dringend gebeten, über die Sojabohne keinerlei Erörterungen anzustellen. Der große Artikel in der Dienstag-Morgenausgabe DAZ geht von völlig falschen Voraussetzungen aus. Die DAZ hat eine Verwarnung bekommen; es ist ein Verfahren gegen den verantwortlichen Schriftleiter eingeleitet worden.

s. a. ZSg. 101/5/46/Nr. 1111 v. 14. Februar 1935
Die "Soja-Lene" züchtet die deutsche Sojabohne
Frl. Dr. Müllers achtjährige Arbeit vor dem Abschluß
... Sie ist überzeugt, daß der Sojaanbau auch in Deutschland ohne weiteres möglich ist ... Das entscheidende aber ist, daß es heute möglich wäre, eine bestimmte Fläche regelmäßig in Deutschland mit Sojabohnen anzubauen, so daß wir aus dieser Ernte immer genug Samen hätten, um uns notfalls innerhalb eines Jahres vom Ausland unabhängig zu machen. Nach den Schätzungen von Frl. Dr. Müller würde eine Fläche von 7 000 Hektar dafür genügen.
DAZ (R. A.), Nr. 57-58 v. 5. Februar 1935, S. 5
Verfasser des Artikels war Karl Erdmann Graf Pückler. Das angesprochene "eingeleitete Verfahren" hatte offensichtlich keine Konsequenzen, vgl. K. Silex, Mit Kommentar. Lebensbericht eines Journalisten, Frankfurt/M. 1968, S. 146 f.

ZSg. 101/5/33/Nr. 1085   5. Februar 1935

Bei der weiteren Erörterung der Londoner Verhandlungen soll die deutsche Presse große Zurückhaltung pflegen, da von ausländischer Seite versucht wird, bei uns irgendeine Blöße zu entdecken. Es wäre nach Ansicht des Auswärtigen Amtes peinlich, wenn die deutsche Presse in der Kommentierung grobe Fehler beginge.

5.02.1935

s. a. ZSg. 101/5/29/Nr. 1077 v. 3. Februar 1935
ZSg. 102/1/74 (2) v. 16. Februar 1935

ZSg. 101/5/33/Nr. 1086   5. Februar 1935

Der Reichspropagandaminister stellt ausdrücklich fest, daß niemand aus Anlaß der Wittekind-Aufführung in Hagen berechtigt war, zu erklären, daß dieses Stück vom Propagandaministerium empfohlen worden sei. Das Propagandaministerium hat dieses Stück lediglich passieren lassen, um es zur Diskussion zu stellen. Damit war aber keinerlei Werturteil abgegeben, weder im positiven noch im negativen Sinne. Erörterungen über das Wittekind-Thema sollen indessen tunlichst unterbleiben.

s. a. ZSg. 101/5/41/Nr. 1103 v. 12. Februar 1935
ZSg. 101/28/25 v. 6. Februar 1935 (Vertraulicher Informationsbericht Nr. 19): Die Vorgänge in Hagen bei der Aufführung des von Rosenberg propagierten Wittekindstückes haben das Reichspropagandaministerium veranlaßt, seine bisherige Zustimmung erheblich einzuschränken. Die "Germania" brachte mit Genehmigung amtlicher Stellen eine ungewöhnlich heftige Kritik dieses Schauspiels und es steht zu erwarten, daß die geplante Aufführung an anderen Orten unterbleibt.

-nn:
Neues Tendenz-Drama um Wittekind
Zustimmung und Protest bei der Uraufführung in Hagen
... Der im Mittelpunkt aktueller Zeitdebatten für und wider den Frankenkaiser Karl stehende Wittekindstoff ist hier mit einer der Kirche angehängten Beschuldigung ungeheuerlicher Schärfe belastet. Der Verfasser läßt sie nämlich durch ihre Legaten den "Verrat" des Sachsenherzogs an seinem Volk, den Übertritt zum Christentum, erzwingen gegen die Zusicherung, daß dann die beabsichtigte Entsendung von 60 000 Sachsenfrauen in Konzentrationslager mit der Absicht einer rassenmäßigen Verseuchung unterbleiben werde. ...
Germania, Nr. 30 v. 29. Januar 1935, S. 6

Der Verfasser des Stückes "Wittekind" (1928) war Edmund Kiß (1886 -   ).
s. a. J. Wulf, Theater und Film im Dritten Reich, Gütersloh 1964, S. 176-177

Es handelt sich um die Uraufführung durch den NS-Lehrerbund Herne, die am 24. Januar 1935 im Stadttheater Hagen stattfand. Die Proteste der katholischen Kirche fanden ihren Niederschlag in Sühnegottesdiensten, über die allerdings nicht in der "Germania" berichtet wurde. Negative Kritiken des Dramas brachten u. a. die "Germania", die "Deutsche Allgemeine Zeitung" und die Essener "National-

- 63 -   5.02.1935

Zeitung",dagegen brachte die"Westfälische Landeszeitung",Dortmund,
eine durchweg positive Besprechung.
s. a. Germania, Nr. 31 v. 30. Januar 1935, S. 6
Germania, Nr. 33 v. 1. Februar 1935, S. 2
Germania, Nr. 38 v. 6. Februar 1935, S. 1-2 ((Leitartikel
des Hauptschriftleiters W. Hagemann))
DAZ (R. A.), Nr. 51-52 v. 1. Februar 1935, S. 1 ((Leitartikel))
NZ, Nr. 26 v. 26. Januar 1935, S. 16
NZ, Nr. 31 v. 31. Januar 1935, S. 5
WLZ, Nr. 26 v. 26. Januar 1935, S. 16
FZ, Nr. 64 v. 4. Februar 1935, S. 2 ((offizieller Polizeibericht))

ZSg. 101/5/33/Nr. 1087   5. Februar 1935

Über den Vorschlag, Mussolini den Friedensnobelpreis zu geben,
sollen in der deutschen Presse keinerlei Erörterungen angestellt
werden.

Gesehen: Fa., K., D.   Hbg. 12.50 Uhr
                        Brsl. 12.50 "
                        Chmn. 2.05 "

Der Friedensnobelpreis 1935 wurde am 23. November 1936 an Carl
von Ossietzky (1889 - 1938) verliehen, der kurz vorher aus dem
Konzentrationslager zur ärztlichen Versorgung zunächst ins Staatskrankenhaus Berlin und dann in Privatpflege entlassen wurde.

ZSg. 101/5/34/Nr. 1088   5. Februar 1935

DNB-Rundruf vom 5. Februar 1935
Über den Vortrag von Prof. Dr. Auhagen vertretungsweise für Dr.
Schiller über das Thema "Die Landwirtschaft in der Sowjetunion"
am 5. Februar 1935 aus der Vorlesungsreihe über die Sowjetunion
an der Universität Berlin soll nur der DNB-Bericht gebracht werden.

Gesehen: Fa., D., K.   Hbg. brfl.
                        Brsl. brfl.
                        Chmn. brfl.

5./6.02.1935   - 64 -

Sowjetrussische Landwirtschaft
Ungesundes Verhältnis zwischen Aufwand und Ergebnis
... Prof. Auhagen stellte sodann die materialistische seelenlose
Organisationsform der sowjetrussischen Landwirtschaft dem deutschen Gedanken von Blut und Boden gegenüber. Für uns habe der Boden nicht allein die Aufgabe, Erzeugnisse für die Städte und den Weltmarkt zu liefern, sondern seine Hauptfunktion sei, der Standort eines kräftigen Bauerntums zu sein, des eigentlichen Jungbrunnens unserer Nation und des zuverlässigen Trägers echter deutscher Art. Das Kollektivsystem habe in Rußland jedoch zur Zerschlagung der Familie, zum Rückgang des Geburtenüberschusses und zur Vernichtung des bodenständigen Bauerntums geführt. ...
Germania, Nr. 39 v. 7. Februar 1935, S. 3

Bestellungen a. d. Pressekonferenz v. 6. Februar 1935

ZSg. 101/5/35/Nr. 1089   6. Februar 1935

Reichsjustizministerium und Reichswehrministerium bittet darum, die in den nächsten Tagen herauskommenden amtlichen Mitteilungen über Landesverratsurteile und Bestätigung der Urteile durch den Führer gut aufzumachen aus Abschreckungsgründen. Die Höhe der Strafen soll bis ins letzte Dorf Deutschlands getragen werden, um dieses schmählichste aller Verbrechen genügend zu kennzeichnen.

Zwei Landesverräter hingerichtet
Hinrichtung wegen Verrats militärischer Geheimnisse
Die Justizpressestelle teilt mit: Die vom Volksgerichtshof am 9. August bzw. am 16. Oktober 1934 wegen Verrats militärischer Geheimnisse zum Tode verurteilten Kurt Boehm aus Ludwigshafen und Paul Merz aus Stuttgart sind, nachdem der Führer und Reichskanzler von seinem Begnadigungsrecht keinen Gebrauch gemacht hat, am Sonnabend morgen in Berlin hingerichtet worden.
HHN, Nr. 68 v. 9. Februar 1935, S. 1
s. a. FZ, Nr. 75 v. 10. Februar 1935, S. 1
    SZ, Nr. 74 v. 9. Februar 1935, S. 2
Weder im VB (N. A.) noch in der"National-Zeitung",Essen, nachzuweisen.

ZSg. 101/5/35/Nr. 1090   6. Februar 1935

Die deutsche Presse soll sich nicht beteiligen an dem Rätselraten über den künftigen Konferenzort der Abrüstungskonferenz bezw. deren Vorbesprechungen. Ferner soll sich die deutsche Presse zurückhalten bei Gerüchten über Besuchsreisen von auswärtigen Ministern usw.

Gesehen: Fa., K., D.   Hbg. 12.45 Uhr
                      Brsl. 12.50 "
                      Chmn. 1.00 "

s. a. ZSg. 101/5/52/Nr. 1118 v. 18. Februar 1935

Bestellungen a. d. Pressekonferenz v. 7. Februar 1935

ZSg. 101/5/36/Nr. 1091   7. Februar 1935

Im DNB vom 6. Februar befindet sich eine Meldung über Verhandlungen zum Abschluß eines deutsch-amerikanischen Baumwoll-Tauschvertrages. Die Presse wird gebeten, diese Meldung nicht nachzudrukken, da das Ergebnis der Verhandlungen erst abgewartet werden muß. Seinerzeit ist der deutschen Regierung ein Plan über einen Tauschvertrag vorgelegt worden, der aber nicht akzeptiert werden konnte. Da beide Teile, sowohl die Vereinigten Staaten wie Deutschland ein Interesse an dem Vertrag haben, gehen die Verhandlungen weiter.

s. a. ZSg. 102/1/5 (1) v. 7. Februar 1935: Wir haben Ihnen gestern abgeraten, die Meldung mit Roosevelts Erklärung, das Baumwolltauschgeschäft mit Deutschland sei nun wohl als endgültig gescheitert zu betrachten, zu veröffentlichen.
...
Die mit Amerika geführten Verhandlungen über einen Austausch von Baumwolle gegen Industrieerzeugnisse scheiterten an dem Widerstand der amerikanischen Industrie, die das Angebot Deutschlands als Dumping bezeichnete und erklärte, kein Interesse daran zu haben, die Einfuhr deutscher Industrieartikel zu erleichtern.
Keesing, 1879 C (17. Februar 1935).

Neuer amerikanischer Vorstoß am Welt-Baumwollmarkt
DBZ, Nr. 43 v. 20. Februar 1935, S. 8 ((Verteidigt die deutsche Position))

7.02.1935   - 66 -

ZSg. 101/5/36/Nr. 1092   7. Februar 1935

Über die Zunahme der Einwohnerzahlen in den einzelnen Städten
soll nicht groß berichtet werden, da das Ausland diese Zahlen
genau verfolgt.

s. a. ZSg. 102/1/61 (4) v. 7. Februar 1935:
... Wie ich nach der Pressekonferenz erfuhr, hatte man eine von
der "Times" übernommene Notiz der "FZ" über Bevölkerungszunahme
in Dessau (Junkerswerke Ausrz) im Auge. Um was es sich handelt,
ist Ihnen wohl klar.

Population of Dessau
13,000 Increase in a Year
The population of Dessau, according to the Frankfurter Zeitung,
increased during 1934, as a result of "unexpectedly strong
immigration, from 73,000 to 86,000 inhabitants." ... it seems
reasonable to attribute this sudden influx to increased
activities at the aircraft works of the Junkers concern. All
official admonitions, adds the report, have not prevented a
sharp rise in rents ...
The Times, Nr. 46,958 v. 10. Januar 1935, S. 9

Maßnahmen gegen Mietsteigerungen
Infolge des unerwartet starken Zuzuges nach der Stadt Dessau ...
hat die Wohnungsnot in Dessau einen besonders starken Umfang angenommen. ...
FZ, Nr. 17 v. 10. Januar 1935, S. 3

ZSg. 101/5/36/Nr. 1093   7. Februar 1935

Der deutsche Botschafter in Paris Köster war in den letzten Tagen
in Berlin. Die ausländische Meldung trifft jedoch nicht zu, daß
Botschafter Köster eine Note über die Abrüstungsfrage nach Paris
mitgenommen hat. Das Auswärtige Amt legt jedoch keinen Wert auf
ein Dementi.

s. a. ZSg. 102/1/8 v. 7. Februar 1935: Einige Berliner Blätter
    hatten heute den "Intransigeant" mit der Bemerkung zitiert,
    Botschafter Köster sei mit einer neuen deutschen Note nach
    Paris gekommen. ...

Intransigeant, Aufl. 500 000; nationalistisch; führende Boulevardzeitung von Paris (Handbuch des öffentlichen Lebens, 1931, S.
850).

Die strittigen Fragen
(Drahtmeldung unseres eigenen Berichterstatters)
Die Rückkehr des deutschen Botschafters Dr. Köster, der einige
Tage in Berlin war, wird hier dahin gewertet, daß nun zwischen
Deutschland und den Westmächten ein unmittelbarer Meinungsaustausch über das Londoner Programm beginne. ...
HHN, Nr. 64 v. 7. Februar 1935, S. 1
s. a. ADAP, Serie C, Bd. III, 2, Nr. 489

ZSg. 101/5/36/Nr. 1094   7. Februar 1935

Heute mittag findet ein Empfang des japanischen Botschafters
beim Führer statt. Der japanische Botschafter wird sein Beglaubigungsschreiben überreichen. Die offiziellen Reden gehen durch
DNB.

s. a. ZSg. 101/5/30/Nr. 1079 v. 4. Februar 1935
Ausbau der deutsch-japanischen Beziehungen
Der Führer empfing den neuen japanischen Botschafter
HHN, Nr. 64 v. 7. Februar 1935, S. 1
s. a. FZ, Nr. 71 v. 8. Februar 1935, S. 1

ZSg. 101/5/36/Nr. 1095   7. Februar 1935

Die kolonialen Mandatsfragen sollen nicht in großen Artikeln behandelt werden.

Gesehen: Fa., D., K.   Hbg. 1.00 Uhr
                        Brsl. 1.05 "
                        Chmn. 1.40 "

s. a. ZSg. 102/1/61 (2) v. 7. Februar 1935: Kolonialmandatsfragen möge man in der deutschen Presse nicht zu sehr hochkommen lassen. Man könnte sonst daraus den Schluß ziehen, der Völkerbund sei für Deutschland doch eine ganz interessante Sache.

Anfang des Jahres 1935 wurden angesichts der Verständigungsbemühungen mit Großbritannien die kolonialen Forderungen zurückgestellt (vgl. K. Hildebrand, Vom Reich zum Weltreich, München 1969, S. 463 und W. W. Schmokel, Der Traum vom Reich, Gütersloh 1967, S. 97 f.).

ZSg. 101/5/37/Nr. 1096   7. Februar 1935

Berlin, den 7. Februar 35.
DNB-Rundspruch.
Über einen leichten Verkehrsunfall des Herrn v. Ribbentrop kommt im Kürze eine amtliche Meldung, über die hinaus in dieser Sache nichts veröffentlicht werden soll.

D., Fa., K.   Hbg. 10.10
              Bresl. 7.30
              Chemn. 2.35

Ribbentrop bei einem Unfall unverletzt
Am Donnerstag nachmittag kam es auf der Charlottenburger Chaussee in der Nähe des Rosengartens zu einem leichten Verkehrsunfall. Ein Privatkraftwagen mußte durch die Schuld eines Radfahrers nach links ausweichen und ist dabei von einem aus entgegengesetzter Richtung kommenden Kraftwagen gestreift worden. Der Insasse des einen Fahrzeugs, der Sonderbeauftragte des Führers, von Ribbentrop, blieb unverletzt. Er setzte seine Fahrt in einem anderen Kraftwagen fort. Beide Wagen wiesen Beschädigungen auf.
HHN, Nr. 65 v. 8. Februar 1935, S. 2

ZSg. 102/1/5 (2)   7. Februar 1935

Ferner wurde daran erinnert, daß die Anweisung, keine Kaliabsatzzahlen zu veröffentlichen, immer noch in Geltung sei.

s. a. ZSg. 102/1/30 (2) v. 20. November 1934
Deutschlands Außenhandel in Bergbau- und Hüttenerzeugnissen im Dezember und im Jahre 1934
...
Kali: Einfuhr - ; Ausfuhr: 93 259 t ((Dezember 34)).
... Bei den Ergebnissen des Handels in Kali sei auf die Steigerung der Ausfuhr besonders hingewiesen. Insgesamt belief sich diese im Berichtsjahre auf 704 000 gegen 514 000 t im Jahre 1933 und 461 000 t im Jahre 1932.
DBZ, Nr. 35 v. 10. Februar 1934, S. 12

ZSg. 102/1/61 (1) 7. Februar 1935

In der "Kölnischen Zeitung" abgedruckte Wiener Pressestimmen zu London wurden (im Rahmen der allgemeinen Anweisung über die Behandlung Österreichs) als überflüssig bezeichnet.

s. a. ZSg. 101/5/19/Nr. 1051 v. 22. Januar 1935
ZSg. 102/1/Ausr. Herrn Reifenberg (3) v. 8. Februar 1935

Kölnische Zeitung (1802 - 1945), vor 1933 der DVP nahestehend, liberal (Handbuch der deutschen Tagespresse, 4. Aufl. 1932, S. 242).

Gegen die Wiener Hetzpresse
Ein Aufsatz der Reichspost
... Österreich, so schreibt das Blatt, ist ein deutscher Staat und Österreichertum ist Deutschtum von besonderer Eigenart ... Österreichs Selbstverteidigung strebt nach Frieden und Verständigung; die geschilderte Pressemache will die Verewigung des Streites und die Verhinderung jeder Verständigung. Sie arbeitet den Radikalinskis unter den Gleichschaltern in die Hände.
KöZ, Nr. 69 v. 7. Februar 1935, S. 5

ZSg. 102/1/61 (3) 7. Februar 1935

Über einen vor längerer Zeit in der "Berliner Illustrierten" ((sic)) veröffentlichten Aufsatz "Was ist in Brasilien noch zu entdecken" seien Beschwerden, darunter auch der Deutschen in Brasilien, eingelaufen. Man bittet um Vorsicht.

Die "Berliner Illustrirte Zeitung" erschien seit 1891 im Ullstein-Verlag.

Ulrich von Riet:
Was ist in Brasilien noch zu entdecken?
... Die Brasilianer behaupten gern und oft, ihr Land sei ebenso kultiviert wie irgend ein anderes und Wilde gäbe es schon längst nicht mehr innerhalb der gelb-grünen Grenzpfähle. Tatsächlich ist das nicht der Fall ... Die einheimische Bevölkerung, die größtenteils aus Mulatten - weiter aus Negern, Indianern und Mischlingen aller erdenklichen Farben mit mehr oder weniger Portugiesenblut bestehe, ist auch durchaus ungeeignet, das Hinterland zu erschließen. So sind es in der Hauptsache Fremde, darunter viele Deutsche, die die großen Forschungsreisen ins Innere Brasiliens durchgeführt und damit die erste Kunde von jenen Ländern gebracht haben. ...
BIZ, 43. Jg. (1934), Nr. 42 v. 18. Oktober 1934, S. 1513-1514

ZSg. 102/1/Ausr. Herrn Reifenberg (1)   8. Februar 1935

Gebeten wurde, noch keine Einzelheiten oder Vermutungen über die Art, wie die Übergabe des Saargebiets am 1. März erfolgen werde, anzustellen, da man hierüber noch verhandele. Auch ausländische Pressestimmen möchten hierüber nicht gebracht werden. Jetzt beim Abmarsch der fremden Truppen aus dem Saargebiet soll die deutsche Presse den einzelnen Kontingenten nicht Zensuren erteilen.

s. a. ZSg. 102/1/48 v. 4. Februar 1935
ZSg. 101/28/21-25 v. 6. Februar 1935 (Vertraulicher Informationsbericht Nr. 19)
ZSg. 101/28/27-35 v. 11. Februar 1935 (Vertraulicher Informationsbericht Nr. 20)
s. a. ZSg. 110/1/6 v. 16. Februar 1935
ZSg. 102/1/51 (2) v. 20. Februar 1935

Abschluß in Basel
Die Durchführung der Saar-Rückgliederung
FZ, Nr. 70 v. 7. Februar 1935, S. 1

Der Abmarsch der internationalen Saartruppen endgültig festgesetzt
VB (N. A.), Nr. 40 v. 9. Februar 1935, S. 1

ZSg. 102/1/Ausr. Herrn Reifenberg (2)   8. Februar 1935

Bemerkt wurde ferner, daß in einem Teil der Presse bei der Berichterstattung über Verhängung von Schutzhaft gegen asoziale Persönlichkeiten oft nicht mit der notwendigen Sorgfalt vorgegangen werde. Man möge sich in Zweifelsfällen beim Treuhänder erkundigen.

Die ersten Urteile des Reichsehrengerichtshofes
VB (N. A.), Nr. 38 v. 7. Februar 1935, S. 2

Gegen einseitige Veröffentlichung in der Presse
FZ, Nr. 91 v. 19. Februar 1935, S. 1

ZSg. 102/1/Ausr. Herrn Reifenberg (3)   8. Februar 1935

Erwähnt wurden die "Rheinisch-Westfälische Zeitung", die "Deutsche Wochenschau" und die "Kölnische Zeitung", weil sie immer noch nicht die Richtlinien über Österreich genügend be-

- 71 -   8.02.1935

achten. Das erste Blatt habe z. B. ausführlich über das "wahrhaft österreichische Theaterstück" eine Glosse gebracht, das zweite Blatt einen Aufsatz "Was geht in Österreich vor?".

s. a. ZSg. 102/1/61 (1) v. 7. Februar 1935
ZSg. 101/5/41/Nr. 1102 v. 12. Februar 1935
ZSg. 101/5/19/Nr. 1051 v. 22. Januar 1935

Die Krise der österreichischen Theater
RWZ, Nr. 70 v. 7. Februar 1935, S. 1
((Bericht über eine Tagung der österreichischen Verkehrsvereine: "Interessant zur Charakterisierung der Spielplangestaltung der österreichischen Theater aber war der ... Vorschlag, eine Kreditgenossenschaft für diejenigen Theaterdirektoren zu gründen, die durch das Spielen "wahrhaft österreichischer Stücke" Schaden erleiden und erlitten haben".))
s. a. RWZ, Nr. 71 v. 8. Februar 1935, S. 1 ((Leitartikel))

Was geht in Österreich vor?
Bilanz der Hungerpeitsche und Gesinnungsknechtung
... Die ganze denkende Bevölkerung durchschaut die Absichten der zudringlichen Auslandsgönner und wird sich einem von ihnen vorbereiteten Schicksal der tausendjährigen deutschen Ostmark bestimmt nicht feig und willenlos ausliefern. Die Gefahren an der mittleren Donau wachsen im Zeichen von Österreichs erlogener "Unabhängigkeit".
Deutsche Wochenschau, 12. Jg. (1935), Nr. 5 v. 31. Januar 1935, S. 10

ZSg. 102/1/Ausr. Herrn Reifenberg (4)   8. Februar 1935

Goebbels hält heute abend in Münster eine Rede, von der man meinte, daß wohl nur in der lokalen Presse eine große Berichterstattung notwendig sei.

Reichsminister Dr. Goebbels in Münster
Eine große Kundgebung in der Halle Münsterland
... Daß das Ausland noch schimpft, ist für uns ein Ehrentitel. Wir wollten nicht in Paris, sondern in Berlin und im deutschen Volk beliebt werden. ... Die Erhaltung des Volkstums sei von der Regierung auch gesetzlich gesichert worden, in der Erkenntnis, daß es ein soziales Unrecht sei, für Idioten und Erbkranke 400 Millionen auszuwerfen und für die gesunde, heranwachsende Jugend nur 400 Millionen bereitzustellen. Die Regierung habe den Mut aufgebracht, in Deutschland das Judentum vom öffentlichen Leben auszuschalten. ... "Ich nehme an, daß die meisten Menschen in Münster katholisch sind, aber das ist keine Veranlassung für die katholische Kirche, sich aufzulösen, denn die katholische Kirche existiert nicht nur, um die Menschen katholisch zu machen,

8./9./11.02.1935

sondern um die Menschen katholisch zu erhalten. ... Wenn wir im
Politischen nicht von derselben Unduldsamkeit sind, wie die Re-
ligionen im Religiösen, dann werden wir auch nicht von derselben Zeitdauer sein. ..."
Münsterischer Anzeiger, Nr. 68 v. 9. Februar 1935, S. 1

ZSg. 101/5/38/Nr. 1097　　　　　　9. Februar 1935

Berlin, den 9. Februar 1935.
DNB.-Rundruf
Die Rede des Ministerpräsidenten Göring in Dresden, darf nur in
der DNB-Fassung gebracht werden.

Gesehen: D., Fa., K.　　Hamburg　9 Uhr 15
　　　　　　　　　　　　Chemnitz briefl ich
　　　　　　　　　　　　Breslau　9 "　40

Eine Rede Görings in Dresden
"Wir leben in einer großen Zeit, darum denkt nicht klein, sondern
versteht die Größe dieses Erlebens!"
SZ, Nr. 75 v. 10. Februar 1935, S. 3 ((Auszüge))

Göring über Deutschlands Forderungen
Gleichberechtigung zur Erhaltung des Friedens
HHN, Nr. 69 v. 10. Februar 1935, S. 1

Vorwärts - ohne Kompromisse!
Pg. Göring in Dresden. Kundgebung vor 25 000
NZ, Nr. 41 v. 10. Februar 1935, S. 1-2

Bestellungen a. d. Pressekonferenz v. 11.2.35

ZSg. 101/5/39/Nr. 1098　　　　　　11. Februar 1935

Die "Frankfurter Zeitung" veröffentlicht in ihrer Sonntagsausgabe
einen Artikel über Senkung der Soll- und Habenzinsen. Solche Meldungen sind äußerst unerwünscht, weil sie eine Beunruhigung der
Sparerkreise nach sich ziehen. Eine Weiterverbreitung dieser Mel-

dungen und Nachrichten ist untersagt. Der Artikel stützt sich
auf Indiskretionen, die teilweise nicht einmal richtig sind.

s. a. ZSg. 102/1/47 v. 11. Februar 1935
Vor einer Senkung der Soll- und Haben-Zinsen
Grundsätzlich um 1/2 %
FZ, Nr. 75 v. 10. Februar 1935, S. 4

ZSg. 101/5/39/Nr. 1099   11. Februar 1935

Das Auswärtige Amt bittet um größte Zurückhaltung in der Behandlung der innerpolitischen Lage Südslawiens, insonderheit der gesteigerten Aktivität der Kroaten. Es wird gebeten, alles zu unterlassen, was geeignet wäre, die Stellung der südslawischen Regierung zu schwächen.

Gesehen: Fa., D., K.   Hbg. 2.07
                       Brsl. 1.25 Uhr
                       Chmn. 1.45 "

s. a. ZSg. 102/1/48 (2) v. 11. Februar 1935: Mißfallen hat eine
    Überschrift im "Berliner Tageblatt" "Südslaviens Kroaten
    wieder aktiv".
s. a. ZSg. 102/1/74 (3) v. 16. Februar 1935

Im Oktober 1934 war der jugoslawische König Alexander von
kroatischen Emigranten in Marseille erschossen worden (s. ZSg.
101/4/143/Nr. 818 v. 10. Oktober 1934).

Südslawiens Kroaten wieder aktiv
Wahlbündnis mit der Serbischen Landwirtepartei - Matschek Spitzenkandidat der Opposition
BT, Nr. 69 v. 9. Februar 1935, S. 2

Zur allgemeinen politischen Lage vgl. H. J. Schröder, Der Aufbau
der deutschen Hegemonialstellung in Südosteuropa 1933-1936. In:
M. Funke (Hrsg.), Hitler, Deutschland und die Mächte, Kronberg/
Ts. und Düsseldorf 1978, S. 757-773

11./12.02.1935 - 74 -

ZSg. 101/5/40/Nr. 1100   11. Februar 1935

Bestellung a. d. Propagandaministerium v. 11.2.35
Das Reichsluftfahrtministerium bittet bei lokalen Mitteilungen über den Ausbau des Luftschutzes darauf zu achten, daß die Lage von Luftschutzkellern und anderen Schutzeinrichtungen in der Presse nicht allzu deutlich mitgeteilt wird, um nicht von vornherein dem Gegner Kenntnis dieser Schutzpunkte zu geben.

Gesehen: Fa., D., K.   Hbg. 9.15 Uhr
                       Brsl. brfl.
                       Chmn. brfl.

s. a. ZSg. 102/1/48 (1) v. 8. Februar 1935
      ZSg. 101/5/92/Nr. 1200 v. 19. März 1935
Zu den Vorsorgemaßnahmen im Luftschutzbereich vgl. a. Sopade, 2. Jg. (1935), S. 297 u. 301

Schule und Luftfahrt
Gedanken über eine Luftschutzausstellung in Berlin
VB (N. A.), Nr. 38 v. 7. Februar 1935, S. 10

Bestellungen a. d. Pressekonferenz v. 12.2.35

ZSg. 101/5/41/Nr. 1101   12. Februar 1935

Der abessinisch-italienische Streitfall soll "mit brutaler Desinteressiertheit" und völligster Objektivität behandelt werden.

s. a. ZSg. 102/1/51 (6) v. 19. Februar 1935
Italien mobilisiert gegen Abessinien
Zwei Divisionen marschbereit/Ein weiterer abessinisch-italienischer Grenzzwischenfall
VB (N. A.), Nr. 43 v. 12. Februar 1935, S. 1

aber mehrere Artikel pro Seite in folgenden Ausgaben:
HHN, Nr. 71 v. 12. Februar 1935, S. 1
HHN, Nr. 72 v. 12. Februar 1935, S. 1
HHN, Nr. 73 v. 13. Februar 1935, S. 1
HHN, Nr. 74 v. 13. Februar 1935, S. 1 u. 2

12.02.1935

Die offenen militärischen Auseinandersetzungen begannen am 2. Oktober 1935 und dauerten bis Mai 1936. Hitler verfolgte die Doppelstrategie, einerseits Abessinien mit Waffen zu unterstützen, andererseits aber Mussolini zu stärken, um die Aufmerksamkeit der Westmächte von sich abzulenken und Italien an seine Seite zu ziehen. vgl. a. M. Funke, Sanktionen und Kanonen. Hitler, Mussolini und der internationale Abessinienkonflikt 1934-1936, Düsseldorf 1970, 2. Aufl. 1971, S. 32 f.

ZSg. 101/5/41/Nr. 1102   12. Februar 1935

Es werden die Anweisungen bezüglich der Behandlung von Meldungen aus Österreich in Erinnerung gebracht. Das besagt zunächst, daß der bevorstehende Besuch Schuschniggs in Paris und London nur kurz nachrichtlich behandelt werden kann, nicht aber als großes diplomatisches Ereignis. Der Wunsch, Meldungen sonst aus dem wirtschaftlichen und geistigen Leben Österreichs zu unterlassen, wird in Erinnerung gebracht. Andererseits können Meldungen über brutale Todesurteile in Österreich usw. natürlich veröffentlicht werden.

s. a. ZSg. 101/5/19/Nr. 1051 v. 22. Januar 1935
ZSg. 102/1/Ausr. Herrn Reifenberg (3) v. 8. Februar 1935
ZSg. 102/1/50 (1) v. 25. Februar 1935
ZSg. 102/1/32 (4) v. 25. März 1935
ZSg. 101/6/191/Nr. 1851 v. 21. November 1935

Schuschniggs Pariser Empfang
"... über die Bedienstetentreppe"
VB (N. A.), Nr. 54 v. 23. Februar 1935, S. 3

Der unterbliebene Kirchgang Schuschniggs
Weiterer Zwischenfall in Paris
VB (N. A.), Nr. 57 v. 26. Februar 1935, S. 5

ebd.: Schuschnigg in London
Marxistische Demonstrationen vor dem Bahnhof
vgl. a. U. Eichstädt, Von Dollfuß zu Hitler, Wiesbaden 1955, S. 83 f.

ZSg. 101/5/41/Nr. 1103   12. Februar 1935

Die Polemik über das Wittekind-Drama ist auf Anweisung des Propagandaministeriums endgültig einzustellen.

12.02.1935

s. a. ZSg. 101/5/33/Nr. 1086 v. 5. Februar 1935

aber:
Edmund Kiß: "Wittekind"
VB (N. A.), Nr. 44 v. 13. Februar 1935, S. 5
Kiß rechtfertigt seine Darstellung, Wittekind habe sich bei der Androhung der Vergewaltigung sämtlicher sächsischer Frauen der christlichen Taufe unterworfen.

Kulturkampfstimmung in Deutschland
... Den Katholiken, die durch Sühnegottesdienste ihrer Empörung über die Wittekind-Aufführung Luft machen, wirft der Oberbürgermeister von Hagen vor, daß sie "die Kirchen benutzen, um gegen das helle Auflodern des nordischen Blutes Widerstand zu zeigen". Der Oberbürgermeister, der gleichzeitig nationalsozialistischer Gauinspektor ist, lehnt die Absetzung des Wittekind-Dramas mit folgender Begründung ab: "Wir lassen uns nicht durch Machenschaften in der Erziehung unseres Volkes zu unseren Weltanschauungen behindern. Wer sich durch das Drama in seinen religiösen Empfindungen bedroht fühlt, mag es unterlassen, dasselbe zu besuchen. Wir lassen es nicht zu, daß diejenigen, die begeistert das Stück besuchen, gestört werden."
NZZ, Nr. 283 v. 18. Februar 1935, S. 2

ZSg. 101/5/41/Nr. 1104   12. Februar 1935

Ein Artikel des Prof. Ginst ((sic)) über erbbiologische Gedankengänge in der Seuchenforschung aus der Zeitschrift "Fortschritt und Forschung" ((sic)) dürfen nicht übernommen werden.

Gesehen: Fa., D., K.   Hbg. 12.50 Uhr
                         Brsl. 12.55 "
                         Chmn. 1.30 "

Erbbiologische Gedankengänge in der Seuchenforschung
von Prof. Dr. Heinrich A. Gins, Preußisches Institut für Infektionskrankheiten "Robert Koch", Berlin
... Für die Erbforschung eröffnen sich hier zweifellos neue und aussichtsreiche Wege. Nicht unkontrollierbare, sprunghaft einsetzende Mutationen sind es, die hier eine Rolle spielen, sondern gut übersehbare Abwehrleistungen des Körpers, die der experimentellen Bearbeitung zugänglich sind. Sie weisen darauf hin, daß durch systematisch betriebene Anforderungen an die Leistungsfähigkeit eines jeden Einzelwesens und durch Wiederholung dieser Anforderungen in jeder Generation eine Leistungssteigerung der Gesamtheit erreicht werden kann, deren Erblichkeit keineswegs ausgeschlossen ist.
Forschungen und Fortschritte, 11. Jg. (1935), Nr. 5 v. 10. Februar 1935, S. 59-60

12.02.1935

Gins versucht anhand einer historischen Darstellung zu beweisen, wie sich auf erbbiologischem Wege erhöhte Widerstandsfähigkeit gegen Infektionen nicht nur erhalten, sondern auch steigern läßt.

ZSg. 101/5/42/Nr. 1105   12. Februar 1935

Bestellung a. d. Pressekonferenz v. 12. Februar 1935
In den nächsten Tagen trifft der englische Professor Dent-Cambridge aus Anlaß der Händel-Gedenktage in Deutschland ein. Es ist die Frage gestellt worden, ob die Vorträge des Prof. Dent in der deutschen Presse behandelt werden könnten, da Dent auf dem Standpunkt stehe, Händel sei kein Deutscher, sondern infolge seines vorwiegenden Aufenthaltes in England ein englischer Komponist. Vom Propagandaministerium wird erklärt, daß diese Streitfrage für Deutschland uninteressant sei und einer Beobachtung und positiven Behandlung der Ausführungen von Dent nichts im Wege stünde.

Gesehen: D., Fa., K.   Hbg.   brfl.
                       Bresl. brfl.
                       Chmn. brfl.

Die Händel-Gedenkfeiern fanden am 22. - 24. Februar 1935 in Halle/Saale, seinem Geburtsort, statt.

Georg Friedrich Händel (1685 - 1759) ließ sich 1712 im Alter von 27 Jahren endgültig in London nieder. Er wurde nach weiteren 15 Jahren naturalisiert. Insgesamt verbrachte er über 47 Jahre seines Lebens in England.

Edward Joseph Dent (1876 -   ), Musikprofessor in Cambridge (King's College) hatte 1934 eine Händel-Biographie (Life of Handel) veröffentlicht.

Hans Kleemann:
Händel-Gedenktage in Halle
Am Sonntag vormittag fand in der Aula der Universität ein Festakt statt, dem auch das akademische Schaugepränge nicht fehlte. Die Festrede hielt der englische Musikforscher Prof. Dr. Edward Dent, der mit allerlei Humor über Händels Tätigkeit in England sprach und dabei ein sehr lebendiges Bild seiner Persönlichkeit entwarf ...
Zeitschrift für Musik, 102. Jg. (1935), I, H. 4 (April), S. 401-403

12./13.02.1935

Herbert Gerigk:
Rückblick auf die Händel-Gedenktage in Halle
... Neues Wissensmaterial trug Prof. Edward Dent - Cambridge zusammen, wenn schon seine Erklärung: "Händel hat nie für das Volk geschrieben", auf Händel am wenigsten zutrifft, denn er ist völlig in seinem Volkstum verwurzelt. ...
VB (N. A.), Nr. 57 v. 26. Februar 1935, S. 10

Bestellungen a. d. Pressekonferenz 13.2.35.

ZSg. 101/5/43/Nr. 1106   13. Februar 1935

Der Preußische Ministerpräsident bittet dringend die Angelegenheit Kleiber (Generalmusikdirektor der Berliner Staatsoper) bis zur Veröffentlichung einer amtlichen Notiz ruhen zu lassen. Vertraulich kann mitgeteilt werden, daß der Vertrag Kleiber mit der Staatsoper Ende Februar abläuft und bisher nicht erneuert worden ist.

s. a. ZSg. 102/1/47 v. 13. Februar 1935: ... auch nicht Mitteilungen anderer Stellen übernehmen (Notiz in den "Blättern der Philharmonie") ...
s. a. ZSg. 101/4/206/Nr. 961 v. 5. Dezember 1934

Kleiber hatte bereits im Januar das Land verlassen. Seine Funktionen übernahm der neue Direktor der Berliner Staatsoper Clemens Krauß (1893 - 1954), der als Nachfolger Furtwänglers nach Berlin gekommen war (vgl. ZSg. 101/4/205/Nr. 960 v. 4. Dezember 1934)
s. a. F. K. Prieberg, Musik im NS-Staat, Frankfurt a. M. 1982, S. 70 f.

s. a. Fritz Stege:
Berliner Musik
... Dringender als der "Fall Furtwängler" würde der "Fall Kleiber" einer Bereinigung bedürfen. Ausländische Zeitungen wollen bereits wissen, daß Erich Kleiber seinen Rücktritt erklärt habe. Auf jeden Fall ist das künstlerische Verhalten Kleibers geradezu beispiellos. ...
Ein empörter Zuhörer rief laut "Heil Mozart": Widerspruch wurde von dem Beifallsgejohle der Kleiber-Clique erstickt, in der das jüdische Element auffällt. ...
Zeitschrift für Musik, 102. Jg. (1935), I, H. 1, S. 41

ZSg. 101/5/43/Nr. 1107   13. Februar 1935

Der Preiskommissar Goerdeler bittet die deutsche Presse über Geschäftsschließungen erst dann zu berichten, wenn amtliche Unterlagen vorliegen, vor allem sollen belastende Tatsachen erst dann mitgeteilt werden, wenn sie amtlich feststehen.

Gesehen: Fa., D., K.   Hbg. 12.55
                       Br.   1.00
                       Ch.   1.27

s. a. ZSg. 102/1/48 (1) v. 13. Februar 1935

ZSg. 101/5/44/Nr. 1108   13. Februar 1935

Bestellung a. d. Pressekonferenz v. 13. Februar 1935
Um alle Mißverständnisse auszuschalten, wird von zuständiger Stelle mitgeteilt, daß über die Stände und Firmen der internationalen Autoausstellung mit Namen, Preisangabe der Wagen usw. in allen Einzelheiten berichtet werden darf, da es sich bei dieser Ausstellung um eine Angelegenheit handelt, die die gesamte deutsche Volkswirtschaft angeht. Deswegen wird diesmal von dem Verbot des Werberates, in der Presse im Rahmen publizistischer Artikel Firmennamen und Preise zu nennen, Abstand genommen. Die gleiche Freiheit der Berichterstattung bezieht sich auf die Zubehörindustrie.

Gesehen: Fa., D., K   Hbg. brfl.
                       Brsl. 6.30
                       Chmn. brfl.

Der Werberat der Deutschen Wirtschaft bestand seit dem 1. November 1933. In der Zweiten Durchführungsverordnung des Gesetzes über Wirtschaftswerbung vom 27. Oktober 1933 (RGBl. 1935, I, S. 791) wurden seine Aufgaben festgelegt u. a.: § 4 Der Werberat gibt bekannt, welchen Personen und Gesellschaften er die Genehmigung zur Wirtschaftswerbung allgemein erteilt und welche Arten der Wirtschaftswerbung er allgemein genehmigt. ... § 5 Der Werberat

hat Maßnahmen zu ergreifen, um die Mißstände, die sich auf dem Gebiete des wirtschaftlichen Werbens entwickelt haben, zu beseitigen ... Nach dem "Gesetz über Wirtschaftswerbung vom 12. September 1933" (RGBl. 1935, I, S. 625) wurden die Mitglieder des Werberats vom Propagandaminister berufen und unterstanden seiner Aufsicht. Die Internationale Automobil- und Motorradausstellung fand vom 14. - 27. März 1935 in Berlin statt.
s. dazu die 12-seitige Sonderbeilage zur Eröffnung in VB (N. A.), Nr. 45 v. 14. Februar 1935

ZSg. 101/5/45/Nr. 1109   13. Februar 1935

DNB-Rundspruch.   13.2.35.

Über den durch Spielen mit einer Schuß-Waffe herbeigeführten Unfall in der Quarta einer Karlshorster Schule darf nicht berichtet werden.

D., Fa., K.   Hbg.   9.15
                  Brsl.   6.30
                  Chemn. brfl.

ZSg. 102/1/48 (2)   13. Februar 1935

Bei der Veröffentlichung von Karten, in denen die früheren deutschen Reichsgrenzen eingezeichnet sind, möge man genau darauf achten, daß diese früheren Grenzen dann auch überall einheitlich aufgeführt würden, weil sonst irgendwelche Schlüsse auf deutsche Annexionswünsche und dergleichen gezogen werden könnten.

ZSg. 102/1/48 (3)   13. Februar 1935

Das Reichsjustizministerium brachte die alte Praxis in Erinnerung, daß der volle Name eines Verurteilten grundsätzlich nur bei schweren Straftaten genannt werden soll, während bei leichteren

Fällen, vor allem bei Vergehen und Übertretungen, höchstens die
Anfangsbuchstaben mitgeteilt werden sollen, außer es bestünden
auch hier schwerwiegende Gründe für volle Namensnennung. Dem
pflichtgemäßen Ermessen der Berichterstatter und Schriftsteller
obliege es, diese Richtlinien einzuhalten.

s. a. ZSg. 101/3/95/Nr. 307 v. 24. Februar 1934

ZSg. 102/1/48 (4) 13. Februar 1935

Das "Berliner Tageblatt" hat gestern eine längere Darlegung von
Wickham Steed zitiert, wozu in der Pressekonferenz festgestellt
wurde, daß man diesem Mann nicht so viel Ehre antun dürfe. Es
scheine durchaus unangebracht, ihn so herauszustreichen.

s. a. ZSg. 101/3/265/Nr. 569 v. 28. Juni 1934
Diese in der Darstellung von M. Boveri, Wir lügen alle, Olten
u. a. 1965, S. 573 falsch datierte (18.2.35) Ausrichtung, wird
in der Dokumentensammlung "Ursachen und Folgen", XI, S. 297 irrtümlich unter dem Datum des 22. Januar 1935 verzeichnet.

"Offensive gegen den Krieg"
Wickham Steed über Deutschlands mögliche Stellungnahme
... Steed glaubt, daß Hitler jetzt vor einer der schwersten Entscheidungen seines Lebens steht, und zwar darüber, ob er Deutschland für den Krieg rüsten oder ob er im Besitze der Gleichberechtigung mit Europa für den Frieden arbeiten wolle. ...
BT, Nr. 71 v. 11. Februar 1935, S. 1

Bestellungen a. d. Pressekonferenz vom 14. Februar 1935

ZSg. 101/5/46/Nr. 1110 14. Februar 1935

In dem offiziellen Jahresbericht der Berufsgruppe Eisen schaffen-
de Industrie finden sich ebensowohl wie im letzten Wochenbericht
des Instituts für Konjunkturforschung Zahlenvergleiche aus der
Belegschaft und der Produktion der letzten Jahre, die absolut
unerwünscht sind. Es wird daher gebeten, bei Veröffentlichung

14.02.1935 - 82 -

der Berichte die früheren Anweisungen hinsichtlich der Veröffentlichung der Belegschaftsziffern und der Produktionssteigerung usw. zu berücksichtigen.

s. a. ZSg. 101/5/23/Nr. 1065 v. 28. Januar 1935
ZSg. 101/5/80/Nr. 1171 v. 9. März 1935
ZSg. 110/1/3 v. 14. Februar 1935
ZSg. 110/1/5 v. 16. Februar 1935

Gewinne und Verluste der deutschen Industrie
DBZ, Nr. 37 v. 13. Februar 1935, S. 2
s. a. DBZ, Nr. 40 v. 16. Februar 1935, S. 1

Die Konjunktur einzelner Wirtschaftszweige in Deutschland.3.
Eisenschaffende Industrie
Vierteljahreshefte zur Konjunkturforschung, 9. Jg. (1934), H. 4, S. 310-314
Anhand der in diesem Bericht enthaltenen Schaubilder ist zu erkennen, daß die Zahl der Beschäftigten in der "Eisenschaffenden" Industrie seit 1933 stark angestiegen war und die Produktion ebenfalls. Ein weit geringerer Anstieg war beim Auftragseingang zu verzeichnen.

ZSg. 101/5/46/Nr. 1111   14. Februar 1935

Die Anweisung über Verbot der Berichterstattung betr. Sojabohne ist dahin zu verstehen, daß nur über die Sojabohnenzüchtung nichts gebracht werden soll, dagegen darf über den Sojabohnenhandel berichtet werden (also insbesondere Umsatzziffern usw.)

Gesehen: Fa., D., K.   Hbg. 12.52 Uhr
                        Brsl. 12.55 "
                        Chmn. 1.37 "

s. a. ZSg. 101/5/33/Nr. 1084 v. 5. Februar 1935
ZSg. 110/1/3 v. 14. Februar 1935

ZSg. 101/5/47/Nr. 1112   14. Februar 1935

DNB-Rundspruch. Berlin, den 14. Februar 35.
Eine Zeitungsmeldung, wonach angeblich geplant sein soll, daß niemand mehr in den Dienst von Staat und Behörde treten darf,

- 83 - 14./15.02.1935

wenn er nicht vorher aktiv in den Reihen der Hitler-Jugend gestanden habe, darf von den Blättern nicht übernommen werden.

D., Fa., K. Hbg. 9.15
            Bresl. 8.20
            Chemn. brfl.

ZSg. 101/5/48/Nr. 1113 15. Februar 1935

DNB-Rundspruch 15. Februar 35.
Über einen Vortrag des Dr. Ritter von Niedermayer über "Wehrpolitik in Sowjetrussland" soll nicht berichtet werden.

Gesehen: D., Fa., K. Hbg. 9.15
                      Br. 7.45
                      Ch. brfl.

Oskar Ritter von Niedermayer (1885 - 1948), Offizier, Geograph und Diplomat, 1912 - 1914 in Persien und Indien, Leiter einer diplomatischen Mission in Afghanistan, 1924 - 1932 im besonderen rüstungspolitischen Auftrag in Moskau, seit 1933 Oberstleutnant und Dozent für Wehrgeographie. Nachdem er Direktor des wehrpolitischen Instituts der Universität Berlin geworden war (1938), veröffentlichte er seine Vorlesungen als "Wehrpolitik. Eine Einführung und Begriffsbestimmung", Leipzig 1939. Im 2. Weltkrieg zunächst Inspekteur der östlichen Freiwilligenverbände an der Westfront, dann 1944 Kommandeur der Osttruppen, im August wegen Wehrkraftzersetzung verurteilt. 1943 von den Amerikanern befreit und anschließend von den Sowjetrussen wieder verhaftet, wurde er nach Moskau verbracht, wo er starb.

ZSg. 101/5/49/Nr. 1114 15. Februar 1935

Bestellung a. d. Propagandaministerium v. 15. Februar 1935
Über den Weltrekord Stucks soll bis zur Herausgabe einer Erklärung der obersten nationalen Sportbehörde nichts veröffentlicht werden.

15./16.02.1935   - 84 -

Gesehen: Fa., D., K.   Hbg. 9.15 Uhr
                        Brsl. brfl.
                        Chmn. brfl.

s. a. ZSg. 101/5/55/Nr. 1129 v. 20. Februar 1935

Hans Stuck (1900 - 1978), Autorennfahrer, 1934-1939 Deutscher Meister. 1934/35 waren seine erfolgreichsten Jahre (Nürburgring, Monza). Seine letzten Weltrekorde, vor diesem Datum, hatte Stuck am 20. Oktober 1934 auf der Avus aufgestellt.

Neuer Weltrekord Stucks
330   Stundenkilometer/Caracciolas Leistung weit übertroffen
HHN, Nr. 78 v. 15. Februar 1935 (A. A.), S. 1

Stucks Rekordzeit
Zu der Meldung über einen neuen Rekord Hans Stucks liegt nun eine offizielle Bekanntgabe durch die Oberste Nationale Sportbehörde für die deutsche Kraftfahrt (ONS) vor. Diese besagt: "Hans Stuck (auf Auto-Union) stellte heute ... einen neuen internationalen Klassenrekord ... auf. ..."
HHN, Nr.79 v. 16. Februar 1935 (M. A.), S. 2

Stuck fährt 330 Stundenkilometer
Neuer deutscher Weltrekord auf einer italienischen Kunststraße
SZ, Nr. 85 v. 15. Februar 1935, S. 1

ZSg. 101/5/50/Nr. 1115   16. Februar 1935

DNB-Rundruf vom 16. Februar 1935
Die Veröffentlichung des Urteils des Volksgerichtshofes in der Strafsache Sosnowski darf erst erfolgen, wenn die durch DNB verbreitete amtliche Meldung vorliegt.

Gesehen: Fa., D., K.   Habg. 12.06
                        Brsl. 12.37
                        Chmn. 12.20

s. a. ZSg. 101/5/53/Nr. 1121 v. 18. Februar 1935
    ZSg. 110/1/6 v. 16. Februar 1935: In der Pressekonferenz
    wurde noch darum gebeten, die Meldung über das Urteil im
    Sosnowski-Prozeß in der amtlichen Form zu veröffentlichen.
    (Bei diesem Prozeß dreht es sich um eine Spionage-Angelegenheit, durch die die Siemens-Werke in Mitleidenschaft gezogen sind.)

-85 - 16.02.1935

Bestellungen a. d. Pressekonferenz v. 16.2.35

ZSg. 101/5/51/Nr.1116   16. Februar 1935

Zu dem neuen Außenhandelsausweis wird gebeten, keine Überschriften etwa in der Form zu machen "105 Mill. Einfuhrüberschuß", sondern vielmehr neutralere Überschriften wie "Ausfuhr im Januar noch rückgängig".

s. a. ZSg. 110/1/5 v. 16. Februar 1935
    ZSg. 101/28/51 f. v. 18. Februar 1935 (Vertraulicher Informationsbericht Nr. 24)

Deutscher Außenhandel
Die deutsche Handelsbilanz verzeichnete im Januar 1935 ein sensationelles Anschwellen des Defizits auf 105 Mill. Rm., wie es in diesem Ausmaß bisher wohl kaum je vorgekommen ist. Es bedeutet dies mehr als eine Verdoppelung des bereits außerordentlich hohen Defizits des Dezember von 45,6 Mill. Rm.und das Fünffache des Fehlbetrages von 22 Mill. Rm.des Januar 1934, womit es beinahe auf 40 % des Gesamtdefizits des Jahres 1934 von 284 Mill. Rm.angeschwollen ist. Diese außerordentliche Verschlechterung ist fast ausschließlich eine Folge der Schrumpfung der Ausfuhr im Januar um 15,5 % auf 299 (350) Mill. Rm.gegenüber 354 Mill. Rm.im Dezember auf einen bisher in der Nachkriegszeit kaum je verzeichneten Tiefstand. ...
NZZ, Nr. 280 v. 17. Februar 1935, S. 3

Ungünstiges Europageschäft
Die Gründe der Außenhandelspassivität: Warenaustausch mit USA stark rückläufig
HHN, Nr. 76 v. 14. Februar 1935, S. 10

Jahreszeitlicher Ausfuhrrückgang
Deutschlands Außenhandel im Januar - Leicht gestiegene Einfuhr
HHN, Nr. 80 v. 16. Februar 1935 (A. A.), S. 19
s. a. DBZ, Nr. 39 v. 15. Februar 1935, S. 9

ZSg. 101/5/51/Nr. 1117   16. Februar 1935

Die Verdienste des bekannten Konstrukteurs und Zeppelinkapitäns Flemming, der soeben verstarb, sollen ausführlich gewürdigt und kommentiert werden.

Gesehen: Fa., D., K.   Hbg. 12.55 Uhr
                       Brsl. 1.05 "
                       Chmn. 12.55 "

s. a. ZSg. 110/1/5 v. 16. Februar 1935

Luftkapitän Flemming gestorben
Der bekannte Zeppelinkapitän Hans Kurt Flemming ist am Freitag abend, 20.30 Uhr, nachdem er sich im Krankenhaus in Weingarten einer Bauchoperation hatte unterziehen müssen, im Alter von 48 Jahren verstorben.
HHN, Nr. 80 v. 16. Februar 1935 (A. A.), S. 1
Kurt Flemming - ein hervorragender Luftschifführer
HHN, Nr. 81 v. 17. Februar 1935 (M. A.), S. 3

ZSg. 102/1/74 (1)   16. Februar 1935

Die bevorstehenden Wahlen in Danzig sollen nicht im Zusammenhang mit der Saarabstimmung gebracht werden.

s. a. ZSg. 110/1/5 v. 16. Februar 1935

Das Danziger Volk zur Entscheidung aufgerufen
VB (N. A.), Nr. 46 v. 15. Februar 1935, S. 3
Unstimmigkeiten zwischen den in Danzig zugelassenen Parteien nutzte die nationalsozialistische Fraktion dazu, eine Parlamentsauflösung zu fordern (13. Februar). Die Abstimmung fand am 21. Februar statt und endete mit der Annahme des Antrags, gegen die Stimmen des Zentrums, der Sozialdemokraten und der Kommunisten. Die Wahl wurde auf den 7. April festgesetzt. Sie brachte den Nationalsozialisten einen Stimmenzuwachs.
s. a. ADAP, Serie C, Bd. III, 2, Nr. 500

ZSg. 102/1/74 (2)   16. Februar 1935

In den außenpolitischen Kommentaren möge man nicht zu sehr betonen, daß Deutschland keinen Keil zwischen England und Frankreich treiben wolle.

s. a. ZSg. 101/5/29/Nr. 1077 v. 3. Februar 1935
    ZSg. 101/5/33/Nr. 1085 v. 5. Februar 1935
    ZSg. 110/1/6 v. 16. Februar 1935
    ZSg. 101/5/52/Nr. 1118 v. 18. Februar 1935

Auftakt zu Verhandlungen
... Nachdem es England gelungen ist - wie die Londoner Vereinbarungen beweisen - mit Frankreich wieder ins Gespräch zu kommen,

- 87 -   16.02.1935

ist es ganz natürlich, daß Deutschland ebenfalls mit den Engländern die Fortsetzung des Gesprächs aufnehmen möchte. Irgendwelche Absichten, England und Frankreich hierdurch voneinander trennen zu wollen, könnten Deutschland nur bei bösem Willen unterstellt werden.
HHN, Nr. 79 v. 16. Februar 1935 (M. A.), S. 1

ZSg. 102/1/74 (3)   16. Februar 1935

Auslandspressemeldungen über einen mazedonischen Mitwisser des Marseiller Attentats, der in Deutschland festgenommen sein soll, mögen nicht gebracht werden.

s. a. ZSg. 110/1/6 v. 16. Februar 1935
Am 9. Oktober 1934 war Alexander I. von Jugoslawien in Marseille von kroatischen Emigranten erschossen worden. (vgl. ZSg. 101/4/143/Nr. 818 v. 10. Oktober 1934)

ZSg. 102/1/80   16. Februar 1935

In der heutigen Pressekonferenz wurde eine Leistung des Ludwigsburger Anzeigers als gipfelhaft bezeichnet, weil das Blatt zweispaltig und ausführlich schilderte, wie seine Redaktion entgegen der Anordnung die Hitlerrede am Tag der Bekanntgabe des Saarergebnisses vom Rundfunk abgenommen und nicht den DNB-Bericht abgewartet habe. Irgend etwas soll gegen das Blatt unternommen werden.

Ludwigsburger Zeitung (1818 - 1945) bezeichnete sich 1932 als bürgerlich neutral (Amtsblatt). Handbuch der deutschen Tagespresse, 4. Aufl. 1932, S. 359

s. a. ZSg. 110/1/5 f. v. 16. Februar 1935: ... Die Ludwigsburger Zeitung hat einen Artikel gebracht, der überschrieben ist "Auch in den Redaktionsstuben werden Schlachten geschlagen", der sich mit der Aufnahme der Rede des Führers am 15. Januar befaßt. Stephan verlas einzelne Stellen dieses Artikels, den er als Kuriosum bezeichnete. In dem Artikel wird u. a. erklärt, daß das Blatt alle anderen Zeitungen dadurch geschlagen habe, daß es die Rede aus dem Radio aufnehmen ließ - was bekanntlich verboten war. (6) Wörtlich wurde erklärt: "Sollte die Führerrede noch in die heutige Ausgabe, bliebe keine Zeit, auf die Nachricht des DNB zu warten." Stephan hielt es für ziemlich einzigartig, daß man nicht nur die gegebenen Vorschriften übertritt, sondern dies auch noch zweispaltig aufmacht und dann sich rühmt, wie fein man das gemacht habe. Die Zeitung wird verwarnt.

Auch in den Redaktionsstuben werden Schlachten geschlagen
In der Nachrichtenübermittlung ist das Leistungsprinzip oberstes Gesetz
... Der Führer sprach, und sollte die Rede noch in die heutige Ausgabe, bliebe keine Zeit, auf die Nachrichten des DNB (Deutsches Nachrichten-Büro) zu warten. Jede Minute war kostbar. Immer zwei stenographierte Seiten wurden leise abgeholt und gleich auf der Schreibmaschine übertragen, dem Politischen Schriftleiter zum Redigieren vorgelegt und dann schnell in die Setzerei gegeben.
... Noch war die Rede nicht beendet, als bereits die ersten Sätze druckfertig waren.
Ludwigsburger Zeitung, Nr. 14 v. 17. Januar 1935 (M. A.), S. 3

Bestellungen a. d. Pressekonferenz v. 18.2.35

ZSg. 101/5/52/Nr. 1118   18. Februar 1935

Das Auswärtige Amt bittet, keine Kritik im einzelnen an der französisch-englischen Auseinandersetzung über die Auswirkungen des Londoner Communiques zu üben. In gleicher Weise sollen die Fragen des Ostpaktes nicht mehr besprochen werden und auch nicht die Probleme, wer von den ausländischen Staatsmännern nach Berlin kommt oder welcher Vertreter des Auswärtigen Amtes nach London fährt.

s. a. ZSg. 102/1/42 (1) v. 18. Februar 1935
    ZSg. 110/1/8 v. 18. Februar 1935
    ZSg. 102/1/51 (1) v. 19. Februar 1935
    ZSg. 101/28/67 v. 22. Februar 1935 (Vertraulicher Informationsbericht Nr. 27)
Zu den Einzelheiten und Hintergründen dieses Vorgehens s. a. A. François-Poncet, Als Botschafter im "Dritten Reich", Neuaufl. Mainz, Berlin 1980, S. 257 f.

Zu diesem Zeitpunkt war eine Reise von Sir John Simon, dem englischen Außenminister für Anfang März nach Berlin geplant (vgl. ZSg. 101/28/37 v. 11. Februar 1935 (Vertrauliche Information).
s. a. ADAP, Serie C, Bd. III, 2, Nr. 503

ZSg. 101/5/52/Nr. 1119   18. Februar 1935

Die Angelegenheit Heimburger-Hennessy soll nicht weiter erörtert werden.

s. a. ZSg. 102/1/42 (2) v. 18. Februar 1935: Bei der Kommentierung des Saarabkommens müsse man feststellen, daß die deutsche Delegation zäh und geduldig alle Schwierigkeiten beseitigt habe. Eine Kritik am französischen Verhalten sei im Augenblick nicht zulässig. ...
s. a. ZSg. 110/1/8-9 v. 18. Februar 1935
ZSg. 101/5/71/Nr. 1156 v. 4. März 1935
s. a. die Darstellung in: Das Archiv, Februar 1935, S. 1693 (28. Februar): ... Der Chef der saarländischen Polizei, der Engländer Hennessy verließ Mitte des Monats das Saargebiet, nachdem er in einer Mitteilung an die Presse schwere Angriffe gegen den Direktor des Innern, den Emigranten Heimburger, berichtet hatte, dessen Beziehungen zu dem separatistischen Putschversuch am Tage vor der Saarabstimmung ... Hennessy aufgedeckt hatte. Das durch Hennessy eingeleitete Verfahren gegen Heimburger beim Obersten Abstimmungsgericht wurde jedoch "von einer hochgestellten Instanz" unterbunden. ...

Das Ende eines Systems
... Umgeben von einem Stab französischer Mitarbeiter hat Heimburger nach außen hin stets verbindlich, im Grunde seines Herzens aber ein leidenschaftlicher Deutschenhasser, seine Befugnisse zu einer systematischen Schikanierung der Saarbevölkerung mißbraucht. ...
HHN, Nr. 98 v. 27. Februar 1935 (A. A.), S. 1
Wegen dieses Artikels wurden die "Hamburger Nachrichten" auf der Pressekonferenz gerügt, sich nicht an diese Anweisung vom 18. Februar 1935 gehalten zu haben (vgl. ZSg. 110/1/14 v. 1. März 1935).

ZSg. 101/5/52/Nr. 1120   18. Februar 1935

Angriffe gegen das litauische Staatsoberhaupt Smetana ((sic)) sollen unterbleiben entsprechend den internationalen Gepflogenheiten.

Gesehen: Fa., D., K.   Hbg. 12.55 Uhr
                       Brsl. 1.00 "
                       Chmn.

s. a. ZSg. 102/1/39 (1) v. 7. Januar 1935
   ZSg. 110/1/9 v. 18. Februar 1935
   ZSg. 102/1/42 (3) v. 18. Februar 1935

18.02.1935

Antanas Smetona (1874 - 1944), litauischer Politiker, Professor für Philosophie in Kowno, seit 1919 Staatspräsident, 1922 zurückgetreten. Durch Staatsstreich Führer der Nationalpartei, Dezember 1926 - Juni 1940 Staatspräsident. Nach der sowjetischen Besatzung ging er zunächst nach Deutschland, dann in die USA. Er galt bei den Nationalsozialisten als deutschfreundlich.

ZSg. 101/5/53/Nr. 1121   18. Februar 1935

Bestellung a. d. Pressekonferenz v. 18.2.35
Die amtliche DNB-Meldung über die Hinrichtungen in der Angelegenheit Sosnowski muß unter allen Umständen an die Spitze des Blattes in größter Aufmachung gebracht werden. Es wird Wert gelegt auf die Unterüberschrift "Der nationalsozialistische Staat zerbricht den Landesverrat". Bilder über die Hingerichteten dürfen unter keinen Umständen veröffentlicht werden. Eine jüdische Firma hat Bilder angefertigt, hat aber bereits ein Veröffentlichungsverbot erhalten. Wir geben brieflich eine vertrauliche Darstellung der Vorgänge. Es darf unter keinen Umständen mitgeteilt werden, daß es sich bei den Verurteilten um Angestellte des Reichswehrministeriums handelt.

Gesehen: D., Fa., K.   Hbg. 3.30 Uhr
                         Brsl. 8.00 "
                         Chmn. 3.50 "

s. a. ZSg. 101/5/50/Nr. 1115 v. 16. Februar 1935
      ZSg. 101/28/57 v. 18. Februar 1935 (Vertraulicher Informationsbericht Nr. 25): ... Rittmeister a. D. von Sosnowski war seit Jahren in Berlin ansässig und hatte hier ein umfangreiches Spionagenetz aufgezogen ... Die Tatsache, daß der Anstifter Rittmeister von S. nur zu lebenslänglichem Zuchthaus verurteilt wurde, wird amtlicherseits damit begründet, daß seine Tat deshalb nicht so verwerflich sei, weil er sie im Interesse seines Landes beging. Ferner mögen natürlich außenpolitische Gründe (59) allgemeiner Art (deutsch-polnisches Verhältnis) maßgebend gewesen sein. ...
      Inwieweit die angeklagten und verurteilten Personen auch Röhm Dienste leisteten, ist noch nicht klar zu übersehen, jedenfalls bestanden auch in dieser Angelegenheit gewisse geheime Beziehungen. Dr. Kausch
s. a. ZSg. 110/1/9-11 v. 18. Februar 1935

18./19.02.1935

Landesverrat mit dem Tode gesühnt
... Das Urteil des Volksgerichtshofes ist hart, aber das einzig
mögliche ...
HHN, Nr. 82 v. 18. Februar 1935 (A. A.), S. 1

Landesverräterinnen hingerichtet
Der nationalsozialistische Staat zerbricht den Landesverrat
VB (N. A.), Nr. 50 v. 19. Februar 1935, S. 1

Unerbittlichkeit gegen Landesverrat
Zwei Hinrichtungen
FZ, Nr. 92 v. 19. Februar 1935, S. 2

ZSg. 102/1/42 (4)   18. Februar 1935

Ein Vertreter der NSK wies darauf hin, daß am 24. Februar die Erinnerung an die vor 15 Jahren erfolgte Verkündung des Parteiprogramms in München gefeiert werde, während man den zehnjährigen Erinnerungstag an die Wiedergründung der Partei am 27. Februar nicht besonders begehe. Die Zeitungen könnten zu dem ersten Anlaß Leitartikel schreiben über die nationalsozialistische Auffassung vom Primat der Politik.

s. a. ZSg. 110/1/8 v. 18. Februar 1935

Fünfzehn Jahre NSDAP
Von Gunter d'Alquen
VB (N. A.), Nr. 55/56 v. 24./25. Februar 1935, S. 1-2
Die"Hamburger Nachrichten"und die"Schlesische Zeitung"beschränken sich wie die"Frankfurter Zeitung"auf einen Bericht über die Jubiläumsfeierlichkeiten, ohne den angeregten Leitartikel.

Bestellungen a. d. Pressekonferenz v. 19.2.35

ZSg. 101/5/54/Nr. 1122   19. Februar 1935

Die Sportredaktionen werden gebeten, bei der Abfassung von Rennberichten usw. nicht ausschließlich ihr Interesse auf die Wettfragen usw. zu richten, sondern auch immer wieder auf den züchte-

19.02.1935

rischen Wert des Rennsportes hinzuweisen. Bei der Obersten Behörde für Vollblutzucht und Rennsport wird jetzt eine Pressestelle eingerichtet, der örtliche Pressereferenten an den Plätzen beigegeben werden, die rennsportliche Veranstaltungen vornehmen. Die Sportberichterstatter werden gebeten, sich mit diesen in Verbindung zu setzen. Die Adressen usw. werden noch bekannt gegeben werden.

Deutsche Rennställe 1935.
Das Aufgebot des Stalles Mülhens
Mit ganz ungewöhnlicher, durch keine Fehlschläge zum Nachgeben geneigter Passion, hat sich der bekannte Großindustrielle Peter Mülhens der Sache verschrieben. Die deutsche Vollblutzucht und der deutsche Rennsport brauchen solche Männer, besonders in einer Zeit, in der es gilt, alle Kräfte anzuspannen, um das gesteckte Ziel zu erreichen, das da heißt: Wiedererstarkung und Neubelebung von Rennsport und Zucht!
HHN, Nr. 86 v. 20. Februar 1935 (A. A.), S. 7
Die Serie "Deutsche Rennställe 1935" der"Hamburger Nachrichten" beschäftigte sich bei der Schilderung der verschiedenen Rennställe bis zu diesem Zeitpunkt hauptsächlich mit den Gewinnchancen der einzelnen Pferde (z. B. HHN, Nr. 84 v. 19. Februar 1935, S. 7).

ZSg. 101/5/54/Nr. 1123   19. Februar 1935

Die Nachrichten über ein großes Kompensationsgeschäft zwischen Russland und Deutschland im Werte von 250 Millionen, nach dem Deutschland russisches Öl abnimmt, während Russland deutsche Maschinen aufnimmt, entsprechen nicht den Tatsachen. Solche Meldungen dürfen unter keinen Umständen gebracht werden, es sei denn, daß vorher eine Genehmigung zum Abdruck beim Reichswirtschaftsministerium eingeholt wird.

s. a. ZSg. 102/1/50 v. 19. Februar 1935: Eine Berliner Zeitung
   hatte gestern eine Meldung über ein angebliches Kompensationsgeschäft ...

Am 15. Februar war das für die sowjetische Ausfuhr nach Deutschland äußerst günstige Reichsmarkabkommen vom 3. Mai 1932 abgelaufen. Zu den weiteren Verhandlungen Schachts mit der sowjetischen Handelsvertretung s. D. S. McMurry, Deutschland und die Sowjetunion 1933-1936, Köln, Wien 1979, S. 434 ff.
s. a. ADAP, Serié C, Bd. III, 2, Nr. 494, 505

Abschluß eines deutsch-russischen Kompensationsgeschäfts?
DBZ, Nr. 42 v. 19. Februar 1935, S. 7
Die Verhandlungen führte Schacht persönlich.

ZSg. 101/5/54/Nr. 1124   19. Februar 1935

Es wird das Verbot in Erinnerung gebracht, nichts über Streitigkeiten innerhalb des deutschen Volkstums im Auslande zu veröffentlichen.

s. a. ZSg. 101/4/212/Nr. 975 v. 11. Dezember 1934
ZSg. 102/1/51 (2) v. 19. Februar 1935

ZSg. 101/5/54/Nr. 1125   19. Februar 1935

Gerüchte über eine litauisch-lettische Militär-Konvention sollen in der deutschen Presse nicht behandelt werden.

s. a. ZSg. 102/1/51 (3) v. 19. Februar 1935
Im April 1935 schlossen Lettland und Litauen ein Handelsabkommen ab (Keesing, 2009 H).

ZSg. 101/5/54/Nr. 1126   19. Februar 1935

Die Gerichtsberichterstatter werden gebeten, bei der Abfassung ihrer Nachrichten darauf zu achten, daß nicht unbeabsichtigt gewissermaßen eine Greuelpropaganda betrieben wird. Das gilt besonders für politische Prozesse, bei denen es nicht erwünscht ist, etwaige Beleidigungen des Führers usw., wegen deren irgend jemand verurteilt wird, nun in aller Ausführlichkeit noch einmal wiederzugeben.

Gesehen: D., Fa., K.   Hbg. brfl.
                        Brsl. brfl.
                        Chmn. brfl.

s. a. ZSg. 102/1/51 (5) v. 19. Februar 1935: In einigen deutschen Zeitungen sei über einen Beleidigungsprozeß gegen einen Geistlichen im Rheinland berichtet und dabei im einzelnen aufgezählt worden, welche beleidigenden Äußerungen der Angeklagte über Hitler gemacht habe. Das gehe natürlich ((nicht)).

19.02.1935

ZSg. 102/1/51 (4) 19. Februar 1935

Daran erinnert wurde ferner, daß kürzlich schon einmal die Bitte
ausgesprochen worden sei, über die Frage der entmilitarisierten
Zone keine grundsätzlichen Überlegungen anzustellen.

s. a. ZSg. 101/5/15 (1) v. 18. Januar 1935
ADAP, Serie C, Bd. III, 2, Nr. 497, 499

ZSg. 102/1/51 (6) 19. Februar 1935

Man hält es für unangebracht, daß die deutsche Presse von sich
aus Überlegungen anstellt, ob die italienischen Kriegsfreiwilligen mit oder ohne Begeisterung nach Abessinien gehen. Kriegstüchtigkeit und Kriegsfähigkeit des italienischen Heeres zu untersuchen sei nicht unsere Sache, darüber könne man höchstens ausländische Pressestimmen bringen.

s. a. ZSg. 101/5/41/Nr. 1101 v. 12. Februar 1935
ZSg. 101/28/61-63 v. 19. Februar 1935 (Vertraulicher Informationsbericht Nr. 26)
ZSg. 101/5/64/Nr. 1141 v. 27. Februar 1935
ZSg. 102/1/51 (2) v. 20. Februar 1935: ... So habe die
"Niedersächsische Tageszeitung" einen ungewöhnlich unfreundlichen Artikel gegen Italien geschrieben. Auch bei illustrierten Zeitungen herrsche die Neigung, Reportagen über
die italienischen Niederlagen in Abessinien im Jahre 1896
zu machen. Daß das italienische Kontingent aus der Saar
seinen Weg über Verdun - Paris nehme, könne natürlich registriert werden. ...

Das afrikanische Fragezeichen
Von unserem römischen Vertreter Arnim Richard
NTZ, Nr. 41 v. 18. Februar 1935, S. 1

ZSg. 102/1/51 (7) 19. Februar 1935

Kürzlich stand auch bei uns die Meldung vom Tode des finnischen
Staatsrats und Professors Nestor Setälä. Man bat heute, diesem
als Forscher sehr bedeutenden Gelehrten und ebenso bedeutenden
finnischen Politiker einen Nachruf zu schreiben.

s. a. ZSg. 101/5/55/Nr. 1128 v. 20. Februar 1935
Weder die Meldung noch ein Nachruf konnten bei der"Frankfurter
Zeitung"nachgewiesen werden.

Tod eines verdienten finnischen Wissenschaftlers
... Er war von 1925 - 1926 Außenminister in Finnland und hat in
dieser Zeit und später als Unterrichtsminister der deutschen
Schule in Finnland eine besondere Unterstützung angedeihen lassen und sich als ein guter Freund Deutschlands erwiesen. ...
BLA, Nr. 43 A v. 19. Februar 1935, S. 3

Ein Freund Deutschlands +
VB (N. A.), Nr. 51 v. 20. Februar 1935, S. 4

ZSg. 102/1/51 (8) 19. Februar 1935

Die Mutter des verurteilten Hauptmann groß im Bild zu bringen, wie
sie gerade an den Präsidenten ein Gnadengesuch schreibt, sei eine
Geschmacklosigkeit. Eine mitteldeutsche Zeitung habe dies getan.

Bruno Richard Hauptmann wurde zum Tode verurteilt wegen Entführung
und Ermordung des Lindbergh-Babys am 1. März 1932. Er wurde am
3. April 1936 in den USA hingerichtet. An seiner Täterschaft werden bis heute Zweifel angemeldet.

s. a. ZSg. 102/1/51 (3) v. 20. Februar 1935: Gegen die Verurteilung Hauptmanns würden da und dort kritische Stimmen laut,
so auch unter den Deutschen in USA. Vertraulich wurde mitgeteilt, daß der deutsche Generalkonsul im vollen Einvernehmen mit den Berliner amtlichen Stellen es jedoch abgelehnt habe, irgendeinen Schritt zu unternehmen.
s. a. ZSg. 101/7/39/Nr. 50 v. 17. Januar 1936

Bestellungen a. d. Pressekonferenz v. 20.2.35

ZSg. 101/5/55/Nr. 1127 20. Februar 1935

Heute nachmittag erscheint im Reichsgesetzblatt ein Gesetz über
die körperliche Ausbildung von Angestellten und Arbeitern, die
in Zukunft zu dieser Ausbildung vom Arbeitgeber entlassen werden
müssen, ohne daß der Arbeitsplatz deshalb dem Betreffenden verloren geht. Das Gesetz ist natürlich im Rahmen der Aufrüstung
des Reiches von besonderer Wichtigkeit und mußte aus rechtlichen

20.02.1935 - 96 -

Gründen im Reichsgesetzblatt veröffentlicht werden. Es ist dringend untersagt, von diesem Gesetz in der Zeitung in irgendeiner Weise Kenntnis zu nehmen. Auf dieses Verbot wird ganz besonders nachdrücklich aufmerksam gemacht.

s. a. ZSg. 102/1/51 (1) v. 20. Februar 1935
ZSg. 101/5/60/Nr. 1137 v. 26. Februar 1935
ZSg. 101/5/97/Nr. 1210 v. 22. März 1935
ZSg. 102/1/50 (3) v. 12. Juli (1935) [1937]

Gesetz über die Beurlaubung von Angestellten und Arbeitern für Zwecke der Leibeserziehung vom 15. Februar 1935.(RGBl. 1935, I, S. 197-198)
§ 1. Jeder im Reichsgebiet beschäftigte deutsche männliche Angestellte oder Arbeiter ist auf seinen Antrag von seinem Unternehmer (Arbeitgeber) zur Teilnahme an einem anerkannten Lehrgang für Leibeserziehung zu beurlauben.
Das Gesetz sollte am 1. März 1935 in Kraft treten.

ZSg. 101/5/55/Nr. 1128   20. Februar 1935

Finnland feiert in der Zeit vom 28. Februar bis 3. März ein großes Nationalfest "Kalewala". Die Meldungen, die aus Finnland über dieses Fest kommen, sollen in guter Aufmachung wiedergegeben werden. Auch über das Epos Kalewala sind Ausführungen erwünscht.

s. a. ZSg. 102/1/53 (2) v. 20. Februar 1935
ZSg. 102/1/51 (7) v. 19. Februar 1935

Hundert Jahre "Kalevala"
Finnland feiert das Jubiläum seines Nibelungenliedes
VB (N. A.), Nr. 53 v. 22. Februar 1935, S. 5
s. a. BT, Nr. 81 v. 20. Februar 1935, S. 5
BT, Nr. 101 v. 28. Februar 1935, S. 5

ZSg. 101/5/55/Nr. 1129   20. Februar 1935

Das DNB wird in Zukunft bei neuen Weltrekorden von Deutschen im Auslande erst die Überprüfung dieser Meldungen durch die Oberste nationale Sportbehörde abwarten, ehe es selbst Meldungen herausgibt. Es ist erwünscht, in Zukunft nur noch die DNB-Berichte über deutsche Rekorde zu veröffentlichen, jedenfalls keine (nicht zuverlässig nachgeprüften) Nachrichten früher, als das DNB darüber berichtet. Diese Anweisung geschieht im Interesse des internationalen Ansehens des deutschen Sports.

Gesehen: D., Fa., K. Hbg. 12.55 Uhr
                      Brsl. 12.55 "
                      Chmn. 1.30   "

s. a. ZSg. 101/5/49/Nr. 1114 v. 15. Februar 1934
      ZSg. 102/1/52 v. 20. Februar 1935: In der Pressekonferenz
      wurde bemerkt, daß bei der Berichterstattung über den letzten Rekord von Stuck zuerst von einer größeren Geschwindigkeit die Rede gewesen sei, was nachher wieder habe zurückgenommen werden müssen. Das habe zahlreiche unfreundliche Kommentare in der Sportpresse des Auslandes ausgelöst. ...

s. a. ZSg. 102/1/55 (6) v. 30. März 1935
      ZSg. 101/6/3/Nr. 1432 v. 4. Juli 1935

ZSg. 102/1/51 (4)   20. Februar 1935

Gebeten wurde, bei der Behandlung der Politik Lettlands und Estlands gegen die Minderheiten nicht in irgendeiner generalisierenden Art diese beiden Regierungen in der deutschen Presse anzugreifen. Es sei der ausgesprochene Wunsch, mit den Letten nicht auf diese Weise in einen Konflikt zu kommen.

s. a. ZSg. 102/1/44 (2) v. 21. Februar 1935

In Estland und Lettland wurden die Rechte der nationalen Minderheiten zunehmend eingeschränkt. Offenbar sollte dieser Prozeß nicht durch Provokationen in der deutschen Presse weiter beschleunigt werden. Die deutsche Minderheit wurde aufgrund der restriktiven Politik immer kleiner; dementsprechend wurde Deutsch als offizielle Sprache nicht mehr zugelassen.

ZSg. 102/1/53 (1)   -   20. Februar 1935

Das amtliche Programm über die Rückgliederungsfeier am 1. März soll in den nächsten Tagen veröffentlicht werden. Bis dahin möge

20./21.02.1935

man auch weiterhin keine Einzelmeldungen bringen. Bedauert wurde, daß z. B. DNB über verbilligte Reisen zur Befreiungsfeier bereits eine Meldung ausgegeben hatte.

s. a. ZSg. 101/5/58/Nr. 1134 v. 23. Februar 1935
Große Vorbereitungen zum Saar-Feiertag am 1. März
75 v. H. Fahrpreisermäßigung ins Saargebiet
VB (N. A.), Nr. 51 v. 20. Februar 1935, S. 1

Der 1. März in Saarbrücken
Das amtliche Programm für die Rückgliederung
VB (N. A.), Nr. 58 v. 27. Februar 1935, S. 1

ZSg. 101/5/56/Nr. 1130   21. Februar 1935

DNB-Rundspruch   21.2.35
Das Reichserziehungsministerium bittet, von einem Abdruck des im Reichsministerialblatt veröffentlichten Erlasses über die Neuregelung der Zulassung zum Hochschulstudium zunächst Abstand zu nehmen. Dieser Erlass soll erst zusammen mit einem in den nächsten Tagen ausgefertigten Erlaß über die Auslese der Schüler an höheren Schulen mit Kommentar veröffentlicht werden.

D., Fa.   Hbg.   10.10
         Bresl. 6.48
         Chemn. bfl.

Amtlicher Erlaß des Reichs- und Preußischen Ministeriums für Wissenschaft, Erziehung und Volksbildung, Nr. 96 v. 9. Februar 1935.
... 2. Jeder, der das Reifezeugnis einer höheren deutschen Schule erworben hat, darf zum Hochschulstudium erst nach Ableistung des Arbeitsdiensthalbjahres zugelassen werden. Bei der Anmeldung zur Hochschule hat er außer dem Reifezeugnis und den übrigen erforderlichen Ausweisen das Pflichtheft, das ihm nach erfolgreicher Beendigung des Arbeitsdiensthalbjahres ausgehändigt wird, vorzulegen. ...
Deutsche Wissenschaft, Erziehung und Volksbildung, 1. Jg. (1935), H. 4, S. 69-70

Amtlicher Erlaß des Reichs- und Preußischen Ministeriums für Wissenschaft, Erziehung und Volksbildung, Nr. 109 v. 15. Februar 1935.

21.02.1935

... Wie im Vorjahre, so ordne ich auch für die Reifeprüfung zum Ostertermin 1935 und für die Reifeprüfungen, die noch im Laufe des Schuljahres 1935/36 abgehalten werden, ausdrücklich an: Bei der Beurteilung der Persönlichkeit des Schülers und der Frage der Reife ist insbesondere zu berücksichtigen, ob er der SA, SS, oder der Hitler-Jugend angehört. Seine Betätigung in diesen Verbänden, deren Anforderungen gegen früher noch gestiegen sind, die Häufigkeit des Dienstes und die Länge der Zugehörigkeit zu diesen Verbänden ist daher gebührend zu würdigen. Das gleiche gilt sinngemäß auch für die weibliche Jugend bezüglich der Zugehörigkeit zum BDM ...
Deutsche Wissenschaft, Erziehung und Volksbildung, 1. Jg. (1935), H. 5, S. 78

Neue Wege zur Hochschulauslese
... In einem Jahr soll versucht werden, diesen Kameraden, die zum Teil als Jungarbeiter über die HJ und den Arbeitsdienst ausgelesen worden sind, die geistigen Voraussetzungen zu verschaffen, daß sie ohne nachträgliche Ablegung eines Begabtenexamens in der Lage sind, ein Studium zu ergreifen. Daß es hierbei auf Umfang oder gar Vollständigkeit des Stoffes nicht ankommen kann, versteht sich von selbst. Es wird zunächst versucht, die in einer festen Wohnkameradschaft zusammengefaßten 15 Kameraden durch Vorträge und insbesondere durch Arbeitsgemeinschaften in Geschichte, Deutsch, Erdkunde (Geopolitik) und einer Fremdsprache (Englisch) an geistige Arbeit heranzuführen. ... Der hier von der Deutschen Studentenschaft unternommene Versuch einer neuen Blutzufuhr an die Hochschule kann in seiner Bedeutung kaum überschätzt werden. Hier wird ein Weg gewiesen, die zwischen dem Volk und der Hochschule eingetretene Entfremdung zu überwinden und zugleich die Hochschule durch die neue und einfache Fragestellung dieser jungen politischen Kräfte in ihren Methoden und ihrer Einstellung überhaupt zu bereichern.
HHN, Nr. 84 v. 19. Februar 1935, S. 2

ZSg. 102/1/44 (1) 21. Februar 1935

Dr. Goebbels hält morgen abend in Aachen eine Rede. Die Zeitungen im Reich sollen nur den DNB-Text bringen, die örtliche Presse kann frei berichten.

s. a. ZSg. 102/1/Ausr. Herrn Reifenberg (4) v. 8. Februar 1935

Positiver Nationalsozialismus, Positives Christentum
... In religiöser Beziehung stehen wir auf dem Boden des positiven Christentums ...
WB, Nr. 91 v. 23. Februar 1935, S. 1

21.02.1935

aber:

Reichsminister Goebbels in Aachen
VB (N. A.), Nr. 55/56 v. 24./25. Februar 1935, S. 2 ((nur ein kurzer Ausschnitt der Rede))

ZSg. 102/1/44 (2) 21. Februar 1935

Estland feiert demnächst den 17. Jahrestag seiner Unabhängigkeitserklärung. Da in letzter Zeit gerade in Estland sich eine freundliche Stimmung gegen Deutschland bemerkbar gemacht habe, da es auch mit Polen in gutem Einvernehmen lebe und in der Ostpaktfrage auf unserer Linie stehe, möge man diesen Anlaß benutzen, um den Esten ein paar freundliche Worte zu sagen. Dazu wurde noch bemerkt, daß man den Namen der Hauptstadt folgendermaßen schreiben möge: "Reval" (Tallinn).

Korrespondenten-Kommentar: So machen wir das, ein paar Worte, unverbindlich.
s. a. ZSg. 102/1/51 (4) v. 20. Februar 1935
Tallin ist der estnische Name der Hauptstadt, Reval der russische. Estland hatte aufgrund einer Wirtschaftskrise 1929 - 32 im Jahre 1934 eine faschistische Revolution erlebt, aber nachdem der Führer der Konservativen Agrarpartei die Macht übernommen hatte, wurde diese, auch den Nationalsozialisten zusagende Bewegung gestoppt.

17 Jahre estnische Unabhängigkeit
Der 17. Jahrestag der Unabhängigkeit Estlands wurde am Sonntag ((24.2.)) im ganzen Lande mit großer Begeisterung gefeiert ...
VB (N. A.), Nr. 57 v. 26. Februar 1935, S. 5

Estland
... Das Land hat die innere Wandlung von extrem linkssozialistischer zu einer nationalen Regierung vollzogen. ... In letzter Zeit bahnte sich Estland den Weg zu einer Politik, die in Unabhängigkeit den besonderen Bedürfnissen der einzelnen Staaten Rechnung tragen will. Auf dem Boden dieser gegenseitigen Achtung hat sich auch das Verhältnis zwischen Deutschland und Estland freundschaftlich gestaltet.
FZ, Nr. 101 v. 24. Februar 1935, S. 2

ZSg. 102/1/44 (3) 21. Februar 1935

Am 27. und 28. Februar findet in London eine erste deutsche Modenschau statt, über die die Londoner Berichterstatter etwas bringen möchten.

21./23.02.1935

Deutschlands erste Modenschau in London
Lebhaftes Interesse für Deutschlands Modeschöpfungen in England und Amerika

... Es werden in London etwa 100 Modelle zur Schau kommen. Sieben deutsche Vorführdamen werden vor einem geladenen Publikum Vormittags-, Nachmittags- und Abendkleider, Kostüme, Complets, Mäntel und Hüte vorführen, bei denen vorzugsweise deutsche Stoffe verarbeitet sind, über deren Güte man kein Wort zu verlieren braucht. Es wurde auch Wert darauf gelegt, daß die Vorführdamen die neuesten Frisuren zeigen, die ihnen von einem deutschen Friseur aufgesteckt werden. ...
HHN, Nr. 93 v. 24. Februar 1935 (M. A.), S. 3

ZSg. 102/1/45   21. Februar 1935

Zur Außenpolitik meinte man in der Pressekonferenz, daß wir uns in keiner Weise darüber gekränkt zeigen dürften, daß England und Frankreich vor einer neuen Aussprache mit Deutschland sich zuerst untereinander beraten und Simon zunächst nach Paris fahren wolle.

s. a. ZSg. 101/5/52/Nr. 1118 v. 18. Februar 1935
ZSg. 101/28/71 v. 22. Februar 1935 (Vertraulicher Informationsbericht Nr. 27): ... Je mehr Kanonen wir zur Zeit der Konvention haben, umso mehr wird uns bewilligt ...

Der englische Ministerbesuch in Berlin voraussichtlich Anfang März
FZ, Nr. 97 v. 22. Februar 1935, S. 1

Bestellungen a. d. Pressekonferenz v. 23. Februar 1935

ZSg. 101/5/57/Nr. 1131   23. Februar 1935

Die im Zeitungsdienst des Reichsnährstandes, Ausgabe 44, enthaltene Meldung über Besprechungen der Arbeitsgemeinschaft deutscher und französischer Bauern mit Darré und eine weitere Zusammenarbeit mit dem französischen Bauerntum darf nicht weiter verbreitet werden.

23.02.1935 - 102 -

s. a. ZSg. 101/28/75-77 v. 23. Februar 1935 (Vertraulicher Informationsbericht Nr. 28): ... Das Verbot einer Berichterstattung über diese Besprechungen deutscher und französischer Bauern ist zurückzuführen zunächst auf einen Wunsch der französischen Bauern, denen nämlich ihre Regierung die Fortsetzung dieser Besprechungen von Berufsstand zu Berufsstand verboten hat. Die französische Regierung, die vorwiegend industriell eingestellt ist, sieht in der direkten Aussprache der bäuerlichen Berufsstände eine Sabotage ihrer Handelspolitik. Diese Aussprachen zwischen den deutschen und französischen Bauern haben auf agrarischem Gebiet eine weitgehende Verständigungsmöglichkeit aufgezeigt, die vor allem für die lothringische Bauernschaft von großem Nutzen hätte sein können. Das Bekanntwerden der deutschen Bereitschaft zum Entgegenkommen innerhalb der französischen Landwirtschaft, hat zu einer großen Mißstimmung gegen die französische Regierung geführt, die hierin eine innerpolitische Gefahr erblickt. Die Möglichkeit einer Fortsetzung dieser an sich nützlichen direkten Aussprachen ist im Augenblick nicht mehr gegeben. ...

ZSg. 101/5/57/Nr. 1132   23. Februar 1935

Die "Textilzeitung" und die übrigen Fachzeitschriften der Textilindustrie veröffentlichen einen großen Aufruf zur Entwicklung der heimischen Faserwirtschaft. Dieser Aufruf darf unter keinen Umständen in die Tagespresse übernommen werden.

Vom Angstkauf zur Absatzstockung
... Unter dem Eindruck der noch recht großen Rohstoffeinfuhr und der ermüdeten Nachfrage steht auch für die heimischen Textilrohstoffe nicht mehr die technische Eignung zum Ersatz ausländischer Produkte, sondern die Aufnahmefähigkeit des Marktes im Vordergrund - ohne Zweifel eine bessere Bürgschaft für stetige und sichere Entfaltung der inländischen Rohstofferzeugung. Zu einer überhitzten und von Rückschlagsgefahren bedrohten plötzlichen Ausdehnung hat allerdings auch die Reichsregierung, wie man weiß, nicht ihre Hand gegeben, sondern die Investitionen vorläufig in einem mäßigen Umfang gehalten. ... Erschöpft sich das Clearing und das Austausch-System, so ist auch die Rohstoffversorgung der Textilindustrie wieder vor neue Fragen gestellt. Soviel hat freilich das vergangene Jahr gelehrt: diese Fragen können auf lange Zeit hinaus keinesfalls die Versorgung unserer Bevölkerung mit Bekleidung berühren. Es handelt sich vielmehr in erster Linie darum, die Beschäftigung eines der größten Industriezweige mit etwa 2 Mill. Arbeitern zu sichern.
FZ, Nr. 102 v. 24. Februar 1935, S. 4

ZSg. 101/5/57/Nr. 1133   23. Februar 1935

Über den Ball der Staatstheater heute abend darf nur der DNB-Bericht gebracht werden.

Gesehen: D., Fa.   Hbg. 12.45 Uhr
                   Brsl. 12.50 "
                   Chmn. 12.45 "

s. a. ZSg. 101/5/59/Nr. 1135 v. 25. Februar 1935
Ball der Preußischen Staatstheater
... Es war kein Fest hohen äußeren Glanzes, sondern ein Abend gemeinsamen herzlichen Frohsinns, ein Beispiel nationalsozialistischer Geselligkeit im neuen Deutschland. ... Mit besonderer Freude wurde schließlich die sinnvoll zusammengestellte Tombola begrüßt. Der Hauptgewinn: Ein Bild Adolf Hitlers, vom Führer für den Abend gestiftet. Und so ging man dann viel später nach Hause als beabsichtigt, die meisten Gäste mit Gewinnen reich beladen. ...
DAZ (R. A.), Nr. 93-94 v. 26. Februar 1935, S. 4
= (B. A.), Nr. 94 v. 25. Februar 1935, S. 2

ZSg. 101/5/58/Nr. 1134   23. Februar 1935

DNB-Rundruf vom 23. Februar 1935
Die heute in der Pressekonferenz ausgegebene Mitteilung über die Veranstaltungen im Saargebiet soll nicht veröffentlicht werden, dagegen können die Mitteilungen über die Feiern im Reichsgebiet gebracht werden.

Gesehen: D., Fa.   Hbg. 9.15
                   Brsl. brfl.
                   Chmn. brfl.

s. a. ZSg. 102/1/53 (1) v. 20. Februar 1935
Feiertag der Saar-Heimkehr
... Die Veranstaltungen im Reich werden durch eine große Rundfunkübertragung eingeleitet werden. ... Zu den Feiern im Saargebiet werden die Formationen der SA, SS, PO, HJ, Luftsportverband, Arbeitsdienst usw. an den Grenzen des Saargebietes aufgestellt werden und am Tage der Übergabe auf allen Straßen, die in das Saar-

23./25.02.1935

gebiet führen, mit klingendem Spiel einmarschieren. Unmittelbar nach der Übergabe der Regierungsgeschäfte an den Gauleiter Bürckel findet eine feierliche Hissung der Reichsflaggen auf den öffentlichen Gebäuden statt, so vor allem auf dem Regierungsgebäude und der Bergwerksdirektion in Saarbrücken. Um 12 Uhr werden die Sternfahrer der Automobilklubs und des Luftsportverbandes, der 30 Flugzeuge starten läßt, in Saarbrücken eintreffen. Um 13 Uhr findet ein großer Umzug sämtlicher Formationen der Partei sowie der Vereine und Verbände statt, der mit einem Vorbeimarsch auf dem Rathausplatz in Saarbrücken endet. ...
HHN, Nr. 92 v. 23. Februar 1935 (A. A.), S. 1

DNB-Rundspruch vom 25. Februar 1935

ZSg. 101/5/59/Nr. 1135   25. Februar 1935

Sämtliche Photographien vom Ball des Staatstheaters müssen zur Genehmigung dem Propagandaministerium zugeleitet werden.

s. a. ZSg. 101/5/57/Nr. 1133 v. 23. Februar 1935

ZSg. 101/5/59/Nr. 1136   25. Februar 1935

Die gestrige Rede des Führers ((Sonntag, 24.2.)) wird erst im Laufe des Montag ausgegeben. Es sollen vorher auch keinerlei Auszüge erscheinen, auch nicht in Stimmungsbildern.

Gesehen: D., Fa.   Hbg. 12.52
                    Brsl. 11.45
                    Chmn. 1.48

Machtvolle Kundgebung an historischer Stätte
HHN, Nr. 94 v. 25. Februar 1935 (A. A.), S. 1-2

"Unser Ja bleibt Ja und unser Nein bleibt Nein!"
Das sagt der Führer der Welt
Die Rede des Führers bei der Parteigründungs-Feier in München geben wir wegen ihrer großen Bedeutung hier ungeteilt wieder. Da sie erst am Montag nachmittag durch das Deutsche Nachrichtenbüro übermittelt wurde, konnten wir nur die erste Hälfte, soweit sie bis zum Redaktionsschluß vorlag, in einem Teil unserer gestrigen

- 105 -   25.02.1935

Abendausgabe veröffentlichen. Der Führer sagte in seiner Rede:
...
HHN, Nr. 95 v. 26. Februar 1935 (M. A.), S. 1-2

Die beiden Fassungen sind identisch, die zweite enthält zusätzlich außenpolitische Aspekte.

ZSg. 102/1/50 (1)   25. Februar 1935

Über die etwaige Ausdehnung der Reise Simons nach Warschau und Moskau möge die deutsche Presse, wie in der Pressekonferenz gesagt wurde, nicht selbst Stellung nehmen, vor allem nicht kritisch. Es genüge, wenn man ausländische Pressestimmen anführe. Auch die Reise Schuschniggs und Berger-Waldeneggs möge nicht zu eigenen Stellungnahmen benutzt werden, auch hier könne man ausländische Meldungen oder Interviews der beiden Minister wiedergeben, und zwar ohne Kommentar.

s. a. ZSg. 102/1/45 v. 21. Februar 1935
     ZSg. 101/5/41/Nr. 1102 v. 12. Februar 1935
     ZSg. 102/1/51 (1) v. 26. Februar 1935
     ZSg. 101/5/78/Nr. 1163 v. 7. März 1935

Berger-Waldenegg war der österreichische Außenminister.

Schuschnigg ziemlich kleinlaut
Kühle Aufnahme in London
HHN, Nr. 95 v. 26. Februar 1935, S. 2

ZSg. 102/1/50 (2)   25. Februar 1935

Die Schweizer Volksabstimmung möge in der deutschen Presse freundlich gewürdigt werden, wir hätten keinen Anlaß, zu bemängeln, wenn das Schweizer Volk seine Landesverteidigung verstärken wolle. Auffallend könnten nur die 46 % sein, die dagegen stimmten, was wohl auf die starke marxistische Aktion zurückgeführt werden könne.

Volksabstimmung in der Schweiz
Wehrvorlage angenommen- Die Unzufriedenheit mit der Wirtschaftspolitik

25./26.02.1935

Die heutige Volksabstimmung über die schweizerische Wehrvorlage betreffend die Verlängerung der Dienstzeit brachte bei 80 prozentiger Beteiligung 506 845 Ja-Stimmen und 431 902 Nein-Stimmen. Die Vorlage ist danach mit einer Mehrheit von 54 Prozent der abgegebenen Stimmen endgültig angenommen. ... Was die Nein-Sager wollen, das dürfte mehr den Sinn eines Fingerzeigs haben; diesmal gilt der Fingerzeig kaum der Frage der Landesverteidigung ..., sondern der Wirtschaftspolitik. ...
FZ, Nr. 103 v. 25. Februar 1935, S. 1

Annahme der Wehrvorlage
... Gewiß ist die annehmende Mehrheit, wenn auch ausgeprägt und unanzweifelbar, nicht so groß, wie man hätte hoffen und wünschen dürfen; eine wuchtigere Annahme der Vorlage hätte die Stärke des eidgenössischen Wehrwillens vor allem dem Ausland noch deutlicher und eindrucksvoller vor Augen geführt. Einige Hunderttausend Bürger haben es sich trotz aller Mahnungen nicht nehmen lassen, ihre Krisenverdrossenheit durch ein "Nein" gegenüber der Wehrvorlage zu bezeugen, und zwar kommt in den Abstimmungsziffern einzelner Kantone und Landesgegenden nicht allein der Grad der wirklichen Krisennot, sondern ebenso sehr der Grad der politischen Verhetzung gegenüber den Trägern der staatlichen Verantwortung zum Ausdruck.
...
NZZ, Nr. 326 v. 25. Februar 1935, S. 1

Nach der eidgenössischen Abstimmung
Berliner Kommentare
Die eidgenössische Abstimmungsentscheidung findet in der deutschen Presse allgemein eine positive und verständnisvolle Würdigung. ...
NZZ, Nr. 333 v. 26. Februar 1935, S. 1-2

ZSg. 101/5/60/Nr. 1137   26. Februar 1935

DNB-Rundruf vom 26. Februar 1935.

Das in der Korrespondenz "Volkssport und Leibeserziehung" abgedruckte Gesetz über die Beurlaubung von Angestellten und Arbeitern für die Zwecke der Leibeserziehung darf von der Presse nicht übernommen werden.

Fa., D.   Hbg. 2.08
                 Brsl. 2.06
                 Chmn. 2.08

s. a. ZSg. 101/5/55/Nr. 1127 v. 20. Februar 1935
      ZSg. 110/1/12 v. 27. Februar 1935
      ZSg. 101/5/97/Nr. 1210 v. 22. März 1935

26.02.1935

Gesetzliche Beurlaubungspflicht für Zwecke der Leibeserziehung.
In: Volkssport und Leibeserziehung, Nr. 348 v. 25. Feb. 1935, S. 1-2

Die Korrespondenz hieß ursprünglich "Volkssport und Leibespflege" und gehörte zur Telegraphen-Union. Ab. 1.1.1934 war sie neben dem DNB-Sportdienst die zweite größere Sportkorrespondenz des Deutschen Nachrichtenbüros. Der verantwortliche Redakteur blieb Rupert Naumann.

Berlin, den 26. Februar 1935
Vom Reichsernährungsministerium werden heute folgende Wünsche vorgetragen:

ZSg. 101/5/61/Nr. 1138   26. Februar 1935

Es sind Gerüchte in der Presse veröffentlicht worden, daß die Deutsche Rentenbankkreditanstalt einen größeren Millionen-Dollar-Kredit aus dem Guthaben Schweizer Sperrmarktkonten aufgenommen habe, um neue Meliorationsarbeiten in Deutschland damit zu finanzieren. Es wird gebeten, diese Nachricht nicht zu übernehmen, weil die Verhandlungen noch nicht abgeschlossen sind.

s. a. ZSg. 102/1/49 (1) v. 25. Februar 1935

Deutsche Rentenbank-Kreditanstalt, Berlin
Dieses im Reichsbesitz befindliche Institut, das als landwirtschaftliche Zentralbank dient und seinerzeit bedeutende Auslandanleihen u. a. auch in der Schweiz, aufnahm, hat als Treuhänder des Reichs zwei mittelfristige Frankendarlehen in der Schweiz aufgenommen. Die Kredite stellen sich auf insgesamt etwa 17,5 Millionen Fr. bzw. 14 Millionen Rm. und wurden von zwei großen schweizerischen Bankenkonsortien unter den üblichen Bedingungen für durchschnittlich 8 Jahre zu 4 1/2 % Zins gewährt. ...
NZZ, Nr. 331 v. 25. Februar 1935, S. 3

ZSg. 101/5/61/Nr. 1139   26. Februar 1935

In der letzten Zeit sind vor allem in der Fachpresse Nachrichten veröffentlicht worden über eine große Aktion zur Eosinierung von Roggen und Weizen. Der Grund für diese Aktion sei die Bereitstel-

26.02.1935 - 108 -

lung großer Roggen- und Weizenmengen zu Futterzwecken, um die Futtermittelknappheit namentlich in Nordwestdeutschland zu überwinden. Diese Gerüchte sind in dieser allgemein gehaltenen Form falsch. Richtig ist, daß die Reichsgetreidestelle aus ihren ursprünglich für Brotzwecke aufgestapelten Roggenvorräten einen Teil hat eosinieren lassen. Diese Mittel sind den nordwestdeutschen Viehzuchtgebieten zur Behebung der akuten Futtermittelknappheit zur Verfügung gestellt worden. Weizen ist jedoch nicht eosiniert worden. Eine allgemeine Aktion dieser Art ist auch nicht geplant, weil man gerade die Gelegenheit der Futtermittelknappheit dazu benutzen möchte,daß der Viehbestand Nordwestdeutschlands, der dort nicht selber Nahrung findet, verschwindet und statt dessen nach Ostdeutschland wandert, wo er in der Kartoffel genügende Futtermittel findet. Man weiß, daß diese Entwicklung zu einer Verminderung des Gesamtviehbestandes in Deutschland führen wird, hält dies aber für notwendig, damit der Viehbestand nicht größer ist als wir nach Möglichkeit aus eigener Scholle ernähren können. Selbstverständlich ist diese Maßnahme auch nachteilig für das Aufkommen an heimischen Fetten und heimischer Milch. Man hält es aber für zweckmäßiger, solche Produkte dann aus dem Auslande zur Deckung des Spitzenbedarfs einzuführen als unseren Viehbestand völlig von der Zufuhr ausländischer Futtermittel abhängig zu machen.

s. a. ZSg. 102/1/49 (2) v. 25. Februar 1935
ZSg. 102/1/46 (2) v. 26. Februar 1935

Bekanntmachung der Reichsgetreidestelle
... Von der Bekanntmachung ... betreffend die Verwendung von Reinigungsabfällen vom 31. August 1934 wird Abschnitt B, der Bestimmung für die Verwendung von Abfällen aus der Be- oder Verarbeitung von inländischer Gerste für Zwecke der menschlichen Ernährung und für technische Zwecke getroffen hatte, mit Wirkung vom 8. Februar 1935 aufgehoben.
RWZ, Nr. 108 v. 28. Februar 1935, S. 6

s. a. Die neue Preislage auf dem Getreidemarkt
SZ, Nr. 110 v. 1. März 1935, S. 9

Mit dem roten Farbstoff Eosin wurde das für Futterzwecke bestimmte Getreide gekennzeichnet.

ZSg. 101/5/61/Nr. 1140   26. Februar 1935

Gelegentlich kommen vom Auslande Meldungen über wirtschaftspolitische Vereinbarungen mit fremden Ländern, die meistens die Bewilligung zollvergünstigter Kontingente usw. enthalten. Das Reichswirtschafts- und Reichsernährungsministerium bitten bei solchen Mitteilungen alle Zahlenangaben über die Höhe der Kontingente zu vermeiden. Ein Bekanntwerden solcher Zahlen führt immer dazu, daß andere Regierungen unter Berufung auf die Meistbegünstigung ebenfalls die Gewährung von Sonderkontingenten fordern.

Gesehen: K., Fa., D.   Hbg.   brfl.
                       Brsl.   "
                       Chmn.   "

s. a. ZSg. 102/1/46 (1) v. 26. Februar 1935: Das Reichsernährungsministerium brachte in der Pressekonferenz einen Aufsatz der DAZ über den Stand der deutsch-rumänischen Handelsvertragsverhandlungen zur Sprache, in dem im wesentlichen über eine Rede des rumänischen Handelsministers berichtet wird. Entgegen den während der Verhandlungen gepflogenen Vereinbarungen habe der Minister dabei Zahlenangaben über die Kontingente für Agrarprodukte gemacht, die Deutschland zugestehen wolle. ...

Rumänisches Kontingentsystem erschwert deutsche Wareneinfuhr
DAZ (R. A.), Nr. 89-90 v. 23. Februar 1935, S. 11
((ohne genaue Kontingent-Angaben))

s. a. Verschiebungen im rumänischen Außenhandel
Einfuhrsteigerung bei wertmäßig rückgängiger Ausfuhr -
Deutschland an erster Stelle unter den Außenhandelspartnern
FZ, Nr. 105 v. 26. Februar 1935, S. 4

ZSg. 101/5/63   26. Februar 1935

Berlin, den 26. Februar 1935
Vertrauliche Bestellungen für die Redaktion.
Zu dem Gesetz über die Einführung eines Arbeitsbuches darf nur der amtliche Kommentar des DNB veröffentlicht werden. Darüber hinaus keine Erklärungen, da wichtige Interessen der Landesverteidigung hierbei auf dem Spiele stehen. Das Arbeitsbuch dient

26.02.1935

zunächst sozialpolitischen Erwägungen, seine Bedeutung erhält es jedoch durch die dann mögliche Erfassung aller deutschen Männer bis zum 30. Lebensjahr für die militärische Ausbildung. Das Arbeitsbuch wird also eine Art Stammrolle sein, die nach vollständiger Ausfüllung der einzelnen Fragen, Berufsausbildung, halbmilitärische Vorbildung usw. den zuständigen Bezirkskommandos vorgelegt wird. Die Schaffung des Arbeitsbuches ist der wichtigste Schritt auf dem Wege zur allgemeinen Wehrpflicht und es ist selbstverständlich, daß diese Probleme nur mit äußerster Vorsicht angefaßt werden können. [1]
Auch über das im amtlichen Communiqué über die Kabinettssitzung erwähnte Konversionsergänzungsgesetz dürfen Kommentare nicht geschrieben werden. [2]

Dr. Kausch.
Fa., D.

s. a. ZSg. 102/1/50 v. 26. Februar 1935

1) Gesetz über die Einführung eines Arbeitsbuches v. 26. Februar 1935 (RGBl. 1935, I, S. 311)
§ 1 (1) Um die zwecksprechende Verteilung der Arbeitskräfte in der deutschen Wirtschaft zu gewährleisten, wird ein Arbeitsbuch eingeführt.
Das Gesetz trat am 1. April 1935 in Kraft.

Einführung eines Arbeitsbuches
Zur Sicherung eines planmäßigen Arbeitseinsatzes
HHN, Nr. 97 v. 27. Februar 1935, S. 1
s. a. FZ, Nr. 107 v. 27. Februar 1935, S. 1

2) Gesetz über die Gewährleistung für den Dienst von Schuldverschreibungen der Konversionskasse für deutsche Auslandsschulden vom 26. Februar 1935 (RGBl. 1935, I, S. 286)
s. a. HHN, Nr. 97 v. 27. Februar 1935, S. 1

ZSg. 102/1/46 (2)   26. Februar 1935

Die "Landware", hat heute die vom Ernährungsministerium gestern verbotene Meldung über Eosinierung von Roggen gebracht, das Ministerium wiederholte heute die Bitte, trotzdem in der Tagespresse nichts zu bringen.

s. a. ZSg. 101/5/61/Nr. 1139 v. 26. Februar 1935
   ZSg. 101/5/92/Nr. 1198 v. 19. März 1935

Abgabe von Eosinroggen
Zu der von uns kürzlich (Nr. 44) bereits gebrachten Ankündigung betr. Abgabe von Futterroggen und Futterweizen erfahren wir, daß vorläufig zunächst nur die Abgabe von eosiniertem Futterroggen in bemessenem Umfange durch die RfG in Frage kommt ...
Die Landware, Nr. 48 v. 26. Februar 1935, S. 1

Die "Landware" war eine "Tageszeitung für die Landwaren-Bewegung, Verarbeitung und Verwertung. Fachblatt des Reichsnährstandes für Marktberichterstattung", die seit 1933 erschien.

ZSg. 102/1/51 (1)   26. Februar 1935

Auf den heutigen "Times"-Artikel zur Reise Simons wurde besonders aufmerksam gemacht, man möge ihn gut wiedergeben.

Eine längst fällige Richtigstellung
"Times" über Deutschlands Haltung zum Londoner Programm
"Times" geben in ihrem, den Berliner Besuch Simons begrüßenden Artikel eine längst fällige Richtigstellung. Sie treten dem Eindruck entgegen, als wenn Deutschland in seiner Antwort auf das Londoner Programm vom 3. Februar sich auf die Frage des Luftpaktes beschränkt und versucht hätte, der Erörterung der anderen Fragen aus dem Wege zu gehen. "Times" stellen demgegenüber fest, daß Deutschland in seiner Antwort nur der Anregung des Londoner Communiqués entsprochen habe, wonach dieser Teil des Programms "unverzüglich verhandelt" werden soll. ...
HHN, Nr. 96 v. 26. Februar 1935, S. 1

An opportune visit
The Times, Nr. 46,998 v. 26. Februar 1935, S. 15
Der Artikel ist ein Plädoyer für Gleichbehandlung Deutschlands mit Italien, da auch mit Mussolini persönlich verhandelt worden sei.

Simon reist nach Berlin - wer reist nach Moskau?
FZ, Nr. 106 v. 27. Februar 1935, S. 1

ZSg. 102/1/51 (2)   26. Februar 1935

Voraussichtlich werde man vor Ablauf des deutsch-französischen Verrechnungsabkommens die in Paris abgebrochenen Verhandlungen wieder aufnehmen, doch möge die deutsche Presse nach dem ganzen

26.02.1935   - 112 -

Stand der Dinge den Ausgang neuer Besprechungen nicht optimistisch
beurteilen.

Der deutsch-französische Außenhandel mußte wegen der Saarein-
gliederung in das deutsche Wirtschaftssystem neu geordnet werden.
Von dieser Regelung erwartete sich die Reichsregierung eine finanzielle Verbesserung beim Verrechnungsüberschuß. Die Verhandlungen waren am 23. Februar 1935 unterbrochen worden.

Unterbrechung der deutsch-französischen Wirtschaftsverhandlungen
Die deutsch-französischen Wirtschaftsverhandlungen sind am Freitag unterbrochen worden, da sich in der Frage des Verrechnungs-
regimes keine Einigung herbeiführen ließ. ... Infolge des Fort-
falls der Saar als Exportgebiet für Deutschland, der saarländischen Kohleförderungen zur Bezahlung der Regierungsgruben, der
Wirksamkeit des Stillhalteabkommens und des allgemeinen Rückgan-
ges der französischen Einfuhr aus Deutschland hat sich die Berechnungsgrundlage ... verschoben und verkleinert, so daß von der
deutschen Delegation eine Neuberechnung des Überschußprozent-
satzes verlangt wurde. Dieser einwandfreie deutsche Standpunkt
fand auf französischer Seite kein Entgegenkommen. ...
HHN, Nr. 93 v. 24. Februar 1935, S. 10
s. a. HHN, Nr. 94 v. 25. Februar 1935, S. 10
   FZ, Nr. 102 v. 24. Februar 1935, S. 1

Deutschland-Frankreich
Bisher nur Teilergebnisse in den Wirtschaftsverhandlungen
... Alle vorhandenen Schwierigkeiten erscheinen aber nicht un-
überwindlich, wenn ebenso klar die gegenseitigen Notwendigkeiten
erkannt werden, und wenn weiterhin auf beiden Seiten der Wille zu
einer praktischen Regelung im Geiste der fruchtbaren Zusammenarbeit der beiden Nachbarvölker besteht.
HHN, Nr. 97 v. 27. Februar 1935, S. 3

ZSg. 102/1/51 (3)   26. Februar 1935

Die Frankfurter"Oder-Zeitung"wurde gerügt, weil sie noch einmal
zum Fall Furtwängler geschrieben habe.

s. a. ZSg. 101/4/205/Nr. 960 v. 4. Dezember 1934
   ZSg. 102/1/57 (2) v. 7. März 1935

Der Furtwängler-Konflikt beigelegt
Erfreuliches Ergebnis einer Aussprache beim Reichspropagandami-
nister - Das Philharmonische Orchester bekommt seinen ersten Di-
rigenten wieder
SZ, Nr. 110 v. 1. März 1935, S. 1
Am 28. Februar kam es zu einer Aussprache zwischen Goebbels und
Furtwängler, vgl. Das Archiv, März 1935, S. 1877 (1. März).
s. a. Fred K. Prieberg, Kraftprobe. Wilhelm Furtwängler im Dritten
Reich, Wiesbaden 1986, S. 222 bes. S. 228

ZSg. 102/1/51 (4) 26. Februar 1935

In der Pressekonferenz wurde der Wunsch Persiens mitgeteilt, vom 21. März an grundsätzlich nur noch Iran und Iranier zu sagen.

Das iranische Jahr beginnt am 21. März europäischer Zeitrechnung. Ab dem 21. März 1935 war die amtliche Bezeichnung für Persien Iran (= Land der Arier).

Zum letzten Male: Die Perser
FZ, Nr. 117 v. 5. März 1935, S. 3

Bestellungen a. d. Pressekonferenz v. 27. Februar 1935

ZSg. 101/5/64/Nr. 1141 27. Februar 1935

Besonders wichtig! Von hoher Regierungsstelle wird gebeten, bei Behandlung der abessinisch-italienischen Frage alles zu unterlassen, was dem italienischen Standpunkt schaden könnte. Es ist alles zu vermeiden, was eine Herabsetzung der italienischen Armee bedeuten würde. Die abessinische Frage kann Deutschland keinen Anlaß geben, Italien abfällig zu beurteilen. Es wird auf diese Richtlinie ausdrücklich aufmerksam gemacht, da in den letzten Tagen von einzelnen deutschen Zeitungen immer noch dagegen verstoßen wurde.

s. a. ZSg. 102/1/51 (6) v. 19. Februar 1935
ZSg. 110/1/12 v. 27. Februar 1935
ZSg. 102/1/50 (3) v. 28. März 1935

Weitere italienische Truppentransporte
Noch keine Einigung in Addis Abeba
FZ, Nr. 105 v. 26. Februar 1935, S. 1

ZSg. 101/5/64/Nr. 1142 27. Februar 1935

Die Einführung der landwirtschaftlichen Vorschriften im Saarland soll von der deutschen Presse nicht übernommen werden, da der Leserschaft nicht mitgeteilt werden soll, daß im Saargebiet andere Preise herrschen als im Reich.

27.02.1935

s. a. ZSg. 110/1/12 v. 27. Februar 1935
Erste Verordnung über die Einführung landwirtschaftlicher Vorschriften im Saarland vom 21. Februar 1935 (RGBl. 1935, I, S. 277 - 278)

ZSg. 101/5/64/Nr. 1143   27. Februar 1935

Das DNB ist heute in der Pressekonferenz scharf verwarnt worden wegen einiger Meldungen, in denen bei Verbrechern der Beruf angegeben wurde: Arbeiter, Hilfsschlosser usw. Bei dieser Gelegenheit macht das Propagandaministerium noch einmal nachdrücklich auf die Anweisung aufmerksam, daß bei Verbrechern grundsätzlich keine Berufsangabe veröffentlicht werden darf. Überhaupt sind dem DNB in den letzten Tagen mehrfach erhebliche Verstöße gegen Anweisungen unterlaufen, weshalb wir bitten, jede DNB-Meldung genau zu überprüfen.

Gesehen: Fa., D.   Hbg. 1.15 Uhr
                      Brsl. 1.15 "
                      Chmn. 1.35 "

s. a. ZSg. 101/28/65-66 v. 20. Februar 1935 (·Brief an Herrn Roßberg, Dr. Sieverts, Dr. Dyrssen von G. Dertinger):
Wie ich höre, ist mit der Möglichkeit eines Personalwechsels innerhalb des DNB zu rechnen. Es wird behauptet, daß der bisherige Chefredakteur des Nachrichtendienstes Alfred-Ingemar Berndt mehr und mehr an Einfluß gewonnen und vor allem es verstanden habe, das Vertrauen des Führers zu erhalten. Diese Darstellung dürfte richtig sein, denn er gilt als der ständige Stellvertreter des Pressechefs der NSDAP Dr. Dietrich. Berndt habe im DNB seinen Einfluß stark steigern können auf Kosten der Stellung und des Einflusses des Direktor Mejer, der von der TU übernommen wurde, und des Chefredakteurs von Ritgen. Ob der Wechsel in der Stärke des Einflusses direkt ein Ausscheiden dieser beiden Herren zur Folge haben wird, läßt sich noch nicht übersehen; sicher ist jedoch, daß der sachliche Einfluß dieser beiden alten erfahrenen Journalisten mehr und mehr zurückgeht zugunsten des vornehmlich kämpferisch-propagandistisch eingestellten Kollegen Berndt. Die Folgen für die sachliche Gestaltung des DNB-Dienstes liegen auf der Hand.
b. w. (66)
Ich hielt es für zweckmäßig, Ihnen von diesen Tendenzen jetzt schon Kenntnis zu geben, damit man sich vielleicht schon überlegt, wie man den Gefahren einer noch weiteren

- 115 -   27./28.02.1935

Verschlechterung des DNB-Materials und ihren Auswirkungen für unsere Zeitungen vorbeugen kann. (Dtg.)

s. a. ZSg. 101/4/82/Nr. 691 v. 27. August 1934
ZSg. 110/1/12 v. 27. Februar 1935: Am Schluß der heutigen Pressekonferenz erhob sich Ministerialrat Dr. Jahncke und erklärte, er sehe sich zu seinem Bedauern genötigt, zwei Meldungen des DNB zu kritisieren. In dem einen Falle handele es sich darum, daß in der Lokalmeldung ein Mörder, der sich aufgehängt habe, als Arbeiter und Hilfsschlosser bezeichnet worden sei; in dem anderen Falle handele es sich um eine Meldung aus Rogau, nach der der Arbeiter Vincenc Kurz zum Tode verurteilt worden sei. Diese Meldungen dürften natürlich nicht übernommen werden.
s. a. ZSg. 102/1/4 M (4) v. 6. Mai 1935
ZSg. 102/1/43 (5) v. 1. November 1935

ZSg. 101/5/65/Nr. 1144   27. Februar 1935

DNB-Rundruf vom 27.2.35

Über die Konstruktion eines Windkraftmotors des Erfinders Teubert soll vorläufig nichts berichtet werden.

Gesehen: Fa., D.   Hbg. 9.15
                    Brsl. 12.35 (28.II.35)
                    Chmn. 8.30 früh (28.2.)

s. a. ZSg. 101/5/70/Nr. 1155 v. 2. März 1935

Berlin, den 28. Februar 1935

ZSg. 101/5/66/Nr. 1145   28. Februar 1935

Der Artikel in den "Deutschen Führerbriefen" über die oldenburgische Verfassungsreform darf nicht nachgedruckt werden.

s. a. ZSg. 110/1/13 v. 28. Februar 1935: ... Vom Land Oldenburg wird darauf aufmerksam gemacht, daß die Deutschen Führer-

28.02.1935

briefe in ihrer letzten Ausgabe einen Artikel "Was geschah in Oldenburg" brachten, der von vollkommen falschen Gesichtspunkten aus die oldenburgische Staatsreform behandele.
...

ZSg. 101/5/66/Nr. 1146   28. Februar 1935

Die Notiz, daß von der Propagandaleitung der NSDAP 700 000 Mark für notleidende Saarländer gespendet werden, soll in den heutigen Abendblättern in guter Aufmachung erscheinen.

s. a. ZSg. 110/1/13 v. 28. Februar 1935
<u>700 000 RM Spende für das Saargebiet</u>
Für notleidende Volksgenossen - Reichsminister Dr. Goebbels an Bürckel
HHN, Nr. 100 v. 28. Februar 1935, S. 2

ZSg. 101/5/66/Nr. 1147   28. Februar 1935

Der Bau der Reichsbank ist soweit vorgeschritten, daß gegenwärtig die Tresors eingebaut werden können. Die Reichsbank legt aus naheliegenden Gründen keinen Wert auf eine Berichterstattung über diesen Vorgang. Es sind lediglich die Monatsberichte der Architekten über die Fortschritte des Baues zu veröffentlichen, dagegen keine ausführlichen Berichte.

Gesehen: Fa., D.   Hbg. 1.00
                    Brsl. 1.00
                    Chmn. 1.25

s. a. ZSg. 110/1/13 v. 28. Februar 1935
Die Neue Reichsbank (heute Sitz des Zentralkomitees der SED) wurde 1934 - 1939 nach den Plänen von Heinrich Wolff gebaut (vgl. dazu auch J. Petsch, Baukunst und Stadtplanung im Dritten Reich, München, Wien 1976, S. 83 f.)

<u>Die neuen Tresore der Reichshauptbank</u>
Eine gewaltige technische "Panzerburg" fünfzehn Meter unter der Erde von Reichsbankoberbaurat Kehr
HHN, Nr. 214 v. 4. August 1935, S. 3

- 117 -   28.02.1935

s. a. Gigantische Bauten wachsen und verändern das Gesicht der
Reichshauptstadt
Die äußere Wandlung Berlins
Berliner illustrierte Nachtausgabe, Nr. 110 v. 13. Mai
1935, S. 5

ZSg. 101/5/67/Nr. 1148   28. Februar 1935

DNB-Rundruf vom 28. Februar 1935
Die von einzelnen Blättern gebrachten Bilder über den Besuch von
sudetendeutschen Mädchen in der Reichskanzlei dürfen von den Zeitungen nicht gebracht werden.

Gesehen: D., Fa.   Hbg. 9.15
                      Brsl. 7.45
                      Chmn. brfl.

Angeregt und ermutigt durch die Saarabstimmung versuchte sich die
Auslandsorganisation der NSDAP (A. O.) auch in anderen Regionen
gegen die traditionelle Vertretung der Deutschen im Ausland, den
Volksbund für das Deutschtum im Ausland (VDA) durchzusetzen. Zur
Situation der Sudeten vgl. R. M. Smelser, Das Sudetenproblem und
das Dritte Reich 1933 - 1938, München, Wien 1980, S. 98 f.
s. a. ADAP, Serie C, Bd. III, 2, Nr. 509

aber:

Bild m. Unterschrift: Sudetendeutsche Mädchen beim Führer. 52
Mädchen aus dem Sudetenland statteten am 27. d. M. dem Führer
in der Reichskanzlei einen Besuch ab. Der Führer gibt Autogramme.
VB (N. A.), Nr. 60 v. 1. März 1935, S. 3
s. a. WLZ, Nr. 60 v. 1. März 1935, S. 1

1.03.1935 - 118 -

Bestellungen a. d. Pressekonferenz v. 1. März 1935

ZSg. 101/5/68/Nr. 1149   1. März 1935

Die österreichischen Meldungen über Demonstrationen an der Wiener Universität können gebracht werden, jedoch wird um nicht allzu grosse Aufmachung gebeten.

s. a. ZSg. 110/1/14 v. 1. März 1935

Demonstrationsversuche auf der Anatomie
Heute vormittags versuchte eine Gruppe von Universitätshörern in der Pause zwischen zwei Vorlesungen im Anatomischen Institut durch Absingen des Deutschland-Liedes zu demonstrieren. Die dort anwesenden Studenten wurden einer polizeilichen Perlustrierung unterzogen, die zur Einleitung der Strafamtshandlung gegen vierzehn Hörer und Hörerinnen führte.
Wiener Zeitung, Nr. 60 v. 1. März 1935, S. 2

Die österreichische Jugend bekennt sich zum Reich
Studentenkundgebungen in Wien anläßlich der Saarrückgliederung
... Die Polizei, die erst unentschlossen der wuchtigen Kundgebung gegenüberstand, ging schließlich befehlsmäßig mit äußerster Strenge und unter Anwendung des Gummiknüppels vor. Es wurden mehr als 200 Studierende verhaftet, deren größter Teil nach Feststellung der Personalien wieder zur Entlassung gelangen soll.
VB (N. A.), Nr. 60 v. 1. März 1935, S. 3

Wiener Polizei gegen Saarkundgebungen
... Die Polizei ging jedoch gegen die Begeisterten vor und nahm allein in der Kärtnerstraße 40 Personen fest. Insgesamt sprach man von 150 Verhaftungen. Auch in den äußeren Bezirken der Stadt wurde verschiedentlich versucht, ähnliche Kundgebungen zu veranstalten.
HHN, Nr. 105 v. 3. März 1935, S. 2
s. a. Kreuz-Z , Nr. 51 v. 1. März 1935, S. 1

ZSg. 101/5/68/Nr. 1150   1. März 1935

Die Frage, ob der englische Außenminister Simon Jude ist oder nicht, darf unter keinen Umständen erörtert werden. Tatsächlich ist er kein Jude, aber schon die Fragestellung müßte die englische Regierung beleidigen.

s. a. ZSg. 102/1/51 (1) v. 26. Februar 1935
     ZSg. 110/1/14 v. 1. März 1935
     ZSg. 102/1/41 (2) v. 4. März 1935

- 119 -   1.03.1935

Bis zu diesem Zeitpunkt stand im Mittelpunkt des Interesses die
Frage der Gleichberechtigung mit Frankreich bei den diplomatischen Verhandlungen. Aber neuerdings kam die Position der Reichswehr zum Tragen, die besagte, man solle die konkreten Verhandlungen herauszögern, um ein höheres Rüstungsniveau beim Abschluß
eines Abkommens zu haben (vgl. ZSg. 101/28/69 v. 22. Februar 1935.
Vertraulicher Informationsbericht Nr. 27).

ZSg. 101/5/68/Nr. 1151   1. März 1935

Artikel eines Dr. von Frankenberg über Luftschutz und Luftfragen
sind absolut unerwünscht, weil es sich bei Herrn Frankenberg um
einen langjährigen Kommunisten und mehrfach vorbestraften Gesellen handelt.

s. a. ZSg. 110/1/14 v. 1. März 1935: ... Es handele sich um einen
Mann, der lange Jahre führendes Mitglied der KPD in Braunschweig und "einer der gefährlichsten Kommunisten gewesen
sei; er gehörte zeitweise auch zu den Anarcho-Syndikalisten".
Außerdem sei er wegen Landstreicherei in Mannheim festgenommen gewesen und im Jahre 1925 in Braunschweig wegen Erpressung zu drei Monaten Gefängnis verurteilt worden. Den Doktor-
Titel führe er übrigens zu Recht.

Die Identität des Dr. Frankenberg konnte nicht eindeutig geklärt
werden, möglicherweise handelt es sich um Egbert von Frankenberg
und Proschlitz (1909 -   ) Verkehrsflieger, Berufsoffizier, Dr.
jur., 1935 Offiziersanwärter der Luftwaffe in Flensburg-Mürwik,
Herbst 1938 - Mai 1939 Angehöriger der Legion Condor, nach dem
Kriege in der DDR als militärpolitischer Kommentator des Staatlichen Rundfunks tätig.

ZSg. 101/5/68/Nr. 1152   1. März 1935

Der von der Fachuntergruppe Serienmöbelindustrie der Presse zur
Verfügung gestellte Artikel "Zur Absatzstockung in der Möbelindustrie" darf nicht veröffentlicht werden.

Gesehen: D., Fa., K.   Hbg. 12.45 Uhr
                        Brsl. 12.50   "
                        Chmn. 1.25   "

Die Fachuntergruppe Serienmöbelindustrie gehörte zur Fachgruppe
Möbelindustrie in der Wirtschaftsgruppe Holzverarbeitende Industrie.

2.03.1935   - 120 -

Bestellungen aus der Presse-Konferenz vom 2.3.35.

ZSg. 101/5/69/Nr. 1153   2. März 1935

Der Vorsitzende des Deutschen Gemeindetages hat eine Erklärung zur
Zinssenkung abgegeben. Auf eine gute Verwertung dieser Erklärung
wird regierungsseitig Wert gelegt, wie im übrigen überhaupt die
Presse gebeten wird, die Propaganda auch für die neue Konversions-
aktion zu unterstützen.

s. a. ZSg. 110/1/15 v. 2. März 1935
s. a. ZSg. 101/5/170/Nr. 1345 v. 25. Mai 1935

Zinssenkung und Gemeinden
Der Vorsitzende des Deutschen Gemeindetages, Oberbürgermeister
Fiehler (München), hat zu den Zinssenkungsmaßnahmen der Reichsregierung folgende Erklärung abgegeben: "Die Zinsermäßigungsge-
setze vom 24. Januar und 27. Februar 1935 sind auch für die
deutschen Gemeinden von hervorragender Bedeutung. Die folge-
richtige und geschickte Kapitalmarktpolitik der Reichsregierung
hat es mit sich gebracht, daß die Zinssenkung bei den Kreditan-
stalten in einem noch bei keiner in- oder ausländischen Konversion erreichten Ausmaß das Einverständnis der Gläubiger gefunden
hat. Ich habe keinen Zweifel, daß die nunmehr eingeleitete Zinssenkung bei den öffentlichen Anleihen zu einem großen Erfolge
führen wird. ...
HHN, Nr. 105 v. 3. März 1935, S. 10
s. a. SZ, Nr. 114 v. 3. März 1935, S. 13

Zum Thema "Die Konversion von 1935 und ihre Vorläufer", s. R.
Stucken, Deutsche Geld- und Kreditpolitik, 1914 - 1953, 2. Aufl.
Tübingen 1953, 1. Aufl. 1937, S. 137 ff.

s. a. Erste Durchführungsverordnung zum Gesetz vom 24. Januar
      1935 vom 1. März 1935
      DRPS, Nr. 52 v. 2. März 1935, S. 1-2

ZSg. 101/5/69/Nr. 1154   2. März 1935

Zu dem jetzt beginnenden Prozess über den 25. Juli in Wien gegen
Herrn von Rintelen wird die deutsche Presse um grösste Vorsicht
bei ihrer Berichterstattung gebeten, um alles zu vermeiden, was
zu einer Verbreitung irgendwelcher Propaganda gegen Deutschland
führen könnte. Es wird gebeten, bei dem Redigieren der Berichte
darauf zu achten, dass nicht in der Berichterstattung Gesichtspunkte unterstrichen werden, die eine Förderung der Nichtein-

                                    - 121 -   2.03.1935
mischungspolitik (Österreichs) bedeuten würden. 1)
Ferner wird gebeten, alle Betrachtungen in der reichsdeutschen
Presse über eine etwaige Restauration der Habsburger zu unterlassen. Ausländische Pressestimmen und Berichte können gebracht werden. 2)

Gesehen: D., Fa., K.   Hbg.   1.00
                        Bresl. 12.58
                        Chemn. 1.05

1) s. a. ZSg. 102/1/YQ (1) v. 2. März 1935

Anton Rintelen (1876 - 1946), österreichischer Politiker, 1933/34
Gesandter in Rom, für die Verständigung mit den Nationalsozialisten,
während des Juli-Putsches 1934 verhaftet, Selbstmordversuch, zu
lebenslänglicher Haft verurteilt. 1938 amnestiert.

Beginn des Rintelen-Prozesses
SZ, Nr. 114 v. 3. März 1935, S. 3
s. a. HHN, Nr. 104 v. 2. März 1935 (A. A.), S. 1
     HHN, Nr. 105 v. 3. März 1935 (M. A.), S. 1-2

2) s. a. ZSg. 102/1/YQ (2) v. 2. März 1935
        ZSg. 101/6/8/Nr. 1444 v. 9. Juli 1935

Auch London ablehnend gegenüber Habsburg-Plänen
Der österreichische Besuch kühl aufgenommen
SZ, Nr. 103 v. 25. Februar 1935, S. 1

ZSg. 101/5/70/Nr. 1155   2. März 1935

DNB.-Rundruf v. 2.3.35.

Artikel über das erste grosse Windkraftwerk des Erfinders Teubert,
dürfen nur gebracht werden, wenn dabei weder von den Ministerien
noch von dem Wirtschaftsbeauftragten des Führers, Ingenieur
Keppler, die Rede ist und wenn jede Anpreisung der Wertbedeutung
des Werkes unterbleibt.

Gesehen: D., Fa., K.   Hbg.   10.10
                        Bresl. 7.20
                        Chemn. brfl.

2./4.03.1935 - 122 -

Das erste Windkraftwerk im Bau
Stromerzeugungskosten 1 bis 2 Reichspfennig je Kilowattstunde
Die Windkraftwerkgesellschaft m. b. H. Berlin hat mit dem Bau
des ersten Windkraftwerkes "Teubert" begonnen. Der Bau wird etwa
eine halbe Stunde von Berlin bei Kladow an der Havel errichtet;
am Bau seiner verschiedenen Teile sind acht bekannte Firmen beteiligt. ...
SZ, Nr. 114 v. 3. März 1935, S. 2
s. a. HHN, Nr. 105 v. 3. März 1935, S. 3

Bau eines Windkraftwerkes
... Diese erste Großausführung (1000 kW) eines Windkraftwerkes,
System Wilhelm Teubert, geht auf eine Anregung des Bevollmächtigten des Reichskanzlers für Wirtschaftsfragen, Ing. Wilhelm
Keppler, zurück, während das Amt für Technik als treuhänderische
Sachverständigenstelle mitwirkt. Um die dabei auftretenden neuen
technischen Aufgaben sicher zu beherrschen, sind bei dieser Erstausführung alle Abmessungen nur etwa in der Hälfte der wirtschaftlich günstigsten Großanlage gewählt worden. ...
NZZ, Nr. 385 v. 6. März 1935, S. 1

ZSg. 101/5/71/Nr. 1156   4. März 1935

Bestellung aus der Presse-Konferenz vom 4.3.35.

In der englischen Zeitschrift Sunday Dispach ((sic)) wird eine
angebliche Unterredung des Führers mit dem englischen Polizeioffizier Hennessy aus dem Saargebiet veröffentlicht. Diese Meldung ist sachlich falsch, sie darf nicht übernommen werden.

Gesehen: D., Fa., K.   Hbg.   12.42
                       Bresl. 12.45
                       Ch.   12.40

s. a. ZSg. 101/5/52/Nr. 1119 v. 18. Februar 1935
      ZSg. 102/1/41 (1) v. 4. März 1935: ... Wie in der Pressekonferenz gesagt wurde, dürfe diese Meldung vorläufig
      nicht gebracht werden, da die Unterredung unrichtig wiedergegeben sei.

Die Angehörigen Hitlers in Österreich
Im Londoner "Sunday Dispatch" hatte Major Hennessy, der ehemalige
Chef der internationalen Polizei im Saargebiet, ein Gespräch mit
Reichskanzler Hitler veröffentlicht. Es wurden darin dem Reichskanzler eine Reihe von abfälligen Bemerkungen über Österreich
zugeschrieben, die in England einen peinlichen Eindruck hervor-

4.03.1935

riefen, so daß das Deutsche Nachrichtenbureau in einer Erklärung feststellte, die Einzelheiten dieses Gespräches seien vom "Sunday Dispatch" unrichtig wiedergegeben worden und Reichskanzler Hitler habe überhaupt mit Major Hennessy lediglich eine private Unterhaltung geführt und ihn nicht zur Veröffentlichung eines Interviews ermächtigt. ...
NZZ, Nr. 392 v. 7. März 1935, S. 2
s. a. ADAP, Serie C, Bd. III, 2, Nr. 524, 527

Nach österreichischen Einwänden gegen Äußerungen Hitlers, die in dem Interview zitiert wurden, wurde die Unterhaltung Hitlers mit G. R. Hennessy als ein "privates Gespräch" deklariert.

ZSg. 102/1/41 (2)   4. März 1935

Über Simons Berliner Reise könne noch nichts näheres gesagt werden, zweckmäßig wäre es wohl, mit Rücksicht auf die englische Mentalität, Begrüßungsartikel nicht allzu freundlich zu halten.

s. a. ZSg. 101/5/68/Nr. 1150 v. 1. März 1935
ZSg. 102/1/48 (1) v. 6. März 1935

Simons Reise war für den 7. März geplant, fand aber durch Hitlers Verzögerungstaktik erst am 25./26. März statt (vgl. ZSg. 102/1/45 v. 21. Februar 1935). Zu dem gesamten Komplex der deutsch-englischen Beziehungen im März 1935 vgl. N. Wiggershaus, Der deutschenglische Flottenvertrag vom 18. Juni 1935, phil. Diss. Bonn 1972, S. 279-312: Die englische Reaktion auf die Einführung der allgemeinen Wehrpflicht in Deutschland.

ZSg. 102/1/41 (3)   4. März 1935

Bei der Behandlung der griechischen Vorgänge sei, wie üblich, Zurückhaltung zweckmäßig.

s. a. ZSg. 102/1/48 (2) v. 6. März 1935

Am 1. März 1935 kam es in Griechenland zum Militärputsch, der nach einigen Tagen der Auseinandersetzung aber scheiterte. In Folge der Unruhen wurde die Nationalversammlung aufgelöst, Neuwahlen durchgeführt und die Monarchie wieder eingeführt.
s. a. H. Richter, Griechenland zwischen Revolution und Konterrevolution (1936 - 1946), Frankfurt a. M. 1973

Belagerungszustand über ganz Griechenland
HHN, Nr. 105 v. 3. März 1935, S. 2

4./5.03.1935 - 124 -

Veniselos oder Tsaldaris?
FZ, Nr. 117 v. 5. März 1935, S. 3 ((Kommentar))

ZSg. 101/5/72/Nr. 1157   5. März 1935

DNB-Rundruf vom 5.3.35.

Ueber die Festnahme eines deutschen Korrespondenten in Rom soll von der Presse vorerst nichts gebracht werden.

Fa., D., K.   Hbg. 12.50
                Br. 12.10
                Ch. 12.35

Faschistische "Pressefreiheit"
Der römische Vertreter der "WLZ-Rote Erde" aus Italien ausgewiesen/Haltlose Begründungen
32 Stunden im Arrest
Unser römischer Vertreter in Italien, Pg. Arnim Richard, ist auf Anweisung des italienischen Innenministeriums aus Italien ausgewiesen worden mit der Begründung, daß er über den italienisch-abessinischen Konflikt "in subjektiver und einseitiger Weise" berichtet habe. ...
WLZ, Nr. 73 v. 14. März 1935, S. 1
WLZ, Nr. 74 v. 15. März 1935, S. 1-2
Kreuz-Z , Nr. 63 v. 15. März 1935, S. 3

Ausweisung eines deutschen Journalisten
Aus Italien sind seit mehr denn 10 Jahren keine ausländischen Korrespondenten wegen der Art und Weise der Ausübung ihrer beruflichen Tätigkeit ausgewiesen worden. Die im Herbst erfolgte Ausweisung eines deutschen Journalisten in Mailand erfolgte nicht wegen seines Berufes. Man muß demnach annehmen, daß besonders schwerwiegende Gründe gegen den römischen Vertreter der "Nationalsozialistischen Korrespondenz Graf Reischach" in Berlin vorliegen, um das Innenministerium, dem bekanntlich Mussolini vorsteht, zu dieser ungewöhnlichen Maßnahme zu veranlassen. Die bisher geübte weitgehende Duldung auch ätzender Kritik an Mussolini und seiner politischen Staatsschöpfung, wobei es im Presseamt wohl zu Vorhalten und Verwarnungen kam, ist offenbar durch den drohenden Kriegszustand, in dem sich Italien befindet, in ein anderes, strengeres Stadium geschoben worden. ...
NZZ, Nr. 382 v. 6. März 1935, S. 2

Ende des Monats wurde der Korrespondent der "Hamburger Nachrichten" und anderer Zeitungen, Dr. Paul Ulmann aus Italien ausgewiesen (HHN, Nr. 141 v. 24. März 1935, S. 1). Er wurde anschließend als Balkankorrespondent eingesetzt, vgl. ZSg. 101/5/176/Nr. 1360 v. 29. Mai 1935.

5.03.1935

Bestellungen aus der Presse-Konferenz vom 5.3.35.

ZSg. 101/5/73/Nr. 1158   5. März 1935

Im Zusammenhang mit den gestrigen Erklärungen Dr. Schachts über gemeinsame Anstrengungen der verschiedenen Wirtschaftszweige zur Exportförderung ist wieder in der Öffentlichkeit das Problem der Ausgleichskassen erörtert worden. Es wird dringend gebeten, derartige Erörterungen zu unterlassen, um nicht von vorn herein dem Ausland die Möglichkeit zu geben, Abwehrmaßnahmen vorzubereiten.

s. a. ZSg. 101/5/105/Nr. 1228 v. 30. März 1935
Schacht kündigt Ausfuhrförderung an
Rohstoffe zuerst für Exportzwecke
HHN, Nr. 107 v. 5. März 1935, S. 1

Vollstrecker des Führerwillens
(Von unserer Berliner Schriftleitung.)
Es ist jedesmal eine Freude, wenn angesichts des unbehaglichen Zustandes, in dem sich die Welt befindet, jemand aufsteht, der etwas zu sagen weiß und dessen Worte dem einfachen gesunden Menschenverstand entspringen. Wir meinen Dr. Schacht und seine Rede, die er gestern auf der Leipziger Messe gehalten hat. Schacht räumt noch einmal mit den Nur-Theoretikern und Formalisten auf, die wähnen, das lebendige Wirtschaftsleben durch auf dem Reißbrett ausgeklügelte Konstruktionen "regeln" zu können. Gleichzeitig findet er starke und gute Worte für die nationalsozialistische Wirtschaftspolitik, den Ursprung und das Ziel der nationalsozialistischen Revolution. Allen denen, besonders im Auslande, die versuchen, einen Keil zwischen den Reichsbankpräsidenten und den Reichswirtschaftsminister Dr. Schacht einerseits und der Staatsführung andererseits zu treiben, hat Schacht mit trockenen Worten entgegengehalten, daß er das volle Vertrauen des Führers besitzt und der treue Vollstrecker des Führerwillens ist. ...
Vor allem gilt es, den deutschen Export nicht nur vor einem weiteren Rückgang zu bewahren, sondern zu steigern. Dies dürfte zum Teil durch gemeinschaftliche Ausfuhrorganisationen, etwa nach Art der von der deutschen Automobilindustrie angewandten Form einer Ausgleichskasse, angestrebt werden. ...
ebd.
s. a. Wirtschaftspolitik in Notwehr
SZ, Nr. 117 v. 5. März 1935, S. 1-2 ((Kommentar))

ZSg. 101/5/73/Nr. 1159   5. März 1935

Ein Artikel eines Dr. Joseph-Köln in der Zeitschrift der mitteleuropäischen Eisenbahnverwaltung über die Rentabilität der Reichsautobahnen darf nicht übernommen werden.

s. a. ZSg. 101/5/206/Nr. 1413 v. 24. Juni 1935

Gedanken zum Problem der Personentarife auf den Reichsautobahnen
Vom Direktor bei der Reichsbahn Dr. jur. Karl Joseph, Köln
Zeitung des Vereins Mitteleuropäischer Eisenbahnverwaltungen, 25. Jg. (1935), Nr. 7 v. 14. Februar 1935, S. 141-146
In dem Aufsatz wird die Frage diskutiert, wie eine mögliche Benutzungsgebühr zu gestalten sei bei Verlagerung des Schienenverkehrs auf die Straße.

ZSg. 101/5/73/Nr. 1160   5. März 1935

Meldungen über die Verhaftung des Oberbaurates Heck-Dessau sollen nur in DNB-Form gebracht werden.

Fa., D., K.   Hbg.   12.55
                 Bresl. 12.55
                 Chemn. 12.55

Oberbaurat Bruno Heck (Dessau) verhaftet
Der Generaldirektor der Deutschen Continentalen Gas-Gesellschaft, Oberbaurat Bruno Heck in Dessau, ist wegen Steuervergehens in besonders schweren Fällen, in Verbindung mit der bereits erfolgten Verhaftung eines seiner Brüder, in Berlin in Untersuchungshaft genommen worden. Die Verhaftung des Generaldirektors Heck erfolgte allein wegen seiner Privatgeschäfte und hat mit der Continentalen Gas-Gesellschaft nicht das geringste zu tun. Die Führung der Untersuchung befindet sich in den Händen des Generalstaatsanwalts in Berlin-Moabit.
HHN, Nr. 108 v. 5. März 1935, S. 3

Ein Wochenbericht der DAZ "Börse nach der Konversion", der die Aktienwerte vom 28.2. bis 6.3. verzeichnet, zeigt, daß der Wert der Aktien der Deutschen Continentalen Gas-Gesellschaft nach der Verhaftung drastisch abfiel. (s. DAZ (R. A.), Nr. 109-110 v. 7. März 1935, S. 13)

Ein Steuerprozeß der Dessauer Gas-Gesellschaft
Vor dem anhaltischen Oberverwaltungsgericht schwebt z. Z. ein Rechtsstreit der Deutschen Continental-Gas-Gesellschaft wegen der Heranziehung zur Gewerbeertragssteuer für eine steuerbare Summe von 42 Mill., die der Gesellschaft s. Z. als Ersatz für die von Polen enteigneten Warschauer Gaswerke in Form von Reichsschuldbuchforderungen übergeben worden sind. Es handelt sich um einen Streitgegenstand von RM 2.5 Mill. Die Gesellschaft hält die Heranziehung zur Gewerbeertragssteuer ... für unzulässig, während die amtlichen Stellen die gegenteilige Meinung vertreten. Die Entscheidung wird am 18. März verkündet.
FZ, Nr. 131 v. 12. März 1935, S. 3
s. a. FZ, Nr. 144 v. 19. März 1935, S. 3 ((Urteil))

Vorstandsergänzungen bei Dessauer Gas
FZ, Nr. 158 v. 27. März 1935, S. 4

ZSg. 101/5/76/Nr. 1161   5. März 1935

DNB-Rundruf vom 5. März 35.

Ueber den Flugzeugunfall des bayerischen Kultusministers und Gauleiters Schemm darf ausser der Notiz der Reichspressestelle der NSDAP., die im Laufe des Abends herauskommen wird, nichts gebracht werden.

Gesehen: D., Fa., K.   Hbg. 9.15
                       Br. 8.25
                       Ch. brfl.

Hans Schemm (1891 - 1935), seit 1922 NSDAP, Gauleiter der Bayerischen Ostmark, 1928 MdL (Bayern), seit 1933 bayerischer Kultusminister, Leiter des NS-Lehrerbundes (NSL) und der Deutschen Erzieherfront. Schemm war einer der "alten Kämpfer".

Gauleiter Staatsminister Schemm mit dem Flugzeug verunglückt
... Professor Sauerbruch, Berlin und Professor König - Würzburg sind nach Bayreuth berufen worden. - Nach dem ärztlichen Befund sind die Verletzungen des Gauleiters folgender Art: Gefährlicher Beckenbruch, komplizierter Unterschenkelbruch und mehrere Rippenbrüche. Die Blutungen sind gestillt, doch macht eine innere Schockwirkung den Zustand einigermaßen bedenklich.
FZ, Nr. 120 v. 6. März 1935, S. 1
s. a. HHN, Nr. 109 v. 6. März 1935, S. 1

ZSg. 102/1/72   5. März 1935

DNB verbreitet folgenden Rundruf. Eine Mitteilung der Gauleitung Magdeburg-Anhalt über Untergliederungen des dortigen NSDFB darf in der Presse nicht veröffentlicht werden.

s. a. ZSg. 101/5/74 v. 5. März 1935
     ZSg. 101/5/89/Nr. 1188 v. 14. März 1935

Der "Nationalsozialistische Deutsche Frontkämpferbund" (NSDFB) war aus dem "Stahlhelm" hervorgegangen (28.3.1934). Am 7. November 1935 wurde er aufgelöst.

Eine Warnung des Gauleiters Loeper
... Seit Monaten gehen mir unausgesetzt aus allen Teilen des Gaues Meldungen und Berichte zu, aus denen hervorgeht, daß an zahllosen Stellen Untergliederungen des NSDFB (Stahlhelm) zersetzend gegen

5./6.03.1935 - 128 -

die SA vorzugehen versuchen und so dazu beitragen, Unruhe in die Partei, welche der letzte und alleinige politische Willensträger des Staates ist, zu tragen. ... 2. Es ist unwahr, daß der Stahlhelm das Dritte Reich erkämpft hat. Wahr ist, daß er in der Kampfzeit meistens auf Seiten der bürgerlichen Reaktion und gegen den Führer und die Partei gestanden hat. Er ist also nicht Träger des Dritten Reiches, sondern muß erst lernen. 3. Es ist unwahr, daß der Führer die SA nicht schätze und sich auf die Reichswehr, SS und Stahlhelm verlasse. Wahr ist, daß der Führer sich auf das ganze Volk verläßt und daß er als oberster SA-Führer seine SA besonders liebt, zumal sie als seine alte Garde schon für ihn kämpfte, als die Fabrikanten solcher Gerüchte noch für Hugenberg, Stresemann, Jarres und Düsterberg sich begeisterten. 4. Es ist unwahr, daß der Führer die SA auflösen wolle. Vielmehr wird sie ein ewiges Leben haben, während das Vereinsleben des NSDFB dann sein Ende finden wird, wenn die darin befindliche Generation ausgestorben ist. 5. Es ist unwahr, daß der NSDFB (Stahlhelm) ein Teil der Partei sei. Wahr ist, daß er einen außerhalb der Partei stehenden Verband darstellt, der den Gesetzen der Partei nicht unterliegt.
...
DAZ (B. A.), Nr. 108 v. 5. März 1935 (A. A.), S. 2
Diese Meldung wird in der Reichsausgabe nicht aufgeführt.

s. a. FZ, Nr. 119 v. 6. März 1935, S. 2
WLZ, Nr. 72 v. 13. März 1935, S. 1

Eine Bekanntmachung des Reichsstatthalters in Braunschweig und Anhalt
FZ, Nr. 116 v. 4. März 1935, S. 2

Opposition im Stahlhelm
NZZ, Nr. 388 v. 7. März 1935, S. 2

Ein Reaktionär erledigt
WLZ, Nr. 75 v. 16. März 1935, S. 2

ZSg. 101/5/77/Nr. 1162   6. März 1935

Bestellung a. d. Pressekonferenz v. 6.3.35.

Heute abend wird ein Erlass des Reichsbauernführers in Sachen deutscher Bauernkalender veröffentlicht werden, in dem festgestellt wird, dass dieser Bauernkalender privater Art ist und nichts mit dem Reichsnährstand zu tun hat. Die Blätter werden gebeten, diesen Erlass mitzuteilen. Gleichzeitig soll jede Diskussion über den Bauernkalender künftighin unterbleiben.

Gesehen: D., Fa., K.   Hbg. brfl.
                        Br. 7.00
                        Ch. 3.00

s. a. ZSg. 102/1/48 (3) v. 6. März 1935: In der NS-Landpost erscheint morgen eine Erklärung von Darré über den Deutschen Bauernkalender, in der festgestellt wird, daß der Reichsnährstand für diesen Kalender nicht verantwortlich sei. (Sie wissen, daß er von christlicher Seite sehr angegriffen worden ist). Mit dieser Erklärung Darrés sollen alle Angriffe auf den Reichsnährstand wegen des Kalenders ihr Ende finden und auch keinerlei Zitate mehr aus solchen Angriffen gebracht werden. Die Debatte über den Bauernkalender müsse völlig aufhören. Wir geben die Darrésche Erklärung durch, sobald sie uns vorliegt.

Bauernkalender und Reichsnährstand
Nationalsozialistische Landpost, Nr. 10 v. 8. März 1935, S. 5
s. a. HHN, Nr. 112 v. 7. März 1935, S. 2

Bauernkalender eine Privatarbeit
... Der Kalender, von dem die vorstehende Verfügung handelt, ist in den letzten Monaten mehr und mehr auf die einmütige und geschlossene Abwehr aller christlich denkenden Deutschen gestoßen. In der Front, die, schmerzlich berührt von dem unverhüllten Heidentum, das in ihm propagiert wurde, aus christlicher Gewissensverpflichtung heraus protestierte, standen evangelische Christen neben Katholiken, stand der Laie neben dem Bischof. ...
Germania, Nr. 67 v. 7. März 1935, S. 1

ZSg. 102/1/48 (1)   6. März 1935

In der Pressekonferenz meinte man, daß zum abgesagten englischen Besuch nichts neues zu sagen sei. In das Thema der Beziehung zwischen Weißbuch und abgesagter Reise soll sich die deutsche Presse jetzt auch nicht von sich aus hineinmischen, sondern diese Frage durch die anderen behandeln lassen, was dann zitiert werden könne. (Sie erhalten zur Außenpolitik noch eine besondere Ausrichtung).

s. a. ZSg. 102/1/41 (2) v. 4. März 1935
ZSg. 102/1/50 v. (6. März 1935): An höherer Stelle im Auswärtigen Amt sagte man mir etwa folgendes: Die Bitte um Verschiebung der Reise Simons geht natürlich auf das englische Weißbuch zurück. Es war Gegenstand eingehender Besprechungen zwischen Hitler und Neurath, als deren Ergebnis dann beschlossen wurde, die tatsächlich vorhandene leichte Erkrankung zum Anlaß der Verschiebung zu nehmen. ...

Am 4. März 1935 war ein Weißbuch der englischen Regierung erschienen, das die englischen Rüstungspläne auf Grund der deutschen Wiederaufrüstung beinhaltete. Daraufhin wurde der englische

Außenminister wieder ausgeladen. Die Absage wurde mit Hitlers Krankheit begründet. Durch das Weißbuch wurde eine Unterhausdebatte ausgelöst.

s. a. ZSg. 101/28/83 v. 5. März 1935 (Vertraulicher Informationsbericht Nr. 30): Die Krankheit des Führers ist an sich keine diplomatische Krankheit. Er ist tatsächlich erkältet und äußerst heiser. Andererseits wird vertraulich zugegeben, daß die Erkrankung nicht so schwer ist, daß nicht unter Umständen eine Unterhaltung mit den englischen Ministern möglich gewesen wäre. ... Die deutsche Taktik geht dahin, dem englischen Kabinett innerpolitische Schwierigkeiten zu bereiten. ...

s. a. ZSg. 101/5/78/Nr. 1163 v. 7. März 1935

Zur weiteren Entwicklung des Simon-Besuchs s. ZSg. 101/28/119-129 v. 15. März 1935 (Vertraulicher Informationsbericht Nr. 34)

s. a. ADAP, Serie C, Bd. III, 2, Nr. 517, 519
In diesem Telegramm Neuraths an die Botschaften in Paris, Rom und London wird belegt, daß der Grund der Verschiebung tatsächlich das Weißbuch war.
s. a. O. Hauser, England und das Dritte Reich, Bd. 1, Stuttgart 1972, S. 100 ff. - Sopade, 2. Jg. (1935), März, S. 384-387 (1. Die englische Politik und die Londoner Abmachungen).

ZSg. 102/1/48 (2)   6. März 1935

Wenn Nachrichten einlaufen, daß im griechischen Aufstand irgendwelche anderen Mächte ihre Hand im Spiel hätten, möge die deutsche Presse die Meldung nicht übernehmen, sondern auch weiter an der Linie festhalten, nur über die Vorgänge zu referieren.

s. a. ZSg. 102/1/41 (3) v. 4. März 1935
ZSg. 101/5/83/Nr. 1175 v. 11. März 1935
FZ, Nr. 120 v. 6. März 1935, S. 2
FZ, Nr. 121 v. 7. März 1935, S. 1-2

Bestellungen a. d. Pressekonferenz v. 7.3.35.

ZSg. 101/5/78/Nr. 1163   7. März 1935

Kombinationen und Kommentare über die Möglichkeit, daß der englische Außenminister jetzt zunächst nach Warschau oder Moskau rei-

- 131 - 7.03.1935

sen könnte, sollen nicht angestellt werden. Tatsächlich ist dem
Auswärtigen Amt das Programm des britischen Außenministers zunächst höchst gleichgültig, sodass sich für uns keine Notwendigkeit ergibt, dazu Stellung zu nehmen. Es wird daher gebeten, lediglich zu diesem Thema Auslandsstimmen zu zitieren.

s. a. ZSg. 102/1/50 (1) v. 25. Februar 1935
ZSg. 102/1/48 (1) v. 6. März 1935
ZSg. 102/1/58 v. 7. März 1935: ... Man dürfe jetzt aber
nicht die Frage des weiteren Fortgangs der Besprechungen zu
deutlich auf ein bestimmtes Datum, nämlich auf die Unterhausdebatte abstellen. Andererseits aber habe die Presse die
Aufgabe, zu versuchen, durch nochmalige Darlegung des deutschen Standpunkts (vielleicht in den Sonntagblättern) die
Unterhausdebatte tatsächlich zu beeinflussen. Dabei könne
man erwähnen, daß die Debatte für uns nicht unwichtig ist,
obwohl natürlich die Rüstungsfrage nur ein Teil der international zu besprechenden Fragen darstellt. ...
s. a. ZSg. 102/1/73 v. 7. März 1935
Im Anschluß an die Berliner Reise fuhr Eden nach Moskau und Warschau, aber der Außenminister nur nach Warschau.

Reise Simons nach Warschau vorbereitet
"In naher Zukunft, aber wenn möglich zuerst Besuch in Berlin"
HHN, Nr. 112 v. 7. März 1935, S. 1
s. a. FZ, Nr. 127 v. 10. März 1935, S. 1 ((= Sonntagsblatt))

ZSg. 101/5/78/Nr. 1164   7. März 1935

Das Reichsernährungsministerium warnt vor Anpreisungen eines Herrn
v. Unruh, der durch Bestrahlung den Tabakanbau angeblich fördern
will. Die Sachverständigen beraten gegenwärtig über diese Versuche,
jedoch ist es noch nicht an der Zeit, darüber zu berichten.

ZSg. 101/5/78/Nr. 1165   7. März 1935

Ueber die Einrichtung einer ständigen Flugverbindung Kairo-Berlin
soll nicht berichtet werden, damit die zur Zeit laufenden Verhandlungen nicht erschwert werden.

s. a. ZSg. 102/1/57 (1) v. 7. März 1935
Es liegt kein Nachweis dafür vor, daß es noch im Laufe dieses Jahres zur Einrichtung einer ständigen Flugverbindung kam.

ZSg. 101/5/78/Nr. 1166 7. März 1935

Der Gouverneur des Memelgebiets Navakas ist bekanntlich seit längerer Zeit auf Urlaub. Ausländische Gerüchte wollen wissen, dass er aus diesem Urlaub nicht zurückkehrt. Diese Kombinationen gehen weit über das Ziel hinaus und Deutschland hat kein Interesse daran, aus dieser Frage ein litauisches Prestige zu machen. Wenn dieses Problem nicht erörtert wird, dann könnte es sein, dass der Memel-Gouverneur endgültig abberufen wird, andernfalls würden die Litauer alles tun, gerade diesen Gouverneur zu halten.

s. a. ZSg. 102/1/57 (3) v. 7. März 1935
ZSg. 101/5/112/Nr. 1244 v. 5. April 1935
ZSg. 101/5/119/Nr. 1257 v. 11. April 1935

Dr. Navakas war im November 1933 Gouverneur im Memelgebiet geworden (vgl. E. A. Plieg, Das Memelland 1920 - 1939, Würzburg 1962, S. 95 f.). Er verhinderte eine Verständigung zwischen der deutschen Minderheit und der litauischen Bevölkerung. Am 4. April 1935 wurde Vladislaus Kurkauskas, ein neuer, entspannungsfreundlicher Gouverneur eingesetzt (vgl. ebd., S. 148).

ZSg. 101/5/78/Nr. 1167 7. März 1935

Es wird noch einmal nachdrücklich daran erinnert, dass über Empfänge beim Führer nur in den Texten von DNB oder NSK berichtet werden darf keinesfalls aus anderen Quellen.

Gesehen: D., Fa., K.   Hbg. 12.55
                       Br. 1.10
                       Ch. 1.20

s. a. ZSg. 101/5/32/Nr. 1083 v. 5. Februar 1935

ZSg. 102/1/57 (2) 7. März 1935

Über das neue Aufgabengebiet Furtwänglers soll man nicht orakeln. Wahrscheinlich komme sehr bald eine amtliche Meldung.

7./8.03.1935

s. a. ZSg. 102/1/51 (3) v. 26. Februar 1935
ZSg. 101/5/120/Nr. 1259 v. 12. April 1935

Furtwängler nahm zunächst Verpflichtungen im Ausland (Österreich, Großbritannien) wahr (vgl. Zeitschrift für Musik, 102. Jg. (1935), H. 4 (April), S. 468), danach war er weiterhin als freier Gastdirigent tätig. Am 26. April 1935 dirigierte er zum ersten Mal wieder in der Berliner Philharmonie (vgl. E. Furtwängler, Über Wilhelm Furtwängler, 2. Aufl. Wiesbaden 1980, S. 124). Das erfolgreiche Konzert wurde einige Tage später "in Anwesenheit der führenden Regierungsvertreter, nämlich Adolf Hitler, der dem Dirigenten offiziell durch Händedruck seinen Dank abstattete, Reichsminister Dr. Goebbels und Ministerpräsident Göring" wiederholt (Zeitschrift für Musik, 102. Jg. (1935), H. 6 (Juni), S. 654).

Bestellung aus d. Pressekonferenz 8.3.35.

ZSg. 101/5/79/Nr. 1168   8. März 1935

Meldungen über die in Kopenhagen verhafteten Kommunisten sollen nicht mehr gebracht werden. Ausländische Blätter berichten, dass diese Kommunisten ein Komplott gegen den Führer vorbereitet hätten. In Berlin liegen bisher keine greifbaren Anhaltspunkte für ein derartiges Komplott dänischer Kommunisten vor, sodass schon aus diesem Grunde eine Veröffentlichung dieser Art denkbar unerwünscht ist.

Geheimnisvolle Pläne
12 Verhaftungen in Kopenhagen
Die Kopenhagener Polizei beschäftigt sich seit einiger Zeit mit einer Untersuchung einer Angelegenheit, deren Hintergründe in geheimnisvolles Dunkel gehüllt sind. Die Blätter geben Gerüchte wieder, wonach es sich entweder um Militärspionage oder kommunistische Pläne handle. ...
HHN, Nr. 112 v. 7. März 1935 (A. A.), S. 1

ZSg. 101/5/79/Nr. 1169   8. März 1935

DNB-Rundspruch 8.3.35.

Die Presse wird gebeten, über den Vortrag des Reichskommissars für Preisüberwachung, der heute abend vor der Weltwirtschaftlichen Gesellschaft stattfindet, nichts zu berichten.

8./9.03.1935

Gesehen: Fa., K., D.   Hbg.   12.43
                       Bresl. 12.43
                       Ch.   12.30

s. a. ZSg. 101/5/31/Nr. 1082 v. 4. Februar 1935

Vorbemerkung
... Für die deutsche Exportförderung ist die Preisfrage von entscheidendem Einfluß. Hierüber hat sich in einem Vortrag vor einer vielhundertköpfigen Zuhörerschaft in der Deutschen Weltwirtschaftlichen Gesellschaft in Berlin der Reichskommissar für Preisüberwachung, Oberbürgermeister Dr. Gördeler ((sic)), grundlegend geäußert.
...
Meine Aufgaben als Preiskommissar
... Frage: Welche Rolle spielen die Preise unter den Exporthemmnissen? Antwort: Das ist die wichtigste der gestellten Fragen. Der deutsche Export ist von 1930 bis 1934 um etwa 5 Milliarden RM. gesunken, was aber dem Arbeitsvolumen für deutsche Arbeiter entspricht. Die Ursachen hierfür beruhen auf den politischen und wirtschaftspolitischen Verschiebungen infolge des sinnlosen Versailler Diktats, auf den Vermögensverlusten des deutschen Volkes und dem gegenseitigen Abschließen der einzelnen Volkswirtschaften.
...
Weltwirtschaft, 23. Jg. (1935), H. 3 (März), S. 37-39

ZSg. 101/5/81/Nr. 1170   9. März 1935

Bestellung aus der Pressekonferenz vom 9.3.35.
Das Interview des Herrn v. Ribbentrop mit Ward Price soll gross aufgemacht werden möglichst auf der 1. Seite.

Gesehen: D., K., Fa.   Hbg.
                       Bresl.
                       Chemn.

Deutsche Antwort auf Englands Weißbuch
"Eine bittere Enttäuschung"/Ribbentrop beantwortet Fragen des Engländers Ward Price über das Weißbuch
HHN, Nr. 116 v. 9. März 1935 (A. A.), S. 1-2

Die falsche Weißbuch-Politik
Unterredung Ribbentrop - Ward Price
Kreuz-Z., Nr. 59 v. 10. März 1935, S. 2

- 135 -   9.03.1935

"Deutschland immer bereit mit den anderen Nationen zusammenzuarbeiten"
Unterredung des Beauftragten für Abrüstungsfragen mit der "Daily Mail"
VB (N. A.), Nr. 69/70 v. 10./11. März 1935, S. 1-2

Das Weißbuch und das deutsche Volk
Eine Unterredung Ribbentrops mit Ward Price
FZ, Nr. 128 v. 10. März 1935, S. 1-2

Ribbentrop antwortet auf das Weißbuch
Völlige Gleichberechtigung Voraussetzung für jegliche Art von Verhandlungen
Germania, Nr. 70 v. 10. März 1935, S. 1-2

Bestellungen aus der Pressekonferenz vom 9.3.35.

ZSg. 101/5/80/Nr. 1171   9. März 1935

Heute kommt der Geschäftsbericht der Vereinigten Stahlwerke heraus. Es wird ausdrücklich daran erinnert, dass es nicht erlaubt ist, anlässlich dieses Geschäftsberichtes Vergleichszahlen zu bringen, die Rückschlüsse zulassen auf die Besserung der Geschäftslage. Vor allem ist gesteigerte Ausnutzung der Produktionskapazität, die Vermehrung der Belegschaft usw. nicht durch Vergleichszahlen besonders zu unterstreichen.

s. a. ZSg. 101/5/46/Nr. 1110 v. 14. Februar 1935
Vereinigte Stahlwerke AG.
Dividendenloser Abschluß für das Zwischengeschäftsjahr - Weitere günstige Absatzentwicklung
... Demgegenüber beanspruchten Löhne und Gehälter 2,16 (3,18), soziale Abgaben 0,24 (0,36), Zinsen 11,72 (8,25), Steuern 7,38 (10,79), sonstige Aufwendungen 2,56 (2,34) und außerordentliche Aufwendungen und Rückstellungen 9,98 (28,61) Mill. R.M. ...
HHN, Nr. 103 v. 2. März 1935, S. 7
Der in Klammer aufgeführte Vergleichszeitraum umfaßt statt 6 Monaten nur 3, so daß die Steigerung nicht unmittelbar ins Auge fällt.

"Getrennte" Stahlwerke A. G.
Der größte deutsche Stahlkonzern nach der organisatorischen Umgliederung
... Dank der besonderen Pflege der Ausfuhrbeziehungen konnte im Auslandsabsatz der meisten deutschen Eisen- und Stahlerzeugnisse eine mengenmäßige Steigerung um nahezu ein Drittel im Vergleich

9./10.03.1935 - 136 -

zu dem entsprechenden Vorjahresabschnitt erzielt werden; ... Auf
den Siegerländer Erzgruben konnte die Förderung bis Mitte vorigen
Jahres soweit erhöht werden, daß nahezu sämtliche arbeitslosen
Bergleute der betreffenden Reviere wieder Beschäftigung finden
konnten. ...
BLA, Nr. 60 v. 10. März 1935, S. 36 ((Sonntags-A.))

Der Stahlverein nach dem Umbau
Neues Leben in allen Gliedern - Der Bericht über das Zwischengeschäftsjahr
... die Lohn- und Gehaltssumme wird mit 144,82 (109,63) Mill. RM
... angegeben. Die Rohstahlgewinnung hat sich mehr als dreimal so
stark erhöht wie die Zunahme der Steinkohlenförderung. ...
DBZ, Nr. 59 v. 10. März 1935, S. 1

s. a. G.-H. Seebold, Ein Stahlkonzern im Dritten Reich. Der Bochu-
mer Verein 1927 - 1945, Wuppertal 1981

ZSg. 101/5/80/Nr. 1172   9. März 1935

Vor dem Volksgerichtshof wurde heute das Urteil in einem Prozess
Hoefner und Genossen gesprochen. Ueber den Prozess und das Urteil
soll nichts gebracht werden. Der Grund für diese Anweisung liegt
darin, dass der Prozess negativ ausgegangen ist.

Gesehen: Fa., D., K.   Hbg.   1.30
                         Bresl. 1.40
                         Chemn. 1.30

s. a. ZSg. 110/1/26 v. 9. März 1935: ... Der Grund für das Veröffentlichungsverbot seien zu geringe Strafen und einige
Freisprechungen. ...

ZSg. 101/5/82/Nr. 1173   10. März 1935

DNB-Rundspruch am 10.3.35.
Die Wiedergabe der Unterhaltung zwischen den zur Zeit in Paris
weilenden Vertretern der Reichskriegsopferversorgung und den ehemaligen französischen Frontkämpfern (Fidac) z. B. enthalten im
"Matin" bitten wir einstweilen zurückzustellen.

D., K., Fa.   Hbg.
                    Bresl. 11.55
                    Chemn.   9.10

10./11.03.1935

Neue Frontkämpferbesprechungen
Voraussichtlich Anfang April in Paris
... Der Zweck dieser Besprechungen wird die Mitarbeit der Frontkämpfer für die Annäherung zwischen Frankreich und Deutschland und unter allen denjenigen Ländern sein, die im Weltkrieg gegeneinander gekämpft haben. Als Vertreter der deutschen Frontkämpfer waren jetzt in Paris anwesend Oberlindober, von Cossel, Rolf von Humann, und der Graf von Trauthmannsdorf.
NZ, Nr. 71 v. 12. März 1935, S. 6

Frontkämpfertreffen in Paris
Herzliche Aufnahme der Deutschen durch die französischen Verbände
WLZ, Nr. 71 v. 12. März 1935, S. 4

Bestellungen a. d. Pressekonferenz 11.3.35.

ZSg. 101/5/83/Nr. 1174   11. März 1935

Das Auswärtige Amt bittet, die Unterhausdebatte würdig aufzumachen und einen gewissen Abstand zu den parlamentarischen Ereignissen in England zu gewinnen. Die deutsche Haltung kann durch die englische Unterhausdebatte nicht beeinflusst werden, sie wird nur als Symptom gewertet. Man weiss schon ziemlich sicher, dass die Regierung aus der Unterhausdebatte mit einer Mehrheit von 400 Stimmen hervorgehen wird. Deutschland interessieren natürlich die europäischen Probleme, die dort verhandelt werden, aber es ist nicht notwendig, "den Atem anzuhalten vor Erwartung".

s. a. ZSg. 102/1/45 (1) v. 11. März 1935
     ZSg. 110/1/27 v. 11. März 1935

Die Unterhausdebatte hatte das am 4. März veröffentlichte Weißbuch zum Gegenstand.

Große Rüstungsaussprache im englischen Unterhaus
Mißtrauensantrag gegen die Regierung Macdonald ((sic)) abgelehnt
HHN, Nr. 119 v. 12. März 1935 (M. A.), S. 1-2

Weißbuch und Unterhaus
Wichtiger als die Debatte: die Politik
FZ, Nr. 131 v. 12. März 1935, S. 1

11.03.1935

ZSg. 101/5/83/Nr. 1175   11. März 1935

Es wird gebeten, die griechischen Ereignisse nicht rein nach dem Standpunkt Venizelos anzusehen. Die Regierung Tsaldaris war immer deutschfreundlich und wir haben keine Veranlassung, die Stellung der Regierung durch zu grosse Aufmachung der Aufständischenbewegung zu unterminieren. Es empfiehlt sich absolute Neutralität auch in den Ueberschriften walten zu lassen und für die Stellung der Regierung um Verständnis zu werben.

Gesehen: Fa., K., D.   Hbg. 1.00
                        Br. 1.00
                        Ch. 1.15

s. a. ZSg. 102/1/48 (2) v. 6. März 1935
ZSg. 102/1/31 v. 14. März 1935
ZSg. 110/1/27 v. 11. März 1935
ZSg. 102/1/45 (2) v. 11. März 1935: Vertraulich erinnert man daran, daß die Regierung Tsaldaris sich stets deutschfreundlich gezeigt und zum Beispiel als erste das Braunbuch verboten habe. Auch möge man sich an die Haltung Venizelos 1915/16 erinnern.

Weitere Erfolge der Regierungstruppen
... Ministerpräsident Tsaldaris empfing den Vertreter des DNB in seiner Privatwohnung. Trotz aller Ermüdung und der arbeiterfüllten Nächte, die ihre Spuren in seinem Gesicht eingezeichnet haben, erschien er sichtlich erfreut und befriedigt über die Entwicklung der Lage. Nach einleitenden Worten, in denen er die Haltung Venizelos scharf verurteilte, erklärte Tsaldaris, die traurigen Ereignisse, die jedes Gewissen ergreifend bewegen, geben Griechenland Gelegenheit, die Lage des Landes innen- und außenpolitisch zu bereinigen. ...
HHN, Nr. 119 v. 12. März 1935 (M. A.), S. 1

Zusammenbruch der Revolution in Griechenland
FZ, Nr. 131 v. 12. März 1935, S. 1

ZSg. 101/5/84/Nr. 1176   11. März 1935

DNB-Rundruf vom 11.3.35
Das Daily Mail-Interview des Ministerpräsidenten Göring kann nur in der DNB-Fassung veröffentlicht werden.

- 139 -   11.03.1935

Gesehen: Fa., D., K.   Hbg. brfl.
                        Br. 7.10
                        Ch. 2.05

s. a. ZSg. 101/5/85/Nr. 1177 v. 11. März 1935

Am 9./10. März war die Unterrichtung der Großmächte über die Eingliederung der Luftwaffe in die Wehrmacht erfolgt (s. a. ZSg. 101/5/86/Nr. 1178 v. 12. März 1935). Die Enttarnung war am 26. Februar vorgenommen worden.
s. a. ADAP, Serie C, Bd. III, 2, Nr. 534, Anm. 1

"Niemals Bedrohung des Friedens anderer Völker!"
"Angriffe auf Deutschland müssen wir jederzeit abwehren können"
Erklärungen des Reichsministers Göring
HHN, Nr. 119 v. 12. März 1935, S. 1

Die deutsche Luftwaffe
Eine Unterredung des Reichsministers Göring mit Ward Price
FZ, Nr. 131 v. 12. März 1935, S. 1-2

Die notwendige Sicherheit
Erklärungen General Görings/Deutschlands Luftwaffe
NZ, Nr. 71 v. 12. März 1935, S. 1

ZSg. 101/5/85/Nr. 1177   11. März 1935

DNB-Rundruf vom 11.3.35.
Zu dem Interview, das Reichsluftminister Göring einem Vertreter des "Daily Mail" gegeben hat, erübrigen sich jegliche Kommentare.

Gesehen: Fa., D., K.   Hbg. 10.40
                        Br. 10.40
                        Ch. Abon.

s. a. ZSg. 101/5/84/Nr. 1176 v. 11. März 1935
      ZSg. 102/1/6 v. 12. März 1935

11.03.1935

ZSg. 102/1/46 (1)   11. März 1935

Im Mai findet in Hamburg ein Tag der Seefahrt statt. Hierüber möge die Presse nicht vor Anfang Mai berichten. Für diesen Tag soll erst nach der Feier des 1. Mai Propaganda gemacht werden.

s. a. ZSg. 110/1/28 v. 11. März 1935
ZSg. 102/1/63 (4) v. 6. April 1935
ZSg. 101/5/156/Nr. 1316 v. 14. Mai 1935
Der "Tag der deutschen Seefahrt" wurde am 25./26. Mai 1935 in Hamburg von der Auslandsorganisation der NSDAP durchgeführt. Hauptredner waren Rudolf Heß und Joseph Goebbels.

ZSg. 102/1/46 (2)   11. März 1935

Der "Montag" hat berichtet, daß der in Bayern weilenden Gattin Schmelings, Anny Ondra, der Führer persönlich am Telefon das Ergebnis des Boxkampfes mitgeteilt habe. Diese Nachricht soll nicht weiterverbreitet werden. Wenn man sie hätte offiziell ausgeben wollen, hätte man das getan.

s. a. ZSg. 110/1/28 v. 11. März 1935
In der vorliegenden 2. Ausgabe des "Montag" war diese Meldung nicht aufgeführt. Die 1. Ausgabe erschien Sonntagabend, die 2. montags früh.

aber:
Der Führer beglückwünscht Schmeling
... Noch bezeichnender vielleicht ist die herzliche Anteilnahme, die der Führer an Schmelings Sieg genommen hat. Als Schmeling nämlich wenige Minuten nach seinem Sieg versuchte, seine Frau, die Schauspielerin Anny Ondra, in München telefonisch zu erreichen, erfuhr er von dieser, daß Adolf Hitler persönlich ihr von dem Siege ihres Mannes Mitteilung gemacht habe. ...
NZ, Nr. 70 v. 11. März 1935, S. 1

Max Schmeling hatte bei einem Boxkampf in Hamburg den Amerikaner Steve Hamas in der neunten Runde besiegt und damit die Qualifikation zu einem Titelkampf um die Weltmeisterschaft im Schwergewicht erworben.

DNB-Rundruf vom 12. März 1935

ZSg. 101/5/86/Nr. 1178   12. März 1935

Ueber die Empfänge der ausländischen Luftfahrtattachés in Berlin soll vorerst nicht berichtet werden.

ZSg. 101/5/87   12. März 1935

Vertraulich können wir zu der Anweisung 1178 mitteilen, daß es sich dabei um die sozusagen offizielle Notifizierung der Eingliederung der deutschen Luftwaffe in die deutsche Wehrmacht als dritte Waffensäule neben Heer und Marine handelt.
                               gez. Dertinger.

Fa., D., K.

s. a. ZSg. 102/1/14 (2) v. 13. März 1935
     ZSg. 101/5/92/Nr. 1200 v. 19. März 1935
     ZSg. 101/28/125 v. 15. März 1935 (Vertraulicher Informationsbericht Nr. 34): ... Einmal ist die deutsche Luftaufrüstung inzwischen amtlich den Militärattachés von England und Italien mitgeteilt worden, während man eine Mitteilung an die Franzosen unterließ, mit der Begründung, daß der französische Luftattaché kein Militär, sondern ein Zivilist sei. ...

Am 26. Februar 1935 wurde von Hitler der Erlaß "über die Reichsluftwaffe" unterzeichnet, durch den die Luftwaffe ab 1. März als dritter Wehrmachtsteil neben Heer und Marine trat (vgl. R. Absolon, Die Wehrmacht im Dritten Reich, Bd. 3, Boppard 1975, S. 177). Zur Enttarnung der Luftwaffe s. a. Handbuch der deutschen Militärgeschichte, Bd. 4, VII, München 1978, S. 136. Zu dem Zeitpunkt, zu dem die ausländischen Regierungen informiert wurden, wurde die Presse von der bevorstehenden Heirat Görings unterrichtet. Zur Vorlage der Unterrichtung s. ADAP, Serie C, Bd. III, 2, Nr. 534.

Heftige Luft-Hysterie
"Deutschlands Luftstreitkräfte eine brutale Verletzung von Versailles"/"Simon-Besuch gegenstandslos"
Die Mitteilungen, die im deutschen Reichsluftministerium an die Luftattachés von England, Frankreich und Italien abgegeben worden sind und die den Erklärungen des Generals der Flieger, Göring, in seiner Unterredung mit dem Sonderberichterstatter der "Daily Mail" über die bevorstehende Organisation der zur Verteidigung der Reichsgrenzen unentbehrlichen Reichsluftkräfte entsprechen, werden in Paris eifrig besprochen. ...
NZ, Nr. 73 v. 14. März 1935, S. 1

12./13.03.1935 - 142 -

ZSg. 101/5/86/Nr. 1179 12. März 1935

Die Zeitungen werden gebeten, auf das zweijährige Bestehen des Reichspropagandaministeriums nicht einzugehen.

Gesehen: Fa., K., D. Hbg. 1.07
Brsl. 1.07
Chmn. 1.55

s. a. ZSg. 102/1/14 (1) v. 13. März 1935

Bestellungen a. d. Pressekonferenz v. 13.3.35

ZSg. 101/5/88/Nr. 1180 13. März 1935

Ueber die Schulverhältnisse in Konitz soll nichts berichtet werden. Die deutsche Schule wird vereinbarungsgemäß auf Betreiben des deutschen Schulvereins wieder eröffnet werden, jedoch sind endgültige Beschlüsse noch nicht gefaßt.

s. a. ZSg. 110/1/29 v. 13. März 1935
Konitz, Kreisstadt in Polen, im ehemaligen Westpreußen (Chojnice)

ZSg. 101/5/88/Nr. 1181 13. März 1935

Bei der Behandlung des bevorstehenden Judenprozesses in Kairo sollen keinerlei Angriffe gegen die Aegypter unternommen werden, vor allem keine Werturteile über Land und Leute.

s. a. ZSg. 110/1/29 v. 13. März 1935: ... Oberregierungsrat
Stephan erklärte, daß trotzdem wieder Angriffe auf die
Ägypter in einem allgemein gehaltenen Artikel einer großen
Zeitung gerichtet worden seien. Es werde da von "Intelligenz" gesprochen, die sich "auf der Jagd nach Sinekuren"
erschöpfe und von der organisatorischen Begabung, die den
Ägyptern fehle. ...

13.03.1935

Der Judenprozeß in Kairo
Eine Backpfeife für das Weltjudentum/Vor der Neuaufrollung des Prozesses
WLZ, Nr. 76 v. 17. März 1935, S. 2

Die innere Struktur Ägyptens
von Haffer-Reichenau
... Der Hauptfaktor der Wirtschaft, der Baumwollhandel, befindet sich fast ausschließlich in den Händen der Fremden. Ebenso das Bankgeschäft, die Fremdenverkehrsindustrie und die Landerschließung. Während die Reichen, vornehmlich Feudal- und Grundherren, ihr Geld in ausländischen Banken angelegt haben, und ihre Revenuen in luxuriösem Wohlleben verzehren, an der Politik sich aber nur aus Macht- und Standesinteresse beteiligen, erschöpft sich die Intelligenz in der Jagd nach Sinekuren, die sie im politischen Parteikampf und an der Staatskrippe sucht. Staatsdienst, wie Politik und Parlament sind ihnen weit weniger Dienst an Volk und Vaterland, als vielmehr Sprungbrett zur Macht. ...
VB (N. A.), Nr. 67 v. 8. März 1935, S. 3-4
s. a. VB (Münchener A.), Nr. 25 v. 25. Januar 1934, S. 1

ZSg. 101/5/88/Nr. 1182   13. März 1935

Sehr wichtig!

Reichsluftfahrtminister General Göring hat entgegen den Berichten der französischen Presse dem Vertreter des "Petit Journal" kein Interview gewährt. Infolgedessen sind alle Berichte hierüber reine Erfindungen und dürfen unter keinen Umständen von der deutschen Presse zitiert werden.

Gesehen: Fa., D., K.   Hbg. 1.45
                         Brsl. brfl.
                         Chmn. 1.55

s. a. ZSg. 110/1/35 v. 13. März 1935: ... ein angebliches Interview
    General Görings über Luftrüstungen ... in dem auch Zahlen
    genannt seien((sei)) falsch. General Göring habe nur ein
    Interview gegeben, das an Ward Price für die "Daily Mail"
    ...

14.03.1935

Bestellungen a. d. Pressekonferenz v. 14.3.35

ZSg. 101/5/89/Nr. 1183   14. März 1935

Aus wehrpolitischen Gründen sollen in Zukunft alle Artikel, die das Problem des Fernsehens behandeln, dem Reichspostministerium zur Prüfung vorgelegt werden. An diese Anweisung sollen sich die deutschen Zeitungen unbedingt halten.

s. a. ZSg. 102/1/32 (2) v. 14. März 1935: Das Reichspostministerium hat in der Pressekonferenz mit Unterstützung des Propagandaministeriums die Weisung gegeben, daß größere grundsätzliche Artikel über das Fernsehen nicht veröffentlicht werden möchten, ohne daß man sie vorher über die Pressestelle des Postministeriums dem Staatssekretär Ohnesorge vorgelegt habe. In der letzten Zeit veröffentlichte Aufsätze über das Fernsehen seien zum Teil in einer Form erschienen, die auch außenpolitisch nicht erwünscht gewesen sei. Beim Fernsehen spielten auch wehrpolitische Momente eine große Rolle.
s. a. ZSg. 102/1/32 (3) v. 29. April 1935

Deutschland eröffnet den Fernsehbetrieb
Die moderne Technik
... Die Preise für Fernsehempfänger liegen noch zwischen 600 und 3500 RM. Dieser Kostenpunkt und seine Senkung muß den Wünschen des Publikums besonders naheliegen und wird für die spätere Entwicklung des Fernsehfunks von ausschlaggebender Bedeutung sein.
...
NZ, Nr. 70 v. 11. März 1935, S. 2

Fernsehen/Eröffnung des Programmbetriebs im Berliner Funkhaus
FZ, Nr. 153 v. 24. März 1935, S. 2

Zu den Kompetenzstreitigkeiten um das neue Medium vgl. A. Diller, Rundfunkpolitik im Dritten Reich, München 1980, S. 184 ff.

ZSg. 101/5/89/Nr. 1184   14. März 1935

Von offizieller Seite wird gewünscht, dass die SA in den nächsten Wochen und Monaten etwas mehr herausgestellt wird als bisher, insbesondere aus Anlass des grossen Aufmarsches der ältesten SA-Kämpfer in Berlin am 21. und 22. März. Wir bitten die darüber ergehenden DNB-Meldungen ausführlich zu bringen.

s. a. ZSg. 102/1/32 (5) v. 14. März 1935: ... Es sei verständlich gewesen, daß man im letzten Jahr bei der Behandlung von Fra-

- 145 -   14.03.1935

gen der SA Zurückhaltung geübt habe, aber nunmehr sei die
SA so gut wie ganz aus der Presse verschwunden und das sei
auch nicht das richtige.

Die alte Garde der SA marschiert
Am Jahrestage von Potsdam
NZ, Nr. 71 v. 12. März 1935, S. 1
s. a. VB (N. A.), Nr. 72 v. 13. März 1935, S. 2
HHN, Nr. 120 v. 12. März 1935, S. 1

aber:
Der Aufmarsch der alten SA-Garde verschoben
Stabschef Lutze gibt bekannt: Der für den 21. und 22. März angesetzte Aufmarsch der alten SA-Garde in Berlin findet zunächst nicht statt. Der Führer hatte bei diesem Anlaß Gelegenheit nehmen wollen, den Männern, die im Kampfgewande der SA als erste in ihren Gebieten die Fahne und den Glauben des Nationalsozialismus auf die Straße getragen haben, selber ins Auge zu sehen und durch eine persönliche Ansprache zu beweisen, daß sein Herz nach wie vor der SA gehört. Da die Erkrankung des Führers noch nicht behoben ist und er seinen ältesten SA-Männern nicht die Enttäuschung bereiten wollte, daß sie aus dem ganzen Reich zusammenkämen, ohne ihn zu sehen und sprechen zu hören, wird der Tag der alten SA-Garde auf einen gelegeneren Zeitpunkt verlegt.
SZ, Nr. 141 v. 18. März 1935, S. 2

ZSg. 101/5/89/Nr. 1185   14. März 1935

Eine Zeitung im Reich brachte eine Meldung über den bevorstehenden Rücktritt des sächsischen Kultusministers Hartnacke. Diese Meldung darf erst dann gebracht werden, wenn von offizieller Seite Nachrichten herausgegeben werden.

s. a. ZSg. 102/1/32 (1) v. 14. März 1935

Wilhelm Hartnacke (1878 -   ) war von März 1933 bis März 1935 sächsischer Minister für Volksbildung, danach im Ruhestand.

Die Minister Hartnacke und Esser aus dem Amt entlassen
DNB meldet: Auf Vorschlag des Reichsstatthalters in Sachsen hat der Führer und Reichskanzler den sächsischen Volksbildungsminister Dr. Wilhelm Hartnacke aus seinem Amt entlassen ...
DAZ (R. A.), Nr. 137-138 v. 23. März 1935, S. 9
s. a. FZ, Nr. 150 v. 22. März 1935, S. 1

Am 10. März 1935 war ein Aufsatz des Ministers erschienen, in dem er sich für das humanistische Gymnasium als beste Vorbereitung der Hochschulreife aussprach und das, nachdem Ende Februar gerade die Zulassung zum Hochschulstudium neu geregelt worden war, unter stärkerer Berücksichtigung der Zugehörigkeit zu politischen Organisationen wie HJ, SA und SS (vgl. ZSg. 101/5/56/Nr. 1130 v. 21. Februar 1935).

14.03.1935

W. Hartnacke:
Die Schule mit dem besten Wirkungsgrad
Forschungen und Fortschritte, 11. Jg. (1935), Nr. 8 v. 10. März
1935, S. 100-102

ZSg. 101/5/89/Nr. 1186   14. März 1935

Die deutsche Presse wird gebeten, bei Ueberfällen auf Polizeibeamte im Dienst diese Vorgänge genau zu schildern und die schwere Aufgabe der Hüter der öffentlichen Ordnung und Sicherheit besonders zu unterstreichen.

s. a. ZSg. 102/1/32 (4) v. 14. März 1935: Aufgefallen sei, daß Meldungen über Verwundungen oder Tötung von Polizeibeamten im Dienst nicht so aufgemacht würden, wie es eigentlich mit Rücksicht auf die Dankbarkeit, die die Bevölkerung diesen Beamten schulde, erwartet werden muesste.

ZSg. 101/5/89/Nr. 1187   14. März 1935

Vielfach liest man, dass jüdische Emigranten und Auswanderer in Palästina schlechte Berufsaussichten hätten. Das Reich hat keinerlei Interesse daran, die Auswanderung von Juden und Emigranten nach Palästina damit zu erschweren.

s. a. ZSg. 102/1/32 (3) v. 14. März 1935: Ferner wurde in der Pressekonferenz bemerkt, daß verschiedene Zeitungen, sogar nationalsozialistische, von Einwanderungsschwierigkeiten für die Juden in Palästina und anderen Ländern berichtet hätten. ...

s. a. Lord Rutherford, O. M.:
The Scholar in Exile. Help for German Refugees./An Academic Problem.
The Times, Nr. 47,008 v. 9. März 1935, S. 13-14

ZSg. 101/5/89/Nr. 1188   14. März 1935
[vgl. Anweisung vom 5.3.]

Der Aufruf des Gauleiters Loeper über die Vorgänge im Stahlhelm darf nicht veröffentlicht werden. Die Zeitungen, die diesen Auf-

- 147 -   14.03.1935

ruf trotz der gegenteiligen Anweisung brachten, sind verwarnt
worden.

Gesehen: D., Fa., K.   Hbg. 1.30 Uhr
                       Brsl. 1.05 "
                       Chmn. 2.10 "

s. a. ZSg. 102/1/72 v. 5. März 1935
      ZSg. 101/6/27/Nr. 1481 v. 24. Juli 1935

ZSg. 102/1/31   14. März 1935

Ministerialrat Jahncke sagte in der Pressekonferenz heute ungefähr folgendes: Ich habe verschiedentlich einen erstaunlichen Mangel an Instinkt in der deutschen Presse festgestellt, Disziplinlosigkeit will ich nicht sagen. Ich habe zwei Mal darauf hingewiesen, daß die griechischen Vorgänge ganz neutral behandelt werden sollen. (Wie z. B. Ausrichtung vom 11. März). Die griechische Gesandtschaft hat sich sehr bitter beschwert über die Haltung der deutschen Presse. Mit allen Mitteln hat man versucht, die griechische Gesandtschaft zu beschwichtigen. Da erscheint nun ausgerechnet heute und in der Frankfurter Zeitung ein Aufsatz von Herrn Nebel über Venislos (Dr. Jahncke las dann einen größeren Teil dieses Aufsatzes vor). Das alles ist nicht sehr erfreulich für die Griechen. Meine Herren, das Erscheinen dieses Aufsatzes in der Frankfurter Zeitung ist ganz ungewöhnlich bedauerlich. Wir haben dadurch die größten außenpolitischen Schwierigkeiten. Außerdem erhielten wir in der gleichen Angelegenheit einen Anruf von dem Pressechef der griechischen Gesandtschaft, Major Dr. Kirekoukis, der sich auch bitter beklagte darüber, daß eine Zeitung von dem Ansehen der Frankfurter einen solchen Artikel veröffentliche, der geeignet sei, die Beziehungen zwischen Griechenland und Deutschland in der empfindlichsten Weise zu stören. Dabei wies er auf den Satz hin, in dem von der albanischen Mundart im nächsten Umkreis von Athen die Rede ist.

s. a. ZSg. 101/5/83/Nr. 1175 v. 11. März 1935

14./16./18.03.1935 - 148 -

Carl H. Nebel:
Veniselos
Es ist nicht unsere Sache, in der innergriechischen Auseinandersetzung, noch dazu gerade für Herrn Veniselos, Partei zu ergreifen. Aber das Porträt, wie es unser Mitarbeiter von dem ungewöhnlichen Mann entwirft, findet sicherlich lebhaftes Interesse.
Schriftleitung.
... Griechenland - das ist und war für Veniselos immer das alte Hellas. Dies alte Hellas lebt aber nicht mehr auf dem Festland, wo man schon im nächsten Umkreis von Athen eine albanische Mundart spricht. ...
FZ, Nr. 134 v. 14. März 1935, S. 1

Der Autor ist möglicherweise identisch mit H. C. Nebel, dem ehemaligen Chefredakteur (1905 - 1907) der nationalliberalen "National-Zeitung"(1848 - 1910). vgl. W. G. Oschilewski, Zeitungen in Berlin, Berlin 1975, S. 61.

ZSg. 102/1/89   16. März 1935

DNB verbreitet folgenden Rundruf: Über die Englandreise des Herzogs von Koburg darf nichts berichtet werden.

Karl Eduard, Herzog von Sachsen-Coburg und Gotha (1884 - 1954) war 1920 - 26 Führer nationaler Verbände in Thüringen; Stahlhelmführer, seit 1930 Präsident des Berliner Nationalklubs; seit 1933 SA-Obergruppenführer und NSKK-Obergruppenführer; Präsident des Roten Kreuzes.

Bestellungen a. d. Pressekonferenz v. 18.3.35

ZSg. 101/5/90/Nr. 1189   18. März 1935

Das heute mittag bezw. im Laufe des nachmittags durch DNB zur Veröffentlichung gelangende Interview des Führers mit der "Daily Mail" soll in nicht allzu grosser Aufmachung erscheinen, weil es sich hierbei um Beantwortung von ausländischen Fragen handelt, denen wir keinen allzu grossen Wert beilegen wollen.

s. a. ZSg. 102/1/34 (2) v. (18. März 1935) [15. März 1935]

- 149 -   18.03.1935

"Bereit, mit souveränen Staaten zu verhandeln"
Der Führer über die Wiederherstellung der deutschen Wehrhoheit
... Ward Price fragte dann den Kanzler, ob nach wie vor Deutschland sich an die territorialen Bestimmungen des Versailler Vertrages gebunden hielte, worauf der Kanzler erwiderte: "Durch den Akt der Wiederherstellung der deutschen Wehrhoheit ist der Versailler Vertrag nur in jenen Punkten berührt, die durch die Verweigerung der analogen Abrüstungsverpflichtung der anderen Staaten tatsächlich ohnehin schon längst ihre Rechtskraft verloren haben. Die deutsche Regierung ist sich klar darüber, daß man eine Revision territorialer Bestimmungen internationaler Verträge nie durch einseitige Maßnahmen hervorrufen kann." ...
HHN, Nr. 130 v. 18. März 1935 (A. A.), S. 1
s. a. VB (N. A.), Nr. 78 v. 19. März 1935, S. 3
FZ, Nr. 143 v. 19. März 1935, S. 2
NZ, Nr. 78 v. 19. März 1935, S. 5

ZSg. 101/5/90/Nr. 1190   18. März 1935

Die Erwähnung des Generals Ludendorff in der gestrigen Rede des Reichswehrministers soll nicht dazu führen, dass die alte Ludendorff-Diskussion wieder aufgenommen wird. Selbstverständlich kann in einer Randbemerkung auf die Verdienste des General Ludendorff hingewiesen werden.

s. a. ZSg. 102/1/52 (1) v. 22. Dezember 1934
ZSg. 101/5/102/Nr. 1223 v. 26. März 1935
ZSg. 101/28/133-135 v. 20. März 1935 (Informationsbericht Nr. 36): Vertraulich!
Auf Grund der Rede des Reichsministers vom vergangenen Sonntag war in politischen Kreisen das Gerücht im Umlauf, daß Ludendorff Chef des grossen Generalstabes würde. Unsere eingehenden Erkundigungen bei den zuständigen Herren des Reichswehrministeriums ergaben, daß unter keinen Umständen daran zu denken ist, daß Ludendorff in irgendeiner Form in die Wehrmacht übernommen wird. Einmal, so wird betont, würde die Wiederberufung Ludendorffs außenpolitische Schwierigkeiten zur Folge haben; zweitens stünde Ludendorff seit 15 Jahren außerhalb der Wehrmacht und sei mit den aktuellen Problemen nicht vertraut; der entscheidende Grund jedoch sei, daß Ludendorff für die innere Struktur der neuen Wehrmacht wegen seiner politischen Betätigung und des Fanatismus seiner 40 bis 50 000 Anhänger als Chef des Generalstabes nicht tragbar wäre. Zweifellos wird Ludendorff zu seinem 70. Geburtstag eine besondere Ehrung zuteil werden. Es wird ihm eine Ehrenkompagnie gestellt werden, die die Fahnen seiner alten Regimenter führt. Vielleicht wird ihm auch der Charakter eines Generalfeldmarschalls verliehen werden. Chef des grossen Generalstabes ist bereits seit Monaten der vorher als "Chef des Truppenamts" tätige General Beck, der absichtlich in der Öffentlichkeit nicht in Erscheinung tritt, umso stärkeren Einfluß aber im Stillen ausübt. ...

18.03.1935

Die vollständige Fassung der Rede in der "Kreuz-Zeitung":
"Wir brauchen keine Revanche"
Die Gedächtnisrede des Reichswehrministers
... wir neigen uns vor dem Feldherrn Ludendorff. Wie rasch verflacht oft das Bewußtsein vom gewonnenen Großen, wie scharf ist manchmal der Blick für das noch nicht ganz Gelungene, wie sehr wächst aber auch die Erkenntnis, daß der Gehalt einer tragenden Idee stärker ist als das Unzulängliche im Menschen. Das Erkennen und Begreifen der Idee des neuen Reiches, das allerpersönlichste Vertrauen zum Führer, dann aber auch zu sich selbst, zu ihrer Geschlossenheit und reinem Wollen, das sind die Grundpfeiler unserer Wehrmacht. ...
Kreuz-Z , Nr. B/a 65 v. 18. März 1935, S. 3-4
s. a. VB (N. A.), Nr. 78 v. 19. März 1935, S. 2
NZ, Nr. 77 v. 18. März 1935, S. 2
HHN, Nr. 130 v. 18. März 1935, S. 7

ZSg. 101/5/90/Nr. 1191   18. März 1935

Wichtig! Die ausländischen Pressestimmen können ungekürzt gebracht werden. Es soll durchaus der Eindruck entstehen, dass die Kundmachung der allgemeinen deutschen Wehrpflicht eine für die internationale Situation ernste Angelegenheit ist, jedoch sollen vor allen Dingen Panikstimmung und Kriegshetze, kurz Chauvinismus jeder Art vermieden werden. Die in den ausländischen Pressestimmen angeführten Möglichkeiten von Demarchen und anderen Protestaktionen können ebenfalls im Rahmen der Presseberichte gebracht werden, jedoch soll in eigenen Leitartikeln zu diesem Problem einer Protestaktion seitens des Auslandes nicht Stellung genommen werden.

s. a. ZSg. 102/1/34 (1) v. (18. März 1935) [15. März 1935]
ZSg. 101/5/96/Nr. 1206 v. 22. März 1935

Die Auslandsstimmen zum deutschen Wehrgesetz
Die Nervenprobe
Es war zu erwarten, daß die Wiedereinführung der deutschen Wehrpflicht in weiten Kreisen des Auslandes eine starke Aufregung hervorrufen würde ...
HHN, Nr. 130 v. 18. März 1935 (A. A.), S. 1

Künstliche Aufregung in Paris
Der Eindruck des neuen Wehrgesetzes - Die Pariser Presse verliert die Fassung
HHN, Nr. 130 v. 18. März 1935 (A. A.), S. 1
s. a. ADAP, Serie C, Bd. III, 2, Nr. 537-539

ZSg. 101/5/90/Nr. 1192   18. März 1935

Das Gesetz für den Aufbau der Wehrmacht ist kein Wehrgesetz im
eigentlichen Sinne, vielmehr wird dieses Wehrgesetz erst in etwa
14 Tagen erscheinen. General von Reichenau wird wahrscheinlich
das Wehrgesetz in seinen Einzelheiten in der Pressekonferenz be-
gründen. Aus diesem Grunde sollen auch vorläufig keinerlei Erörterungen und Diskussionen gepflogen werden über den Umfang und über
die Stärke einer Division, über die etwaige Gesamtstärke der Wehrmacht in Zukunft usw. Alles Zahlenmässige soll also vorläufig zurückgestellt werden, es bleibt späterer Zeit vorbehalten.

s. a. ZSg. 102/1/34 (3) v. (18. März 1935) [15. März 1935]: ...
    Im übrigen wurde vertraulich von diesem Ministerium mitge-
    teilt, daß die für Reichsheer und Marine noch geltenden
    Tarnungsbezeichnungen bis auf Widerruf weiter gelten ...
s. a. ZSg. 101/5/122/Nr. 1264 v. 16. April 1935

Walter von Reichenau (1884 - 1942) trat 1903 in die Armee ein,
wurde 1919 in die Reichswehr übernommen, 1932 Oberst und Chef des
Stabes im Wehrkreis I (Königsberg), 1933 Generalmajor und Chef
des Ministeramtes im Reichswehrministerium. In der Frage der
Reorganisation der Armee hatte er sich zunächst auf die Seite der
SA gestellt und deren Position gestärkt (s. a. ZSg. 101/26/627-629
v. 22. Dezember 1933. Informationsbericht Nr. 33).

Gesetz für den Aufbau der Wehrmacht vom 16. März 1935 (RGBl. 1935,
I, S. 375)
Das Gesetz umfaßte nur drei Paragraphen. Die Gesamtstärke der
Wehrmacht wurde auf 36 Divisionen angesetzt. Das Wehrgesetz vom
21. Mai 1935,(RGBl. 1935, I, S. 609-614)regelte die Einzelheiten
der Wehrpflicht. Zur Wiedereinführung der allgemeinen Wehrpflicht
s. R. Absolon, Die Wehrmacht im Dritten Reich, Bd. 3,Boppard 1975,
S. 6 ff. - Handbuch zur deutschen Militärgeschichte 1648 - 1939,
Bd. 4, VII, München 1979, S. 134 f.
s. a. ADAP, Serie C, Bd. III, 2, Nr. 532

ZSg. 101/5/90/Nr. 1193   18. März 1935

Die Fahnen der Kaiserlichen Marine werden erst am 31. Mai 1935
mit dem Ehrenkreuz ausgezeichnet werden. Im Laufe des Mai wird
festgestellt, welche Marineflaggen ausgezeichnet werden sollen.

Gesehen: D., K.   Hbg. 1.05 Uhr
                     Brsl. 1.10 "
                     Chmn. 1.52 "

18.03.1935   - 152 -

Am Tage der Seeschlacht am Skagerrak wurden 63 frühere Reichskriegsflaggen der Marine, die in Gefechten und bei kriegerischen Unternehmungen des Weltkrieges geweht hatten, mit dem Ehrenkreuz für Frontkämpfer ausgezeichnet. ... Die Flaggen wurden im Berliner Institut für Meereskunde (Kriegsmarinesammlung) aufgestellt, um gelegentlich der endgültigen Einweihung des Marineehrenmals in Laboe am 30. Mai 1936 in die Ehrenhalle des Marineehrenmals überführt zu werden ...
Das Archiv, Mai 1935, S. 231 (31. Mai 1935)

Der Heldengedenktag (17. März 1935) wurde zu einer militärischen Demonstration genutzt, bei der 81 Feldzeichen mit dem "Ehrenkreuz des Weltkrieges" ausgezeichnet wurden.

Das Ehrenkreuz an den Fahnen
... Im Lustgarten und in der Staatsstraße bis zum Ehrenmal sind inzwischen die zur Parade befohlenen Formationen der Reichswehr aufmarschiert. In Zugkolonne stehen Infanterie, Marine und Fliegergruppe Döberitz, die zum erstenmal in der Öffentlichkeit aufmarschiert und in stahlgrauen Uniformen und Stahlhelmen mit ihren Offizieren neben der Marinekompanie eingegliedert ist. ... Der Führer, Generalfeldmarschall von Mackensen, der Reichswehrminister und die Chefs der drei großen Gliederungen, Heer, Marine, Luftflotte, schmücken die gesenkten Fahnen mit dem Ehrenkreuz. Vom Zeughaus her fällt der Salut der dort aufgefahrenen Motorbatterie. Dumpf hallen 21 Schuß aus den Rohren, während die geschmückten Fahnen sich wieder heben. ...
Kreuz-Z , Nr. B/a 65 v. 18. März 1935, S. 2

Bestellungen a. d. Propagandaministerium vom 18.3.35

ZSg. 101/5/91/Nr. 1194   18. März 1935

Der Artikel des Reichsministers Dr. Goebbels zur aussenpolitischen Lage soll an hervorragender Stelle veröffentlicht werden. Das Berliner Büro gibt einen Kommentar zu diesem Artikel im Rahmen einer längeren Meldung.

Klarheit und Logik
Von Reichsminister Dr. Goebbels.
... Daß Dr. Goebbels noch einmal unmißverständlich den Friedenswillen Deutschlands betont, der auch nach der Rückkehr zur allgemeinen Wehrpflicht unverrückbar bestehen bleibt, sollte dazu beitragen, die Lage vollends zu klären und einen günstigen Ausgangspunkt für die bevorstehenden Verhandlungen zu schaffen. ... Ein ungerüstetes Land ist inmitten einer hochgerüsteten Welt eine stete Aufforderung zum Krieg. Nicht das bewaffnete, sondern das unbewaffnete Deutschland hat Europa beunruhigt. Durch die Wieder-

einführung der Wehrpflicht wurde jene Balance wiederhergestellt, die notwendig ist, um zu fruchtbaren Diskussionen über die großen ungelösten Probleme der Weltpolitik zu kommen. Deutschland will am Frieden mitarbeiten; es hat ihn so nötig, wie alle anderen Völker. ...
HHN, Nr. 131 v. 19. März 1935, S. 1-2
s. a. FZ, Nr. 144 v. 19. März 1935, S. 1-2
VB (N. A.), Nr. 79 v. 20. März 1935, S. 2

ZSg. 101/5/91/Nr. 1195   18. März 1935

Die englischen Pressestimmen, die die Zerreissung des Artikels V Versailler Vertrag als erfreuliche Entwicklung kennzeichnen, sollen gut hervorgebracht werden, insbesondere die Aeusserungen Lord Halhams ((sic)).

Breslau: 8.20
Hbg.   9.15
Chemnitz brfl.

Lord Allen of Hurtwood (1889 - 1939), prominenter Vertreter der Labour-Partei und Freund des Premierministers MacDonald.

In Teil V des Versailler Vertrages waren die "Bestimmungen über Landheer, Seemacht und Luftfahrt" festgelegt, wie "Stärke und Einteilung des deutschen Heeres" (Art. 159 ff.), "Bewaffnung, Munition, Material" (Art. 164 ff.), "Heeresergänzungen und militärische Ausbildung" (Art. 173 ff.).

"Nur durch Gleichheit"
Lord Allen of Hurtwood sagte am Montagabend in einer Rede, die europäische Lage habe ein drohendes Aussehen. Aber sie könne in Ordnung gebracht werden, wenn Großbritannien sich nicht von Leidenschaften beherrschen lasse. ... Während seines Besuches in Deutschland sei ihm klar geworden, daß Deutschland bereit sei, ein Abkommen zur Begrenzung der Rüstungen zu unterzeichnen. Er sei auch überzeugt, daß Deutschland in den Völkerbund zurückkehren würde. Aber dies könne nur durch Gleichheit bei den Verhandlungen erreicht werden. ... Teil V dieses Vertrages sei tot, und damit müsse man sich abfinden, wenn man nicht zu einem Präventiv-Krieg bereit sei. ...
HHN, Nr. 132 v. 19. März 1935 (A. A.), S. 1
s. a. VB (N. A.), Nr. 79 v. 20. März 1935, S. 4
ZSg. 102/1/46 (2) v. 2. Mai 1935

ZSg. 101/5/91/Nr. 1196   18. März 1935

Die heutige englische Note darf nur nach DNB veröffentlicht werden. Die Meldung von Abshagen wird durch diese Meldung nicht berührt.

Gesehen: D., K.   Hbg. 9.15
                   Brsl. 9.35
                   Chmn. 1.55

s. a. ZSg. 101/28/131 v. 19. März 1935 (Vertraulicher Informationsbericht Nr. 35)
Karl Heinz Abshagen war der Großbritannien-Korrespondent mehrerer deutscher Zeitungen in London (vgl. ZSg. 101/4/196/Nr. 944 v. 28. November 1934).

Der Wortlaut der englischen Note
Haltlose Einwände gegen das deutsche Wehrgesetz
HHN, Nr. 132 v. 19. März 1935 (A. A.), S. 2

ab((shagen)):
Die Luft ist gereinigt
Die rasche Antwort der Reichsregierung auf die britische Note und der daraufhin bekanntgegebene englische Entschluß, daß Simon und Eden am Sonntag, wie vereinbart, nach Berlin reisen werden, werden in weitesten Kreisen mit Befriedigung, ja mit Erleichterung aufgenommen. Das Vorgehen der britischen Regierung wird als Sieg der gemäßigten Elemente im Kabinett über die französenfreundliche Richtung angesehen, da an Stelle der von Frankreich angestrebten gemeinsamen Aktion England sich zu alleinigem Vorgehen in Berlin entschlossen hat. ...
HHN, Nr. 132 v. 19. März 1935 (A. A.), S. 1

Bestellungen a. d. Pressekonferenz v. 19. März 1935

ZSg. 101/5/92/Nr. 1197   19. März 1935

Die Zeitungen werden gebeten, den Parteitags-Film, der am 28. März zur Uraufführung kommt, in stärkstem Masse propagandistisch zu unterstützen und schon jetzt mit einer Propagandaaktion zu beginnen. Die Landesstellen des Propagandaministeriums werden ausführlich Bildmaterial, Interviews mit Mitarbeitern am Film usw. zur Ver-

- 155 -   19.03.1935

öffentlichung stellen. Ueber die Uraufführung wird das Berliner
Büro berichten.

s. a. ZSg. 101/5/95/Nr. 1204 v. 21. März 1935
Hinter den Kulissen eines Films
Die Bewegung erwartet die Uraufführung des "Triumph des Willens"
Im Eher-Verlag erschien soeben ein Buch über die gigantische Arbeit an einem Bildstreifen
VB (N. A.), Nr. 79 v. 20. März 1935, S. 7
s. a. VB (N. A.), Nr. 80 v. 21. März 1935, S. 8-9

Wie der Reichsparteitagsfilm entstand
Am 28. März feierliche Uraufführung in Berlin - Am 5. April festliche Erstaufführung in siebzig deutschen Städten
HHN, Nr. 138 v. 22. März 1935, S. 3

Der Film des Führers
"Triumph des Willens"
DAZ (R. A.), Nr. 149-150 v. 30. März 1935, S. 4
FZ, Nr. 151 v. 23. März 1935, S. 2
SZ, Nr. 151 v. 23. März 1935, S. 11

s. a. P. Nowotny, Leni Riefenstahls "Triumph des Willens". Zur
Kritik dokumentarischer Filmarbeit im NS-Faschismus, Dortmund 1981

ZSg. 101/5/92/Nr. 1198   19. März 1935

In Ergänzung des Verbots, über Eosinroggenaktionen Meldungen zu
veröffentlichen, wird mitgeteilt, dass einer Behandlung dieses
Problemes im üblichen Masse im Rahmen der laufend zur Veröffentlichung kommenden Marktberichte, nichts im Wege steht. Dagegen
sind Sondermeldungen zu diesem Thema nach wie vor verboten.

s. a. ZSg. 102/1/46 (2) v. 26. Februar 1935
ZSg. 102/1/49 (2) v. 19. März 1935: Wegen der Abgabe von
Roggen zu Futterzwecken wurde heute in der Pressekonferenz
... allgemein erklärt ...

Auflockerung der Getreidewirtschaft
Aussicht auf Erleichterung am Futtermittelmarkt ...
Wir meldeten gestern, daß dem Landwirt bei angemessener Erfüllung
seiner Ablieferungsverpflichtungen in Roggen und Weizen in Zukunft
die Abgabe dieser Getreidearten auch für Futterzwecke, die bisher
verboten war, erlaubt werden wird. Damit kann sich ein legitimer
Handel in Futterroggen und Futterweizen entwickeln, während bisher nur durch die Reichsstelle einzelne Partien von eosiniertem
Roggen (wohl vorwiegend aus den Kompensationsgeschäften mit Polen)
und Futterweizen (mindere Sorten, vielleicht auch Importweizen aus

19.03.1935

dem Abschluß mit Frankreich und dergl.) angeboten wurden. ... Jedenfalls ist damit zu rechnen, daß die Lage am Futtermittelmarkt, die besonders durch das völlig unzureichende Gerste- und Haferangebot entstanden war, bald eine Entspannung erfahren wird. ...
FZ, Nr. 164 v. 30. März 1935, S. 4

s. a. Die Getreidevorräte Ende Februar
Der Einfluß der unterschiedlichen Marktlage für Brot- und Futtergetreide
DAZ (R. A.), Nr. 133-134 v. 21. März 1935, S. 14

ZSg. 101/5/92/Nr. 1199   19. März 1935

Nachrichten über eine Neuordnung der rheinisch-westfälischen Wasserwirtschaft dürfen nicht gebracht werden, um die schwebenden Verhandlungen nicht zu stören.

s. a. ZSg. 102/1/49 (1) v. 19. März 1935

ZSg. 101/5/92/Nr. 1200   19. März 1935

Ueber DNB wird im Laufe des Frühnachmittags eine Meldung verbreitet werden, dass im Zuge der Verdunkelungsübung über Berlin auch Jagdflugzeuge erschienen sind. Die Meldung wird mitteilen, dass diese Flugzeuge einem Geschwader angehören, das auf Vorschlag des Generals der Luftwaffe Göring vom Führer die Bezeichnung Jagdgeschwader Richthofen verliehen erhalten hat. Diese Meldungen können in der DNB-Fassung gebracht werden, dagegen ist es verboten, ergänzende Meldungen darüber zu bringen, dass auch noch andere schwerere Flugzeuge über der Reichshauptstadt erschienen sind. Was die Bezeichnung der Luftwaffe überhaupt betrifft, so wird jetzt mitgeteilt, dass stets von der Reichsluftwaffe und nicht mehr von der Fliegerschaft gesprochen werden soll.

s. a. ZSg. 102/1/48 v. 19. März 1935: ... Eine Ausnahme wird heute gemacht, indem nämlich DNB gegen Abend eine Meldung ausgeben wird, daß im Rahmen der Verdunkelungsübung in Berlin das "Jagdgeschwader Richthofen" aus Döberitz über der Reichshauptstadt erschienen sei. Auf andere Lufteinheiten, die heute bei der Verdunklung über Berlin erscheinen werden, soll, was ausdrücklich gesagt wurde, nicht hingewiesen werden.

19.03.1935

s. a. ZSg. 101/5/40/Nr. 1100 v. 11. Februar 1935
ZSg. 101/5/86/Nr. 1178 v. 12. März 1935

Am 19./20. März 1935 - drei bzw. vier Tage nach Einführung der Wehrpflicht - wurde auf Anordnung des Reichsluftfahrtministeriums "im Rahmen der nationalen Landesverteidigung" eine Verdunkelungs- und eine Luftschutz-Vollübung in Berlin durchgeführt (vgl. Das Archiv, März 1935, S. 1840).

Ehrung für Manfred von Richthofen
Das erste Fliegergeschwader trägt seinen Namen
Der Reichsminister der Luftfahrt, Ministerpräsident Göring, hat folgendes Schreiben an die Mutter des Fliegerhelden Manfred von Richthofen in Schweidnitz gerichtet: Hochverehrte gnädige Frau! Unser Führer und Reichskanzler hat auf meinen Vorschlag befohlen, daß das erste Fliegergeschwader, das wieder über einem freien Deutschland schützend seine Schwingen breitet, den Namen "Richthofen" trägt. ...
SZ, Nr. 143 v. 19. März 1935, S. 7

"Jagdgeschwader Richtofen" über Berlin
Zwei Stunden völlige Dunkelheit
NZ, Nr. 79 v. 20. März 1935, S. 6

ZSg. 101/5/92/Nr. 1201   19. März 1935

Ueber die Veränderungen von Standorten der Wehrmacht bezw. Personalveränderungen in den Standorten soll vorläufig nichts berichtet werden, bevor nicht eine amtliche Meldung des Reichswehrministeriums vorliegt.

Gesehen: K., Fa., D.   Hbg. 1.35 Uhr
                       Brsl. 1.35 "
                       Chmn. 1.45 "

ZSg. 102/1/49 (3)   19. März 1935

Vom Reichsnährstand wurde in der Pressekonferenz gesagt, daß die Erdmagnetokultur des Gustav Winter keine so große Sensation sei, daß sich die Presse besonders darüber aufregen müsse.

21.03.1935 - 158 -

ZSg. 101/5/93/Nr. 1202   21. März 1935

DNB-Rundspruch. Berlin, den 21. März 35.

Die durch den Saarkommissar Gauleiter Bürckel ausgesprochene Nichtzulassung des Stahlhelm für das Saargebiet darf keinesfalls veröffentlicht werden.

K., Fa., D.   Hbg. 11.30
              Bresl. 11.42
              Chemn. 1.20

s. a. ZSg. 101/5/94: Bestellung für die Redaktionen:
Berlin, den 21. März 1935. Zu der Anweisung Nr. 1202:
bemerken wir nach Informationen noch folgendes: Gauleiter Bürckel hat gestern in einer großen Rundfunkansprache anlässlich der Gründungsversammlungen der NSDAP im Saargebiet das Verbot des Stahlhelm ausgesprochen, das er damit begründete:Der Stahlhelm hätte während des Wahlkampfes Sabotage geübt und sei marxistischen Einflüssen vielfach unterlegen gewesen. Gauleiter Bürckel verkündete, daß dieses Verbot des Saarstahlhelms im Einverständnis mit dem Arbeitsminister Franz Seldte erfolge. Anscheinend ist dieses Einverständnis in dieser Form nicht erfolgt, sodass die amtlichen Berliner Stellen zunächst ein Verbot aussprachen, die Ausführungen Bürckels in dieser Beziehung zu übernehmen. Ferner deutete der Gauleiter Bürckel in seiner gestrigen Rede an, dass er auch gegen die evangelische Kirche mit aller Schärfe vorgehen werde, wenn sie etwa den gleichen Kampf wie im übrigen Reich auf das Saargebiet übertragen würde. Mit der katholischen Kirche hofft der Reichskommissar ein gutes Einvernehmen zu halten, umsomehr da entscheidende Besprechungen der nächsten Zeit mit den Bischofstühlen von Speyer und Trier die Aussicht böten, zu einem völligen Einverständnis zu gelangen.
K., D.

Klarer Kurs des Nationalsozialismus
Gauleiter Bürckel zur Eingliederung der NSDAP des Saarlandes
SZ, Nr. 150 v. 22. März 1935, S. 2
s. a. NZZ, Nr. 527 v. 27. März 1935, S. 2

Bestellungen a. d. Propagandaministerium v. 21.3.35

ZSg. 101/5/95/Nr. 1203   21. März 1935

Es wird dringend darauf hingewiesen, dass Bilder, die aus irgendwelchen Betrieben stammen, die mit der Rüstungsindustrie irgendwie in Verbindung stehen, nur veröffentlicht werden dürfen nach vorheriger Genehmigung durch das zuständige Wehrkreiskommando (Abwehrstelle).

ZSg. 101/5/95/Nr. 1204   21. März 1935

Durch DNB wird ein Artikel über die Arbeit am Parteitagfilm verbreitet. Die Regierung legt grossen Wert auf möglichst guten Abdruck an bevorzugter Stelle.

s. a. ZSg. 101/5/92/Nr. 1197 v. 19. März 1935

ZSg. 101/5/95/Nr. 1205   21. März 1935

Die heutige Meldung des Führers für den Reichsarbeitsdienst, dass die Einführung der Wehrpflicht nichts an den eingegangenen Verpflichtungen zur Teilnahme am Arbeitsdienst ändere, soll an auffälliger Stelle veröffentlicht werden.

Gesehen: K., D.   Hbg. 9.15
          Brsl. brfl.
          Chmn. brfl.

Freiwilliger Arbeitsdienst durch die Wehrpflicht unberührt
Von zuständiger Stelle erfahren wir, daß durch die Einführung der allgemeinen Wehrpflicht der Fortgang des Arbeitsdienstes nicht berührt wird. Die zum 1. April 1935 abgeschlossenen Verpflichtungen zum Eintritt in den Freiwilligen Arbeitsdienst bleiben daher unter allen Umständen gesetzlich bindend.
HHN, Nr. 137 v. 22. März 1935 (M. A.), S. 1
s. a. VB (N. A.), Nr. 82 v. 23. März 1935, S. 1
   FZ, Nr. 150 v. 22. März 1935, S. 1

21./22.03.1935 - 160 -

ZSg. 102/1/39 21. März 1935

Durch DNB geht eine Meldung über eine Dritte Durchführungsverordnung zum Gesetz gegen heimtückische Angriffe auf Staat und Polizei und zum Schutze der Parteiuniformen, die wir Sie bitten mit Bürozeichen zu übernehmen.

Dritte Verordnung zur Durchführung des Gesetzes gegen heimtückische Angriffe auf Staat und Partei und zum Schutze der Parteiuniformen vom 16. März 1935 (RGBl. 1935, I, S. 387-389). Das Gesetz selbst stammte vom 20. Dezember 1934 und sollte einem Mißbrauch der Parteiuniform sowie der parteiamtlichen Abzeichen vorbeugen.
s. a. VB (N. A.), Nr. 81 v. 22. März 1935, S. 1

Bestellung aus der Pressekonferenz vom 22.3.35.

ZSg. 101/5/96/Nr. 1206 22. März 1935

Es wird noch einmal dringend darum gebeten, jeglichen Chauvinismus in diesen Tagen in Artikeln und Ueberschriften zu vermeiden.

s. a. ZSg. 101/5/90/Nr. 1191 v. 18. März 1935

ZSg. 101/5/96/Nr. 1207 22. März 1935

Bei Nennung der englischen Delegierten zu den Berliner Besprechungen geht es nicht an, "Sir Simon" oder "Lord Eden" zu schreiben. Nach englischem Sprachgebrauch muss es immer heissen "Sir John Simon", mit Vornamen also. Dagegen ist Eden zwar Lordsiegelbewahrer, aber selbst nicht Lord.

Am 24./25. hielten sich Simon und Eden in Berlin zu rüstungspolitischen Gesprächen auf (vgl. ZSg. 101/5/96/Nr. 1209 v. 22. März 1935).

ZSg. 101/5/96/Nr. 1208   22. März 1935

- 161 -   22.03.1935

Kombinationen darüber, ob wir zu einer Konferenz nach Stresa oder Como gehen, haben zu unterbleiben, weil darüber noch keinerlei amtliche Stellungnahme erfolgt ist. Es dürfen aber die Pressestimmen des Auslandes zu diesem Thema gebracht werden.

s. a. ZSg. 102/1/60 (2) v. 12. April 1935

Auf der Konferenz von Stresa (11. - 14. April 1935) wurde von den Vertretern Frankreichs, Englands und Italiens die durch die Einführung der Wehrpflicht in Deutschland neugeschaffene Situation in Europa verhandelt.

Dreierbesprechung ohne Deutschland
HHN, Nr. 139 v. 23. März 1935, S. 2

ZSg. 101/5/96/Nr. 1209   22. März 1935

Das Programm des englischen Besuches wird im einzelnen erst morgen herausgegeben werden. Vorläufig steht lediglich fest, dass die Engländer am Sonntag nachmittag ankommen und im Hotel Adlon Wohnung nehmen werden. Sonntag abend finden noch keinerlei Verhandlungen statt.

Gesehen: K., D., Fa.   Hbg. 12.53
                       Br. 12.55
                       Ch.   1.33

s. a. ZSg. 101/5/96/Nr. 1207 v. 22. März 1935
ZSg. 102/1/51 (2) v. 23. März 1935: Das Programm für den Besuch Simons wird erst am Montag in der Pressekonferenz bekanntgegeben, da es erst bei dem ersten offiziellen Besuch beim Reichsaußenminister am Montag vormittag besprocher werden kann. Eine Meldung über die morgige Ankunft wird vorläufig von Berlin nicht ausgegeben. Man müsse sowohl den Abflug in London als auch die Ankündigung der Ankunft in Berlin vorläufig den Engländern überlassen. Wahrscheinlich kommt DNB-Meldung aus London. (Natürlich kann morgen von hier aus über die tatsächlich erfolgte Ankunft berichtet werden).

Simon und Eden beim Führer
HHN, Nr. 142 v. 25. März 1935 (A. A.), S. 1-2

22.03.1935

ZSg. 101/5/97/Nr. 1210   22. März 1935

Bestellung a. d. Pressekonferenz v. 22.3.35

Die im heutigen Reichsgesetzblatt veröffentlichte Verordnung zum Gesetz über die Beurlaubung von Angestellten und Arbeitern für Zwecke der Leibeserziehung darf, wie schon das Gesètz selbst, nicht veröffentlicht werden.

Gesehen: D., Fa., K.   Hbg. 9.15
                       Brsl. 7.15
                       Chmn. 1.33 mittags

s. a. ZSg. 101/5/55/Nr. 1127 v. 20. Februar 1935
     ZSg. 101/5/60/Nr. 1137 v. 26. Februar 1935

Verordnung zum Gesetz über die Beurlaubung von Angestellten und Arbeitern für Zwecke der Leibeserziehung vom 19. März 1935 (RGBl. 1935, I, S. 382-383). Die Verordnung regelte die Finanzierung und Versicherung der nach dem Gesetz beurlaubten Angestellten und Arbeiter. Es wurde unterzeichnet vom Reichsminister des Innern, Frick, vom Reichsminister der Finanzen, Graf Schwerin von Krosigk, dem Reichswirtschaftsminister, mit der Führung der Geschäfte beauftragt: Hjalmar Schacht, und dem Reichsarbeitsminister, in Vertretung: Franz Seldte. Diese letzte Angabe wurde in einer Druckfehlerberichtigung korrigiert (S. 392): "Am Schluß der Verordnung ... sind bei den Unterschriften hinter "Der Reichsarbeitsminister" die Worte "In Vertretung" zu streichen."

Bestellungen a. d. Propagandaministerium v. 22.3.35

ZSg. 101/5/98/Nr. 1211   22. März 1935

Die beiden Meldungen des DNB über die Umbauten im früheren preussischen Innenministerium für Zwecke der Militärluftfahrt und über die Gründung der Zeppelinreederei sollen in guter Aufmachung herauskommen, damit der Oeffentlichkeit über die stufenweise Aufrüstung zur Luft Kenntnis gegeben wird.

s. a. ZSg. 102/1/32 v. 4. Januar 1935

22.03.1935

Dienstgebäude des Reichsluftfahrtministeriums im Bau
Auf dem Gelände des früheren preußischen Kriegsministeriums an der Leipziger und Wilhelmstraße sind zur Zeit Bauarbeiten im Gange. Hier entsteht durch einen Um- und Erweiterungsbau das neue Dienstgebäude des Reichsluftfahrtministeriums. ... Das Reichsluftfahrtministerium ist bekanntlich bisher in der Behrendstraße ((sic)) untergebracht, und zwar in dem früheren Direktionsgebäude der ehemaligen Darmstädter und Nationalbank, das sich aber für die besonderen Aufgaben des Ministeriums als nicht zweckmäßig erwiesen hat.
NZ, Nr. 83 v. 24. März 1935, S. 2

Gründung der Deutschen Zeppelinreederei. Das Archiv, März 1935, S. 1919 (22. März)

s. a. HHN, Nr. 139 v. 23. März 1935, S. 1
VB (N. A.), Nr. 83/84 v. 24./25. März 1935, S. 2
ZSg. 102/1/59 (2) v. 3. Mai 1935

ZSg. 101/5/98/Nr. 1212   22. März 1935

Heute abend kommt noch ein kurzes Interview Neuraths mit einer ausländischen Zeitung, in dem einige Freundlichkeiten für die Engländer hinsichtlich des Simon-Besuches stehen. Da es sich bei diesem Interview um die letzte offiziöse Stellungnahme zu dem kommenden diplomatischen Gespräch in Berlin handelt, bittet das Auswärtige Amt ebenfalls um Berücksichtigung und gute Aufmachung.

Gesehen: D., Fa., K.   Hbg. 9.15
                       Brsl. 7.30
                       Chmn. brfl.

Neurath zum englischen Besuch
... Die Reichsregierung sieht dem Besuch der englischen Regierungsvertreter mit Interesse und Befriedigung entgegen. Angesichts der Entwicklung der letzten Tage kann eine offene deutsch-englische Aussprache nur nutzbringend sein, und zwar für alle europäischen Staaten. ...
HHN, Nr. 139 v. 23. März 1935, S. 2
s. a. VB (N. A.), Nr. 83/84 v. 24./25. März 1935, S. 4
FZ, Nr. 152 v. 23. März 1935, S. 1

Klarheit war notwendig
Reichsaußenminister von Neurath erläutert das deutsche Wehrgesetz
Germania, Nr. 81 v. 21. März 1935, S. 1

22.03.1935

ZSg. 102/1/38   22. März 1935

Geheimrat Aschmann meinte in der Pressekonferenz, man möge den französischen Schritt beim Völkerbund nicht im Detail behandeln, also nicht erörtern, wie die Sache voraussichtlich im einzelnen in Genf verlaufen werde. Überhaupt sei kein allzu starker Hinweis auf diesen Schritt notwendig, es interessiere uns nicht, was in Genf vorgehen werde. Auch zur Rede Flandins wurden einige Bemerkungen gemacht, die sich im wesentlichen auf die Einseitigkeit der Flandinschen Darstellung bezogen, daß zum Beispiel von den 14 Punkten Wilsons überhaupt nicht gesprochen worden sei und daß die ganze französische Abrüstungspolitik immer darauf abgezielt habe, Deutschland die Gleichberechtigung nicht zu geben. Die Äußerung der "Times", die die Reise Edens nach Paris einen guten Beschluss und die Anrufung des Völkerbundes einen schlechten nennt, möge man in der deutschen Presse nicht zu sehr unterstreichen.

s. a. ZSg. 110/1/44-46 v. 21. März 1935
ZSg. 101/28/137-141 v. 20. März 1935 (Vertraulicher Informationsbericht Nr. 37) ((Nach diesen Informationen strebte Frankreich die politische Isolation Deutschlands durch die Anrufung des Völkerbundes an.))

Neben der Protestnote zur Wiedereinführung der Wehrpflicht wurde seitens der französischen Regierung auch eine Anrufung des Völkerbundes in die Wege geleitet. s. FZ, Nr. 149 v. 22. März 1935, S. 1

Woodrow Wilson (1856 - 1924), Professor der Geschichte und Staatswissenschaften, 1913 - 1921 Präsident der Vereinigten Staaten von Amerika. 1918 erörterte Wilson in einer Rede die Grundlagen für einen Weltfrieden, wobei er in 14 Punkten die Voraussetzungen auflistete.

A Good and a Bad Decision
The Times, Nr. 47,018 v. 21. März 1935, S. 15

Flandins Mohrenwäsche
HHN, Nr. 137 v. 22. März 1935, S. 1-2

23.03.1935

Bestellungen a. d. Pressekonferenz v. 23.3.35

ZSg. 101/5/99/Nr. 1213   23. März 1935

Ueber die Verleihung des Ehrenkreuzes durch den Reichswehrminister an den ehemaligen Kronprinzen soll in der Presse nichts berichtet werden.

Die Ehrenkreuze wurden bei Teilnahme am 1. Weltkrieg verliehen. Die Antragsfrist lief am 31. März 1935 ab (vgl. Kreuz-Z , Nr. 70 v. 23. März 1935, S. 4).

ZSg. 101/5/99/Nr. 1214   23. März 1935

In Köln findet demnächst ein Prozess gegen Ordensschwestern und Ordensbrüder wegen Devisenvergehen statt. Es wird gebeten, die sachlichen Berichte darüber zu bringen, jedoch keine hämischen antikirchlichen Kommentare.

Gesehen: D., Fa., K.   Hbg. brfl.
                       Brsl.
                       Chmn. brfl.

s. a. ZSg. 102/1/51 (4) v. 23. März 1935
      ZSg. 101/5/104/Nr. 1227 v. 29. März 1935

ZSg. 102/1/51 (1)   23. März 1935

Die Äußerungen im "Temps", der wirtschaftliche Maßnahmen gegen Deutschland in Erwägung zieht, sollten in der deutschen Presse entschieden zurückgewiesen werden. In der ausländischen Presse, besonders in der italienischen, sei unangenehm vermerkt worden, daß manche deutsche Zeitungen zu den Protestnoten die Überschriften gemacht hätten "Italienischer und französischer Protest zurückgewiesen". Das habe im Auslande zu dem falschen Eindruck geführt, als habe Neurath den Protest nicht entgegengenommen, wäh-

rend er in Wirklichkeit doch nur die Begründung zurückgewiesen
hat. Man möge sich doch genau an den Sachverhalt halten.

Deutschland weist die Proteste zurück
Germania, Nr. 82 v. 22. März 1935, S. 1
Deutschland lehnt die Proteste ab
WLZ, Nr. 81 v. 22. März 1935, S. 1
s. a. FZ, Nr. 150 v. 22. März 1935, S. 1
VB (N. A.), Nr. 82 v. 23. März 1935, S. 3

ZSg. 102/1/51 (3)   23. März 1935

Erst im Laufe des Nachmittags wird die Schacht-Rede vor dem
Preußischen Staatsrat ausgegeben. Von preußischer Seite wurde
in der Pressekonferenz eine Kommentierung der Reden angeregt
und ferner gesagt, es gehe nicht an, wie einzelne Berliner Zeitungen es getan hätten, aus dem amtlichen Text der Rust-Rede
einfach nur das herauszugreifen, was ihnen passe.

Rust über Bildung, Erziehung, Auslese
FZ, Nr. 153 v. 24. März 1935, S. 4

Wirtschaftspolitische Schicksalsfragen
Schachts Rede vor dem Preußischen Staatsrat
Im Rahmen der Arbeitstagung des Preußischen Staatsrates, in der
Ministerpräsident Göring und Reichsminister Rust die in vergangenen Ausgaben wiedergegebenen Reden hielten, sprach auch, wie
bereits gemeldet, Reichsbankpräsident Dr. Schacht. Sein Thema
war "Die heutige Lage Deutschlands in der Weltwirtschaft". ...
FZ, Nr. 154 v. 24. März 1935, S. 2
s. a. HHN, Nr. 139 v. 23. März 1935, S. 1
HHN, Nr. 141 v. 24. März 1935, S. 1

ZSg. 102/1/51 (5)   23. März 1935

Gerügt wurde der Anfang der Berichterstattung eines großen Blattes
(Berliner Tageblatt) über den Geschäftsabschluß der Ilse Bergbau.
Dort wurde erwähnt, daß im Juni 1934 ein Abkommen mit dem Treuhänder getroffen worden sei, auf Grund dessen man erhebliche Neueinstellungen vorgenommen habe. Die Folge sei gewesen, daß die
Gefolgschaft zum Teil mit unproduktiven Arbeiten habe beschäftigt
werden müssen und eine relative Verschlechterung der Rentabilität
eingetreten sei. Eine solche Berichterstattung schädige den Ge-

- 167 -   23./25.03.1935

danken der Arbeitsschlacht. (Bitte zeigen Sie dies auch dem Handel).

Ilse produzierte 1934 mehr und setzte weniger ab
Die Ilse Bergbau AG, die größte ostelbische Braunkohlengesellschaft berichtet für 1934 über eine Verminderung des Brikettabsatzes um 2,4 pCt. - der Absatz sank von 2,21 auf 2,15 Mill. to-, jedoch über eine Steigerung der Brikettproduktion um 2,6 pCt. Mit dem Treuhänder für den Braunkohlenbergbau wurde, wie man sich erinnern wird, im Juni 1934 ein Abkommen getroffen (es läuft noch bis Ende März 1935), auf Grund dessen die Gruben erhebliche Neueinstellungen vornahmen. Die Gefolgschaft mußte infolgedessen zum Teil mit unproduktiven Arbeiten beschäftigt werden, und diese Tatsache kommt nicht nur in der gegenläufigen Entwicklung von Produktion und Absatz, sondern auch in einer relativen Verschlechterung der Betriebsrentabilität zum Ausdruck. ...
BT, Nr. 139 v. 22. März 1935 (A. A.), S. 7

Geschäftsbericht der Ilse Bergbau AG
Wieder 6 % Dividende
... Im Berichtsjahr wurden erhebliche Mehreinstellungen vorgenommen, obwohl die Gefolgschaft dadurch zum Teil mit unproduktiven Arbeiten beschäftigt werden mußte. Dies hat auf die Erzeugungskosten verteuernd eingewirkt. ...
HHN, Nr. 138 v. 22. März 1935, S. 12
s. a. FZ, Nr. 152 v. 23. März 1935, S. 3

Bestellungen a. d. Pressekonferenz v. 25. März 1935

ZSg. 101/5/100/Nr. 1215   25. März 1935

Die italienischen militärischen Massnahmen sollen vorläufig nicht in Form von Leitartikeln behandelt werden. Die sachlichen Meldungen aus Rom können dagegen ausführlich gebracht werden.

s. a. ZSg. 102/1/32 (2) v. 25. März 1935

Neuer italienisch-abessinischer Zwischenfall
HHN, Nr. 143 v. 26. März 1935, S. 2

ZSg. 101/5/100/Nr. 1216   25. März 1935

Die Verhandlungen zwischen dem polnischen Botschafter Lipski und dem Reichsaussenminister und die Abwehr der damit verbundenen ausländischen Greuelmeldungen sollen in guter Aufmachung erscheinen.

Der polnische Botschafter bei Neurath
Der polnische Botschafter Lipski hat am Sonnabend, dem 23. März, den Reichsaußenminister Freiherrn von Neurath aufgesucht, um mit ihm die gegenwärtige internationale Lage zu besprechen, wie sie sich auf Grund der letzten Ereignisse entwickelt hat. Die in der Auslandspresse aufgetauchte Behauptung eines Protestes der polnischen Regierung gegen das Reichsgesetz vom 16. März ist völlig unzutreffend.
HHN, Nr. 142 v. 25. März 1935 (A. A.), S. 1

s. a. Diplomat in Berlin 1933 - 1939. Papers and Memoirs of Józef Lipski, Ambassador of Poland. Edited by W. Jędrzejewicz, New York, London 1968, S. 179 ff. Danach war sehr wohl von der Einführung der Wehrpflicht die Rede. Der polnische Botschafter brachte die Besorgnis seiner Regierung über die neugeschaffene Situation zum Ausdruck. s. a. ADAP, Serie C, Bd. III, 2, Nr. 553

ZSg. 101/5/100/Nr. 1217   25. März 1935

In den Ueberschriften zum Simon-Besuch soll weder ein betonter Optimismus noch ein betonter Pessimismus Platz greifen.

Gesehen: D., K., Fa.   Hbg. 12.50 Uhr
                       Brsl. 1.00 "
                       Chmn. 1.15 "

Simon und Eden beim Führer/Unter günstigen Vorzeichen
Schwierige Verhandlungen - aber Zuversicht
HHN, Nr. 142 v. 25. März 1935 (A. A.), S. 1

Die Aussprache zwischen dem Führer und den englischen Ministern
VB (N. A.), Nr. 85 v. 26. März 1935, S. 1

Was Deutschland erwartet
Die Berliner Besprechungen
Kreuz-Z , Nr. 72 v. 26. März 1935, S. 1

Worüber Simon und Eden sprachen
Germania, Nr. 86 v. 26. März 1935, S. 1

Die Besprechungen beim Führer
Ohne Formalitäten an die Arbeit/Vorsichtiger Optimismus/London blickt nach Berlin
NZ, Nr. 85 v. 26. März 1935, S. 1

- 169 -   25.03.1935

Ausgedehnte Nachmittagsbesprechungen in der Reichskanzlei
DAZ (R. A.), Nr. 141-142 v. 26. März 1935, S. 1

Medias in res
FZ, Nr. 156 v. 26. März 1935, S. 1

Offene Aussprache
Günstiger Eindruck der Vormittags-Besprechungen
BT, Nr. 144 v. 26. März 1935, S. 1

Bestellungen a. d. Propagandaministerium v. 25.3.35

ZSg. 101/5/101/Nr. 1218   25. März 1935

Am 22. April d. Js. jährt sich der 20. Jahrestag des ersten deutschen Gasangriffs von Ypern. Es wird seitens des Reichswehrministeriums gebeten, im Zusammenhang der vielfach üblichen 20jährigen Erinnerungsartikel auf dieses Ereignis nicht in den Einzelheiten einzugehen. Auch wird gebeten, keine Bilder, Tatsachenberichte oder ähnliches zu veröffentlichen.

s. a. ZSg. 102/1/32 (1) v. 25. März 1935: ... Auf keinen Fall mögen Tatsachenberichte und eingehende Schilderungen des Hergangs gebracht werden, auch nicht in illustrierten Wochenschriften (bitte teilen Sie dies auch dem Illublatt mit.)

Da am 21./22. April 1935 Ostern war und gleichzeitig der 46. Geburtstag Adolf Hitlers gefeiert wurde, spielte dieser Jahrestag keine Rolle in den Zeitungen.

ZSg. 101/5/101/Nr. 1219   25. März 1935

Bei den Berichten über den Berliner Besuch wird vom Auswärtigen Amt gebeten, nicht immer nur von Herrn Simon zu sprechen, sondern auch in gleicher Weise stets den Minister Eden zu erwähnen.

ZSg. 101/5/101/Nr. 1220   25. März 1935

Auf der Avus veranstalten gegenwärtig die Adlerwerke mit ihrem Wagentyp Trumpf Junior Versuchsfahrten mit dem Ziel, internatio-

25.03.1935

nale Rekorde zu brechen. Vorankündigungen über diese Absicht dürfen nicht gebracht werden.

Gesehen: D., Fa., K.   Hbg. 9.15
                       Brsl. 7.25
                       Chmn. brfl.

s. a. ZSg. 102/1/32 (3) v. 25. März 1935

In Erwartung eines Rekords
Adler-Trumpf-Junior mit Jaddatz steuert auf neue Bestleistung zu Nachdem die Versuchsfahrten des Einliter-Trumpf-Junior auf der Avus bereits gestern vorbehaltlich der Anerkennung durch die internationale Behörde vier neue Langstreckenrekorde in der Klasse von 750 bis 1 100 ccm nach Deutschland brachte, wird er voraussichtlich in kurzer Zeit auch einen neuen Langstreckenrekord über 4 000 Meilen gefahren haben. Genauere Mitteilungen folgen, da bei Redaktionsschluß noch wenige Kilometer an der neuen Höchstleistung fehlten.
BT, Nr. 148 v. 28. März 1935, S. 1

Rekordjagd geht weiter
BT, Nr. 149 v. 28. März 1935, S. 12

Nun 10 000 Km.-Rekord verbessert
Adler-Versuchswagen stellt immer mehr Bestleistungen auf
BLA, Nr. 76 A v. 29. März 1935, S. 4

ZSg. 102/1/32 (4)   25. März 1935

Im heutigen "12 Uhr-Blatt" ist ein Bild der österreichischen langen Kerls des neuen Wiener Gardebataillons abgebildet. Man meinte dazu, daß die Veröffentlichung dieses Fotos nicht vereinbar sei mit den Richtlinien über die Behandlung österreichischer Dinge.

s. a. ZSg. 101/5/41/Nr. 1102 v. 12. Februar 1935
      ZSg. 101/5/19/Nr. 1051 v. 22. Januar 1935
      ZSg. 102/1/55 (2) v. 30. März 1935

Zwölf-Uhr-Blatt (1919 - 1945), Boulevardzeitung, hervorgegangen aus der "Neuen Berliner Zeitung" (1931), s. a. W. Oschilewski, Zeitungen in Berlin, Berlin 1975, S. 162

26.03.1935

Bestellungen a. d. Pressekonferenz vom 26. März 1935

ZSg. 101/5/102/Nr. 1221   26. März 1935

Sprachregelung zu den Kownoer Urteilen. Von zuständiger Seite wird gebeten, in den Kommentaren das Urteil als reines Schandurteil zu kennzeichnen, und zwar mit den härtesten Worten. Die Anklage war juristisch völlig zusammengebrochen. Die verurteilten Deutschen sind Märtyrer an ihrem Volkstum und hinter ihnen steht das ganze deutsche Volk. Drohungen gegen Litauen sind zu unterlassen, dagegen ist mit aller Schärfe auf die Aufgabe der Signatarmächte hinzuweisen, die nun endlich einmal sich ihrer Pflichten besinnen müssen.

s. a. ZSg. 102/1/52 (2) v. 22. Dezember 1934
ZSg. 102/1/37 v. 26. März 1935
Korrespondenten-Kommentar: Der deutsche Nationalismus treibt reiche Frucht: Memel-Prozeß. Offene Hetze gegenüber der sonst nur versteckten.
s. a. ZSg. 101/5/104/Nr. 1226 v. 29. März 1935
ZSg. 102/1/69 (3) v. 18. Mai 1935
Schreckensurteile im Memel-Prozeß
HHN, Nr. 144 v. 26. März 1935 (A. A.), S. 1

Der Gipfel!
ebd. ((Kommentar))

Schandurteil in Kowno
VB (N. A.), Nr. 86 v. 27. März 1935, S. 1 u. 4

Schreckensurteile in Kowno
Ein Justizverbrechen/Ein politischer Tendenzprozeß
FZ, Nr. 158 v. 27. März 1935, S. 1-2

Das Schandurteil in Kowno
DAZ (R. A.), Nr. 143-144 v. 27. März 1935, S. 1 u. 3

Rechtsbruch in Kowno
Kreuz-Z , Nr. 73 v. 27. März 1935, S. 1

Vier Todesurteile in Kowno
Germania, Nr. 87 v. 27. März 1935, S. 1

Ungeheuerlicher Rechtsbruch in Kowno
Politische Bluturteile gegen die Memeldeutschen
NZ, Nr. 86 v. 27. März 1935, S. 1

Das Kownoer Schandurteil
NZ, Nr. 86 v. 27. März 1935, S. 1-2 ((Kommentar))

Vier Todesurteile in Kowno
BT, Nr. 145 v. 26. März 1935, S. 1

26.03.1935

ZSg. 101/5/102/Nr. 1222   26. März 1935

Gegen den jetzt verstorbenen Schauspieler Moissi sind Angriffe jeder Art zu unterlassen.

Alexander Moissi (1880 - 1935) war am 23. März gestorben. Er hatte im April 1933 Deutschland aus rassischen Gründen verlassen. s. a. J. Wulf, Theater und Film im Dritten Reich, Gütersloh 1964, S. 241

Alexander Moissi +
Der aus Triest stammende Schauspieler Alexander Moissi ist Freitag nach 7 Uhr abends in einem Wiener Sanatorium an den Folgen einer infektiösen Lungenentzündung im 55. Lebensjahr gestorben.
...
DAZ (R. A.), Nr. 139-140 v. 24. März 1935, S. 19
s. a. NZZ, Nr. 507 v. 24. März 1935, S. 1

E. Kr.:
Ein ehrlicher Nachruf
Der Fall Moissi
Am Grab eines Schauspielers
... Aber der so umstrittene Künstler wollte auch auf dem politischen Parkett gelten. Deshalb bekannte sich Moissi, der im Krieg noch als Freiwilliger und Flieger auf deutscher Seite gekämpft hatte, als - Kommunist. ... Sang- und klanglos war Moissis letzter Auszug aus Berlin, wo ihn ein verdorbener Publikumsgeschmack zehn Jahre früher noch als Heros der Schauspielkunst vergöttert hatte. Er ging nach Österreich, um dort - Emigrant zu werden, der überall, wohin er kam, Lästerreden gegen das neue Deutschland, das er gar nicht kannte, führen mußte ... Sein letzter Wunsch war italienischer Staatsbürger zu werden. Mussolini hat ihm diese Bitte kurz vor seiner Todesstunde erfüllt. Und so wurde eine Trennung, die das deutsche Publikum längst durchgeführt hatte, auch amtlich bestätigt.
Der Montag, Nr. 12 v. 25. März 1935, S. 10

Der Montag erschien im Scherl-Verlag zum Wochenbeginn anstelle des Berliner Lokal-Anzeigers.

Alfred Bassermann hatte Moissi nach dem Tode den Iffland-Ring verliehen, der dadurch nicht mehr weitergereicht werden konnte (vgl. Tagesspiegel/Eine unbegreifliche Tat Bassermanns. BLA, Nr. 74 v. 27. März 1935, S. 1-2 und
    Tagesspiegel/Der Iffland-Ring. BLA, Nr. 77 v. 30. März 1935, S. 2).

Bassermann vermachte den Ring dem Museum des Staatstheaters Wien. Derzeitiger Träger ist Josef Meinrad.

ZSg. 101/5/102/Nr. 1223   26. März 1935

Am 9. April findet der 70. Geburtstag Ludendorffs statt. An diesem Tage wird durch die Wehrmacht eine Ehrung vorbereitet werden, deren nähere Einzelheiten das DNB mitteilen wird. Es steht nichts im Wege, wenn die deutsche Presse die Feldherrnleistung in guter Form würdigt. Es sollen jedoch die alten Auseinandersetzungen über die Führung in der Schlacht von Tannenberg nicht wieder aufgerollt werden.

s. a. ZSg. 101/5/90/Nr. 1190 v. 18. März 1935
ZSg. 102/1/43 (1) v. 26. März 1935
ZSg. 101/5/113/Nr. 1245 v. 6. April 1935

Ehrungen für Ludendorff
Ein Erlaß des Führers
Kreuz-Z , Nr. B/a 83 v. 8. April 1935, S. 2

v. Wülcknitz:
Feldherrntum./Der Soldat Ludendorff./Zu seinem 70. Geburtstag.
Kreuz-Z , Nr. A 83 v. 7. April 1935, S. 3-4

Deutschland ehrt seinen Feldherrn Ludendorff
Ein Wort zu seinem 70. Geburtstag von Wolfgang Foerster, Oberstl. a. D. Direktor der Forschungsanstalt für Kriegs- und Heeresgeschichte
VB (N. A.), Nr. 99 v. 9. April 1935, S. 1-2

Ludendorff, der Siebzigjährige
Dem großen Feldherrn Ludendorff, der am 9. April seinen 70. Geburtstag begeht, widmen wir im Inneren dieses Blattes eine Seite mit Bildern und Aufsätzen.
HHN, Nr. 165 v. 7. April 1935, S. 1
HHN, Nr. 165 v. 7. April 1935, S. 9: Ludendorff, der Siebzigjährige

Ludendorff
... Es war wohl auch Überspannung einer bereits bis zum Höchstmaß gesteigerten militärischen Energie, als er sich im Sommer 1918 noch lange weigerte, die inzwischen eingetretenen Veränderungen auf dem westlichen Kriegsschauplatz zu erkennen. Nur so erklärt sich jene schnelle und nun allzu sprunghaft kommende Wandlung, die dann im Oktober zum Waffenstillstandsangebot führte. ... In den letzten Jahren ist Ludendorff einen weltanschaulichen Weg gegangen, auf dem ihm viele Menschen in Deutschland nicht gefolgt sind. Aber nie wird ihm die Nation den Respekt versagen, der dem Patrioten und großen Soldaten gebührt.
FZ, Nr. 182 v. 9. April 1935, S. 3

26.03.1935 - 174 -

ZSg. 101/5/102/Nr. 1224   26. März 1935

Ueber die Besprechungen in Berlin sollen ausländische Korrespondentenmeldungen, soweit sie allzu viel Einzelheiten aus den Besprechungen geben, nicht veröffentlicht werden. Jedoch soll alles das, was stimmungsmässig den Eindruck der Berliner Verhandlungen wiedergibt, gut herausgebracht werden. Am heutigen Abend werden die Verhandlungen vermutlich zu Ende gehen. Eine Pressekonferenz ist bereits einberufen, sodass wir ausführliche Kommentare oder Artikel für die Morgenblätter geben können.

Gesehen: Fa., D., K.   Hbg. 12.50 Uhr
                         Brsl. 12.55 "
                         Chmn. 1.10   "

s. a. ZSg. 102/1/46 v. 26. März 1935: ... Zu vermeiden sei insbesondere alles, was die ausländische Presse an Kombinationen über Österreich bringe.
s. a. ZSg. 102/1/50 (3) v. 28. März 1935

Zur negativen Einschätzung der Gespräche, die sogar eine "Versteifung der Lage" mit sich gebracht hätten s. ZSg. 101/28/143-147 v. 27. März 1935 (Informationsbericht Nr. 38).

Zu den konkreten Verhandlungsergebnissen s. ZSg. 101/28/149-153 v. 27. März 1935 (Informationsbericht Nr. 39): Von einem Herrn, der im allgemeinen zuverlässig über die politischen Auffassungen des Reichswehrministeriums, insonderheit der Stellen, die mit Herrn von Ribbentrop zusammenarbeiten, unterrichtet ist, erfahre ich heute in kurzer Zusammenfassung, daß bei den Berliner Besprechungen der Führer gegenüber den Engländern kurz folgenden Standpunkt eingenommen haben soll: ...

Im Gegensatz dazu die Informationen des Metger-Dienstes (ZSg. 110/1/47 v. 27. März 1935): Das Auswärtige Amt hat auch heute in der Pressekonferenz keinerlei Richtlinien über die Auswertung des englischen Besuches gegeben. Wir schwimmen also, und das ist umso schmerzlicher, als die Meinungen in der englischen Presse außerordentlich skeptisch gehalten sind. Das kommt überraschend, denn im Propagandaministerium wurde doch immer unausgesprochen angedeutet, daß wir eigentlich ganz zufrieden wären, und auch das, was ich über Simons Äußerungen in der internationalen Pressekonferenz am Dienstag abend hörte, war nicht so gehalten, daß man daraus auf einen Mißerfolg schließen müßte. ...

Das Ergebnis der deutsch-englischen Aussprache
HHN, Nr. 145 v. 27. März 1935, S. 1 ((u. Kommentar: Deutschlands Beitrag zum Frieden))
s. a. ADAP, Serie C, Bd. III, 2, Nr. 555

ZSg. 101/5/103/Nr. 1225   26. März 1935

DNB-Rundruf vom 26. März 35.

Der Ward Price-Artikel in der "Daily Mail" soll von den Zeitungen nicht mehr gebracht oder als Diskussionsgrundlage verwandt werden, da die dort gemachten Angaben nicht authentisch sind.

Gesehen: Fa., D., K.   Hbg. 10.10
                       Br.   8.50
                       Ch.   brfl.

s. a. ZSg. 102/1/117 v. 26. März 1935
Englische Befriedigung über den Berliner Empfang
Stärkste Anteilnahme der britischen Öffentlichkeit
... Die Kernfrage in den Berliner Berichten, die den Mittelpunkt der Verhandlungen bilden wird, ist in den Berichten verschieden dargestellt. In einem Punkt herrscht eine verhältnismäßige Einmütigkeit: Der Osteuropapakt ist, wie sich der Sonderberichterstatter der "Daily Mail", Ward Price, ausdrückt, der Felsblock auf dem Wege Sir John Simons. ... Der im allgemeinen sehr gut unterrichtete Spezialberichterstatter der "Daily Mail", Ward Price, ist der Meinung, daß drei Punkte im Vordergrund der Besprechungen stehen würden, nämlich die schon erwähnten Fragen des Ostpaktes, eine Verstärkung der deutschen Flotte, die Rückgabe einiger Kolonien und vor allen Dingen die Aufhebung der Internationalisierung der deutschen Ströme. Was die Luftfrage angeht, so wird sie von den meisten Korrespondenten, soweit sie auf Osteuropa Bezug hat, optimistisch beurteilt. Deutschland, meinte der "Daily-Mail"-Berichterstatter, würde durchaus bereit sein, ein dreieckiges Abkommen zwischen den drei Westmächten gutzuheißen, und zwar auf ungefähr der gleichen Stärke an Flugzeugen. Er weist aber zugleich darauf hin, daß Deutschland seine Ostgrenze beachten müsse, und Deutschland würde im Falle eines Luftabkommens mit Frankreich und England den Vorbehalt machen, daß im Falle einer Verstärkung der sowjetrussischen Luftstreitkräfte Deutschland und ebenso natürlich seine beiden westlichen Vertragspartner berechtigt sein würden, ihre Luftstreitkräfte entsprechend zu vermehren. ...
DAZ (R. A.), Nr. 141-142 v. 26. März 1935, S. 2
DAZ (B. A.), Nr. 142 v. 25. März 1935, S. 2

Zur Frage der kolonialen Forderungen s. ADAP, Serie C, Bd. III, 2, Nr. 549 (Der Präsident des Reichskolonialbundes Schnee an den Führer und Reichskanzler Hitler)

26./27.03.1935

ZSg. 102/1/43 (2) 26. März 1935

Ausländische Zeitungen haben gemeldet, Otto Wolff habe große Rüstungsgeschäfte mit Rußland abgeschlossen. Solche Berichte, die völlig unrichtig seien, sollen in der deutschen Presse nicht erscheinen.

Otto Wolff (1881 - 1940), Begründer einer Eisengroßhandlung in Köln 1904, 1922 Initiative zur Gründung der Deutsch-Russischen Handels AG in Berlin. Beteiligt am Bau der mandschurischen Eisenbahn. Mitbegründer der Vereinigten Stahlwerke AG 1926. Sein Eisen-Stahlkonzern gehörte zu den 8 größten in Deutschland.

Vor dem Abschluß des deutschen Rußlandkredits
NZZ, Nr. 518 v. 26. März 1935, S. 2

s. a. ADAP, Serie C, Bd. III, 2, Nr. 529, 546, 562
ADAP, Serie C, Bd. IV, 1, Nr. 20 ff.

ZSg. 102/1/50 27. März 1935

Das gestrige Verbot von Heß, über Reichsreform zu schreiben, gilt selbstverständlich auch für die gesamte Presse, gleichgültig ob Parteipresse oder andere. Zu Ihrer Information wollen wir Ihnen sagen, daß die Außenpolitik in der Pressekonferenz überhaupt nicht zur Sprache kam.

Keine Erörterung der Reichsreform
Anordnung des Stellvertreters des Führers
Der Stellvertreter des Führers, Hess ordnet an: Nach dem ausdrücklichen Wunsch des Führers sollen Erörterungen jeder Art über die Reichsreform unterbleiben. Ich ordne deshalb an, daß sich die Dienststellen der NSDAP und alle Parteigenossen jeder öffentlichen Erörterung über die Reichsreform - sei es schriftlich oder mündlich - zu enthalten haben. Unter Reichsreform ist nicht nur die künftige gebietliche Abgrenzung der Reichsgaue zu verstehen, darunter fallen vielmehr auch Fragen der organisatorischen Einrichtungen der Reichsgaue und der personellen Besetzung der leitenden Stellen.
HHN, Nr. 144 v. 26. März 1935, S. 1

Der Fortgang der Reichsreform
FZ, Nr.123 v. 8. März 1935, S. 3 ((Kommentar))

Der Verfasser der ersten Reichsreformentwürfe, Helmut Nicolai, war im Februar 1935 in die Schweiz geflohen und nach seiner Rückkehr

- 177 - 27./28.03.1935

verhaftet worden. Die Anklage lautete auf "Verfehlungen gegen
§ 175 des Reichsstrafgesetzbuches" (vgl. NZZ, Nr. 847 v. 15. Mai
1935, S. 2, s. a. ZSg. 101/2/68/Nr. 110 v. 11. Dezember 1933).

ZSg. 102/1/50 (1) 28. März 1935

Eine Meldung, daß der polnische Außenminister [1] dem französischen Botschafter in Warschau [2] erklärt habe, er verspreche sich von einer direkten Aussprache zwischen ihm und Laval nichts und habe deshalb Laval nicht nach Warschau eingeladen, soll nicht veröffentlicht werden.

s. a. ZSg. 110/1/51 v. 28. März 1935

1) Józef Beck
2) Jules Laroche

Am 28. März trat die polnische Regierung zurück, aber im neuen Kabinett wurde lediglich der Ministerpräsident ausgetauscht.

M. Laval and German Collaboration
The Times, Nr. 47,023 v. 27. März 1935, S. 14

In dieser Rede Lavals vor dem Senat nennt er als Reiseziel seiner Wahl lediglich Moskau.
s. a. ZSg. 101/5/153/Nr. 1311 v. 11. Mai 1935

ZSg. 102/1/50 (2) 28. März 1935

Über die Differenzen, die zwischen den beiden deutschen Zeitungen im Posenschen Gebiet, der Bromberger und der Posener Zeitung entstanden sind, möge die deutsche Presse nicht berichten.

s. a. ZSg. 110/1/52 v. 28. März 1935

Ein neuer Propaganda-Trick
Posener Tageblatt, Nr. 71 v. 26. März 1935, S. 3

Die "Deutschen Nachrichten",das Posener Organ der Jungdeutschen Partei,warfen der "Deutschen Rundschau" in Bromberg vor, in einer Druckerei hergestellt zu werden, die auch polnische Lohndruckaufträge durchführte, woraufhin die "Rundschau" konterte, die "Nachrich-

28.03.1935

ten" würden selbst in der polnischen "Drukarnia Centralna" hergestellt, ohne daß dies dem Blatt jemals von der "Rundschau" zum Vorwurf gemacht worden sei.

ZSg. 102/1/50 (3) 28. März 1935

Im allgemeinen habe die deutsche Presse die ausländischen Pressestimmen zum Simon-Besuch richtig wiedergegeben und auch die Tendenz der eigenen Artikel sei richtig gewesen, allerdings mit wenigen Ausnahmen. Als solche wurde z. B. die große Überschrift des "8 Uhr-Abendblatts" erwähnt "Silberstreifen?" und die Äußerung in einer nicht genannten Zeitung, die festgestellt hatte, daß die englische und die deutsche Politik vollkommen gleichlaufen. Bitte übernehmen Sie von DNB ein Dementi gegen die sensationellen Meldungen im "Daily Telegraph" über die angeblichen Forderungen Hitlers an Simon und eine zweite DNB-Meldung, die sich gegen die italienische Presse wendet, die von deutschen Interessen in Abessinien schreibt.

s. a. ZSg. 101/5/102/Nr. 1224 v. 26. März 1935
ZSg. 101/28/145 v. 27. März 1935 (Informationsbericht Nr. 38): ... Wenn der "Daily Telegraph" hieraus folgert, daß Deutschland die Rückgabe von Memel und des Korridors gefordert und auch die Übereignung der sudetendeutschen Gebiete der Tschechoslowakei und die Möglichkeit eines Anschlusses Österreichs an Deutschland verlangt habe, so ist das zwar eine Kombination, dürfte aber den Eindrücken der englischen Minister entsprechen, die aus der Weigerung Deutschlands, den status quo anzuerkennen, derartige Schlüsse gezogen haben. ...

s. a. ZSg. 110/1/49-51 v. 27. März 1935

Eine Falschmeldung des "Daily Telegraph"
Die Nachricht des "Daily Telegraph" vom 27. März 1935, wonach der Führer und Reichskanzler in seinen Gesprächen mit den englischen Staatsmännern unter anderem die Forderung der Rückgewinnung des Korridors, der Angliederung der deutschsprachigen Gebiete der Tschechoslowakei usw. als Programmpunkte der deutschen Politik aufgestellt haben soll, ist in ihrem ganzen Inhalt frei erfunden und stellt sich als eine ganz üble politische Brunnenvergiftung dar, die von deutscher Seite auf das schärfste zurückgewiesen wird.
FZ, Nr. 162 v. 29. März 1935, S. 2

Eine böswillige Verdächtigung Deutschlands
In der italienischen Presse wollen die Verdächtigungen nicht verstummen, Deutschland verfolge in Abessinien besondere Interessen und habe Instruktionsoffiziere und Kriegsmaterialien in Addis

28./29.03.1935

Abeba angeboten. Alle diese Nachrichten sind frei erfunden und sind in Berlin und Rom offiziell dementiert worden. Wenn heute ein italienisches Blatt auf diese Tendenzmeldungen zurückkommt, so kann dies nur als böswillige Verdächtigung bezeichnet werden.
FZ, Nr. 162 v. 29. März 1935, S. 2
Zu den deutschen Interessen in Abessinien s. a. ADAP, Serie C, Bd. III, 2, Nr. 557, 558. Bd. IV, 1, Nr. 83
Bericht des AA an die deutschen Vertretungen im Ausland über den englischen Besuch s. ADAP, Serie C, Bd. III, 2, Nr. 564.

Bestellungen a. d. Pressekonferenz v. 29.3.35

ZSg. 101/5/104/Nr. 1226   29. März 1935

Litauische Pressestimmen zum Memelprozess dürfen, wenn sie überhaupt gebracht werden, nur zusammen mit einem ablehnenden Kommentar veröffentlicht werden.

s. a. ZSg. 101/5/102/Nr. 1221 v. 26. März 1935
ZSg. 102/1/55 (3) v. 29. März 1935: Das "Berliner Tageblatt" habe litauische Pressestimmen gebracht, dabei aber nur in der Überschrift und durch ein Ausrufungszeichen Kritik an den litauischen Äußerungen geübt. Das sei doch wohl zu wenig. Wenn man solche Pressestimmen veröffentlichen wolle, müsse man sie schärfer zurückweisen. (Bitte schauen Sie daraufhin die Meldung an, die wir heute auf dem Ferndrucker von Kowno gegeben haben.)

In der Ausgabe A des "Berliner Tageblatts" war ein derartiger Artikel nicht nachzuweisen.

Verletztes Rechtsgefühl
... Hätten die Angeklagten von Kowno wirklich den Versuch gemacht, das Memelland gewaltsam von Litauen loszulösen, dann läge ein anderer Fall vor. Gerade darum erscheinen die litauischen Pressestimmen so abwegig, die nunmehr klar zu machen versuchen, daß die Organisierung des bewaffneten Landesverrats ... nur abschreckend bestraft werden dürften. Die litauische Presse macht es sich allzu leicht ...
FZ, Nr. 164 v. 30. März 1935, S. 3

ZSg. 101/5/104/Nr. 1227   29. März 1935

Die Meldung über die Devisenaktion gegen katholische Klöster darf nicht kommentiert werden.

29.03.1935 - 180 -

Gesehen: D., Fa., K. Hbg. 1.00
                     Brsl. 12.58
                     Chmn. 1.18

s. a. ZSg. 102/1/55 (1) v. 29. März 1935
      ZSg. 101/5/99/Nr. 1214 v. 23. März 1935

<u>Devisenschiebungen in katholischen Klöstern</u>
Entgegen umlaufenden falschen Gerüchten wird von der Zollfahndungsstelle Berlin folgendes mitgeteilt: Mitte März dieses Jahres fanden wegen dringenden Verdachts schwerer Devisen- und Effektenschiebungen durch die zuständigen Zollfahndungsstellen Untersuchungen bei zahlreichen katholischen Klöstern im ganzen Reiche statt mit dem Ergebnis, daß große Vergehen in devisenrechtlicher Hinsicht festgestellt wurden. Soweit sich bislang übersehen läßt, handelt es sich um Werte von mindestens 2 1/2 Millionen Reichsmark. Eine Reihe von Geistlichen, Ordensschwestern und Ordensbrüdern befindet sich in Haft. Einzelheiten waren im Interesse der schwebenden Ermittlungen vorerst nicht bekanntgegeben worden. Weitere Berichte bleiben jedoch vorbehalten.
VB (N. A.), Nr. 89 v. 30. März 1935, S. 1
s. a. WLZ, Nr. 89 v. 30. März 1935, S. 1
     NZZ, Nr. 629 v. 10. April 1935, S. 2
     ZSg. 101/5/154/Nr. 1312 v. 13. Mai 1935

ZSg. 102/1/55 (2)   29. März 1935

Aufmerksam gemacht wurde darauf, daß manche Zeitungen in ihren Köpfen noch den Hinweis darauf tragen, daß bei Streik und Aussperrung man zu Lieferungen nicht verpflichtet sei. Da es nach den neuen Gesetzen Streiks und Aussperrungen nicht mehr gebe, möge man doch auch die Zeitungsköpfe daraufhin korrigieren.

BLA: Bei Ausfall der Lieferung wegen höherer Gewalt oder Betriebsstörung kein Anspruch auf Nachlieferung oder Rückzahlung.

BT: Im Falle höherer Gewalt oder Verbots besteht kein Anspruch auf Nachlieferung oder Erstattung des entsprechenden Entgelts.

DAZ: Bei unverschuldeter Nichtbelieferung besteht kein Anspruch auf Vergütung.

DBZ: -

FZ: Störungen durch höhere Gewalt berechtigen nicht zu Ersatzansprüchen.

- 181 -   29./30.03.1935

Germania: -

Kreuz-Z : Lieferungsschwierigkeiten durch höhere Gewalt schließen
Ersatzansprüche aus.

NZ: Im Falle von Betriebsstörungen durch höhere Gewalt usw. besteht kein Anspruch auf Lieferung oder Nachlieferung der NZ oder Rückzahlung des Bezugsgeldes.

RWZ: Keine Ersatzansprüche bei Nichtlieferung wegen Streik oder höherer Gewalt.

VB: -

WLZ: -

ZSg. 101/5/105/Nr. 1228   30. März 1935

Bestellung a. d. Pressekonferenz v. 30.3.35
Der Reichswirtschaftsminister hat soeben für alle deutschen Zeitungen ein striktes Verbot erlassen, über die Pläne der Ausfuhrförderung noch etwas zu berichten. Das gesamte Thema soll von der deutschen Presse vorläufig unter keinen Umständen mehr behandelt werden, nachdem eine Zeitung eine Deutschland sehr schädigende Indiskretion begangen hat.

Gesehen: Fa., D., K.   Hbg. brfl.
                       Brsl. "
                       Chmn. brfl.

s. a. ZSg. 102/1/55 (4) v. 30. März 1935: Das Reichswirtschaftsministerium teilte mit: Kürzlich hat Reichsbankdirektor Brinkmann in kleinem Kreis vertraulich über Exportpläne gesprochen. Eine Veröffentlichung seiner Darlegung ist von vornherein verboten worden. Trotzdem ist in einer Berliner Zeitung ein Aufsatz über Exportkartelle gebracht worden, (DAZ vom 24. März), der inhaltlich den Ausführungen Brinkmanns sehr ähnlich ist, ohne daß jedoch erwiesen ist, daß der Aufsatz tatsächlich auf dessen Darlegungen zurückgeht. Der Artikel enthält ungefähr alles, was man dem Ausland sagen würde, um eine Ausfuhrförderung völlig unmöglich zu machen. Der Reichswirtschaftsminister erklärte es als unerwünscht und unzulässig, daß über die Ausfuhrförderung überhaupt noch etwas in der Tages- und Fachpresse geschrieben wird (bitte Wirtschaftspolitik und Handel informieren).
s. a. ZSg. 110/1/53 v. 30. März 1935
ZSg. 101/5/73/Nr. 1158 v. 5. März 1935
ZSg. 101/5/140/Nr. 1289 v. 4. Mai 1935

30.03.1935 - 182 -

Josef Winschuh:
Kartelle im Netz
... Der Reichswirtschaftsminister sprach hier als Sachwalter der Ausfuhrförderung, der Einfuhrsicherung und des Devisenhaushalts. In Münster führte kurz nach Leipzig Dr. Goerdeler aus, daß es unsinnig sei, auf die Dauer den Weg zum billigsten Preis zu versperren und daher Kartelle und Preisbindungen eine Übergangserscheinung sein müßten. ...
DAZ (R. A.), Nr. 139-140 v. 24. März 1935, S. 13

ZSg. 101/5/106/Nr. 1229   30. März 1935

DNB-Rundruf v. 30.3.35.
Ueber das kleine Richtfest in Gatow b. Berlin, darf nur der DNB-Text veröffentlicht werden. Bildberichterstattung ist unzulässig.

Gesehen: Fa., D., K.   Hbg.   9 Uhr 15
                       Bresl. brieflich
                       Chemn. brieflich

Göring bei einem Richtfest
Am Sonnabend nachmittag fand in Gatow bei Berlin ein kleines Richtfest anläßlich der Fertigstellung von Neubauanlagen statt, bei der Ministerpräsident Göring eine kurze Ansprache an die bei den Bauten beteiligten Arbeiter richtete und ihnen seinen Dank für die geleistete Arbeit aussprach.
BLA, Nr. 78 v. 31. März 1935, S. 6
s. a. NZ, Nr. 90 v. 31. März 1935, S. 1

In Berlin-Gatow wurden mit dem 1. November 1935 die Luftkriegsakademie und die Lufttechnische Akademie aufgestellt. R. Absolon, Die Wehrmacht im Dritten Reich, Bd. 3, Boppard 1975, S. 182

ZSg. 102/1/55 (1)   30. März 1935

Aufmerksam gemacht wurde auf den "Times" Artikel des Moskauer Sonderkorrespondenten, der zu dem Schluß kommt, daß als Endeffekt des Ostpakt-Plans, wohl ein sowjetrussisch-französisch-tschechisches Bündnis zu erwarten sei. Das stimme also mit dem überein,

was man hier stets als Gefahr des Ostpakts hingestellt habe und
womit man die Abneigung gegen die assistance mutuelle begründet
habe.

s. a. ZSg. 110/1/53-54 v. 30. März 1935
ZSg. 102/1/41 (5) v. 1. April 1935

The Moscow Talks/Mr. Eden visits Mr. Stalin/German Policy Surveyed
The Times, Nr. 40,026 v. 30. März 1935, S. 14

ZSg. 102/1/55 (2)   30. März 1935

Ein grosses Berliner Blatt (es war die Börsenzeitung) habe sich
wieder nicht an die Sprachregelung über Österreich gehalten und
ausführlich über Österreichs Theater und österreichische Musik
berichtet, was völlig überflüssig sei.

s. a. ZSg. 102/1/32 (4) v. 25. März 1935
ZSg. 110/1/54 v. 30. März 1935

Wiener Theater und Musik
BBZ, Nr. 149 v. 29. März 1935, S. 8
Die Besprechung der neuesten Theater- und Konzertaufführungen von
Robert Hohlbaum ist überwiegend positiv.

ZSg. 102/1/55 (3)   30. März 1935

Die Memelangelegenheit biete nochmals Gelegenheit für Sonntags-
artikel, in denen abermals ein nachdrücklicher Appell an die
Signatarmächte zu richten wäre.

s. a. ZSg. 101/5/102/Nr. 1221 v. 26. März 1935
ZSg. 110/1/53 v. 30. März 1935
ZSg. 101/5/107/Nr. 1231 v. 1. April 1935
ZSg. 102/1/41 (6) v. 1. April 1935

Die meisten Zeitungen gingen dieser Anregung nicht nach, sondern
würdigten mehr oder weniger ausführlich den 120. Geburtstag
Bismarcks.

30.03.1935

ZSg. 102/1/55 (5)   30. März 1935

Von der Rechtsfront der NSDAP wurde erklärt, es sei der Eindruck
entstanden, als handle es sich bei der Kundgebung, die die Rechtsfront am 1. April aus Anlaß der Vereinheitlichung der Justiz ab-
halten wollte, um eine Demonstration gegen die amtliche Kundgebung, die für den 2. April angesetzt ist. Reichsminister Frank
habe, um diesen Eindruck zu vermeiden, die Kundgebung bis Mitte
April verschoben.

s. a. ZSg. 110/1/53 v. 30. März 1935
ZSg. 101/5/137/Nr. 1282 v. 2. Mai 1935

Drittes Gesetz zur Überleitung der Rechtspflege auf das Reich
vom 24. Januar 1935.(RGBl. 1935, I, S. 68-69)
§ 1. Mit dem 1. April 1935 werden die Justizbehörden der Länder
Reichsbehörden, die Justizbeamten der Länder unmittelbare Reichsbeamte, die Angestellten und Arbeiter der Landesjustizbehörden
treten in den Dienst des Reiches.

Staatsakt zur Vereinheitlichung der Justiz
Der Aufbau der Reichsjustiz ist vollendet
HHN, Nr. 157 v. 3. April 1935, S. 1

Frank, der zu diesem Zeitpunkt Reichsminister ohne Geschäftsbereich war und Präsident der Akademie für Deutsches Recht wird in
der Rede Görings bei diesem Staatsakt lobend erwähnt, war aber
nach der Berichterstattung nicht Teilnehmer der Veranstaltung. Die
Kundgebung fand auch nicht Mitte April statt, der "Reichsjuristen-
führer" begnügte sich mit einem Aufruf an die nationalsozialistischen Rechtswahrer (vgl. Das Archiv, April 1935, S. 65 (2. April
1935)).

Der Konflikt zwischen den Ministern Frank und Gürtner
Der schon seit Monaten schwebende Konflikt zwischen den Reichs-
ministern Dr. Frank und Gürtner tritt in diesen Tagen wieder auf-
fällig in Erscheinung. Die Kombination, den nationalsozialistischen Draufgänger Dr. Frank und den alten bürgerlichen Routinier
Gürtner nebeneinander an die Spitze der Justizverwaltung zu stellen, hat sich als ausgesprochener Mißgriff herausgestellt. ...
Gestern hat Dr. Frank nun die Gelegenheit benützt, um seine Mißstimmung zu manifestieren. Er weigerte sich, an einer großen
Feier in der Berliner Staatsoper anläßlich der Überführung des
gesamten Gerichtswesens an das Reich teilzunehmen, obwohl Hitler
und alle in Berlin anwesenden Reichsminister sich zu dem Staatsakt einfanden. Dem Boykott schloß sich auch der ganze Stab Dr.
Franks an, der als "Führer der deutschen Rechtsfront" die Stan-
desorganisation der Juristen, Richter und Anwälte leitet und
überdies an der Spitze der von ihm selbst gegründeten Akademie
für deutsches Recht steht. Dafür erließ Dr. Frank Einladungen für
eine auf den folgenden Tag angesetzte Sonderfeier der Deutschen
Rechtsfront. Sobald Hitler von diesem Plan Kenntnis erhielt, erließ er ein Verbot der mit einer demonstrativen Spitze gegen den

Reichsjustizminister versehenen Festsitzung. In der Staatsoper gingen die offiziellen Redner Göring, Gürtner und Dr. Frick mit eisigem Stillschweigen über die Rolle hinweg, die Frank in der Rechtsentwicklung der beiden letzten Jahre gespielt hat; dagegen wurden die Verdienste des ehemaligen preußischen Justizministers Kerrl, der sich gutwillig unterworfen hat, gebührend unterstrichen.
...
NZZ, Nr. 581 v. 4. April 1935, S. 2

ZSg. 102/1/55 (6)   30. März 1935

Gebeten wurde, bei sportlichen Rekorden zunächst immer hinzuzufügen, vorbehaltlich der Anerkennung durch die AEACR((sic)), wobei allerdings im Moment niemand den genauen Titel dieser Organisation wußte. Die Sportredaktion wird wohl im Bilde sein.

s. a. ZSg. 101/5/55/Nr. 1129 v. 20. Februar 1935
     ZSg. 110/1/54 v. 30. März 1935
     ZSg. 101/5/101/Nr. 1220 v. 25. März 1935

AIACR: Association Internationale des Automobile Clubs Reconnus

1904 in Bad Homburg gegründet, regelte diese Organisation den internationalen Kraftwagensport und veranstaltete Welt- und Europameisterschaften. Sie ging über in die FIA (Fédération Internationale de l'Automobile).

ONS: Oberste Nationale Sportbehörde für die deutsche Kraftfahrt

1.04.1935 - 186 -

Bestellungen a. d. Pressekonferenz vom 1. April 1935.

ZSg. 101/5/107/Nr. 1230   1. April 1935

Das Thema des Anbaues von Blumenzwiebeln soll mö((glichst)) nicht angeschnitten werden, da die Verhandlungen mit Holla((nd)) in einem für Deutschland günstigen Sinne abgeschlossen word((en sind.))

s. a. ZSg. 102/1/41 (8) v. 1. April 1935:
Mit Rücksicht auf deutsch-hollaendische Abmachungen und um keine unerwuenschte Konjunktur ((sic)) aufkommen zu lassen, moege ueber den Blumenzweifelanbau ((sic)) in Deutschland, vor allem in Ostfriesland, nicht zu auffallend in den Zeitungen berichtet werden. Bitte uebermitteln Sie diesen Wunsch des Reichsnaehrstandes der Wirtschaftspolitik.
s. a. ZSg. 110/1/56 v. 1. April 1935

Das deutsch-niederländische Wirtschaftsabkommen vom 18. Dezember 1935 sah für das Jahr 1936 allerdings eine "erhöhte Einfuhr landwirtschaftlicher Erzeugnisse aus Holland" vor (Keesing 1935, 2350 F).

Neue Bestimmungen über die Ausstellung von Verrechnungszertifikaten im deutsch-niederländischen Handel
HHN, Nr. 157 v. 3. April 1935, S. 5

Monopolisierung der niederländischen Gemüse- und Obstausfuhr nach Deutschland
ebd.

ZSg. 101/5/107/Nr. 1231   1. April 1935

Die Reuter-Meldung aus Kowno, wonach litauische Staatsangehörige kein Durchreisevisum durch Deutschland mehr erhalten. darf nicht übernommen werden.

s. a. ZSg. 102/1/41 (1) v. 1. April 1935
    ZSg. 110/1/57 v. 1. April 1935
    ZSg. 102/1/55 (3) v. 30. März 1935

Reuters Ltd. 1865 gegründet, wurde die Gesellschaft eine weltweite britische Nachrichtenagentur, die mit den anderen führenden Agenturen (Havas, WTB und AP) ein Abkommen hatte zur Abgrenzung der geographischen Interessengebiete. Mit Wirkung vom 1. Januar 1934 wurde das Korrespondentennetz des WTB durch das halbamtliche DNB übernommen.

1.04.1935

Germany and Memel
Visas Refused To Lithuanians
A new complication has arisen in Lithuanian relations with
Germany as an outcome of the Memel trial. The German consulate
in Kaunas has refused to visa the passports of Lithuanian
citizens travelling to Germany, including even transit visas.
Hitherto visas have been granted with the minimum of formalities.
...
The Times, Nr. 47,028 vom 2. April 1935, S. 13

ZSg. 101/5/107/Nr. 1232   1. April 1935

Die den Zeitungen zugeleitete Propagandaschrift über die
olympischen Spiele soll in den Sportteilen ausführlich besprochen werden.

Gesehen: Fa., D., K.   Hbg. 12.55
                        Br. 12.58
                        Ch.   1.15

s. a. ZSg. 102/1/41 (3) v. 1. April 1935
      ZSg. 110/1/57 v. 1. April 1935:
... Sie ((die Propagandaschrift))stelle zum ersten Male die gesamte
Kampfstätte dar und enthalte den gesamten Veranstaltungsplan der
Olympischen Spiele in Berlin.

Bestellungen a. d. Propagandaministerium v. 1. April 1935

ZSg. 101/5/108/Nr. 1233   1. April 1935

Von dem Vorsitzenden des Verbandes der Haus- und Grundbesitzer-
vereine Tribius wird an die Schriftleitungen ein Brief verschickt,
in dem eine Kritik an dem Gesetz zur Förderung des Wohnungsbaus
geübt wird, das die Regierung vor einigen Tagen verabschiedet hat
und in dem bekanntlich bestimmt wird, dass die Hauszinssteuer-
senkung zur Zeichnung einer Anleihe zur Förderung des Kleinwohnungsbaus verwendet werden soll. Von diesem Brief dürfen die Redaktionen
keine Notiz nehmen.

1.04.1935   - 188 -

Gesetz zur Förderung des Wohnungsbaus vom 30. März 1935.(RGBl. 1935, I, S. 469). Nach diesem Gesetz wird dem Finanzminister ein Betrag bis zu 50 Millionen RM zur Verfügung gestellt, um ihn "für Zwecke der Kleinsiedlung und des Kleinwohnungsbaus zu verwenden" (§ 1).

Haus- und Grundeigentümer - Kundgebung in Hamburg
HHN, Nr. 173 v. 12. April 1935, S. 1

Kundgebung der Haus- und Grundbesitzer
Obersturmbannführer Tribius spricht
... Vom Beifall begrüßt, ergriff dann der Führer des Zentralverbandes Obersturmbannführer Tribius das Wort. Er sagte, daß er Verständnis habe für ein gewisses Gefühl der Enttäuschung bei den Haus- und Grundbesitzern, daß er aber hoffe, ihnen neue Zuversicht geben zu können. Wenn auch viele Fragen, die den Hausbesitzer beschäftigen, noch nicht gelöst seien, so seien doch beträchtliche Erleichterungen spürbar geworden, und wie für den Hausbesitz, so verhalte es sich für die gesamte Wirtschaft. Man müsse sich vorzustellen suchen, was geworden wäre, wenn statt des Nationalsozialismus der Bolschewismus gesiegt hätte: erst dann gewinne man den richtigen Standpunkt für die Bewertung der bisherigen Entwicklung. Flammende Proteste seien völlig sinnlos und würden den Mann, zu dem alle mit Bewunderung aufblickten, weil er die Geschicke Deutschlands mit starker Hand führt, völlig kalt lassen. "Als ich mein Amt übernahm", so rief der Redner, "habe ich mir geschworen, bei aller Arbeit zuerst immer Nationalsozialist zu sein." ...
HHN, Nr. 174 v. 12. April 1935, S. 5

ZSg. 101/5/108/Nr. 1234   1. April 1935

Die DNB-Meldung über die Rede des Papstes [1] bittet man, wenn überhaupt, nur mit ganz wenigen Worten zu kommentieren des Inhalts, dass in Deutschland niemals Kriegsreden im Gegensatz zu anderen Ländern gehalten worden sind.

Gesehen: Fa., D., K.   Hbg. 9.15
                        Brsl. 8.30
                        Chmn. brfl.

[1] Papst Pius XI. (1857 - 1939)

Der Hl. Vater mahnt zum Frieden
Hochbedeutsame Rede Pius XI.im Geheimen Konsistorium
Germania, Nr. 93 v. 2. April 1935, S. 1
Der restliche Teil der Rede lag bei Redaktionsschluß noch nicht vor.

- 189 -   1.04.1935

"Ein neuer Krieg würde ein enormes Verbrechen sein"
Der Heilige Vater mahnt zum Frieden
Eine bedeutsame Rede Papst Pius XI. im Geheimen Konsistorium
Germania, Nr. 94 v. 3. April 1935, S. 5 ((Gesamtfassung))
Eine Rede des Papstes gegen den Krieg
HHN, Nr. 155 v. 2. April 1935, S. 2
s. a. FZ, Nr. 170 v. 2. April 1935, S. 2
((Beide Berichte ohne Kommentar.))

ZSg. 102/1/41 (2)   1. April 1935

Aufmerksam gemacht wurde darauf, dass DNB gestern faelschlich gemeldet hatte: Abwertung des Belga [1] auf 28 vom Hundert, statt um 28 vom Hundert (was auch bei uns heute morgen falsch im Blatt steht).

[1] Belgische Devisen
s. a. ZSg. 110/1/57 v. 1. April 1935

Belga um 28 % abgewertet
FZ, Nr. 168 v. 1. April 1935, S. 6

Abwertung des Belga um 28 v. H.
FZ, Nr. 168 v. 1. April 1935, S. 1
s. a. HHN, Nr. 154 v. 1. April 1935, S. 2

ZSg. 102/1/41 (4)   1. April 1935

Falsch sei, wenn eine Zeitung als Ergebnis der Moskauer Besprechungen die Ueberschrift waehle: "Weltrevolutionstraum ausgetraeumt". Das Ziel der Sowjets bleibe unberuehrt und gerade in der deutschen Presse solle nichts getan werden, was eine gegenteilige Auffassung hervorrufen koennte.

s. a. ZSg. 110/1/56 v. 1. April 1935: ... Wenn eine Zeitung als Überschrift nehme ... und als Unterüberschrift "Gott erhalte den König" - so sei dies eine Schlußfolgerung, die bestimmt nicht richtig sei. ...

Nach seinen Besprechungen in Berlin war Eden nach Moskau weitergereist. Am Ende des ersten Besuchstages (29. März 1935) hatte

1.04.1935   - 190 -

ein Diner beim Außenminister Litwinow stattgefunden, der bei dieser Gelegenheit einen Trinkspruch auf den englischen König ausbrachte (vgl. DAZ (R. A.), Nr. 149 - 150 v. 30. März 1935, S. 2).
s. a. ADAP, Serie C, Bd. IV, 1, Nr. 11

ZSg. 102/1/41 (5)   1. April 1935

Einige Blätter seien auf eine INS-Meldung hereingefallen, nach der in Moskau vom Ostpakt nicht viel die Rede gewesen sei. Das sei natuerlich sachlich falsch.

s. a. ZSg. 110/1/56 f. v. 1. April 1935: ... Es liege kein Anlaß vor, die Sache so darzustellen, als ob der Ostpakt nicht eine wesentliche Rolle gespielt habe. ...

International News Service (INS): Zum Hearst-Konzern gehörender Nachrichtendienst. Zu den Abnehmern des amerikanischen Dienstes für Europa gehörten der "Berliner Lokal-Anzeiger", die "Hamburger Nachrichten", die "Schlesische Zeitung", die "Leipziger Neuesten Nachrichten" u. a. m. (Hdb. d. öff. Lebens, 6. Aufl. 1931, S. 864)

Die Verantwortung Englands
FZ, Nr. 166 v. 31. März 1935, S. 1 ((m. Ostpakt))

ZSg. 102/1/41 (6)   1. April 1935

Aufmerksam gemacht wurde auf den Artikel von Oeri in den Baseler Nachrichten ((sic)) vom Sonntag ueber Memelgebiet und Litauen. Man moege ihn zitieren.

s. a. ZSg. 102/1/55 (3) v. 30. März 1935
      ZSg. 102/1/43 (1) v. 2. April 1935
      ZSg. 101/5/109/Nr. 1237 v. 3. April 1935

Tagesbericht. Die Gefahr von Memel
Basler Nachrichten, Nr. 88 v. 30./31. März 1935, S. 1

Bereits vor dieser Anweisung berichtete die SZ:

Mahnruf an die Signatarmächte des Memelstatuts
Die "Basler Nachrichten" nehmen in einem Leitartikel zu der Memelfrage Stellung und schreiben, die litauische Strafjustiz habe die Tatsache außer acht gelassen, daß die Regierung von Kowno seit Jahren das Memeldeutschtum durch Rechtsbeugungen ganz schandbar gereizt habe. Wenn die Memelländer heute als illoyale Untertanen

Litauens bezeichnet würden, so seien die litauischen Gewaltmethoden dazu angetan, sie zu solchen zu erziehen. ...
SZ, Nr. 165 v. 30. März 1935, S. 1

Albert Oeri (1875 - 1950) war 1925 - 1949 Chefredaktor der Basler Nachrichten, nachdem er vorher sämtliche Ressorts durchlaufen hatte.
s. a. U. Fink, Albert Oeri als Publizist und Politiker zwischen den beiden Weltkriegen, Zürich 1970

ZSg. 102/1/41 (7) 1. April 1935

Der "Lokalanzeiger" hatte am Samstag morgen von einer bevorstehenden Reise Lavals nach Berlin geschrieben, was sofort ein Havasdementi zur Folge gehabt habe. In solch wichtigen Fragen sei es doch wohl zweckmaessig zuerst bei amtlichen Stellen Rueckfragen anzustellen.

s. a. ZSg. 101/5/121/Nr. 1261 v. 13. April 1935
Kommt Laval nach Berlin?
Eigener Drahtbericht
... man hat den Eindruck, als ob Laval den Wunsch hegt, vor seinem Besuch in Moskau mit deutschen Kreisen Fühlung zu nehmen. Es dürfte nicht zuviel gesagt sein, wenn man feststellt, daß die Möglichkeit einer Unterbrechung der Moskauer Reise in Berlin von Laval mit besonderer Freude begrüßt werden würde.
BLA, Nr. 77 A v. 30. März 1935, S. 1

ZSg. 102/1/43 (1) 2. April 1935

Die deutsche Presse habe zum Teil die gestrige Antwort Simons in der Memelfrage allzu gross aufgemacht. Die Presse haette viel eher fragen sollen, was auf den Schritt hin erfolgt sei, als sich bereits durch die Antwort fuer befriedigt zu erklaeren. Ausserdem sei ja der Schritt der Signatare bereits am 13. Maerz, also laengst vor dem Urteil, unternommen worden. Aufmerksam gemacht wurde auf eine Meldung in der "Times" vom 28. Maerz, die bisher in der deutschen Presse noch nicht zitiert worden sei. Es wird darin vorgeschlagen, dass ein "kaltbluetiger Vermittler" die Dinge vielleicht in Ordnung bringen koennte.

2.04.1935   - 192 -

s. a. ZSg. 110/1/58 v. 2. April 1935: ... Wenn man Riesenüberschriften mache wie "Einspruch der Signatarmächte in Kowno" und "Scharfe Verurteilung der Politik Litauens", so müsse man bedenken, dass die Antwort nur von dem Schritt spreche, der am 13. März, also lange vor dem Urteil, in Kowno gegangen worden sei. Darauf sei nicht einmal eine Antwort erfolgt, und es wäre immerhin interessant, zu hören, was auf diesen Schritt weiter erfolgen werde. In diesem Zusammenhang verwies Oberregierungsrat Stephan auf den Times-Artikel vom 28. März, in dem es u. a. heisst: "Augenscheinlich würde es nicht schwer sein, zu einer Verständigung zu gelangen, wenn die bisher so geduldigen Signatarmächte ernstlich das Problem anfassen würden usw." ...

Conflict in Memel/Effect of Powers' Intervention/Delicate Situation
... as far as your correspondent is able to ascertain the statute, in spite of shortcomings, is workable and acceptable by practically all the Memel population. As the Lithuanian Government declare they want nothing more than the severe observance of the statute, there is obviously a necessity for a coolheaded mediator to negotiate a settlement and for subsequent supervision to watch the due observance of the statute, whose working without an impartial umpire has hitherto failed badly.
The Times, Nr. 47,024 v. 28. März 1935, S. 13

Nur eine Geste?
FZ, Nr. 171 v. 3. April 1935, S. 3
s. a. Basler Nachrichten, Nr. 88 v. 30./31. März 1935, S. 1 ((in Oeris Leitartikel wurde der Times-Kommentar bereits zitiert, vgl. ZSg. 102/1/41 (6) v. 1. April 1935))

ZSg. 102/1/43 (2)   2. April 1935

Ueber die ungarischen Wahlen sind natuerlich alle Nachrichten wiederzugeben, aber in den Kommentaren moege man den Ungarn gegenueber massvoll und zurueckhaltend sein und uns nicht unsererseits dadurch, dass Meldungen uebermaessig aufgemacht werden (Benachteiligung der deutschen Minderheit) ins Unrecht setzen.

s. a. ZSg. 110/1/58 v. 2. April 1935

Große Mehrheit für die Regierung Gömbös
Die Wahlen in Ungarn
HHN, Nr. 157 v. 3. April 1935, S. 2

Der Sieg der Regierungspartei in Ungarn
FZ, Nr. 172 v. 3. April 1935, S. 1

Nach den ungarischen Wahlen
... Sachlich muß aber festgestellt werden, daß die Regierungspresse die Hetze gegen die Deutschen Ungarns nicht mitgemacht hat, und

daß der Druck gegen sie vielfach darum erfolgt ist, weil sie mit
oppositionellem Programm aufgetreten sind. ...
VB (N. A.), Nr. 95 v. 5. April 1935, S. 3

ZSg. 102/1/43 (3)   2. April 1935

Morgen nachmittag werden die Abschlussziffern des Winterhilfswerks
veroeffentlicht, zu denen die deutsche Presse etwas schreiben soll.
Wir geben Ihnen spaeter noch eine Ausrichtung hierzu.

s. a. ZSg. 102/1/57 v. 2. April 1935

ZSg. 102/1/57   2. April 1935

Wie schon erwaehnt, kommen morgen Nachmittag die Abschlusszahlen
fuer das Winterhilfswerk, wozu Dr. Jahncke etwa folgendes sagte:
Das WHW hat alle Erwartungen, die man an die Opferfreudigkeit des
deutschen Volkes setzen konnte, uebertroffen. Es wird ausdruecklich ersucht, den Abschluss zum Anlass zu nehmen, um in der Presse in ganz grosser Form noch einmal auf das WHW einzugehen, wobei
man folgende Gesichtspunkte behandeln kann: Waehrend in der Welt
Krieg und Kriegsgeschrei herrscht, hat das deutsche Volk ein
eminentes Friedenswerk geleistet, in einer Zeit, wo alle oeffent-
lichen Mittel fuer andere Arbeiten angespannt waren. Die Regierung
konnte nur an den Opferwillen des Volkes appellieren. Mit dem WHW
ist ein Sozialismus der Tat vollbracht worden, wie er einzigartig
in der Geschichte dasteht. Obwohl dieses Mal nur 5 Monate angesetzt waren, sind die Zahlen vom Vorjahr nicht nur erreicht, son-
der erheblich uebertroffen worden. Auf der anderen Seite ist die
Zahl der zu Betreuenden als Folge der gegenwaertigen Wirtschaftslage um ueber drei Mill. gesunken (der Hinweis darauf soll jedoch
nicht zu gross aufgemacht und nicht in Ueberschriften als Schlagzeilen genommen werden.) Die Zahlen ergeben, dass das Volk in seinen breiten Schichten geopfert hat. Hinzuweisen ist auf einzelne
praegnante Ereignisse, wie den Tag der Nationalen Solidaritaet
den Tag der Deutschen Polizei, die Volksweihnachtsfeste und die

2.04.1935 - 194 -

zahllosen kuenstlerischen und sportlichen Veranstaltungen im Dienst des WHW. Der Dank der Nation gilt vor allem denen, die gegeben haben, trotz ihrer zum Teil sehr angespannten Lage, die der Regierung nicht unbekannt ist. Unter allen Umstaenden aber ist auch den namenlosen Helfern Dank zu sagen, die zum Teil ohne eigenen wirtschaftlichen Hintergrund bei Wind und Wetter ihre Pflicht getan haben. Auch die technische Leistung der Organisation ist nicht zu vergessen. Die grossen Zeitungen sollen Leitartikel schreiben und wenn moeglich nicht nur im politischen Teil, sondern auch im Feuilleton und im lokalen Teil auf den Abschluss eingehen. Diese Arbeit der Presse ist fuer Donnerstag frueh gedacht.

s. a. ZSg. 110/1/58 - 59 v. 2. April 1935: ... Technisch bat Dr. Jahncke selbst schöpferisch tätig zu sein, eigene Leitartikel usw. zu schreiben; aber auch im lokalen Teil, im Feuilleton usw. darauf einzugehen. Man könne sich mit Leuten in Verbindung setzen, die selbst geopfert haben, Interviews mit Mitarbeitern, Künstlern usw. bringen. In der ganzen Presse müsse der Stolz über das, was in diesem Winter geleistet wurde, zum Ausdruck kommen. Dann könnten aber auch Unterredungen mit den Betreuten selbst gebracht werden (im lokalen Teil oder Feuilleton usw.). ...

s. a. ZSg. 102/1/43 (3) v. 2. April 1935
ZSg. 101/5/109/Nr. 1235 v. 3. April 1935

362 Millionen Mark Winterhilfe
13,5 Millionen Volksgenossen wurden betreut
HHN, Nr. 159 v. 4. April 1935 (M. A.), S. 1
ebd.:
Ein Volk beweist Gemeinschaft
(Von unserer Berliner Schriftleitung)
... Die geistige und seelische Tiefe der Revolution findet gerade in diesem Werk ihren sichtbarsten Ausdruck. Viel stilles Heldentum verbindet sich mit dem Namen Winterhilfswerk. Ungezählte namenlose Helfer und Helferinnen haben in Sturm und Wetter ihre Pflicht getan und in angestrengter Arbeit Groschen um Groschen und Pfund um Pfund zusammengetragen, und an die Seite des großen Heeres der Unbekannten stellten sich am Tage der Nationalen Solidarität die Prominenten, die ihren Einfluß und ihren Namen in den Dienst der sozialen Gemeinschaft stellten. Die vom Winterhilfswerk veranstalteten Volksweihnachten, die künstlerischen und sportlichen Veranstaltungen, alle diese Unternehmungen haben alle Stände und Schichten des deutschen Volkes gemeinsam an dem einen großen Werk der Notbekämpfung gesehen. ...

Die Winterhilfe
FZ, Nr. 174 v. 4. April 1935, S. 1 und 3

Bestellungen a. d. Pressekonferenz v. 3. April 1935

ZSg. 101/5/109/Nr. 1235   3. April 1935

Heute nachmittag 2 Uhr findet beim Führer ein Empfang sämtlicher Leiter des Winterhilfswerks statt. Bei dieser Gelegenheit werden sowohl Dr. Goebbels wie der Führer selbst Reden halten, in denen das gesamte Zahlenmaterial des Winterhilfswerks bekanntgegeben wird. Da es sich um eine grössere Veröffentlichung handelt, ist für die Nachmittagsblätter das ganze Material nicht mehr zu erwarten, jedoch für die Morgenausgaben mit Sicherheit. Vom Berliner Büro kommt, wie angekündigt, ein Kommentar, während die angekündigte Reportage über die Verwaltung des Winterhilfswerks erst für morgen ((Donnerstag)) in Frage kommt, da die Besichtigung aus verschiedenen Gründen auf Donnerstag verlegt wurde.

s. a. ZSg. 102/1/57 v. 2. April 1935

In der SZ wurde der von Dertinger gezeichnete Kommentar aus den HHN (Ein Volk beweist Gemeinschaft, vgl. ZSg. 102/1/57) nachgedruckt, allerdings unter Verzicht auf den Hinweis auf "die geistige und seelische Tiefe der Revolution" (vgl. SZ, Nr. 173 v. 4. April 1935 (M. A.), S. 1).

In der Zentrale des Winterhilfswerks
Ein Besuch bei der NS.Volkswohlfahrt am Maybachufer
HHN, Nr. 162 v. 5. April 1935, S. 3

ZSg. 101/5/109/Nr. 1236   3. April 1935

Die wichtigen politischen Mitteilungen des "Star" über die Vorschläge Hitlers für einen Friedenspakt sollen nicht weiter vertieft werden. In der Hauptsache treffen diese Mitteilungen den Kern der Sache, aber die Regierung hat gegenwärtig noch kein Interesse daran, in der deutschen Presse ausführliche Kommentare zu lesen. Die Abshagen-Meldung über die Veröffentlichung des "Star" ist ja schon durch unsere Blätter gegangen.

s. a. ZSg. 102/1/40 (1) v. 3. April 1935: Der "Star" und auch Reuter haben eine Meldung verbreitet ueber "Hitlers Vorschlaege fuer ein Friedensversprechen". Sie enthaelt die drei Punkte: Zehn-Jahres-Pakte, Definition des Angreifers nach russischem Muster und Wirtschaftsboykott gegen die Angreifer. Vertraulich

3.04.1935

wurde hierzu bemerkt, dass diese drei Punkte zwar nicht durchaus falsch seien, dass es aber nicht zweckmaessig erscheine, die Meldungen zu veroeffentlichen. Die Zeitungen, die sie noch nicht gebracht haben, sollen sie deshalb nicht mehr abdrucken. (Wie ich dazu noch hoerte, sollen Punkt 1 und 3 richtig sein und nur der 2. nicht ganz zutreffen.)

The Star (1888 - 1960) englische Abendzeitung

Ernüchterung in London
Ist der Ostpakt noch durchführbar?
... Über die angeblich in Berlin erhaltenen Anregungen brachte gestern abend der "Star" eine Veröffentlichung, die in wesentlichen Einzelheiten nicht richtig war und auf deren Wiedergabe daher verzichtet werden kann. Mittlerweile hatten die Blätter Zeit, sich nach dem Tatbestand zu erkundigen. Die "Morning Post" glaubt, das von ihr Gehörte folgendermaßen zusammenfassen zu können: "1. Bilaterale Nichtangriffspakte ... 2. Obligatorische Schiedsgerichtsbarkeit ..." ...
FZ, Nr. 174 v. 4. April 1935, S. 2

Vergebliches Liebeswerben um Polen
Warschau zieht den Vertrag mit Deutschland einem "gefährlichen" Ostpakt vor
HHN, Nr. 158 v. 3. April 1935 (A. A.), S. 1 ((ohne "Star"))

ZSg. 101/5/109/Nr. 1237   3. April 1935

DNB berichtet über einen litauischen Souveränitätsantrag. Es wird gebeten, aus taktischen Gründen diese DNB-Meldung nicht allzu gross aufzumachen.

s. a. ZSg. 102/1/40 (2) v. 3. April 1935: I.N.S. hat eine Meldung verbreitet, Litauen beanspruchte jetzt die Souveraenitaet ueber das Memelgebiet. Dazu meinte man, dass man diese Sache zu ernst nehmen wuerde, wenn man sie abdruckte, dass andererseits aber ein Abdruck ohne Kommentar nicht gut moeglich sei, weshalb man am besten nicht darauf eingehen soll.

s. a. ZSg. 102/1/41 (6) v. 1. April 1935
ZSg. 101/5/112/Nr. 1243 v. 5. April 1935
ADAP, Serie C, Bd. IV, 1, Nr. 13, 42

Englische Meldungen über:
Dunkle Pläne Litauens
Mehrere Blätter veröffentlichen eine Exchange-Meldung, wonach die litauische Regierung einen neuen Schlag gegen das Memelgebiet plant. "Im Vertrauen auf Unterstützung Frankreichs und Rußlands" wolle sie den Völkerbund ersuchen, das jetzige Memelstatut durch eine unbedingte Anerkennung der Souveränität Litauens über das Gebiet zu ersetzen. Präsident Smetona habe den Beschluß der Regierung gebilligt. ...
VB (N. A.), Nr. 94 v. 4. April 1935, S. 4

ZSg. 101/5/109/Nr. 1238   3. April 1935

In Berichten der Korrespondenten aus Rom und Paris wird in Kriegspsychose gemacht. Die politischen Schriftleiter der einzelnen Zeitungen werden gebeten, diese betont kriegerische Note doch etwas zu mildern, da, wie schon frühere Anweisungen besagen, Deutschland keineswegs in das Kriegsgeschrei einstimmen will.

Gesehen: Fa., D., K.   Hbg. 12.58
                       Br.   1.05
                       Ch.   2.20

s. a. ZSg. 102/1/40 (3) v. 3. April 1935: Mit groesstem Nachdruck wurde die nach Erlass des Gesetzes vom 16. Maerz [1] gegebene Weisung wiederholt, dass keinerlei Kriegspsychose in der Presse gemacht werden duerfe. Anlass gaben Artikel in der DAZ und im B.T., in denen gesagt ist, dass sowohl in Italien wie in Paris ernsthaft von Krieg gesprochen werde. (DAZ Sonderbericht in der heutigen Morgenausgabe).
[1] Wiedereinführung der Wehrpflicht

Teilmobilisierung und Fatalismus
Stimmungsbild aus Italien
Von einer Italienreise zurückgekehrt, stellt uns ein Freund unseres Blattes folgenden Bericht zur Verfügung. ... Welcher Krieg denn? Mit wem befindet sich Italien denn im Krieg? Das Einberufungsdekret sprach von Vorsichtsmaßregeln, weder der Duce in seiner Rede noch die Presse nennt ein bestimmtes Land als Kriegsgegner. Aber das Volk weiß es und spricht es aus. "Der Duce will es nicht zulassen, daß Deutschland mehr Soldaten bekommt als wir", hört man. Seit wohl bald einem Jahre reißt man sich in Italien wieder um die neuen Ausgaben der Tagesblätter, um dort zu lesen, daß die Tüchtigkeit der deutschen Offiziere und Soldaten eine Legende sei, daß der englische Außenminister nach Berlin fahre, um den "Angeklagten" Deutschland zu verhören, ...
DAZ (B. A.), Nr. 157 v. 3. April 1935, S. 1-2

Wirrnis
Pariser Eindrücke
Von Dr. R. v. Kühlmann
... Die Einführung der allgemeinen Wehrpflicht in Deutschland hat hier gewaltigen Eindruck gemacht und dazu geführt, dass alles, was sich an Nervosität und Befürchtungen aus den dargelegten Gründen angesammelt hatte, nun plötzlich sich auf das Gebiet der Aussenpolitik warf. In den Klubs, in den Salons, wo immer Menschen sich treffen, wird nur von einem geflüstert, vom Krieg. Bei einem Diner, an dem hohe Beamte des Aussenministeriums, ehemalige Botschafter, gewichtige Finanzleute und führende Männer der Presse teilnahmen, gab es nur ein Gesprächsthema - Krieg. Dabei ist aber keine Rede davon, dass Frankreich Krieg führen würde. Die Kriegsbefürchtungen gehen alle von der Erwartung aus, dass Deutschland, nach Osten

3.04.1935

vorstossend, die Fackel in den gehäuften Zündstoff werfen werde. Mit geheimnisvollen Mienen raunen sich die Auguren die bevorstehende Entwicklung zu. Deutschland versammelt seine Heere an der Ostgrenze, fällt über die Tschechoslowakei her und erobert das ganze deutschsprechende Nordböhmen. Frankreich kann dieser Vergewaltigung der verbündeten und befreundeten Nation nicht untätig zusehen und so nimmt das Unheil seinen Lauf. Wer der Prophezeiung widerspricht, dass spätestens im Mai oder Juni Europa aufs neue in Flammen stünde, wird mit einem mitleidigen Lächeln als naiver Ignorant abgetan. ...
BT, Nr. 158 v. 3. April 1935, S. 1-2

ZSg. 101/5/111/Nr. 1239   3. April 1935

Bestellung a. d. Propagandaministerium v. 3. April 1935

Die Erklärung Simons im Unterhaus über die deutsche Luftparität mit England kann gebracht, darf aber nicht kommentiert werden.

Gesehen: Fa., D., K.   Hbg. 9.15 Uhr
                       Brsl. brfl.
                       Chmn. brfl.

Simon über die deutsche Luftmacht
"Gleichheit mit Englands Luftflotte"
Simon über eine Mitteilung des Führers
(Drahtmeldung unseres eigenen Berichterstatters)
ab.(shagen) Im Unterhaus antwortete Simon auf die Anfrage eines Konservativen, ob der Führer ihm Angaben über die Stärke der deutschen Luftmacht gemacht habe: "Ja, im Verlaufe der Unterhaltungen teilte der Reichskanzler in ganz allgemeinen Ausdrücken mit, daß Deutschland die Parität mit England in der Luftflotte erreicht habe." ...
HHN, Nr. 159 v. 4. April 1935, S. 1
s. a. FZ, Nr. 174 v. 4. April 1935, S. 2

ZSg. 102/1/40 (4)   3. April 1935

Staatssekretaer Meißner liess dringend bitten, darauf zu achten, dass die Namen der auslaendischen Diplomaten in Berlin doch richtig geschrieben werden moechten.

Otto Meißner (1880 - 1953) Verwaltungsbeamter; seit 1918 im
diplomatischen Dienst; 1920 Leiter des Büros des Reichspräsidenten; 1923 Staatssekretär; ab 1935 Chef der Präsidialkanzlei und
Reichsminister.

ZSg. 102/1/40 (5)   3. April 1935

Das Reichswirtschaftsministerium gab, jedoch nicht zur Veroeffentlichung, bekannt, dass die Auslandsmeldungen falsch seien, die
behaupten, der Leiter der Reichsstelle fuer die Devisenbewirtschaftung, Ministerialdirektor Wohltat ((sic)), sei Nichtarier.

Helmuth Wohlthat (1893 -   ), Dr. jur., Teilnehmer am 1. Weltkrieg, Studium der Staatswissenschaft und Volkswirtschaft. 1920 -
1924 Geschäftsführer einer Außenhandelsfirma. 1933 - 1934 Vorstandsmitglied der Reichsstelle für Milcherzeugnisse. Seit Dezember 1934
Leiter der Reichsstelle für Devisenbewirtschaftung. Nach der Ernennung Schachts zum "Generalbevollmächtigten für die Kriegswirtschaft" (21. Mai 1935) Leiter seines Führungsstabes. 1936 -
1940 Ministerialdirektor im Reichswirtschaftsministerium und Amt
für den Vierjahresplan. 1941 Chef einer Wirtschaftsmission in
Mandschuko und Japan. Nach dem Krieg Wirtschaftsberater.
s. a. ZSg. 102/1/33 (4) v. 23. April 1935

ZSg. 102/1/40 (6)   3. April 1935

Das Reichsernaehrungsministerium hat gebeten, vorlaeufig nicht zu
berichten, dass eine Hauptvereinigung der deutschen Fischereiwirtschaft gebildet werde. Man moege die entsprechende Verordnung
abwarten.

Die "Verordnung über den Zusammenschluß der deutschen Fischwirtschaft" datierte vom 1. April 1935. Danach sollten alle Betriebe
der Fischwirtschaft zusammengeschlossen werden zu einer "Hauptvereinigung" mit dem Zweck, "die Marktordnung auf dem Gebiete der
Fischwirtschaft durchzuführen und zu diesem Zweck die Gewinnung,
die Verwertung und den Absatz von Fischen und Fischerzeugnissen
sowie von Schal- und Krustentieren und deren Erzeugnissen zu
volkswirtschaftlich gerechtfertigten Preisen durch Zusammenfassung aller beteiligten Betriebe unter Förderung der Belange der
deutschen Fischwirtschaft so zu regeln, daß die Versorgung der
Verbraucher sichergestellt ist". (§ 2.1)
Die Verordnung sollte zum 15. Mai 1935 in Kraft treten (RGBl.
1935, I, S. 542-544).
s. a. ZSg. 101/4/200/Nr. 952 v. 1. Dezember 1934

4.04.1935

Bestellungen a. d. Pressekonferenz v. 4. April 1935

ZSg. 101/5/110/Nr. 1240   4. April 1935

Ueber die organisatorischen Vorbereitungen für den 1. Mai im Reich und in Berlin soll vorläufig nichts berichtet werden, bis amtliche Mitteilungen vorliegen.

s. a. ZSg. 101/3/175/Nr. 446 v. 16. April 1934
     ZSg. 101/5/120/Nr. 1260 v. 12. April 1935
s. a. H. Lauber und D. Rothstein, Der 1. Mai unter dem Hakenkreuz, Gerlingen 1983

ZSg. 101/5/110/Nr. 1241   4. April 1935

Am 13. und 14. April findet eine Strassensammlung der inneren Mission statt. Diese Sammlung ist öffentlich genehmigt.

Gesehen: Fa., D., F.   Hbg. 1.00 Uhr
                       Brsl.12.55 "
                       Chmn. 1.40 "

s. a. ZSg. 101/3/155/Nr. 414 v. 6. April 1934
Bischof D. Zänker:
Innere Mission - Dienst am Volke
Kreuz-Z, Nr. A 89 v. 14. April 1935, S. 3

Weder in diesem noch in anderen Artikeln wurde die Sammlung der Inneren Mission propagiert.

ZSg. 102/1/55 (1)   4. April 1935

Durch DNB wird eine Aeusserung der "Gazeta Polska" verbreitet werden, die sich mit deutschen Vorschlaegen befasst. Man soll diese Pressestimme nicht als Schlagzeile benutzen, nicht sensationell aufmachen und auch keine Kommentare darueber bringen. Auch empfehle es sich nicht, in der deutschen Presse triumphierend vom Fallen-

- 201 - 4.04.1935

lassen des Ostpaktes zu schreiben. Zweckmaessig sei es, beim Ostpakt immer von dem Barthouschen Ostpakt-Projekt zu sprechen.

Gazeta Polska (= Polnische Zeitung), seit 1861, Sprachrohr der polnischen Regierung.

Der französische Außenminister Jean Louis Barthou (1862 - 1934) war bei einem Attentat auf den jugoslawischen König in Marseille im Oktober 1934 ums Leben gekommen.

Die internationale Pakt-Diskussion
Paris über Aufrichtung einer Schutzwehr gegen Gewaltstreiche/
"Gazeta Polska" über Kompromißmöglichkeiten
VB (N. A.), Nr. 95 v. 5. April 1935, S. 3

Die Aussprache über Kompromißmöglichkeiten
HHN, Nr. 161 v. 5. April 1935 (M. A.), S. 1

"Gazeta Polska" über den deutschen Standpunkt
FZ, Nr. 176 v. 5. April 1935, S. 2

ZSg. 102/1/55 (2) 4. April 1935

Der Reichsjustizminister hat an das Propagandaministerium ein Schreiben gerichtet, in dem darueber Klage gefuehrt wird, dass einige Zeitungen in letzter Zeit Gerichtsurteile in unzulaessiger Weise kritisiert haetten, und zwar sowohl in hoechstem Masse unsachlich als auch in einem Ton, der nahezu an Hetze grenze. Selbstverstaendlich sei gegen sachliche Kritik nichts einzuwenden, auch wenn Urteile an nationalsozialistischen Grundsaetzen gemessen wuerden, aber zu bedenken bleibe, dass die Gerichte Einrichtungen des nationalsozialistischen Staates seien und eine Erschuetterung ihres Ansehens vermieden werden muesse.

5.04.1935 - 202 -

Bestellungen a. d. Pressekonferenz v. 5. April 1935

ZSg. 101/5/112/Nr. 1242   5. April 1935

Das "Berliner Tageblatt" veröffentlicht eine Pariser Meldung: Ueberfliegung Polens durch Sowjetflugzeuge. Diese Meldung soll nicht übernommen werden.

s. a. ZSg. 110/1/60 v. 5. April 1935

Polemik Warschau-Moskau
Wie nunmehr klar wird, sind alle von der europäischen Presse an die Unterhaltungen zwischen Beck und Eden geknüpften Vermutungen, soweit sie Abänderungsvorschläge zum Ostpakt betreffen, irrig. Abänderungsvorschläge zum Ostpakt sind weder von Eden nach Warschau mitgebracht noch von Beck in Warschau formuliert worden. Ebenso gehen alle Gerüchte über eine angebliche Bereitschaft Polens, sowjetrussische Flugzeuge polnisches Gebiet in der Richtung auf die Tschechoslowakei überfliegen zu lassen, fehl. ...
BT, Nr. 165 v. 6. April 1935 (A. A.), S. 2

ZSg. 101/5/112/Nr. 1243   5. April 1935

In ausländischen Nachrichtenagenturen erscheinen Meldungen über einen deutschen Protestschritt in Kowno wegen der letzten antideutschen Kundgebungen. Tatsächlich ist ein solcher Protestschritt des deutschen Gesandten erfolgt, es soll jedoch aus aussenpolitischen Gründen vorläufig nichts darüber berichtet werden.

s. a. ZSg. 110/1/60 v. 5. April 1935
    ZSg. 101/5/109/Nr. 1237 v. 3. April 1935
    ADAP, Serie C, Bd. IV, 1, Nr. 13, 39

Sentences on Memel Nazis
The Times, Nr. 47,030 v. 4. April 1935, S. 14

Protest To Germany
The Times, Nr. 47,032 v. 6. April 1935, S. 12
ebd.: Memel and Danzig ((Kommentar))

Nach diesen Berichten war kein diplomatischer Schritt in Aussicht, stattdessen war die Rede von einem litauischen Protest gegen "antilitauische Demonstrationen und antilitauische Propaganda in Rundfunk und Presse".

Deutscher Protest in Kowno
NZZ, Nr. 593 v. 5. April 1935, S. 1
Die angesprochene Nachricht geht auf eine Havas-Meldung zurück.

ZSg. 101/5/112/Nr. 1244   5. April 1935

- 203 -   5./6.04.1935

Die Ernennung des neuen Gouverneurs für das Memelgebiet gibt der
deutschen Presse keinen besonderen Anlass, sich mit dieser Persönlichkeit zu beschäftigen. Bekanntlich wechseln die Gouverneure
im Memelgebiet alle Monate.

Gesehen: Fa., D., K.   Hbg. 12.52 Uhr
                        Brsl. 12.50   "
                        Chmn. 1.26   "

s. a. ZSg. 110/1/60 v. 5. April 1935
      ZSg. 101/5/78/Nr. 1166 v. 7. März 1935
      ZSg. 101/5/119/Nr. 1257 v. 11. April 1935

Vladas Kurkauskas:
Ein neuer Memel-Gouverneur
VB (N. A.), Nr. 96 v. 6. April 1935, S. 3

Ein Friedensstörer tritt ab
Zum Rücktritt des Memelgouverneurs Navakas
VB (N. A.), Nr. 97 v. 7. April 1935, S. 4

s. a. HHN, Nr. 162 v. 5. April 1935 (A. A.), S. 1
      FZ, Nr. 177 v. 6. April 1935, S. 1

ZSg. 101/5/113/Nr. 1245   6. April 1935

DNB-Rundruf vom 6. April 1935

Bilder, die Ludendorff zusammen oder gleichzeitig mit dem Führer
zeigen, dürfen auf keinen Fall veröffentlicht werden, es sei denn,
dass die vorherige schriftliche Erlaubnis des Bilderreferats des
Propagandaministeriums vorliegt.

Gesehen: Fa., D., K.   Hbg. 9.15 Uhr
                        Brsl. 8.06 "
                        Chmn. brfl.

s. a. ZSg. 102/1/63 (2) v. 6. April 1935: Die BZ hat eine Notiz
über Feiern der Reichswehr zum Geburtstag Ludendorffs, die vor-

läufig nicht weiter verbreitet werden soll, da man eine amtliche
abwarten möge.
s. a. ZSg. 101/5/102/Nr. 1223 v. 26. März 1935
ZSg. 101/5/116/Nr. 1253 v. 9. April 1935
Am 9. April beging Ludendorff seinen 70. Geburtstag, bei dessen
Vorbereitungen es zu Mißstimmungen zwischen Ludendorff und Hitler
wegen der Konditionen einer möglichen Aussöhnung kam.
s. a. ZSg. 101/28/155-157 v. 11. April 1935 (Vertraulicher Informationsbericht Nr. 40): ... Man hat auch mit dem Feldherrn Fühlung
genommen wegen der Verleihung des Charakters eines Generalfeldmarschalls. Ludendorff wies diese Ehrung zurück mit dem Hinweis
darauf, dass er vor zwei Jahren in einer Broschüre ausgeführt hätte, der Titel Generalfeldmarschall trüge österreichischen Charakter: nach germanischer und deutscher Auffassung gebe es nur den
Begriff "Der Feldherr". Aus diesem Grunde ist dann auch diese
Titulierung an seinem Ehrentage angewendet worden. Als der General merkte, dass er mit der Propagierung seiner weltanschaulichen
Ideen nicht das Ohr des Führers hatte, beschränkte er sich auf
jenes sehr kühle Danktelegramm, das in keinerlei Verhältnis zu
der Grösse der Ovationen stand, die man (157) ihm an seinem 70.
Geburtstag bot. Im übrigen verweisen wir in diesem Zusammenhang
auf unsere früheren Informationen Nr. 36 vom 20. März 1935.

Soweit es zu übersehen ist, wurden keine derartigen Photos in den
Zeitungen abgedruckt.

ZSg. 102/1/63 (1)   6. April 1935

Die Tatsache des Besuches russischer Militaerflieger in Prag sei
interessant und koenne unbedenklich genuegend gross aufgemacht
werden.

Sowjetmilitärflieger in Prag
Wie tschechische Blätter melden, sind vier Obersten des sowjetrussischen Militärflugwesens unter Führung des Fliegergenerals
Lowrow in Prag eingetroffen. Die Gäste kamen auf Einladung der
tschechoslowakischen Flugzeugfabriken und besuchen den Chef des
tschechoslowakischen Generalstabes, den tschechoslowakischen
Armeeinspektor und den tschechoslowakischen Divisionsgeneral,
Ingenieur Fijfar. Die Offiziere wurden auch im Nationalverteidigungsministerium vorgestellt. Die sowjetrussischen Flieger bleiben etwa 10 Tage in Prag.
VB (N. A.), Nr. 98 v. 8. April 1935, S. 2

Ein sowjetrussischer Fliegergeneral besucht Prag
FZ, Nr. 181 v. 8. April 1935, S. 2 ((derselbe Text wie im VB))

ZSg. 102/1/63 (3) 6. April 1935

In verschiedenen Zeitungen erscheinen Artikelserien "Rote Spione
ueber Europa". Es wurde an den frueher einmal ausgesprochenen
Wunsch erinnert, nichts romanhaftes ueber Spionage zu veroeffentlichen, um nicht dadurch zu Spionagetaetigkeit anzureizen, und
ergaenzend die Weisung gegeben, dass man auch durch sensationell
ausgeschmueckte Tatsachenschilderungen das gleiche unerwuenschte
Ziel herbeifuehren koenne, weshalb man sich auf sachliche Prozess-
berichte beschraenken moege.

s. a. ZSg. 101/5/24/Nr. 1069 v. 29. Januar 1935
ZSg. 101/5/170/Nr. 1340 v. 25. Mai 1935

ZSg. 102/1/63 (4) 6. April 1935

Erinnert wurde daran, dass man vor dem 1. Mai noch keine Propaganda fuer die spaeter stattfindende Marinevolkswoche machen moege.

Die Marine-Volkswoche wurde vom 11. - 16. Juni 1935 in Kiel durchgeführt.

ZSg. 102/1/63 (5) 6. April 1935

Das Reichsernaehrungsministerium wies darauf hin, dass aus dem
Telegramm Darrés an die Witwe des gestern verstorbenen Staatsrats Ernst Brandes die Einstellung des Reichsnaehrstandes zu dem
Verstorbenen ersichtlich sei. Informatorisch wurde mitgeteilt,
dass Darré sich bei der Beisetzung durch hervorragende Maenner
vertreten lassen werde.

Ernst Brandes (1862 - 1935) Rittergutsbesitzer, in der Landwirt-
schaftskammer in leitender Funktion tätig, seit Ende 1933
preußischer Staatsrat.

Staatsrat Dr. Dr. h. c. Ernst Brandes †
Ganz plötzlich verstarb auf einem Jagdgang der Staatsrat Dr. Dr.
h. c. Ernst Brandes-Althof am Donnerstag abend. Er war mit seinem
Sohn zur Schnepfenjagd gegangen. Nach 3/4 Stunden kehrte der Sohn
zum Standplatz seines Vaters zurück, wo er ihn tot auffand. Brandes,

6./8.04.1935   - 206 -

der im 74. Lebensjahr stand, fühlte sich noch in den letzten Tagen sehr rüstig.
Kreuz-Z, Nr. A 82 v. 6. April 1935, S. 1
ebd., S. 3 ((Nachruf))
Nachruf für Brandes
Der Reichsernährungsminister Darré hat anläßlich des Hinscheidens von Staatsrat Brandes an Frau Brandes folgendes Telegramm gerichtet: Die Nachricht von dem plötzlichen Hinscheiden Ihres von mir hochverehrten Herrn Gemahls hat mich auf das tiefste erschüttert. Ich bitte, meiner herzlichsten Teilnahme versichert zu sein. Es wird unvergessen bleiben, was der verewigte Reichspräsident und Generalfeldmarschall von Hindenburg Ihrem Gatten zu seinem 70. Geburtstage in Anerkennung seines Wirkens auf den Adlerschild des Deutschen Reiches prägen ließ: Dem bewährten Führer der deutschen Landwirtschaft, dem Hüter der Heimatscholle.
Kreuz-Z, Nr. A 83 v. 7. April 1935, S. 4

Bestellungen a. d. Pressekonferenz v. 8. April 1935

ZSg. 101/5/114/Nr. 1246   8. April 1935

Ueber Verhaftungen beim Reichsbahnzentralamt soll unter keinen Umständen etwas berichtet werden. Es handelt sich um eine grössere Bestechungsaffäre.

s. a. ZSg. 102/1/48 (1) v. 8. April 1935

ZSg. 101/5/114/Nr. 1247   8. April 1935

Wie schon aus dem Telegramm des Führers an Lordsiegelbewahrer Eden hervorgeht, besteht für die deutsche Presse kein Anlass, die Erkrankung Edens mit unfreundlichen Kommentaren zu versehen.

Gesehen: Fa., D., K.   Hbg. 1.10 Uhr
                        Br. 1.10 "
                        Ch. 1.10 "

Eden überanstrengt
Über das Befinden des auf der Rückreise von Prag erkrankten Lordsiegelbewahrers Eden gaben die hinzugezogenen Spezialärzte ein Bulletin aus, in dem es heißt, Eden leide an einer Überanstrengung

des Herzens als Folge der letzten unruhigen Luftreise. Er bedürfe
vier - sechs Wochen vollkommener Ruhe.
VB (N. A.), Nr. 98 v. 8. April 1935, S. 2

Genesungswünsche Hitlers für Eden
DNB meldet: Der Führer und Reichskanzler hat dem Lordsiegelbewahrer Eden seine aufrichtige Teilnahme an dessen Erkrankung ausgesprochen und seine besten Wünsche für baldige Wiederherstellung übermittelt.
DAZ (R. A.), Nr. 165-166 v. 9. April 1935, S. 2

ZSg. 101/5/115/Nr. 1248   8. April 1935

Berlin, den 8. April 35.

Die Meldung der "Berliner Nachtausgabe" "Frauen am Pranger" darf auf keinen Fall übernommen werden.

Gesehen: Fa., D., K.   Hbg. 9.15
                          Br. 9.10
                          Ch. brfl.

Renewed Anti-Jewish Activity Of Nazis
Women Pilloried
From Our Own Correspondent
A cruel demonstration was made at Breslau on Sunday against "Aryan women living in intimate relations with Jews contrary to the racial principles of the new State". A procession of S.A. old-stagers, with a bugler at their head, marched through the city carrying placards on which the names of the women to be pilloried were inscribed. They were joined by numerous sympathizers in mufti. Before the home of each of their victims the S.A. men drew up in formation, while the neighbours were summoned with bugle calls and shouts of "Germany awake!" The name of the offending woman was then chalked on the pavement. Lists of such women are regularly published in the National-Socialist Schlesische Tageszeitung under the heading "On the Pillory". This is only one of a number of recent signs of revival of anti-Jewish activity. Not only does Herr Streicher's Stürmer continue to appear at Nüremberg in issues which are only one degree removed in unpleasantness from the notorious ritual murder number, but it now has an imitator in Berlin called Der Judenkenner. Moreover, the Westdeutscher Beobachter, the big party organ of the Rhineland and Westphalia, has published a large anti-Jewish supplement, entitled "The Jew in State economic life and culture", which in the grossness of its illustrations and the virulence of its letterpress does not lag far behind the Nüremberg publication.
The Times, Nr. 47,034 v. 9. April 1935, S. 15

8.04.1935

ZSg. 102/1/48 (2)   8. April 1935

Das Propagandaministerium machte ein paar Bemerkungen zu der Danziger Wahl: Das Ergebnis der Wahl bilde eine Rechtfertigung der Massnahmen der Parteifuehrung in Danzig. Waehrend des Wahlkampfes haetten die Kommunisten eine schrankenlose Hetze und Luegenpropaganda getrieben und Zentrum und SPD haetten versucht, auslaendische Stellen zum Eingreifen zu bewegen. Verwiesen wurde auch auf den offenen Brief Rauschnings. Danzig mache genau dieselbe Entwicklung durch wie man sie im Reich in den Jahren 1932/33 erlebt habe. Die Stimmensteigerung bei der NSDAP sei umso bedeutsamer, als die Wahl unter strengster internationaler Kontrolle stattgefunden habe. Als besonders bemerkenswert moege man den Rueckgang der kommunistischen Stimmen ansehen. Die Auslandspresse habe typisch reagiert auf die Wahl, indem sie eine Schlappe deshalb zu sehen glaubt, weil die Nationalsozialisten eine viel hoehere Stimmenzahl erwartet haetten.

s. a. ZSg. 102/1/42 (5) v. 9. April 1935
Der ehemalige Senatspräsident von Danzig, Hermann Rauschning, hatte im November 1934 sein Amt niedergelegt.
Das Ergebnis der Danziger Wahlen (7. April 1935), bei denen die NSDAP ihre Führung ausbauen konnte, wurde in der deutschen Presse wenig kommentiert. In der Regel wurden die offiziellen Stellungnahmen zitiert, z. B. der Aufruf des Senatspräsidenten an die Danziger Bevölkerung, in dem er sich bei der Bevölkerung für die Wahlbeteiligung bedankte (HHN, Nr. 167 v. 9. April 1935, S. 1. - FZ, Nr. 182 v. 9. April 1935, S. 1. - VB (N. A.), Nr. 99 v. 9. April 1935, S. 4).

Der Wahlsieg der NSDAP in Danzig
... Rauschning im Ausland
Am Sonnabendmorgen wurden in Danzig das Organ der Sozialdemokratie "Volksstimme" und das Zentrumsorgan "Danziger Volkszeitung" beschlagnahmt, weil sie einen offenen Brief des früheren Senatspräsidenten Dr. Rauschning veröffentlichten, der die schwersten Angriffe gegen Gauleiter Forster enthielt und der als vollendeter Landesverrat betrachtet wird. Wie der "Danziger Vorposten" meldet, hat sich Dr. Rauschning am Sonnabendabend ins Ausland begeben.
DAZ (R. A.), Nr. 165-166 v. 9. April 1935, S. 3

Bestellungen a. d. Pressekonferenz v. 9.4.35

ZSg. 101/5/116/Nr. 1249   9. April 1935

Die Rede, die Obergruppenführer v. Jagow gestern abend anlässlich der Eröffnung des SA-Seminars in der Aula der Universität gehalten hat, darf von den Zeitungen nur in der DNB-Fassung gebracht werden.

Dietrich von Jagow (1892 - 1945) war der Nachfolger des am 30. Juni 1934 erschossenen Karl Ernst in der Führung der SA-Gruppe Berlin-Brandenburg (vgl. ZSg. 101/4/168/Nr. 883 v. 3. November 1934).

Eröffnung des Schulungsseminars für S.A.-Führer
Feierstunde der Berliner S.A. in der Neuen Aula der Universität
... Im Verlauf seiner weiteren Ausführungen wies Obergruppenführer von Jagow noch einmal auf die alte Aufgabe der S.A. und ihres Führerkorps hin, die darin wurzelte, die Straßen frei zu machen vom marxistischen und kommunistischen Terror. ...
VB (N. A.), Nr. 100 v. 10. April 1935, S. 1
s. a. HHN, Nr. 167 v. 9. April 1935, S. 2 ((ohne Rede))

ZSg. 101/5/116/Nr. 1250   9. April 1935

Das im heutigen Reichsgesetzblatt veröffentlichte Gesetz über Beschränkung von Grundeigentum aus Gründen der Reichsverteidigung darf weder veröffentlicht noch erörtert werden.

s. a. ZSg. 102/1/42 (1) v. 9. April 1935
ZSg. 101/6/123/Nr. 1683 v. 27. September 1935

Gesetz über die Beschränkung von Grundeigentum aus Gründen der Reichsverteidigung (Schutzbereichgesetz) vom 24. Januar 1935 (RGBl. 1935, I, S. 499-501). Das Gesetz, das am 9. April veröffentlicht wurde, war bereits am 1. März in Kraft getreten und stellte die "Errichtung von Bauten ... die Veränderung von Wasserläufen und sonstige Veränderungen der Bodengestaltung oder -bewachsung" (§ 3) in "Schutzbereichen" unter Gefängnisstrafen (§ 11).

Im "Deutschen Reichsanzeiger und Preußischen Staatsanzeiger" wurde - wie üblich - nur die Überschrift des Gesetzes mitgeteilt.

ZSg. 101/5/116/Nr. 1251   9. April 1935

Der Schlachtviehverwertungsverband hat sich mit einem Appell an die Oeffentlichkeit, insbesondere die Hausfrauen gewandt mit der

9.04.1935

Bitte, mehr Schweinefleisch zu essen. Dieser Appell wird vom Reichsernährungsministerium als unzweckmässig angesehen und es wird daher gebeten, ihn nicht weiter zu verbreiten. Es soll jedem Menschen zur Zeit freigestellt bleiben, welches Fleisch er essen will.

s. a. ZSg. 102/1/42 (3) v. 9. April 1935: ... Das Reichsernaehrungsministerium gab bekannt, dass kein Interesse daran bestehe, diesen Appell weiterzuverbreiten, man moege ihn auch nicht aus der "Fleischer-Zeitung" uebernehmen.

Die Deutsche Fleischer-Zeitung (gegründet 1872) erschien täglich in Berlin.

Jetzt mehr Schweinefleisch essen!
Ein Appell des Schlachtvieh-Verwertungsverbandes Nordmark an die Hausfrauen
... Um der Gefahr einer unnötigen Verteuerung des Rindfleisches bei gleichzeitig ausreichendem Schweinefleischangebot vorzubeugen, sei daher an die gesamte Bevölkerung, insbesondere an die Hausfrauen, Gaststätten und an die öffentlichen Anstalten der Appell gerichtet "mehr Schweinefleisch essen", es ist billig und vor allem zurzeit reichlicher angeboten als Rindfleisch.
Deutsche Fleischer-Zeitung, Nr. 83 v. 8. April 1935, S. 1
s. a. ZSg. 101/5/138/Nr. 1283 v. 3. Mai 1935

ZSg. 101/5/116/Nr. 1252   9. April 1935

Heute abend werden über die deutsch-schweizerischen [Wirtschafts] Verhandlungen abschliessende amtliche Meldungen kommen. Bis zu diesem Termin sollen keinerlei Vormeldungen über den Abschluss dieser Verhandlungen gebracht werden, insbesondere wenn sie aus Bern stammen.

s. a. ZSg. 102/1/42 (2) v. 9. April 1935
     ZSg. 102/1/33 (4) v. 23. April 1935
Die deutsch-schweizerischen Wirtschaftsverhandlungen vor der Entscheidung
FZ, Nr. 183 v. 9. April 1935, S. 1
Das abschließende Abkommen wurde erst am 18. April unterzeichnet.

Deutsch-schweizerisches Verrechnungsabkommen unterzeichnet
Das neue deutsch-schweizerische Verrechnungsabkommen ist, nachdem die 2 Mal verlängerte Kündigungsfrist heute ablief, in der vergangenen Nacht unterzeichnet worden, und zwar auf deutscher Seite durch den deutschen Gesandten in Bern, Freiherrn von Weizsäcker

und Ministerialrat Dr. Wohlthat, für die Schweiz von dem stellvertretenden Chef des Volkswirtschaftsdepartements, Bundespräsident Minger, und Stucki. Das Abkommen tritt in der Hauptsache zum 1. Mai in Kraft, während einzelne Bestimmungen rückwirkend vom 1. April ab Anwendung finden werden.
FZ, Nr. 201 v. 19. April 1935, S. 4

ZSg. 101/5/116/Nr. 1253 9. April 1935

Das Interview, das General Ludendorff dem englischen Nachrichtenbüro Reuter gegeben hat, soll, da es nur für das Ausland bestimmt ist, in deutschen Blättern nicht veröffentlicht werden.

Gesehen: D., K., Fa.   Hbg. 1.12 Uhr
                       Br. 1.02 "
                       Ch. 1.31 "

s. a. ZSg. 101/5/113/Nr. 1245 v. 6. April 1935
ZSg. 102/1/42 (6) v. 9. April 1935: Das "Tageblatt" hat in seinem Artikel ueber Ludendorff den Satz stehen, dass der Handstreich auf Luettich 1914 keine Improvisation, sondern ein wesentlicher Teil des Aufmarschplanes gewesen sei. Solche Bemerkungen seien nicht gerade zweckmaessig.

Dr. Erwin Topf:
Der General
Zu Ludendorffs siebzigstem Geburtstag
... Im Lichte der freundlichen Legende, die sich der Gestalten der Heerführer aus dem Grossen Kriege bereits bemächtigt hat, tritt Ludendorff mit Kriegsbeginn als der Mann der "fortune" auf: als der jugendliche Frontgeneral, der schneidig-tollkühn die Festung Lüttich durch einen Handstreich wegnahm, so dass "man" nun auf ihn aufmerksam wurde und ihn dem bedächtig-erfahrenen altgedienten General v. Hindenburg als Helfer beigab. Die Wirklichkeit sah freilich ganz anders aus. Der Handstreich auf Lüttich, um das vorwegzunehmen, war keine Improvisation, sondern ein wesentlicher Teil des Aufmarschplans für das Westheer - und Ludendorff wusste genau, wie bedeutsam das rechtzeitige Eindringen in die Festung war. ...
BT, Nr. 168 v. 9. April 1935 (M. A.), S. 1-2

"Anti-Christian And Heathen"
General Ludendorff's "Proud" Boast
... For a people to limit its armaments is an offence against the most sacred and Divine laws. No man would ever think of stripping all the bees of their stings. ... I am not merely an opponent of Christianity, but literally am anti-Christian and heathen and proud of it. I have long since said Goodbye to Christianity. ... Christian teaching is there for only one purpose - to help the Jewish people to domination. ... If the English want to stay

9.04.1935 - 212 -

Christian, that's their own look-out, but then they will slip
farther and farther down from their former heights. Only that
people can thrive which declares its loyalty to racial principles.
At the moment we Germans are the people which has freed itself
furthest from the teachings of Christianity. ...
The Times, Nr. 47,034 v. 9. April 1935, S. 15

ZSg. 102/1/42 (4) 9. April 1935

Vom Ernaehrungsministerium wurde ferner bemerkt, dass in einer
Glosse des "B.T." vom Sonntag ueber Lohnfragen an der Saar die
Meinung enthalten gewesen sei, dass eine Senkung der Lebensmittelpreise durch Hereinnahme groesserer Mengen von lothringischen
Agrarprodukten erreicht werden koennte. Das Ministerium erklaerte
dazu, dass Bestrebungen auf Senkung der Lebensmittelpreise nur in
einem Teil Deutschlands ausgeschlossen sein muessten. Im ganzen
Reich aber zu einer Senkung zu kommen, sei nicht moeglich, solange
das Preisniveau der industriellen Fertigwaren noch weit ueber dem
der Agrarpreise liege. Es wird gebeten, davon abzusehen, eine
Senkungsmoeglichkeit der Lebensmittelpreise im Saargebiet zu eroertern.

Lohnfragen an der Saar
... Nun empfiehlt also der Arbeitstreuhänder den Unternehmungen
eine prophylaktische Lohnerhöhungspolitik: sie sollen der Steigerung der Lebenshaltungskosten "ausgleichend zuvorkommen". Ohne
Lohnerhöhungen von durchschnittlich 5 Prozent wird es dabei kaum
abgehen, um die Erhöhung der Lebenshaltungskosten um 10 Prozent -
die Hälfte des Lohnes entfällt, grob gerechnet, auf den Einkauf
der in Frage stehenden Lebensmittel - auszugleichen. Wo findet sie
selbst den Ausgleich? Das ist die Frage, die alle Betriebe, alle
Betriebsgemeinschaften an der Saar jetzt ernsthaft beschäftigt.
Billigere Kohlen, niedrigere Frachttarife, höhere Umsätze beim
"Export" ins Reich, steigende Beschäftigung im Saarland selbst,
nach Aufnahme der grossen Notstandsarbeiten: das sind einige Aushilfen. Senkung der Lebensmittelpreise, durch Hereinnahme grösserer
Mengen von lothringischen Agrarprodukten: das ist ein anderer Ausweg. Aber erst müsste die französische Schwerindustrie den
Lothringer Bauern, die in Milch und Fett, in Fleisch und Gemüse
zu "ersticken" drohen, sobald das Frühlingswachstum (und die
"Milchschwemme") beginnt, einen solchen Export, im Tauschhandel
gegen saardeutsche Produkte, gnädigst gestatten ...
BT, Nr. 166 v. 7. April 1935, S. 15

- 213 - 9./.10.04.1935

ZSg. 102/1/42 (5) 9. April 1935

Das Propagandaministerium meinte, dass Polemiken mit der polnischen Presse ueber die Danziger Wahlen aufhoeren koennten.

s. a. ZSg. 102/1/48 (2) v. 8. April 1935

ZSg. 102/1/42 (7) 9. April 1935

Das Propagandaministerium unterstuetzte ein Schreiben des Sparkassenverbandes, der gebeten hat, nicht durch generalisierende Ueberschriften bei Veruntreuungsprozessen gegen Angestellte der Sparkassen den Eindruck zu erwecken, als seien Unregelmaessigkeiten bei den Sparkassen an der Tagesordnung.

Bestellungen a. d. Pressekonferenz vom 10. April 35.

ZSg. 101/5/117/Nr. 1254 10. April 1935

Die Meldungen über Meutereien im französischen Heere sollen nicht allzu gross aufgemacht werden. Sie stammen meist aus kommunistischer Quelle und sind nicht sehr zuverlässig.

Französische Soldaten meutern
Gegen die Dienstzeitverlängerung
Von unserem Berichterstatter
DAZ (R. A.), Nr. 167-168 v. 10. April 1935, S. 3
= (B. A.), Nr. 168 v. 9. April 1935, S. 1

Erneute Gehorsamsverweigerungen in der französischen Armee
DAZ (R. A.), Nr. 169-170 v. 11. April 1935, S. 3

ZSg. 101/5/117/Nr. 1255 10. April 1935

Vom Reichsluftfahrtministerium geht über DNB. eine Meldung über Anwerbungsmöglichkeiten in der Reichsluftfahrt usw. Die Meldung soll augenfällig veröffentlicht werden.

10.04.1935

Gesehen: D., K., Fa. Hbg. 1.08
                     Br. 1.02
                     Ch. 1.35

Die Einstellungen in die Luftwaffe
Das Reichsluftfahrtministerium teilt mit: Seit der Bekanntgabe des Aufbaues einer deutschen Luftwaffe und der Einführung der allgemeinen Wehrpflicht häufen sich beim Reichsluftfahrtministerium die Gesuche um Einstellung in die Luftwaffe oder um Vormerkung dafür derart, daß schon aus Mangel an Personal ihre Beantwortung durch das Ministerium nicht mehr durchführbar ist. Alle Gesuche werden deshalb an die Luftkreiskommandos zur Bearbeitung abgegeben. ...
VB (N. A.), Nr. 102 v. 12. April 1935, S. 2
s. a. HHN, Nr. 171 v. 11. April 1935, S. 2

ZSg. 101/5/118/Nr. 1256   10. April 1935

DNB-Rundruf vom 10. April

Die Zeitungen werden gebeten, die Berichterstattung über die Trauungsfeierlichkeiten des Ministerpräsidenten Göring mit dem Verlassen des Doms abzuschliessen und über den Kaiserhof nur eine abends auszugebende DNB-Meldung zu veröffentlichen.

Gesehen: D., K., Fa. Hbg. 9.15
                     Brsl.
                     Chmn. 1.15

Am 10. April 1935 heiratete Hermann Göring die Staatsschauspielerin Emmy Sonnemann (1893 - 1973).

Bild mit Unterschrift:
Die Hochzeit des preußischen Ministerpräsidenten in Berlin: Der Führer und Reichskanzler Adolf Hitler und die Neuvermählten, General Göring und seine Gattin, bei der Feier in dem für die nationalsozialistische Bewegung historisch gewordenen "Kaiserhof".
BIZ, Nr. 16 v. 17. April 1935, S. 1

Begeisterte Kundgebungen bei der Hochzeit Görings
... Die Hochzeitsfeier ein Familienfest
Die Hochzeitsfeier des preußischen Ministerpräsidenten General Göring und seiner Frau im Saal des für die nationalsozialistische Bewegung historischen Kaiserhofs gestaltete sich zu einem echt nationalsozialistischen Familienfest. Ministerpräsident Göring

hatte nicht die Spitzen des Staates und der Partei geladen, sondern in erster Linie die ihm nahestehenden persönlichen Freunde, seine Verwandten, unter denen man auch zahlreiche Angehörige Karin Görings bemerkte, seine engsten Mitarbeiter, die Angestellten seines Hauses und neben einer Reihe von Offizieren des Reichsheeres und der Reichsluftwaffe auch zahlreiche Unteroffiziere des Heeres und Wachtmeister der Landespolizei. So bekam diese Feier einen harmonischen Klang und wurde nicht zur Hochzeitsfeier eines Würdenträgers, sondern zur Hochzeitsfeier eines nationalsozialistischen Kämpfers, ...
HHN, Nr. 171 v. 11. April 1935, S. 1-2

Die Hochzeitsfeierlichkeiten Pg. Görings
Jubelnde Beteiligung des Volkes
NZ, Nr. 101 v. 11. April 1935, S. 1-2

ZSg. 101/5/119/Nr. 1257   11. April 1935

Bestellungen a. d. Pressekonferenz v. 11. April 1935.

Es wird gebeten, gegen den neuen Gouverneur des Memellandes vorläufig noch keine hämischen Glossen zu schreiben. Es soll erst abgewartet werden, welche politische Haltung er einnimmt.

Gesehen: D., K., Fa.   Hbg. 12.55 Uhr
                       Brs. 12.55 "
                       Ch. 1.30   "

s. a. ZSg. 102/1/45 (2) v. 11. April 1935
     ZSg. 101/5/112/Nr. 1244 v. 5. April 1935
     ZSg. 101/5/78/Nr. 1166 v. 7. März 1935

ZSg. 102/1/45 (1)   11. April 1935

Die vor einiger Zeit ausgegebene DNB-Meldung "Wehrdank", in der es hiess, dass Geldspenden fuer die Wehrmacht auf ein genau bezeichnetes Konto eingezahlt werden koennen, soll nicht mehr gebracht werden (seiner Zeit war gebeten worden, diese Notiz oefter abzudrucken).

s. a. ZSg. 102/1/58 (5) v. 17. April 1935

Die Sammlung "Wehrdank" abgeschlossen
Aus Anlaß der Wiedereinführung der allgemeinen Wehrpflicht sind im Reichswehrministerium aus allen Volkskreisen Spenden zugegangen, die der Entwicklung der neuen Wehrmacht dienen sollten und unter dem Namen "Wehrdank" zu einer Sammlung zusammengeschlossen wurden. Generaloberst von Blomberg spricht allen Spendern hiermit seinen Dank aus, bittet jedoch, von weiteren Spenden oder gar Sammelaktionen Abstand zu nehmen, da die Sammlung inzwischen abgeschlossen worden ist.
FZ, Nr. 201 v. 19. April 1935, S. 2

Bestellungen a. d. Pressekonferenz v. 12.4.35

ZSg. 101/5/120/Nr. 1258   12. April 1935

Der aussenpolitische Teil der Goebbelsrede aus Frankfurt soll nicht kommentiert werden.

s. a. den Meinungsaustausch zwischen der Frankfurter Redaktionskonferenz und der Berliner Redaktion der FZ: ZSg. 102/1/11 v. 11. April 1935: Heute abend haelt hier Dr. Goebbels in der Festhalle eine Rede. Die Landesstelle erklaerte uns eben, dass die Lokalpresse die Rede nach eigenen Berichten bringen duerfe, waehrend die Frankfurter Zeitung abwarten muesse, bis die Rede freigegeben oder der DNB-Bericht vorgeschrieben werde. Die Konferenz ist nun der Meinung, Sie moechten die Freundlichkeit haben, den Versuch zu machen, in der Pressekonferenz zu erwirken, dass wir auf jeden Fall die Rede nach eigenem Bericht geben koennen, da wir sie sonst hoechst wahrscheinlich wieder nicht im zweiten Mgbl.[1] wiedergeben koennen. Man sollte darauf hinweisen, dass, wenn, wie anzunehmen, aussenpolitische Bemerkungen in der Rede enthalten sind, eine verspaetete Berichterstattung[2] durch die Frankfurter Zeitung angesichts der Konferenz von Stresa besonders unzweckmaessig waere.

und ZSg. 102/1/46 v. 11. April 1935: Zu der heutigen Goebbelsrede in Frankfurt am Main bekamen wir ueber die Presseabteilung des Propagandaministeriums von Dr. Dürr, dem persoenlichen Pressereferenten des Ministers, den Bescheid, dass auch die "Frankfurter Zeitung" unter der Voraussetzung frei berichten koenne, dass die Exemplare mit diesem Bericht nicht ins Ausland gehen. Selbstverstaendlich muesse aber der Bericht mit aller Sorgfalt gemacht werden und "aussenpolitisch einwandfrei sein". Da wir nun keine Ausgabe haben, die nicht auch ins Ausland geht und vor allem mit Ruecksicht auf die Aeusserung, dass der Bericht einwandfrei sein muesse, bitten wir Sie im Einvernehmen mit Dr. Kircher[3], keinen eigenen Bericht zu machen,[4] sondern wohl oder uebel DNB abzuwarten. Fuer die "Neueste Zeitung"[4] werden Sie wohl auch nach der Anord-

nung der Landesstelle berichten koennen, da sie ja nur in der
naeheren Umgebung verbreitet ist, also in diesem Sinne ein lokales Blatt. In die FZ selbst koennte hoechstens eine Vornotiz
ueber die Veranstaltung selbst ohne auf die Rede einzugehen.

1) Morgenblatt; 2) s. ZSg. 102/1/60 (2) v. 12. April 1935;
3) Chefredakteur der FZ und Chef der Berliner Redaktion; 4) Stadtblatt der Frankfurter Societätsdruckerei

s. a. ZSg. 102/1/60 (1) v. 12. April 1935

Minister Dr. Goebbels in Frankfurt
... Dr. Goebbels behandelte dann die veränderte und neue Stellung,
die sich Deutschland durch die nationalsozialistische Politik in
der Welt errungen habe. "Paris erklärt: wenn Ihr eine Armee aufbaut, dann wollt Ihr also Krieg führen! Wieso? Die anderen wollten
ja auch keinen Krieg führen und haben trotzdem mächtige Armeen
unterhalten." Deutschland wolle nur den Frieden sichern. Denn der
Friede liege am allermeisten im Interesse der Arbeiter. Wenn eine
Nation einen Krieg verliere, so verliere ihn in erster Linie der
Arbeiter. Darum habe der Arbeiter ein Recht darauf, daß der Friede
durch eine Armee gesichert werde. (Beifall). ...
FZ, Nr. 189 v. 12. April 1935, S. 2

ZSg. 101/5/120/Nr. 1259   12. April 1935

Es ist möglich, dass in der nächsten Zeit kurze Meldungen über
Konzertveranstaltungen mit Furtwängler veröffentlicht werden.
Diese Meldungen sollen veröffentlicht werden ohne jeden Kommentar
insbesondere ohne jede Erörterung des leidigen Streitfalls.

s. a. ZSg. 102/1/60 (3) v. 12. April 1935
    ZSg. 102/1/57 (2) v. 7. März 1935

Furtwängler vom Führer empfangen
Staatsrat Dr. Furtwängler hatte vor einiger Zeit um einen Empfang
beim Führer und Reichskanzler nachgesucht. Der Empfang fand heute
statt und ergab volles Einvernehmen.
NZ, Nr. 101 v. 11. April 1935, S. 2

Furtwängler bei Rosenberg
FZ, Nr. 185 v. 10. April 1935, S. 2

Furtwängler dirigiert in Berlin und Hamburg
FZ, Nr. 199 v. 18. April 1935, S. 1
s. a. B. Geissmar, Musik im Schatten der Politik, Zürich 1945,
S. 185 f.

ZSg. 101/5/120/Nr. 1260   12. April 1935

Es wird heute der erste Aufruf der Aufmarschleitung für den 1. Mai durch DNB veröffentlicht werden. Dieser Aufruf soll in guter Aufmachung gebracht werden, wobei besonders darauf hingewiesen wird, dass der Feiertag des 1. Mai immer genannt wird: Nationaler Feiertag des deutschen Volkes und nicht Tag der Deutschen Arbeit usw.

Gesehen: D., Fa., K.   Hbg. 1.14
                         Br. 12.57
                         Ch.   1.37

s. a. ZSg. 101/5/110/Nr. 1240 v. 4. April 1935
      ZSg. 101/3/175/Nr. 446 v. 16. April 1934
      ZSg. 101/5/124/Nr. 1269 v. 18. April 1935

Staatsakt zum nationalen Feiertag des deutschen Volkes
Die Aufmarschleitung für den 1. Mai gibt folgendes bekannt:
1. Mai 1935. Zum dritten Male im neuen Reich werden die Kolonnen des schaffenden deutschen Volkes zum nationalen Feiertag des deutschen Volkes aufmarschieren. In Berlin findet der Staatsakt zum nationalen Feiertag des deutschen Volkes in diesem Jahr wieder auf dem Tempelhofer Feld statt. Die Berliner schaffenden Volksgenossen werden in 13 großen Marschkolonnen zum Tempelhofer Feld marschieren. Genau wie im Vorjahr werden die Kreiswalter der Deutschen Arbeitsfront die Führer dieser Marschkolonnen sein. Sämtliche in einem Betriebe, einem Büro oder einer Behörde beschäftigten Volksgenossen treten gemeinsam mit der Betriebszelle an. Die deutschen Volksgenossen, die nicht in Betrieben tätig sind - also selbständige Geschäftsleute, Handwerker, Gewerbetreibende, Rentner usw. - die an dem Aufmarsch teilnehmen wollen, sind sofort durch ihre Verbände, Vereine und Organisationen zu melden.
HHN, Nr. 174 v. 12. April 1935, S. 1
s. a. VB (N. A.), Nr. 103 v. 13. April 1935, S. 1
      FZ, Nr. 191 v. 13. April 1935, S. 1

ZSg. 102/1/60 (2)   12. April 1935

Die Berichterstattung aus Stresa soll nicht sensationell aufgemacht werden.

s. a. ZSg. 101/5/96/Nr. 1208 v. 22. März 1935

Drei-Mächte-Einigung in Stresa
HHN, Nr. 175 v. 13. April 1935 (M. A.), S. 1
ebd.:
Sensation?
Zwischen Stresa und Berlin hat der amtliche Draht gespielt: Sir
John Simon hat beim Auswärtigen Amt eine Erkundigung über die Haltung des Reiches zu den Ostpaktplänen eingeholt. ... Simon gab
die Frage nach Berlin weiter, und die Antwort Neuraths lautete,
daß Deutschland einen Ostpakt auf der Grundlage von gegenseitigen
Nichtangriffsverträgen bejahe, aber auch dann zum Beitritt bereit
sei, wenn einzelne Teilnehmer dieses Paktes noch Beistandsabkommen vereinbaren würden. Uns scheint diese Haltung durchaus nicht
sensationell zu sein: ...
((Kommentar))

Deutschland zu einem östlichen Pakt bereit
FZ, Nr. 191 v. 13. April 1935, S. 1

Erklärung der Reichsregierung zur Paktfrage in Europa
VB (N. A.), Nr. 104 v. 14. April 1935, S. 1

Die französischen Sanktionswünsche in Stresa:
Künftiger "Vertragsbruch" soll als Angriff gelten
DAZ (R. A.), Nr. 173-174 v. 13. April 1935, S. 1
s. a. ADAP, Serie C, Bd. IV, 1, Nr. 24

ZSg. 102/1/60 (4)   12. April 1935

Fuer die Wirtschaftspolitik haben wir eine Meldung gegeben, die
sich mit den agrarpolitischen Ermaechtigungen fuer den Reichsfinanzminister im Haushaltsgesetz befasst. Das Reichsernaehrungsministerium hat gebeten, zu diesem Thema keine weiteren Eroerterungen anzustellen.

Die Kreditermächtigungen zur Förderung der Landwirtschaft
FZ, Nr. 192 v. 14. April 1935, S. 4
Die Schafhaltung, der Flachs- und Hanfanbau sollten gefördert bzw.
der Eier- und Buttermarkt gestützt werden.

13./15.04.1935 - 220 -

ZSg. 101/5/121/Nr. 1261   13. April 1935

Bestellung a. d. Pressekonferenz v. 13.4.35

Auslandsmeldungen, die besagen, dass Laval möglicherweise in Berlin Station machen wird, sollen nicht übernommen werden.

Gesehen: Fa., D.   Hbg. 1.02
                    Br. 1.05
                    Ch. 1.08

s. a. ZSg. 102/1/41 (7) v. 1. April 1935
      ZSg. 101/5/153/Nr. 1311 v. 11. Mai 1935
Auf seiner Rückreise von Moskau sollte Laval am 29. April in Warschau eintreffen. Die Reise nach Moskau war für den 23. April geplant, fand aber wegen sowjetisch-französischer Unstimmigkeiten nicht statt, dennoch der Besuch in Warschau. Auf der Durchreise dorthin wurde er auf dem Schlesischen Bahnhof in Berlin von einem Beamten des AA begrüßt (vgl. FZ, Nr. 238 v. 11. Mai 1935, S. 1).

ZSg. 102/1/36 (1)   15. April 1935

Die Reichsbahn wird im Juli eine Feier zur Erinnerung an das hundertjaehrige Jubilaeum der ersten Eisenbahn veranstalten. Da das Programm aber noch nicht feststeht, wurde von der Reichsbahn gebeten, eine amtliche Meldung abzuwarten.

s. a. ZSg. 110/1/62 v. 15. April 1935

100 Jahre deutsche Eisenbahnen
Die Feierlichkeiten aus Anlaß des hundertjährigen Bestehens der deutschen Eisenbahn, die am 7. Dezember 1835 ihre erste Linie von Nürnberg nach Fürth eröffnete, begannen am 13. Juli mit der Einweihung eines Denkmals für gefallene Eisenbahner im Treppenhaus des Nürnberger Verkehrsmuseums, mit der Neueröffnung der "Historischen Eisenbahnausstellung" und wurden am 14. Juli mit der Eröffnung der Ausstellung "100 Jahre deutsche Eisenbahnen" fortgesetzt. ...
Das Archiv, Juli 1935, S. 612 (13. Juli)

100 Jahre deutsche Eisenbahn
FZ, Nr. 198 v. 17. April 1935, S. 2

ZSg. 102/1/36 (2) 15. April 1935

Ueber ein Geburtstagsgeschenk der SA fuer Hitler soll vorlaeufig nicht berichtet werden, bis amtliche Meldung vorliegt.

s. a. ZSg. 110/1/62 v. 15. April 1935
ZSg. 101/5/122/Nr. 1263 v. 16. April 1935
ZSg. 102/1/37 (3) v. 18. April 1935
Hitler beging am 20. April 1935 seinen 46. Geburtstag.

Bestellungen a. d. Pressekonferenz v. 16. April 1935

ZSg. 101/5/122/Nr. 1262 16. April 1935

Die Rede des polnischen Aussenministers Beck vor dem Völkerbundsrat, die wahrscheinlich heute nachmittag veröffentlicht wird, soll in guter Aufmachung herausgebracht werden.

s. a. ZSg. 110/1/63 v. 16. April 1935
ZSg. 102/1/47 (3) v. 16. April 1935
ADAP, Serie C, Bd. IV, 1, Nr. 41, 49

Man erinnert sich ...
... Aber nicht nur die neutralen Mächte widersetzen sich dem französischen Bestreben. Auch der polnische Außenminister Beck hat sich sehr eindeutig gegen den französischen Vorschlag gewandt. Die Folge ist eine ziemliche Ratlosigkeit in Genf. ...
HHN, Nr. 180 v. 16. April 1935 (A. A.), S. 1

Polen erteilt Laval eine Abfuhr
Unverblümte Feststellungen des polnischen Außenministers Beck
HHN, Nr. 181 v. 17. April 1935, S. 2

ZSg. 101/5/122/Nr. 1263 16. April 1935

Wie wir vertraulich hören, weilt der Führer am Sonnabend, seinem Geburtstag, in Berlin. Jedoch wird gebeten, weder von dieser Tatsache, noch von seinem Aufenthalt an einigen anderen Orten während dieser Tage zu berichten.

16.04.1935

s. a. ZSg. 102/1/47 (7) v. 16. April 1935
ZSg. 110/1/64 v. 16. April 1935: Auf eine Frage, ob der
Führer zu seinem Geburtstag in Berlin sei, erklärte Dr.
Jahncke streng vertraulich, daß dies sehr wahrscheinlich sei.
s. a. ZSg. 102/1/58 (4) v. 17. April 1935
ZSg. 102/1/36 (2) v. 15. April 1935

ZSg. 101/5/122/Nr. 1264   16. April 1935

Einige deutsche Zeitungen haben zur Begründung des deutschen Wehrgesetzes die Tatsache angeführt, dass sich Deutschland in Notwehr befinde. Dieser Gedanke soll unter keinen Umständen weiter vertieft werden. Die Wiederherstellung der deutschen Wehrhoheit ist kein Notstands- oder Notwehrakt, sondern ein Rechtsakt, der auf dem Bruch des Versailler Vertrages durch die anderen europäischen Mächte beruht.

s. a. ZSg. 102/1/47 (1) v. 16. April 1935
ZSg. 101/5/90/Nr. 1192 v. 18. März 1935
ZSg. 101/5/91/Nr. 1195 v. 18. März 1935
ZSg. 102/1/53 (1) v. 22. Mai 1935
ZSg. 110/1/63 v. 16. April 1935: ... Das Wehrgesetz sei nicht mit der Bethmannschen Parole "Not kennt kein Gebot" begründet, sondern wir haben ein Recht auf diese Maßnahmen ...

Das eigentliche "Wehrgesetz" wurde am 21. Mai 1935 veröffentlicht.

Frankreich und der Teil V
... (2) Wen kann es da noch wundern, daß die Dinge notgedrungen den Lauf nahmen, den sie durch das deutsche Wehrgesetz vom 16. März d. Js gewonnen haben? Wäre die Welt nicht so verhetzt und hätte die Öffentlichkeit jederzeit den wirklichen Ablauf des Geschehens vor Augen, dann könnte der Schuldige unmöglich in Deutschland erblickt werden, das Jahr um Jahr auf die Erfüllung der von den anderen übernommenen Verpflichtungen zur Abrüstung wartete und Vorschläge machte, um eine freie Vereinbarung über die Rüstungen herbeizuführen, dem aber kein Gehör geschenkt wurde. Der wahrhaft Schuldige an dem Zustand von heute ist in Wirklichkeit der, der die vertragliche Verpflichtung zur Abrüstung mißachtete und glaubte, ein großes und stolzes Volk, wie die Deutschen es sind, dauernd in der Stellung minderen Rechtes erhalten zu können. Der Ankläger war der eigentliche Anzuklagende.
VB (N. A.), Nr. 108 v. 18. April 1935, S. 1-2

ZSg. 101/5/122/Nr. 1265   16. April 1935

Es wird gebeten, nicht die Partei derjenigen [zu] nehmen, die die österreichische, ungarische und bulgarische Aufrüstung betreiben. Tritt Deutschland für die Aufrüstung jener Staaten ein, so wird deren Absicht nur kompromittiert. Es wird daher gebeten, nur die rein referierenden Meldungen über diese Angelegenheit zu bringen.

s. a. ZSg. 110/1/63 v. 16. April 1935
ZSg. 102/1/47 (2) v. 16. April 1935. ... Was sich um die Aufruestung dieser drei Staaten jetzt abspiele koenne hoechstens beispielsweise im folgenden Sinne gebraucht werden: Die Weltpresse habe nach dem 16. Maerz erklaert, Deutschland habe sich jetzt das selbst genommen, was man ihm gerade habe zugestehen wollen. Vorgaenge um die Aufruestung der drei Staaten zeigen jedoch, was man wirklich von dieser damaligen Aeusserung der Weltpresse zu halten habe.

Hilfestellung der französischen Vasallen
Kleine und Balkan-Entente tagten
HHN, Nr. 180 v. 16. April 1935, S. 1

Einzelbesprechungen über die Aufrüstungen Österreichs, Ungarns und Bulgariens
VB (N. A.), Nr. 107 v. 17. April 1935, S. 3
s. a. FZ, Nr. 197 v. 17. April 1935, S. 1

ZSg. 101/5/122/Nr. 1266   16. April 1935

Der Generalinspekteur für das deutsche Strassenwesen Todt bittet als Beauftragter für die Organisation der technischen Berufe darum, vorläufig keinerlei Aufsätze zur Frage der Reichskammer der Technik zu bringen.

Gesehen: Fa., D., K.   Hbg.   12.52
                        Bresl. 12.55
                        Chemn. 1.13

s. a. ZSg. 102/1/47 (6) v. 16. April 1935
ZSg. 110/1/63-64 v. 16. April 1935

Fritz Todt (1891 - 1942), Straßenbauingenieur, seit 1922 Mitglied der NSDAP, 1933 Generalinspekteur für das deutsche Straßenwesen mit dem Bau der Autobahnen beauftragt. Ab 1938 Generalbevollmächtigter für die Regelung der Bauwirtschaft, Einsatz zur Errichtung des Westwalls. Ab März 1940 Reichsminister für Bewaffnung und Munition. Im Februar 1942 Tod durch Flugzeugabsturz.

16.04.1935

Die Unterstellung der technischen Berufsvereinigungen unter die
NSDAP gelang erst 1936/37, vgl. K. H. Ludwig, Technik und Ingenieure im Dritten Reich, Königstein/Ts. u. a. 1979, S. 129 ff.

ZSg. 102/1/47 (4)   16. April 1935

Ueber die Donaukonferenz in Rom koenne man noch nichts sagen,
und es sei auch zweckmaessig, noch keine grossen Eroerterungen
ueber sie anzustellen.

s. a. ZSg. 110/1/63 v. 16. April 1935
ADAP, Serie C, Bd. IV, 1, Nr. 33 (7)

Vom 4. bis 6. Mai 1935 fand in Venedig eine italienisch-öster-
reichische und ungarische Konferenz statt. Ungarn erklärte hier
unter anderem, es sei bereit, einem Militärpakt über die Unabhängigkeit Österreichs zuzustimmen, doch werde es auf keinen Fall
die Waffen gegen Deutschland ergreifen. ... (Egelhaaf, 1935, S.
123)

Auf der Konferenz von Stresa war zur Lösung der Donaufrage eine
Donaukonferenz in Rom für Mai 1935 geplant worden. Sie wurde zwei
Mal verschoben. In der Zwischenzeit lud Italien den österreichischen und den ungarischen Außenminister zu Donaubesprechungen Anfang Mai nach Venedig. (vgl. DKP, 1935/I/39 v. 16. Mai)

Zwischen den Zeilen
R(udolf) K(ircher)
... Im Gegensatz zum französisch-englischen Kommuniqué vom 3.
Februar haben die Mächte von Stresa dem sogenannten Donaupakt das
größte Maß von Dringlichkeit gegeben. "An einem baldigen Datum"
soll ein Abkommen über Mitteleuropa (mit Österreich als Kern-
stück) zu schließen versucht werden. ...
FZ, Nr. 196 v. 16. April 1935, S. 1

Donaukonferenz erst im Juni?
SZ, Nr. 202 v. 21. April 1935, S. 3

ZSg. 102/1/47 (5)   16. April 1935

In dem von Frank herausgegebenen Handbuch des nationalsozialistischen Rechts hat Ministerialdirektor Buttmann einen Aufsatz ueber
das Konkordat geschrieben. An sich koennen Auszuege aus ihm gebracht werden, aber eine Kommentierung derart, wie sie die "Koelni-

sche Volkszeitung" am 12. April vorgenommen habe, sei nicht erwuenscht. Man moege von aehnlichen Aufsaetzen absehen.

s. a. ZSg. 110/1/63 v.16. April 1935

Buttmann:
Das Konkordat des Deutschen Reiches mit der römisch-katholischen Kirche vom 20. Juli 1933. In: Hans Frank (Hrsg.), Nationalsozialistisches Handbuch für Recht und Gesetzgebung, München 1935, S. 453 - 470

Den Aufsatz verfaßte Rudolf Buttmann (1885 - 1947), der Ministerialdirektor im Reichs- und Preußischen Innenministerium war. Er hatte im Vatikan an den Konkordatsverhandlungen teilgenommen und schied im Sommer 1935 aus seinem Amt aus (vgl. ZSg. 101/3/72/Nr. 267 v. 13. Februar 1934).

Dr. W.:
Das Konkordat
Ein Artikel Buttmanns im nationalsozialistischen Rechtshandbuch
... Der Aufsatz von Ministerialdirektor Buttmann ist bei aller Knappheit der Fassung einer der wichtigsten Beiträge der letzten Zeit über die Regelung der staatskirchenrechtlichen Zusammenhänge. Er muß deshalb der Aufmerksamkeit der weiteren interessierten Öffentlichkeit empfohlen werden.
KV, Nr. 103 v. 12. April 1935, S. 1-2

Der Artikel beschäftigt sich mit den Garantien für Privat- und Bekenntnisschulen, die durch das Reichskonkordat gesichert werden sollten.

ZSg. 101/5/123/Nr. 1267   16. April 1935

DNB-Rundruf vom 16. April 1935.

Die Meldung über einen Steuererlass des Stellvertreters des Führers an die Parteigenossen, der in einigen Berliner Zeitungen heute morgen veröffentlicht war, soll von den Zeitungen nicht mehr weiter übernommen werden.

Gesehen: D., K., Fa.   Hbg. 9.15
                        Br. 7.20
                        Ch. brfl.

16./17.04.1935 - 226 -

Eine Verordnung zur Steuermoral
Parteiangehörige sollen Vorbild sein
Im Reichsverwaltungsblatt wird Mitteilung gemacht von einer Anordnung des Stellvertreters des Führers, die in eindringlicher Form alle politischen Leiter, Unterführer und anderen Parteigenossen zur vorbildlichen Haltung in Fragen der Steuermoral, zur Ehrlichkeit in der Abgabe der Steuererklärung, zur Pünktlichkeit in der Erfüllung der steuerlichen Verpflichtungen und zur Nachzahlung etwaiger Steuerrückstände auffordert, sowie Verstöße hiergegen mit Ausschluß aus der Partei bedroht. ...
BT, Nr. 180 v. 16. April 1935 (M. A.), S. 7

ZSg. 102/1/58 (1) 17. April 1935

Aufmerksam gemacht wurde darauf, dass in der deutschen Fassung der Rede Lavals sich ein Uebersetzungsfehler finde. Er habe nicht von Menschenrechten [1], sondern vom Voelkerrecht gesprochen. Im uebrigen koenne die Presse heute abend noch einmal im Sinne der Ausfuehrungen, die in den Fruehblaettern zu lesen waren, zur ganzen Frage Stellung nehmen, z. B. auch erwaehnen, dass nach bisherigem Verfahren in Genf eine Entschliessung in oeffentlicher Debatte zustande kam und nicht einfach vorgelegt wurde, dass also gewissermassen eine Verfahrensaenderung vorgenommen worden sei, die an sich nur durch einstimmigen Beschluss und nach Ratifikation aller Ratsmaechte moeglich sei. Historisch gesehen koenne man erinnern an alle jene akuten Gefahrenmomente, in denen der Voelkerbund untaetig geblieben sei (Poincarés Rhein- und Ruhrpolitik, Besetzung des Memelgebietes 1923, italienisch-abessinischer Streit usw.). Die Haltung der neutralen Staaten soll nicht in dem Sinne gelobt werden, dass man ihr Verstaendnis fuer die deutsche These anerkennt, sondern dass man ihre selbstaendige Haltung in Genf hervorhebt. Die Frage, welche Folgen sich aus der Annahme der Entschliessung ergeben, duerfe auf keinen Fall praejudiziert werden, indem die deutsche Presse z. B. sage, dass dann Deutschland nicht weiter ueber das Londoner Kommuniqué verhandeln wolle. Man koenne hoechstens andeuten, dass die Annahme der Entschliessung Folgen nach sich ziehen koennte. Gegen die Rede Litwinows [2] von heute vormittag, die im einzelnen dem AA noch nicht vorgelegen hatte, koennte man auf die zahllosen Gefahrenherde in allen Staaten hinweisen, die durch die kommunistische Propaganda geschaffen wuerden.

s. a. ZSg. 110/1/65 v. 17. April 1935
1) Der Übersetzungsfehler ergab sich in dem Entschließungsentwurf,
den Laval dem Völkerbundsrat zur Wiederaufrüstung Deutschlands vorlegte. Der Fehler wurde in der FZ (Nr. 198 v. 17. April 1935, S.
1) korrigiert, aber nicht in
DAZ (R. A.), Nr. 179-180 v. 17. April 1935, S. 1
HHN, Nr. 181 v. 17. April 1935, S. 1
VB (N. A.), Nr. 108 v. 18. April 1935, S. 3
dort heißt es immer:
... Der Völkerbundsrat ist der Ansicht,
1. daß die gewissenhafte Einhaltung aller Verpflichtungen aus
den Verträgen eine Grundregel des internationalen Lebens und
eine Voraussetzung der Aufrechterhaltung des Friedens ist,
2. daß es ein Hauptgrundsatz der Menschenrechte ist, daß keine
Macht sich von den Verpflichtungen eines Vertrages loslösen
kann, noch daß sie seine Bestimmungen ohne Übereinstimmung mit
den anderen vertragsschließenden Parteien abändert, ...
In der englischen Fassung der Resolution heißt es entsprechend der
Korrektur "law of nations" (vgl. The Times, Nr. 47,041 v. 17.
April 1935, S. 14).

2) Die "Deutsche Diplomatisch-Politische Korrespondenz" zu
Litwinows Rede
FZ, Nr. 200 v. 18. April 1935, S. 2
Dieser Korrespondenz-Text entspricht den Anforderungen der Presseanweisung.

Falsche Richtung
FZ, Nr. 200 v. 18. April 1935, S. 1 ((Leitartikel))

ZSg. 102/1/58 (2)   17. April 1935

In der DNB-Meldung ueber die gestern wieder nicht zustandegekommene
Sitzung des memellaendischen Landtags sei nur gesagt, dass er beschlussunfaehig war, weil bloss 18 deutsche Abgeordnete anwesend
waren. Man muesste noch nachtragen, dass der eigentliche Grund zur
Beschlussunfaehigkeit natuerlich darin liege, dass sechs Abgeordneten die Mandate ueberhaupt entzogen seien.

s. a. ZSg. 110/1/65 v. 17. April 1935
    ZSg. 101/5/141/Nr. 1290 v. 6. Mai 1935

Der Memelländische Landtag wieder beschlußunfähig
... Von den zugelassenen 24 Abgeordneten waren nur 18 erschienen.
Die fünf Abgeordneten der Litauischen Fraktion sabotierten, wie
üblich auch diesmal den Landtag, so daß die Sitzung wegen Beschlußunfähigkeit nicht stattfinden konnte. ...
FZ, Nr. 198 v. 17. April 1935, S. 1
s. a. HHN, Nr. 181 v. 17. April 1935, S. 2
    VB (N. A.), Nr. 108 v. 18. April 1935, S. 2
s. a. E. A. Plieg, Das Memelland 1920-1939, Würzburg 1962, S. 148-
    150

17.04.1935   - 228 -

ZSg. 102/1/58 (3)   17. April 1935

Ueber die heute erfolgte Einaescherung des bei einem Autounfall
getoeteten Ministerialrats Schimpf soll nur DNB genommen werden.

s. a. ZSg. 110/1/65 v. 17. April 1935: ... darauf aufmerksam, daß
über die Beisetzung von Ministerialrat Schimpf im Krematorium
Wilmersdorf nur der DNB-Bericht verwendet werden dürfe. ...

Ehrensalut für Ministerialrat Schimpf
Ein alter Vorkämpfer der nationalsozialistischen Bewegung und
treuer Mitarbeiter beim Aufbau des Dritten Reiches, Korvetten-
kapitän a. D. Ministerialrat im Reichsluftfahrtministerium Hans
Schimpf, der vor einigen Tagen in Schlesien einem Autounfall zum
Opfer fiel, wurde Mittwoch mittag im Krematorium Wilmersdorf ein-
geäschert. ...
Kreuz-Z, Nr. 92 v. 18. April 1935, S. 10

Ministerialrat Schimpf eingeäschert
Ein treuer Vorkämpfer der Bewegung
... Staatssekretär Körner legte als persönlicher Vertreter des
Ministerpräsidenten General Göring einen Lorbeerkranz nieder, des-
sen Schleifen die Inschrift tragen: "Meinem treuen Mitarbeiter
Hans Schimpf in großer Dankbarkeit Hermann Göring". ...
NZ, Nr. 108 v. 18. April 1935, S. 2

ZSg. 102/1/58 (4)   17. April 1935

Verschiedentlich sei das Propagandaministerium wegen der Behandlung von Hitlers Geburtstag durch die Presse gefragt worden. Es
sei wohl ziemlich selbstverstaendlich, dass man des Geburtstages
in grosser Form gedenke, besonders angebracht sei dabei, die Ereignisse der letzten Zeit, z. B. das Gesetz vom 16. Maerz [1], zu
erwaehnen. Dass Byzantinismus zu vermeiden sei, wisse die deutsche
Presse. Bei dieser Gelegenheit wurde wieder vor einem angeblich
von Hitler stammenden Gedicht gewarnt, das schon 1933 aufgetaucht
ist. Es beginnt mit den Worten "Wenn deine Mutter alt geworden
..." und habe nicht Hitler zum Verfasser.

s. a. ZSg. 110/1/65 v. 17. April 1935
     ZSg. 102/1/47 (7) v. 16. April 1935

[1] Am 16. März war die Wehrpflicht wieder eingeführt worden.

Adolf Hitler
FZ, Nr. 203 v. 20. April 1935, S. 1

- 229 - 17.04.1935

Das deutsche Volk ehrt den Führer!
Heil Hitler!
... Indem Adolf Hitler die Wehrhoheit wieder herstellte, legte er zugleich den Grundstein, auf dem ein Frieden in Ehre und Freiheit allein beruhen kann. ...
HHN, Nr. 186 v. 20. April 1935, S. 1

Der Geburtstag des Führers
Die Wehrmacht zum Geburtstag ihres Obersten Befehlshabers/Zum 46. Geburtstag Adolf Hitlers
VB (N. A.), Nr. 110 v. 20. April 1935, S. 1

Otto Paust:
Appell des Dankens und Gedenkens
VB (N. A.), Nr. 110 v. 20. April 1935, S. 1 ((Gedicht))

ZSg. 102/1/58 (5) 17. April 1935

Die DNB-Meldung ueber Abschluss des Kontos "Wehrdank" soll auf Bitten des Reichswehrministeriums noch ein zweitesmal veroeffentlicht werden.

s. a. ZSg. 110/1/66 v. 17. April 1935: ... am zweckmäßigsten in der Sonnabend- oder Sonntag-Nummer.
    ZSg. 102/1/45 (1) v. 11. April 1935

Sammlung "Wehrdank" abgeschlossen
Dank des Reichswehrministers
HHN, Nr. 181 v. 17. April 1935, S. 1 (= Mittwoch)
s. a. HHN, Nr. 187 v. 21. April 1935, S. 2 (= Sonntag)
    FZ, Nr. 198 v. 17. April 1935, S. 2
    FZ, Nr. 201 v. 19. April 1935, S. 2 (= Freitag)
    VB (N. A.), Nr. 108 v. 18. April 1935, S. 2 (= Donnerstag)
    VB (N. A.), Nr. 111/112 v. 21./22. April 1935, S. 2 (= Sonntag/Montag)

ZSg. 102/1/58 (6) 17. April 1935

Den Redaktionen sei Material zugegangen ueber die Hitler-Freiplatz-Spende. Man moege dieses Material fuer die Osternummer verarbeiten.

s. a. ZSg. 110/1/65 v. 17. April 1935

Ostern war am 21./22. April 1935.

Die Hitler-Freiplatzspende
Für die Hitler-Freiplatzspende ergeht im Auftrage des Hauptamtes für Volkswohlfahrt ein Aufruf an die Öffentlichkeit, in dem es

17./18.04.1935

heißt: "... Wenn heute die NS-Volkswohlfahrt zur Hitler-Freiplatzspende ruft, verstecken wir uns dann nicht hinter leere Ausflüchte! Denken wir an unsere Pflicht gegen den Führer und seine Mannen! Geben wir bereitwillig an, daß wir einem SA-Mann aus der Großstadt für einige Wochen gern unsere Tür öffnen und ihn als lieben Gast bei uns einkehren sehen. Das sind wir schuldig. ..."
FZ, Nr. 204 v. 21. April 1935, S. 4
s. a. Bauer, erfülle deine Ehrenpflicht!
Kein Bauer ohne Freiplatzspende
VB (N. A.), Nr. 111/112 v. 21./22. April 1935, S. 3

s. a. HHN, Nr. 187 v. 21. April 1935, S. 2 ((Aufruf))
SZ, Nr. 202 v. 21. April 1935, S. 3 ((eig. Bericht))

Bestellungen aus der Pressekonferenz v. 18. April 1935

ZSg. 101/5/124/Nr. 1268   18. April 1935

Streng vertraulich!
Ueber etwa zwischen Deutschland und England in Aussicht genommene Flottenverhandlungen soll nicht berichtet werden, auch dann nicht, wenn ausländische Korrespondentenmeldungen vorliegen.

s. a. ZSg. 102/1/37 (2) v. 18. April 1935
ZSg. 101/5/130/Nr. 1276 v. 25. April 1935
ADAP, Serie C, Bd. IV, 1, Nr. 19, 25

Die deutsch-englischen Flottengespräche waren schon Anfang März geplant. Der englische Außenminister Simon sprach dazu eine Einladung Ende März 1935 bei seinem Besuch in Berlin aus, die Hitler akzeptierte. Gleichzeitig gab er die Zustimmung zur Beschränkung der Stärke der deutschen Marine auf 35 % der Flotte des Commonwealth, vgl. N. Th. Wiggershaus, Der deutsch-englische Flottenvertrag vom 18. Juni 1935, phil. Diss. Bonn 1972, S. 313; s. a. O. Hauser, England und das Dritte Reich, Bd. 1, Stuttgart 1972, S. 128 f. - D. Aigner, Das Ringen um England, München und Esslingen 1969, S. 288 f.

German Naval Strength/Herr Hitler's Proposals/London Discussions
Negotiations are in progress, according to credible report, between the British and German Governments for conversations, which would apparently be held in London, about Germany's future naval strength.
...
The Times, Nr. 47,041 v. 17. April 1935, S. 14

ZSg. 101/5/124/Nr. 1269   18. April 1935

Es wird gebeten, keinerlei Nachrichten über die Feierlichkeiten des 1. Mai vor dem 25. April zu bringen. Von diesem Tage ab wird die Propaganda für den 1. Mai in den Zeitungen beginnen. Am 27. April wird ein grosser Aufruf von Dr. Goebbels zum 1. Mai erscheinen und am 28. wird das Einzelprogramm in allen deutschen Gauen veröffentlicht werden.

s. a. ZSg. 102/1/37 (5) v. 18. April 1935
ZSg. 101/5/120/Nr. 1260 v. 12. April 1935
ZSg. 101/5/128/Nr. 1272 v. 24. April 1935

Goebbels ruft: "Stellt Euch hinter Hitlers Politik"
HHN, Nr. 195 v. 27. April 1935, S. 1

Übertragung auf alle deutschen Sender
Das Programm für den 1. Mai
VB (N. A.), Nr. 118 v. 28. April 1935, S. 1

Aufruf des Reichspropagandaministers Dr. Goebbels zum 1. Mai
Sinn und Parole des nationalen Feiertages
"Arbeiter, Bauern und Soldaten tragen auf ihren Schultern das Reich"
VB (N. A.), Nr. 118 v. 28. April 1935, S. 2

ZSg. 101/5/124   18. April 1935

Streng vertraulich!

Es ist damit zu rechnen, dass am Ostersonnabend eine grosse Proklamation des Führers zur aussenpolitischen Lage herausgegeben wird. Der genaue Termin dieser Veröffentlichung liegt noch nicht fest. Jedoch werden die Zeitungen gebeten, sich darauf einzurichten. Streng vertraulich können wir mitteilen, dass der Führer heute in München mit Herrn von Ribbentrop und mit dem Reichsaussenminister von Neurath die nähere Formulierung dieser Proklamation berät. Die Proklamation wird frühestens um 4 Uhr nachmittags veröffentlicht werden, sodass sich diejenigen Zeitungen, die schon früher ihre Ostersonntagsausgabe abschliessen, mit Extrablättern rechnen müssen. Ob in der Proklamation ein Hinweis auf einen möglichen Reichstagszusammentritt oder eine Volkswahl enthalten ist, entzieht sich vorläufig noch unserer Kenntnis, jedoch ist unter Umständen mit wichtigen Erklärungen über die Zurückweisung der Diffamierung Deutschlands in Genf hinaus zu rechnen. Dr. Kausch.

18.04.1935   - 232 -

Gesehen: D., Fa., K.   Hbg. 1.00 Uhr
                        Brsl. 1.00 "
                        Chmn. 1.30 "

s. a. ZSg. 102/1/37 (7) v. 18. April 1935
     ZSg. 101/28/159-163 v. 18. April 1935 (Vertraulicher Informationsbericht Nr. 41): Der Ausgang der Verhandlungen in Stresa und Genf hat in Berliner amtlichen Kreisen große Enttäuschung hervorgerufen. ... (163) Die Lage ist also ernst, die diplomatische Situation geradezu unheimlich. Aber das langläufige Gerede von einem bevorstehenden Kriege ((ist)) objektiv unberechtigt, da weder diesseits noch jenseits der deutschen Landesgrenzen irgendwelche Kräfte am Werke sind, die planmäßig auf einen Krieg hinarbeiten würden. ...
s. a. ADAP, Serie C, Bd. IV, 1, Nr. 37

<u>Deutsche Protestnote gegen den Genfer Beschluß</u>
Das deutsche Nein
(Von unserer Berliner Schriftleitung)
Die Reichsregierung hat den am Beschluß des Völkerbundsrates vom 17. d. M. beteiligten Regierungen heute einen Protest gegen diesen Beschluß notifizieren lassen. In der Protestnote wird den Regierungen erklärt, daß sie nicht das Recht haben, sich zum Richter über Deutschland aufzuwerfen, daß der Beschluß des Völkerbundsrates den Versuch einer erneuten Diskriminierung Deutschlands darstellt und daß er deshalb auf das entschiedenste zurückgewiesen wird. Gleichzeitig hat die Reichsregierung den fremden Regierungen mitgeteilt, daß sie sich vorbehält, ihre Stellungnahme zu den in dem Ratsbeschluß berührten Einzelfragen demnächst bekanntzugeben. ...
HHN, Nr. 187 v. 21. April 1935, S. 1

<u>Deutsche Protestnote an die Mitglieder des Völkerbundsrates</u>
FZ, Nr. 205 v. 21. April 1935, S. 1

<u>Deutschlands Zurückweisung der Genfer Provokation</u>
VB (N. A.), Nr. 111/112 v. 21./22. April 1935, S. 1

ZSg. 102/1/37 (1)   18. April 1935

In der Aussenpolitik soll die deutsche Presse in der Art, wie sie heute geschrieben habe, fortfahren, wenn auch etwas weniger heftig Man koenne zum Beispiel an die Frage nach wirtschaftlichen Sanktionen anknuepfen und eroertern, ob nicht die Weltwirtschaft schon genug zerruettet sei. Die Frage der entmilitarisierten Zone sei nach wie vor fuer die deutsche Presse tabu.

s. a. ZSg. 101/28/161 f. v. 18. April 1935 (Vertraulicher Informationsbericht Nr. 41): ... Deutschland hat gar nicht die Absicht, die Entmilitarisierung der Rheinlande wirklich zu beseitigen. Militärisch kommt das Rheinland als Aufmarschgebiet sowieso nicht in Frage, da es noch im Wirkungsbereich der französischen Festungsartillerie liegt. ...

Der Völkerbundsrat hatte in einer Entschließung Deutschland wegen der einseitigen Aufkündigung internationaler Verträge verurteilt (= Wiederaufrüstung).
s. a. ADAP, Serie C, Bd. IV, 1, Nr. 32, 36

Falsche Richtung
... Dem Völkerbund war jetzt in Genf die größte Gelegenheit geboten, aus einem Konservator des Unrechtes zu einem Schöpfer des Rechtes zu werden. Mehr als je hat er sich aber zum Instrument einer Politik gemacht.
FZ, Nr. 200 v. 18. April 1935, S. 1

ZSg. 102/1/37 (3)   18. April 1935

Noch einmal wurde gesagt, dass ueber das Geburtstagsgeschenk der SA an Hitler (ein Flugzeuggeschwader) erst berichtet werden darf, wenn die Meldung offiziell vorliegt. Sie darf auch nicht aus der Zeitschrift "Der SA-Mann" uebernommen werden.

s. a. ZSg. 102/1/36 (2) v. 15. April 1935

Der SA-Mann, Organ der Obersten SA-Führung der NSDAP seit Januar 1932. Hauptschriftleiter der Wochenzeitung war Josef Berchthold, der gleichzeitig Hauptschriftleiter der Münchener Ausgabe des "Völkischen Beobachters" war. Die Auflage 1935 betrug 400 000 (Sperlings Zeitschriften- und Zeitungs-Adreßbuch, 59. Aufl. 1935, S. 216).

Sturmbannführer G. Haller:
Die Wehrgabe der SA zum 46. Geburtstag des Führers
Die SA schenkt ihrem Führer zu seinem 46. Geburtstag ein Geschwader von Kampfflugzeugen. Das Geschwader wird Kunde geben von dem siegreich durchgebrochenen Willen zur Nation, zu einem Volk unter einem Führer und dem Willen der SA, das große Friedenswerk des Führers durch ihr Opfer weiterführen zu helfen. ...
Das Geschwader besteht aus drei Staffeln, von denen jede den Namen eines für den Sieg des Nationalsozialismus und des Deutschen Volkes Gefallenen tragen wird. ...
Der SA-Mann, Nr. 16 v. 20. April 1935, S. 1

Die Wehrgabe der SA
FZ, Nr. 204 v. 21. April 1935, S. 1

Geschenke aus allen Gauen
Geburtstagsempfänge beim Führer/Geschenk der SA, ein Jagdgeschwader
HHN, Nr. 186 v. 20. April 1935, S. 1

18.04.1935 - 234 -

Das Geburtstagsgeschenk der SA
Geschwader "Horst Wessel"
Der Führer besichtigt in Staaken das Flugzeuggeschwader der SA
VB (N. A.), Nr. 111/112 v. 21./22. April 1935, S. 1

ZSg. 102/1/37 (4)   18. April 1935

Die Pressestelle der IG hat in der Pressekonferenz die Bitte ausgesprochen, die sich aber wohl nur an kleinere Zeitungen richtet, nicht von der IG zu sprechen, wenn die IG Kattowitzer AG (Vereinigte Koenig - und Laurahuette) gemeint sei.

s. a. ZSg. 101/3/131/Nr. 381 v. 19. März 1934

I. G. Farbenindustrie AG ehemaliger deutscher und größter Chemiekonzern der Erde. Gründung der wichtigsten Vorläufergesellschaften 1861 - 63. 1904 erster loser Zusammenschluß, Dreibund aus Farbenfabrik Bayer AG, der Badischen Anilin- und Sodafabrik und der AG für Anilinfabrikation Berlin (Agfa-Gevaert-Gruppe). 1916 wurde unter Einschluß anderer Firmen die Interessengemeinschaft der deutschen Teerfabriken gegründet. 1925 Gründung der I. G. Farben AG, gekennzeichnet durch dezentrale Organisation mit weitgehender Selbständigkeit der einzelnen Werke mit einigen zentralen Einrichtungen.

ZSg. 102/1/37 (6)   18. April 1935

Die Presse wird ersucht ueber die Vorgaenge in Pommerellen jetzt nichts mehr zu bringen, auch keine neuen Meldungen aus Danzig. Die Sache sei abgeschlossen.

s. a. ZSg. 102/1/46 (3) v. 11. Oktober 1934
      ADAP, Serie C, Bd. IV, 1, Nr. 35

Schwere polnische Ausschreitungen
Gegen die deutsche Minderheit in Pommerellen - Ein Toter, zahlreiche Verletzte
In Neustadt (Pommerellen) und Klein-Katz an der Danziger Grenze ist es zu sehr bedauerlichen Ausschreitungen gegen die dortige deutsche Minderheit gekommen. Nach einer Versammlung in Neustadt zogen die Teilnehmer unter Führung des Bürgermeisters durch die Stadt, wobei es zu schweren Ausschreitungen gegen Deutsche kam. Hunderte von Fensterscheiben deutscher Wohnungen wurden eingeschlagen, Pistolenschüsse abgefeuert und Angehörige der deutschen Volksgruppe mißhandelt. ...

18./23.04.1935

Von polnischer Seite werden die Vorgänge nicht bestritten. In einer offiziösen polnischen Auslassung wird dem Bedauern über diese Zwischenfälle Ausdruck gegeben.
HHN, Nr. 179 v. 16. April 1935 (M. A.), S. 1

Die Vorfälle in Pommerellen
Diplomatische Vorstellungen Danzigs/Die polnische Darstellung/Beschlagnahme einer deutschen Zeitung in Polen/Mord an einem deutschen Bauern in Posen
FZ, Nr. 198 v. 17. April 1935, S. 1 - 2

Weitere Ausschreitungen im Korridor
Wieder eine deutsche Zeitung beschlagnahmt
FZ, Nr. 200 v. 18. April 1935, S. 1

ZSg. 101/5/125/Nr. 1270   23. April 1935

Bestellungen a. d. Pressekonferenz vom 23. April 1935

Es soll nichts gebracht werden über die Kassationsverhandlung, die am 25. April in Warschau gegen Dr. Ebeling vom Oberschlesischen Pressekonzern geführt wird. Dr. Kausch

Gesehen: D., Fa., K.   Hbg.   12.50 Uhr
                       Br.   1.00 "
                       Chmn. 12.50 "

s. a. ZSg. 102/1/33 (2) v. 23. April 1935: ... es sei denn, daß DNB-Meldungen ausgegeben werden.

Kassation: Rechtsmittel,durch das rechtsfehlerhafte Urteile in der nächsthöheren Instanz wiederaufgehoben werden können.

ZSg. 101/5/126   23. April 1935

Betr. Erscheinen der Zeitungen am 1. und 2. Mai.
Der Reichsverband der deutschen Zeitungsverleger hat vor einigen Tagen dem Propagandaministerium Vorschläge eingereicht über das Erscheinen der Tageszeitungen am 1. und 2. Mai. Das Propagandamini-

23.04.1935

sterium hat diese Vorschläge genehmigt. Folgendes wird daher bestimmt:

1. Am 1. Mai dürfen die üblichen Morgenblätter erscheinen, die in der Nacht vom 30.4. zum 1.5. hergestellt werden.
2. Während des 1. Mai sollen keine Zeitungen herausgegeben werden.
3. Die Frühausgaben des 2. Mai sollen nicht in dem üblichen verkürzten Umfang, sondern im vollen Umfang erscheinen. Mit ihrer Herstellung darf frühestens am 1. Mai ab 18 Uhr begonnen werden.
4. Zeitungen, die vormittags um 10 Uhr erscheinen, können am Abend des 30.4. hergestellt werden. Sie können dann auch während des ganzen 1. Mai vertrieben werden.
5. Ein Verkauf der Morgenzeitungen des 1. Mai soll während des ganzen Tages erfolgen.

Diese Mitteilungen gehen den Verlagen vom Reichsverband der deutschen Zeitungsverleger auch noch direkt zu. Dr. Kausch.

Fa., K.

s. a. ZSg. 102/1/33 (3) v. 23. April 1935

Reichsverband der deutschen Zeitungsverleger
wurde 1894 als "Verein deutscher Zeitungsverleger" gegründet und war ursprünglich eine Interessengemeinschaft der "Alt-Verleger" gegen die aufkommende Generalanzeigerpresse der Jahrhundertwende. Ende 1933 in die Reichspressekammer eingegliedert, wurde der Verein in "Reichsverband" umbenannt und auf der Mitgliederversammlung des 18. Februar 1934 in der alten Organisation aufgelöst und in die neue Form übergeleitet. Die Verbandszeitschrift "Zeitungs-Verlag" erschien seit 1900 (s. a. V. Schulze, Der Bundesverband Deutscher Zeitungsverleger, 2. Aufl. Düsseldorf 1977).

ZSg. 101/5/127/Nr. 1271   23. April 1935

DNB-Rundspruch vom 23. April 35

Der Chef der Marineleitung Admiral Raeder bittet von seinem morgigen Geburtstag in der Presse keine Notiz zu nehmen.

23.04.1935

Gesehen: D., Fa., K. Hbg. 9.15
Bresl. 6.40
Chemn. brfl.

Erich Raeder wurde am 24. April 1935 59 Jahre alt.

ZSg. 102/1/33 (1)   23. April 1935

Es wird davor gewarnt, zu sehr von den Schwierigkeiten zu schreiben, die zwischen Frankreich und Sowjetrussland aufgetreten sind. Die deutsche Presse habe schon einmal und zwar von Genf aus, 24 Stunden lang falsch gelegen und moege jetzt nicht wieder in den gleichen Fehler fallen. Auslandsmeldungen koennten natuerlich gebracht werden, aber vor eigenen Kommentaren derart, dass man voraussage, die Verhandlungen zwischen diesen beiden Staaten wuerden zu keinem Ergebnis fuehren, werde gewarnt.

s. a. ADAP, Serie C, Bd. IV, 1, Nr. 23, 44 ((In diesem Telegramm des Botschafters in Frankreich an das AA wird diese Presseanweisung angeregt.))

Bereitet sich Neues im Osten vor?
Vor Wiederaufnahme der Verhandlungen zwischen Moskau und Paris - Meinungsverschiedenheiten über die Frage der Randstaaten - Italienische Einflüsse am Werk - Angebliche Annäherung zwischen Litauen und Polen
SZ, Nr. 210 v. 26. April 1935, S. 1

Die Unterbrechung der französisch-russischen Paktverhandlungen
In der französischen Presse wird der Stand der französisch-russischen Verhandlung ziemlich pessimistisch beurteilt. Die meisten bürgerlichen Blätter können ihre Befriedigung darüber, daß es gelungen sei, Frankreich vor unvorhersehbaren Verwicklungen zu bewahren, die beim Abschluß seiner Militärallianz mit Rußland kaum zu vermeiden gewesen wären, nicht verbergen. ...
FZ, Nr. 206 v. 23. April 1935, S. 2

ZSg. 102/1/33 (4)   23. April 1935

Ministerialdirektor Wohltat [1] ((sic)) sprach ueber das deutsch-schweizer Abkommen, gab jedoch keine weiteren Mitteilungen ueber das hinaus

23./24.04.1935   - 238 -

bekannt, was wir am Samstag morgen aus der Schweiz schon im Blatt hatten. Vertraulich meinte er nur zu Beginn, dass es zweckmaessig sei, mit Ruecksicht auf die Schwierigkeiten der schweizer Regierung und auch mit Ruecksicht auf die Differenzen, die innerhalb der Bundesregierung selbst bestanden haben, den Erfolg, den Deutschland bei den Verhandlungen erzielt hat, in der Presse nicht gross auszuposaunen. Durch zurueckhaltende Kommentierung in der Presse koenne man der schweizer Regierung erleichtern, sich in der eigenen Oeffentlichkeit mit dem Vertragsabschluss durchzusetzen.

s. a. ZSg. 101/5/116/Nr. 1252 v. 9. April 1935

1) ZSg. 102/1/40 (5) v. 3. April 1935

Das neue Verrechnungsabkommen mit der Schweiz
Bedeutsame Änderungen bei der Verteilung der Überschüsse
FZ, Nr. 203 v. 20. April 1935, S. 2
Die Unterzeichnung hatte bereits am 18. April stattgefunden.

Deutsch-schweizerisches Verrechnungsabkommen
Neue Vereinbarungen zur Steigerung der deutschen Ausfuhr
HHN, Nr. 189 v. 24. April 1935, S. 1
s. a. NZZ, Nr. 695 v. 20. April 1935, S. 1

ZSg. 101/5/128/Nr. 1272   24. April 1935

DNB-Rundruf vom 24. April 1935.

Einzelheiten aus dem Programm des 1. Mai insbesondere der Zeitpunkt des Beginns der Feier auf dem Tempelhofer Feld dürfen auch dann nicht in der Zeitung erscheinen, wenn sie in [Form von] Artikeln veröffentlicht werden.

Gesehen: D., Fa., K.   Hbg. brfl.
                        Brs. 6.40
                        Ch. brfl.

s. a. ZSg. 101/5/124/Nr. 1269 v. 18. April 1935
      ZSg. 101/5/129/Nr. 1275 v. 24. April 1935

24.04.1935

Bestellungen a. d. Pressekonferenz v. 24.4.35

ZSg. 101/5/129/Nr. 1273 24. April 1935

In der heutigen Pressekonferenz wurden mit Nachdruck die Verbote des Reichsinnenministers über alle Veröffentlichungen, die den evangelischen Kirchenstreit betreffen, in Erinnerung gebracht. Anlass zu dieser Erinnerung bildet die Veröffentlichung einiger Blätter darüber, dass der Führer der Deutschen Christen, Kinder, den Bischof Hossenfelder aus den Reihen der Deutschen Christen ausgeschlossen habe. Diese Meldung darf ebensowenig übernommen werden wie ein Antwortbrief Hossenfelders an Kinder. In diesem Zusammenhang wurde generell darauf verwiesen, dass alle irgendwie gearteten Veröffentlichungen, die den Streit innerhalb und mit der evangelischen Kirche betreffen, nicht erfolgen dürfen. Die amtlichen Erlasse der Kirchenregierung können natürlich gebracht werden. Das Verbot ist im ganzen eher enger als weiter auszulegen. Die gesamte Erinnerung war derart ernst gehalten, dass eine strikte Beachtung sich empfiehlt. Das bedeutet, dass auch bei der Abwehr christenfeindlicher Angriffe seitens der sogen. neuheidnischen Bewegung grosse Vorsicht am Platze ist.

Nach dem Sportpalastskandal (Forderung einer judenfreien Kirche, Abschaffung des Alten Testaments) im November 1933 war Christian Kinder (1897 - 1972) zum Nachfolger Hossenfelders als Reichsleiter der "Deutschen Christen" (DC) ernannt worden. Joachim Hossenfelder (1899 - 1976) hatte die Bewegung der "Deutschen Christen" gegründet und geleitet. Er war evangelischer Pfarrer und wurde 1933 Bischof von Brandenburg. Sein Ausschluß aus der Bewegung war bereits am 10. April wegen seiner anhaltenden Abwerbungsaktionen erfolgt, vgl. K. Meier, Die Deutschen Christen, Göttingen 1964, S. 99 bes. Anm. 392.

Der protestantische Kirchenstreit
Vermittlungsversuch der Reichsregierung
... Seit der Auflehnung Dr. Kinders gegen das offizielle Kirchenregiment läßt der Staat vorsichtig und unauffällig die Deutschen Christen fallen, die jetzt ungefähr den gleichen Beschränkungen unterworfen sind wie die Bekenntniskirche und die Katholiken. Die neuheidnische Bewegung wittert Morgenluft und verdoppelt unter wohlwollender Duldung durch die politischen Gewalten ihre Werbetätigkeit. ...
NZZ, Nr. 717 v. 25. April 1935, S. 1 - 2

24.04.1935 - 240 -

ZSg. 101/5/129/Nr. 1274   24. April 1935

Weitere Veröffentlichungen über den Austausch englisch-deutscher Offiziere sollen unterbleiben, bis (voraussichtlich morgen) amtliche Einzelheiten bekanntgegeben werden.

Der deutsch-englische Offiziersaustausch
In Durchführung des zwischen der englischen und deutschen Armee verabredeten Offiziersaustausches werden drei englische Offiziere in den nächsten Tagen ein Kommando bei deutschen Truppenteilen antreten. Es handelt sich um je einen Offizier der Infanterie, der Kavallerie und der Artillerie, die bei den entsprechenden deutschen Waffengattungen für die Zeit von etwa vier Wochen Dienst tun werden. Die im Austausch kommandierten deutschen Offiziere haben ihr Kommando in England bereits angetreten.
HHN, Nr. 192 v. 25. April 1935, S. 2

British and German Officers
Old Custom of Exchange To Be Resumed
The Times, Nr. 47,046 v. 24. April 1935, S. 10

ZSg. 101/5/129/Nr. 1275   24. April 1935

Es wird an den Wunsch des Propagandaministeriums erinnert, durch Veröffentlichungen in den nächsten Tagen (Artikel, Glossen usw.) auf den 1. Mai vorzubereiten. Davon wird das Verbot der Anweisung Nr. 1272 nicht betroffen.

Gesehen: Fa., D., K.   Hbg. brfl.
                        Brs. 6.40
                        Chmn. brfl.

s. a. ZSg. 101/5/128/Nr. 1272 v. 24. April 1935

Hamburg am nationalen Feiertag des deutschen Volkes
HHN, Nr. 190 v. 24. April 1935, S. 1

Flaggen und Schmuck am 1. Mai
HHN, Nr. 191 v. 25. April 1935, S. 1

Der nationale Feiertag des deutschen Volkes im Auslande
HHN, Nr. 192 v. 25. April 1935, S. 1

ZSg. 101/5/130/Nr. 1276   25. April 1935

Bestellungen a. d. Pressekonferenz v. 25.4.35
Es wird noch einmal an das Verbot erinnert, über die möglichen deutsch-englischen Flottenverhandlungen zu berichten. Das Verbot ist dahin erweitert worden, dass in Zukunft auch über angebliche deutsche Flottenforderungen und deren Echo in England nichts berichtet werden darf.

Gesehen: Fa., D., K.   Hbg. 1.00
                       Brs. 1.00
                       Ch. 1.18

s. a. ZSg. 102/1/53 v. 25. April 1935
      ZSg. 101/5/124/Nr. 1268 v. 18. April 1935
      ZSg. 101/5/134/Nr. 1278 v. 30. April 1935
      ZSg. 102/1/44 (3) v. 4. Mai 1935
      ADAP, Serie C, Bd. IV, 1, Nr. 50 - 52
      ZSg. 110/1/67 v. 25. April 1935: ... Oberregierungsrat
Stephan erinnerte weiter an die Weisung, daß nichts über deutsche Flottenforderungen veröffentlicht werden solle. Das sei gestern von "einem kleinen Stänker" im Berliner Tageblatt übersehen worden, das eine Meldung aus London veröffentlicht habe. ...

Englische Flottenparallele
Ein hinkender Vergleich mit Deutschland
Drahtmeldung unseres Korrespondenten
Englands Reaktion auf die angebliche deutsche Flottenforderung von 35 Prozent der englischen Flotte beginnt langsam schärfere Formen anzunehmen. So unternimmt heute das Blatt der Admiralität, "Morning Post", einen Vorstoss in dieser Richtung, wobei es davon ausgeht, dass Deutschland mit seiner Beschränkung auf die Nord- und Ostsee auch mit 35 Prozent verhältnismässig stärker sei als die englische Flotte, die für das ganze Weltreich zu sorgen habe. Deutschland besitze heute zwei Panzerschiffe der Deutschland-Klasse, während drei weitere noch im Bau seien. Hierzu kämen fünf moderne Kreuzer und ein sechster, der sich der Vollendung nähere, sodann zum mindesten zwölf moderne Zerstörer. Hiermit habe Deutschland einen mächtigeren Kern für den Ausbau seiner Flotte auf 35 Prozent der englischen, ein Ziel, das Deutschland im Jahre 1940 erreicht haben werde. Rechne man hierzu noch die 4 Millionen Tonnen der deutschen Handelsflotte, Deutschlands 30 Oeltanks und die riesige Leistungsfähigkeit seiner Werften, so zeige sich, dass Deutschland bereits jetzt einen beträchtlichen Teil seiner Seemacht wiedergewonnen habe. Diese Proportion verschiebe sich aber noch weiter zuungunsten Englands, wenn man berücksichtige, dass England durch die Washingtoner und Londoner Verträge in seiner Bautätigkeit beschränkt war, wodurch die englische Flotte von der Gefahr der Ueberalterung bedroht werde. Deutschland werde voraussichtlich im Jahre 1940 fünf Panzerschiffe und zum mindesten ein modernes Linienschiff sowie zwölf moderne Kreuzer besitzen, während England im gleichen Jahre über

fünfzehn Linienschiffe verfügen werde, von denen nur zwei unter zwanzig Jahre alt seien, sowie über 39 verhältnismässig moderne Kreuzer. ...
BT, Nr. 193 v. 24. April 1935, S. 1

ZSg. 101/5/131 25. April 1935

Wichtiger Hinweis für die Redaktionen:
Es ist vielfach die Frage aufgetaucht, ob der bekannte Berichtigungsparagraph - Paragraph 11 - des alten Pressegesetzes noch Gültigkeit besitzt. Dieses Problem hat in diesen Tagen den Justitiar des Propagandaministeriums beschäftigt, der darüber ein authentisches Gutachten anfertigte und zu folgendem Schluss kam:
Das deutsche Schriftleitergesetz nimmt in allen Fragen vor dem alten Pressegesetz Vorrang ein. Berichtigungen auf Grund des § 11 dürfen nicht erfolgen, wenn die Bestimmungen des Schriftleitergesetzes dem entgegenstehen. Insbesondere sind hiermit die §§ 11 bis 15 des Schriftleitergesetzes gemeint, die im einzelnen die Verpflichtungen des deutschen Schriftleiters gegenüber der Nation festlegen. Es wäre ein Widerspruch in sich, wenn auf der einen Seite vom Schriftleiter nationale Verantwortlichkeit, Berücksichtigung der guten Sitten usw. verlangt würde und ein Aussenstehender auf Grund des alten § 11 Berichtigungen fordern könnte. Aus diesen Erwägungen wird es in Zukunft nur sehr wenige Fälle geben, in denen der Forderung auf Berichtigung nach dem alten § 11 Rechnung getragen werden muss.
Das Propagandaministerium hat uns beauftragt, dieses Gutachten seines Justitiars [1] als verbindliche Erklärung den Redaktionen mitzuteilen. Dr. Kausch.

D., Fa.

s. a. ZSg. 102/1/53 (3) v. 25. April 1935
ZSg. 110/1/67 v. 25. April 1935: ... Oberregierungsrat Stephan kam noch einmal auf die Aussprache zurück, die in der Sache "Berichtigungen" wegen des Tuberkulosemittels von Professor Friedmann [2] in der Preko stattgefunden hatte. Damals war gefragt worden, wie Berichtigungen auf Grund des § 11 des Pressegesetzes zu behandeln sind, wenn amtliches Material vorhanden ist, das der Berichtigung entgegensteht.

- 243 -   25.04.1935

1) Hans Schmidt-Leonhardt

2) vgl. ZSg. 101/6/116/Nr. 1664 v. 23. September 1935
   ZSg. 102/1/39 (1) v. 24. September 1935

Reichsgesetz über die Presse vom 7. Mai 1874.
§ 11 Der verantwortliche Redakteur einer periodischen Druckschrift ist verpflichtet, eine Berichtigung der in letzterer mitgeteilten Tatsachen auf Verlangen einer beteiligten öffentlichen Behörde oder Privatperson ohne Einschaltungen oder Weglassungen aufzunehmen, sofern die Berichtigung von dem Einsender unterzeichnet ist, keinen strafbaren Inhalt hat und sich auf tatsächliche Angaben beschränkt.
...

Schriftleitergesetz vom 4. Oktober 1933.
§ 14 Schriftleiter sind insonderheit verpflichtet, aus den Zeitungen alles fernzuhalten:
1. Was eigennützige Zwecke mit gemeinnützigen in einer die Öffentlichkeit irreführenden Weise vermengt,
2. was geeignet ist, die Kraft des Deutschen Reiches nach außen oder im Innern, den Gemeinschaftswillen des deutschen Volkes, die deutsche Wehrhaftigkeit, Kultur oder Wirtschaft zu schwächen oder die religiösen Empfindungen anderer zu verletzen, ...

ZSg. 102/1/53 (1)   25. April 1935

Ein Artikel von MacDonald soll vorlaeufig nicht auf Grund von Meldungen aus London abgedruckt werden. Vorlaeufig liege naemlich noch gar nicht der ganze Aufsatz vor, sondern nur, unter Durchbrechung einer englischen Sperrfrist, ein Auszug im News Chronicle. Man moege den ganzen Aufsatz abwarten.

s. a. ZSg. 110/1/69 v. 25. April 1935
      ADAP, Serie C, Bd. IV, 1, Nr. 46 (10)

MacDonalds Wandlung
...
Der Artikel im "News Letter"
Ministerpräsident Ramsay MacDonald veröffentlicht in seiner Eigenschaft als Parlamentsmitglied im "News Letter", dem Wochenblatt der Nationalen Arbeiterpartei, einen Artikel, der die Überschrift trägt "Friede, Deutschland und Stresa". ... Wie ich soeben dargelegt habe, haben die Berliner Besprechungen einige Punkte aufgezeigt, die weiter untersucht werden sollten, um festzustellen, ob sie irgendwie zur kollektiven Sicherheit beitragen. Aber welches auch das Ergebnis sein mag, Deutschland hat in einer Weise gehandelt, die das gegenseitige Vertrauen in Europa zerstörte.
FZ, Nr. 212 v. 26. April 1935, S. 1

25./27.04.1935

Premier On Germany's Policy
Confidence Destroyed and Road to Peace Broken Up
Manchester Guardian Weekly, Nr. 18 v. 3. Mai 1935, S. 344

ZSg. 101/5/132   (27. April 1935)

An die Hauptschriftleitungen
Vertraulich!
Das Propagandaministerium ersucht uns, den Hauptschriftleitungen folgende Wünsche vorzutragen, die in Zukunft ganz besonders beachtet werden sollen:
1. Während die redaktionelle Aufmachung und Berichterstattung gesellschaftlicher Ereignisse, an denen die führenden Männer der Regierung teilnehmen, im allgemeinen den Forderungen des Propagandaministeriums entspricht, liegt es nach Ansicht der zuständigen Stellen bei der Bildberichterstattung noch sehr im argen. Es soll in Zukunft vermieden werden, Bilder wiederzugeben, die Mitglieder der Reichsregierung an gedeckten Tischen, vor Flaschenbatterien u. ä. zeigen, um so mehr als es ja bekannt ist, dass ein grosser Teil der Kabinettsmitglieder antialkoholisch eingestellt ist. Die Minister nehmen aus internationaler Höflichkeit oder aus streng dienstlichem Anlass an gesellschaftlichen Veranstaltungen teil, die sie lediglich als Pflicht nicht aber als Genuss auffassen. In der letzten Zeit ist im Volke der völlig unsinnige Eindruck durch zahllose Bilder entstanden, als ob die Regierungsmitglieder prassen. Die Bildberichterstattung hat sich infolgedessen in dieser Beziehung umzustellen.
2. Das gleiche gilt für die Aufnahmen aus den Wohnungen bezw. Häusern der Minister. Geschickte Fotografen haben vielfach lauschige Ecken dieser Wohnungen in geschickter Zusammenstellung der Bevölkerung vor Augen geführt, sodass die Meinung entstehen könnte, dass die Regierungsmitglieder und andere führende Leute in Prunkpalästen wohnen. Dieses ist jedoch keineswegs der Fall und daher sollen auch missverständliche Bilder in Zukunft nicht mehr erscheinen.
3. Es wird darum gebeten, bei der Bildberichterstattung über grosse Volksversammlungen nicht immer nur den Redner am Pult zu zeigen,

27./29.04.1935

sondern vielmehr etwas seltenere Aufnahmen in Form von Ausschnitten aus der Versammlung, Wirkung des Redners auf die Massen u.s.w. zu veröffentlichen.

D., Fa.

s. a. ZSg. 102/1 v. 27. April 1935: ... Auf der anderen Seite vermisse man aber genuegende und gute Bilder vom nationalsozialistischen Aufbauwerk. Diese seien immer sehr stereotyp und simpel. Er wolle da zum Beispiel auf die Autobahnen aufmerksam machen, ueber die man viel mehr bringen koenne. Dr. Goebbels habe nicht die Absicht, sich in Zukunft noch eine vorstehend geschilderte, voellig falsche Bildberichterstattung gefallen zu lassen.

vgl. die "Richtlinien für die Gesamthaltung der Deutschen Presse" vom Oktober 1934, S. 2:
1. Das deutsche Volk weiß, daß die Regierung arbeitet. Es weiß aber auch, daß bei gewissen Gelegenheiten diese Regierungsarbeit mit einer notwendigen Repräsentation verbunden sein muß. Es ist daher völlig überflüssig, wenn solche repräsentativen Veranstaltungen in der Presse in breitester Form behandelt werden. Es widerspricht dem Geist der neuen Zeit, wenn dabei von "Spitzen der Gesellschaft", "Prominenten" oder "Persönlichkeiten erster Kreise" gesprochen wird. Genau so wenig, wie das "glanzvolle Bild der Veranstaltung" oder die "großen Uniformen der Teilnehmer" in Breite zu schildern sind, braucht erwähnt zu werden, daß der oder jener Minister "im schlichten Braunhemd" erschien. Diese Hinweise sind ebenso unnötig, wie etwa Modeberichte über die "Toiletten der Damen der Spitzen der Behörden". ...

ZSg. 101/5/133/Nr. 1277   29. April 1935

Bestellung a. d. Pressekonferenz v. 29.4.35

Meldungen über Meutereien in der italienischen Armee sind denkbar unerwünscht und sollen daher unterbleiben.

Gesehen: D., Fa., K.   Hbg. 12.50 Uhr
                        Brsl. 1.00 "
                        Chmn. 1.35 "

s. a. ZSg. 102/1/32 (1) v. 29. April 1935
     ZSg. 101/5/148/Nr. 1298 v. 8. Mai 1935

29./30.04.1935 - 246 -

ZSg. 102/1/32 (2) 29. April 1935

Verschiedentlich sei beobachtet worden, dass bei Zitierung auslaendischer Pressestimmen das zitierte Blatt nicht genau genannt, sondern z. B. nur gesagt worden sei "ein angesehenes Blatt" oder etwas aehnliches. Es sei doch zweckmaessig, immer die Zeitung, evtl. den Verfasser, genau zu nennen.

ZSg. 102/1/32 (3) 29. April 1935

Ueber Fernseh-Vorfuehrungen der Reichssendeleitung kann ohne jede Einschraenkung berichtet werden.

s. a. ZSg. 101/5/89/Nr. 1183 v. 14. März 1935
ZSg. 101/5/135/Nr. 1279 v. 30. April 1935

H. G.:
Fernsehprobleme aus der Ferne gesehen
Vom Zwischenfilm, vom Abtastverfahren und anderen Dingen
VB (N. A.), Nr. 117 v. 27. April 1935, S. 6

ZSg. 101/5/134/Nr. 1278 30. April 1935

Bestellungen a. d. Pressekonferenz v. 30.4.35

Zur Klarstellung von Zweifeln wird noch einmal festgestellt, dass über die U-Boot-Fragen berichtet werden kann. Es ist auch grundsätzlich nichts dagegen einzuwenden, dass ausländische Pressestimmen veröffentlicht werden, jedoch sollen die Vorgänge in keiner Weise sensationell behandelt werden. Soweit es sich um Mitteilungen über offizielle Schritte der englischen oder der deutschen Regierung handelt, sollen jedoch amtliche Mitteilungen abgewartet werden. Völlig zu verschwinden haben aus der Berichterstattung Zahlenangaben über Flottenstärken usw. Solche Mitteilungen über Zahlen dürfen auch aus der ausländischen Presse nicht übernommen werden.

30.04.1935

Gesehen: D., Fa., K.   Hbg. 12.55 Uhr
                       Brsl. 12.48 "
                       Chmn. 1.05   "

s. a. ZSg. 101/5/130/Nr. 1276 v. 25. April 1935
      ZSg. 101/5/136/Nr. 1281 v. 2. Mai 1935
      ADAP, Serie C, Bd. IV, 1, Nr. 52, 54, 55, 58 - 60

Am 25. April berichtete der "Daily Telegraph", Berlin bereite den Bau von zwölf U-Booten vor. Die Reichsregierung bestätigte am 27. April den geplanten U-Boot-Bau. N. Wiggershaus, Der deutsch-englische Flottenvertrag vom 18. Juni 1935, phil. Diss. Bonn 1972, S. 314

Unterhausdebatte über zwölf deutsche U-Boote
SZ, Nr. 216 v. 30. April 1935, S. 1
s. a. HHN, Nr. 199 v. 30. April 1935, S. 1

German Naval Strength
12 Submarines To Be Built/Claim To "Defence Freedom"/The Terms of the Treaty
The Times, Nr. 47,050 v. 29. April 1935, S. 14

ZSg. 101/5/135/Nr. 1279   30. April 1935

DNB-Rundruf vom 30.4.35

Der deutschen Presse ist es verboten, Artikel über Fernsehen zu bringen, die nicht vorher der Presseabteilung der Reichsregierung im Propagandaministerium zur Prüfung vorgelegen haben. Die Berichterstattung über Veranstaltungen der Reichssendeleitung sind hiervon nicht betroffen. In den nächsten Tagen wird auch ein Interview von DNB über Fernsehfragen erscheinen, das möglichst gut gebracht werden soll.

Gesehen: D., Fa., K.   Hbg. brfl.
                       Brsl. 7.50
                       Chmn. brfl.

s. a. ZSg. 102/1/69 v. (30. April 1935)
      ZSg. 102/1/32 (3) v. 29. April 1935
      ZSg. 101/6/17/Nr. 1461 v. 19. Juli 1935

30.04.1935 - 248 -

"Fernsehfunk und Film"
Hadamovsky vor dem Filmkongreß - Keine Konkurrenz für Rundfunk und Kino
Reichssendeleiter Hadamovsky sprach vor dem Internationalen Filmkongreß grundsätzlich über den Fernsehfunk im allgemeinen und über die Auswirkungen des Fernsehens auf den Film im besonderen. ...
Eine Konkurrenz des Fernsehens auf dem Gebiete der Spielfilme gäbe es überhaupt nicht. Wie beim Besuch des Theaters, der Oper u. a. m., so sei auch beim Besuch eines Filmtheaters das Gemeinschaftserlebnis vorherrschend, das den Besucher zwei Stunden oder noch länger ausharren lasse. Dieselben Leute dürften aber kaum bereit sein, zwei Stunden oder noch länger allein in einem verdunkelten Zimmer zu sitzen und sich Fernsehübertragungen anzusehen. Musik könne man auch in der Bewegung hören, bei manchen Familien sei der Rundfunk eben deshalb auch den ganzen Tag angestellt; aber beim Fernsehen müsse man stillsitzen und sich konzentrieren - und das könnten die wenigsten außerhalb der Gemeinschaft. ...
SZ, Nr. 217 v. 30. April 1935 (A. A.), S. 2
s. a. HHN, Nr. 201 v. 1. Mai 1935 (M. A.), S. 3 ((dass.))

Glänzende Entwicklung der Fernsehtechnik
In Tempelhof spielte sich Dienstag nachmittag ein für die weitere Entwicklung der Fernsehtechnik bedeutungsvolles Ereignis ab. Knapp 6 Wochen nach Eröffnung des ersten Fernsehprogramms der Welt durch die Reichsrundfunkgesellschaft erfolgte als großzügiger Programmversuch die erste Fernsehübertragung eines aktuellen Geschehens. Es handelt sich hierbei um eine nicht öffentliche Propagandaübertragung der Reichsrundfunkgesellschaft mit der Firma Telefunken und der Fernseh-A.-G. unter Ausschluß des Fernsehsenders Witzleben. ...
SZ, Nr. 218 v. 1. Mai 1935, S. 3

Fernsehübertragung eines aktuellen Geschehens
... Reichssendeleiter Hadamovsky, Chefingenieur Dr. Hubmann und andere Fachmänner erläuterten die Technik dieser Übertragung. Der ganze Vorgang nimmt knapp 70 Sekunden in Anspruch, so daß der Fernsehempfänger das Bild etwa eine Minute nach erfolgter Aufnahme empfängt.
FZ, Nr. 222 v. 2. Mai 1935, S. 3
Der FZ-Artikel hat denselben Text wie der in der SZ und darüber hinaus die zitierten Ausführungen.

- 249 -   2.05.1935

Bestellungen a. d. Pressekonferenz v. 2. Mai 1935

ZSg. 101/5/136/Nr. 1280   2. Mai 1935

Durch DNB kommen heute Nachrichten über eine Verlängerung des
deutsch-englischen Handelsvertrages. Es ist zu erwarten, dass eine
amerikanische Note zu dieser Angelegenheit veröffentlicht wird,
es soll aber erst das DNB abgewartet werden, ehe darüber Nachrichten veröffentlicht werden.

Es handelt sich in dieser Anweisung um ein Mißverständnis, da nicht
der deutsch-englische Handelsvertrag zur Diskussion stand, sondern
der deutsch-amerikanische.

s. a. ZSg. 102/1/46 (3) v. 2. Mai 1935: Ueber deutsch-amerikanische Handelsvertragsbesprechungen sollen nur DNB-Meldungen gebracht werden, vor allem gilt das fuer eine Meldung der amerikanischen Regierung. Wir ziehen deshalb die entsprechende United Press-Meldung auf Laufnr. 2 zurueck.

Amerikanische Bereitschaft zu Handelsvertragsverhandlungen auch
mit Deutschland
FZ, Nr. 221 v. 1. Mai 1935, S. 1

Keine amerikanischen Vorschläge für einen neuen Handelsvertrag mit
Deutschland
FZ, Nr. 226 v. 4. Mai 1935, S. 3

s. a. HHN, Nr. 201 v. 1. Mai 1935, S. 7
      HHN, Nr. 206 v. 4. Mai 1935, S. 14
      VB (N. A.), Nr. 121 v. 1. Mai 1935, S. 13

ZSg. 101/5/136/Nr. 1281   2. Mai 1935

Die zahllosen Berichte in der Auslandspresse über deutsche Marinefragen sollen nicht übernommen werden. Dagegen können die Verhandlungen im Unterhaus und mögliche amtliche englische Erklärungen
usw. gebracht werden.

Gesehen: Fa., D., K.   Hbg. 12.55
                        Brsl. 12.55
                        Chmn. 1.10

2.05.1935   - 250 -

s. a. ZSg. 102/1/46 (1) v. 2. Mai 1935
     ZSg. 101/5/134/Nr. 1278 v. 30. April 1935

Außenpolitische Unterhaus-Aussprache
HHN, Nr. 203 v. 3. Mai 1935, S. 1 ((Zusammenfassung))

Ausführliche Parlamentsberichterstattung zu den Fragen der Ausstattung der deutschen Marine s. The Times, Nr. 47,053 v. 2. Mai 1935, S. 7.

Germany Building Submarines
Questions in Parliament
Manchester Guardian Weekly, Nr. 18 v. 3. Mai 1935, S. 344

ZSg. 101/5/137/Nr. 1282   2. Mai 1935

DNB-Rundruf v. 2. Mai 1935

Die Veröffentlichung der Notiz über das Ausscheiden des Herrn Reichsministers Frank aus der Strafrechtskommission in der heutigen Abendausgabe im "Berliner Tageblatt" ist ohne Wissen und Willen von Herrn Reichsminister Frank erfolgt. Die Notiz soll deshalb nicht übernommen werden.

Gesehen: D., K.   Hbg. 9.15
                     Brsl. brfl.
                     Chmn. "

s. a. ZSg. 102/1/55 (5) v. 30. März 1935
     ZSg. 102/1/59 (4) v. 3. Mai 1935

Strafgesetzbuch in Arbeit
Reichsminister Frank aus der Strafrechtskommission ausgeschieden
... Gleichzeitig wird mitgeteilt, dass in der Besetzung der Amtlichen Strafrechtskommission Aenderungen eingetreten sind. So ist Reichsminister Dr. Frank auf seinen Wunsch als Mitglied ausgeschieden. Der Stellvertreter des Führers, Reichsminister Heß, hat nach Vortrag beim Führer und Reichskanzler für die weiteren Beratungen über den Strafgesetzbuch-Entwurf den Rechtsanwalt und Notar Graf v. d. Goltz in Berlin als Vertreter der NSDAP benannt.
...
BT, Nr. 206 v. 2. Mai 1935 (A. A.), S. 11
s. a. Der Angriff, Nr. 102 v. 3. Mai 1935, S. 2

ZSg. 102/1/46 (2) 2. Mai 1935

- 251 - 2.05.1935

Aufmerksam gemacht und um Beachtung gebeten wurde fuer die Reden von Lothian und Lord Ellen [1] ((sic)) im Oberhaus. Zur bevorstehenden Unterhausdebatte selbst meinte man, es sei wohl richtig, nicht in dem Stil zu berichten, als ob wir gespannt auf das achten muessten, was im englischen Unterhaus gesprochen werde. An sich sei die Debatte durchaus interessant, aber das Schicksal der Welt und insbesondere das Deutschlands haenge von ihr nicht ab.

s. a. ZSg. 102/1/59 (3) v. 3. Mai 1935

Philip Henry Lothian (1882 - 1940), 1916 - 1921 Privatsekretär von Lloyd George, 1930 in den Adelsstand erhoben, 1931 - 1932 Staatssekretär für Indien. Zunächst Befürworter, später Gegner der Appeasement-Politik. 1939 - 1940 Botschafter in Washington.

Lords and Air Defence
The Times, Nr. 47,053 v. 2. Mai 1935, S. 7
s. a. FZ, Nr. 223 v. 3. Mai 1935, S. 2
Sowohl die Rede von Lord Lothian als auch die von Lord Allen bewies Verständnis für die einseitige Aufrüstung Deutschlands.

[1] Lord Allen of Hurtwood

ZSg. 102/1/46 (4) 2. Mai 1935

Zur Danziger Guldenabwertung haben wir eine Ausrichtung an Wirtschaftspolitik gegeben.

s. a. ZSg. 102/1/44 (1) v. 4. Mai 1935
    ADAP, Serie C, Bd. IV, 1, Nr. 65, 97

Abwertung des Danziger Guldens
Ein Beschluß des Senats - Herabsetzung des Werts um 42,37 Prozent
FZ, Nr. 223 v. 3. Mai 1935, S. 1 und 4
s. a. HHN, Nr. 202 v. 2. Mai 1935, S. 3
    ebd., S. 10 ((Kommentar))

ZSg. 102/1/46 (5) 2. Mai 1935

Zu Ihrer Information: Es wurde die Erwartung ausgesprochen, dass die Zeitungen auch ueber ((sic)) die Veranstaltung von Kraft durch

2./3.05.1935 - 252 -

Freude gestern abend in den Berliner Zoo-Lokalen eingehen und dabei hervorheben werden, in welchem Mass Dr. Goebbels von den Anwesenden begruesst und ihm zugejubelt worden sei.

C. B.:
Abends nach 8 bei Kraft durch Freude
... Da erscheint umjubelt Reichsminister Dr. Goebbels und steht, unsere Hände schüttelnd, am Rande der Tanzfläche im Marmorsaal.
...
Der Angriff, Nr. 102 v. 3. Mai 1935, S. 6 ((ganze Seite))
s. a. DAZ (B. A.), Nr. 203 v. 2. Mai 1935, S. 2

Bestellungen a. d. Pressekonferenz v. 3. Mai 1935

ZSg. 101/5/138/Nr. 1283   3. Mai 1935

Streng vertraulich! Die Fleischerfachzeitungen werden in der nächsten Zeit die Frage erörtern, warum im vergangenen und in diesem Jahre sehr viel Fleischkonserven hergestellt worden sind, die nunmehr zu Ende des Mai langsam zum Verkauf gebracht werden sollen. Diese Debatte über Fleischkonserven darf zunächst von der Tagespresse nicht aufgegriffen werden, jedoch wird in Bälde eine Pressekonferenz über dieses Thema vom Reichsernährungsministerium abgehalten werden, in der nähere Mitteilungen über diese Konservenaktion gemacht werden. Wir verweisen im übrigen auf den Informationsbericht von Dr. Falk [1], der diese Fragen näher beleuchtet.

[1] Hans Falk, s. dazu NS-Presseanweisungen 1:33, S. 62* Anm. 176

Der Informationsbericht ist nicht überliefert.

s. a. ZSg. 102/1/60 v. 3. Mai 1935: ... Es handelt sich dabei darum, dass im letzten Jahr bei dem verstaerkten Viehantrieb zu den Maerkten von der Reichsstelle fuer Tiere und tierische Produkte erhebliche Viehbestaende aufgekauft und zu Konserven verarbeitet wurden. ... Die Kilodose dieser Konserven soll uebrigens 1,50 MK kosten.
s. a. ZSg. 101/5/116/Nr. 1251 v. 9. April 1935
      ZSg. 101/5/146/Nr. 1295 v. 7. Mai 1935

- 253 - 3.05.1935

"Fleisch im eigenen Saft"
Neue Fleischkonserven kommen in diesen Tagen zum Verkauf - Ein
hochwertiges und preiswertes Nahrungsmittel
Von unserem Berliner Büro
... Die Pressevertreter konnten sich am Donnerstagabend durch
Kostproben davon überzeugen, dass es sich hier um Konserven handelt, die tatsächlich hochwertig und über alle jene Zweifel erhaben sind, die sich auf Grund der Kriegserfahrungen bei der Bevölkerung erheben könnten. ... Im vorigen Sommer zwang die Trokkenheit und der dadurch bedingte Futtermangel die Landwirtschaft
zum Viehverkauf in einem Umfang, der den laufenden Bedarf der Bevölkerung an Fleisch überstieg. Gleichzeitig mußte Deutschland,
um den Absatz von deutschen Industrieerzeugnissen im Auslande zu
erleichtern, gewisse Mengen Auslandsvieh hereinnehmen. Ohne die
Eindosung dieser Vieh- und Fleischmengen wäre im vorigen Sommer
ein völliger Zusammenbruch der deutschen Viehpreise und damit
schwerste Schädigung unserer Landwirtschaft unvermeidlich gewesen. ...
SZ, Nr. 261 v. 24. Mai 1935, S. 1 und 2

ZSg. 101/5/138/Nr. 1284   3. Mai 1935

Ausländische Blätter bringen die Nachricht, dass der preussische
Ministerpräsident beabsichtige, mit seiner Gemahlin in den
nächsten Tagen eine Reise nach Jugoslawien anzutreten. Diese Nachrichten sollen nicht übernommen werden. Tatsächlich wird die Reise
um Pfingsten herum vor sich gehen.

s. a. ZSg. 102/1/59 (5) v. 3. Mai 1935
ZSg. 101/5/176/Nr. 1360 v. 29. Mai 1935
ADAP, Serie C, Bd. IV, 1, Nr. 91, 93

Ministerpräsident Göring hielt sich auf der Rückreise von seinem
in Dubrownik verlebten Erholungsurlaub ... vom 6. bis 8. Juni in
Belgrad auf, wo er mit dem Prinzregenten Paul sowie mit dem südslawischen Außenminister und Kriegsminister Unterredungen hatte.
Das Archiv, Juni 1935, S. 449 (6. Juni)

Pfingsten war am 7./8. Juni.

ZSg. 101/5/138/Nr. 1285   3. Mai 1935

Schwedische Blätter bringen die Nachricht, dass Rudolf Heß am 13.
und 14. Mai eine Reise nach Stockholm unternehmen würde, um einige
Vorträge zu halten. Die Nachricht trifft zu, soll aber vorläufig
noch nicht veröffentlicht werden.

3.05.1935   - 254 -

Gesehen: D., K., Fa.   Hbg. 1.05 Uhr
                        Brsl. 1.02   "
                        Chmn. 1.27   "

s. a. ZSg. 102/1/59 (1) v. 3. Mai 1935

Schwedenreise Rudolf Heß'
VB (N. A.), Nr. 134 v. 14. Mai 1935, S. 3

s. a. HHN, Nr. 219 v. 12. Mai 1935, S. 1
      HHN, Nr. 220 v. 13. Mai 1935, S. 2

ZSg. 102/1/59 (2)   3. Mai 1935

Text- und Bildberichterstattung ueber den Neubau des Reichsluftfahrtministeriums ist fuer die naechsten Wochen nicht erwuenscht. Die Sperre soll bald aufgehoben werden.

s. a. ZSg. 101/5/98/Nr. 1211 v. 22. März 1935
      ZSg. 101/5/168/Nr. 1336 v. 24. Mai 1935

Werner Franck:
Reichsministerium für die Luftfahrt
Ein neuer Staatsbau Berlins
... Das gesamte Bauwerk wird bis zum 1. April des nächsten Jahres, also nach kaum weniger als einem Jahr, vollendet sein. Die gesamte Front, die fast die gleiche Ausdehnung haben wird wie der Gebäudekomplex von der Reichskanzlei bis zum Hindenburgpalais, wird in hellem Kalkstein ausgeführt, der von der Donau herangeschafft wird. Es ist derselbe Stein, den der Führer bei den Parteibauten in München und Nürnberg verwendet.
Der Angriff, Nr. 82 v. 6. April 1935, S. 3 ((ganze Seite mit Bildern des Modells))
s. a. Berliner illustrierte Nachtausgabe, Nr. 110 v. 13. Mai 1935,
      S. 5 ((Reportage ohne Bild))

ZSg. 102/1/59 (3)   3. Mai 1935

Zur Aussenpolitik sagte das Propagandaministerium, dass die Unterhausreden durchaus frei kommentiert werden koennen. Ganz allgemein sei zu sagen, dass die Presse im ganzen noch etwas zu freundlich und zu wenig kritisch sei. Der Gesichtspunkt muesse mehr beachtet

werden, dass das Gerede von Kriegsgefahr nur dazu dienen soll, das
Parlament in Stimmung zu setzen fuer die Militaer- und Ruestungsvorlagen. Das Stichwort "Scheinheiligkeit" werde im uebrigen bei
der Kommentierung eine Rolle spielen muessen. (Man will vor der
angekuendigten aussenpolitischen Erklaerung sich nicht festlegen.
Deshalb werden zur Zeit keine aussenpolitischen Richtlinien gegeben. Im uebrigen scheint es sich zu bestaetigen, dass die Erklaerung vor dem Reichstag abgegeben werden soll. Man spricht vom
14. oder 17. Mai als Sitzungstag.)

s. a. ZSg. 102/1/46 (2) v. 2. Mai 1935
ZSg. 101/5/149/Nr. 1299 v. 8. Mai 1935
ADAP, Serie C, Bd. IV, 1, Nr. 66

Ausschau nach einem Friedenssystem
FZ, Nr. 225 v. 4. Mai 1935, S. 3 ((Kommentar ohne "Scheinheiligkeit"))

ZSg. 102/1/59 (4)   3. Mai 1935

Am nächsten Dienstag ((7. Mai)) ist eine Sonderpressekonferenz bei
Gürtner, in der ueber den speziellen Teil des neuen Strafrechts gesprochen werden soll. Sie wissen, dass gestern verboten wurde, die
Meldung aus der "Deutschen Justiz" zu verbreiten [1], dass Minister
Frank aus dem Amtlichen Strafrechtsausschuss ausgeschieden sei.
Der Vertreter von Frank gab nun heute in der Pressekonferenz eine
vertrauliche Erklaerung ab, die etwa folgendes besagte: Die Meldung ueber Ausscheiden Franks sei irrefuehrend, Frank habe niemals
in der Amtlichen Strafrechtskommission mitgearbeitet. Seine Aufgabe sei es, die Arbeiten vom Standpunkt der Partei aus zu ueberpruefen. Er habe sich auch niemals innerlich mit den Arbeiten der
Amtlichen Kommission verbunden gefuehlt. Irrefuehrend sei die Meldung auch insofern, als niemals ein Minister der Kommission eines
anderen Ministeriums anzugehoeren vermoege. Frank werde die Arbeiten der Amtlichen Kommission nach wie vor kritisch vom Standpunkt
der Partei aus beobachten. (Ich habe gestern Herrn Dr. Forell
kurz brieflich von den Differenzen zwischen Frank und Gürtner berichtet, fuer die die heutige Erklaerung ein deutlicher Beweis ist.
Der Vertreter des Justizministeriums enthielt sich in der Pressekonferenz natuerlich jeder Gegenerklaerung gegen Frank. Die Dar-

3./4.05.1935

legungen des Vertreters von Frank wurden mit ziemlichem Gelaechter quittiert, da die nun schon mehrfach in der Pressekonferenz zutage getretenen Differenzen zwischen den beiden Stellen allmaehlich ausgesprochen komisch wirken.)

1) ZSg. 101/5/137/Nr. 1282 v. 2. Mai 1935
s. a. Die Amtliche Strafrechtskommission
... Am 2. Mai beginnt eine neue zehntägige Arbeitstagung der amtlichen Strafrechtskommission, in der in zweiter Lesung der allgemeine Teil des vorliegenden Entwurfs eines Strafgesetzbuches zu Ende beraten werden soll.
Deutsche Justiz, 97. Jg. (1935), Ausg. A, Nr. 18 v. 3. Mai 1935, S. 687 - 688
s. a. ZSg. 102/1/55 (5) v. 30. März 1935

Zum Empfang beim Reichsjustizminister anläßlich der Verkündung des amtlichen Kommissionsentwurfs für das neue Strafgesetzbuch, vgl. ZSg. 101/28/169-177 v. 8. Mai 1935 (Informationsbericht Nr. 43).

Das künftige Strafrecht
Eine Denkschrift der Strafrechtskommission
(Privattelegramm der "Frankfurter Zeitung")
... Das gesetzte Recht, das formulierte Gesetz werde in Zukunft nicht mehr die einzige Rechtsquelle für den Richter sein. Allerdings bleibe sie noch die wichtigste. Vor einer Mindersetzung des Gesetzes sei aber schon deshalb zu warnen, weil es auch fernerhin in der Mehrzahl aller Fälle die letzte Form des Führerbefehls sein werde. Die neue Funktion des besonderen Teiles würde unter anderem sich auch darin zeigen, daß jene Ausdrücke, die ihren Inhalt erst von anders woher empfangen, wie etwa im bürgerlichen Recht der Begriffe der "guten Sitten", eine große Rolle spielen sollen. Die sittliche Wertung von Verbrechen, auch von Ehrenverbrechen, werde deshalb ein wesentliches Tatbestandsmerkmal sein, weil letztlich die sittliche Wertung Maßstab für die richterliche Entscheidung überhaupt sein solle. ...
FZ, Nr. 233 v. 8. Mai 1935, S. 2

Bestellungen a. d. Pressekonferenz vom 4. Mai 1935.

ZSg. 101/5/139/Nr. 1286   4. Mai 1935

In Zukunft soll das Feldjägerkorps nicht mehr als besondere Formation genannt werden, sondern nur noch im Zusammenhang mit der Schutzpolizei. Bekanntlich ist das Feldjägerkorps seit einigen Wochen in vollem Umfange eingegliedert worden.

s. a. ZSg. 102/1/65 (5) v. 4. Mai 1935
ZSg. 102/1/69 (4) v. 15. Mai 1935
ZSg. 101/6/205/Nr. 1908 v. 4. Dezember 1935

Eingliederung des Feldjägerkorps in die Schutzpolizei
... Mit der Eingliederung des Feldjägerkorps in die Schutzpolizei entfielen die besonderen Aufgaben (Einschreiten gegen Angehörige der Bewegung usw.), die das Feldjägerkorps im Rahmen der NSDAP und ihrer Gliederungen zu erfüllen hatte, und die nunmehr von der gesamten Polizei wahrgenommen werden. Das Feldjägerkorps ist ein Bestandteil der Schutzpolizei und hat auch ihre Aufgaben mit zu erfüllen. Die Feldjägerbereitschaften werden im besonderen nach Art der Schutzpolizeibereitschaften bei Bezirkswachen, Überfallkommandos usw. verwendet. Weiter ist in der Hauptsache der Einsatz der Feldjägerbereitschaften in der motorisierten Straßenpolizei vorgesehen. ...
Das Archiv, April 1935, S. 60 (1. April)

ZSg. 101/5/139/Nr. 1287   4. Mai 1935

Der Reichsbischof [1] veröffentlicht eine Erklärung gegen Alfred Rosenberg. Diese Erklärung darf erst dann veröffentlicht werden, wenn sie durch D.N.B. an die Zeitungen gelangt.

[1] Ludwig Müller. Die Erklärung konnte nicht ermittelt werden.

Alfred Rosenbergs neue Kampfschrift "An die Dunkelmänner unserer Zeit"
VB (N. A.), Nr. 125 v. 5. Mai 1935, S. 5

Der Bischof, der Platzregen und das brennende Auto
Die magische Weltanschauung
Alfred Rosenberg antwortet den Dunkelmännern
Der Angriff, Nr. 103 v. 4. Mai 1935, S. 1-2

ZSg. 101/5/139/Nr. 1288   4. Mai 1935

Es wird daran erinnert, dass Vorberichte über Führerreisen verboten sind, gleichgültig von welcher Stelle sie kommen. Erst wenn diese Nachrichten über D.N.B. laufen, ist der Abdruck gestattet.

Gesehen: D., K.   Hbg. 12.55 Uhr
                   Brsl. 1.00 "
                   Chmn. 12.55 "

4.05.1935   - 258 -

s. a. ZSg. 102/1/65 (3) v. 4. Mai 1935: ... Gerade heute liege
Anlass vor, die Mahnung auszusprechen. (Hitler ist, wie man hoert,
zur Besichtigung der "Scharnhorst" gefahren).
s. a. ZSg. 101/1/20 (1) v. 21. Juni 1933

Der Führer an Bord der "Scharnhorst"
An der dritten Probefahrt des neuen Ostasien-Schnelldampfers
"Scharnhorst" des Norddeutschen Lloyd, die von Bremerhaven nach
Helgoland und den Ostfriesischen Inseln führte, nahm auch der
Führer und Reichskanzler Adolf Hitler teil. ...
BLA, Nr. 108 A v. 6. Mai 1935, S. 2
s. a. BT, Nr. 205 v. 2. Mai 1935, S. 4

ZSg. 101/5/140/Nr. 1289   4. Mai 1935

Bestellung aus d. Pressekonferenz

Vom Reichswirtschaftsministerium wird in Abänderung einer früheren Anweisung nunmehr verfügt, dass über die Lage des deutschen Exports in Zukunft wieder sachverständige Berichte geschrieben werden können. Das seinerzeitige Verbot, über das Problem der Exportförderung sich auszulassen, ist lediglich dahin zu verstehen, dass keine grosse Debatte über das Für und Gegen bestimmter Exportförderungspläne entfesselt wird. Es ist aber erlaubt, über die Lage des Exports im allgemeinen sowie die Darlegungen der Gauwirtschaftsberater und dergleichen zu berichten.

Gesehen: D., K.   Hbg. brfl.
                       Br. 7.15
                       Ch. brfl.

s. a. ZSg. 102/1/65 (4) v. 4. Mai 1935: ... Nicht unterbunden
werden solle das Bestreben, ueber die Entwicklung des deutschen
Exports an sich zu schreiben und den deutschen Unternehmer zum
Export anzuspornen. (Bitte zeigen Sie dies auch Handel und WIPO).
s. a. ZSg. 101/5/105/Nr. 1228 v. 30. März 1935
     ZSg. 101/5/152/Nr. 1304 v. 10. Mai 1935

Der Mannesmann-Abschluß
Röhrengeschäft durch Ausfuhrschwierigkeiten beeinträchtigt
HHN, Nr. 206 v. 4. Mai 1935, S. 14

Fa(1k):
Das Ganze sammeln!
... Die Parole der Stunde ist das alte Kavallerie-Signal: Das Ganze sammeln! Alle Einzelinteressen müssen unbedingt dem Gesamtwohl untergeordnet werden. Allerdings ist es auch notwendig, jede Verbürokratisierung des Exportgeschäfts zu vermeiden. Es darf bei der Durchführung des Exportförderungsplanes nicht nach einem festen Schema verfahren werden, sondern die Methoden müssen vielfältig und elastisch sein. Es handelt sich keineswegs darum, die ausländischen Märkte nunmehr mit deutschen Waren zu überschwemmen. Es ist keine Exportoffensive, die Deutschland unternimmt, sondern ein Akt der Notwehr zur Selbstbehauptung von Volk und Wirtschaft. Deutschland muß seinen Bedarf an Rohstoffen und Lebensmitteln sicherstellen und wenn möglich darüber hinaus noch so viel Exportüberschüsse erzielen, daß unsere ausländischen Kapitelverpflichtungen erfüllt werden können. Die Selbsthilfeaktion der deutschen Industrie liegt also nicht zuletzt auch im Interesse der ausländischen Rohstofflieferanten und Finanzgläubiger. ...
HHN, Nr. 207 v. 5. Mai 1935, S. 10

ZSg. 102/1/44 (1)   4. Mai 1935

Ueber die Abwertung des Danziger Gulden wird gebeten, sich auf die Wiedergabe der amtlichen Danziger Meldungen zu beschraenken, das heisst praktisch nur DNB-Meldungen zu bringen.

s. a. ZSg. 102/1/46 (4) v. 2. Mai 1935
ZSg. 101/5/182/Nr. 1366 v. 5. Juni 1935

Danzig nach der Abwertung
Ruhige Devisenlage - Keine größeren Bankabhebungen
FZ, Nr. 226 v. 4. Mai 1935, S. 3 ((eig. Bericht))

Die Devalvation in Danzig
FZ, Nr. 227 v. 5. Mai 1935, S. 3 ((Kommentar))

Der Weg des Danziger Guldens
FZ, Nr. 227 v. 5. Mai 1935, S. 4 ((DNB))

Der Geschäftsverkehr in Danzig nach der Abwertung
ebd. ((DNB))

ZSg. 102/1/44 (2)　　　　　　　　4. Mai 1935

Das Reichswirtschaftsministerium gab bekannt, dass die Meldungen nicht richtig seien, die von einer Beteiligung der oesterreichischen Grossbanken an der Alpinen Montangesellschaft berichteten. Der Stahlverein habe auf Anfrage dementiert. Ein Dementi zu veroeffentlichen waere nur dann noetig, wenn die falsche Meldung im Blatt gestanden habe: Dieses Dementi soll dann nicht den Stahlverein als Quelle angeben, sondern etwa nur folgendermassen abgefasst sein: Wie wir hoeren, sind Nachrichten unrichtig, nach denen usw.

ZSg. 102/1/44 (3)　　　　　　　　4. Mai 1935

Es wurde erneut um Zurueckhaltung in der Berichterstattung ueber die Flottenbesprechungen gebeten. Diese Zurueckhaltung muesse sich auch in den Aufmachungen ausdruecken.

s. a. ZSg. 101/5/130/Nr. 1276 v. 25. April 1935
　　　ZSg. 101/5/171/Nr. 1347 v. 25. Mai 1935
　　　ADAP, Serie C, Bd. IV, 1, Nr. 74

Englands zwei Profile
Verständigung mit Deutschland, aber auch Pakte und Aufrüstung
FZ, Nr. 228 v. 5. Mai 1935, S. 1-2

Bei der Presseberichterstattung über Großbritannien stand das 25jährige Krönungsjubiläum des englischen Königspaares, das am 6. Mai stattfand, im Vordergrund.

ZSg. 102/1/65 (1)　　　　　　　　4. Mai 1935

Obwohl fuer das Blatt nicht mehr verwendbar, doch in Kuerze die Aeusserungen von Geheimrat Aschmann zum franzoesisch-sowjetrussischen Buendnisvertrag (dieser Name sei der richtige). Drei Punkte seien trotz der bereits vorliegenden deutschen Kommentare noch einmal in den Zeitungen zu behandeln: einmal als Grundlage des Vertrages die Militaerkonvention zwischen beiden Staaten, deren

Existenz man annehmen muesse, dann die Tendenz des Vertrages gegen
Deutschland, und schliesslich Simons Interpretation. Was die Militaerkonvention angehe, so seien fuer ihre Existenz zum Beispiel die
weitgehenden Vorbereitungen auf tschechischem Boden ein Beweis
(Schaffung von etwa 50 neuen Flugplaetzen, die nur zur Aufnahme
russischer Bombengeschwader bestimmt sein koennten), ebenso die
Fuenf-Milliarden-Anleihe fuer den Ausbau der russischen Aufmarschbasis im Westen. Der Buendnisvertrag sei ein Rueckfall in die
franzoesische Vorkriegspolitik, die durch ihre Unterstuetzung der
russischen Plaene im Grunde zur Katastrophe von 1914 gefuehrt habe. Der Vertrag sei insofern etwas Neuartiges, als er in krasser
Weise sich gegen einen Dritten richte. Die Geschmeidigkeit der
Textformulierung stelle eine Gefahr fuer den europaeischen Frieden dar. Das Buendnis bestaetige unsere Einstellung dem Voelkerbund gegenueber als einem Machtinstrument der imperialistischen
Staaten. Der dolus eventualis der Buendnispartner zeige sich darin, dass sie eigentlich damit rechnen, dass eine Einstimmigkeit
im Voelkerbundsrat nicht zustandekomme und die Partner dann,
in gewissem Sinne unter Verhoehnung des Voelkerbundes handeln werden. Der Voelkerbund habe ferner unter der Drohung des franzoesisch-sowjetrussischen Buendnisses zu arbeiten und die Einstimmigkeit koenne ausserdem jeder der beiden Partner jederzeit verhindern. Simons Bemerkung zu Locarno sei unerklaerlich. Nach
deutscher Auffassung sei kein Fall vorstellbar, wo die Konsultativverpflichtung Englands bei einem franzoesischen Einmarsch in
Deutschland nicht in Kraft trete. Durch den Buendnisvertrag werde
der kollektive Gedanke (siehe Kommuniqué vom 3. Februar) aufs
Schwerste kompromittiert. Lavals Aeusserung, dass sich das Buendnis gegen niemanden richte, werde durch die vorstehenden Ueberlegungen zurueckgewiesen.

s. a. ZSg. 110/1/72-73 v. 24. Mai 1935: ... ((Jahncke teilt mit)),
dass der Manchester Guardian Ausführungen aus der Pressekonferenz
gebracht und veröffentlicht hat, die Geheimrat Aschmann am 4. Mai
gemacht hat. Die Indiskretion könnte nur aus dem Pressekonferenzsaal stammen. Er, Dr. Jahncke, hoffe dringend, dass es sich nur
um ein einmaliges Versagen gehandelt hat. Er könne sich die Folgen nicht vorstellen, die eintreten müssten, wenn man feststelle,
dass ein Mitglied der Pressekonferenz mit den vertraulichen Mitteilungen Geschäfte mache. Er müsse jeden zur Pressekonferenz
zugelassenen Journalisten darauf aufmerksam machen, dass er gegen
sich selbst, gegenüber dem Staat und dem Berufsstand die Pflicht
habe, jeden zu melden, den er im Verdachte der Indiskretionen habe.

4.05.1935 - 262 -

Am 2. Mai 1935 hatten die Sowjetunion und Frankreich einen Beistandspakt unterzeichnet.
s. a. ADAP, Serie C, Bd. IV, 1, Nr. 70, 72, 89, 105, 107

Demilitarised Zone
Germany's Attitude
Manchester Guardian Weekly, Nr. 19 v. 10. Mai 1935, S. 366

R(udolf) K(ircher):
Sind Verträge verletzt?
... Frankreich wirft seine Divisionen an die Rheingrenze, die Tschechoslowakei baut Dutzende von Flughäfen, die dazu bestimmt sind, den bolschewistischen Bombenflugzeugen als Basis zu dienen, der neue Vertrag besiegelt einen militärischen Bund. Sir John Simon aber entzieht sich seiner Verantwortung durch Ausflüchte. Wir fragen uns: Wie lange wird das englische Volk zu diesem Spiel schweigen? Es ist an der Zeit, daß jeder, der etwas beitragen kann, seine Stimme erhebe! Noch können ehrliche Aussprachen zur guten Lösung führen.
FZ, Nr. 231 v. 7. Mai 1935, S. 1

ZSg. 102/1/65 (2) 4. Mai 1935

Geruegt wurde ein kuerzlich in der "Nachtausgabe" erschienener Aufsatz ueber die Sowjetarmee. Hier sei leider wieder einmal davon die Rede, dass Sowjetrussland kein Proletarierstaat mehr sei und dass der russische Soldat nicht nur Treue zum Internationalen Proletariat, sondern auch zum eigenen Vaterland schwoere. "Vaterland" sei falsch aus dem Russischen uebersetzt, es heisse in dem Eid des Soldaten "Heimat". Man erinnere an die grundsaetzliche Richtlinie, nicht von einer Abkehr Sowjetrusslands von den Weltrevolutionsplaenen zu schreiben und ausserdem im sprachlichen Ausdruck nicht Russland, sondern stets Sowjetrussland.

Oberstleutnant Marius ten Borch:
Rußland hat 9,6 Millionen ausgebildete Soldaten
200 Frauenbataillone in der Sowjet-Armee
Der Eid der roten Rekruten - 39 Fabriken arbeiten Tag und Nacht an der Aufrüstung
Am 23. Februar feierte die "Rote Armee" ihren 17. Geburtstag, und Klement Woroschilow, Landesverteidigungskommissär und Oberbefehlshaber, sprach am Platz vor dem Lenin-Mausoleum in Moskau zu mehr als 300 000 Menschen. War es Woroschilow, der sprach? Doch ... unverkennbar das hagere Gesicht, die Gesten ... die Stimme ... Ah - Rußland hat sich gewandelt. Rußland ist nicht mehr der Proletarierstaat, dessen Machthaber phantastischen Ideen nachjagen. Rußland ist wieder das, was es einst war. Genosse Klement Woroschilow sprach zum erstenmal seit 17 Jahren vom "russischen Vaterland" und von der "angestammten Treue zu diesem Land" ... ab und zu folgte -

mit merklich leiserer Stimme - noch ein Propagandawort "an die Proletarier aller Länder". ... Der junge Rotarmist, der zum erstenmal die Uniform anzieht - dieselbe Uniform, die man vor reichlich 17 Jahren bitter bekämpft und verunglimpft hat - spricht folgenden Eid: "Ich der Sohn des arbeitenden Volkes, Staatsbürger der Räteunion, empfange hiermit die Ehrenbezeichnung Kämpfer der Roten Armee der Arbeiter und Bauern. Angesichts der Gesetze der Räteunion verpflichte ich mich, diesen Titel ehrenvoll zu tragen ... und ich verspreche Treue zum Vaterland. Und - Treue zum internationalen Proletariat."
Berliner illustrierte Nachtausgabe, Nr. 100 v. 30. April 1935, S. 3-4

s. a. ZSg. 102/1/67 v. 28. Mai 1935: Nach Schluss der Pressekonferenz wurde mir mitgeteilt, dass die Glosse "Selbstkritik" in der Reichsausgabe vom 8. Mai missfallen habe. Es werde hier die sowjetrussische Tendenz unterstuetzt, als ob diese selbstkritischen Aeusserungen nicht so ernst zu nehmen seien, sondern eben nur einzelne Unzulaenglichkeiten brandmarken wollten: Nur ausserhalb Sowjetrusslands vergroessere und verallgemeinere man aus taktischen Gruenden diese Dinge.

pö.:
"Selbstkritik"
In der sowjetrussischen Presse nimmt seit jeher die sogenannte Selbstkritik einen breiten Raum ein. Die Offenheit, mit der dort Uebelstände gebrandmarkt werden - wenigstens auf bestimmten Gebieten des innerstaatlichen Lebens -, hat nicht selten den Staatsapparat in Bewegung gesetzt. Jedenfalls ging die Selbstkritik vielfach den Regierungsmaßnahmen voraus und gab ihnen so einen Schwung, ... Schließlich muß auch die Sowjet-Presse für Leser schreiben, und diese finden, selbst wenn sie sehr beflissen sind, immer noch manches Haar in der Suppe. Sie würden eine Zeitung schwerlich lesen wollen, die ihre Lebensnöte und Aergerlichkeiten verkennt und alles gleichsam nur durch rosige Brillen betrachtet.
FZ, Nr. 232 v. 8. Mai 1935, S. 3

ZSg. 102/1/65 (6) 4. Mai 1935

Zwei Berliner Zeitungen (Morgenpost und Voelkischer Beobachter) hatten anlaesslich einer Versammlung der Deutschen Glaubensfront ueber eine "Saalschlacht" berichtet, die im Osten Berlins stattfand. Solche Berichte seien nicht erwuenscht.

Berliner Morgenpost (1898 - 1945) erschien bis zur Übernahme des Verlages an den Eher-Konzern bei Ullstein. Tendenz nach eigener Einschätzung "republikanisch". Vor 1933 höchste Auflage in Deutschland mit knapp 560 000 Exemplaren (Hdb. d. dt. Tagespresse, 4. Aufl. 1932, S. 111. vgl. a. W. G. Oschilewski, Zeitungen in Berlin, Berlin 1975, S. 212-215).

4./6.05.1935   - 264 -

s. a. ADAP, Serie C, Bd. IV, 1, Nr. 67
Die Artikel konnten nicht ermittelt werden.

Deutsche Glaubensbewegung, eine 1933 entstandene deutsche religiöse Bewegung, die in ihrem von Volkstum bestimmten Glauben den Gegensatz zum Christentum stark hervorhebt. Mit dem Erstarken völkischen Empfindens wurde im Deutschen Reich auch die Forderung nach einer völkischen oder arteigenen Frömmigkeit erhoben. Ende Juli 1933 wählten verschieden gerichtete Anhänger eines "deutschen Glaubens" J. W. Hauer zum Leiter einer Arbeitsgemeinschaft Deutscher Glaubensbewegung. Für diese sich entschieden zum Nationalsozialismus bekennende Bewegung trat auch Graf Ernst Reventlow ein. ...
Der Neue Brockhaus, Bd. 1, Leipzig 1938, S. 530

"Die Deutsche Glaubensbewegung wurde 1935 von der NSDAP lediglich taktisch dazu benutzt, eine kirchenfeindliche Stimmung zu schüren."
K. Meier, Die Deutschen Christen, Göttingen 1964, S. 38 bzw. Anm. 124

Bestellungen a. d. Pressekonferenz v. 6.5.1935

ZSg. 101/5/141/Nr. 1290   6. Mai 1935

Die Wahlperiode des Memellandtages läuft in nächster Zeit ab. Vorläufig soll zu diesem ganzen Thema in den Tageszeitungen keine Stellung genommen werden.

s. a. ZSg. 102/1/4 M (2) v. 6. Mai 1935: Eine Zeitung (Nachtausgabe) habe Ueberlegungen angestellt, wie es wohl beim Ablauf der Wahlperiode des memellaendischen Landtages weitergehen werde. Es wird gebeten, dieses Thema noch nicht aufzugreifen.

s. a. ZSg. 102/1/58 (2) v. 17. April 1935
     ZSg. 102/1/55 (1) v. 7. Mai 1935
Die Landtagswahl fand am 29. September 1935 statt, vgl. E. A. Plieg, Das Memelland 1920 - 1939, Würzburg 1962, S. 155f..

ZSg. 101/5/141/Nr. 1291   6. Mai 1935

Alle offiziellen Verlautbarungen über die Bayreuther Festspiele werden über DNB bzw. die Landesstellen des Propagandaministeriums laufen. Eigene Nachrichten aus Bayreuth sollen überprüft werden und notfalls bei den Landesstellen bzw. in Berlin zur Vorlage gelangen.

                            - 265 -   6.05.1935
Gesehen: D., K.   Hbg. 12.50 Uhr
                     Brsl. 12.55 "
                     Chmn. 1.05 "

s. a. ZSg. 101/6/139/Nr. 1716 v. 11. Oktober 1935
      ZSg. 102/1/4 M (5) v. 6. Mai 1935: Alle Verlautbarungen
ueber die Bayreuther Festspiele 1936 werden vom Propagandaministerium, seinen Landesstellen und DNB ausgegeben. Was den Redaktionen
sonst zugeht, und sich nicht im Rahmen der DNB-Meldungen haelt,
moege man erst nachpruefen lassen. (Propagandaministerium, Oberregierungsrat Mahlow (sic)).

Friedrich Wilhelm Hans Mahlo (1895 -   ), Dr. rer. pol. 1921 -
1926 Schriftleiter des Berchtesgadener Anzeigers, bis 15. März
1933 stellvertretender Direktor des Verkehrsverbandes München-
Südbayern, Eintritt ins RMVP, 15. August 1933 Beförderung zum
Oberregierungsrat. Spezialgebiet: Fremdenverkehr und Sport. 1934
Leiter des Reichsausschusses für den Fremdenverkehr.

Wilhelm Furtwängler Bayreuther Festspieldirigent
Die Leitung der Bayreuther Bühnenfestspiele gibt bekannt, daß bei
den Festspielen 1936 Wilhelm Furtwängler als Hauptdirigent mitwirkt.
FZ, Nr. 237 v. 10. Mai 1935, S. 1

Bayreuther Festspiele 1936
Die Leitung der Bayreuther Festspiele gibt bekannt, daß die Bühnenfestspiele 1936 am 19. Juli beginnen und am 31. August schließen.
In der Zeit vom 31. Juli bis 17. August einschließlich werden die
Festspiele mit Rücksicht auf die Olympiade unterbrochen. Es gelangen zur Aufführung: "Lohengrin" im ersten Festspielabschnitt dreimal, im zweiten dreimal, "Parsifal" im ersten Abschnitt zweimal,
im zweiten dreimal. "Der Ring des Nibelungen" in jedem Abschnitt
einmal in geschlossener Aufführung.
HHN, Nr. 219 v. 12. Mai 1935, S. 2

ZSg. 101/5/143/Nr. 1292   6. Mai 1935

DNB-Rundruf vom 6. Mai 1935

Ueber den Vortrag des Reichsbankdirektors Brinkmann ((im)) Reichswirtschaftsministerium vor Reichsbankbeamten über Aussenhandel und
Devisen darf nur der DHD-Text veröffentlicht werden.

Gesehen: Fa., D., K.   Hbg. 1.43
                         Brsl. 1.42
                         Chmn. 1.50

6.05.1935 - 266 -

Rudolf Brinkmann war stellvertretendes Vorstandsmitglied der Deutschen Golddiskontbank, die 1924 zur Exportförderung und zur Beschaffung von Auslandskrediten für die deutsche Wirtschaft gegründet wurde. 1935 wurde im Reichswirtschaftsministerium eine neue Abteilung für Exportförderung eingerichtet, deren Leiter Brinkmann wurde. Im Verlauf der weiteren Jahre wurde er zum Staatssekretär befördert.

Preisausgleich, nicht Devalvation
Die Politik der Reichsbank
(Privattelegramm der "Frankfurter Zeitung")
FZ, Nr. 231 v. 7. Mai 1935, S. 1-2

Unterrichtswoche für Reichsbankbeamte:
Deutscher Außenhandel und Devisenwirtschaft
Die Chemie stärkster Aktivposten der deutschen Ausfuhr
HHN, Nr. 209 v. 7. Mai 1935, S. 5

Deutsche Exportwirtschaft
In einem vor Reichsbankbeamten gehaltenen Vortrag erklärte Reichsbankdirektor Brinkmann, der Leiter der neu im Reichswirtschaftsministerium eingerichteten Abteilung für Exportförderung, daß die deutsche Binnenkonjunktur eine Sicherstellung der Versorgung mit Rohstoffen zur Voraussetzung habe. Das Hauptaugenmerk könne daher nicht mehr darauf gerichtet sein, wie der Transferdienst besorgt oder wie die ausländischen Kredite freigemacht werden können, die Hauptfrage sei vielmehr die Aufrüstung Deutschlands mit Rohstoffen für industriellen und den Nahrungsbedarf. In Anspielung auf den bereits mehrfach erwähnten neuen deutschen Exportförderungsplan bemerkte der Vortragende, daß die deutsche Wirtschaft in Zukunft dazu übergehen müsse, Mittel zu finden, um innerhalb der einzelnen Sektoren der gewerblichen Wirtschaft einen Gesamtausgleich zwischen Binnenmarktpreisen und Auslandpreisen herbeizuführen.
NZZ, Nr. 798 v. 7. Mai 1935, S. 3

ZSg. 101/5/144/Nr. 1293   6. Mai 1935

DNB-Rundruf vom 6. Mai 1935

Die Meldung des "Deutschen Telegraphendienstes", Berlin in der Morgenausgabe des 6. Mai 1935 mit der Ueberschrift: "Deutsche Berufssoldaten auf französischem Boden angehalten", darf nicht veröffentlicht oder verbreitet werden.

Gesehen: Fa., D., K.   Hbg. 2.13 Uhr
                        Brsl. 1.15 "
                        Chmn. 2.16 "

Deutscher Telegraphen-Dienst, Auslandsnachrichten für die deutsche Presse, 1934 gegründet in Berlin. Hauptschriftleiter: H. W. Müller-Neuhaus. Stoff: Antibolschewistische und antijüdische Nachrichten (Hdb. d. dt. Tagespresse, 6. Jg. 1937, S. 310f.)

ZSg. 102/1/4 M (1)   6. Mai 1935

Zur Aussenpolitik wurde gesagt, dass die Richtlinien vom Samstag ((4. Mai)) auch weiterhin Geltung haetten. Interessant sei eine Meldung ueber Verhandlungen zwischen Sowjetrussland und Rumaenien.

s. a. ZSg. 102/1/65 (1) v. 4. Mai 1935
Im Zuge des französisch-sowjetischen Bündnisvertrages wurden auch mit Rumänien Verhandlungen aufgenommen durch die das Durchmarschrecht für die sowjetischen Truppen gewährleistet werden sollte, um den Beistandsverpflichtungen gegenüber der Tschechoslowakei nachzukommen.

ZSg. 102/1/4 M (3)   6. Mai 1935

Schon frueher sei gewarnt worden vor zu grosser Aufmachung der ostasiatischen Fragen. Nicht ganz in Ordnung sei deshalb die sensationelle Meldung im Lokalanzeiger vom letzten Samstag abend gewesen (ultimative Forderung Japans auf Schaffung einer entmilitarisierten Zone in Russisch-Ostasien bis zum Baikalsee).

Ultimative Forderungen Japans an Sowjet-Rußland?
Tokio verlangt Entmilitarisierung der Außenmongolei und die Schleifung der Grenzbefestigungen/Japans Kriegsminister bereist die mandschurischen Grenzgebiete
BLA, Nr. 107 A v. 4. Mai 1935 (A. A.), S. 1
s. a. ADAP, Serie C, Bd. IV, 1, Nr. 69

ZSg. 102/1/4 M (4)   6. Mai 1935

Bei Gerichtsberichten werde zwar jetzt die Weisung befolgt, den Beruf eines Angeklagten oder Verurteilten nicht zu nennen, aber noch nicht immer in Polizeiberichten, in Meldungen ueber Verhaftungen usw. Auch hierfuer gelte die Richtlinie.

6./7.05.1935

s. a. ZSg. 101/5/64/Nr. 1143 v. 27. Februar 1935
ZSg. 102/1/38 (4) v. 17. September 1935

ZSg. 101/5/142/Nr. 1294   7. Mai 1935

Bestellung a. d. Pressekonferenz v. 7. Mai 1935.

Es wird noch einmal mit besonderem Nachdruck daran erinnert, dass es verboten ist, irgendeine Diskussion über die Frage der Lohnhöhe zu veröffentlichen. Irgendwelche Betrachtungen zu diesem Thema sind streng verboten. Das Verbot gilt auch für die Handelsteile.

Gesehen: D., K., Fa.   Hbg. brfl.
                            Brsl. 7.20
                            Chmn. 1.40 Uhr

s. a. ZSg. 102/1/55 (3) v. 7. Mai 1935
ZSg. 102/1/42 (1) v. 16. Juli 1935

ZSg. 101/5/146/Nr. 1295   7. Mai 1935

DNB-Rundruf vom 7. Mai 1935

Der heute in der Fleischerzeitung erscheinende Aufruf des Vorsitzenden des Deutschen Fleischerverbandes soll nicht übernommen werden.

Gesehen: D., Fa., K.   Hbg. 9.15
                            Brsl. 8.45
                            Chmn. brfl.

s. a. ZSg. 101/5/138/Nr. 1283 v. 3. Mai 1935
ZSg. 101/5/116/Nr. 1251 v. 9. April 1935
ZSg. 102/1/33 (4) v. 18. Juni 1935

7.05.1935

Haltet Marktdisziplin!
Ernster Appell des Verbandsvorsitzenden
... so fordere ich hiermit sämtliche Fleischermeister und Inhaber
der fleischverarbeitenden Betriebe im Reich auf, von dem Kauf von
lebenden Ochsen und Rindern, Kühen und Bullen bei überhöhten Preisforderungen Abstand zu nehmen und die Tiere im Markt stehen zu
lassen. ...
Willy Schmidt/Vorsitzender des Deutschen Fleischer-Verbandes
Deutsche Fleischerzeitung, Nr. 105 v. 7. Mai 1935, S. 1

ZSg. 101/5/147/Nr. 1296　　　　　7. Mai 1935

DNB-Rundruf vom 7. Mai 1935.

Der im Angriff am 7. Mai erschienene Artikel "Berlins Laubenkolonien verschwinden in nächster Zeit" darf nicht übernommen
werden.

Gesehen: D., Fa., K.　　Hbg.　　9 Uhr 15
　　　　　　　　　　　　Chemn. brfl.
　　　　　　　　　　　　Breslau 8 Uhr 45

Geschmacklose Reklamen verschwinden
Kampf gegen Dach-, Keller- und Eierkistenwohnungen
Der Angriff, Nr. 106 v. 8. Mai 1935, S. 15

Das Ende der Extrawurst
Neugestaltung der Baupolizei durch Dr. Lippert
Der Angriff, Nr. 105 v. 7. Mai 1935, S. 1

Gesunde Kleinsiedlungen
Zur Wohnlaubenfrage der Reichshauptstadt
... Die Wohnlaubenfrage in Berlins Außenbezirken ist zurzeit Gegenstand ernster Erörterungen aller beteiligten Stellen des
Staatskommissariats und der Stadtverwaltung. Der größte Teil der
in der Nachkriegszeit entstandenen Wohnlauben, insbesondere ihr
Bewohnen während des Winters, muß aus sicherheits- und gesundheitspolizeilichen Gründen abgelehnt werden, zumal die Wohnlauben sich fast ausschließlich auf Pachtland befinden. ...
Der Angriff, Nr. 107 v. 9. Mai 1935, S. 15
s. a. Gesamtbebauungsplan für Berlin
　　　Bereinigung der gesamten Verhältnisse
　　　Der Angriff, Nr. 109 v. 11. Mai 1935, S. 15

7.05.1935 - 270 -

ZSg. 102/1/55 (1) 7. Mai 1935

Zu dem gestern schon kurz beruehrten Thema der faelligen Neuwahl zum memellaendischen Landtag wurde heute gesagt, dass die Presse selbstverstaendlich die Forderung nach sofortigen Neuwahlen des Landtags aufstellen koenne. An sich sehe das Memelstatut allerdings nichts ueber den Zeitpunkt vor, zu dem nach Ablauf einer Wahlperiode wiedergewaehlt werden muesste, aber dass Neuwahlen unverzueglich anzusetzen seien, ergebe sich eben als eine Selbstverstaendlichkeit.

s. a. ZSg. 101/5/141/Nr. 1290 v. 6. Mai 1935
ZSg. 102/1/49 (4) v. 10. Mai 1935

Kein Ende der litauischen Herausforderungen
Neuer Rechtsbruch durch Verschleppung der Wahlen zum Memellandtag
... Mit jedem weiteren Tag, um den sie die Neuwahlen hinausschieben, begehen sie einen neuen Rechtsbruch. Es muß daher an die Signatarmächte die dringende Aufforderung gerichtet werden, für sofortige Festsetzung der Neuwahlen einzutreten, und die litauischen Behörden zu veranlassen, von ihrem Gesichtspunkt, der Landtag brauche erst im Winter neu gewählt zu werden, abzugehen.
HHN, Nr. 212 v. 8. Mai 1935, S. 2

ZSg. 102/1/55 (2) 7. Mai 1935

Das Ergebnis der jugoslawischen Wahlen muesse von der deutschen Presse freundlich behandelt werden. Die Gesamtbeurteilung der Lage in Jugoslawien muesse ueberhaupt so sein, wie man sie immer empfohlen habe, naemlich von der Anschauung aus, dass die gegenwaertige Regierung in der Lage sein werde, das Land vorwaerts zu bringen.

s. a. ZSg. 101/5/203/Nr. 1410 v. 22. Juni 1935

Südslawische Opposition
FZ, Nr. 230 v. 7. Mai 1935, S. 2

Jeftitschs ((sic)) Wahlsieg
... In Jeftitsch hat der nach der Ermordung König Alexanders neugeborene nationale Geist Südslawiens gesiegt. ...
HHN, Nr. 209 v. 7. Mai 1935, S. 2

Die Regierung Jevtić erhielt 60 % der abgegebenen Stimmen, die Serbokroatische Oppositition ca. 40 % (vgl. FZ, Nr. 232 v. 8. Mai 1935, S. 2).

ZSg. 102/1/55 (4)   7. Mai 1935

Zum Muttertag unterstuetzte das Propagandaministerium die Bitte
von Frau Scholtz-Klink (ueber deren Darlegungen wir eine Meldung
gemacht haben), die Presse moege sich in den Dienst der Sache
stellen und vor allem in keine sentimental verkitschte Muetter-
romantik verfallen.

Gertrud Scholtz-Klink (1902 -   ), Reichsfrauenführerin, Leiterin
des Amtes III im Präsidium des Deutschen Roten Kreuzes in Berlin,
Leiterin des Fachausschusses für Schwesternwesen in Berlin, Leiterin der NS-Frauenschaft. Zu ihrer Person und ihrer Stellung in
der NS-Organisation s. Michael H. Kater, Frauen in der NS-Bewegung.
In: VjhZ, 31. Jg. (1983), S. 202-241.

Muttertag, Tag der Ehrung und Würdigung des Muttertums, vom Nationalsozialismus in den Dienst seiner Erziehung zu vertieftem Fami-
lienleben als der biologischen und sittlichen Grundlage des völkischen Staates gestellt. Er wird seit 1933 am zweiten Sonntag, seit
1938 am dritten Sonntag im Mai gefeiert. Der Brauch stammt aus den
Vereinigten Staaten, verbreitete sich schon seit 1923 im Deutschen
Reich und von da aus in einigen anderen Ländern. Erna Röpke: Gedanken um den Muttertag 1936 (NS-Frauenwarte, 23, 1936).
Der Neue Brockhaus, Bd. 3, Leipzig 1938, S. 316

Richtlinien für den Reichsmütterdienst
... Vielleicht sei der Muttertag früher eine mehr oder weniger
sentimentale Geste, vielleicht auch eine gute Geschäftsangelegen-
heit geworden. Aus diesem Niveau sei der Muttertag jetzt herausgehoben worden. Er habe seine Berechtigung und seinen Sinn nur
dann, wenn es gelinge, an diesem Tag über die Ehrung der einzelnen
Mutter hinweg, die Gesinnung eines ganzen Volkes zu seiner urtüm-
lichen Mutterkraft überhaupt herauszustellen und zum Bewußtsein
zu bringen, daß wir nur eine Mutter haben - Deutschland -, deren
getreuester Sohn unser Führer Adolf Hitler ist.
HHN, Nr. 211 v. 8. Mai 1935, S. 2

"Nur eine Mutter: - Deutschland"
Frau Scholtz-Klink über Mütterschulung und Muttertag
... Frau Scholtz-Klink teilte dann mit, daß für die kirchliche
Mütterschulung in Zukunft keine Mittel mehr zur Verfügung gestellt werden sollen, da nur die Frauenschaft dafür in Frage
komme. Denn den kirchlichen Organisationen könne die Beeinflussung der staatspolitischen Willensbildung der Frau nicht mehr
überlassen werden, da dort bei der Spaltung nach Konfessionen
und Richtungen nur eine neue Spaltung hervorgerufen würde. Die
religiösen Fragen überlasse man selbstverständlich den Kirchen.
...
Germania, Nr. 128 v. 8. Mai 1935, S. 3

Der Muttertag 1935 fand am 12. Mai statt.

8.05.1935 - 272 -

Bestellungen a. d. Pressekonferenz v. 8. Mai 1935

ZSg. 101/5/148/Nr. 1297   8. Mai 1935

Es wird mit Nachdruck an die Innehaltung der Bestimmungen erinnert über Veröffentlichungen betr. Flugzeugunglücke. Um alle Zweifel auszuschliessen, wird noch einmal festgestellt, dass grundsätzlich nur DNB-Meldungen veröffentlicht werden sollen. Diese gelten von vornherein als genehmigt. Für den Fall eigener Meldungen muss vorher die Genehmigung durch die Landesstelle des Propagandaministeriums eingeholt werden, die wiederum vorher einen Genehmigungsbescheid beim Reichsluftfahrtministerium besorgen wird. Ohne eine solche Genehmigung sind Veröffentlichungen verboten. Die Verlage bitten wir darauf aufmerksam zu machen, dass in den allernächsten Tagen auch Anweisungen kommen über die Handhabung von Todesanzeigen im Zusammenhang mit Flugzeugunglücken.

s. a. ZSg. 101/4/17/Nr. 596 v. 14. Juli 1934
ZSg. 102/1/57 (2) v. 8. Mai 1935: ... In der Diskussion ergab sich, dass ungewollt diese Anordnung in letzter Zeit haeufiger in Todesanzeigen umgangen werde, wo mehrfach zu lesen gewesen sei: den Fliegertod starb XY. ...
s. a. ZSg. 102/1/57 (3) v. 8. Mai 1935
ZSg. 101/5/160 v. 17. Mai 1935
ZSg. 101/5/176/Nr. 1356 v. 29. Mai 1935

Das verschollene Flugzeug aufgefunden
Die sieben Insassen tot
Das Reiseflugzeug D-UNYH, das auf seinem Fluge von Stuttgart nach Breslau verschollen war, ist am Sonnabend vormittag im Fichtelgebirge am Schneeberg aufgefunden worden. ... Mit der Besatzung, die aus dem Fluglehrer Sacht und den Flugschülern Heinrich und Deichmann bestand, sind als Fluggäste der Generalmajor im Reichsheer Höring mit Frau und Tochter und der Oberleutnant der Reichsluftwaffe Braun ums Leben gekommen.
SZ, Nr. 225 v. 5. Mai 1935, S. 1
s. a. Der Angriff, Nr. 104 v. 6. Mai 1935, S. 7

In den Todesanzeigen der Verunglückten wird der Flugzeugabsturz nicht erwähnt, vgl. SZ, Nr. 225 v. 5. Mai 1935, S. 7,
SZ, Nr. 228 v. 7. Mai 1935, S. 8.

ZSg. 101/5/148/Nr. 1298   8. Mai 1935

Nachrichten insonderheit über Südtirol oder andere Gebiete der deutschen Minderheiten sollen, wenn es sich nicht um nachgeprüfte Meldungen handelt, stets nur mit der Quelle veröffentlicht werden, aus der die Meldungen entnommen sind. Im vorliegenden Fall handelt es sich um die Meldung, dass Oesterreich angeblich Südtiroler, die sich der Wehrpflicht wegen (Desertion) entzogen haben, an Italien ausgeliefert habe, wo sie erschossen worden seien. Diese Meldung ist tatsächlich unrichtig. Die italienische Presse hat wegen dieser Sache stark gegen Deutschland polemisiert, weil aus den Meldungen nicht zu erkennen war, dass die deutsche Presse diese Nachrichten aus der belgischen und tschechischen Presse übernommen hatte. Um Derartiges zu vermeiden, soll künftig stets in ähnlichen Fällen eine Quellenangabe erfolgen.

Gesehen: D., K., Fa.   Hbg.   brfl.
                       Bresl. 6.22
                       Chmn. brfl.

s. a. ZSg. 102/1/57 (1) v. 8. Mai 1935: Kuerzlich wurde gebeten, die Meldungen auslaendischer Blaetter ueber Meutereien im italienischen Heer (Fluechtung einiger Deserteure nach Oesterreich, wo sie festgenomen und an Italien ausgeliefert worden seien...)... Heute sagte man dazu, dass die italienische Presse die Faelle, in denen die Meldungen vor der Warnung in der Pressekonferenz schon veroeffentlicht gewesen seien, herausgegriffen und Deutschland deswegen scharf attackiert habe. ...

s. a. ZSg. 101/5/133/Nr. 1277 v. 29. April 1935
      ZSg. 101/5/152/Nr. 1309 v. 10. Mai 1935
      ZSg. 101/5/170/Nr. 1346 v. 25. Mai 1935

ZSg. 101/5/149/Nr. 1299   8. Mai 1935

DNB-Rundruf vom 8. Mai 1935.

Ueber eine bevorstehende Reichstagssitzung und eine bevorstehende Rede des Führers ist von der Presse nichts zu veröffentlichen.

8.05.1935

Gesehen: D., K., Fa. Hbg. 10.10
Brsl. 8.01
Chmn. brfl.

s. a. ZSg. 102/1/59 (3) v. 3. Mai 1935
ZSg. 101/5/150/Nr. 1300 v. (9. Mai 1935)
ZSg. 102/1/69 (1) v. 15. Mai 1935
ZSg. 101/5/157/Nr. 1317 v. 15. Mai 1935
ZSg. 101/28/165-167 v. 6. Mai 1935 (Informationsbericht Nr. 42) ((Zur Abfolge der Veröffentlichung des Wehrgesetzes: Mit der Bestätigung des Wehrgesetzes durch den Reichstag sollte eine außenpolitische Erklärung Hitlers einhergehen. Die Kabinettsitzung, auf der das Wehrgesetz vorgestellt wurde, fand aber erst am 21. Mai statt.))
s. a. ADAP, Serie C, Bd. IV, 1, Nr. 82

ZSg. 102/1/57 (3)   8. Mai 1935

In der DNB-Meldung ueber die Beisetzung des im Flugzeug verunglueckten Generals Höring war unter den Trauergaesten auch General Beck vom Generalstab aufgefuehrt. Auf eine Frage in der Pressekonferenz, ob das Wort "Generalstab" verwendet werden duerfe, antwortete das Reichswehrministerium, dass einer Verwendung nichts im Wege stehe, dass man aber nun nicht etwa die Institution des Generalstabes als solche in Artikeln oder sonstwie behandeln moege.

s. a. ZSg. 101/5/148/Nr. 1297 v. 8. Mai 1935

Ludwig Beck (1880 - 1944), Teilnahme am 1. Weltkrieg, seit 1933 Chef des Truppenamtes bzw. Generalstabs des Heeres. Rücktritt 1938 aus Opposition gegen Hitlers Kriegspolitik. Selbstmord nach dem gescheiterten Attentat auf Hitler am 20. Juli 1944. Zu seiner Person und seinen Funktionen s. K.-J. Müller, General Ludwig Beck, Boppard 1980.

Die offizielle Umbenennung des Truppenamtes in "Generalstab des Heeres" erfolgte am 1. Juni 1935, vgl. W. Görlitz, Kleine Geschichte des deutschen Generalstabes, Berlin 1977, S. 302.

Trauerparade für General Höring
Kreuz-Z, Nr. 107 v. 8. Mai 1935, S. 3 ((ohne Generalstab bzw. Beck))

8./9.05.1935

Beisetzung der Opfer des Flugzeugunglücks
FZ, Nr. 233 v. 8. Mai 1935, S. 2 ((m. Beck))

ZSg. 101/5/150/Nr. 1300   (9. Mai 1935)

Bestellung a. d. Pressekonferenz

In Ergänzung des gestrigen Rundrufs mit dem Verbot einer Veröffentlichung irgendwelcher Ankündigungen über die künftige Reichstagssitzung und bevorstehende Erklärungen des Führers wird heute vom Propagandaministerium folgende Bitte ausgesprochen: Selbstverständlich dürfen konkrete Ankündigungen, dass eine Reichstagssitzung bevorsteht, auf der der Führer sprechen wird, nicht gebracht werden. Sollten unsere Auslandskorrespondenten aus den ausländischen Blättern konkrete Angaben übernehmen, dass die Wehrgesetze veröffentlicht würden, der Führer aussenpolitische Erklärungen machen würde, Mitteilungen bevorstünden über die Stärke des deutschen Heeres usw., so sind solche Einzelheiten aus den Berichten zu entfernen. Dagegen können in den ausländischen Meldungen stehen bleiben allgemeingehaltene Erwartungen des Auslandes über Erklärungen von deutscher Seite, durch die die politische Lage einen neuen Auftrieb erfahren würde. Jedoch sind diese Bemerkungen der ausländischen Blätter mit einem Zusatz zu versehen etwa folgender Art: "Es muss mit grossem Interesse festgestellt werden, dass das Ausland jedesmal, wenn es in Verlegenheit kommt und nicht mehr weiss, wie die Dinge sich weiter entwickeln sollen, auf eine rettende Initiative des Deutschen Reiches spekuliert. Wenn über diese begreifliche Hoffnung hinaus das Ausland bereits glaubt durch Kombinationen den Beschlüssen Deutschlands vorgreifen zu können, so kann man diese Freude an Sterndeuterei nur mit mitleidigem Lächeln begleiten. Weder durch Druck noch durch gutes Zureden lässt sich die deutsche Regierung von der klaren Linie ihres Handelns abbringen."

Gesehen: D., K., Fa.   Hbg.   1.10
                       Brsl. 12.55
                       Chmn. 1.20

9.05.1935 - 276 -

s. a. ZSg. 101/5/149/Nr. 1299 v. 8. Mai 1935
ZSg. 102/1/69 (1) v. 15. Mai 1935

Bestellungen aus der Pressekonferenz.

ZSg. 101/5/151/Nr. 1301   9. Mai 1935

In ausländischen Blättern wird die Meldung verbreitet, dass eine Delegation höherer polnischer Offiziere demnächst Deutschland einen Besuch abstatten will. Diese Meldung soll vorläufig noch nicht gebracht werden. Es wird zu gegebener Zeit eine amtliche deutsche Nachricht darüber erscheinen.

Besuch polnischer Offiziere in Deutschland
Auf Einladung des Reichswehrministeriums wird eine Abordnung von fünf höheren polnischen Offizieren unter Führung des Generals Kutrzeba, des Kommandeurs der Polnischen Kriegsakademie, sich in Deutschland aufhalten und verschiedene Einrichtungen der Wehrmacht besuchen.
FZ, Nr. 241 v. 12. Mai 1935, S. 1
s. a. HHN, Nr. 219 v. 12. Mai 1935, S. 1

ZSg. 101/5/151/Nr. 1302   9. Mai 1935

Es wird gebeten, die ausführliche D.N.B. Wiedergabe aus der französischen Zeitung "Oeuvre" über eine Besprechung des internationalen Filmkongresses gut herauszubringen um so mehr, als die sonstige französische Presse sehr wenig über die Bedeutung des Filmkongresses veröffentlicht hat.

s. a. ZSg. 102/1/33 (5) v. 15. Oktober 1935

L'oeuvre,1915 gegründet, Aufl. 130 000, hervorragendes Blatt des Linkskartells, radikalsozial und bürgerlicher Färbung (Handbuch des öffentlichen Lebens, 6. Aufl. 1931, S. 851).Immer gut orientiert in Innenpolitik, steht der augenblicklichen Regierung nahe. Außenpolitik zur Zeit von Madame G. Tabouis gemacht, die sehr gute Quellen hat. Sie steht mit Massigli, dem Vertreter Frankreichs in Genf, der ein einflußreicher Manager der französischen Völkerbundspolitik ist, sehr gut. (Zeitungsdienst. Berliner Dienst-Sonderbeilage. 5. Februar 1934 aus dem Nachlaß Stephan Quirmbach, Institut für Zeitungsforschung der Stadt Dortmund.)

9.05.1935

Der Internationale Filmkongreß fand vom 25. April bis zum 1. Mai 1935 in Berlin statt und stand unter der Schirmherrschaft von Joseph Goebbels.

(Henri Clerc im "Oeuvre", Paris):
Der Filmkongreß - eine glänzende Propagandatat
Die Lehren für Frankreich
... Der Kongreß bringt für uns Franzosen eine doppelte Lehre. Bezüglich seines eigentlichen Objektes, des Kinos als ausgezeichnete internationale Form des Schauspiels, wollte das Reich sich an die Spitze der europäischen Bewegung stellen. Aber aus verschiedenen Gründen kann das französische Kino mit Leichtigkeit dem deutschen Kino gleichkommen oder es übertreffen, vorausgesetzt, daß die öffentliche Hand es nicht mehr mit Lasten überbürdet. Sodann hat der Kongreß gezeigt, was eine richtig verstandene Propaganda sein kann ... eine Angelegenheit, deren absolute Notwendigkeit man in Frankreich nicht zu ahnen scheint. ...
Der Angriff, Nr. 108 v. 10. Mai 1935, S. 8

Henri Clerc:
Le congrès du film de Berlin magnifique acte de propagande
L'oevre, Nr. 7160 v. 9. Mai 1935, S. 1 und 5

Clerc hob in seinem Beitrag darüber hinaus das großzügige Rahmenprogramm des Kongresses mit Ausflügen, Bällen, Konzerten und Diners hervor, dessen finanzielle Ausstattung durch die Reichsregierung den Stellenwert des Films in der NS-Politik deutlich machte. Gleichzeitig bemängelte er das Fehlen einer ähnlichen Einstellung zur Filmkunst bei der französischen Regierung, die in der Filmindustrie in erster Linie eine Steuerquelle sehen würde.

ZSg. 101/5/151/Nr. 1303   9. Mai 1935

Bei Besprechung des Wahlkampfes in der Tschechoslowakei soll keinerlei Identität zwischen der Sudetendeutschen Heimatfront und der N.S.D.A.P. festgestellt werden, da diese Verbindung nur den Wahlkampf für die Deutsche Partei erschweren würde. Im übrigen aber kann natürlich über den Wahlkampf in der Tschechoslowakei ausführlich berichtet werden.

Gesehen: Fa., D., K.   Hbg. brfl.
                       Brsl. 12.18
                       Chmn. brfl.

s. a. ZSg. 102/1/4 (2) v. 20. Mai 1935

Die "Sudetendeutsche Heimatfront" wurde im Vorfeld der Wahlen am 19. Mai 1935 großzügig aus deutschen Regierungskreisen unterstützt. Sie erhielt ihre Zulassung zum Wahlkampf nur nach einer Namens-

9./10.05.1935 - 278 -

änderung in "Sudetendeutsche Partei", vgl. R. Smelser, Das Sudetenproblem und das Dritte Reich 1933 - 1938, München 1980, S. 96, 103ff.

Im tschechoslowakischen Wahlkampf
FZ, Nr. 238 v. 11. Mai 1935, S. 1

Die Sudetendeutschen im Wahlkampf
FZ, Nr. 240 v. 12. Mai 1935, S. 3-4

Bestellungen a. d. Pressekonferenz v. 10. Mai 1935.

ZSg. 101/5/152/Nr. 1304   10. Mai 1935

Der Wirtschaftliche Pressedienst hat einen Artikel über die Exportpläne der Reichsregierung veröffentlicht. Diese Veröffentlichung steht im absoluten Widerspruch zu den bisher ausgesprochenen Verboten. Der Artikel darf demgemäss nicht übernommen werden. Es dürfen unter keinen Umständen Mitteilungen gebracht werden über die Pläne zur Förderung des Exports, die gegenwärtig erwogen werden. Lediglich erlaubt sind allgemeingehaltene Artikel über die Notwendigkeit einer Exportsteigerung, um die Exportfreudigkeit der Wirtschaft zu steigern. Ueber das Wie dagegen darf nicht diskutiert werden.

s. a. ZSg. 102/1/49 (7) v. 10. Mai 1935
    ZSg. 101/5/140/Nr. 1289 v. 4. Mai 1935
    ZSg. 101/5/143/Nr. 1292 v. 6. Mai 1935

Wirtschaftlicher Pressedienst, 1929 gegründet, Berlin, Stoffgebiet: Wirtschaft. Beilagen: Tagesfragen aus der Steuerpraxis. Winke im Grundstücks- und Hypothekenmarkt. Hauptschriftleiter: Georg Wilhelm Erenius (Hdb. d. dt. Tagespresse, 6. Aufl. 1937, S. 333).

ZSg. 101/5/152/Nr. 1305   10. Mai 1935

Veröffentlichungen über schwebende Kompensationsverhandlungen dürfen nur mit Genehmigung des Reichswirtschaftsministeriums veröffentlicht werden. Das gilt auch für die gegenwärtigen Verhandlungen eines Austausches deutscher Maschinen gegen rumänisches Oel.

10.05.1935

s. a. ZSg. 101/1/96 v. 30. August 1933
ZSg. 101/5/168/Nr. 1334 v. 24. Mai 1935
ZSg. 102/1/49 (8) v. 10. Mai 1935: Die "Bergwerks-Zeitung" hatte eine Meldung ueber privates Kompensationsabkommen "deutsche Maschinen gegen rumaenisches Oel". Da die Sache noch nicht perfekt sei, soll die Nachricht nicht uebernommen werden. ...

Deutsche Bergwerks-Zeitung (1899 - 1944), erschien zunächst in Essen, ab 1927 in Düsseldorf. Wirtschaftsblatt der Industrie-Verlag und Druckerei AG (Vorstand Heinrich Droste), die auch den "Düsseldorfer Stadt-Anzeiger" und die illustrierte Tageszeitung "Der Mittag" herausgab.

Deutsche Maschinen gegen rumänisches Öl?
... Dieses Projekt läuft darauf hinaus, daß ein deutsches Industriekonsortium Einrichtungen für den Ausbau der Raffinerien Rumäniens im Werte von etwa 10 Mill. RM liefern soll, die in einem Zeitraum von etwa zehn Jahren durch Benzinlieferungen abgedeckt werden sollen, so daß einerseits eine gewisse Garantie für den Absatz rumänischen Benzins am deutschen Markt gegeben würde, andererseits Deutschland einen, wenn auch nur sehr geringen Teil seines Benzinbedarfs ohne jede Devisenhingabe decken könnte. ...
DBZ, Nr. 107 v. 9. Mai 1935, S. 1

ZSg. 101/5/152/Nr. 1306   10. Mai 1935

Durch das Reichswehrministerium wird das früher bestehende Verbot einer Veröffentlichung von Personalveränderungen innerhalb der Reichswehr aufgehoben. Meldungen über Beförderungen und Versetzungen von kommandierenden Generalen aufwärts können gebracht werden.

s. a. ZSg. 102/1/49 (1) v. 10. Mai 1935

ZSg. 101/5/152/Nr. 1307   10. Mai 1935

Im Verlag Stalling ist eine Schrift von einem gewissen Heinz Schmidt ((sic)) über Kriegsgewinne und Wirtschaft veröffentlicht worden. Diese Schrift darf nicht besprochen werden.

s. a. ZSg. 102/1/49 (2) v. 10. Mai 1935

Die nur 45 Seiten umfassende Schrift hatte den vollständigen Titel:
Heinz Schmid, Kriegsgewinne und Wirtschaft. Die Aufgabe einer deutschen Kriegswirtschaftspolitik im Hinblick auf den Kriegsgewinn. Oldenburg: Stalling 1935 (Deutsche Wehrbücherei)

10.05.1935

ZSg. 101/5/152/Nr. 1308 10. Mai 1935

Der Preiskommissar Goerdeler hält heute in Budapest einen Vortrag. Eine Berichterstattung hierüber ist nicht erwünscht.

s. a. ZSg. 102/1/49 (6) v. 10. Mai 1935
ZSg. 101/5/79/Nr. 1169 v. 8. März 1935

Gleichzeitig veröffentlichte Goerdeler einen Aufsatz anläßlich der Jahrestagung der Deutschen weltwirtschaftlichen Gesellschaft mit dem Thema: Preisfragen der deutschen Wirtschaft, insbesondere des deutschen Exports. In: Weltwirtschaft, 23. Jg. (1935), H. 5 (Mai), S. 80-81.

ZSg. 101/5/152/Nr. 1309 10. Mai 1935

Im Zusammenhang mit etwaigen Veröffentlichungen aus Süd-Tirol wird gebeten keinerlei Angriffe gegen Mussolini persönlich zu bringen.

Gesehen: Fa., D., K.   Hbg. 12.55 Uhr
                       Brsl. 1.00 "
                       Chmn. 1.20 "

s. a. ZSg. 101/5/148/Nr. 1298 v. 8. Mai 1935
ZSg. 102/1/48 (2) v. 25. Mai 1935
(= ZSg. 101/5/170/Nr. 1346 v. 25. Mai 1935)

s. a. den Abschnitt "Die Zusicherung wohlwollender deutscher Neutralität als Stimulans der Kriegslust Mussolinis" in: M. Funke, Sanktionen und Kanonen, Düsseldorf 1970, 2. Aufl. 1971, S. 45ff.

ZSg. 102/1/49 (3) 10. Mai 1935

Die Einweihung der Bruecke ueber den kleinen Belt moege man beachten, da die Bruecke ja in erster Linie der Foerderung des Verkehrs und der wirtschaftspolitischen Beziehungen zwischen Deutschland und Daenemark diene.

10.05.1935

Die Belt-Brücke dem Verkehr übergeben
König Christian bei der Einweihungsfeier
HHN, Nr. 223 v. 15. Mai 1935, S. 1

Probefahrt über die Kleine-Belt-Brücke
HHN, Nr. 219 v. 12.Mai 1935, S. 3

Die Bedeutung der Kleinen Belt-Brücke
FZ, Nr. 254 v. 19. Mai 1935, S. 8 ((Reiseblatt))
Dieser Bericht enthält keinen konkreten Hinweis auf die wirtschaftspolitischen Beziehungen, lediglich die verbesserten Verkehrsbedingungen für den "europäischen Norden" werden hervorgehoben.

ZSg. 102/1/49 (4)   10. Mai 1935

Die Terminfestsetzung fuer die Wahlen zum memellaendischen Landtag muesse ueberall negativ kommentiert werden.

s. a. ZSg. 102/1/55 (1) v. 7. Mai 1935
      ZSg. 102/1/38 (2) v. 10. Juli 1935

Die Wahlen wurden "mit Rücksicht auf die Bedürfnisse der Landwirtschaft" auf den 29. September festgelegt.

Kowno will wählen lassen
... Es ist außerordentlich bezeichnend für die litauischen Methoden, daß der Gouverneur des Memelgebietes fast fünf Monate verstreichen läßt, bevor der Memellandtag neu gewählt werden soll. Wahrscheinlich hofft man in dieser Zeit die jetzt mit allem Eifer betriebenen Einbürgerungen von Großlitauern im Memelland abgeschlossen zu haben. ...
VB (N. A.), Nr. 131 v. 11. Mai 1935, S. 3

Litauen greift zur Verschleppungstaktik
(Eigener Bericht des "V. B.")
VB (N. A.), Nr. 132 v. 12. Mai 1935, S. 4

Weder in den HHN noch in der FZ wird über die Mitteilung des Termins hinaus kommentiert.

11.05.1935 - 282 -

Bestellungen aus der Pressekonferenz v. 11. Mai 1935.

ZSg. 101/5/153/Nr. 1310   11. Mai 1935

Das angebliche Interview des Führers mit der englischen Zeitschrift "Literary Digest" soll von der deutschen Presse nicht übernommen werden, da dieses Interview in Form einer losen Unterhaltung vor vier Wochen stattgefunden hat und die Argumente des Führers schon wiederholt in der deutschen Oeffentlichkeit behandelt wurden. In dem Zeitpunkt, in dem also neue Erklärungen des Führers zu erwarten sind [1], sollen daher derartige zurückliegende Aeusserungen nicht gebracht werden.

[1] vgl. ZSg. 101/5/149/Nr. 1299 v. 8. Mai 1935

The Literary Digest (1890 - 1938), New York, aufgegangen in "Time".

Edward Price Bell:
"Nobody in Germany Wants War" - Hitler
"Mankind Has Just One Great Task: to Safeguard World Peace" - "We Were Helpless" - "We Are Anti-Imperialistic" - "We Are Changed Men in a Changed World"
"... We will not sign a multilateral pact of mutual assistance in the East, for in no circumstances would Germans fight for the Bolshevists. In such a fight our nation simply would not march. Rather than sign such a pact, I should hang myself." ..."As for Europe, it is not big enough for a war in modern conditions. ..."
"Whithin an hour, aye, in some instances, within forty minutes, of the outbreak of hostilities, swift and powerful bombingplanes would wreak a ruin upon the European capitals which could not be repaired in decades."..."In the old days a deliberate war-maker may have been, in some sense, a patriot. In these days he is a traitor: he leads his people into the Valley of the Shadow of Death. The New Germany is against war, not only because it does not pay, but because it rapes every instinct of civilized man."
... "You claim, then, that you have democracy in Germany now?" "We have democracy by the acid test of the people getting the form of government they vote for." "But you have a dictatorship?" "We have a dictatorship, but not of politicians. The dictator in National-Socialist Germany is, and always will be, the nation."
The Literary Digest v. 11. Mai 1935, S. 11, 33 - 34

ZSg. 101/5/153/Nr. 1311   11. Mai 1935

Die Vorgänge beim Warschauer Besuch Lavals und die dortigen Verhandlungen sollen nicht allzu pessimistisch für Frankreich aufgemacht werden. Die deutsche Presse wird gebeten, sich in diesem Zu-

11./13.05.1935

sammenhang über den Warschauer Besuch grösster Zurückhaltung zu
befleissigen.

Gesehen: Fa., D., K.   Hbg. 12.55 Uhr
                       Brsl. 1.10 "
                       Chmn. 12.55 "

s. a. ZSg. 101/5/121/Nr. 1261 v. 13. April 1935

Katerstimmung in Paris
(Drahtmeldung unseres eigenen Berichterstatters)
Die französische Presse ist nicht ganz glücklich über den Empfang
Lavals und seiner Begleitung in Warschau. Auf einem Nebenbahnhof,
ohne Pauken und Trompeten, in aller Stille sozusagen, sachlich,
geschäftlich und mit Mißtrauen wurden die Franzosen empfangen. In
Berlin hatte man den polnischen Botschafter am Zuge erwartet, aber
vergeblich. In Warschau ließ sich Pilsudski entschuldigen. Er
konnte Laval nicht empfangen, obgleich er den Reichspropagandaminister Dr. Goebbels und den Lordsiegelbewahrer Eden empfangen
hatte, als sein Gesundheitszustand nicht anders war. ...
HHN, Nr. 218 v. 11. Mai 1935, S. 1
s. a. ADAP, Serie C, Bd. IV, 1, Nr. 88

Bestellung a. d. Pressekonferenz vom 13. Mai 1935.

ZSg. 101/5/154/Nr. 1312   13. Mai 1935

Von der Justizpressestelle wird eine Vormeldung verbreitet über
die künftigen Verfahren gegen gewisse katholische Orden wegen
Devisenvergehens. Diese Meldung ist ohne jeden Kommentar und Zusatz zu bringen. Die Berichterstattung über die Hauptverhandlung,
die am Sonnabend ((18.5.)) beginnt, ist frei.

s. a. ZSg. 101/5/104/Nr. 1227 v. 29. März 1935
      ZSg. 101/5/193/Nr. 1390 v. 14. Juni 1935

Devisenverbrechen bei katholischen Orden
Die Justizpressestelle Berlin teilt mit: "Die durch einen Sonder-
bearbeiter der Staatsanwaltschaft Berlin getätigten Ermittlungen
haben den Verdacht umfangreicher Devisenverschiebungen bestätigt.
Gegen eine Reihe von Orden sind die Ermittlungen soweit gefördert
worden, daß bereits Anklage erhoben ist oder in Kürze erhoben werden wird. In der ersten Sache steht Ende dieser Woche Termin vor
dem Schöffengericht Berlin an."
HHN, Nr. 220 v. 13. Mai 1935, S. 2

13.05.1935 - 284 -

Umfangreiche Devisenvergehen vor Gericht
Verstöße gegen das Volksverratsgesetz
Devisenvergehen katholischer Orden - Der erste Anklagefall
HHN, Nr. 228 v. 17. Mai 1935 (A. A.), S. 1

5 Jahre Zuchthaus im Devisenprozeß
Germania, Nr. 138 v. 18. Mai 1935, S. 1

Schwester Wernera vor dem Schnellschöffengericht
Der erste der Devisenprozesse gegen katholische Ordensleute
ebd., S. 3-4

Der Prozeß gegen Schwester Wernera
Das Plädoyer des Verteidigers Rechtsanwalt Dr. Süsterhenn
Germania, Nr. 139 v. 19. Mai 1935, S. 7-8

ZSg. 101/5/154/Nr. 1313   13. Mai 1935

Das Auswärtige Amt bittet die Ergebnisse der gestrigen fanzösischen
Gemeindewahlen mit dem starken Zuwachs der kommunistischen Stimmen
besonders zu würdigen als erste Auswirkung des sowjetrussisch-
französischen Bündnisses. Wir bitten daher, die Schlie-Meldungen
darüber besonders gut herauszubringen.

Gesehen: D., Fa., K.   Hbg.   12.45 Uhr
                       Brsl.   1.00 "
                       Chemn. 1.08 "

s. a. ZSg. 102/1/4 (1) v. 13. Mai 1935: Die franzoesischen Gemeindewahlen seien nicht so gleichgueltig, wie sie ein Teil der Morgenpresse aufgenommen habe. ...

Verstärkte Flügelparteien in Frankreich
Das Ergebnis der Gemeinderatswahlen
(Drahtmeldung unseres eigenen Berichterstatters)
HHN, Nr. 220 v. 13. Mai 1935, S. 2

Die rote Gefahr macht Frankreich Sorgen
Unangenehme Überraschung/Erschrecken über die Moskauer "Nutznießer"
Während Herr Laval in Moskau die Bande zwischen Frankreich und
Rußland fester knüpft, hat der französische Bürger eine sehr unangenehme Überraschung erlebt, die zweifellos auch in außenpolitischer Hinsicht ernüchternd wirken wird: Die Gemeinderatswahlen
haben den Kommunisten beträchtliche Gewinne gebracht. Die roten
Jünger Moskaus sind als Nutznießer der zahlreichen Wahlbündnisse
zwischen den Radikalsozialisten und den in einer Gemeinschafts-
front vereinigten Sozialdemokraten und Kommunisten aus dem Kampf
hervorgegangen, so daß man von einem merklichen "Ruck nach links"

sprechen kann. Sehr deutlich ist das besonders in Paris selbst geworden, das in Folge seines vielfach kleinbürgerlichen Charakters bis jetzt eine ganz überwiegend konservative Hauptstadt geblieben war. ...
HHN, Nr. 222 v. 14. Mai 1935 (A. A.), S. 1

Eine Warnung
Die französischen Gemeinderatswahlen - Fortschritte der Kommunisten
FZ, Nr. 243 v. 14. Mai 1935, S. 2

Die Kommunisten Sieger der französischen Gemeindewahlen
HHN, Nr. 221 v. 14. Mai 1935, S. 1

Dr. Erich Schlie war der Frankreich-Korrespondent des "Fränkischen Kurier" (Nürnberg), der "Schlesischen Zeitung", der "Rheinisch-Westfälischen Zeitung", der "Westfälischen Landeszeitung" und der "Allgemeinen Zeitung" Chemnitz mit Sitz in Paris.

ZSg. 102/1/4 (2) 13. Mai 1935

Um Interesse gebeten wurde fuer ein Preisausschreiben des Reichsbundes Deutscher Seegeltung zur Erlangung eines Merkspruchs und Bundesabzeichens.

Der Reichsbund Deutscher Seegeltung hat ein Preisausschreiben für die deutsche Jugend erlassen, das der Erringung eines einprägsamen Merkspruches und eines wirksamen Bundeszeichens dienen soll. An dem Preisausschreiben können sich die Schüler und Schülerinnen sämtlicher Schulen beteiligen. Merkspruch und Bundeszeichen können vereint oder getrennt zur Darstellung kommen. Die Geschäftsstelle des Bundes wird in Kürze die Einzelheiten für das Preisausschreiben bekanntgeben.
Kreuz-Z, Nr. B/a 111 v. 13. Mai 1935, S. 2

Der Reichsbund Deutscher Seegeltung, gegründet im Frühjahr 1934, stand unter der Leitung des Vizeadmirals Adolf von Trotha (1868 - 1940). In ihm sollten alle mit der See in Verbindung stehenden Kräfte zusammengefaßt werden. (Der Neue Brockhaus, Bd. 3, Leipzig 1938, S. 688.) Diese Organisation der NSDAP sollte den Deutschen Flottenverein (1898 - 1934) ersetzen, vgl. ZSg. 101/4/178/Nr. 908 v. 10. November 1934.

Jugend zum Wettbewerb heraus!
Ein Preisausschreiben des Reichsbundes deutscher Seegeltung
... 1. Bundeszeichen.
Ein Bundeszeichen soll in Verbindung mit dem Hakenkreuz das Ziel des Reichsbundes deutscher Seegeltung wiedergeben. Das Zeichen muß in SCHWARZ-WEIß ausgeführt und für alle Drucktechniken geeignet sein, darf also keine Tonflächen besitzen, die sich im Zeitungsdruck nicht verwenden lassen. ...

13./14.05.1935 - 286 -

2. Merkspruch.
Es kommt darauf an, in wenigen Worten den Gedanken der Seegeltung zum Ausdruck zu bringen. Die Einsendung des Spruches "Seefahrt ist Not" wird nicht gewertet. Aber in entsprechender Weise kann der Einsender seine Formulierung über die Bedeutung der Seegeltung in Prosa oder Reimform niederschreiben, wobei mehr als zwei Zeilen nicht gewertet werden. ... 1. Preis: Je eine Fahrt auf dem Panzerschiff "Deutschland". 2. - 3. Preis: Je eine Fahrt mit der "Hapag und den Norddeutschen Lloyd nach Southampton und zurück". ...
HHN, Nr. 233 v. 21. Mai 1935, S. 2

Bestellungen aus der Pressekonferenz v. 14. Mai 35.

ZSg. 101/5/155/Nr. 1314   14. Mai 1935

Die Zeitschrift "Deutsche Volkswirtschaft" Nr. 14 brachte einen Artikel "Ueber die Lage", der von der Auslandspresse als ein nationalsozialistischer Angriff gegen den Reichsbankpräsidenten aufgefasst worden ist. Die deutsche Presse wird ermahnt, derartig unvorsichtige Artikel in Zukunft zu unterlassen, Artikel über die Probleme des Aussenhandelssystems sollen in Zukunft dem Reichswirtschaftsministerium vorgelegt werden oder unterbleiben.

s. a. ZSg. 102/1/30 (1) v. 14. Mai 1935: ... So haetten z. B. die "Basler Nachrichten" einen Artikel dieser Art geschrieben. Man nehme diesen Aufsatz zum Anlass, daran zu erinnern, dass die deutsche Presse bei Artikeln ueber Wirtschaftspolitik ausserordentlich vorsichtig sein muesse.Lieber moege man einmal zuviel als zu wenig beim Reichswirtschaftsministerium Rueckfragen stellen. Gerade in der Wirtschaftspolitik gebe es viele Dinge, die dem Schriftleiter draussen in der Provinz nicht bekannt sein koennten und ueber die man in der Pressekonferenz auch nicht immer Erklaerungen abgeben wolle. In erster Linie handle es sich dabei um Aussenhandelsfragen und Handelsvertragsangelegenheiten. Was die deutsche Presse dann schreibe, gelte im Ausland immer als offiziose oder offizielle Regierungsmeinung. Gerade auch die Schriftleiter der nationalsozialistischen Blaetter muessen hier sehr vorsichtig sein. Der erwaehnte Aufsatz in der "Deutschen Volkswirtschaft" enthalte Stellen, die ganz unmoeglich seien, er duerfe natuerlich in keinem Falle uebernommen, auch duerfe nichts aehnliches geschrieben werden. Erneut werde dabei auf das Verbot aufmerksam gemacht ueber Exportfoerderungsplaene nichts zu schreiben. Mit Ruecksicht auf die Vortraege auf der Unterrichtswoche der Reichsbankbeamten habe das Ministerium es fuer richtig gehalten, da und dort etwas mehr Freiheit zu lassen. Nun sei aber genug zu diesem Thema Exportfoerderung geschrieben worden und der ausdrueckliche Wunsch des Ministers

sei es, dass auf keinen Fall die schwebenden Besprechungen durch
irgendwelche Artikel gestoert wuerden. Hinzugefuegt wurde, wie
schon oefter, dass Artikel ueber die Notwendigkeit der Exportfoerderung und Steigerung natuerlich gebracht werden koennen, wie ueberhaupt alles, was die Exportfoerderung anrege. Verboten sind nur
Darlegungen ueber System, Methoden und Plaene zur Exportfoerderung.
s. a. ZSg. 101/5/143/Nr. 1292 v. 6. Mai 1935

Schacht hatte in einem Memorandum an Hitler für eine straffere
Kontrolle des Finanzwesens im Interesse einer besseren Rüstungs-
finanzierung plädiert (3.5.1935). Daraufhin wurde er am 21. Mai
1935 zum Generalbevollmächtigten für die Kriegswirtschaft ernannt,
vgl. H. Müller, Die Zentralbank - eine Nebenregierung, Opladen
1973, S. 116.

Die Lage
Fatalismus im Außenhandel?
... Insgesamt gesehen, werden Umfang und Art des zwischenstaatlichen Geschäfts nicht mehr vom Kaufmann, sondern von den Behörden
bestimmt. ... Da nun einmal eine Währungsangleichung aus politischen Gründen nicht erwünscht ist, die jetzt außerdem nicht mehr
durchgreifende Wirkungen (426) auslösen würde, erstreckt sich die
Diskussion auf die Findung einer Schleusenregulierung zwischen dem
eigenen und dem fremden Preisgefälle. ... Das, was der Wirtschafts-
austausch und die an ihm direkt beteiligten Personen verlangen, ist
eine größtmögliche Vereinfachung der einschlägigen Bestimmungen und
eine möglichst starke Befreiung von unnötigen bürokratischen Einrichtungen, um im Rahmen der staatlichen Steuerung des Außenhandels
ihnen gestellten Aufgaben gerecht werden zu können.
Die Deutsche Volkswirtschaft, 4. Jg. (1935), Nr. 14 (2. Maiheft),
S. 425-426

Die neuen deutschen Exportförderungsmassnahmen
Die Verhandlungen des Reichswirtschaftsministers Dr. Schacht mit
den Führern der Industrie und der übrigen Wirtschaft sind in der
Frage der Exportförderung nun so weit gediehen, dass noch im Laufe dieser Woche mit der Durchführung der neuen Exportförderungsmassnahmen begonnen werden kann. Der Widerstand der Industrie ist
nach wie vor ausserordentlich stark. Man hält die von Schacht geforderten Exportförderungsabgaben nicht für tragbar und fordert Ab-
wälzung auf die Konsumenten. Schacht hat das jedoch nach wie vor
energisch abgelehnt. ...
Basler Nachrichten, Nr. 129 v. 13. Mai 1935, 1. Beil.

ZSg. 101/5/155/Nr. 1315   14. Mai 1935

Bei Aufführung des französischen Films "Natascha" ist es vielfach
zu Störungsaktionen gekommen. Vertraulich teilt das Propagandaministerium mit, dass der Führer ebenso wie der Reichswehrminister
diesen Film gebilligt haben und daher Störungsaktionen absolut unerwünscht sind. Die deutsche Presse soll auch nicht gegen den Film
Stellung nehmen.

14.05.1935

Gesehen: D., Fa., K. Hbg. 12.50 Uhr
                     Brsl. 12.50   "
                     Chmn. 1.08   "

s. a. ZSg. 102/1/30 (3) v. 14. Mai 1935: ... (Die Demonstrationen sind erfolgt, weil der Schauspieler Harry Baur Jude ist.)

Harry Baur (1881 - 1943), französischer Bühnen- und Filmschauspieler

Der Film "Natascha" wurde am 25. März 1935 in Berlin (Gloria-Palast) in französischer Sprache uraufgeführt (vgl. Film-Kurier, Nr. 70 v. 23. März 1935, S. 2). Der Film spielt im zaristischen Rußland 1916. Aus der Filmkritik: ... Das Publikum folgte dem Film mit spürbarem Interesse und bedankte sich durch starken Beifall. Die französische Produktion wird mit diesem Film Ehre auf dem deutschen Markt einlegen.
Film-Kurier, Nr. 72 v. 26. März 1935, S. 2
Anfang Mai kam die synchronisierte Fassung in die Kinos (vgl. Film-Kurier, Nr. 102 v. 3. Mai 1935, S. 2).

Natascha (Moskauer Nächte)
(Unterlegte deutsche Sprache) 2 584 m (2 608 m i. O.), G. G. Film im Candofilm-Verleih, Frankreich, wurde zwischen dem 8. - 13. April 1935 zensiert (vgl. Film-Kurier, Nr. 100 v. 30. April 1935, S. 4). Nach der Anzeige "Natascha. Überall der große Erfolg! ..." auf der Titelseite des Film-Kurier, Nr. 113 v. 16. Mai 1935, ist der nächsten Nummer (Nr. 114 v. 17. Mai 1935, S. 3) zu entnehmen, daß der Film in Berlin abgesetzt wurde.

ZSg. 101/5/156/Nr. 1316   14. Mai 1935

DNB-Rundruf vom 14. Mai 1935.

Es wird darauf hingewiesen, dass Einzelheiten über das Programm des Tages der deutschen Seefahrt in Hamburg nur von DNB übernommen werden dürfen.

Gesehen: Fa.   Hbg. 2.10 Uhr
                     Brsl. 8.26   "
                     Chmn. brfl.

s. a. ZSg. 102/1/46 (1) v. 11. März 1935
      ZSg. 101/5/170/Nr. 1344 v. 25. Mai 1935

14.05.1935

Warum "Tag der deutschen Seefahrt"?
HHN, Nr. 228 v. 17. Mai 1935, S. 5

Hamburg ruft zum "Tag der deutschen Seefahrt"
HHN, Nr. 229 v. 18. Mai 1935, S. 3

Die Festfolge zum "Tag der Deutschen Seefahrt"
VB (N. A.), Nr. 139 v. 19. Mai 1935, S. 2

ZSg. 102/1/30 (2) 14. Mai 1935

Durch DNB wird eine Mitteilung des Innitzer-Ausschusses kommen, in der von der Verurteilung mehrerer evangelischer Pastoren in der Sowjetukraine berichtet wird. Die Verurteilungen erfolgten in erster Linie, weil diese deutschen Pastoren Lebensmittelpakete aus Deutschland angenommen hatten. Zur Kommentierung wurde dabei daran erinnert, dass schon vor einiger Zeit einmal gewarnt worden sei, die Torgsin zur Uebermittlung von Liebesgaben an die Volksgenossen in Sowjetrussland zu benutzen. Auch wurde damals die Devisengrenze von 50 RM fuer diese Zwecke aufgehoben. (Es handelt sich um eine einige Wochen zuruecklegende Meldung, die wir von Berlin aus durchgegeben hatten.)

s. a. ZSg. 102/1/49 (2) v. 7. Juni 1935

Theodor Innitzer (1875 - 1955), österreichischer Theologe, seit 1910 Theologie-Professor in Wien, 1929/30 Ministerium für soziale Verwaltung, 1932 Erzbischof von Wien, 1933 Kardinal.

Todesurteile an der Wolga
Wegen Annahme der Hungerhilfe
... Ihr Verbrechen war es, daß sie Hunger litten und daß sie sich von Angehörigen anderer Staaten helfen ließen. Die Sowjetbehörden mögen mit den jüngsten Urteilen aus dem Gefühl gehandelt haben, daß die große ausländische Hilfsaktion die Verwaltungstätigkeit der Sowjetregierung zu sehr bloßstellte, daß dadurch der schneidende Gegensatz zwischen dem Aufbau einer gewaltigen Rüstungsindustrie und dem Elend in den ländlichen Gebieten, wo Millionen von Menschen hungern, zu sehr ins Licht gerückt werde. ...
FZ, Nr. 247 v. 16. Mai 1935, S. 2

Unsere Meinung
... Bedauernswert besonders die Opfer unter den Deutschen, die in verwandtschaftlichen Beziehungen zur alten Heimat stehen und durch die trügerische Verlockung der Torgsin-Einrichtung veran-

14.05.1935   - 290 -

laßt wurden, ihre Freunde in Deutschland um materielle Hilfe zu
bitten. ...
DAZ (R. A.), Nr. 222-223 v. 15. Mai 1935, S. 1

Abschaffung von Ausländervorrechten in Sowjetrussland
Die Vereinigung "Torgsin" aufgelöst
Der Rat der Volkskommissare hat einen aufsehenerregenden Beschluß
gefaßt. In einer am Donnerstag von der Telegraphenagentur der
Sowjetunion veröffentlichten Verordnung heißt es, daß die Sowjetregierung dem von der Vereinigung "Torgsin" (Handel mit dem Auslande) gemachten Vorschlag über ihre Auflösung zustimmt. Die Auflösung soll zum 1. Februar 1936 erfolgen. Das Handelsnetz des
"Torgsin" wird dem Innenhandelkommissariat übergeben werden. Weiter wird in der Verordnung gesagt, daß auf Sowjetboden als einziges Zahlungsmittel der Tscherwonez bzw. der Sowjetrubel gilt. Warenverkauf und Dienstleistungen gegen Valuta sind verboten. Auch
der Verkauf von Fahrkarten aus Sowjetrussland nach dem Auslande
erfolgt nur noch gegen Sowjetrubel. Schließlich heißt es in der
Verordnung, daß die Staatsbank beauftragt wird, die Einwechselung
von ausländischen Zahlungsmitteln in Sowjetrubel vorzunehmen und
zwar zum folgenden Kurs: 3 französische Franken gleich 1 Sowjetrubel. Dieser Beschluß der Sowjetregierung bedeutet eine grundsätzliche Neuordnung im Handelsverkehr mit dem Ausland. Für die
Ausländer wird durch sie der Zwang zur Anerkennung des Sowjetrubels
geschaffen. Die bis dahin für sie geltenden Vorrechte, zu Goldpreisen einzukaufen, werden abgeschafft und zugleich wird eine Zentralisierung der Valutagewinnung bei der Staatsbank herbeigeführt. Die
Fiktion "Goldrubel gleich Sowjetrubel" wird damit gesetzlich verankert.
FZ, Nr. 586 v. 16. November 1935, S. 2

ZSg. 102/1/30 (4)   14. Mai 1935

Mit Ruecksicht auf die Meldung in Auslandsblaettern, dass der
Reichsfinanzminister nicht mehr aus seinem Urlaub zurueckkehren
werde, wird eine kleine Meldung ausgegeben, die wir nachstehend
geben.

s. a. ZSg. 101/5/159/Nr. 1320 v. 16. Mai 1935

Johann Ludwig (Lutz) Graf Schwerin von Krosigk (1887 - 1977), seit
1925 Graf durch Adoption. Nach dem Studium (Volkswirtschaft, Jura)
und Teilnahme am 1. Weltkrieg, seit 1920 im Reichsfinanzministerium
tätig, 1929 Ministerialdirektor und Leiter der Etatabteilung, Juni
1932 - April 1945 Reichsfinanzminister. Im "Wilhelmstraßenprozeß"
in Nürnberg zu 10 Jahren Haft verurteilt, 1951 aus dem Gefängnis
entlassen.

Möglicherweise hatte es Ressortdifferenzen zwischen dem Finanzministerium und dem durch Schacht vertretenen Wirtschaftsministerium
gegeben (vgl. ZSg. 101/5/155/Nr. 1314 v. 14. Mai 1935).

- 291 - 14./15.05.1935

Der Reichsfinanzminister wieder im Dienst
(Privattelegramm der "Frankfurter Zeitung")
Der Reichsminister der Finanzen, Graf Schwerin von Krosigk, ist, wie von zuständiger Stelle mitgeteilt wird, von einem Erholungsurlaub zurückgekehrt und hat seine Dienstgeschäfte wieder übernommen.
FZ, Nr. 245 v. 15. Mai 1935, S. 1

ZSg. 101/5/157/Nr. 1317   15. Mai 1935

DNB-Rundruf vom 15. Mai 1935.

Wegen evtl. Gemeinschaftsempfangs der Führerrede ergeht noch besondere Mitteilung. Darüber soll noch nichts verbreitet werden. Dagegen kann natürlich erwähnt werden, dass allen Volksgenossen Gelegenheit zur Anhörung der Führerrede gegeben werden soll.

Gesehen: D., Fa., K.   Hbg. 1.45 Uhr
                        Brsl. 1.45 "
                        Chmn. 1.47 "

s. a. ZSg. 101/5/149/Nr. 1299 v. 8. Mai 1935
      ZSg. 102/1/69 (1) v. 15. Mai 1935

Gemeinschaftsempfang der Reichstagsrede des Führers und Reichskanzlers
Anläßlich der am Dienstag, den 21. Mai 1935, 20.00 Uhr stattfindenden Reichstagssitzung, in der der Reichstag eine Regierungserklärung entgegennehmen wird, ist von der Amtsleitung Rundfunk der Reichspropagandaleitung Gemeinschaftsempfang verfügt worden. Alle Gliederungen der Funkwartorganisationen haben daher die notwendigen Vorarbeiten zu treffen, so daß die Volksgenossen, denen keine Möglichkeit zu einem Hausempfang gegeben ist, auf den Straßen und Plätzen durch Großlautsprecher die Rundfunkübertragung abhören können.
FZ, Nr. 248 v. 16. Mai 1935, S. 1

ZSg. 102/1/69 (1) 15. Mai 1935

Zu der Meldung ueber Einberufung des Reichstags wurde gesagt, dass ueber die bevorstehende Darlegung Hitlers keinerlei Mutmassungen angestellt und auch keine diesbezueglichen Aeusserungen der Auslandspresse uebernommen werden duerfen. Die Bedeutung der Reichstagssitzung sei selbstverstaendlich zu unterstreichen und auch die auslaendischen Meldungen zu uebernehmen, die sich allgemein mit der Wichtigkeit der Sitzung beschaeftigten.

s. a. ZSg. 101/5/149/Nr. 1299 v. 8. Mai 1935
ZSg. 102/1/48 (1) v. 16. Mai 1935

Einberufung des Reichstags zum 21. Mai
(Privattelegramm der "Frankfurter Zeitung")
Der Reichstag ist, wie amtlich mitgeteilt wird, auf Dienstag, den 21. Mai, abends 8 Uhr, einberufen worden. Als einziger Punkt steht auf der Tagesordnung die Entgegennahme einer Erklärung der Reichsregierung, die der Führer und Reichskanzler selbst abgeben wird. Die Sitzung wird auf alle deutschen Sender übertragen, und um allen die Möglichkeit zu geben, die Regierungserklärung zu hören, ist auch die Abendstunde als Zeitpunkt für die Sitzung gewählt worden.
* Die neue Reichstagssitzung ist die fünfte Sitzung des gegenwärtigen, am 12. November 1933 gewählten Reichstages, an der auch zum ersten Male wieder die Vertreter des befreiten Saarlandes teilnehmen werden. ...
FZ, Nr. 247 v. 16. Mai 1935, S. 1

ZSg. 102/1/69 (2) 15. Mai 1935

Die deutsche Presse habe keinen Anlass, Mussolini wegen seiner gestrigen Rede zur abessinischen Frage zu kritisieren. Wir seien nicht diejenigen, die die Sache des Völkerbundes wahrnehmen oder die sagen muessten, dass internationale Vertraege verletzt wuerden. Das koenne man den Staaten ueberlassen, die daran unmittelbar interessiert seien. Man wolle also wegen dieser gestrigen abessinischen Erklaerung keinerlei Auseinandersetzung mit Italien oder Mussolini.

s. a. ZSg. 102/1/50 (3) v. 28. März 1935
ZSg. 102/1/34 (1) v. 21. Mai 1935
ZSg. 102/1/4 (3) v. 23. Mai 1935

Zu den politischen Hintergründen für die Zurückhaltung der deutschen Regierung im Abessinienkonflikt in diesem Zeitraum, s. M. Funke, Sanktionen und Kanonen, Düsseldorf 1970, 2. Aufl. 1971, S. 35-47.

15.05.1935

Italiens Verzögerungspolitik im abessinischen Streitfall
(Drahtmeldung unseres Korrespondenten)
FZ, Nr. 248 v. 16. Mai 1935, S. 1

Die Presseanweisung war das Resultat eines Informationsgesprächs zwischen Mussolini und dem deutschen Botschafter in Rom, von Hassell, vgl. ADAP, Serie C, Bd. IV, 1, Nr. 87.

ZSg. 102/1/69 (3)   15. Mai 1935

Zum Berner Zionisten-Urteil meinte man, dass die deutsche Presse das Urteil einer Kritik unterziehen und es zurueckweisen solle. Man koenne nicht behaupten, dass es einen wissenschaftlichen Wert habe, es sei abgestellt auf die Psychose des schweizer Volkes. Die Tatsachen, ueber die Betaetigung des Judentums an sich, koennten durch ein solches Urteil nicht widerlegt werden.

s. a. ZSg. 102/1/54 (2) v. 31. Oktober 1934

Der Prozeß um die Zionistischen Protokolle
Daß man im Hauptquartier der Nationalsozialisten mit dem Urteilsspruch von Bern im Prozeß um die Zionistischen Protokolle nicht zufrieden ist, versteht sich von selbst. Ein vielsagendes Schweigen herrschte gestern abend im Nachrichtendienst des Rundfunks, der vorher fortlaufend über die Gerichtsverhandlungen orientiert hatte. Bis vorgestern hat sich die Nazipresse in Deutschland mit den Angeklagten und mit Herrn Fleischhauer identifiziert und den Berner Gerichtssaal zum "Weltforum" erhoben; heute kommt plötzlich das Deutsche Nachrichtenbureau mit der naiven Erklärung, es habe sich um eine "rein schweizerische Angelegenheit" gehandelt. ...
NZZ, Nr. 849 v. 15. Mai 1935, S. 2

Die NZZ berichtete täglich über den Prozeßverlauf, s. a.:
Das Urteil
Das Ergebnis des großen Prozesses: die Protokolle der Weisen von Zion sind eine Fälschung und ein Plagiat. Sie fallen unter den Artikel 14 des bernischen Gesetzes über Lichtspieltheater und Schundliteratur, und zwar insbesondere wegen der Schlußbemerkungen in der eingeklagten 13. Ausgabe von Theodor Fritsch. Gegen dieses Gesetz haben sich Silvio Schnell und Theodor Fischer vergangen und werden verurteilt zu Geldbußen von 20 bzw. 50 Fr. und zur Bezahlung der Parteikosten an die Privatkläger, den Israelitischen Gemeindebund und die Israelitische Kultusgemeinde von Bern. ...
NZZ, Nr. 845 v. 15. Mai 1935, S. 1-2

Das Urteil im Berner Zionistenprozeß
... Zur Entscheidung stand, wie in einem DNB-Kommentar hervorgehoben wird, nicht die Echtheit oder Unechtheit der Protokolle, über die das Amtsgericht nach dem Beweisaufwand nicht befinden konnte und über die allein die historische Forschung zu entscheiden hat. ... Das Urteil hat also keinerlei wissenschaftlichen Wert,

15./16.05.1935   - 294 -

sondern ist aus einer bestimmten Lage in der Schweiz heraus zu verstehen. ...
DAZ (R. A.), Nr. 224-225 v. 16. Mai 1935, S. 8

ZSg. 102/1/69 (4)   15. Mai 1935

Ueber eine neue Dienstkleidung fuer die Polizei soll vorlaeufig nicht geschrieben werden, weil die Entscheidung der hoechsten Stelle noch nicht gefallen sei. Es drehe sich hauptsaechlich darum, durch Schaffung einer neuen Uniform das Odium zu beseitigen, das aus den innerpolitischen Kaempfen der vergangenen Jahre der blauen Schupouniform anhafte.

s. a. ZSg. 101/5/139/Nr. 1286 v. 4. Mai 1935
      Der Angriff, Nr. 105 v. 7. Mai 1935, S. 10

Erst am 6. Mai 1935 war durch einen Runderlaß des Reichsinnenministers die Bekleidung des Feldjägerkorps neu geregelt worden. Die Uniformen wurden denen der Schutzpolizei angeglichen, allerdings unter Beibehaltung der olivgrünen Farbe (vgl. Das Archiv, Mai 1935, S. 257).

DNB-Rundruf vom 16. Mai 1935.

ZSg. 101/5/158/Nr. 1318   16. Mai 1935

Ueber den gestrigen Besuch ((Mittwoch)) der Abendvorstellung im "Theater des Volkes" durch Reichsminister Dr. Goebbels darf nichts gebracht werden.

s. a. ZSg. 101/5/158/Nr. 1319 v. 16. Mai 1935

Im "Theater des Volkes" fand am Mittwoch, den 15. Mai die "Erstaufführung der Revue-Operette "Frau Luna" von Bolten-Beckers, Musik von Paul Lincke" statt (Beginn: 7 1/2 Uhr).
DAZ (R. A.), Nr. 222-223 v. 15. Mai 1935, S. 9
Kritik der Aufführung, die der Komponist selbst dirigierte, s.
DAZ (R. A.), Nr. 226-227 v. 17. Mai 1935, S. 6 (Frau Luna hält Hof). Goebbels Anwesenheit wurde nicht erwähnt.

ZSg. 101/5/158/Nr. 1319   16. Mai 1935   - 295 -   16.05.1935

Ueber die Anwesenheit des Führers und des Reichsministers Dr.
Goebbels in der Kameradschaft der deutschen Künstler am Mittwoch
abend darf nichts gebracht werden.

Gesehen: D., Fa., K.   Hbg. 12.40
                       Brsl. 1.02
                       Chmn. 1.10

Die "Kameradschaft der deutschen Künstler e. V." (KDDK) wurde
1933 von dem Bühnenbildner Benno von Arent gegründet, der schon
davor den "Neuen deutschen Bühnen- und Filmklub" gegründet hatte,
der in der KDDK aufging. Laut Satzung sollte die Kameradschaft
"alle künstlerisch schöpferischen Menschen auf Grund des Leistungs-
prinzips zu einer kameradschaftlichen Gemeinschaft vereinigen, deren bestimmende Grundlage die nationalsozialistische Weltanschauung ist. Ihre Mitglieder machen es sich zur Pflicht, untereinander
Kameradschaft zu pflegen." (§ 1). Der zuständige Staatssekretär
im RMVP, Leopold Gutterer, berichtete: "Im Laufe der Jahre wurde
die Kameradschaft immer häufiger herangezogen, um bei ausländischen
staatspolitischen Besuchen ausländische Minister, Diplomaten oder
sonst wichtige Wirtschaftspersönlichkeiten in einem geeigneten
Rahmen zwanglos in Anwesenheit deutscher Minister, Politiker und
Wirtschaftler zusammenzubringen. Die Kameradschaft hat sich damit
immer mehr zu einem repräsentativen Treffpunkt der staatlichen
Führung entwickelt. Der Führer, der in Berlin kein öffentliches
Lokal besuchen kann, verkehrt hier zuweilen." (Brief vom 30. November 1937)
BA: R 55/751 Kameradschaft der deutschen Künstler e. V., S. 5 bzw.
33f.
Die Kameradschaft war der Reichstheaterkammer körperschaftlich an-
geschlossen (G. Menz, Der Aufbau des Kulturstandes, München, Berlin 1938, S. 37f.).

Nach dem Tode des polnischen Staatschefs Pilsudski am 12. Mai
wurde in Berlin auf Halbmast geflaggt. Am Mittwoch, dem 15. Mai
änderte die Staatsoper "mit Rücksicht auf das Ableben des Marschalls
Pilsudski" ihr Programm und statt des "Bettelstudenten" wurde "Der
fliegende Holländer" gegeben (Der Angriff, Nr. 112 v. 15. Mai
1935, S. 15). Am selben Abend besuchte Goebbels im "Theater des
Volkes" eine Operette (vgl. ZSg. 101/5/158/Nr. 1318 v. 16. Mai
1935), deren Komponist, Paul Lincke, im Vorstand der Kameradschaft
war.

16.05.1935 - 296 -

ZSg. 101/5/159/Nr. 1320   16. Mai 1935

DNB-Rundruf v. 16. Mai 1935

Ueber den Vortrag des Reichsfinanzministers in der Lessing-Hochschule, darf nur der DNB-Text veröffentlicht werden.

Gesehen: D., Fa., K.   Hamburg 10.10
                       Breslau   1.55
                       Chemnitz 1.30

s. a. ZSg. 102/1/30 (4) v. 14. Mai 1935
Der Reichsfinanzminister über die Entlastung des Reichshaushalts
Graf Schwerin von Krosigk über öffentliche Finanzen und Wirtschaft
... Zur Frage der Ein- und Ausfuhr erklärte der Minister, Deutschland liege nichts an einer Beschränkung, es sei vielmehr an einer Ausdehnung des Welthandels interessiert. Die Autarkie sei kein Ideal und kein Ziel für uns, sondern lediglich eine zeitweise Notwendigkeit. Deutschland wolle dazu beitragen, die gesamte Weltkrise und damit auch die deutsche Krise durch Steigerung des Welthandels zu beseitigen. Der Welthandel könne nur erhöht werden, wenn jedes einzelne Land seine wirtschaftlichen und finanziellen Grundlagen auf eine gesunde Basis stelle und wenn man zu einer endgültigen Stabilisierung der Währungen komme. Dabei müßten die internationalen Schulden in verständiger Weise geordnet werden. Deutschland wolle nicht ein schlechter Schuldner sein; es wolle sich nicht um die Rückzahlung privater Anleihen drücken; aber es müsse verlangen, daß der Zinssatz auf ein Maß herabgesetzt werde, bei dem Risikoprämien ausgeschaltet seien und bei dem Deutschland nicht schlechter behandelt werde als andere Länder. ...
DAZ (R. A.), Nr. 228-229 v. 18. Mai 1935, S. 2

Deutschlands Kampf gegen die Weltkrise
HHN, Nr. 230 v. 18. Mai 1935, S. 2

Gleichmaß der Finanzpolitik
FZ, Nr. 252 v. 18. Mai 1935, S. 2

ZSg. 102/1/48 (1)   16. Mai 1935

Man koenne sich vorstellen, dass an aussenpoltischen Richtlinien jetzt vor der Reichstagssitzung nichts ausgegeben werden koenne. Es gehe nicht an, in irgendeiner Weise der Rede vorzugreifen.

16./17.05.1935

s. a. ZSg. 102/1/69 (1) v. 15. Mai 1935
ZSg. 101/5/164/Nr. 1325 v. 21. Mai 1935

Die ursprünglich für den 17. Mai geplante Reichstagssitzung wurde wegen des Todes von Pilsudski (12. Mai) auf den 21. Mai verschoben, vgl. J. Lipski, Diplomat in Berlin 1933 - 1939. Papers and Memoirs of Józef Lipski, Ambassador of Poland. Ed. by W. Jędrzejewicz, New York, London 1968, S. 202.

ZSg. 102/1/48 (2)   16. Mai 1935

Das Landesamt der freiwilligen Feuerwehr in Preussen liess mitteilen, dass die Bemerkung bei Brandfaellen, "Der entstandene Brandschaden ist ganz oder teilweise durch Versicherung gedeckt", ein nicht erwuenschter Zusatz sei, weil ja Volksvermoegen als solches immer vernichtet werde. Man werde stattdessen vielleicht besser sagen: der Geschaedigte sei versichert.

ZSg. 101/5/160   17. Mai 1935

Verlag, Hamburg, Breslau, Dresden.

Wie bekannt, ist es den Schriftleitungen verboten, Flugzeugunglücke zu veröffentlichen, soweit sie nicht durch das Reichspropagandaministerium ausdrücklich zur Veröffentlichung freigegeben worden sind. Es sind Zweifelsfragen aufgetaucht, ob und wie weit diese Beschränkung der Berichterstattung auch Berücksichtigung finden muss bei der Aufnahme von Todesanzeigen. Es ist jetzt vom Reichspropagandaministerium im Einvernehmen mit dem Reichsluftfahrtministerium folgende Entscheidung getroffen worden: Todesanzeigen, die mit einem Flugzeugunglück im Zusammenhang stehen, dürfen über die näheren Umstände des Todesfalls - Ort, Zeit usw. - keinerlei Angaben enthalten, wenn das Flugzeugunglück selber nicht zur Berichterstattung freigegeben war. Die Bemerkung, der Tote habe den Fliegertod gefunden, ist in allen Fällen frei.

Fa., K.   gez. Dertinger.

17./18.05.1935 - 298 -

s. a. ZSg. 101/5/148/Nr. 1297 v. 8. Mai 1935

ZSg. 101/5/161/Nr. 1321   17. Mai 1935

Bestellung a. d. Pressekonferenz v. 17.5.35

Ueber die Besprechungen zwischen Frankreich und Deutschland über einen gemeinsamen Flugverkehr nach Südamerika sollen zunächst keine Veröffentlichungen erfolgen.

Gesehen: D., Fa., K.   Hbg.
                       Brsl. 8.00
                       Chmn. brfl.

s. a. ZSg. 101/5/204/Nr. 1408 v. (22. Juni 1935)

Am 30. März 1935 war der "beschleunigte Luftpostdienst Deutschland-Südamerika" eröffnet worden (Das Archiv, März 1935, S. 1920).

ZSg. 101/5/162/Nr. 1322   18. Mai 1935

DNB-Rundspruch.

Ein von der Mundi-Press in London verschiedenen deutschen Zeitungen angebotener Artikel, der angeblich von Marschall Pilsudski stammt, ist, wie die polnische Botschaft mitteilt, nicht authentisch. Vor einem Abdruck wird gewarnt.

Gesehen: D., Fa., K.   Hbg. 2.30
                       Brsl. 2.30
                       Chmn. brfl.

Der polnische Staatschef Josef Pilsudski war am 12. Mai 1935 in Warschau im Alter vom 67 Jahren gestorben. Er hatte die Entwicklung, die zum deutsch-polnischen Nichtangriffspakt (Januar 1934) führte, unterstützt.

ZSg. 102/1/69 (1) 18. Mai 1935

Morgen in acht Tagen wird in der Berliner Universitaet eine Robert-Koch-Gedaechtnisfeier veranstaltet, bei der auch Frick spricht. Aus diesem Anlass wurde gebeten, dem 25. Todestag von Robert Koch grosse Beachtung zu schenken. Dr. Thomalla, der Referent fuer medizinische Fragen im Propagandaministerium, gebrauchte dabei sehr heftige Worte gegen ein Blatt, das kuerzlich unerhoerte Angriffe gegen einen Reichssender gerichtet habe, weil dieser eine Koch-Gedenkfeier veranstaltete. Das Blatt (es handelt sich um den Stürmer) habe Koch einen Judenstaemmling genannt, ferner behauptet, auch seine Frau sei eine Juedin gewesen und sein Lebenswerk sei eine juedische Mache. Solche Behauptungen seien ganz unerhoert, sie wuerden die deutsche Kulturpropaganda versauen. Welche Einstellung die Regierung zu Robert Koch und seinem Werk habe, koenne man ganz deutlich aus der geplanten Kundgebung ersehen.

s. a. ZSg. 102/1/44 (2) v. 27. Juni 1935

Curt Thomalla (1890 -   ), Referent im RMVP für "Volksgesundheit und Volkswohlfahrt".

Ernst Hiemer:
Ein offenes Wort an den Reichssender Stuttgart
Zur Sendung am 6. April 1935 "Robert Koch"
... Es ist nicht Sache des "Stürmer", über die wissenschaftliche Bedeutung Robert Kochs ein Urteil abzugeben. Was uns am Hörspiel des Reichssenders Stuttgart am meisten empört, ist die Tatsache, daß man einem Judenknecht Raum im Programm des nationalsozialistischen Rundfunks gegeben hat. Und Robert Koch war Judenknecht! ...
Der Stürmer, Nr. 18 v. Mai 1935, S. 9

ZSg. 102/1/69 (2) 18. Mai 1935

Gebeten wurde, bei der Feier morgen zur Einweihung der Reichsautobahn unter den verschiedenen Reden die eines am Bau beschaeftigten Arbeiters nicht unter den Tisch fallen zu lassen.

s. a. ZSg. 102/1/4 (3) v. 20. Mai 1935

Die Eröffnung der Reichs-Autobahn
FZ, Nr. 255 v. 20. Mai 1935, S. 1-2
Es ging um die erste Teilstrecke Frankfurt-Darmstadt-Mannheim. Als Redner beim Staatsakt wurden aufgeführt: Dr.Ing. Todt, Generalin-

18./20.05.1935 - 300 -

spektor für das Deutsche Straßenwesen, Adolf Hitler, Gauleiter und Reichsstatthalter Sprenger, Generaldirektor Dr. Dorpmüller, ein Arbeiter, Reichsminister Dr. Goebbels. Die DAZ bezeichnet den Arbeiter näher als "Maschinist Ludwig Droeßler" (s. DAZ (R. A.), Nr. 232-233 v. 21. Mai 1935, S. 3).

ZSg. 102/1/69 (3)   18. Mai 1935

Die Kommentare zum Kownoer Urteil seien in der Morgenpresse eher zu milde als zu scharf gewesen. Auch wenn heute die sogenannten Begnadigungen ausgesprochen werden sollten, sei das kein Anlass nun besonders milde ueber die Regierung zu schreiben. (Insofern unterscheidet sich also die Anweisung etwas von der gestern ausgesprochenen Bitte, die Regierung selbst nicht in den Kommentar hineinzuziehen.) Was man verlangen muesse, sei nicht Gnade, sondern Recht.

s. a. ZSg. 101/5/102/Nr. 1221 v. 26. März 1935

Die Kownoer Todesurteile bestätigt
Gnadengesuche durch den Verteidiger
... Mit der Bestätigung der Todesurteile von Kowno hat jenes Justizverbrechen seine Krönung erfahren, das darin bestand, um einer politischen Tendenz willen Unschuldige dem Henker oder dem Zuchthaus zu überantworten. In diesem Augenblick muß noch einmal erinnert werden, wie jammervoll in dem Prozeß alle Anklagen von Bedeutung zusammengebrochen sind, wie nichts anderes übriggeblieben ist als einige unvorsichtige Äußerungen und sonst nichts als Dunst, Verleumdung und böswilliges Mißverstehen. ...
FZ, Nr. 252 v. 18. Mai 1935, S. 1

Bestellungen aus der Pressekonferenz v. 20 Mai 1935.

ZSg. 101/5/163/Nr. 1323   20. Mai 1935

"United Press" bringt die Nachricht, dass das neue deutsche Luftschiff L.Z. 129 auf den Nordatlantikdienst eingestellt wird. Diese Tatsache trifft zwar zu, soll aber von der deutschen Presse nicht behandelt werden, da das neue Luftschiff erst ab September seine Probefahrten unternimmt.

20.05.1935

s. a. ZSg. 102/1/4 (4) v. 20. Mai 1935
ZSg. 101/6/156/Nr. 1764 v. 24. Oktober 1935

Das Luftschiff L.Z. 129 unternahm erst am 4. März 1936 seine erste Probefahrt überhaupt. Von Mai - Oktober 1936 wurden die Probefahrten Frankfurt am Main - Lakehurst durchgeführt, vgl. Keesing, 2435 F v. 21. Februar 1936; 2451 F v. 4. März 1936.

ZSg. 101/5/163/Nr. 1324 20. Mai 1935

Ueber den Besuch des Ministerpräsidenten Göring beim polnischen Aussenminister Beck soll nur die D.N.B.-Meldung gebracht werden, nicht dagegen polnische Pressestimmen. Dieses Verbot erstreckt sich jedoch nicht auf die Besprechungen Görings mit dem französischen Aussenminister Laval. Ausländische Pressestimmen darüber können gebracht werden.

Gesehen: D., Fa., K.   Hbg. 1.08
                       Brsl. 1.07
                       Chmn. 1.25

s. a. ZSg. 102/1/4 (1) v. 20. Mai 1935: Sie haben wohl gesehen, dass DNB seine erste Meldung ueber die Aussprache zwischen Goering und Beck zurueckgezogen hat. Hierzu wurde mitgeteilt, dass ueber den Inhalt der zweiten DNB-Meldung hinaus ueber diese Besprechung nichts berichtet werden duerfe. Das beziehe sich vor allem auch auf jene Redaktionen, die eigene Vertretungen in Warschau haben.

Göring hielt sich zu den Beisetzungsfeierlichkeiten für Marschall Pilsudski in Polen auf. Am 18. Mai traf er sich mit dem französischen Außenminister Laval, am 19. Mai mit Beck.

Laval Invited To Berlin
Goering's Move
(From our Warsaw Correspondent)
... In the afternoon General Göring was received by Colonel Beck, the Polish Foreign Minister, with whom he had a conference lasting two hours. An official communiqué issued by the German Embassy on Sunday states that General Göring is satisfied that the relations between Poland and Germany remain unchanged and that the Polish-German pact of 1934 will continue to serve as a basis for relations between the countries, although Pilsudski has died. General Göring's attempts to see the now Polish generalissimo has so far not brought any result. Although he was able to have a conference with Colonel Beck, a political visit here today, 24 hours after the funeral of Pilsudski, is not thought by Poles to be in good taste. ...
Manchester Guardian Weekly, Nr. 21 v. 24. Mai 1935, S. 407

20.05.1935

Aussprache Göring-Laval in Krakau
Mit großer Offenheit alle Fragen erörtert
NZ, Nr. 137 v. 19. Mai 1935, S. 1

Pg. Görings starker Eindruck
Weitere Aussprache mit Beck und Laval
... Was die am Sonntag stattgefundene Begegnung des Ministerpräsidenten mit Außenminister Beck anbetrifft, so wurde bei diesem Besuch in freundschaftlicher Unterhaltung ausdrücklich festgestellt, daß die guten Beziehungen zwischen beiden Völkern weiter bestehen und alle Vermutungen anderer Art nichts als haltlose Gerüchte sind.
...
NZ, Nr. 138 v. 20. Mai 1935, S. 1
s. a. The Times, Nr. 47,068 v. 20. Mai 1935, S. 14
ADAP, Serie C, Bd. IV, 1, Nr. 98, 115

ZSg. 102/1/4 (2)   20. Mai 1935

Zu dem Wahlergebnis in der Tschechoslowakei wurde an die kuerzlich gegebenen Richtlinien erinnert, die Sudetendeutsche Heimatfront nicht von reichsdeutschen Gesichtspunkten aus zu beurteilen und sich nicht mit ihr zu identifizieren. Vom allgemeinen volksdeutschen Standpunkt aus sei der Zusammenschluss natuerlich erfreulich.

s. a. ZSg. 101/5/151/Nr. 1303 v. 9. Mai 1935
ZSg. 102/1/53 (2) v. 22. Mai 1935: Nach Schluss der Pressekonferenz sprach mir ein Herr der Presseabteilung in hoeherem Auftrag die Verwunderung darueber aus, dass in dem gestrigen Bericht von Heymann-Prag [1] die absoluten Zahlen ueberhaupt nicht erwaehnt werden. Auch mit der Ueberschrift stehen wir so ziemlich allein da, da alle anderen geschrieben haetten, Henlein an erster Stelle. Tatsaechlich haben wir gestern den Erfolg Henleins [2], dass er die meisten Stimmen auf sich vereinigte, ueberhaupt nicht in der Zeitung erwaehnt. Es ist immer nur von den Mandaten die Rede. Das Monitum des Propagandaministeriums ist also berechtigt.

[1] Dr. F. Heymann war der Prager Korrespondent der FZ.

[2] Konrad Henlein (1898 - 1945), sudetendeutscher Politiker, seit 1935 Führer der Sudetendeutschen Partei, trat für den Anschluß an Deutschland ein. 1938 wurde er Gauleiter, 1939 Reichsstatthalter, 1945 geriet er in amerikanische Gefangenschaft und entging der Auslieferung an die Tschechoslowakei durch Selbstmord.

20.05.1935

Henlein an zweiter Stelle
Die Mandatsverteilung in der Tschechoslowakei - Ein Brief Henleins
an Masaryk
FZ, Nr. 257 v. 21. Mai 1935, S. 1
Das war der beanstandete Artikel. Zur Wiedergutmachung schrieb
Heymann folgenden Artikel:
Die neue Lage in Prag
... Im ganzen erhalten die deutschen Parteien wieder genau wie in
der letzten Kammer 67 Mandate. ...
FZ, Nr. 258 v. 22. Mai 1935, S. 1
Andere Überschriften:
Überwältigender Sieg der Sudetendeutschen Partei
Die Sudetendeutsche Partei die stärkste
HHN, Nr. 233 v. 21. Mai 1935, S. 1

70 bis 80 v. H. der Sudetendeutschen in geschlossener Front
Teilergebnisse der Parlamentswahlen in der Tschechoslowakei
VB (N. A.), Nr. 141 v. 21. Mai 1935, S. 1

Ergebnis der tschechischen Wahlen:
Henleins Sudetendeutsche stärkste Partei im Parlament
Rund 70 % aller deutschen Stimmen erhalten - Tschechische Rechts-
opposition verdoppelt
DAZ (R. A.), Nr. 232-233 v. 21. Mai 1935, S. 1
s. a. ADAP, Serie C, Bd. IV, 1, Nr. 99

ZSg. 102/1/4 (3)   20. Mai 1935

Jetzt, nach Eroeffnung der ersten Reichsautobahnstrecke, sollen
die Zeitungen in weitestgehendem Masse den Reichsautobahnen ihre
Aufmerksamkeit schenken. Laufend wuerden weitere grosse Strecken
in Betrieb genommen, was immer Anlass sein koennte, sich wieder
grundsaetzlich mit dem Problem der Reichsautobahnen zu beschaeftigen, wobei man von der Zersplitterung im Strassenwesen der vergangenen Jahre ausgehen soll. Der Appell an die Zeitungen, sich der
Reichsautobahn besonders anzunehmen, wurde mit besonderem Nachdruck ausgegeben.

s. a. ZSg. 102/1/69 (2) v. 18. Mai 1935

Bestellungen aus d. Pressekonferenz v. 21. Mai 1935.

ZSg. 101/5/164/Nr. 1325   21. Mai 1935

Der Text der Führerrede ist jetzt schon an D.N.B. gegeben worden, so dass er im Laufe des Nachmittags und Abends gefunkt werden kann. Es ist mit D.N.B. vereinbart worden, dass bei Beginn der Rede im Reichstag der Text bei allen deutschen Zeitungen vorliegt, so dass dann sofort gedruckt werden kann. Der Umfang der Rede dürfte etwa 60 engbeschriebene D.N.B.-Seiten ausmachen. Das weitläufige Manuskript des Führers umfasst 100 Seiten. Es wird ausdrücklich darauf aufmerksam gemacht, dass keinerlei Indiskretionen über den Kreis derjenigen, die diese Rede lesen, hinausdringen, insbesondere auch nicht durch Setzer u.s.w.

s. a. ZSg. 102/1/48 (1) v. 16. Mai 1935
      ZSg. 102/1/53 (1) v. 22. Mai 1935
      ZSg. 102/1/45 (1) v. 12. Juli 1935
Es handelte sich um die Rede zum Wehrgesetz, sie dauerte über 2 Stunden.

Der Führer spricht zur Welt
Bestimmungen über die Wehrpflicht veröffentlicht
Eine geschichtliche Reichstagssitzung
HHN, Nr. 235 v. 22. Mai 1935 (M. A.), S. 1 und 2 (jew. 4spaltig)
((Die verfilmte Ausgabe der HHN ist unvollständig, es fehlen 2 Seiten.))

Der Führer vor dem Reichstag über Deutschlands Haltung in der Weltpolitik
VB (N. A.), Nr. 142 v. 22. Mai 1935, S. 1-4 (jew. 6spaltig)
                                    S. 9   (35 Z.)

Die große Reichstagsrede Adolf Hitlers
FZ, Nr. 259 v. 22. Mai 1935, S. 1-2 und 4 (4spaltig)
                             S. 3   (Wortlaut des Wehrgesetzes)

Hitlers 13 Punkte
Die neue Friedensrede des Führers und Reichskanzlers im Wortlaut
DAZ (R. A.), Nr. 236-237 v. 23. Mai 1935, S. 3, 5-8 (4spaltig)
                                          S. 9-10 (Wortlaut des Wehrgesetzes)
s. a. NZ, Nr. 140 v. 22. Mai 1935, S. 1 und 2 (4spaltig)
                                   S. 6-8   (4spaltig)

21.05.1935

ZSg. 101/5/164/Nr. 1326   21. Mai 1935

Die Presse wird gebeten, über die Errichtung einer deutschen Walflotte nichts zu berichten.

s. a. ZSg. 102/1/34 (2) v. 21. Mai 1935
ZSg. 102/1/68 (4) v. 2. Dezember 1935
Die Frage einer eigenen Walflotte war bereits im April aufgetaucht, vgl. DKP 1935/III/57 v. 17. April 1935: ... Die Rentabilitätsfrage zur Durchführung eines deutschen Walfangs ist angesichts des noch immer vorhandenen inländischen Fettbedarfs kein Problem mehr, etwas schwieriger liegt die handelspolitische Seite: Deutschland war bisher ein sehr guter Kunde für norwegisches Walöl, das es z. B. im Tausch (gegen deutsche Schiffe) bezogen hat. Deutschland bleibt auch weiter abhängig von den norwegischen Lieferungen. Die Errichtung eines deutschen Konkurrenzunternehmens kann, der Fachpresse zufolge, daher nur in Gemeinschaft mit Norwegen gelöst werden, wobei die engen Beziehungen des deutschen Einfuhrhandels mit norwegischen Walfängern und Walölfabrikanten nicht ungenutzt bleiben sollten.

s. a. E.(rnst) Schu.(ren):
Die Großindustrie der Antarktis. Zu den deutschen Walfangplänen.
In: Die Deutsche Volkswirtschaft, 4. Jg. (1935), Nr. 15, S. 474-475

ZSg. 101/5/164/Nr. 1327   21. Mai 1935

Das Auswärtige Amt bittet bei allen Meldungen aus dem Auslande über handelspolitische Vereinbarungen zwischen Deutschland und anderen Staaten und deren Nebenabkommen erst dann zu berichten, wenn authentische Erklärungen beim Auswärtigen Amt eingeholt worden sind. Bei verfrühten Mitteilungen über derartige Geheimabkommen u.s.w. kann grosser Schaden verursacht werden, so dass es besser ist, wenn Informationen eingezogen werden.

Gesehen: D., K., Fa.   Hbg. 1.05
                       Brsl. 1.05
                       Chmn. 1.10

s. a. ZSg. 102/1/34 (3) v. 21. Mai 1935

ZSg. 102/1/34 (1) 21. Mai 1935

Gebeten wurde, bei Nachrichten, Artikeln usw. ueber die italienische Wehrmacht nur wirklich tatsaechliche und nachgepruefte Unterlagen zu verwenden, um nicht die Italiener ueberfluessig mit Dingen zu reizen, die sich spaeter als unrichtig herausstellen koennten.

    s. a. ZSg. 102/1/69 (2) v. 15. Mai 1935
        ZSg. 101/5/175/Nr. 1355 v. 28. Mai 1935

ZSg. 101/5/165/Nr. 1328 22. Mai 1935

Die Reichswirtschaftskammer hat den Wunsch ausgesprochen, über die Organisationsvereinfachung in der gewerblichen Wirtschaft, Aufhebung der doppelten Beitragspflicht usw. nichts in der Oeffentlichkeit verlauten zu lassen. Das Reichswirtschaftsministerium schliesst sich diesem Wunsche an, und bittet dieses Thema vorläufig nicht zu behandeln bis eine amtliche Erklärung herauskommt. Die Fachzeitschriften sind ebenfalls ersucht worden, diesem Verlangen Rechnung zu tragen.[1] Vertraulich kann mitgeteilt werden, dass gestern vom Kabinett ein Gesetz über Verbrauchergenossenschaft verabschiedet worden ist. Dieses Gesetz wird vorläufig nicht veröffentlicht und es sollen auch Indiskretionen hierüber nicht gebracht werden. Eine amtliche Mitteilung wird in den nächsten Tagen ergehen.[2]

Gesehen: D., Fa., K.   Hbg. 12.53
                           Brsl. 1.30
                           Chmn. 1.05

[1] s. a. ZSg. 102/1/53 (3) v. 22. Mai 1935
    ZSg. 101/4/85/Nr. 699 v. 29. August 1934

Fritz Weike:
Der Aufbau der gewerblichen Wirtschaft
... (505) Vornehmstes Ziel jeder Neuordnung der Wirtschaft soll und muß Einfachheit, Klarheit und Billigkeit unter Vermeidung un-

nötiger Doppelarbeit sein. Nun kann zwar nicht jede Doppelarbeit vermieden werden. Es gibt auch eine ganze Anzahl von Angelegenheiten, die zum Nutzen der Wirtschaft von verschiedenen Seiten betrachtet und beleuchtet werden müssen. Immerhin muß hier gegenüber dem früheren Zustand noch vieles überprüft und abgeändert werden.
...
Deutsche Wirtschafts-Zeitung, 32. Jg. (1935), Nr. 22 v. 2. Juni 1935, S. 501-506
s. a. DRPS, Nr. 127 v. 3. Juni 1935, S. 2-4

2) s. a. ZSg. 102/1/53 (4) v. 22. Mai 1935
ZSg. 102/1/35 (2) v. 16. Januar 1935
ZSg. 101/5/170/Nr. 1341 v. 25. Mai 1935

Gesetz über Verbrauchergenossenschaften vom 21. Mai 1935 (RGBl. 1935, I, S. 681-682) Das Gesetz trat am 22. Mai in Kraft.

Ds.:
Problem der Verbrauchergenossenschaften - gelöst
... Es sei eingeschaltet, daß auf lange Sicht Verbrauchergenossenschaften ihren tieferen Sinn, nämlich ein wirtschaftlicher Rückhalt der Arbeiterschaft zu sein, verloren haben, denn der Nationalsozialismus erstrebt durch die Schaffung einer wirklichen Volksgemeinschaft, ohne den Einsatz solcher materieller Selbsthilfe die dauernde Verbesserung der Lebenshaltung der deutschen Arbeiterschaft. ... Das Gesetz vom 21. Mai erteilt nunmehr dem Reichsfinanzminister und dem Reichswirtschaftsminister wichtige Vollmachten. Man will aus dem Genossenschaftskörper die kranken Glieder herausschneiden, ohne daß den deutschen Arbeitern ihre Spargroschen verloren gehen. Die gesunden Genossenschaften jedoch sollen organisch in die gewerbliche Wirtschaft eingebaut werden, wobei wahrscheinlich auch die Frage der weiteren Überführung von Filialen in mittelständischen Besitz nicht außer acht gelassen werden wird. ...
Die Deutsche Volkswirtschaft, 4. Jg. (1935), Nr. 16, S. 491

Schlechte Jahre für Verbrauchergenossenschaften
Zur Vorgeschichte der gesetzlichen Regelung
(Privattelegramm der "Frankfurter Zeitung")
FZ, Nr. 270 v. 28. Mai 1935, S. 1-2

ZSg. 101/5/166/Nr. 1329   22. Mai 1935

DNB-Rundspruch.

Die heute in der vierten Beilage des Deutschen Reichsanzeigers Nr. 118 erschienene Bilanz, Gewinn- und Verlustrechnung für das Geschäftsjahr 1934 der Deutschen Reichsbahngesellschaft bitten wir nicht vor Freitag, dem 24.5. in den Morgenblättern zu veröffentlichen oder zu besprechen.

22.05.1935 - 308 -

D., Fa., K.   Hbg.   10.10
                 Bresl. 12.15
                 Chemn.   2.13

Bilanz für den 31. Dezember 1934
DRPS, Nr. 118 v. 22. Mai 1935 (4. Beilage)
Die Bilanz ist datiert vom 15. Mai 1935.
s. a. DRPS, Nr. 120 v. 24. Mai 1935, S. 1

Wieder Überschuß bei der Deutschen Reichsbahn
HHN, Nr. 239 v. 24. Mai 1935 (M. A.), S. 3

Die Reichsbahn hat mit Gewinn gearbeitet
Größter Auftraggeber von Industrie und Handwerk
SZ, Nr. 260 v. 24. Mai 1935 (M. A.), S. 9
s. a. FZ, Nr. 263 v. 24. Mai 1935 (2. M.Bl.), S. 1

ZSg. 102/1/53 (1)   22. Mai 1935

Geheimrat Aschmann gab einige Hinweise auf die Behandlung der Reaktion auf die gestrige Rede. Das wichtigste ist, dass er vorschlug, die guenstigen Kommentare ohne weitere Zusaetze und ohne sie breitzutreten zu geben. Sie wirkten so staerker. Zu den ablehnenden ((Kommentaren)) werde man aus der Fuelle des Materials der Rede selbst genug Gegenargumente finden. Da die auslaendischen Agenturen doch nicht den ganzen Wortlaut durchgeben konnten, ergebe sich auf diese Weise Gelegenheit, einige wichtige Teile vielleicht noch einmal der Oeffentlichkeit zu unterbreiten. Aus den deutschen Kommentaren muesse hervorgehen, dass der Teil 5 des Versailler Vertrages fuer die ganze Welt ein fuer allemal erledigt sein muesse. Der Eindruck muesse vermieden werden, als seien die englischen Ruestungen gegen uns gerichtet.

s. a. ZSg. 101/5/122/Nr. 1264 v. 16. April 1935
      ZSg. 101/5/91/Nr. 1195 v. 18. März 1935
      ZSg. 101/5/164/Nr. 1325 v. 21. Mai 1935
      ZSg. 101/5/168/Nr. 1333 v. 24. Mai 1935

s. a. ZSg. 101/28/179-181 v. 22. Mai 1935 (Vertraulicher Informationsbericht): Herr Dertinger hat heute kurz mit Dr. Abshagen über die tatsächliche Wirkung der Führerrede in England gesprochen. Dr. Abshagen bezeichnete die Wirkung als eine überaus glückliche.

22./23.05.1935

Der Führer habe diesmal in vorzüglicher Weise der Psychologie der
Engländer Rechnung getragen und zweifellos bei den breiten Massen
einen grossen Erfolg gehabt. Die erste praktische Wirkung sei ein
Zerbröckeln der grossen einheitlichen Aufrüstungsfront, die bis
vor kurzem im englischen Parlament über alle Parteien hinweg bestanden habe. ...

R(udolf) K(ircher):
Das deutsche Programm
FZ, Nr. 260 v. 23. Mai 1935, S. 1

... und die Welt
(Drahtmeldungen unserer Korrespondenten)
Londons neue Hoffnungen
Adolf Hitlers Rede hat auf Großbritannien einen ungemein tiefen
Eindruck gemacht. Durch sie sind der britischen Öffentlichkeit
neue Hoffnungen gegeben worden. Die Beurteilung der Ansprache
durch die Presse ist so gut wie irgend möglich. ...
FZ, Nr. 260 v. 23. Mai 1935, S. 1

ZSg. 101/5/167/Nr. 1330   23. Mai 1935

DNB-Rundruf vom 23. Mai 1935

Ueber das Thema "Reichsanleihe bei den Versicherungen" darf wegen
der Möglichkeit irreführender Meldungen vorerst nichts mehr veröffentlicht werden.

Gesehen: D., Fa., K.   Hbg. 9.15
                        Brsl. 7.58
                        Chmn. brfl.

s. a. ZSg. 101/5/19/Nr. 1052 v. 22. Januar 1935
      ZSg. 101/6/88/Nr. 1615 v. 4. September 1935
Es gab auch eine Reichsanleihe von 500 Mill. RM bei den Sparkassen,
vgl. Das Archiv, August 1935, S. 725 (23. August).

23.05.1935   - 310 -

ZSg. 102/1/4 (1)   23. Mai 1935

Am 24. Mai beginnt vor dem 11. Zivilsenat des Kammergerichts die
Verhandlung in der Klage der Firma Himmelsbach gegen Reich-Preußen-
Hessen. Reichsjustizministerium und Reichsforstmeister haben die
Weisung erteilt, hierüber zunächst nicht zu berichten.

ZSg. 102/1/4 (2)   23. Mai 1935

Es wurde um Beachtung gebeten, sowohl fuer die Heidelberger Festspiele als auch fuer die Hamburger Theaterfestwoche. Die Pressestelle fuer die Heidelberger Reichsfestspiele hat ihren Sitz im
Heidelberger Stadttheater (Hans Reder).

s. a. ZSg. 101/5/182/Nr. 1370 v. 5. Juni 1935 (Hamburg)
      ZSg. 102/1/45 (5) v. 12. Juli 1935 (Heidelberg)

Die Reichsfestspiele Heidelberg 1935 fanden statt vom 14. Juli
1935 bis zum 18. August 1935, während die 2. Reichstheaterfestwoche vom 16. - 23. Juni 1935 in Hamburg durchgeführt wurde, vgl.
J. Wulf, Theater und Film im Dritten Reich, Gütersloh 1964, S.
54-57.

Reichsfestspiele Heidelberg 1935
Die Reichsfestspiele, für die der Schirmherr, Reichsminister Dr.
Goebbels, wiederum Heidelberg bestimmt hatte ... wurden in Anwesenheit des badischen Gauleiters Wagner im Schloßhof
mit einer Aufführung von Kleists "Käthchen von Heilbronn" eröffnet. Der Reichsdramaturg, Dr. Schlösser wies in seiner Eröffnungsansprache auf die Naturverbundenheit des deutschen Volkes hin, das
sich aus tiefem Bedürfnis heraus als Kennzeichen des deutschen Wesens das Naturtheater geschaffen habe. In Heidelberg erreiche die
Entwicklung der Naturbühne ihren Höhepunkt, denn Heidelberg habe
die Ideallandschaft der Romantik, und die deutsche Geschichte
schaue aus allen Mauern. Im Rahmen der Reichsfestspiele, die bis
zum 18. August dauerten, wurden außerdem aufgeführt: im Schloßhof "Götz von Berlichingen" und "Was ihr wollt", im Königssaal
des Schlosses "Minna von Barnhelm" und auf der Feierstätte auf
dem Heiligen Berg ... das Thingspiel von Kurt Heynicke "Der Weg
ins Reich".
Das Archiv, Juli 1935, S. 622

ZSg. 102/1/4 (3)   23. Mai 1935

Noch einmal wurde gesagt, dass Deutschland durchaus keinen Anlass
zu einseitiger Parteinahme fuer Abessinien habe. Deutschland habe

- 311 -   23./24.05.1935

dort keinerlei Interessen und infolgedessen bestehe kein Grund, Italien oder Mussolini wegen irgendwelcher Dinge, die mit Abessinien zusammenhaengen, zu veraergern oder zu beleidigen.

s. a. ZSg. 102/1/69 (2) v. 15. Mai 1935
ZSg. 101/5/170/Nr. 1346 v. 25. Mai 1935
ADAP, Serie C, Bd. IV, 1, Nr. 124

ZSg. 102/1/4 (4)   23. Mai 1935

Die deutsche Botschaft in Tokio hat wieder einmal die Bitte uebermitteln lassen, das Wort "gelbe Gefahr" nicht zu verwenden.

s. a. ZSg. 101/5/30/Nr. 1079 v. 4. Februar 1935
ZSg. 101/6/197/Nr. 1874 v. 27. November 1935
ADAP, Serie C, Bd. IV, 1, Nr. 69

Bestellungen aus der Pressekonferenz v. 24. Mai 1935.

ZSg. 101/5/168/Nr. 1331   24. Mai 1935

Aus Breslau kommt die Nachricht, dass die Firma Linke-Hofmann den Auftrag bekommen hat, einen Salonwagen für den Führer zu bauen. Diese Tatsache trifft zwar zu, soll aber nicht in Artikeln und Berichten irgendwelcher Art der Oeffentlichkeit mitgeteilt werden.

s. a. ZSg. 110/1/71 v. 24. Mai 1935
ZSg. 102/1/45 (1) v. 24. Mai 1935: Aus einer Breslauer Zeitung sei verschiedentlich die Nachricht uebernommen worden, Linke-Hofmann habe den Auftrag zum Bau eines Salonwagens fuer Hitler erhalten. ...
Der genaue Firmenname war Fa. Linke-Hofmann-Busch-Werke A. G., Breslau.

Die Verkehrslage der Reichsbahn
... Die Linke-Hofmann-Werke, Breslau, hatten weitere 152 neue Eisenbahnwagen für die Türkei fertiggestellt, die über Oderberg abrollten. ...
SZ, Nr. 254 v. 21. Mai 1935, S. 9

24.05.1935 - 312 -

Bei den Linke-Hofmann-Werken in Breslau wird in fast allen Abteilungen in 3 Schichten gearbeitet. Im Wagenbau, Abteilung Untergestellbau sind erst vor kurzem neue Leute eingestellt worden. Darunter auch junge Leute unter 25 Jahren. Die Belegschaft verhält sich dem System gegenüber indifferent. Wenn nach Feierabend Belegschaftsversammlungen angesetzt werden, erscheinen von den 3 000 Mann höchstens 300. Der Hitlergruß wird in deutlich wegwerfender Art gebraucht. Der Ausfall an Arbeitsstunden am 1. Mai (ebenso auch am Himmelfahrtstag)muß halbestundenweise nachgearbeitet werden. Am 1. Mai waren die Arbeiter von Anfang an darauf bedacht, wie sie sich möglichst schnell drücken könnten. Vor dem Ausmarsch standen sie in Gruppen herum, um sich darüber zu besprechen. Als ein Vertrauensrat dazukam und fragte, wie denn die Leute hier angetreten wären, etwa abteilungsweise, erhielt er die Antwort: "Ne, nicht abteilungsweise, sondern gesinnungsweise." Die Wagenbauabteilung hat einen neuen Auftrag auf Tiefladewagen bekommen. Dabei handelt es sich wahrscheinlich um sogenannte Kanonenwagen. Außerdem werden vier Salonwagen gebaut, von denen drei für Kemal Atatürk und einer für Adolf Hitler bestimmt sein soll. Der Wagen für Hitler ist ganz besonderen Zerreißproben unterzogen worden und wird mit einem irrsinnigen Prunk ausgestattet, so daß sich sogar die Meister darüber schon aufgeregt haben. ...
Sopade, 2. Jg. (1935), S. 794 (Juli)

ZSg. 101/5/168/Nr. 1332   24. Mai 1935

Am 6. Juni beginnt ein Prozess Schönewald, der als staatlicher Lotterieeinnehmer vor Jahren umfangreiche Betrügereien begangen hat. Die DNB.-Berichte über diesen Prozess können gebracht werden. Jedoch sollen Vorankündigungen und eine allzugrosse Aufmachung dieses Prozesses unterbleiben, um nicht die staatlichen Interessen zu gefährden.

s. a. ZSg. 110/1/71 v. 24. Mai 1935
    ZSg. 102/1/45 (2) v. 24. Mai 1935: In Essen beginnt demnaechst ein Prozess gegen den ehemaligen Lotterie-Einnehmer Schoenwald wegen umfangreicher Unterschlagungen. Um das Vertrauen des Publikums zur staatlichen Lotterie nicht zu erschuettern, wird gebeten, ...

ZSg. 101/5/168/Nr. 1333   24. Mai 1935

Die Auslandspresse stellt jetzt alle möglichen Fragen in Ergänzung der Führerrede. Die deutsche Presse ist nicht befugt, von sich aus diese Fragen zu beantworten.

- 313 -   24.05.1935

s. a. ZSg. 102/1/45 (3) v. 24. Mai 1935
   ZSg. 110/1/72 v. 24. Mai 1935
   ZSg. 102/1/53 (1) v. 22. Mai 1935
   ZSg. 102/1/48 (4) v. 25. Mai 1935
   ZSg. 102/1/44 (1) v. 27. (Mai) [Juni] 1935
   ADAP, Serie C, Bd. IV, 1, Nr. 102, 108, 111

ZSg. 101/5/168/Nr. 1334   24. Mai 1935

Aus dem Ausland kommen Meldungen nach Deutschland, dass eine Berliner Delegation nach Bukarest abgereist ist, um einen deutsch-rumänischen Nichtangriffspakt vorzubereiten. Diese Nachrichten treffen nicht zu, vielmehr handelt es sich bei diesen Verhandlungen um den Bezug von Mais, der neu geregelt werden soll.

s. a. ZSg. 102/1/45 (4) v. 24. Mai 1935
   ZSg. 110/1/72 v. 24. Mai 1935
   ZSg. 101/5/152/Nr. 1305 v. 10. Mai 1935
   ZSg. 102/1/4 M (1) v. 6. Mai 1935
   ZSg. 101/5/198/Nr. 1394 v. 18. Juni 1935

Die Verrechnungsabkommen wurden am 24. und 29. Mai unterzeichnet. Bei dem am 4. Juni 1935 abgeschlossenen deutsch-rumänischen Handelsabkommen ging es um den Austausch von Öl gegen "industrielle Erzeugnisse" (vgl. Keesing 1935, 2075 A).

Die deutsch-rumänischen Abmachungen
Mitteilung der deutschen Abordnung
HHN, Nr. 242 v. 25. Mai 1935, S. 1
ADAP, Serie C, Bd. IV, 1, Nr. 110

ZSg. 101/5/168/Nr. 1335   24. Mai 1935

Die Zeitschrift "Deutsche Zukunft" bringt in ihrer nächsten Sonntagsnummer einen Artikel mit dem Titel: "Abessinien - ein neues Marokko". Dieser Artikel soll nicht übernommen werden.

s. a. ZSg. 102/1/45 (5) v. 24. Mai 1935
   ZSg. 110/1/72 v. 24. Mai 1935
   ZSg. 101/5/170/Nr. 1346 v. 25. Mai 1935

Max Grühl, ehemals Leiter der Deutschen Äthiopien-Expedition:
Abessinien, ein neues Marokko?
Nach unserer Auffassung kann Deutschland in dem Streit um Abessinien unter den gegebenen Umständen nur neutral bleiben. Wir veröffentlichen aber den folgenden Aufsatz um der vielen, zum Teil

24.05.1935   - 314 -

wenig bekannten Tatsachen willen, die er enthält, und die den
außerordentlichen Anteil deutscher Kulturarbeit an der Erschließung
des Landes nachweisen. ... Von jener Zeit an bis in die Gegenwart
ist die gerade und korrekte Linie der Beziehungen zwischen Abessinien und Deutschland nicht unterbrochen worden. Während des
Weltkrieges hat, wie gesagt, seitens des damaligen Kaisers Jassu
sogar die Absicht bestanden, aktiv für uns in den Kampf einzugreifen. Wenn diese Tatsache heute auch nur geschichtliches Interesse
hat, so ergibt sich doch aus ihr, wie groß von jeher das Interesse
für Deutschland in Abessinien war. Lidj Jassu ist an der Sympathie
für unser Vaterland zugrunde gegangen, auch ein Opfer des Weltkriegs
für Deutschland. ...
Deutsche Zukunft, Nr. 21 v. 26. Mai 1935, S. 5

Deutsche Zukunft (1933 - 1940), Wochenzeitung für Politik, Wirt-
schaft und Kultur, Aufl. 24 000 (Sperling, 59. Ausg. 1935, S. 220).
Der Hauptschriftleiter Fritz Klein hatte die "Deutsche Allgemeine
Zeitung" wegen eines mißliebigen außenpolitischen Kommentars im
April 1933 verlassen müssen.

ZSg. 101/5/168/Nr. 1336   24. Mai 1935

Es wird noch einmal daran erinnert, dass Bilder über den Neubau
des Reichsluftfahrtministeriums nicht gebracht werden dürfen, gleichgültig von welcher Seite sie kommen.

s. a. ZSg. 110/1/72 v. 24. Mai 1935
      ZSg. 102/1/45 (6) v. 24. Mai 1935: ... Zwei Berliner Zeitun-
gen haetten das Verbot nicht beachtet (ein Bild erschien vorgestern
im "Voelkischen Beobachter").
s. a. ZSg. 102/1/59 (2) v. 3. Mai 1935
      ZSg. 101/6/59/Nr. 1565 v. 19. August 1935
Weder in der Norddeutschen, Süddeutschen noch in der Münchener Ausgabe des VB ist das Bild nachweisbar.
Gigantische Bauten wachsen und verändern das Gesicht der Reichshauptstadt
Die äußere Wandlung Berlins
Berliner illustrierte Nachtausgabe, Nr. 110 v. 13. Mai 1935, S. 5

ZSg. 101/5/168/Nr. 1337   24. Mai 1935

Süddeutsche Zeitungen bringen in ihrem Handelsteil verschiedentlich
Polemiken gegen die englische Kohle. Derartige Polemiken sollen
nicht aufgegriffen werden, da die deutsch-englischen Kohlenabkom-
men noch in Kraft sind und die Regierung nicht beabsichtigt, hier
Aenderungen vorzunehmen.

s. a. ZSg. 110/1/72 v. 24. Mai 1935
ZSg. 102/1/45 (7) v. 24. Mai 1935: ... Verschiedene sueddeutsche Zeitungen bringen Polemiken gegen die englische Kohle, indem sie u. a. die Aufforderung an die Kohlehaendler richten, nur deutsche Kohle zu verkaufen, und ankuendigen, die Grossbetriebe anzuprangern, die auslaendische Kohle verwenden. ...

Am 13. April 1933 war ein deutsch-englisches Handelsabkommen abgeschlossen worden, in dem das Einfuhrkontingent für englische Kohle von bisher 100.000 auf 180.000 t monatlich erhöht wurde (vgl. Das Archiv, April 1933, S. 311f.).

ZSg. 101/5/168/Nr. 1338   24. Mai 1935

Die Zeitungen werden darauf aufmerksam gemacht, dass es sich bei den Reden des Stellvertreters des Führers in Hamburg und Altona [1] nicht um politische Reden handelt, sondern lediglich um Festansprachen. Aufsehenerregende Mitteilungen sind daher nicht zu erwarten.

Gesehen: Fa., D., K.   Hbg.   1.05
                        Bresl. 1.00
                        Chemn. 1.50

s. a. ZSg. 102/1/45 (8) v. 24. Mai 1935
ZSg. 110/1/72 v. 24. Mai 1935
ZSg. 101/5/170/Nr. 1343 v. 25. Mai 1935

[1] Es handelt sich nicht um den Hamburger Vorort, sondern um die westfälische Stadt Altena. Dort weihte Heß eine Jugendherberge ein. In Hamburg eröffnete er die Luftfahrtwerbewoche und sprach auf dem "Tag der deutschen Seefahrt" (vgl. ZSg. 101/5/156/Nr. 1316 v. 14. Mai 1935).

"Verstehen von Mensch zu Mensch"
Einweihung der deutschen Welt-Jugendherberge Burg Altena
... "Vielleicht geht durch diese Jugendherberge einmal der eine oder andere Junge, der später zu den Maßgebendsten seines Volkes gehört. Und vielleicht entsinnt er sich als Mann in ernsten Stunden, die den Frieden zwischen den Völkern bedrohen mögen, einstiger sorgloser früherer Tage des Zusammenlebens in diesem Heim mit jungen Kameraden anderer Nationen. Vielleicht vermag er dann ein schweres Unglück für die betroffenen Länder, ja für die Menschheit zu verhindern. Dann hat diese Burg unendlichen Segen gebracht. ..."
HHN, Nr. 243 v. 26. Mai 1935, S. 2
s. a. HHN, Nr. 242 v. 25. Mai 1935, S. 5

24.05.1935

ZSg. 101/5/169/Nr. 1339   24. Mai 1935

DNB-Rundruf vom 24. Mai 1935
Es wird daran erinnert, dass Zahlenangaben über Sterilisationen zu unterbleiben haben. Diese Vorschrift ist unter allen Umständen durchzuführen.

Gesehen: Fa., D., K.   Hbg. 9.15
                        Brsl. 7.53
                        Chmn. brfl.

s. a. ZSg. 110/1/73 v. 24. Mai 1935: Wir hatten heute vormittag aus der Zeitschrift "Die Deutsche Justiz" Ziffern über die Sterilisationen veröffentlicht, nachdem erst vor wenigen Tagen extra vom Justizministerium darauf aufmerksam ((gemacht)) worden war. Auch DNB hatte einen längeren Auszug gefunkt. Heute abend ist dann plötzlich durch das Propagandaministerium die Veröffentlichung untersagt worden.
s. a. ZSg. 102/1/47 (2) v. 4. Juli 1935

Amtsgerichtsrat Maßfeller im Reichsjustizministerium:
Die Auswirkungen des Gesetzes zur Verhütung erbkranken Nachwuchses
... (780) In den nachstehenden Übersichten werden die Verhältnisse der einzelnen Erbgesundheitsobergerichtsbezirke getrennt dargestellt werden. Übersicht I gibt einen Überblick über die Zahl der eingegangenen Anträge, nach Geschlechtern getrennt, und gibt ferner Auskunft über das Verhältnis, in dem die gestellten Anträge zur Zahl der Bevölkerung des Bezirks stehen. Übersicht II gibt Auskunft über die Zahl der erledigten Anträge; zunächst werden - wieder nach Geschlechtern getrennt - die Zahlen der durch Anordnung der Unfruchtbarmachung erledigten Anträge mitgeteilt, dann die Zahlen der durch Ablehnung des Antrags und schließlich der auf andere Weise erledigten Sachen. Übersicht III läßt ersehen, welcher Hundertsatz der eingegangenen Anträge sachlich erledigt ist und in welchem Verhältnis die erfolgreichen zu den erfolglosen Anträgen stehen. Übersicht IV befaßt sich mit den gegen die Anordnung der Unfruchtbarmachung erhobenen Beschwerden (eingegangene Beschwerden nach Zahl und Hundertsatz; erledigte Beschwerden; Zahl der erfolgreichen Beschwerden mit Angabe des Hundertsatzes; Zahl der erfolglosen Beschwerden). Übersicht V schließlich gibt Auskunft über die Beschwerden gegen die Ablehnung der Unfruchtbarmachung (eingegangene Beschwerden nach Zahl und Hundertsatz; erledigte Beschwerden; erfolgreiche und erfolglose Beschwerden).
Bei den 205 Erbgesundheitsgerichten sind bis zum 31. Dezember 1934 84 525 Anträge auf Unfruchtbarmachung eingegangen. In 42 903 Fällen ist die Unfruchtbarmachung von Männern, in 41 622 Fällen die Unfruchtbarmachung von Frauen beantragt worden. Da das Deutsche Reich ohne das Saarland etwa 65 200 000 Einwohner hat, entfallen auf je 1 000 Einwohner im Durchschnitt 1,30 Anträge, oder 1 Antrag auf 771,2 Einwohner. Die Anträge verteilen sich auf die einzelnen Bezirke der Erbgesundheitsobergerichte wie folgt: ... (782) Wenn wir das Ergebnis des ersten Jahres deutscher Erbgesundheitsgerichts-

24./25.05.1935

barkeit überblicken, so bleibt nur die Feststellung übrig, daß alle an der Durchführung des Gesetzes Beteiligten, Richter wie Ärzte, ihre ganze Kraft in den Dienst der großen Sache gestellt haben und bemüht gewesen sind, dazu beizutragen, daß die Erbkrankheiten möglichst bald vom deutschen Volke gebannt werden.
...
Deutsche Justiz, 97. Jg. (1935), Ausg. A, Nr. 21 v. 24. Mai 1935, S. 780-782
s. a. R 43 II/468, S 41-43a

Bestellungen aus der Pressekonferenz v. 25. Mai 1935.

ZSg. 101/5/170/Nr. 1340   25. Mai 1935

Die Zeitungen werden daran erinnert, dass es unerwünscht ist, die öffentliche Aufmerksamkeit auf Spionagefragen zu lenken. Dadurch kann eine Schädigung der Landesinteressen entstehen. Dieser Gesichtspunkt ist auch bei Filmkritiken zu berücksichtigen. Wenn irgendwo Filme gezeigt und von der Zensur erlaubt werden, in denen Spionagefragen behandelt werden, so ist in der Kritik von dieser Tatsache keine Notiz zu nehmen, sondern der Film nur künstlerisch zu bewerten.

s. a. ZSg. 102/1/48 (3) v. 25. Mai 1935: Das Reichskriegsministerium hat die Weisung erteilt, in Filmbesprechungen ueber solche in- oder auslaendischen Filme, in denen Spionagefaelle behandelt werden, den jeweiligen Spionageteil unter allen Umstaenden nicht zu eroertern. Erst durch die Filmkritik selbst werde das Publikum oft auf den Spionagefall besonders aufmerksam und die Kritik mache so den Film erst zu einer Sensation.

Am 12. April 1935 wurde die deutsch-österreichische Koproduktion "Lockspitzel Asew" (Regie: Phil Jutzi, Darsteller: Fritz Rasp, Olga Tschechowa, Wolfgang Liebeneiner, Siegfried Schürenberg u. a.) in Berlin uraufgeführt (vgl. Der Angriff, Nr. 88 v. 13. April 1935, S. 4. DAZ (R. A.), Nr. 175-176 v. 14. April 1935, S. 7). Im Mittelpunkt des Filmes, der im zaristischen Rußland spielt, steht ein Doppelagent.
In der Filmkritik des "Film-Kurier" wird Asew als "Führer einer Terror-Gruppe und Mitarbeiter der Geheimpolizei" bezeichnet (vgl. Film-Kurier, Nr. 88 v. 13. April 1935, S. 2).
Aus der Zeitungs-Anzeige des Verleihs zur Uraufführung:
Lockspitzel Asew
Der größte und geheimnisvollste Spion und Verräter aller Zeiten/ Auszug aus den begeisterten Kritiken: ...
Film-Kurier, Nr. 87 v. 12. April 1935, S. 4

ZSg. 101/5/170/Nr. 1341   25. Mai 1935

Das Verbot einer Diskussion über die Konsumgenossenschaften ist durch die Verabschiedung des neuen Gesetzes hinfällig geworden. Jedoch wird dringend gebeten, jede Besprechung im Rahmen des beispielhaften Artikels des D. H. D. zu halten und insbesondere jeden Hinweis zu vermeiden, als ob das Gesetz einen ersten Schritt zur restlosen Beseitigung der Konsumgenossenschaften darstelle, was nicht den Tatsachen entspricht.

s. a. ZSg. 102/1/45 (9) v. 24. Mai 1935: ... Vertraulich wurde zur Ergaenzung der offiziellen Notiz noch erwaehnt, dass der Betrag von 60 Mill. nach Schaetzung der amtlichen Stellen fuer ausreichend zur Sanierung der gefaehrdeten Verbrauchergenossenschaften gehalten werde. Er stelle zunaechst das Aeusserste an Hilfe dar, die das Reich noch gewaehren koenne.

s. a. ZSg. 101/5/165/Nr. 1328 v. 22. Mai 1935
ZSg. 101/5/202/Nr. 1399 v. 21. Juni 1935
HHN, Nr. 240 v. 24. Mai 1935 (A. A.), S. 2

Gesetz über Verbrauchergenossenschaften
(Privattelegramm der "Frankfurter Zeitung")
Die Reichsregierung hat ... ein "Gesetz über Verbrauchergenossenschaften" beschlossen, das den Reichsminister der Finanzen ermächtigt, zur Erleichterung der Auflösung, insbesondere zur Sicherung der Spareinleger, bis zu 60 Millionen Reichsmark solchen Verbrauchergenossenschaften zur Verfügung zu stellen, die lebensunfähig sind und mit Zustimmung des Reichswirtschaftsministers bis zum 31. Dezember 1935 ihre Auflösung beschließen. ...
FZ, Nr. 264 v. 25. Mai 1935, S. 1

ZSg. 101/5/170/Nr. 1342   25. Mai 1935

Im Zusammenhang mit den Meldungen über die englische Regierungsumbildung soll jede Kritik an den führenden englischen Persönlichkeiten unterbleiben.

Baldwin wird MacDonalds Nachfolger
Nach einer Reutermeldung steht nunmehr unzweifelhaft fest, daß noch vor Ablauf der Pfingstferien des Parlaments Baldwin an Stelle MacDonalds den Posten des Ministerpräsidenten übernehmen wird. Der Grund für diesen Wechsel sei die Feststellung des Augenarztes, daß MacDonalds Augen den Anstrengungen, die mit seinem jetzigen Amt verbunden sind, nicht gewachsen seien. ...
FZ, Nr. 263 v. 24. Mai 1935, S. 2

ZSg. 101/5/170/Nr. 1343   25. Mai 1935

Die Reden, die Minister Heß in Altena und Hamburg hält, dürfen nur im D.N.B.-Text veröffentlicht werden.

s. a. ZSg. 101/5/168/Nr. 1338 v. 24. Mai 1935

Rudolf Heß dankt dem deutschen Seefahrer
150 000 auf der Moorweide
... Der Stellvertreter des Führers wandte sich dann an diejenigen seiner Volksgenossen und Kameraden, die bald als Waffenträger des deutschen Volkes ihren Dienst im Heere leisten werden: "Ich weiß, daß Ihr in jeder Uniform seid, was Ihr wart und bleiben werdet, Kämpfer für Adolf Hitler. Ich weiß, Ihr werdet als Soldaten des nationalsozialistischen Volksheeres ebenso Eure Pflicht tun für Deutschland, wie Ihr es bisher in Euren Formationen getan habt. Und ich weiß auch, Ihr alle freut Euch auf diese Zeit. Partei und Heer sind nach dem Willen des Führers die Säulen des nationalsozialistischen Reiches. Jeder, der den Rock der soldatischen Ehre in grau und blau wieder tragen darf, vergesse niemals, daß erst die nationalsozialistische Bewegung unter ihrem Führer es ermöglicht hat, wieder eine Wehrmacht aufzubauen, ..."
HHN, Nr. 244 v. 27. Mai 1935, S. 1-2

ZSg. 101/5/170/Nr. 1344   25. Mai 1935

Das Geleitwort des Ministers Goebbels zum "Tage der deutschen Seefahrt" soll, sofern es noch nicht veröffentlicht ist, heute abend veröffentlicht werden. Das Geleitwort ist durch D.N.B. verbreitet.

s. a. ZSg. 101/5/156/Nr. 1316 v. 14. Mai 1935
     ZSg. 101/5/172/Nr. 1349 v. 25. Mai 1935

Goebbels zum "Tage der deutschen Seefahrt"
"Das Bestehen einer starken eigenen Handelsflotte ist lebenswichtig für die Nation." gez. Dr. Goebbels"
HHN, Nr. 242 v. 25. Mai 1935 (A. A.), S. 1
s. a. SZ, Nr. 263 v. 25. Mai 1935, S. 2

ZSg. 101/5/170/Nr. 1345   25. Mai 1935

Das Verbot einer Veröffentlichung von Kursen über die Gemeindeumschuldungsanleihe wird hiermit aufgehoben. Vom 27. ds. Mts. ab wird von der Berliner Börse ein offizieller Kurs notiert werden, der von den Zeitungen auch veröffentlicht werden soll.

25.05.1935 - 320 -

s. a. ZSg. 110/1/74 v. 27. Mai 1935
ZSg. 101/5/69/Nr. 1153 v. 2. März 1935

Von den Börsen
Tendenz: still und unsicher
... Erstmals halbamtlich notiert wurde die Kommunale Umschuldungsanleihe mit 89 Geld, 89 3/4 Brief, also einem Mittelkurs von 89 3/4. Dies war gegenüber Samstag etwas schwächer. ...
FZ, Nr. 269 v. 28. Mai 1935, S. 5

Kursveröffentlichung der Umschuldungsanleihe
DAZ (R. A.), Nr. 242-243 v. 26. Mai 1935, S. 20

ZSg. 101/5/170/Nr. 1346   25. Mai 1935

Besonders wichtig!

Es wird noch einmal mit Nachdruck darauf verwiesen, dass mit sofortiger Wirkung alle Angriffe auf Italien ohne Ausnahme einzustellen sind. Das bezieht sich nicht nur auf die abessinische Frage, sondern auf die gesamte italienische Politik überhaupt. Dieses Verbot ist auch in Anwendung zu bringen soweit durch österreichische Fragen die italienische Politik berührt wird. Eine Auseinandersetzung mit Oesterreich im Rahmen der bekannten Anweisung ist nach wie vor zulässig, jedoch darf dadurch nicht eine Polemik gegen Italien entwickelt werden.

Gesehen: Fa., D., K.   Hbg.   12.50
                        Brsl.   "
                        Chemn.   "

s. a. ZSg. 102/1/48 (2) v. 25. Mai 1935: ... Mit Nachdruck wurde diese Anweisung heute dahin ausgedehnt, dass "in Zukunft in aller Form und auf allen Gebieten jegliche Reiberei mit Italien zu vermeiden ist". Auf ausdrueckliche Frage wurde erwidert, dass dies auch fuer die Suedtiroler Angelegenheiten Geltung habe.

s. a. ZSg. 101/5/152/Nr. 1309 v. 10. Mai 1935
      ZSg. 102/1/4 (3) v. 23. Mai 1935
      ZSg. 110/1/74 v. 27. Mai 1935
      ZSg. 101/5/175/Nr. 1355 v. 28. Mai 1935
      ADAP, Serie C, Bd. IV, 1, Nr. 121, 124

Mussolini lehnt Einigung mit Abessinien ab
SZ, Nr. 262 v. 25. Mai 1935, S. 1

Der Kladderadatsch, 88. Jg. (1935), Nr. 22 v. 2. Juni 1935 wurde
wegen seiner Mussolini-Karikatur auf dem Titelblatt konfisziert
(vgl. The Times, Nr. 47,080 v. 3. Juni 1935, S. 13).

25.05.1935   - 322 -

ZSg. 101/5/171/Nr. 1347   25. Mai 1935

Bestellungen aus der Pressekonferenz v. 25. Mai 1935.

Meldungen über die bevorstehenden Flottenverhandlungen in London zwischen England und Deutschland dürfen nicht veröffentlicht werden. Auch dürfen keine Auslandsstimmen gebracht werden.

Gesehen: Fa., D., K.   Hbg.   12.50
                         Brsl.   "
                         Chemn.   "

s. a. ZSg. 102/1/48 (1) v. 25. Mai 1935
      ZSg. 102/1/44 (3) v. 4. Mai 1935
      ZSg. 101/5/176/Nr. 1359 v. 29. Mai 1935
      ADAP, Serie C, Bd. IV, 1, Nr. 100, 104
Der endgültige Termin für die Verhandlungen wurde am 25. Mai festgelegt (vgl. O. Hauser, England und das Dritte Reich, Bd. 1, Stuttgart 1972, S. 132). Sie begannen am 4. Juni 1935. Zu den Einzelheiten der Vorbereitungen und Vorgespräche s. N. T. Wiggershaus, Der deutsch-englische Flottenvertrag vom 18. Juni 1935, phil. Diss. Bonn 1972, S. 319ff.

D.N.B.-Rundruf v. 25. Mai 35.

ZSg. 101/5/172/Nr. 1348   25. Mai 1935

Ueber Vorgänge im Arbeitsdienstlager Bernau darf von der Presse zunächst nichts gebracht werden.

Gesehen: D.   Hbg.   9.15
                Brsl. 7.25
                Chemn. brfl.

In geistiger Umnachtung erschossen
In einem plötzlichen Anfall geistiger Umnachtung erschoß am Samstag nachmittag in Bernau der Führer der dortigen Arbeitsdienstgruppe Bernatek den praktischen Arzt Dr. Möller, als dieser ihn einer Anstalt zuführen wollte. Bernatek erschoß sich darauf selbst.
FZ, Nr. 269 v. 28. Mai 1935, S. 2

ZSg. 101/5/172/Nr. 1349   25. Mai 1935

Sämtliche beim Tag der Deutschen Seefahrt gehaltenen Reden dürfen nur in der D.N.B.-Fassung veröffentlicht werden.

Gesehen: D., K.   Hbg.   9.15
                    Brsl. 8.40
                    Chemn. brfl.

s. a. ZSg. 101/5/168/Nr. 1338 v. 24. Mai 1935
Seefahrt Künder der Kraft des Reiches!
HHN, Nr. 242 v. 25. Mai 1935, S. 1-2

Goebbels über die Friedensmission des deutschen Seemanns
Riesenkundgebung in der Hanseaten-Halle
Goebbels vor 30 000: "Der Seemann Gesandter seines Volkes"
HHN, Nr. 243 v. 26. Mai 1935, S. 1-2

Rudolf Heß dankt dem deutschen Seefahrer
HHN, Nr. 244 v. 27. Mai 1935, S. 1-2

ZSg. 102/1/48 (4)   25. Mai 1935

Sie werden gesehen haben, dass die gestrigen Abendblaetter die sieben vom "Daily Telegraph" formulierten Fragen ziemlich gross aufgemacht haben. In der Pressekonferenz meinte man heute, dass dies mit Ruecksicht auf die gestrige Anweisung, dass die deutsche Presse die vom Ausland gestellten Fragen nicht beantworten koenne, auch nicht die richtige Aufmachung gewesen sei. So werde naemlich der Leser zu der Frage gezwungen, was nun Deutschland wohl antworten werde. Bemaengelt wurde, dass einige, allerdings wenige Zeitungen negative Kritik an den Leistungen der englischen Regierung geuebt haetten. Das entspreche nicht den allgemeinen Richtlinien.

s. a. ZSg. 101/5/168/Nr. 1333 v. 24. Mai 1935
    ADAP, Serie C, Bd. IV, 1, Nr. 102, 122
Die sieben Fragen waren eine diplomatische Anfrage der englischen Regierung.

25./26.05.1935 - 324 -

Daily Telegraph, 1855 gegr., Londoner Cityblatt, gemäßigt konservativ, im Kartellverhältnis zu "Echo de Paris" in Paris und zum "Corriere della Sera" in Mailand. Eigentümer und Verleger Sir William und Gomer Berry und Sir Edward Iliffe (Hdb. d. öffentl. Lebens, 6. Aufl. 1931, S. 852).

Vor englischen Rückfragen in Berlin?
"Daily Telegraph" zählt sieben Fragen auf - Die Dominions schalten sich ein
SZ, Nr. 261 v. 24. Mai 1935, S. 2
s. a. DAZ (R. A.), Nr. 240-241 v. 25. Mai 1935, S. 2

ZSg. 101/5/173/Nr. 1350 (26. Mai 1935)

D.N.B.-Rundruf 9 Uhr 5.

Die Zeitungen werden darauf hingewiesen, dass der Tag der Seefahrt keineswegs einen macht- und seepolitischen Charakter hat. Der Tag der Seefahrt ist eine Zusammenkunft zu einer Ehrung der Angehörigen der Seefahrt, die schon vor der Machtübernahme für den Nationalsozialismus gewirkt haben. Er ist rein innenpolitisch bedingt.

D., K.   Hbg. 9.15
                Bresl. 2.00
                Chemn. briefl.

s. a. ZSg. 101/5/172/Nr. 1349 v. 25. Mai 1935
     ZSg. 101/5/186/Nr. 1379 v. 7. Juni 1935

DNB. Rundruf v. 26.5.35.

ZSg. 101/5/174/Nr. 1351   26. Mai 1935

Ueber das Motorradunglück am Sonntagvormittag auf der Avus darf nichts veröffentlicht werden.

26./27.05.1935

Schwerer Unfall auf der Avus vor Beginn des Rennens
Am Sonntag vormittag gegen 10.15 Uhr ereignete sich in der Südschleife der Avus ein schweres Unglück. Ein Motorradfahrer verlor plötzlich auf noch ungeklärte Weise die Gewalt über seine Maschine: Diese überschlug sich und raste führerlos in die Reihen eines für das bevorstehende Avusrennen angetretenen Sanitätersturmes der SA hinein. Sie richtete dort schweres Unheil an. Während der Führer des Motorrads mit leichteren Verletzungen davonkam, wurde der 21jährige SA-Mann Heinrich Würtenberg auf der Stelle getötet, der 24jährige SA-Mann Leo Podemski erlitt schwere innere Verletzungen sowie einen schweren Schädelbruch. Er wurde sofort in das Hildegard-Krankenhaus gebracht und schwebt in Lebensgefahr. Drei andere SA-Männer wurden leicht verletzt und konnten nach Anlegen von Verbänden im Hildegard-Krankenhaus wieder entlassen werden. Das sofort an der Unfallstelle erschienene Unfallkommando der Polizei hat die Ermittlungen zur Klärung der Schuldfrage aufgenommen.
FZ, Nr. 269 v. 28. Mai 1935, S. 2

ZSg. 101/5/174/Nr. 1352   26. Mai 1935

Ueber das Bootsunglück im Hamburger-Hafen, das sich auf dem Ponton des Dampfers Hamburg ereignet hat, soll nichts berichtet werden.

Gesehen: D., K.   Hbg.   10 Uhr 10
                         Breslau brfl.
                         Chemnitz "

Der Passagierdampfer der Ballin-Klasse "Hamburg", der der Hapag gehörte, war neben dem Panzerschiff "Deutschland" die Hauptattraktion im Hamburger-Hafen während des Tages der deutschen Seefahrt. Am Sonntag, dem 26. Mai, fand die offizielle Preisverteilung der sportlichen Wettbewerbe an Bord der "Hamburg" statt (vgl. HHF, Nr. 146 v. 27. Mai 1935, S. 9). Über das Unglück wird auch in keinem der Hamburger Lokalblätter berichtet.

ZSg. 102/1/44 (1)   27. (Mai) [Juni] 1935

Fuer die Aufsaetze von Snowden und Lloyd George wurde um Beachtung gebeten.

27.05.1935

s. a. ZSg. 101/5/168/Nr. 1333 v. 24. Mai 1935

Philipp Snowden (1864 - 1937), britischer Politiker und Arbeiterführer der Unabhängigen Labour Party.

Gewichtige Stimmen
Snowden und Lloyd George für Hitlers Rede
Unter der Überschrift "Hitler zeigt Europa den Weg" veröffentlicht der ehemalige sozialistische Schatzkanzler Snowden in der "Sunday Dispatch" einen ausführlichen Artikel, in dem es u. a. heißt: "Hitlers große Rede hat die europäische Lage umgewandelt. Die Politik, Sicherheit durch Bündnisse und Pakte zu suchen, die das Ziel einer Einkreisung Deutschlands durch schwer bewaffnete Nationen verfolgen, kann jetzt nicht mehr verteidigt werden. Deutschlands Aufkündigung der Versailler Verbotsklauseln und die Bekanntgabe seines Entschlusses, sich selbst die Rüstungsgleichheit zu geben, wird sich, falls die anderen Mächte auf Hitlers Rede eingehen, wahrscheinlich als der größte Beitrag erweisen, der seit dem Kriege im Interesse der europäischen Sicherheit und des Friedens geleistet worden ist. Ein freies und gleichberechtigtes Deutschland hat keine Ursache, zu den Waffen zu greifen." ...
FZ, Nr. 269 v. 28. Mai 1935, S. 1-2

ZSg. 102/1/44 (2)   27. (Mai) [Juni] 1935

Ueber die Robert Koch-Feier haben wir einen Bericht ((schon)) im Blatt. Deshalb nur noch zur Information: Dass heute gebeten wurde, die Reden von Kolle und vom japanischen Botschafter nur im Auszug zu bringen, vor allem die von beiden aufgezaehlten Gelehrtennamen (Paul Ehrlich usw.) wegzulassen und stattdessen zu sagen: "bekannte Gelehrte".

s. a. ZSg. 102/1/69 (1) v. 18. Mai 1935

Wilhelm Kolle (1868 - 1935), Geheimer Medizinalrat, Prof., Dr. med., Direktor des Staatlichen Instituts für experimentelle Therapie und des Chemotherapeutischen Forschungsinstituts "Georg-Speyer-Haus" (Frankfurt/M.). Spezialarbeitsgebiet: Experimentelle Bakteriologie, Immunitätslehre. Ehrenmitglied des Instituts für Infektionskrankheiten "Robert Koch" (Berlin) (vgl. Führerlexikon 1934/35, Berlin 1934, S. 251).

Paul Ehrlich (1854 - 1915), Chemiker und Serumforscher, seit 1906 Direktor des Instituts für experimentelle Therapie in Frankfurt/M. (s. o.), 1908 Nobelpreis, Schöpfer der modernen Chemotherapie.

Die Robert Koch-Gedenkfeier in Berlin
Erneuerung und Erweiterung der Robert-Koch-Stiftung
(Privattelegramm der "Frankfurter Zeitung")
... Die von Prof. Hetsch (Frankfurt) verlesene Gedächtnisrede des verstorbenen Geh. Medizinalrat Prof. Dr. Kolle (Frankfurt) ist betitelt: "Robert Koch, eine Würdigung seines Lebenswerkes für die

- 327 -   27./28.05.1935

Erkennung, Verhütung und Heilung der Infektionskrankheiten." In der Rede heißt es u. a.: ... "Die Kochsche Schule begründete am Institut für Infektionskrankheiten die moderne Immunitätslehre. Emil von Behring, Richard Pfeiffer, Paul Ehrlich, August v. Wassermann müssen hier genannt werden." ... Auch Koch habe, so erklärte der Botschafter nicht nur im Namen Japans, sondern des gesamten Auslandes, dazu beigetragen, das Band, das die Völker der Erde miteinander verbindet, noch enger zu knüpfen. ...
FZ, Nr. 268 v. 27. Mai 1935, S. 1-2

Bestellungen a. d. Pressekonferenz v. 28. Mai 1935.

ZSg. 101/5/175/Nr. 1353   28. Mai 1935

Ueber die Senkung der Hypothekenzinsen bei den privaten Versicherungen und die Exportabgabe darf nichts gebracht werden. DNB wird in den nächsten Tagen eine amtliche Pressenotiz verbreiten.

s. a. ZSg. 110/1/75 v. 28. Mai 1935

Weitere freiwillige Zinsherabsetzung bei Versicherungen
Ab 1. Januar 1936 auf 5 %
DAZ (R. A.), Nr. 250-251 v. 1. Juni 1935, S. 11

ZSg. 101/5/175/Nr. 1354   28. Mai 1935

Ueber eine Reise dänischer Bauern durch Deutschland soll nichts berichtet werden. Es handelt sich um dänische Nationalsozialisten, die selbst den Wunsch geäussert haben, dass ihre Reise nicht der nationalen Oeffentlichkeit bekannt wird.

s. a. ZSg. 110/1/75 v. 28. Mai 1935

ZSg. 101/5/175/Nr. 1355   28. Mai 1935

Bilder über abessinische Truppen, abessinisches Kriegsmaterial usw. sollen möglichst eingeschränkt werden, da beobachtet wurde, dass in den letzten Wochen in der illustrierten Presse aber auch in den Tageszeitungen der abessinischen Frage zuviel Gewicht beigelegt wurde.

28./29.05.1935 - 328 -

Gesehen: D., K.   Hbg. brfl.
                  Brsl. 7.30
                  Chmn. brfl.

s. a. ZSg. 101/5/170/Nr. 1346 v. 25. Mai 1935
      ZSg. 110/1/75 v. 28. Mai 1935: ... Wenn nicht ein direktes
Verbot ergehe, so deshalb, weil besondere Expeditionen nach
Abessinien entsandt worden seien, um Bildmaterial zu bekommen. Jedoch sollten Bilder über das abessinische Militär auf keinen Fall
mehr gebracht werden. ...

Abessinien in Erwartung ...
Münchner Illustrierte Presse, 12. Jg. (1935), Nr. 21 v. 23. Mai
1935, S. 686-687 (m. Bildern)

Abessinien in Erwartung ... (Großbildbericht I)
Münchner Illustrierte Presse, 12. Jg. (1935), Nr. 22 v. 30. Mai
1935, S. 721-727

Abessinien in Erwartung (Großbildbericht II)
Münchner Illustrierte Presse, 12. Jg. (1935), Nr. 23 v. 6. Juni
1935, S. 753-759

Bestellungen a. d. Pressekonferenz v. 29. Mai 1935.

ZSg. 101/5/176/Nr. 1356   29. Mai 1935

Auch während des Deutschlandfluges ist das alte Verbot in Kraft,
über Flugzeugunfälle zu berichten, abgesehen von kleineren Havarien,
die man im Stimmungsbild verwerten kann, werden alle ernsten Unfälle durch DNB herausgegeben und dürfen nur in der DNB-Fassung
veröffentlicht werden. Sollte DNB in einem Einzelfall über ein Unglück nicht berichten, so ist auf alle Fälle beim Reichsluftfahrtministerium eine Rückfrage zu halten bzw. das Berliner Büro anzurufen.

s. a. ZSg. 102/1/58 (4) v. 29. Mai 1935
      ZSg. 110/1/77 v. 29. Mai 1935
      ZSg. 101/5/148/Nr. 1297 v. 8. Mai 1935

Der Deutschlandflug wurde vom 27. Mai bis zum 2. Juni 1935 durchgeführt, vgl. Das Archiv, Juni 1935, S. 511.

29.05.1935

Schwierige Orteraufgaben
Die Himmelfahrtsetappe des Deutschlandfluges
(Von unserem Sonderberichterstatter)
... Ein besonderes Erlebnis wurde für alle Teilnehmer der Flug über das Wattenmeer. Der letzte Teil der Etappe wurde durch Schiebewind begünstigt. Nach den Dresdenern landete die Halberstädter Fünferstaffel, dann die Hamburger, deren eine Maschine bei der Landung Bruch machte, wobei der Führer einen Unterschenkelbruch erlitt. Unterwegs fielen drei Maschinen aus, und zwar eine Dortmunder Klemm, die sich überschlug, ein Dresdener Flugzeug und eine Danziger Maschine. Dazu kommt ein Ausfall in der Hamburger Staffel, so daß heute nur 143 auf die Reise nach Freiburg gehen. ...
Der Angriff, Nr. 125 v. 31. Mai 1935, S. 2
s. a. WLZ, Nr. 148 v. 1. Juni 1935, S. 5
Ursprünglich waren 154 Flugzeuge gestartet.

ZSg. 101/5/176/Nr. 1357   29. Mai 1935

Das Reichskriegsministerium bittet die Meldung, welche Ostseehäfen von der deutschen Flotte im Laufe des Sommers angelaufen werden, gut herauszubringen.

In keiner der überprüften Zeitungen konnte diese Meldung nachgewiesen werden. Möglicherweise wurde sie im Hinblick auf die Flottenbesprechungen kurzfristig zurückgezogen.

ZSg. 101/5/176/Nr. 1358   29. Mai 1935

Das Kommando der Marinestation Ostsee bittet über die Grösse des Schwimmdocks, das gegenwärtig von Danzig nach Wilhelmshaven fährt, keinerlei Angaben zu machen.

s. a. ZSg. 102/1/58 (2) v. 29. Mai 1935
     ZSg. 110/1/77 v. 29. Mai 1935

ZSg. 101/5/176/Nr. 1359   29. Mai 1935

Alle Auslandsmeldungen über den Inhalt und die Ziele der Flottenbesprechungen in London müssen vorläufig zurückgestellt werden mit Ausnahme der durch DNB herausgegebenen offiziellen Meldung des Foreign Office. In den nächsten Tagen werden von deutscher Seite noch amtliche und halbamtliche Meldungen über die Flottenkonferenz herauskommen. Bis dahin ist jede Erörterung zu vermeiden.

29.5.1935   - 330 -

s. a. ZSg. 102/1/58 (1) v. 29. Mai 1935: ... Im wesentlichen handelt es sich um Vorbesprechungen zu Verhandlungen, die voraussichtlich im Herbst sein könnten. Um Besprechungen also, wie sie die Engländer früher auch mit anderen Mächten geführt haben.
s. a. ZSg. 110/1/77 v. 29. Mai 1935
ZSg. 101/5/171/Nr. 1347 v. 25. Mai 1935
ZSg. 101/5/187/Nr. 1380 v. 7. Juni 1935
ADAP, Serie C, Bd. IV, 1, Nr. 114

Die deutsch-englischen Flottenbesprechungen
werden am kommenden Dienstag in London beginnen. Die deutsche Flottenabordnung wird am Sonntag nachmittag in London erwartet. Botschafter von Ribbentrop wird einer Press Association Meldung zufolge am Montag nachmittag von Sir John Simon im Unterhaus empfangen werden.
SZ, Nr. 276 v. 2. Juni 1935, S. 2

ZSg. 101/5/176/Nr. 1360   29. Mai 1935

Die Reise des Ministerpräsidenten Göring nach Jugoslawien soll als persönliche Reise aufgemacht werden, und zwar in möglichst kleiner Form. Das, was Dr. Ulmann [1]) über die Reise gibt, wird hier von uns in Berlin durchgeprüft werden. Wir werden jeweils Bescheid geben, was zu bringen ist und was nicht. Diese Anweisung ist mit besonderer Schärfe vorgetragen worden und muss unbedingt innegehalten werden.

Gesehen: Fa., D., K.   Hbg.   12.55 Uhr
                         Brsl. 12.55 "
                         Chmn.   1.05 "

s. a. ZSg. 110/1/77 v. 29. Mai 1935
ZSg. 110/1/75 v. 28. Mai 1935
ZSg. 101/5/138/Nr. 1284 v. 3. Mai 1935
ZSg. 102/1/40 (1) v. 31. Mai 1935

[1]) Dr. Paul Ulmann war bis zu seiner Ausweisung aus Rom Italienkorrespondent der Dienatag (vgl. ZSg. 101/5/72/Nr. 1157 v. 5. März 1935). Danach wurde er als Balkankorrespondent eingesetzt.

Erholungsreise Görings nach dem Balkan
Ministerpräsident General Göring und Frau Göring begaben sich am Freitagvormittag 10.30 Uhr vom Flughafen Tempelhof aus auf eine Erholungsreise nach Ragusa. In Begleitung des Ministerpräsidenten nehmen an der Reise Teil Reichsminister Kerrl und Frau Kerrl, Oberpräsident Prinz Philipp von Hessen und Gemahlin Prinzessin Mafalda, ferner die Staatssekretäre Körner und Milch, der persönliche Referent des Ministerpräsidenten Ministerialrat Dr. Gritzbach

- 331 -   29.05.1935

und der Adjutant Major Conrath. Zum Abschied hatte sich u. a. auf
dem Flugfeld der ungarische Gesandte Dr. Masirevich eingefunden.
Der Ministerpräsident fliegt zuerst nach Budapest, wo ein Aufenthalt von zwei Tagen vorgesehen ist.
SZ, Nr. 261 v. 24. Mai 1935, S. 1

ZSg. 102/1/58 (3)   29. Mai 1935

In der Presse waere noch die Debatte in der belgischen Kammer mit
der Rede von de Brocqueville auszuwerten.

s. a. ZSg. 110/1/77 v. 29. Mai 1935
Comte Charles de Brocqueville (1860 - 1940) war belgischer Ministerpräsident.

Brocqueville für Rüstungsbegrenzung
Im belgischen Senat fand am Dienstag eine außenpolitische Aussprache statt, bei welcher der ehemalige Ministerpräsident de
Brocqueville, der seit seinem im vorigen Jahre erfolgten Rücktritt
nicht mehr vor der Oeffentlichkeit gesprochen hatte, das Wort ergriff. De Brocqueville erinnerte an die große Rede, in der er am
6. März vorigen Jahres vor dem Senat die Notwendigkeit einer
rüstungspolitischen Verständigung mit Deutschland betont hatte.
In dieser Rede hatte der damalige Ministerpräsident sich für
gleichberechtigte Behandlung Deutschlands eingesetzt und den Verzicht auf die diskriminierenden Bestimmungen des Versailler Vertrages gefordert, um die Gefahren weiterer politischer Unsicherheit und eines Rüstungswettlaufes zu vermeiden. ...
FZ, Nr. 273 v. 30. Mai 1935, S. 2

ZSg. 102/1/58 (5)   29. Mai 1935

Als widersprechend mit den Anweisungen fuer die Berichterstattung
ueber Italien-Abessinien wurde ein Bericht in der Saarbruecker
Zeitung teilweise vorgelesen, in dem von schlechter Ausruestung
der Italiener in Abessinien, von Streiks der dortigen italienischen
Arbeiter und aehnlichem die Rede ist. Selbstverstaendlich werde
gegen diese Art der Berichterstattung scharf eingeschritten werden.

s. a. ZSg. 110/1/77 v. 29. Mai 1935
    ZSg. 102/1/50 (3) v. 20. Juli 1935

29./31.05.1935

Bericht von der abessinischen Front
Von unserem nach Abessinien reisenden Sonderberichterstatter
Von Divisionen und Generalen, von Plänen und Schwierigkeiten
... Jüngst erlebte man deshalb eine kleine Revolution. Ein Schiff
mit italienischen Arbeitern, ungenügend ausgerüstet, ohne Tropenhelm, war angekommen, wurde ausgeschifft, und kaum zwei Stunden
später waren 12 dieser Leute der Sonne erlegen ... Da begann man
zu murren, verlangte die Heimfahrt und <u>von den 1 400 Arbeitern,
die man in Italien auf der Straße aufgelesen, wurden tatsächlich
1 000 wieder zurückgeschickt,</u> weil man sonst Unruhen befürchten
mußte ... Ein kleines Zeichen für die Schwierigkeiten, die hier
lauern ...
Saarbrücker Zeitung, Nr. 144 v. 28. Mai 1935, S. 1
s. a. Saarbrücker Zeitung, Nr. 145 v. 29. Mai 1935, S. 1-2

ZSg. 101/5/177/Nr. 1361   31. Mai 1935

Bestellungen aus der Pressekonferenz v. 31. Mai 1935.

Es wird an das Verbot erinnert, Veröffentlichungen über den sogenannten Volkswagen zu bringen.[1] In gleicher Weise wird gebeten, über Neuerungen aus dem Gebiete der Rundfunkröhren nicht vor dem 19. Juli 1935 zu berichten.[2]

Gesehen: Fa., K.   Hbg.   12.50
                     Brsl. 12.50
                     Chemn. 1.40

[1] s. a. ZSg. 102/1/40 (6) v. 31. Mai 1935
    ZSg. 101/5/19/Nr. 1055 v. 22. Januar 1935
    ZSg. 101/6/13/Nr. 1455 v. 13. Juli 1935

Der Volkswagen vor der Vollendung?
Die Reifenindustrie zieht die Lehren aus dem Avusrennen
(Eigener Drahtbericht der National-Zeitung)
... Gleichzeitig scheint die Lösung des Problems des Volkswagens
in ein entscheidendes Stadium getreten zu sein. Wie erinnerlich,
sind vor einiger Zeit vom Führer und Reichskanzler die beiden
Konstrukteure Dr. Ing. Porsche (Auto-Union) und Direktor Werlin
(Mercedes-Benz) mit der beschleunigten Durchführung der technischen Lösung des Problems beauftragt worden. Es scheint sich zu
bestätigen, daß diese beiden Konstrukteure nunmehr dem Führer
einen Entwurf vorgelegt haben, der seine Anerkennung gefunden haben soll. Über den Konstruktionsentwurf hört man im einzelnen,
daß dieser Wagen eine Geschwindigkeit von 80 Stundenkilometer erreichen soll, mit einem Schnellgang sogar 100 Studenkilometer. Sein

Preis dürfte die 1000-RM-Grenze nicht überschreiten. Die endgültige Entscheidung über seine praktische Verwendungsmöglichkeit hängt noch von den bevorstehenden Versuchen ab, die im einzelnen auch ergeben dürften, wie weit etwa die serienmäßige Herstellung in Angriff genommen werden kann.
NZ, Nr. 148 v. 30. Mai 1935, S. 1

2) s. a. ZSg. 102/1/40 (7) v. 31. Mai 1935: Neuerungen auf dem Gebiete der Rundfunkroehren, die auf der naechsten Funkausstellung gezeigt werden, sollen nicht vor dem 19. Juli gebracht werden. (Bitte informieren Sie "die Leistung").

Die neuen Rundfunkgeräte
Die Leistung, Nr. 22 v. 30. Mai 1935, S. 3-4. In: FZ, Nr. 273 v. 30. Mai 1935

Die Leistung. Blätter der Frankfurter Zeitung für Technik und Wirtschaft, erschien als ein- bis mehrseitige Beilage wöchentlich, jeweils am Donnerstag oder Freitag. Im Juni 1935 (Nr. 23. In: FZ, Nr. 285 v. 6. Juni 1935) wurde der Titel geändert in "Technik und Betrieb. Blätter der Frankfurter Zeitung".

s. a. ZSg. 110/1/78 v. 31. Mai 1935
ZSg. 101/6/161/Nr. 1778 v. 29. Oktober 1935

Die 12. Deutsche Funkausstellung fand vom 16. - 28. August in Berlin statt.

Rolf Wigand:
Nach dem Röhrenfeierjahr - Neue Röhren
Zur Funkausstellung dieses Jahres erscheinen neue Röhren auf dem Markt. Wir begrüßen dabei vor allem die weitgehende Ausgestaltung der 2 Volt-Batterie-Serie, die es gestatten wird, nunmehr auch wieder brauchbare Batterieempfänger, sogar Superhetgeräte etc. zu bauen. ... Die Schriftleitung. ... Wir sind es gewohnt, daß in jedem Jahr neue Röhrentypen herauskommen und haben eigentlich gestaunt, daß man ein Röhrenfeierjahr für tragbar hielt. Es hat sich aber gezeigt, daß das bitter notwendig war, denn mit den immer komplizierter werdenden Röhren haben sich vielerlei Schwierigkeiten ergeben, die im normalen Entwicklungsgang - wenn zu jeder Funkausstellung eine große Zahl neuer Röhrentypen herausgebracht werden mußte - einfach nicht zu beseitigen waren. Wenn man Gelegenheit hatte, im Röhrenlaboratorium einer Großfirma einmal einen Einblick zu tun in die unendliche Kleinarbeit, die in der Entwicklung einer einzigen Röhrentype steckt, so kann man sich sehr gut denken, daß man ein Jahr der Ruhe braucht, um das Vorhandene auf den höchstmöglichen Stand zu bringen und die Ergebnisse der Vervollkommnungs- und Forschungsarbeit nutzbringend anzuwenden, um die neu herauszubringenden Röhren all den Forderungen anzupassen, die sich im Laufe der Zeit ergeben haben. ...
Der Deutsche Rundfunk, 13. Jg. (1935), H. 30 v. 19. Juli 1935, S. 65-68

ZSg. 101/5/178/Nr. 1362   31. Mai 1935

D.N.B.-Rundruf vom 31. Mai 35 8. Uhr 30.

Die Meldung über die Inschutzhaftnahme des Hauptschriftleiters Herzog wird hiermit zurückgezogen und darf von der Presse nicht übernommen werden.

Fa., D., K.   Bresl. 8.50
                     Hbg.   9.15
                     Chemn. brfl.

Berlin Editor Arrested
From Our Own Correspondent
Herr Friedrich Herzog, one of the editors of the Berliner Börsen-Zeitung, was taken into "preventive custody" by the Secret Police today for having criticized in a public place a decision of the Führer, and "threatened a disturbance of public order if the decision were carried out". "This member of the Party", states the official news agency, "has thus made himself guilty of resistance to the State authority."
The Times, Nr. 47,079 v. 1. Juni 1935, S. 14

Telegrams in Brief
Dr. Friedrich Herzog, who, as reported in The Times on Saturday, was taken into custody by the German Secret Police on Friday, was not member of the staff of the Berliner Börsen-Zeitung, but editor of the review "Die Musik".
The Times, Nr. 47,081 v. 4. Juni 1935, S. 15
s. a. NZZ, Nr. 959 v. 2. Juni 1935, S. 2

Die Musik (1901/02 - 1942/43). Amtliches Organ der NS-Kulturgemeinde. Amtliches Mitteilungsblatt der Reichsjugendführung, Abt. S((chulung)). Friedrich W. Herzog war als Nachfolger von Johannes Günther ab Ende 1934 Hauptschriftleiter.

ZSg. 102/1/40 (1)   31. Mai 1935

Die amtliche Preussische Pressestelle gab bekannt, dass Goering keinerlei Berichte ueber seinen Aufenthalt in Ragusa wuensche.

s. a. ZSg. 101/5/176/Nr. 1360 v. 29. Mai 1935
Ragusa: ital. Name für Dubrovnik

- 335 -   31.05.1935

Göring auf der Fahrt nach Ragusa
SZ, Nr. 269 v. 29. Mai 1935, S. 2

Göring in Ragusa
Ministerpräsident General Göring und seine Begleitung trafen um
21.30 Uhr in Ragusa ein.
VB (N. A.), Nr. 150 v. 30. Mai 1935, S. 3
Ansonsten gab es in der deutschen Presse keinerlei Angaben über
Görings Verbleib.

General Göring in Yugoslavia
A change of plan
The Times, Nr. 47,076 v. 29. Mai 1935, S. 13
In diesem Artikel wird berichtet, daß es eine Änderung der vorher
festgelegten Reiseroute gegeben habe, weil der Jagdausflug mit
König Boris zu anstrengend gewesen sei. Außerdem wurde der auf
einen Monat geplante Aufenthalt auf 14 Tage verkürzt. Gleichzeitig hielt sich eine französische Delegation in Jugoslawien
auf.

ZSg. 102/1/40 (2)   31. Mai 1935

Verschiedene Zeitungen haetten noch Kommentare der oesterreichischen Presse zur Schuschnigg-Rede gebracht. Das sei vollkommen
ueberfluessig. (Der Presseabteilung war entgangen, dass eine solche Meldung von DNB ausgegeben worden war.) Im uebrigen "braucht
die Rede nun nicht mehr weiter behandelt zu werden".

s. a. ZSg. 110/1/78 v. 31. Mai 1935

Dr. Walther Schmitt:
Rede in Wien
VB (N. A.), Nr. 151 v. 31. Mai 1935, S. 1-2

Wie Schuschnigg die politische Lage sieht
Die Rede des österreichischen Kanzlers vor dem Bundestag
ebd., S. 2

Versuch einer Antwort
Eine Rede Dr. Schuschniggs
... Selbst die italienische Zeitung "Giornale d'Italia" bemerkt,
daß die Ausführungen Schuschniggs als überflüssig erscheinen
könnten. ...
Der Angriff, Nr. 125 v. 31. Mai 1935, S. 2

ZSg. 102/1/40 (3)   31. Mai 1935

Meldungen der Auslandspresse ueber angebliche Einzelheiten zu dem
Luft-Locarno-Pakt moege man nicht uebernehmen.

s. a. ZSg. 110/1/78 v. 31. Mai 1935

Englands Interesse am Luftpakt
Vernünftige Pressestimmen, Quertreibereien der "Morning Post"
WLZ, Nr. 149 v. 2. Juni 1935, S. 1

Deutscher Luft-Locarnoentwurf in London überreicht
Günstige Aufnahme in den Londoner offiziellen Kreisen
(Eigener Bericht des "V. B.")
VB (N. A.), Nr. 151 v. 31. Mai 1935, S. 1

Zu den Einzelheiten:
British Air Policy
Hope of Western Pact/Conciliation and Precaution
The Times, Nr. 47,079 v. 1. Juni 1935, S. 14

Zur Vorbereitung und Vorgeschichte des Luftpaktes s. ADAP, Serie C, Bd. IV, 1, Nr. 68, 77, 82, 106, 113, 117

ZSg. 102/1/40 (4)   31. Mai 1935

Durch DNB wird eine Meldung kommen ueber Klage der belgischen Staatsanwaltschaft auf Ausbuergerung von vier fuehrenden Deutschen in Eupen-Malmedy. DNB wird einen kurzen Kommentar anfuegen, im übrigen aber soll die Sache nicht besonders gross aufgemacht werden, doch stehe nichts im Wege, wenn die westdeutsche Presse sich des Falles etwas ausfuehrlicher annehme.

s. a. ZSg. 110/1/78 v. 31. Mai 1935
     ZSg. 102/1/25 (3) v. 11. Juli 1935

Ausbürgerung Deutscher in Eupen-Malmedy?
SZ, Nr. 274 v. 1. Juni 1935, S. 2

Die vier Männer waren durch anti-belgische Aktionen aufgefallen und hatten sich für eine baldige Rückkehr Eupen-Malmedys nach Deutschland eingesetzt. Die SZ berichtete ausführlich darüber, die FZ sehr knapp (FZ, Nr. 278 v. 2. Juni 1935, S. 13).

ZSg. 102/1/40 (5)   31. Mai 1935

Bei Artikeln ueber Flandin moege dieser eine Wuerdigung erfahren, die seiner Persoenlichkeit gerecht werde. Er sei gewiss nicht deutschfreundlich und waehrend seiner Regierungszeit sei manches geschehen, woran wir Anstoss nehmen koennten. Aber er sei doch eine energische, tatkraeftige Persoenlichkeit, der sein Fach verstehe.

s. a. ZSg. 110/1/78 v. 31. Mai 1935

Die französische Währung war in eine Krise geraten, wodurch Flandin sich veranlaßt sah, Sondervollmachten beim Parlament zu beantragen, um die Finanzen zu sanieren. Nach der Ablehnung des Antrags trat sein Kabinett zurück. Nach einer Übergangsregierung von einer Woche kam am 7. Juni das Kabinett Laval zustande.

Wie es zum Rücktritt kam
(Drahtbericht unseres Pariser Vertreters)
... Das Kabinett Flandin, das seit dem Rücktritt Doumergues im letzten Herbst die Geschicke des Landes leitet, erschien den Franzosen als ein sehr sympathisches Kabinett. Sowohl der Ministerpräsident, der Außenminister und andere wichtige Fachminister fanden viel Sympathie, weil sie ruhig und ohne lärmende politische Demonstrationen in Frankreich arbeiteten und keine Gefahr für das Regime darstellten. ...
SZ, Nr. 272 v. 31. Mai 1935, S. 1

1.06.1935   - 338 -

ZSg. 101/5/179/Nr. 1363   1. Juni 1935

DNB-Rundruf vom 1. Juni 1935
Die Rede des Stellvertreters des Führers bei der Eröffnung der
Reichsärzteschule in Altrehse darf nur in dem auf der Feierlich-
keit selbst ausgegebenen Text oder in der DNB-Fassung veröffentlicht werden.

Gesehen: D., Fa., K.   Hbg. brfl.
                          Brsl. 6.50
                          Chmn. brfl.

Der Arzt dient der deutschen Rasse
Rudolf Heß weihte die Reichsschule der Mediziner
Der Angriff, Nr. 127 v. 3. Juni 1935, S. 4

Die neue Führerschule der Deutschen Ärzteschaft stand in Alt Rehse
bei Neustrelitz (Mecklenburg).

Ärzte-Führerschule eröffnet
Reichsminister Heß über die Aufgaben des Arztes im Volk
... An seinem Teil unterstützt der Arzt das nationalsozialistische
Streben nach rassischer Sauberkeit des Volkes. Seine wissenschaftliche Fachbildung ergänzt er durch eine weltanschauliche und cha-
rakterliche Haltung, die sich aus der nationalsozialistischen Idee
ergibt. ...
Germania, Nr. 153 v. 2. Juni 1935, S. 3
s. a. HHN, Nr. 253 v. 2. Juni 1935, S. 3

ZSg. 101/5/180/Nr. 1364   1. Juni 1935

DNB-Rundruf vom 1. Juni 1935

Reichsminister Rudolf Heß spricht heute nachmittag um 4 Uhr auf
dem Tag der Alten Garde in Schwerin. Ueber die Tatsache seiner Rede kann berichtet werden, jedoch nicht über den Inhalt.

Gesehen: D., Fa., K.   Hbg. 10.10
                          Brsl. 6.50
                          Chmn. brfl.

- 339 -   1./3.06.1935

Anlaß für den "Gautag" war die "10jährige Wiederkehr der Gründung
des Gaues" Mecklenburg,
s. a. VB (N. A.), Nr. 153 v. 2. Juni 1935, S. 7
NTZ, Nr. 127 v. 3. Juni 1935, S. 8

ZSg. 101/5/181/Nr. 1365   3. Juni 1935

DNB-Rundruf vom 3. Juni 1935.

Ueber einen morgen, den 4. Juni, stattfindenden Vortrag des Ingenieurs Wilhelm auf der 73. Hauptversammlung des VDI über das Thema "Ist Ausfuhr unter Selbstkosten volkswirtschaftlich vertretbar?" darf auch auszugsweise nicht berichtet werden.

Gesehen: Fa., D., K.   Hbg. 10.10
                         Brsl. 7.00
                         Chmn. brfl.

Die 73. Hauptversammlung des Vereines Deutscher Ingenieure in Verbindung mit dem "Tag der deutschen Technik" und der 25-Jahrfeier der Technischen Hochschule Breslau fand vom 4. - 8. Juni in Breslau statt.
In der "Vorschau auf die Veranstaltungen" (ZVDI, Nr. 20 v. 18. Mai 1935, S. 615-617) wurde angekündigt: ... Ziv.-Ing. Wilhelm VDI, Bremen, erörtert die Frage, ob Ausfuhr unter Selbstkosten volkswirtschaftlich vertretbar ist. Er stellt den Entwicklungstendenzen des Welthandels das jetzige Ausfuhrsystem gegenüber und macht ergänzende Vorschläge zu den bestehenden Einrichtungen. ...

Ti.:
Die betriebswirtschaftlichen Aufgaben des Wirtschaftsingenieurs
Aus der Fachsitzung "Betriebswirtschaft und Vertrieb" der 73. VDI-Hauptversammlung und des Tages der deutschen Technik in Breslau
... Voraussetzung für die geschilderten Betriebsmaßnahmen ist stets eine straffe und schlagfertig arbeitende Vertriebsorganisation. Gerade der "industrielle Vertrieb" verlangt heute einen nach jeder Richtung gut ausgebildeten Vertriebsingenieur. Er muß die Veränderungen der Wirtschaftsstrukturen des Landes seiner Tätigkeit klar erkennen und verwerten können und die sich damit stets ändernden, häufig sehr schwierigen und umfangreichen Aufgaben der Erforschung des Marktes für technische Erzeugnisse erfassen und bewältigen können. ... Besondere Aufgaben werden der industriellen Vertriebstechnik heute durch die mit dem allgemeinen Wandel der Wirtschaftsstrukturen und durch Deutschlands passive Zahlungsbilanz zusammenhängende Devisen- und Rohstoffknappheit und durch die Rückwirkungen der Agrar-

3./5.06.1935   - 340 -

politik auf das Lebenskosten- und Lohnniveau der Industrie und
ihrer Ausfuhr gestellt. ...
ZVDI, 79. Jg. (1935), Nr. 32 v. 10. August 1935, S. 988

Bestellungen aus der Pressekonferenz v. 5. Juni 1935.

ZSg. 101/5/182/Nr. 1366   5. Juni 35.

Ueber die Lage in Danzig dürfen nur die D.N.B.-Berichte veröffentlicht werden, Korrespondentenberichte nur dann, wenn sie dem Danziger Senat vorgelegen haben.

s. a. ZSg. 102/1/39 (6) v. 5. Juni 1935: Das gestern ausgesprochene Verbot, ueber Danziger Guldenabwertung und die daraus entstehenden Zusammenhaenge nur amtliche, das heisst DNB-Nachrichten zu bringen, wurde heute dahin interpretiert, dass auch solche Berichte gebracht werden koennen, die der Danziger Senat vorher gesehen oder denen er zugestimmt hat.
s. a. ZSg. 102/1/40 v. 5. Juni 1935
     ZSg. 102/1/44 (1) v. 4. Mai 1935
     ZSg. 101/5/190/Nr. 1385 v. 13. Juni 1935
     ADAP, Serie C, Bd. IV, 1, Nr. 126, 130, 133, 134, 143

Die Guldenabwertung vom 2. Mai hatte u. a. bewirkt, daß die Bevölkerung ihr Geld aus den Banken und Sparkassen abzog. Daraufhin wurden die Banken am 3. Juni für zwei Tage geschlossen.

Der Währungsrutsch in Danzig
(Bericht unseres Sonderkorrespondenten)
FZ, Nr. 278 v. 2. Juni 1935, S. 1-2

Mit diesem kritischen Artikel setzte sich das "Neue Tage-Buch" auseinander:
Die Danziger Katastrophe
In Danzig hat die Guldenabwertung, die der nationalsozialistische Senat am 2. Mai vornahm, geradewegs zu einer Katastrophe geführt.
... Das Ergebnis des Danziger Währungsexperiments ist so eindeutig, daß sogar reichsdeutsche Darstellungen ... die Wahrheit nicht verdecken können. ...
NTB, 3. Jg. (1935), H. 23 v. 8. Juni 1935, S. 536f.

Die Bankenschließung in Danzig
Ein Appell des Senatspräsidenten - Einberufung des Volkstags - Einschneidendes Sparprogramm der Regierung
... Die Guldenbestände wurden in ausländische Valuten, besonders in polnische Zloty umgetauscht, so daß der Gold- und Devisenabfluß der Danziger Notenbank geradezu katastrophale Formen annahm. ...
FZ, Nr. 284 v. 5. Juni 1935, S. 1-2

ZSg. 101/5/182/Nr. 1367   5. Juni 1935

Es wird daran erinnert, dass für die Rede des Reichsverkehrsministers in Breslau eine Sperrfrist bis heute abend 18 Uhr besteht. Vorher darf die Rede also nicht veröffentlicht werden. Für die morgige Rede des Stellvertreters des Führers in Breslau ist ebenso die frühere Anweisung gültig, dass nur der D.N.B.-Auszug verwendet werden darf.

s. a. ZSg. 102/1/39 (4) v. 5. Juni 1935

Höhepunkt des Tages der deutschen Technik
Rudolf Heß, Alfred Rosenberg und Dr. Todt über die Aufgaben der Technik
(Eigener Bericht des "V. B.")
... Weitere Fortschritte der Technik müssen auf die Dauer zur weiteren Erleichterung des Arbeitsprozesses führen. Wenn die Technik auf die Dauer einer immer größer werdenden Zahl von Menschen Lebensmöglichkeiten gibt, so verhindert sie eine Senkung des Wertes der Gesamtmenschheit, weil sie einer Einschränkung der Kinderzahl entgegenwirke. Denn es sei eine nachweisbare Tatsache, auf die der Führer selbst oft in seinen Reden in der Zeit seines Kampfes hingewiesen habe, daß bedeutende Köpfe, ja Genies, nicht etwa nur aus Erst- und Zweitgeborenen hervorgehen, sondern vielfach das dritte, vierte, ja sogar das achte Kind, wie Johann Sebastian Bach, waren. Diesen großen Einzelpersönlichkeiten aber dankt die Menschheit in erster Linie ihre Fortschritte, ihre hohen und höchsten Kulturen und damit ihren Gesamtwert. ...
VB (N. A.), Nr. 158 v. 7. Juni 1935, S. 2

Eltz-Rübenach in Breslau
Deutsche PS-Rechnung
... Reichsminister von Eltz wählte für seine Betrachtungen die Blickrichtung von der Rohstofflage aus, da auf diese Weise, wie er bemerkte, gewissermaßen 3 Fliegen mit einer Klappe zu schlagen seien. "Eine Ordnung, die von der heutigen Rohstofflage ausgeht, trägt gleichzeitig dem Gesichtspunkt der Arbeitsbeschaffung und dem der Landesverteidigung in ziemlich weitgehendem Maße Rechnung. Wenn ich die wirtschaftliche Seite auf diese Weise nicht allzusehr in den Vordergrund stelle, so braucht uns das nicht weiter zu beunruhigen. Das finanzielle Gewicht des Energieaufwandes wird in der Oeffentlichkeit meistens überschätzt. ...
Kreuz-Z, Nr. A 131 v. 6. Juni 1935, S. 1
s. a. VB (N. A.), Nr. 157 v. 6. Juni 1935, S. 13
    SZ, Nr. 283 v. 6. Juni 1935, S. 2
    SZ, Nr. 284 v. 6. Juni 1935, S. 1

5.06.1935 - 342 -

ZSg. 101/5/182/Nr. 1368   5. Juni 1935

Vom 60. Geburtstag Thomas Mann's darf in den Zeitungen keinerlei Notiz genommen werden.

s. a. ZSg. 102/1/35 v. 4. Juni 1935

Thomas Mann (1875 - 1955) lebte seit Februar 1933 im Exil. Zum Zeitpunkt seines 60. Geburtstages wohnte er in der Schweiz und bereitete eine Amerika-Reise vor, vgl. Thomas Mann, Tagebücher 1935-1936, hrsg. v. Peter de Mendelssohn, Frankfurt/M. 1978, S. 115ff.

Carl Helbling:
Thomas Mann. Zum 60. Geburtstag (6. Juni). Lebenslinie
NZZ, Nr. 958 v. 2. Juni 1935, S. 1

Erich Brock:
Eine englische Monographie über Thomas Mann
NZZ, Nr. 958 v. 2. Juni 1935, S. 2

Joachim Günther:
Dichter in seiner Zeit
Zu Thomas Manns sechzigstem Geburtstag
... Viel zu früh mag es sein, über Einzelheiten des Werkes von Thomas Mann aus neu gewonnener Perspektive neue Worte zu machen: viel zu nahe mögen uns noch die Schattenseiten dieses Wertes wie vor allem seines zeitgeschichtlichen Hintergrundes stehen: aber der sechzigste Geburtstag ist doch ein Datum, geeigneter zur Anerkennung als zur Kritik.
DAZ (B. A.), Nr. 258 v. 5. Juni 1935, S. 8

ZSg. 101/5/182/Nr. 1369   5. Juni 1935

Die Bildberichterstatter sind vom Propagandaministerium darauf hingewiesen worden, dass Aufnahmen von kriegs- und lebenswichtigen Betrieben absolut unerwünscht sind. Die Bilderredaktionen werden daher gebeten, falls solche Aufnahmen durchschlüpfen sollten, einzuschreiten.

s. a. ZSg. 102/1/39 (5) v. 5. Juni 1935

ZSg. 101/5/182/Nr. 1370   5. Juni 1935

Der Reichsdramaturg [1] bittet, die Reichsfesttheaterwoche in Hamburg besonders gut zu behandeln und Gelegenheit zu nehmen, kulturpolitische Artikel allgemeiner Art über das Hamburger Theaterleben, über die Reichstheaterpolitik, über die Reichstheatergesetzgebung u.s.w. zu verfassen. Die Mitteilung der Spielpläne für die Festwoche geschieht durch D.N.B.

s. a. ZSg. 102/1/39 (2) v. 5. Juni 1935
ZSg. 102/1/4 (2) v. 23. Mai 1935

[1] Rainer Schlösser (1899 - 1945), seit 1933 Reichsdramaturg, nach dem Tod des Leiters der Abteilung Theater im RMVP, Otto Laubinger, (1892 - 1935), wurde Schlösser sein Nachfolger (bis 1944).

Die 1. Reichstheaterfestwoche fand 1934 in Dresden statt, die 2. wurde in Hamburg vom 16. - 23. Juni 1935 durchgeführt.

Die Reichstheaterfestwoche in Hamburg
Der Reichsdramaturg über das Programm
... Die Reichstheaterwoche in Hamburg solle, wie die seinerzeitig in Dresden, den Hochstand der deutschen Theaterkultur unter Beweis stellen. Geplant sei: diese Reichstheaterfestwochen jährlich jeweils in einer anderen deutschen Stadt abzuhalten, in der ja zumeist bodenständiges Theater bestehe. Für die Verlegung der diesjährigen Reichstheaterfestwoche nach Hamburg sei maßgebend gewesen, daß diese Stadt neben ihren wirtschaftlichen Belangen auch sichtbare kulturelle Belange habe. ...
Aus diesem Grunde werde in der Festwoche besonders das gegeben, was dem Ausländer am leichtesten verständlich und auch zumeist schon vertraut sei: schöne deutsche Opern aus dem deutschen Opernschaffen, die dem Ausland als Ausdruck deutschen Wesens gelten, aus der deutschen Romantik. Die Opernvorstellungen werden umfassen: Orpheus und Eurydike von Gluck, Lohengrin und die Meistersinger von Richard Wagner, den Freischütz und die Fledermaus. Im Staatlichen Schauspielhaus wird Amphitryon von Heinrich von Kleist und Heinrich der Hohenstaufe von Dietrich Eckart aufgeführt, im Thalia-Theater "Ein x-beliebiger Mensch", gleichfalls von Eckart. Die Theaterfestwoche zeigt also, daß besonders der nationalsozialistische Dichter herausgestellt werden soll. ...
HHN, Nr. 259 v. 6. Juni 1935, S. 1

Änderungen im Programm der Reichstheaterwoche
Mit Rücksicht auf die schwere Explosionskatastrophe in Reinsdorf, bei der viele deutsche Arbeiter ihr Leben lassen mußten oder schwer an ihrer Gesundheit geschädigt wurden, erfährt das Programm der vom Sonntag, 16., bis Sonntag, 23. Juni, in Hamburg stattfindenden Reichstheaterwoche insofern einige Veränderungen, als anstelle der Eröffnungsansprache, die Reichsminister Dr. Goebbels am Sonntag, 16. Juni, vor der Lohengrin-Aufführung halten wollte, das Hamburger Opernorchester den Trauermarsch aus der "Eroica" spielen wird. Die Teilnehmer werden zu Ehren der Opfer der Katastrophe diese Mu-

sik stehend anhören. Reichsminister Dr. Goebbels hält seine angekündigte Rede vor der Reichstheaterkammer am Montag, 17. Juni, um 16 Uhr in der Hamburger Musikhalle. Der für Montag abend vorgesehene festliche Empfang des Hamburger Senats wird im Hinblick auf das Reinsdorfer Unglück abgesagt.
FZ, Nr. 301 v. 15. Juni 1935, S. 2

Zur Explosionskatastrophe in Reinsdorf vgl. ZSg. 101/5/191/Nr. 1386 v. 13. Juni 1935.

ZSg. 101/5/182/Nr. 1371   5. Juni 1935

Das gleiche Interesse soll wachgehalten werden für die jetzt erscheinende Verordnung des Reichsinnenministeriums zur Einrichtung von Gesundheitsämtern in allen Bezirken. Darüber herauskommende Nachrichten sollen in guter Aufmachung gebracht werden

Gesehen: D., Fa., K.   Hbg. 1.08 Uhr
                           Brsl. 1.10 "
                           Chmn. 1.42 "

s. a. ZSg. 102/1/39 (3) v. 5. Juni 1935: Der Referent fuer Gesundheitsfragen aeusserte sich ueber die neu eingerichtete Beratungsstelle fuer Erb- und Rassenpflege. Da aber morgen nachmittag in einer Sonderkonferenz erst die Richtlinien fuer die Taetigkeit dieser Beratungsstelle ausgegeben werden, wollen wir heute noch nichts geben und halten es auch fuer zweckmaessig, wenn Sie eine wohl zu erwartende DNB-Meldung noch nicht uebernehmen.

Beratungsstellen für Erb- und Rassenpflege
(Privattelegramm der "Frankfurter Zeitung")
... "Die Beratungsstelle für Erb- und Rassenpflege soll der Bevölkerung für die Beratung in allen einschlägigen Fragen zur Verfügung stehen. Sie hat ein- oder zweimal in der Woche Sprechstunden abzuhalten, an der außer dem mit der Leitung der Beratungsstelle betrauten Arzt mindestens eine Gesundheitspflegerin teilzunehmen hat. Im Gegensatz zu den bisher bestehenden Beratungsstellen, z. B. für Tuberkulöse, Geschlechtskranke usw., hat die Beratungsstelle für Erb- und Rassenpflege neben dem augenblicklichen Gesundheitszustand des zu Beratenden vor allem seine Erbbeschaffenheit zu erforschen. Dazu ist es aber notwendig, sich zu unterrichten, ob in der Sippe des Betreffenden Erbkrankheiten einerseits oder besonders vortreffliche Eigenschaften andererseits vorgekommen sind. Das Zusammenstellen der hierfür notwendigen Personalangaben und der erbbiologischen sowie sonstigen medizinischen Tatsachen erfolgt durch Aufstellung einer Sippentafel. ... Bei der Eheberatung soll der Arzt stets das Gesamtwohl des Volkes im Auge behalten, während die Besucher der Beratungsstelle ja zunächst an ihr eigenes Schicksal und das ihrer Familie denken werden. Eine aus belasteter Familie stammende Person wird einen Rat dahingehend haben wollen, wie man

5.06.1935

wohl die eigene Familie "auffrischen" könne, die aus erbgesunder
Familie stammende wird dagegen wissen wollen, wie sie ihre Familie
vor Einschleppung von Erbkrankheiten schützen könne. ...
FZ, Nr. 288 v. 7. Juni 1935, S. 1

ZSg. 101/5/183/Nr. 1372　　　　　5. Juni 1935

DNB-Rundruf vom 5. Juni 1935

Die Schriftleitungen werden darauf aufmerksam gemacht, dass eine
weitergehende Verbreitung des Artikels im "Niederdeutschen Beobachter" Nr. 128 "Wertheim-Konzern in jüdische Hände" nicht zweckmässig ist.

Gesehen: Fa., D., K.　　Hbg. 9.15 Uhr
　　　　　　　　　　　　Brsl. brfl.
　　　　　　　　　　　　Chmn. brfl.

Niederdeutscher Beobachter (1925 - 1945), Gauamtliches Organ der
NSDAP, Schwerin.

Wertheim-Konzern in jüdischer Hand!
Jahrelange Tarnung endlich aufgedeckt
Ermittlungen des Büros des Stellvertreters des Führers
... Im Zusammenhang mit der Flaggenverordnung des Reichsministers
des Innern und dem Hinweis, daß die Hissung der Reichsfahnen, insbesondere der Hakenkreuzflagge, durch Juden zu unterbleiben hat,
wobei bestimmt ist, daß in Zweifelsfällen die örtliche Polizeibehörde die erforderlichen Anordnungen trifft (Angriff,Nr. 99 v. 29.
4.1935), berichte ich in der folgenden Angelegenheit: ...
Niederdeutscher Beobachter, Nr. 128 v. 5. Juni 1935, S. 1

Die Besitzverhältnisse bei den Wertheim-Firmen
Wie wir von zuständiger Seite erfahren, werden im Benehmen mit dem
Beauftragten für Wirtschaftsfragen des Stellvertreters des Führers
erneute eingehende Feststellungen hinsichtlich der Besitzverhältnisse der Firmen Wertheim AG für Handelsbeteiligung, A. Wertheim
GmbH und Wertheim-Grundstücksgesellschaft getroffen. Bis zum Abschluß dieser Feststellungen haben Propagandamaßnahmen gegen die
genannten Gesellschaften unter Hinweis auf die nichtarische Eigenschaft der Wertheim-Firmen zu unterbleiben.
HHN, Nr. 295 v. 28. Juni 1935, S. 2

s. a. H. Uhlig, Die Warenhäuser im Dritten Reich, Köln, Opladen
1956

5./6.06.1935

ZSg. 102/1/39 (1) 5. Juni 1935

Aufmerksam gemacht wurde mit der Bitte um Propaganda auf den Tag der deutschen Jugend. Ein Aufruf zu diesem Tage geht durch DNB. Bitte uebernehmen Sie ihn.

s. a. ZSg. 101/5/190/Nr. 1383 v. 13. Juni 1935

Aufruf der Reichsregierung zum Deutschen Jugendfest 1935
... Zum dritten Male tritt die junge deutsche Nation am Tage der Sonnenwende zum Deutschen Jugendfest 1935 an. ... Das Jahr 1935 muß uns Aufschluß über den Stand der körperlichen Leistungsfähigkeit und damit eines wichtigen Bestandteils der rassischen Tüchtigkeit eines jeden gesunden deutschen Jungen und Mädels im Alter von 10 bis 18 Jahren bringen. ...
HHN, Nr. 258 v. 5. Juni 1935, S. 2
s. a. FZ, Nr. 286 v. 6. Juni 1935, S. 2

Das Jugendfest war im wesentlichen ein Sportfest mit Einzel-Mehrkämpfen und Mannschafts-Mehrkämpfen. Es wurde am 22./23. Juni im ganzen Reich abgehalten.

Bestellungen a. d. Pressekonferenz v. 6. Juni 1935.

ZSg. 101/5/184/Nr. 1373 6. Juni 1935

Ueber Schulungslager des VDA in Lauenburg und Leba [1] (Hinterpommern) soll nichts berichtet werden.

[1] Vermutlich Übertragungsfehler. Es handelt sich um Lauenburg an der Leba (Hinterpommern).

ZSg. 101/5/184/Nr. 1374 6. Juni 1935

Die Propaganda für das Brinkmann-Tuberkulosemittel, gegen das die Reichsärzteschaft seit längerer Zeit vorgeht, darf im Inseratenteil der deutschen Zeitungen nicht mehr betrieben werden. Wir bitten diese Anweisung auch dem Verlag zur Kenntnis zu geben.

ZSg. 101/5/184/Nr. 1375   6. Juni 1935

Am 19. Juni feiert Geheimrat Hugenberg seinen 70. Geburtstag. Gedenkartikel können vorbereitet werden. Es kann die nationale Persönlichkeit Hugenbergs durchaus gewürdigt werden.

Der deutschnationale Alfred Hugenberg war im Juni 1933 aus der Regierung Hitler gedrängt worden (vgl. ZSg. 101/1/33 und 36 v. 28. Juni 1933). In den Zeitungen vom 19. Juni war das deutsch-englische Flottenabkommen das beherrschende Thema.

Alfred Hugenberg
Zu seinem 70. Geburtstag am 19. Juni
... Der Führer aber ehrte den Mitkämpfer in loyalster Weise, indem er ihn für die Reichstagswahl vom 12. November 1933 unter die Spitzenkandidaten der Einheitsliste aufnahm, eine Berufung, der Hugenberg auch folgte. Die Lauterkeit seiner Person, die Gradheit seiner vaterländischen Gesinnung, die von seinen Gegnern wohl als "Sturheit" verunglimpft wurde, die Uneigennützigkeit seiner politischen Tätigkeit haben ihm in der Reihe der nationalen Erwecker und Kämpfer einen dauernden Ehrenplatz gesichert.
HHN, Nr. 278 v. 18. Juni 1935, S. 1-2

Dr. Alfred Hugenberg 70 Jahre
"Ein aufrechter und ehrlicher Patriot"
... Es war tragisch, für den Kämpfer dieser Jahre, daß sein Wirken oft und oft verkannt wurde. Seine großen zusammenfassenden Gründungen auf dem Gebiet der Presse und des Films, die er oft mit einem kaufmännischen Wagemut durchführte, der beispiellos war, waren alle der Idee unterstellt. Hugenberg hat alle seine Gründungen niemals um des Verdienens willen durchgeführt, sondern immer, um sie als Waffen im nationalen Kampf zu gebrauchen. Es war ein sichtliches Zeichen des Dankes für diesen ethischen Lebenskampf, als der Führer in einer großen Rede im Dritten Reich das Wort prägte: "Ein aufrechter und ehrlicher Patriot." Es war der öffentliche Dank für viele Jahre schwerster Arbeit, ernstesten Ringens und vieler bitterer Erfahrungen. ...
BLA, Nr. 146 v. 19. Juni 1935, S. 1-2

ZSg. 101/5/184/Nr. 1376   6. Juni 1935

Der jetzt vorliegende Abschluss von Daimler-Benz ist zur Veröffentlichung für Freitag früh ((7. Juni 1935)) freigegeben. Das Propagandaministerium bittet darum, aus der Tatsache der Dividendenlosigkeit keine pessimistischen Schlussfolgerungen zu ziehen, vielmehr soll dem Bericht eine freundliche Note gegeben werden. So soll vor allem die Verdoppelung des Gewinns gewürdigt werden. Eine Dividende kommt deswegen nicht zur Verteilung, weil der Ueberschuss zur Reservestärkung Verwendung finden soll. Im übrigen wird darauf verwiesen, dass Daimler-Benz im Mai des abgelaufenen Berichtsjahres den höchsten Absatz seit Bestehen des Unternehmens erzielt hat.

Daimler baute große Truppentransportwagen (6-Radwagen mit Einzelrad-Antrieb) für die Wehrmacht. Im Herbst wurde die Beschäftigungslage in der Rüstungsindustrie zunehmend schlechter. Es fehlte Material und die nur schleppende Bezahlung durch das Reich zwang die Unternehmen zu übermäßiger Kreditaufnahme (vgl. Sopade, 2. Jg. (1935), S. 325 bzw. 1147).

Abschluß Daimler-Benz
Ein Reingewinn von 4,12 Mill. RM wird zur Neubildung der gesamten Reserve und zu Sonderabschreibungen verwandt.
... Wie sich hieraus ergibt, hätte das Gewinnergebnis als solches die Zahlung einer Dividende ohne weiteres gerechtfertigt. Die Verwaltung muß diesen Wunsch jedoch zurückstellen im Hinblick auf die großen, von ihr zu lösenden Aufgaben, insbesondere die bedeutenden Erfordernisse des Exportgeschäfts, die sich in ihrer Auswirkung noch nicht übersehen lassen und die Mittel des Unternehmens zunächst völlig binden. Im neuen Jahr hat sich der Auftragseingang dank der vom Führer betriebenen Motorisierung weiter erheblich gesteigert, so daß die Gesellschaft bis an die Grenze ihrer Leistungsfähigkeit auf Monate hinaus voll beschäftigt ist. ...
DBZ, Nr. 131 v. 7. Juni 1935, S. 2

Keine Gewinnausschüttung bei Daimler-Benz
47 % Umsatzsteigerung
FZ, Nr. 288 v. 7. Juni 1935, S. 3
s. a. HHN, Nr. 261 v. 7. Juni 1935, S. 3

ZSg. 101/5/184/Nr. 1377   6. Juni 1935

Ueber den Bericht des Vorstandes von Bergmann Elektrizitäts A. G. in der ordentlichen Hauptversammlung vom 6. Juni darf in der vorgebrachten Form nichts veröffentlicht werden.

Gesehen: Fa., D., K.   Hbg. brfl.
                        Brsl. 7.40
                        Chmn. 2.00 Uhr

Bergmann-Elektrizitätswerke A. G., Berlin
... Ergänzend zu den Mitteilungen des Geschäftsberichts führte die Verwaltung noch aus, daß die Devisen- und Rohstofflage und die damit zusammenhängenden Verwendungsverbote der Überwachungsstellen die Gesellschaft zu einschneidenden Umstellungen, insbesondere in den Metall- und Kabelwerken veranlaßt haben. Die Gesellschaft hat dafür erhöhte Aufwendungen für Entwicklungsarbeiten, Umbauten und

Neuanschaffungen vornehmen müssen. Diese Arbeiten setzten sich
auch noch im neuen Jahre fort. Zur Ersparnis von Kupfer, Messing
und anderen Nichteisenmetallen sind große Anstrengungen der Gesellschaft darauf gerichtet, Aluminium und andere heimische Rohstoffe in steigendem Maße zu verwenden. Diese von der Rohstoff-
und Devisenlage bedingte Notwendigkeit wird nicht immer von der
Inlandskundschaft in genügendem Maße erkannt.
DBZ, Nr. 131 v. 7. Juni 1935, S. 2
s. a. FZ, Nr. 288 v. 7. Juni 1935, S. 3

ZSg. 101/5/185/Nr. 1378   6. Juni 1935

DNB-Rundruf vom 6. Juni 1935

Es wird gebeten, zur Vermeidung von Unrichtigkeiten die heutige
Rede des Reichsbankpräsidenten Dr. Schacht auf der Internationalen Wollkonferenz nur im DNB-Text wiederzugeben.

Gesehen: D., Fa., K.   Hbg. 10.10
                        Brsl. 7.44
                        Chmn. brfl.

Die 11. Internationale Wollkonferenz fand am 6./7. Juni 1935 in
Berlin statt.

"Die Völker wünschen normalen Güteraustausch."
Dr. Schacht auf der internationalen Wollkonferenz in Berlin
DBZ, Nr. 132 v. 8. Juni 1935, S. 9
s. a. FZ, Nr. 288 v. 7. Juni 1935, S. 2
    HHN, Nr. 261 v. 7. Juni 1935, S. 1
    SZ, Nr. 285 v. 7. Juni 1935, S. 9

ZSg. 101/5/186/Nr. 1379   7. Juni 1935

Bestellung aus der Pressekonferenz vom 7.6.35.

Ueber die grosse VDA-Pfingsttagung in Königsberg soll möglichst unauffällig berichtet werden. Es gelten die gleichen Anweisungen wie
seinerzeit zum Tag der deutschen Seefahrt [1].

7.06.1935 - 350 -

Fa., D., K. Hbg. 12.50
         Br. 1.30
         Ch. 12.50

s. a. ZSg. 102/1/49 (1) v. 7. Juni 1935
    ZSg. 101/5/184/Nr. 1373 v. 6. Juni 1935
    ZSg. 102/1/9 v. 13. Juni 1935: Wir hatten hier von der Landesstelle eine Mitteilung bekommen, ueber die VDA-Tagung sei nur klein und unauffaellig zu berichten. Jetzt kommt eine Mahnung folgenden Inhaltes: Eine Reihe von Zeitungen habe sich ueber diese Anordnungen einfach hinweggesetzt und doch die Tagung in grosser Aufmachung besprochen. Sollte dies noch einmal vorkommen, werde gegen den verantwortlichen Vertrauensmann ein Berufsverfahren vorgegangen ((sic)). Ich habe nun mit der Landesstelle telephoniert und ihr gesagt, dass wir uns zwar durch diese Mitteilung nicht getroffen fuehlten, sie die Zeitungen dadurch jedoch vor eine vollkommen unloesbare Aufgabe stellen wuerden. Es ist technisch ausgeschlossen, den DNB-Text ueber eine bedeutungsvolle Rede von Rust klein und unauffaellig zu plazieren, denn dazu ist dieser Text zu gross. Bitte teilen Sie ausserdem mit, dass wir heute von unserem Londoner Korrespondenten darauf aufmerksam gemacht worden sind, die Rust-Rede, die leider in der englischen Presse wegen der Feiertage ziemlich unter den Tisch gefallen sei, habe im uebrigen einen tiefen Eindruck hinterlassen. Mit anderen Worten: Wir halten die Anweisung, deren Sinn wir vollkommen verstehen, in dieser generellen Frage fuer technisch und sachlich undurchfuehrbar.

1) ZSg. 101/5/173/Nr. 1350 v. (26. Mai 1935)
In Königsberg fand vom 7. - 15. Juni die jährliche Pfingsttagung des VDA statt.

Die VDA-Tagung in Königsberg
(Von unserem Sonderkorrespondenten)
...
Die Lehrertagung des VDA
... Das deutsche Volk hat keine natürlichen Grenzen erhalten, wie sie andere Völker schützen vor äußeren Angriffen und vor dem Geist der Treulosigkeit, wie wir ihn im Separatismus und bis vor kurzem auch im Geist der "Maingrenze" erlebt haben. Und noch ein schweres Schicksal ist dem deutschen Volke auferlegt: Es muß in verschiedenen Gotteshäusern beten. Die Furche der Konfessionen geht mitten durch unser Volk. Trotzalledem hat der Führer den Versuch gemacht, dieses deutsche Volk zu retten und zu einigen. Heute erhebt sich die Frage, ob der neue Volkstumsgedanke auch wieder einmal nur vorübergehend sein soll. Unser erstes Gebot lautet: Stelle das Bewußtsein deines deutschen Volkstums über alles. Und was du sonst bist, das kommt dann hinterher: Das ist die Grundbedingung für die Arbeit unserer neuen Schule. Nehmen Sie von mir in dieser Stunde die feierliche Erklärung entgegen, daß unsere Sendung eine deutsche Sendung ist. Der deutsche Weg aber in die Zukunft ist gebunden an die Bedingung Gottes: Willst du nicht Deutschland über alles stellen auf dieser Erde, dann werde ich dich ausstreichen aus dieser Geschichte. (Starker Beifall.) ...
FZ, Nr. 292 v. 9. Juni 1935, S. 1-2

- 351 -   7.06.1935

In einem als "streng vertraulich" bezeichneten Brief an den Geopolitiker und engen Vertrauten von Rudolf Heß, Karl Haushofer (1869 - 1946), setzte sich der VDA-Vorsitzende, Hans Steinacher, mit der restriktiven Pressepolitik hinsichtlich der VDA-Tagung auseinander. Haushofer (Vorsitzender des Volksdeutschen Rates) war eine Teilnahme an der Tagung untersagt worden. Die Kompetenzstreitigkeiten mit der A. O. der NSDAP führten schließlich zu einem Verbot der Frühjahrstagung 1936 in Bremen (vgl. Hans Steinacher, Boppard 1970, S. 317 bzw. XXVI. H.A. Jacobsen, Nationalsozialistische Außenpolitik 1933 - 1938, Frankfurt/M., Berlin 1968, S. 221).

ZSg. 101/5/187/Nr. 1380   7. Juni 1935

DNB-Rundruf v. 7. Juni 1935

Das soeben ausgegebene Communiqué der Londoner-Flottenbesprechungen soll nicht kommentiert werden.

Gesehen: D., Fa., K.   Hamburg: 9.15
                         Breslau: 7 Uhr 35
                         Chemnitz brfl.

s. a. ZSg. 101/5/176/Nr. 1359 v. 29. Mai 1935
      ZSg. 101/5/188/Nr. 1381 v. 11. Juni 1935
      ADAP, Serie C, Bd. IV, 1, Nr. 131, 132, 135-137, 141

Am 6. Juni "informierte Simon die deutsche Delegation über den Beschluß der Londoner Regierung, die Flottengespräche auf der Grundlage des von deutscher Seite verlangten Verhältnisses von 100:35 fortzuführen. Vor der offiziellen Antwort an die deutsche Delegation wollte Großbritannien jedoch die anderen großen Seemächte von dem englischen Schritt unterrichten. Die britische Entscheidung stand jedoch unbeschadet eventueller Einwände des Auslandes fest. ..."
N. T. Wiggershaus, Der deutsch-englische Flottenvertrag vom 18. Juni 1935, phil. Diss. Bonn 1972, S. 328f.

Zufriedenstellende Flottenbesprechungen
Am 15. Juni Fortsetzung der Verhandlungen
... "In einer allgemeinen Aussprache hat die britische Delegation Aufklärungen über die gegenwärtige Lage gegeben. Es wurden sodann einige technische Punkte erläutert. Die Verhandlungen werden nach der Pfingstpause am 15. Juni wieder aufgenommen." ...
HHN, Nr. 263 v. 8. Juni 1935, S. 1

7./11.06.1935 ZSg. 102/1/49 (2) 7. Juni 1935

Um gute Aufmachung gebeten wurde fuer eine DNB-Meldung ueber Erschiessung deutschstämmiger Bauern in der Sowjetunion. Hier werde deutsches Volkstum in absolut sinnloser Weise vernichtet. Grund der Erschiessungen: Bettelbriefe und Annahme von Hilfssendungen ueber die Torgsin, weshalb im Kommentar vor jeglicher Benutzung der Torgsin zu warnen waere.

s. a. ZSg. 102/1/30 (2) v. 14. Mai 1935
ZSg. 101/6/211/Nr. 1931 v. 9. Dezember 1935

Erschießung von deutschstämmigen Bauern in Sowjetrußland
Weil sie ihre Familien nicht verhungern ließen
... Wie festgestellt werden konnte, hat die neunköpfige Familie Roehrich in der Zeit von Januar bis Mai 1934, also noch während der mit Kenntnis der Sowjetregierung verlaufenden Hilfsaktion "Brüder in Not" zusammen sechs Geldüberweisungen aus Deutschland über insgesamt 49,90 RM auf dem sowjetamtlichen Torgsin-Weg erhalten. ... Das beklagenswerte Schicksal der beiden deutschstämmigen Bauern ist ein erneuter Beweis dafür, daß vor den sog. Torgsin-Sendungen nach Sowjetrußland nicht dringend genug gewarnt werden kann.
NTZ, Nr. 131 v. 7. Juni 1935, S. 1
s. a. FZ, Nr. 290 v. 8. Juni 1935, S. 2
HHN, Nr. 262 v. 7. Juni 1935, S. 2

ZSg. 101/5/188/Nr. 1381 11. Juni 1935

Bestellungen aus der Pressekonferenz 11.6.1935.

Im "News Chronicle" wird ein Interview mit Reichspropagandaminister Dr. Goebbels veröffentlicht. Die Zeitungen werden gebeten, nur den DNB-Text zu bringen und alle Korrespondenten-Meldungen sowie eine Meldung der United Press zurückzustellen.

[Bestellung für die Redaktion]

Auf Veranlassung des Propagandaministeriums [darf eine] ((gestr.: muß die)) Meldung der "Morning Post", [über Flottenverh. nicht gebracht werden.] (die wir heute vormittag gegeben haben) zurückgestellt werden.

- 353 - 11./12.06.1935

D., Fa., K.   Hbg.   12.55
              Bresl. 12,50
              Ch.   12.49

s. a. ZSg. 101/5/187/Nr. 1380 v. 7. Juni 1935
     ZSg. 101/5/190/Nr. 1384 v. 13. Juni 1935

Deutschland ist bereit!
Unterredung eines englischen Pressevertreters mit Reichsminister
Dr. Goebbels
HHN, Nr. 267 v. 12. Juni 1935, S. 1

Goebbels Talks To "News Chronicle"
Germany Not Out To Attack Russia/Real Collectivity of Nations
Desired/Agreement With France Sought/Our Diplomatic Correspondent
records an enlightening interview with Dr. Goebbels, the German
Minister of Propaganda. By Vernon Bartlett
News Chronicle, Nr. 27,808 v. 11. Juni 1935, S. 1-2

Die Artikel sind inhaltlich identisch bis auf die Überschriften
und den einleitenden Satz "Dr. Goebbels, looking less tired and
worried than when I had last spoken to him in Geneva ...", der
in der deutschen Fassung lautet: "Er sah sehr übermüdet und sorgen-
voller als das letzte Mal aus ...". Die Meldung der "Morning Post"
(v. 10. Juni 1935, S. 9) informiert darüber, daß Großbritannien
den 35 %-Anspruch Deutschlands akzeptieren wird.

Bestellungen aus der Pressekonferenz. 12.6.35.

ZSg. 101/5/189/Nr. 1382   12. Juni 1935

Eine Mitteilung des Verbandes der Rasierklingenhersteller über eine
bevorstehende Zwangskartellierung der Rasierklingen-Hersteller für
Exportzwecke darf nicht übernommen werden. Das diesbezügliche vom
Verband herausgeschickte Rundschreiben ist irreführend. Neue Nachrichten werden demnächst folgen.

Umorganisation der Wirtschaftsgruppe "Eisen- und Metallindustrie"
Im Rahmen der Umorganisation der Wirtschaftsgruppe "Eisen- und
Metallindustrie" wird nunmehr der Sitz der Geschäftsführung dieser
Wirtschaftsgruppe von Wuppertal nach Berlin verlegt werden. ...
Die Gruppe wird künftig statt in 24 nur noch in 3 Fachgruppen un-
terteilt. ...
FZ, Nr. 297 v. 13. Juni 1935, S. 3

12.06.1935

"Zweischneidige" Wirkungen
Vor dem Rasierklingen-Zwangskartell - Auch eine internationale Kartellierung
Die Verhandlungen der deutschen Hersteller von zweischneidigen Rasierklingen für Rasierapparate über die Ordnung des Marktes mit dem Reichswirtschaftsministerium stehen vor dem Abschluß. In kurzer Zeit wird die Rasierklingenindustrie zu einem Zwangskartell zusammengefaßt werden. In diesem Kartell werden die Hersteller von der Spezialfabrik bis zum Lohnschleifer, das sind etwa 160 bis 170 Betriebe, vereinigt sein. ... Mit der Kartellierung der Rasierklingenindustrie werden die zeitweilig recht wilden Verhältnisse geordnet, die sich mit dem Vordringen des Rasierapparates auf dem Markt der Rasierklingen entwickelt haben. Obwohl ein typischer Massenartikel mit einheitlicher Herstellung, haben sie einen geordneten Absatz nicht erreichen können. Das Gewerbe der zweischneidigen Klinge hat zwar das Rasiermesser zusehends von unserem Kinn verdrängt, sich aber immer wieder ins "eigene Fleisch geschnitten".
...
SZ, Nr. 378 v. 28. Juli 1935, S. 14

Die Zwangskartellierung wird in der NZ, Nr. 162 v. 14. Juni 1935, S. 7 noch dementiert.

ZSg. 101/5/189/Nr. 1382 ((a))   12. Juni 1935

In etwa 1/2-1 Stunde wird durch DNB eine Erklärung herausgegeben, in der die Minister Heß, Göring und der Botschafter von Ribbentrop zu den Erklärungen des Prinzen von Wales Stellung nehmen. Diese Erklärung soll in guter Aufmachung veröffentlicht werden.

s. a. ZSg. 101/5/194/Nr. 1392 v. 14. Juni 1935
ADAP, Serie C, Bd. IV, 1, Nr. 159

Deutschfreundliche Erklärungen des Prinzen von Wales
(Drahtmeldung unseres eigenen Berichterstatters)
Selten ist eine Kundgebung des Prinzen von Wales mit größerem Beifall aufgenommen worden, als seine heutige Ankündigung in einer Rede auf dem Vertretertag der britischen Legion, daß er die Entsendung einer Abordnung ehemaliger Frontkämpfer nach Berlin billige, und daß nach seiner Auffassung keine andere Körperschaft oder Organisation geeigneter sei, den Deutschen die Friedenshand entgegenzustrecken, "als wir ehemaligen Soldaten, die im großen Kriege gegen sie kämpften". ...
HHN, Nr. 267 v. 12. Juni 1935, S. 1

Heß, Göring und Ribbentrop begrüßen die Erklärung des Prinzen von Wales
HHN, Nr. 268 v. 12. Juni 1935 (A. A.), S. 2
s. a. VB (N. A.), Nr. 164 v. 13. Juni 1935, S. 1
    Der Angriff, Nr. 135 v. 13. Juni 1935, S. 2
    Kreuz-Z, Nr. A 136 v. 13. Juni 1935, S. 1
    FZ, Nr. 296 v. 13. Juni 1935, S. 1

- 355 - 12./13.06.1935

ZSg. 101/5/189/Nr. 1382 ((b)) 12. Juni 1935

Für die Abendblätter kommen noch Erläuterungen zu den gestern ausgesprochenen Ausbürgerungen. Diese Meldung ist acht Schreibmaschinenseiten lang.

Gesehen: D., Fa., K. Hbg. 1.45
 Br. 1.50
 Ch. 1.00

Die deutsche Staatsangehörigkeit aberkannt
Auf Grund des § 2 des Gesetzes über den Widerruf von Einbürgerungen und die Aberkennung der deutschen Staatsangehörigkeit vom 14. Juli 1933 (Reichsgesetzblatt I Seite 480) hat der Reichs- und preußische Minister des Innern folgende Reichsangehörige der deutschen Staatsangehörigkeit für verlustig erklärt, weil sie durch ein Verhalten, das gegen die Pflicht zur Treue gegen Reich und Volk verstößt, die deutschen Belange geschädigt haben: ... Brecht, Bertolt (Bert) ... Dr. Budzislawski, Hermann ... Dr. Goldmann, Nachum ... Dr. Haentzschel, Kurt ... Dr. Hilferding, Rudolf ... Mann, Erika ... Mehring, Walter ... Ollenhauer, Erich ... Pfempfer ((sic)), Franz Gustav Hugo ...
HHN, Nr. 267 v. 12. Juni 1935, S. 1

Im VB (N. A.), Nr. 164 v. 13. Juni 1935, S. 1-2 werden nicht nur die Namen genannt, sondern auch im einzelnen die Beanstandungen derentwegen die Ausweisungen erfolgten.

Bestellungen aus der Pressekonfer. 13.6.35.

ZSg. 101/5/190/Nr. 1383 13. Juni 1935

Es wird noch einmal die Bitte geäussert, dass die Zeitungen sich des Festes der deutschen Jugend und des Jugendherbergstages besonders annehmen.

s. a. ZSg. 102/1/39 (1) v. 5. Juni 1935
 ZSg. 102/1/33 (5) v. 18. Juni 1935
Der 15./16. Juni wurde zum Reichswerbe- und Opfertag für die deutschen Jugendherbergen erklärt.

Jugend und Heimat
HHN, Nr. 270 v. 13. Juni 1935, S. 6

13.06.1935

Wir brauchen Jugendherbergen
Kreuz-Z, Nr. 137 v. 14. Juni 1935, S. 5

Schafft Jugendherbergen!
Aufrufe führender Männer aus Staat und Bewegung
NZ, Nr. 150 v. 1. Juni 1935, S. 10

ZSg. 101/5/190/Nr. 1384   13. Juni 1935

Daily Telegraph veröffentlicht heute Einzelheiten über ein bevorstehendes Abkommen in der Flottenfrage mit genauen Ziffernangaben. Es wird die Bitte geäussert, diese Ziffern nicht zu übernehmen auch nicht von Auslandskorrespondenten. Eigene Artikel mit Mutmassungen über Verlauf und Ergebnis der Konferenz sind unerwünscht. Es gilt weiterhin die Richtlinie, dass grösste Zurückhaltung zu üben ist.

    s. a. ZSg. 101/5/188/Nr. 1381 v. 11. Juni 1935
        ZSg. 102/1/4 (1) v. 13. Juni 1935: ...(Andererseits vermisse ich eigentlich heute morgen im Blatt eine Meldung aus London ueber vier Voraussetzungen, auf deren Grundlage England der deutschen Flottenstaerke zustimme. Wir hatten diese Meldung allerdings von United Press durchgegeben, doch pflegen wir ja solche politischen Sachen von U. Pr. nicht zu geben.)
    s. a. ZSg. 101/5/193/Nr. 1391 v. 14. Juni 1935
        ADAP, Serie C, Bd. IV, 1, Nr. 148

Die deutsche Delegation traf nach der Pfingstpause am 14. Juni zu weiteren Verhandlungen wieder in London ein.

Deutschland und England
(Drahtmeldungen unseres Korrespondenten)
Der bisherige Verlauf der deutsch-englischen Flottenverhandlungen hat in England zweifellos einen hoffnungslosen Eindruck gemacht. Die Angaben, die die englische Presse über sie zu veröffentlichen in der Lage ist, erregen allgemeine Zufriedenheit. ...
FZ, Nr. 299 v. 14. Juni 1935, S. 2

German Naval Strength
Further Talks To-Day/Agreement in Prospect
... The talks will be resumed to-day with every prospect of ultimate agreement, since the basis is already settled. Germany is to build up to 35 per cent of British naval strength in each class of ship, and German relative strength is not to be affected by later changes on the part of other Powers. ...
The Times, Nr. 47,090 v. 14. Juni 1935, S. 14

ZSg. 101/5/190/Nr. 1385 13. Juni 1935

- 357 - 13.06.1935

Zu der Reise von Schacht nach Danzig wird mitgeteilt, dass nur amtliche Meldungen darüber veröffentlicht werden dürfen und dass Kommentare nicht geschrieben werden sollen.

Gesehen: D., Fa., K. Hbg. 1.30
 Br. 1.35
 Ch.

s. a. ZSg. 102/1/4 (2) v. 13. Juni 1935
ZSg. 101/5/182/Nr. 1366 v. 5. Juni 1935
ADAP, Serie C, Bd. IV, 1, Nr. 149, 150

E.:
Dr. Schacht in Danzig
... Nicht wenig zur Beruhigung der Danziger Währungssituation hat die Reise des Reichswirtschaftsministers und Reichsbankpräsidenten Dr. Schacht beigetragen. Der Besuch Schachts, der als Volksgenosse und nicht als Minister kam, sollte die Verbundenheit des Reiches mit Danzig in kritischen Zeiten sinnfällig zum Ausdruck bringen. Dr. Schacht sagte die moralische und - soweit möglich - auch materielle Hilfe des Reiches zu. Interessant waren die Ausführungen des Ministers zur Danziger Wirtschaftslage und zum Werte einer Devalvation überhaupt. ... Dr. Schacht kritisiert nicht nur das Unterlassen der Devalvation in Danzig, sondern gibt auch an, weshalb die Einführung der Devalvation in Deutschland nicht in Frage kam: "Aber für Deutschland erwies sich aus seiner besonderen, der politischen Auslandsverschuldung entsprechenden Lage diese Politik als richtig und notwendig, während sie für das kleine, wirtschaftspolitisch unfreie Danzig falsch sein mußte. Überdies ist Deutschland, wie sich gerade jetzt wieder zeigt, dank seiner Wirtschaftssouveränität, völlig in der Lage, einer irregeleiteten Börsenspekulation des Publikums durch Zusammenarbeit von Aufsichts- und Selbstverwaltungsorganen wirksam zu begegnen." ...
Die Deutsche Volkswirtschaft, 4. Jg. (1935), Nr. 18, S. 561-562
s. a. HHN, Nr. 273 v. 15. Juni 1935, S. 2

ZSg. 101/5/191/Nr. 1386 13. Juni 1935

DNB-Rundspruch. Berlin, den 13.6.35.

Ueber das Unglück im Sprengstoffwerk Wittenberg darf die Presse nur die DNB-Meldung bringen.

13.06.1935   - 358 -

Fa., D., K.   Hbg. 9.15
                       Br. 7.55
                       Ch. brfl.

s. a. ZSg. 101/5/193/Nr. 1388 v. 14. Juni 1935
      ZSg. 101/5/193/Nr. 1989 v. 14. Juni 1935
      ZSg. 102/1/50 (8) v. 5. Dezember 1935

Furchtbares Explosionsunglück bei Wittenberg
Bisher 22 Tote und 30 Vermißte
Erhöhung der Zahl der Todesopfer wahrscheinlich - 75 Schwer-,
300 Leichtverletzte
Am Donnerstag ((13.6.)) gegen 15 Uhr ereignete sich in Reinsdorf
bei Wittenberg bei der Firma Westfälisch-Anhaltinische Spreng-
stoffabrik (Wasag) ein Explosionsunglück, bei dem ein Teil des
Betriebes stark beschädigt wurde. ...
HHN, Nr. 271 v. 14. Juni 1935, S. 1
s. a. HHN, Nr. 272 v. 14. Juni 1935, S. 1

Im weiteren Verlauf der Bergungsarbeiten erhöhte sich die Zahl der
Toten fast auf 60.

... Schließlich noch ein Bericht, der ein grelles Licht auf die
sozialpolitischen Methoden der Nationalsozialisten wirft. Er betrifft das furchtbare Reinsdorfer Sprengstoff-Unglück, das die
Nazis ebenfalls zu einer großen Unterstützungsreklame mißbraucht
hatten. Aus dem Vogtland wurden während des Krieges viele Soldaten der Arbeit nach den Sprengstoffwerken in Reinsdorf b. Witten-
berge ((sic)) abkommandiert. Viele davon erlebten im Jahre 1917
die große Katastrophe und mußten damals als invalid entlassen werden. Ihr Leiden hatte sich bei allen an den Augen gezeigt, mehrere
sind gänzlich erblindet, die anderen können meistens ohne Brille
keiner Arbeit nachgehen. Sie erhielten seit 1917 eine Rente aus
einem Fonds, den die Sprengstoffaktiengesellschaft dafür eingerichtet hatte. Sofort nach dem neuen großen Unglück im Mai 1935
wurden nun diese alten Renten um mehr als 50 % gekürzt. Alle von
dieser Maßnahme betroffenen Rentner erhoben gegen die Kürzung Einspruch. Am 25. September mußten allein 33 Rentner nach Plauen zur
augenärztlichen Unterstützung ((sic)). Dieser Arzt hatte die Leute
schon seit Jahren behandelt und konnte auch diesmal keine Besserung feststellen. Die Rentner sind über die Kürzung verzweifelt.
Bei den meisten war die Rente das einzige Einkommen. Die Kürzung
hat auch deswegen viel Staub aufgewirbelt, weil die A. G. und der
Staat eine Erhöhung des Fonds ablehnen, so daß die im Mai Verunglückten ihre Rente auf Kosten der Rentner aus dem Jahre 1917 beziehen.
Sopade, 2. Jg. (1935), S. 1454-1455

13.06.1935

ZSg. 101/5/192/Nr. 1387   13. Juni 1935

DNB.-Rundruf v. 13. Juni 1935.

Meldungen der Auslandspresse über Torgler, dürfen von der deutschen Presse nicht übernommen werden.

Gesehen: Fa., D., K.   Hbg. 9.15
                       Bresl. 7.05
                       Chemn. brfl.

s. a. ZSg. 102/1/46 (4) v. 27. Dezember 1935

Torgler Released
The Reichstag Fire Prisoner
From our Berlin Correspondent
It was officially revealed last week that Herr Torgler, the Parliamentary leader of the German Communist party, who was charged with firing the Reichstag in February, 1933, and, like Dimitroff and the other Bulgarian prisoners, acquitted of the charge, but kept under preventive arrest since, was released three weeks ago. The Bulgarians were sent to Moscow. Torgler is now stated to be living a free man in the neighbourhood of Berlin. ...
The Manchester Guardian Weekly, Nr. 25 v. 21. Juni 1935, S. 487

s. a. Ernst Torgler:
Der Reichstagsbrand und was nachher geschah
... Darauf wurde ich am 20. Mai 1935 von Plötzensee abgeholt und zu einem Förster in der näheren Umgebung von Berlin gebracht. ... Bald hatte ich heraus, worum es bei meinem politischen Lebenslauf tatsächlich ging. Hitler brauchte 1935 angesichts der bevorstehenden Olympiade eine außenpolitische Entlastung. Außerdem wähnte er sich auf dem besten Wege, gegenüber den Staatsmännern der anderen europäischen Staaten salonfähig zu werden. ... Anfang November 1936 ging es nach Berlin zurück zur Entlassung. Ich mußte einen Revers unterschreiben, daß ich mich jeder politischen Betätigung enthalten, nicht ins Ausland gehen oder mit dem Ausland korrespondieren und keine Verbindung mit meinen früheren politischen Freunden aufnehmen würde. ...
Die Zeit, Nr. 46 v. 11. November 1948, S. 3

14.06.1935   - 360 -

Bestellungen a. d. Pressekonferenz v. 14.6.35.

ZSg. 101/5/193/Nr. 1388   14. Juni 1935

Ueber das Unglück in Wittenberg ist jetzt eine erleichterte Anweisung ergangen, die besagt, dass die auf Grund der heute in Wittenberg beim Regierungspräsidenten stattfindenden Pressekonferenz abgefassten Berichte von Sonderkorrespondenten freigegeben sind.

s. a. ZSg. 101/5/191/Nr. 1386 v. 13. Juni 1935
      ZSg. 101/5/193/Nr. 1389 v. 14. Juni 1935

ZSg. 101/5/193/Nr. 1389   14. Juni 1935

Von einem Beileidstelegramm des Generalobersten v. Blomberg zu dem Unglück soll keine Kenntnis genommen werden.

s. a. ZSg. 102/1/4 (1) v. 14. Juni 1935
      ZSg. 101/5/193/Nr. 1388 v. 14. Juni 1935

Flaggen auf Halbmast
... Reichskriegsminister Generaloberst von Blomberg hat der "Stiftung für Opfer der Arbeit" den Betrag von 3 000.- RM zum Besten der Opfer des Unglücks bei Wittenberg überwiesen. ...
Kreuz-Z, Nr. A 139 v. 16. Juni 1935, S. 1

ZSg. 101/5/193/Nr. 1390   14. Juni 1935

Im Laufe des heutigen Tages wird eine Erklärung des Erzbischofs von Köln Schulte zu den Devisenprozessen veröffentlicht werden, deren Kommentierung freigestellt ist. Jedoch soll kein Vergleich dieser Erklärung zu der kürzlichen Erklärung des Erzbischofs von Breslau Bertram gezogen werden. Die Erklärung kann in dem Sinne kommentiert werden, dass der Erzbischof von Köln dem Standpunkt der deutschen Regierungsstellen durchaus recht gibt und mit den Massnahmen der Reichsregierung übereinstimmt.

s. a. ZSg. 102/1/4 (3) v. 14. Juni 1935
      ZSg. 101/5/154/Nr. 1312 v. 13. Mai 1935
      ZSg. 102/1/88 (3) v. 26. Juli 1935
      ZSg. 101/6/70/Nr. 1591 v. 26. August 1935

14.06.1935

Carl Joseph Schulte (1871 - 1941), 1910 - 1920 Bischof von Paderborn, seit 1920 Erzbischof von Köln, seit 1921 Kardinal.

Kardinal Schulte zu den Devisenprozessen
"Die vorgekommenen Vergehen verurteile ich vollkommen"
... Das wirtschaftliche Notwehrrecht des Staates gehört gewiß nicht zu den Sphären, in welchen von einer noch ungeklärten Ueberschneidung religiöser und politischer Motive gesprochen werden kann. Um so unzweideutiger konnte Kardinal Bertram am 5. Juni, konnte Kardinal Schulte in diesem Augenblick ohne jede Einschränkung abrücken von den schmerzlichen Verfehlungen katholischer Ordensangehöriger. ...
Germania, Nr. 165 v. 15. Juni 1935, S. 1
s. a. HHN, Nr. 273 v. 15. Juni 1935, S. 2

Beurlaubung eines Schriftleiters der "Frankfurter Zeitung"
FZ, Nr. 292 v. 9. Juni 1935, S. 1
Wegen der kommentarlosen Veröffentlichung der Erklärung des Breslauer Erzbischofs zu den Devisenprozessen war der verantwortliche Schriftleiter beurlaubt und ein Berufsverfahren gegen ihn eingeleitet worden.

ZSg. 101/5/193/Nr. 1391   14. Juni 1935

Zur Behandlung der Flottenfrage wird nunmehr folgendes festgestellt: a) Ausländische Pressestimmen sollen nur dann zitiert werden, wenn sie durch DNB übermittelt werden. b) Korrespondenten-Meldungen aus London können veröffentlicht werden, wenn sie sich in Uebereinstimmung mit den Ansichten der Flottendelegation befinden. Wir werden mit Herrn Dr. Abshagen Fühlung nehmen und ihn fragen, ob seine Berichte in Zusammenarbeit mit der Flottendelegation herauskommen. Die heutige Mittagsmeldung kann gebracht werden.

Fa., K., D.   Hbg. 1.10
                     Br. 1.20
                     Ch. 1.00

s. a. ZSg. 102/1/4 (2) v. 14. Juni 1935: ... Was die franzoesischen Meldungen von heute im besonderen angehe, so werde ausdruecklich gesagt, dass diese unter gar keinen Umstaenden gebracht werden duerfen. ...
Korrespondenten-Kommentar: Sie vermuten eine deutsch-englische Annäherung auf ihre Kosten.
s. a. ZSg. 101/5/190/Nr. 1384 v. 13. Juni 1935
ZSg. 101/5/199/Nr. 1396 v. 18. Juni 1935
ADAP, Serie C, Bd. IV, 1, Nr. 151

14.06.1935

Günstige Flottenverhandlungen
Zuversichtliche englische Stimmen
(Drahtmeldung unseres eigenen Berichterstatters)
... Als das Bedeutsamste in der erhofften Einigung muß aber angesehen werden, daß England die vom Führer dargebotene Gelegenheit ergriffen und auf einem wichtigen Teilgebiet der Rüstungsbeschränkungen zu einem Abschluß kommen will, ohne erst auf die Genehmigung von dritter Seite zu warten. Die bisherigen Antworten aus den Vereinigten Staaten und Japan auf die Mitteilung von der grundsätzlichen deutsch-englischen Einigung seien günstig und Presseberichte deuten auch an, daß ebenfalls die amtlichen französischen Stellen nicht so negativ eingestellt sein sollen, wie die Pariser Pressestimmen vermuten lassen könnten. Allerdings glaubt man, daß Frankreich versuchen wird, für sich selbst noch eine Verstärkung der eigenen Flotte in den künftigen Verhandlungen herauszuholen. Auf jeden Fall sollen aber die maßgebenden Stellen in London entschlossen sein, zu einem Abschluß mit Deutschland zu kommen, gleichgültig, wie sich die übrigen Mächte dazu stellen. Welche Form das neue Abkommen annehmen wird, scheint noch nicht endgültig entschieden zu sein. Einstweilen dürfte es sich um ein englisch-deutsches Gentlemen-Abkommen handeln, das später in einen allgemeinen Flottenpakt der großen Seemächte eingefügt werden kann. ...
HHN, Nr. 272 v. 14. Juni 1935, S. 1

ZSg. 101/5/194/Nr. 1392   14. Juni 1935

Berlin, den 14. Juni 1935.

Das Propagandaministerium bittet, die heute abend erscheinende Meldung über die offizielle Einladung der britischen Frontkämpfer nach Deutschland gut aufzumachen und wenn möglich an die Spitze des Blattes zu stellen. Ferner sind wir gebeten worden, einen Kommentar zu dieser Einladung zu verfassen, den wir hiermit übermitteln.

Gesehen: Fa., D., K.   Hbg.   9.15
                          Brsl. 7.10
                          Chemn. brfl.

s. a. ZSg. 101/5/202/Nr. 1403 v. 21. Juni 1935
      ZSg. 102/1/4 (2) v. (3. Juli) 1935
      ZSg. 101/6/8/Nr. 1443 v. 9. Juli 1935

Die britischen Frontkämpfer nehmen die Einladung an
Auftakt zu weiterer Annäherung
Anknüpfung freundschaftlicher Beziehungen mit den großen deutschen Frontkämpferverbänden
HHN, Nr. 273 v. 15. Juni 1935, S. 1

14.06.1935

ZSg. 101/5/195/Nr. 1393 ((a))   14. Juni 1935

DNB-Rundruf vom 14. Juni 1935

Die Meldung, nach der der diesjährige Reichsparteitag in der Zeit vom 10. - 16. September in Nürnberg stattfindet, bitten wir nicht zu übernehmen, da eine entsprechende Mitteilung in den nächsten Tagen veröffentlicht wird.

Gesehen: Fa., D., K.   Hbg. 9.15
                       Brsl. 8.27
                       Chmn. brfl.

s. a. ZSg. 102/1/DNB v. 14. Juni 1935
Der 7. Reichsparteitag der NSDAP fand vom 10. - 16. September in Nürnberg unter dem Motto "Parteitag der Freiheit" statt.

ZSg. 101/5/196/Nr. 1393 ((b))   14. Juni 1935

DNB-Rundruf v. 14.6.35.

Die Rede, die der Befehlshaber der Landespolizei Generalleutnant Daluege, bei der heutigen Einweihung des Polizeihauses "Kurmark" in Neubabelsberg gehalten hat, darf nur in der DNB.-Fassung gebracht werden.

Gesehen: Fa., D., K.   Hbg. 10 Uhr 10
                       Bresl. brfl.
                       Chemn. brfl.

s. a. ZSg. 102/1/DNB v. 14. Juni 1935
Korrespondenten-Kommentar: Daluege sprach offen über den militärischen Charakter der Polizei und ihre militärische Aufgabe in kommenden Konflikten.

Polizeihaus Kurmark
... Das "Polizeihaus Kurmark" dient im Sommerhalbjahr den Berliner und Potsdamer Polizeibeamten und deren Familien zur Erholung. Im Winterhalbjahr finden in dem Heim Schulungskurse für die Führer und Unterführer des Bundes statt.
Kreuz-Z, Nr. A 135 v. 12. Juni 1935, S. 12

14.06.1935

Polizeierholungsheim feierlich eingeweiht
... Generalleutnant Daluege, nahm dann die Weihe des Ehrenmals vor.
... Der Polizeibeamte in unserem Staat sei ein Mann, der die Ehre habe, für sein Vaterland gegebenenfalls sein Leben lassen zu müssen. Das sei keine Last, sondern eine Auszeichnung. ...
NTZ, Nr. 137 v. 15./16. Juni 1935, S. 2
s. a. HHN, Nr. 274 v. 15. Juni 1935, S. 2

ZSg. 102/1/4 (4)　　　　　　　　　　14. Juni 1935

Das Reichswirtschaftsministerium wiederholte eindringlich das Verbot, sowohl ueber Ausfuhrförderungsumlage wie ueber zusaetzliches Ausfuhrverfahren ueberhaupt nichts zu schreiben. Zwei Tageszeitungen haetten doch trotz des Verbotes ueber die Exportumlage berichtet.

s. a. ZSg. 101/5/181/Nr. 1365 v. 3. Juni 1935
　　　ZSg. 101/6/1/Nr. 1425 v. 1. Juli 1935
　　　ZSg. 101/6/13/Nr. 1452 v. 13. Juli 1935
　　　ADAP, Serie C, Bd. IV, 1, Nr. 157, 174

Am 28. Juni 1935 wurde das "Gesetz über Erhebung von Umlagen in der gewerblichen Wirtschaft" verkündet (RGBl. 1935, I, S. 812), vgl. a. NZZ, Nr. 1146 v. 1. Juli 1935, S. 2 ((Deutschlands Exportförderung)).

Wie die Wirtschaftsorganisation arbeitet
Von Ewald Hecker, Leiter der Reichswirtschaftskammer
... Zur Sicherung der Arbeitsbeschaffung wendet die Wirtschaftspolitik daher der Ausfuhrfrage immer größere Aufmerksamkeit zu, wobei Allgemeingut der Erkenntnis geworden ist, daß für die Ausfuhr auch Opfer gebracht werden müssen und daß diese klein sind im Verhältnis zu sonst entstehenden Konjunkturstörungen. ...
DBZ, Nr. 134 v. 12. Juni 1935, S. 9

ZSg. 102/1/4 (5)　　　　　　　　　　14. Juni 1935

Mitteilungen ueber die Taetigkeit und die Organisation der Wirtschaftsueberwachungsstellen sollen wie das Reichswirtschaftsministerium mitteilte, nur gebracht werden, wenn sie amtlich sind, das heisst, von DNB gegeben werden oder im Reichsanzeiger erscheinen, wenn die Redaktionen vorher mit dem Wirtschaftsministerium Fuehlung genommen haben.

s. a. ZSg. 102/1/4 (4) v. 14. Juni 1935

ZSg. 101/5/197/Nr. 1393 ((c))   17. Juni 1935

DNB.-Rundruf v. 17.6.1935.

Die Erklärung der Auto-Union über das Versagen des Wagens des Fahrers [Rosemeyer] im gestrigen Nürburg-Rennen, die in der heutigen Frühausgabe der Frankfurter Zeitung abgedruckt worden ist, soll nicht übernommen werden.

Gesehen: Fa., D., K.   Hamburg. 9.15
                        Breslau   7.30
                        Chemnitz. brfl.

s. a. ZSg. 102/1/DNB v. 17. Juni 1935

Bernd Rosemeyer (1909 - 1938), Autorennfahrer und SS-Hauptsturmführer im SS-Hauptamt, 1936 Europameister.

Caracciola 1,9 Sekunden vor Rosemeyer
Kluge Taktik entscheidet das Eifelrennen für Mercedes-Benz
(Drahtmeldung unseres nach dem Nürburgring entsandten Sg-Schriftleiters)
...
Eine Erklärung der Auto-Union
Der Rennleiter der Auto-Union, Oberingenieur Wald, erklärte zu dem Ausgang des Eifelrennens, daß bei Rosemeyers Wagen in der letzten Runde zwei Kerzen ausgesetzt hätten (bekanntlich haben die Rennwagen der Auto-Union 16 Zylinder-Motoren), so daß er an der Entfaltung seiner vollen Geschwindigkeit auf der Geraden verhindert gewesen sei.
Zu unserem Bericht ist noch nachzutragen, daß an Rosemeyers Wagen etwa in der vierten Runde die Windschutzscheibe zerbrach. Der junge Fahrer war also bei den enormen Geschwindigkeiten dieses Rennens (auf den Geraden erreichten die Wagen Geschwindigkeiten von etwa 220 km pro Stunde), dem vollen Luftzug ausgesetzt. Das ist nicht nur eine starke körperliche Beanspruchung, sondern auch eine tatsächliche Beeinträchtigung, da man unter diesen Umständen den Motor nicht mehr hören und sich beim Schalten nur nach dem Gefühl und nach dem Tourenzähler richten kann.
FZ, Nr. 304 v. 17. Juni 1935, S. 5

Gewaltiger Motoren-Kampf auf dem Nürburgring
Zweikampf Mercedes-Auto Union
Nach heroischem Ringen siegt Caracciola vor Rosemeyer
HHN, Nr. 276 v. 17. Juni 1935, S. 1

Bestellungen a. d. Pressekonferenz 18.6.

ZSg. 101/5/198/Nr. 1394   18. Juni 1935

Die Veröffentlichungen der DAZ über die neuen Differenzen zwischen Deutschland und Rumänien auf wirtschaftspolitischem Gebiet sollen nicht übernommen werden. Deutscherseits sind entsprechende Schritte in Rumänien eingeleitet. Erst nach Abschluß dieser Aktion wird die Berichterstattung freigegeben.

s. a. ZSg. 102/1/33 (2) v. 18. Juni 1935
   ZSg. 101/5/168/Nr. 1334 v. 24. Mai 1935
   ZSg. 101/5/208/Nr. 1420 v. 27. Juni 1935

Rumänien erschwert die deutsche Einfuhr
44 %ige Devisenzusatzquote auch für deutsche Waren
... Die Ausführungen von zuständigster rumänischer Seite ändern natürlich nichts an der Tatsache, daß durch die neue Außenhandelsordnung die Einhaltung oder Aufrechterhaltung des kaum vertraglich geregelten deutsch-rumänischen Wirtschaftsverkehrs sehr erschwert, wenn nicht unmöglich gemacht wird. Die Parallele zu anderen, gleichfalls von den neuen Bestimmungen getroffenen Staaten ist deswegen nicht berechtigt, weil Deutschland eine entscheidende Rolle in der rumänischen Ausfuhr spielt. ...
DAZ (B. A.), Nr. 278 v. 18. Juni 1935, S. 9

s. a. Verordnung über die Erhebung zusätzlicher Wertzölle von Waren rumänischen Ursprungs vom 26. Juni 1935.
DRPS, Nr. 146 v. 26. Juni 1935, S. 1

ZSg. 101/5/198/Nr. 1395   18. Juni 1935

Vorzeitige Veröffentlichungen über den Verlauf der deutsch-französischen Wirtschaftsverhandlungen, die gestern in Berlin begonnen haben, sind unerwünscht.

Gesehen: Fa., D., K.   Hbg. 1.00 Uhr
                         Br. 1.05
                         Ch. 1.07

s. a. ZSg. 102/1/33 (3) v. 18. Juni 1935: Nur zur Information wurde mitgeteilt, dass die deutsch-franzoesischen Besprechungen, die gestern in Berlin begonnen haben, sich augenblicklich noch im Stadium der allgemeinen Diskussion bewegten und in durchaus freundschaftlichem Geiste von beiden Seiten gefuehrt werden. Die Franzo-

18.06.1935

sen hatten ja auch angesichts ihrer Waehrungskrise keinen Grund,
besonders scharf aufzutreten. Man rechnet damit, dass die Verhandlungen in dieser Woche abgeschlossen werden.
s. a. ZSg. 101/6/26/Nr. 1477 v. 23. Juli 1935

Die deutsch-französischen Verhandlungen über die Verlängerung bzw.
Abänderung der am 30. Juni bzw. 15. Juli ablaufenden Abkommen über
den Waren- und Zahlungsverkehr wurden ergebnislos abgebrochen. Die
Differenzen ergaben sich aus dem Wunsche Frankreichs, einzelnen
Ländern höhere Einfuhrkontingente zuzugestehen ...
Keesing 2210 D (27. Juni 1935).

G.:
Neue deutsch-französische Handelsvertragsverhandlungen
Die Deutsche Volkswirtschaft, 4. Jg. (1935), Nr. 18, S. 579

Beginn der deutsch-französischen Wirtschaftsverhandlungen
DAZ (B. A.), Nr. 278 v. 18. Juni 1935, S. 9

Fa(lk):
Verständigung oder Liquidation?
Die deutsch-französischen Wirtschaftsbeziehungen
HHN, Nr. 296 v. 28. Juni 1935, S. 11

ZSg. 101/5/199/Nr. 1396   18. Juni 1935

Rundruf vom 18.6.35.

Die Meldung über die Einigung in den deutsch-englischen Flottenbesprechungen ist zwar in guter Aufmachung, aber zunächst ohne Kommentar zu veröffentlichen. Extrablätter sollen nicht herausgebracht werden.

Gesehen: D., Fa., K.   Hbg. 2.10 Uhr
                         Br. 2.10 "
                         Ch. 2.10 "

s. a. ZSg. 101/5/193/Nr. 1391 v. 14. Juni 1935
      ZSg. 101/5/200/Nr. 1397 v. 19. Juni 1935
      ADAP, Serie C, Bd. IV, 1, Nr. 154, 156

Am 18. Juni 1935 wurde das Flottenabkommen in Form eines Notenaustausches zwischen dem neuen englischen Außenminister Sir Samuel
Hoare und Ribbentrop abgeschlossen. Kern des Abkommens war eine
Vereinbarung, die die Gesamttonnage der deutschen Flotte auf 35 %
der Gesamttonnage des britischen Commonwealth beschränkte (vgl.
N. T. Wiggershaus, Der deutsch-englische Flottenvertrag vom 18. Juni 1935, phil. Diss. Bonn 1972, S. 329ff.).

18.06.1935

Das deutsch-englische Flottenabkommen
Der erste Schritt zur Befriedung Europas
Die deutsch-englischen Flottenbeziehungen ein für allemal geregelt
HHN, Nr. 279 v. 19. Juni 1935, S. 1

Flottenrivalität beseitigt
(Von unserem eigenen Berichterstatter)
ebd.

Ein Wendepunkt
(Von unserer Berliner Schriftleitung)
ebd., S. 1-2 ((Kommentar))
s. a. FZ, Nr. 308 v. 19. Juni 1935, S. 1

ZSg. 102/1/33 (1)   18. Juni 1935

Es wurde darauf aufmerksam gemacht, dass Staatssekretaer von Bülow morgen seinen 50. Geburtstag feiert.

Bernhard Wilhelm von Bülow (1885 - 1936) war seit 1930 Staatssekretär im Auswärtigen Amt.

Staatssekretär v. Bülow 50 Jahre alt
Seit fünf Jahren an der Spitze des Auswärtigen Amtes
DAZ (R. A.), Nr. 278-279 v. 19. Juni 1935, S. 4
s. a. Kreuz-Z, Nr. A 141 v. 19. Juni 1935, S. 3

ZSg. 102/1/33 (4)   18. Juni 1935

Das Ernaehrungsministerium ruegte eine Ueberschrift in der gestrigen "Nachtausgabe" "Fleischpreise weiter anziehend". Der Artikel selbst sei in Ordnung, aber solche beunruhigenden Ueberschriften seien dringend zu vermeiden. Auch moege man nicht, wenn irgendwo einmal eine voruebergehende Fleischpreiserhoehung auftrete, die ganze Schuld den Fleischern in die Schuhe schieben und so den ganzen Stand diffamieren. Es sei anzuerkennen, dass im allgemeinen naemlich das Fleischerhandwerk unter den gegenwaertigen Verhaeltnissen Opfer bringe.

s. a. ZSg. 101/5/146/Nr. 1295 v. 7. Mai 1935
     ZSg. 102/1/35 (2) v. 25. Juli 1935

Fleischpreise weiter anziehend
Die Viehmärkte knapp beliefert, nur in Schafen großes Angebot
... Nach dem festen Verlauf der Schlachtviehmärkte in der Pfingstvorwoche ergab sich zwar in der Woche nach dem Fest überwiegend ein glatter Verlauf der Märkte, jedoch bröckelten die Preise verschiedentlich etwas ab. Die Zufuhren an Lebendvieh zu den Märkten waren naturgemäß entsprechend der nach Festtagen immer verringerten Aufnahmebereitschaft der Verbraucherschaft in allen Gattungen kleiner. ...
Berliner illustrierte Nachtausgabe, Nr. 138 v. 17. Juni 1935, 2. Beiblatt

ZSg. 102/1/33 (5)   18. Juni 1935

Noch einmal wurde gebeten, zum Fest der Deutschen Jugend Propaganda zu machen.

s. a. ZSg. 110/1/80 v. 19. Juni 1935
ZSg. 101/5/190/Nr. 1383 v. 13. Juni 1935

Das Deutsche Jugendfest 1935 fand am 22./23. Juni statt und wurde in Städten und Gemeinden mit sportlichen Leistungswettbewerben und Sonnwendfeiern begangen (vgl. Das Archiv, Juni 1935, S. 378-379).

Fest der Deutschen Jugend verlegt
Mit Rücksicht auf das schlechte Wetter wird das Fest der Deutschen Jugend, so weit es sich um die Veranstaltungen des Frankfurter Gebietes handelt, um eine Woche verlegt. ...
FZ, Nr. 313 v. 22. Juni 1935, S. 2

ZSg. 101/5/200/Nr. 1397   19. Juni 1935

Bestellung a. d. Pressekonferenz 19.6.35.

Die Meldungen der Auslandspresse bzw. der eigenen Korrespondenten über die technischen Einzelheiten des Flottenabkommens können gebracht werden, jedoch soll die deutsche Presse in eigenen Artikeln und Meldungen nicht dazu Stellung nehmen. Das gleiche gilt für den englisch-französischen Streit über das Flottenabkommen. Auch hier können die Meldungen des Auslandes gebracht werden ohne eigene deutsche Einmischung.

19.06.1935

Gesehen: D., Fa., K.   Hbg. 12.55 Uhr
                       Br. 1.00
                       Ch. 1.10

s. a. ZSg. 102/1/44 (1) v. 19. Juni 1935: Dr. Jahncke sagte, dass die Kommentare zum Flottenabkommen heute morgen in der Presse, vor allem in der Berliner Presse, doch sehr matt gewesen seien und zu sehr am Formalen sich festgeklammert haetten, ohne das Grundsaetzliche gebuehrend herauszustellen, dass naemlich die ganze Einigung, die erste seit fuenfzehn Jahren, auf der Basis der Gleichberechtigung einzig und allein das Werk Hitlers sei. Es werde deshalb dringend gebeten, noch einmal dieses Thema zu bersehen ((sic)). Vielleicht koennen Sie den Leitartikel daraufhin noch einmal durchlesen. ...

s. a. ZSg. 101/5/199/Nr. 1396 v. 18. Juni 1935
      ZSg. 101/5/202/Nr. 1402 v. 21. Juni 1935
      ZSg. 110/1/80 v. 19. Juni 1935
s. a. zu technischen Details: N. T. Wiggershaus, Der deutsch-englische Flottenvertrag vom 18. Juni 1935, phil. Diss. Bonn 1972, S. 331ff.

Der Leitartikel der FZ:
R(udolf) K(ircher):
Flottenabkommen mit England
Der neue Weg
Dies ist die erste Frucht der großen außenpolitischen Rede des Führers und Kanzlers, in der das deutsche Programm für die Neuorganisation der europäischen Politik verkündigt wurde, die erste Frucht und wie man nun zuversichtlich hofft, nicht die letzte. ...
FZ, Nr. 308 v. 19. Juni 1935, S. 1

Französische Verstimmung über das Flottenabkommen
Paris spricht von einem "bösen Zwischenfall"
Falsche Auslegung des Flottenabkommens
HHN, Nr. 280 v. 19. Juni 1935, S. 1

ZSg. 102/1/44 (2)   19. Juni 1935

Das Justizministerium hat im Anschluss an die gestrige Meldung ueber Justizpressestellen im ganzen Reich gebeten, sich nunmehr auch in allen Zweifelsfragen an diese Stellen zu wenden, vor allem dann, wenn es sich um Kritik an Urteilen und Entscheidungen handeln soll, fuer die man absolut authentische Unterlagen haben muesse.

s. a. ZSg. 110/1/80 v. 19. Juni 1935

Justizpressestellen im ganzen Reich
Mit Wirkung vom 15. Juni 1935 hat der Reichsminister der Justiz
Justizpressestellen einheitlich im ganzen Reiche eingerichtet.
Die Justizpressestellen, die bisher schon in Preußen bestanden, sind
die Verbindungsstellen zwischen den Justizbehörden und der Presse.
Sie haben die Aufgabe, durch die Presse das Volk über die Tätigkeit der Justiz aufzuklären. ...
HHN, Nr. 280 v. 19. Juni 1935, S. 2
s. a. FZ, Nr. 308 v. 19. Juni 1935, S. 2

ZSg. 102/1/44 (3)　　　　　　　　　19. Juni 1935

Auf Anordnung Hitlers selbst sollen die Bezeichnungen Parteitag
und Parteikongress nur den Nuernberger Veranstaltungen vorbehalten
bleiben und nicht auch den oertlichen oder Gautagungen. Hierfuer
sind also Ausdruecke zu waehlen wie Gautagung oder Gautreffen oder
Aehnliches.

s. a. ZSg. 110/1/80 v. 19. Juni 1935: ... Dr. Jahncke wies darauf
hin, dass das insofern sehr aktuell sei, als jetzt die Gaue ihre Tagungen abhielten und hier die Bezeichnung "Parteitag" einschlüpfen
könnte. ...

ZSg. 101/5/201/Nr. 1398　　　　　　20. Juni 1935

Rundruf vom 20.6.35.

Es ist erwünscht, dass von einer Wiedergabe der Rede des Direktors
Dr. Nuebling auf der Königsberger Tagung des Vereins der Gas- und
Wasserfachleute Abstand genommen wird.

Gesehen: Fa., D., K.　　Hbg. 9.15
　　　　　　　　　　　　Br.　7.30
　　　　　　　　　　　　Ch.　brfl.

76. HV. der deutschen Gas- und Wasserfachmänner in Königsberg
... In einem einleitenden Jahresüberblick wies Generaldirektor Dr.
Nübling, der Vorstand des Vereins, auf die bedeutenden Erfindungen
hin, die das vergangene Jahr der deutschen Gaswirtschaft gebracht

20./21.06.1935 - 372 -

hat: ... Der Gasverbrauch hat im letzten Jahr neuerdings eine beachtliche Steigerung erfahren; er beträgt gegenwärtig 4,61 Mrd. cbm und nimmt sowohl auf dem Gebiet des Haushaltsverbrauchs als auch bei Gewerbe und Industrie kräftig zu. Das kommende Jahr wird in besonderem Maße dazu dienen, von seiten der Gas- und Wasserversorgungsunternehmungen das Siedlungswerk zu fördern, die Gaswerke als höchstleistungsfähige Glieder der deutschen Rohstoffwirtschaft auszubauen und die <u>Zusammenarbeit aller Zweige des Faches immer mehr zu vertiefen und immer fruchtbringender zu gestalten.</u> ...
DBZ, Nr. 140 v. 19. Juni 1935, S. 9

Bestellungen a. d. Pressekonferenz v. 21.6.35.

ZSg. 101/5/202/Nr. 1399   21. Juni 1935

In den nächsten Tagen werden in Durchführung des Gesetzes über die Verbrauchergenossenschaften einige Konsumvereine sowie der Beamtenwirtschaftsverein aufgelöst werden. Es wird darum gebeten, an diesen Vorgang keine Kommentare zu knüpfen, die geeignet wären, Beunruhigung in den betroffenen Kreisen hervorzurufen. Für den Fall, dass Kommentare geschrieben werden, sollen sie vorher dem Reichswirtschaftsministerium vorgelegt werden.

s. a. ZSg. 102/1/55 (1) v. 21. Juni 1935: ... Wie vertraulich mitgeteilt wurde, ((werde sich)) demnaechst die Konsumgenossenschaft Berlin-Lichtenberg und voraussichtlich gleichzeitig auch der Beamtenwirtschaftsverein aufloesen. Da nach Veroeffentlichung des Gesetzes mehrere Artikel erschienen seien, die Beunruhigung in die Bevoelkerung getragen haetten, wird gebeten, ausser dem Liquidationsbeschluss nichts zu veroeffentlichen, was nicht dem Reichswirtschaftsministerium zur Kenntnisnahme vorgelegt worden ist.
s. a. ZSg. 101/5/170/Nr. 1341 v. 25. Mai 1935
ZSg. 101/5/209/Nr. 1421 v. 29. Juni 1935

Die 1. Durchführungsverordnung zum Gesetz über Verbrauchergenossenschaften erging am 31. Oktober 1935 und trat rückwirkend am 1. Juli 1935 in Kraft.

O. K.:
<u>Verbrauchergenossenschaften im Umbau</u>
Die Deutsche Volkswirtschaft, 4. Jg. (1935), Nr. 20, S. 624-625

- 373 -   21.06.1935

ZSg. 101/5/202/Nr. 1400   21. Juni 1935

In der Zeit vom 23.-26. Juni weilen in Deutschland zwei höhere ungarische Offiziere und zwar in Berlin und Dresden zu Besichtigungs- und Informationszwecken. Ueber ihren Besuch soll nichts gebracht werden.

s. a. ZSg. 102/1/55 (2) v. 21. Juni 1935

In Dresden befand sich eine Kriegsschule (Offiziersausbildung). In Berlin standen die Wehrmachtakademie (Offiziersweiterbildung aller Waffengattungen "in großen Fragen der Landesverteidigung") und die Kriegsakademie (Ausbildung der Generalstabsoffiziere) kurz vor der offiziellen Wiedereröffnung (1. bzw. 15. Oktober 1935), vgl. R. Absolon, Die Wehrmacht im Dritten Reich, Bd. 3, Boppard 1975, S. 150 und Handbuch zur deutschen Militärgeschichte 1648-1939, Bd. 4, VII, München 1979, S. 364f.

ZSg. 101/5/202/Nr. 1401   21. Juni 1935

Berichte über die Ergänzungskurse der Reichswehr in der die älteren Jahrgänge 8 Wochen ausgebildet werden, können an sich gebracht werden, jedoch soll nichts über ihre inneren Einrichtungen usw. veröffentlicht werden.

s. a. ZSg. 102/1/55 (3) v. 21. Juni 1935: ... dass es aber nicht erwuenscht sei, auf die Einrichtung der Ergaenzungsbataillone einzugehen.
s. a. ZSg. 101/6/24/Nr. 1470 v. 22. Juli 1935

Um der bevorstehenden Heeresvergrößerung von der Personalstruktur her gerecht zu werden, wurden in Ergänzungslehrgängen ältere und ehemalige Reichswehrangehörige mit Vorgesetztentätigkeiten vertraut gemacht. (Handbuch zur deutschen Militärgeschichte 1648-1939, Bd. 4, VII, München 1979, S. 369f.)

ZSg. 101/5/202/Nr. 1402   21. Juni 1935

Das Reichskriegsministerium bittet, die Veröffentlichungen über Zahlen auf Grund des deutsch-englischen Flottenabkommens nunmehr einzustellen und das Ergebnis der noch schwebenden technischen Verhandlungen vor weiteren Veröffentlichungen abzuwarten.

21.06.1935

s. a. ZSg. 101/5/200/Nr. 1397 v. 19. Juni 1935
ZSg. 102/1/66 (7) v. 22. Juni 1935
ADAP, Serie C, Bd. IV, 1, Nr. 161

ZSg. 101/5/202/Nr. 1403   21. Juni 1935

Der Daily Telegraph veröffentlicht Kombinationen über den Inhalt der Unterhaltung Baldwin-Ribbentrop. Diese Meldung darf nicht übernommen werden. Gleichzeitig wird gebeten, den Besuch deutscher Frontkämpfer in Brighton nicht allzu gross aufzumachen, um nicht den späteren Eindruck des englischen Besuches in Berlin zu beeinträchtigen.

s. a. ZSg. 101/5/194/Nr. 1392 v. 14. Juni 1935
Deutsche Frontkämpfer in England
Ein Kameradschaftstreffen
(Von unserem eigenen Berichterstatter)
HHN, Nr. 282 v. 20. Juni 1935, S. 1

Unterredung Baldwins mit Ribbentrop
Fortgang der technischen Verhandlungen der Flottenabordnungen
ebd.

Der Gegenbesuch der britischen Frontkämpfer war für Mitte Juli festgesetzt worden.

British Work For Peace
.../German Envoy at No. 10
He ((Ribbentrop)) had a long conversation with the Prime Minister, which is believed to have covered various aspects of the Anglo-German Agreement and the possibility of its embodiment in a more general convention for the regulation of naval armaments. ...
The Times, Nr. 47,096 v. 21. Juni 1935, S. 16

ZSg. 101/5/202/Nr. 1404   21. Juni 1935

Die Meldung über die Entscheidung des Standesamtes Pforzheim, das die Beurkundung einer Eheschliessung zwischen einem heerespflichtigen Arier und einer Jüdin abgelehnt hat, weil sie angeblich gegen das Wehrgesetz verstosse, darf nicht weiter veröffentlicht werden. Zu diesem Punkt kommen in Kürze noch gesetzliche Bestimmungen. Es handelt sich darum, dass bekanntlich die Wehrpflicht im Falle einer Verheiratung mit einer Jüdin ruht. Ein gesetzliches Verbot einer solchen Eheschliessung besteht jedoch nicht, so dass das Standesamt Pforzheim zwar dem Sinne aber nicht dem Wortlaut der gesetzlichen Bestimmungen nach entschieden hat. Diese Lücke soll jetzt noch ausgefüllt werden.

Gesehen: D., Fa., K.   Hbg. 1.20 Uhr
                       Br. 1.22 "
                       Ch. 1.27 "

s. a. ZSg. 101/6/32/Nr. 1492 v. 27. Juli 1935
Das "Gesetz zum Schutze des deutschen Blutes und der deutschen Ehre" wurde am 15. September 1935 verkündet (RGBl. 1935, I, S. 1146-1147). Danach waren Ehen zwischen Juden und Staatsangehörigen deutschen oder artverwandten Blutes verboten. Allerdings war diese Regelung bereits im § 15 Abs. 4 des Wehrgesetzes vom 21. Mai 1935 enthalten (RGBl. 1935, I, S. 611): "Den Angehörigen arischer Abstammung der Wehrmacht und des Beurlaubtenstandes ist das Eingehen der Ehe mit Personen nichtarischer Abstammung verboten. ..."

Bestellungen a. d. Pressekonferenz.

ZSg. 101/5/204/Nr. 1405   (22. Juni 1935)

In der heutigen Pressekonferenz sprach der Berliner Börsenkommissar über die Berichterstattung einzelner Zeitungen vor allem der Parteipresse über die jüngste Börsenhausse. Es wurde im Auftrage des Wirtschaftsministers festgestellt, dass jede Kritik an den Börsenvorgängen einen Angriff auf den Reichswirtschaftsminister und die Reichsregierung bedeute, da diese nach der Börsenreform genügend Einfluss auf die Kursentwicklung habe. Die Börse sei auch heute noch ein wichtiges Instrument des Wirtschaftslebens und es werde immer durch gesteigerte Nachfrage Kurssteigerungen geben. Diskussionen dieser Art sind also verboten. Die übliche Börsenberichterstattung wird davon nicht berührt. Das bevorstehende 250jährige Bestehen der Berliner Börse soll zum Anlass aufklärender Artikel über die Funktionen der Börse im Dritten Reich benutzt werden.

s. a. ZSg. 102/1/66 (8) v. 22. Juni 1935: Ueber vertrauliche Darlegungen des Boersenkommissars Sperl erhalten Sie Brief von Dr. Miksch.

22.06.1935   - 376 -

Die Korrespondenten der FZ stuften diese Ausführungen offensichtlich als besonders vertraulich ein, und zwar über das Maß der durchschnittlichen Vertraulichkeit der Presseanweisungen hinausgehend.

Zum Reichskommissar bei der Berliner Börse wurde Ministerialrat Sperl im Reich- und Preußischen Wirtschaftsministerium ernannt an Stelle des bisherigen Reichskommissars Dr. Schniewind. Dr. Schniewind, der zum Ministerialdirektor ernannt wurde, übernahm ... die Leitung der Abteilung I ... Als zweiter Reichskommissar bei der Berliner Börse bleibt Regierungsrat Dr. Martini im Amt.
Das Archiv, Juni 1935, S. 473 (13. Juni)

250 Jahre Berliner Börse
DAZ (B. A.), Nr. 285 v. 21. Juni 1935, S. 3

W. Sch.:
Ein Lufthieb für die Börse
Die Deutsche Volkswirtschaft, 4. Jg. (1935), Nr. 18, S. 566-567
((Auseinandersetzung mit der Berichterstattung der "Berliner Börsen-Zeitung", die die Börsenhausse begrüßt hatte, während die meisten Zeitungen für eine ruhigere Entwicklung an der Börse eintraten.))

ZSg. 101/5/204/Nr. 1406   (22. Juni 1935)

Berichte über einen Antrag der Engländer, Italiener und Franzosen in der internationalen Donaukommission, Deutschland solle künftig nur mit einem und nicht mit zwei Mitgliedern vertreten sein, sollen zunächst, da die Sache in Genf schwebt, nicht veröffentlicht werden. Der Antrag ist auf die Feststellung gestützt, dass früher die beteiligten Bundesstaaten in der Kommission vertreten waren, heute Deutschland aber nur ein Einheitsstaat sei.

s. a. ZSg. 102/1/66 (3) v. 22. Juni 1935: ... Frueher hatten Bayern und Wuerttemberg je eine Stimme, die nun das Reich fuer sich reklamiert ... Es wird gebeten, von diesem Streit keine Notiz zu nehmen. Man muesse zeigen, dass wir an dieser Genfer Diskussion hoechst uninteressiert seien.

ZSg. 101/5/204/Nr. 1407   (22. Juni 1935)

Die deutsch-polnischen Wirtschaftsverhandlungen beginnen nächsten Freitag ((28.6.)). Vorankündigungen sind unerwünscht. Am kommenden Mittwoch ((26.6.)) wird eine vorherige Unterrichtung der deutschen Presse erfolgen.

- 377 -   22.06.1935

Der deutsch-polnische Handelsvertrag wurde am 4. November 1935 mit einer Laufzeit bis zum Oktober 1936 abgeschlossen, vgl. Keesing, 2288 M.

Bericht über die vorbereitende Pressekonferenz nur in ZSg. 110/1/ 83-84 v. 26. Juni 1935.

Fa.(lk):
Der deutsch-polnische Handel
Am heutigen Freitag beginnen in Berlin die deutsch-polnischen Wirtschaftsverhandlungen zu dem Zweck, den deutsch-polnischen Handelsverkehr auf eine breitere vertragliche Grundlage zu stellen. ...
Die deutsche Ausfuhr nach Polen hat weit stärker abgenommen als die polnische Ausfuhr nach Deutschland. Erschütternd ist vor allem der deutsche Minussaldo von 7,9 Mill. allein in den ersten drei Monaten des laufenden Jahres. Das läßt die ernste Befürchtung zu, daß der deutsche Einfuhrüberschuß für das ganze Jahr 1935 noch weit größer sein wird als 1934, in welchem Jahre der Umschwung von der Aktivität zur Passivität im Warenverkehr mit Polen einsetzte. ...
HHN, Nr. 295 v. 28. Juni 1935, S. 3

ZSg. 101/5/204/Nr. 1408   (22. Juni 1935)

Es soll nichts veröffentlicht werden über das deutsch-französische Luftpostabkommen. Die bisherigen Veröffentlichungen waren durchweg falsch. Die Einzelheiten werden in den nächsten Tagen mitgeteilt.

Fa., D., K.

s. a. ZSg. 102/1/66 (5) v. 22. Juni 1935: ... (Wir haben einen Auszug ja heute schon in der Reichsausgabe.) ...
s. a. ZSg. 101/5/161/Nr. 1321 v. 17. Mai 1935
s. a. DKP 1935/III/94 v. 27. Juni 1935

Abkommen zwischen Lufthansa und Air France
Gemeinsamer Flugplan über den Südatlantik
Ab 1. Juli werden, wie der Alldienst mitteilt, die "Deutsche Lufthansa" und die "Air France" ihre Fluglinie zwischen Europa und Südamerika nach gemeinsamem Flugplan befliegen. Damit wird in Zukunft zwei Mal wöchentlich Beförderungsgelegenheit für Briefpost über den Südatlantik gegeben sein. ...
FZ, Nr. 314 v. 22. Juni 1935, S. 2
s. a. DAZ (B. A.), Nr. 285 v. 21. Juni 1935, S. 2

22.06.1935

ZSg. 101/5/203/Nr. 1409   22. Juni 1935

Die deutsche Molkereizeitung hat einen Artikel über die deutsche Fettwirtschaft veröffentlicht, der nicht weiter verbreitet werden darf. Auch eine selbständige Behandlung der dort angeschnittenen Themen ist verboten.

s. a. ZSg. 102/1/66 (6) v. 22. Juni 1935: ... aus Nr. 25 der "Deutschen Molkerei-Zeitung" ...

Deutsche Molkerei-Zeitung (Wochenblatt), 1882 - 1943, vor 1933: Süddeutsche Molkerei-Zeitung, Kempten (Allg.)

Kritische Betrachtungen zum Fettproblem
Im Herbst des vergangenen Jahres hat die Reichskreditgesellschaft in Berlin eine Denkschrift "Das Fettproblem" herausgebracht, in der die Lage am Weltmarkt für Oelfrüchte, Oele und Fette sowie die deutsche Fettversorgung einer eingehenden Erörterung unterzogen werden. Die Gestaltung der Marktlage dieser Erzeugnisse ist von großer Bedeutung für Deutschland, das zur Zeit der Veröffentlichung des Berichtes noch zu etwa 60-62 % von ausländischen Zufuhren abhängig war. Der Verfasser der Schrift kommt zu der Voraussage, daß sich diese Abhängigkeit infolge der verminderten Futtermittelernte im 1. Halbjahr 1935 sogar noch etwas erhöhen werde. Eine Verstärkung der inländischen Versorgungsgrundlage durch Ausbau der heimischen Fetterzeugung sei naturgemäß erst im Ablauf einer mehrere Jahre erfordernden Umstellung der deutschen Landwirtschaft möglich. Um ein begründetes Urteil über die deutsche Fettlage geben zu können, sei die Kenntnis der Weltmarktgestaltung Voraussetzung. Darüber wird unter anderem folgendes niedergelegt: ...
Deutsche Molkerei-Zeitung, 56. Jg. (1935), Nr. 25 v. 20. Juni 1935, S. 921 -923

ZSg. 101/5/203/Nr. 1410   22. Juni 1935

Kombinationen darüber, ob die Regierungskrise in Jugoslawien für Deutschland günstig oder ungünstig ist, sollen unterbleiben.

Gesehen: Fa., D., K.   Hbg.   brfl.
                       Bresl. 7.25
                       Chemn. brfl.

s. a. ZSg. 102/1/66 (2) v. 22. Juni 1935
      ZSg. 102/1/55 (2) v. 7. Mai 1935
      ADAP, Serie C, Bd. IV, 1, Nr. 191
      DKP 1935/I/55 v. 4. Juli 1935

22.06.1935

Das vergleichsweise gute Abschneiden der kroatischen Minderheit bei den Wahlen hatte zum Rücktritt der Regierung geführt.
"Die deutsch-jugoslawischen Wirtschaftsbeziehungen waren von einem Passivsaldo auf der deutschen Seite der Handelsbilanz gekennzeichnet, um dessen Ausgleich die Regierung bemüht war." H. J. Schröder, Der Aufbau der deutschen Hegemonialstellung in Südosteuropa 1933-1936. In: M. Funke (Hrsg.), Hitler, Deutschland und die Mächte, Kronberg/Ts. und Düsseldorf 1978, S. 762ff.

Politische Bereinigung in Belgrad
Die neue südslawische Regierung - Lebhafte Zustimmung in London
HHN, Nr. 289 v.25. Juni 1935, S. 2

Der Rücktritt Jeftitschs
... Es ist geradezu von einer Verschlechterung der Beziehungen zwischen Belgrad und Berlin die Rede, wozu der Zwischenfall mit dem Chefredakteur der "Politika" beiträgt. Göring richtete bei einem Empfang in der deutschen Gesandtschaft gegen die Haltung des Blattes geradezu öffentliche Vorwürfe und drohte mit der Ausweisung des Berliner Korrespondenten. Diese Angriffe, die zum größten Teil unberechtigt waren, führten zur freiwilligen Abberufung des Korrespondenten. Zum Protest wird der Berliner Korrespondentenposten bis auf weiteres nicht mehr besetzt.
NZZ, Nr. 1086 v. 21. Juni 1935, S. 2

ZSg. 101/5/205/Nr. 1411   22. Juni 1935

DNB-Rundruf v. 22. Juni 1935.

Das Deutsche Nachrichtenbüro verbreitet heute eine Meldung über die Bedeutung der Heidelberger Thingstätten. Es wird der Abdruck dieser Meldung erwartet. Die Rede des Ministers Goebbels soll in grosser Aufmachung gebracht werden.

Gesehen: Fa., D., K.   Hbg.   9 Uhr 15
                         Breslau 8 Uhr 30
                         Chemnitz brfl.

s. a. ZSg. 102/1/DNB v. 22. Juni 1935

Thingstättenweihe in Heidelberg im Zeichen nationalsozialistischer Festgestaltung
Eine Sonnenwende
HHN, Nr. 287 v. 23. Juni 1935, S. 1

22.06.1935 - 380 -

Die Bedeutung der Thingstätte
als Kulturstätte des nationalsozialistischen Glaubens
HHN, Nr. 287 v. 23. Juni 1935, S. 2
s. a. VB (N. A.), Nr. 171 v. 20. Juni 1935, S. 6

ZSg. 102/1/66 (1)   22. Juni 1935

Mit Ruecksicht auf Edens Reise nach Paris und das Bestreben der französischen Presse, die internationale Diskussion jetzt auf ganz breitem Feld wieder in dem Sinne aufrollen zu lassen, dass die Unteilbarkeit des Londoner Protokolls in den Vordergrund gerueckt wird, wurde bemerkt, dass zur Zeit eine Eroerterung der Frage des Luftpakts und des Ostpakts nicht erwuenscht sei, um nicht eine Stuetze fuer die französische These von der Unteilbarkeit des Londoner Protokolls zu liefern. Etwaige Meldungen ueber Absichten usw. in Luft- und Ostpaktfragen koennen natuerlich gebracht werden.

s. a. ADAP, Serie C, Bd. IV, 1, Nr. 152, 167, 186, 187

Bemühungen Edens in Paris
Laval verlangt bestimmte Zusicherungen - Widerstände in der Luftpaktfrage
(Drahtmeldung unseres Korrespondenten)
FZ, Nr. 314 v. 22. Juni 1935, S. 1

Eden wird wiederkommen
Eine Mitteilung Lavals - Umweg über Rom - Das problematische Luftabkommen
... Aber selbst wenn Eden dem französischen Außenminister sehr weit entgegengekommen sein sollte, wie es den Anschein hat, so würde das doch nicht heißen, daß England darauf verzichtet, das Luft-Locarno in absehbarer Zeit zustandezubringen. Wir haben nicht den Eindruck, daß in Paris der Weg dazu völlig verbaut worden ist. ...
FZ, Nr. 316 v. 23. Juni 1935, S. 2

ZSg. 102/1/66 (4)   22. Juni 1935

Von DNB wird ein Schlussbericht ueber die kriminalpolizeiliche Tagung in Kopenhagen Ihnen zugehen. Es wurde um Beachtung gebeten.

Die deutsche Kriminalpolizei als Vorbild
... Die Tagung hat den Zweck, die kriminalpolizeilichen Erfahrungen des jeweils letzten Jahres, die nicht der Öffentlichkeit zu-

gänglich sind, auszutauschen und zur Verwertung weiterzugeben. So
ist es leicht erklärlich, daß die deutsche Abordnung, an ihrer
Spitze der Befehlshaber der deutschen Polizei, Generalleutnant der
Landespolizei, Daluege, im Mittelpunkt der Tagung stand und daß
der deutsche Bericht über die nationalsozialistischen Methoden zur
Bekämpfung des berufs- und gewohnheitsmäßigen Verbrechertums allgemein als ihr Höhepunkt angesehen wurde.
HHN, Nr. 287 v. 23. Juni 1935, S. 3

ZSg. 102/1/66 (7)   22. Juni 1935

Das Kriegsministerium hat nun heute endlich gedrucktes Material zur
Flottenfrage ausgegeben, das wir Ihnen brieflich uebersenden. Dazu
wurde bemerkt, dass nun nicht dieses Material sofort verwendet werden muesste. Man werde in Zukunft noch oefter Gelegenheit haben,
dieses Thema zu behandeln. Grundsaetzlich soll es sowieso dabei
bleiben, dass die politische Bedeutung des Abkommens immer noch gegenueber dem technischen im Vordergrund stehen muss, vor allem mit
Ruecksicht auf die noch fortdauernden Besprechungen mit England
ueber Einzelfragen. Als Argument bei der weiteren Behandlung sei gelegentlich zu verwenden, dass das Abkommen auch ein entscheidender
Beitrag fuer die zukuenftigen Flottenverhandlungen in dem Sinne sei,
dass das franzoesische Argument, man koenne nicht verhandeln, solange man Deutschlands Flottenstaerke nicht kenne, jetzt wegfalle. Urspruenglich war ja die Weisung gegeben worden, das Abkommen nur unter europaeischen Gesichtspunkten zu behandeln. Auf Fragen ergab
sich, dass allmaehlich eine Erweiterung auf das internationale Gebiet moeglich sein wird.

s. a. ZSg. 101/5/202/Nr. 1402 v. 21. Juni 1935
ZSg. 101/6/5/Nr. 1438 v. 6. Juli 1935
ADAP, Serie C, Bd. IV, 1, Nr. 165, 176, 177, 181, 182

R(udolf) K(ircher):
Etappe England
... Wenn uns England zu vertrauen beginnt, warum nicht auch Frankreich? England hatten wir den Verzicht auf einen Flottenunsinn anzubieten - ganz Europa aber haben wir den Luftpakt, den gemeinsamen
Verzicht auf die Kolosse der Land-, Luft- und Seerüstung und überhaupt eine weise Beschränkung der Angriffswaffen jeglicher Art und
manches andere angeboten. Der erste Schritt Deutschlands hat nach
England geführt, aber das bedeutet nur eine Etappe. Der zweite muß
Deutschland und Frankreich einander näherbringen. Der deutsch-englische Vertrag ist ein mächtiger Ansporn, ja er schafft eine moralische Pression: er drängt Europa die Vernunft auf. Es gibt Menschen,

die zu ihrem Glück gezwungen werden müssen - um wieviel höher ist das Glück der Nationen einzuschätzen, die eine gemeinsame Sehnsucht haben!
FZ, Nr. 315 v. 23. Juni 1935, S. 1

Ueberraschung - Ueberlegung
... Jedenfalls ist die durch das deutsch-englische Flottenabkommen in Bewegung gebrachte europäische politische Masse in sich ausreichend und inhaltsschwer genug, um für sich und in sich durchgearbeitet und gestaltet zu werden. ... Es hat mit seinem Russenpakt eine frische Welle von solchen Sonderbindungen ausgelöst, die keineswegs dem Frieden Europas absolut zuträglich sind. Gerade diese fortgesetzte Politik Frankreichs hat sehr dazu geholfen, Beunruhigungen in Europa zu schaffen. Es fehlt hier vollkommen das Maß, die Mäßigung, die von den Franzosen gerne als eine französische Nationaleigenschaft erklärt wird. ...
FZ, Nr. 315 v. 23. Juni 1935, S. 3

Bestellungen a. d. Pressekonferenz v. 24. Juni 1935.

ZSg. 101/5/206/Nr. 1412   24. Juni 1935

Es wird gebeten in der Treibstofffrage Zurückhaltung zu üben, insbesondere bei Besprechungen der Ausnutzungskapazität. Es sollen lediglich die halbamtlichen Nachrichten der Deutschen Braunkohlen und Benzin A. G. verwertet werden.

s. a. ZSg. 101/5/4/Nr. 1025 v. 7. Januar 1935
ZSg. 102/1/53 (5) v. 25. Juni 1935
ZSg. 101/6/94/Nr. 1626 v. 7. September 1935
ZSg. 101/6/2/Nr. 1428 v. 2. Juli 1935

Die "Braunkohlen-Benzin AG" war im Oktober 1934 gegründet worden, vgl. ZSg. 102/1/28 v. 22. Oktober 1934.

Treibstoffwirtschaft und Gasöl-Zoll
Die Deutsche Volkswirtschaft, 4. Jg. (1935), Nr. 35, S. 1133-1134

ZSg. 101/5/206/Nr. 1413   24. Juni 1935

Der Generalinspekteur für das deutsche Strassenbauwesen [1] bittet jede Erörterung über die Gebührenregelung bei den Reichsautobahnen zu unterlassen.

24./25.06.1935

Gesehen: Fa., D., K.   Habg. brfl.
                      Bresl. brfl.
                      Chemn. brfl.

s. a. ZSg. 101/5/73/Nr. 1159 v. 5. März 1935
      ZSg. 101/6/17/Nr. 1462 v. 19. Juli 1935

1) Fritz Todt (1891 - 1942)

Bestellungen a. d. Pressekonferenz v. 25.6.35.

ZSg. 101/5/207/Nr. 1414   25. Juni 1935

Die Meldungen über das Flugzeugunglück in Kolumbien sollen nur in der DNB-Fassung, nicht in der Fassung amerikanischer Nachrichten-Agenturen veröffentlicht werden - u. z. auf der zweiten Seite ohne grosse Schlagzeilen.

s. a. ZSg. 102/1/53 (1) v. 25. Juni 1935: Die Meldung ueber das Flugzeugunglueck in Columbien soll nicht gross auf der ersten Seite aufgemacht werden. Die besonders schauerlichen und sensationellen Meldungen amerikanischer Agenturen moege man nicht abdrucken.

Eins der verunglückten Flugzeuge gehörte der Deutsch-Kolumbianischen Gesellschaft, vgl. ZSg. 110/1/81 v. 25. Juni 1935.

Flugzeugunglück in Kolumbien
Sechzehn Tote
Bei Cali stießen zwei Flugzeuge zusammen. Dabei wurden sechzehn Personen getötet und fünf schwer verletzt. Beide Maschinen gingen sofort in Flammen auf. Mehrere Insassen verbrannten bis zur Unkenntlichkeit. Das eine Flugzeug, das von dem bekannten südamerikanischen Flieger Samper gesteuert wurde, gehörte der Südamerika-Kolumbien-Fluglinie, das andere der Scadia-Linie.
HHN, Nr. 290 v. 25. Juni 1935, S. 3
s. a. FZ, Nr. 320 v. 26. Juni 1935, S. 2
      VB (N. A.), Nr. 177 v. 26. Juni 1935, S. 10

25.06.1935

ZSg. 101/5/207/Nr. 1415   25. Juni 1935

Im Reichsanzeiger werden laufend Anordnungen der Reichsgetreidestellen veröffentlicht zur Organisation des neuen Erntejahres. Diese Angaben dürfen zwar veröffentlicht aber nicht kommentiert werden bis die Anordnungen in ihrer Gesamtheit vorliegen, was in einigen Tagen der Fall sein wird.

s. a. ZSg. 110/1/81 v. 25. Juni 1935
    ZSg. 102/1/53 (2) v. 25. Juni 1935: Im Reichsanzeiger war gestern eine Anordnung der Reichsstelle fuer Getreide usw., ueber die wir eine Meldung gegeben haben. Es handelt sich um das Verfuegungsrecht der Landwirte, ueber Inlandsroggen und -weizen ab 15. Juli. ... dann werde auch Staatssekretaer Backe oder Min. Dir. Moritz in der Preko zu diesem Thema sprechen.

<u>Anordnung für Getreide, Futtermittel und sonstige landwirtschaftliche Erzeugnisse, Geschäftsabteilung vom 22. Juni 1935</u>
... Ein Erzeuger darf über inländischen Roggen und inländischen Weizen nach Erfüllung oder genügender Sicherstellung der Ablieferung seiner Kontingentsmenge frei verfügen. ...
DRPS, Nr. 144 v. 24. Juni 1935, S. 1
Die Anordnung trat mit Wirkung vom 15. Juli 1935 in Kraft.
s. a. HHN, Nr. 291 v. 26. Juni 1935, S. 3

ZSg. 101/5/207/Nr. 1416   25. Juni 1935

Der Artikel "Reform der Landwirtschaftsschulen" in der "Bauernpost" soll nicht nachgedruckt werden, weil er auf unsinnigen Voraussetzungen beruht.

Gesehen: D., K., Fa.   Hamburg 1.00
                          Breslau 1.05
                          Chemn. 1.14

s. a. ZSg. 102/1/53 (4) v. 25. Juni 1935
    ZSg. 110/1/81 v. 25. Juni 1935: ... verbreitet der Diplomlandwirt Zimmermann in der Zeitungskorrespondenz "Die Bayerische Post" ((sic)) einen Artikel ...

<u>Bauernpost</u>, 1933 gegründet, Korrespondenz zu Fragen des Bauerntums, der Dorfkultur, des Ausgleichs zwischen Stadt und Land, Hrsg. Verlagsdirektor Max Grieshaber, Augsburg. Hauptschriftleiter Hans Zimmermann. (Hdb. d. dt. Tagespresse, 6. Auflage 1937, S. 306)

ZSg. 102/1/53 (3) 25. Juni 1935

Man moege fuer eine eingehende Berichterstattung ueber die Tagung der Akademie fuer deutsches Recht in Muenchen Sorge tragen.

Die Tagung fand vom 26. - 29. Juni statt (vgl. ZSg. 110/1/81 v. 25. Juni 1935).

Recht drängt zu neuer Gestaltung
Die zweite Jahrestagung der Akademie für deutsches Recht - Ausländische Anerkennung
HHN, Nr. 295 v. 28. Juni 1935, S. 2

Die Berichterstattung ab dem 26. Juni 1935 war von den Beschlüssen der Kabinettssitzung (Reichsluftschutzgesetz, Arbeitsdienstpflicht-Gesetz) geprägt (vgl. ZSg. 101/5/208/Nr. 1419 v. 27. Juni 1935), aber:
Zwei Jahre Akademie für Deutsches Recht
Von Reichsminister Dr. Hans Frank
VB (N. A.), Nr. 177 v. 26. Juni 1935, S. 1-2

Reichsminister Dr. Frank eröffnete
Die zweite Jahrestagung der Akademie für Deutsches Recht
Die große Mission des deutschen Rechtslebens
Erste Arbeitstagung der Akademie für Deutsches Recht
VB (N. A.), Nr. 179 v. 28. Juni 1935, S. 1
s. a. FZ, Nr. 325 v. 28. Juni 1935, S. 3

Aus der Rede von Frank: "Es sei ein verheißungsvolles Vorzeichen, daß die Reichsregierung gerade ein Gesetz beschlossen habe, das gleichsam als ein Geschenk zu betrachten sei, eine der fundamentalsten Neuerungen auf strafrechtlichem Gebiete ((Gesetz zur Änderung des Strafgesetzbuches)). Der materiellen Gerechtigkeit in der Strafrechtspflege sei zum Siege verholfen worden. Die Versammlung werde mit Freuden fühlen, daß der Grundsatz: "Keine Strafe ohne Gesetz" abgelöst sei durch den für uns eine Notwendigkeit darstellenden Satz: "Kein Verbrechen ohne Strafe"."

ZSg. 102/1/53 (5) 25. Juni 1935

Im Anschluss an die gestrige Anweisung, ueber Treibstoff nicht zu schreiben, wurde heute vom Reichswirtschaftsministerium vertraulich darauf aufmerksam gemacht ... ((unleserlich)) Treibstoff und Kautschuk, mit groesster Vorsicht vorgehen und alles vermeiden moege, was irgendwie als Sensationsmeldung in einer uns unfreundlichen auslaendischen Zeitung wieder erscheinen koennte. Unerwuenscht seien natuerlich auch Ueberschriften wie "Gestillter Baumwollhunger" und aehnliche, die im Anschluss ... ((unleserlich)). Als uner-

25./26.06.1935 - 386 -

wuenscht wurde bezeichnet, sich ueberhaupt allzu breit ueber die Rohstofffrage auszulassen.

s. a. ZSg. 110/1/81 v. 25. Juni 1935: ... Eine große Rolle spielte unter anderem die Treibstoff- und Wollversorgung. Den letzten Anlaß für solche Auslassungen haben die Bemühungen des Bremer Baumwollhandels gegeben. ...
s. a. ZSg. 101/5/206/Nr. 1412 v. 24. Juni 1935
ZSg. 101/28/183 v. 1. Juli 1935 (Vertraulicher Informationsbericht) ((Der Wirtschaftsbeauftragte des Führers, Wilhelm Keppler, über die Rohstofflage))
s. a. ZSg. 110/1/90-93 v. 1. Juli 1935

Dr. G. Plum:
Baumwoll-Abschlüsse 1934
Weitere Ertragssteigerung - Starke Bilanzverflüssigung
... (612) Die Rohstoffschwierigkeiten sind in der Baumwollindustrie nicht mit der gleichen Schärfe aufgetreten (613) wie in der Wollindustrie. Wir haben auch hier in der ersten Jahreshälfte ein scharfes Ansteigen der Umsätze, die aber in der zweiten Jahreshälfte unter dem Einfluß der Faserstoffverordnung weniger stark zurückgingen als in der Wollindustrie. Die Ursache liegt darin, daß die Verlagerung in den Rohstoffbezügen weit reibungsloser verlief, obwohl der wichtigste Lieferer, die Vereinigten Staaten, eine Hartnäckigkeit in der Frage der Devisenbezahlung zeigte, wie kaum ein zweites Land auf anderem Gebiete. ... (617) Die Entwicklung im neuen Jahre ist noch ziemlich unübersichtlich. Die Rohstoffsorgen sind entscheidend, jedoch sind sie heute weniger ernst zu nehmen, als vor einigen Monaten, nachdem die Umlagerung des Baumwollbezuges Fortschritte macht. Wenn auch nicht mehr die stürmische Nachfrage des Vorjahres besteht, so darf doch angenommen werden, daß die zukünftige Entwicklung auch für die Baumwollindustrie eine weitere Gesundung bringen wird.
Die Deutsche Volkswirtschaft, 4. Jg. (1935), Nr. 19, S. 612-617

ZSg. 102/1/40   26. Juni 1935

Auch DNB wird jetzt eine Meldung ausgeben zur Ueberreichung der franzoesischen Antwort auf die deutsche Note wegen Unvereinbarkeit des franzoesisch-sowjetrussischen Paktes. Die Note selbst muss natuerlich noch geprueft werden, so dass kein generelles Urteil ueber sie in den Kommentaren abgegeben werden moege. Man koenne natuerlich durchblicken lassen, dass sie die seinerzeit geaeusserten deutschen Zweifel wohl nicht ausraeume. Dies ergibt sich wohl ohne weiteres aus der DNB-Meldung, in der gesagt ist, dass nach franzoesischer ((Auffassung?)) uebereinstimmend mit der englischen Regierung, ein Widerspruch zum Locarnovertrag nicht vorhanden sei.

26./27.06.1935

s. a. ZSg. 110/1/84 v. 26. Juni 1935
ZSg. 102/1/56 (2) v. 6. Juli 1935 (= ZSg. 101/6/5/Nr. 1438
v. 6. Juli 1935)
ADAP, Serie C, Bd. IV, 1, Nr. 129, 169-171

Der französisch-sowjetische Beistandspakt war am 2. Mai 1935 in
Paris unterzeichnet worden (vgl. ZSg. 102/1/65 (1) v. 4. Mai 1935).

Die französische Antwort auf die deutschen Einwände
NZZ, Nr. 1114 v. 26. Juni 1935, S. 1-2
s. a. FZ, Nr. 321 v. 26. Juni 1935, S. 2
FZ, Nr. 322 v. 27. Juni 1935, S. 2

Bestellungen a. d. Pressekonferenz v. 27.6.35.

ZSg. 101/5/208/Nr. 1417   27. Juni 1935

Es wird gebeten, das Gesetz über den Reichsluftschutz und den durch
DNB veröffentlichten Kommentar gut aufzumachen.

s. a. ZSg. 102/1/40 (vertraulich) v. 26. Juni 1935
ZSg. 101/6/46/Nr. 1521 v. 6. August 1935

Luftschutzgesetz vom 26. Juni 1935 (RGBl. 1935, I, S. 827-828).
In diesem Gesetz, das im Reichsgesetzblatt Nr. 69 v. 4. Juli veröffentlicht wurde, wurde der Luftschutz zur "Aufgabe des Reichs" erklärt, die vom Reichsminister der Luftfahrt wahrgenommen werden
sollte.

Luftschutzpflicht für alle Deutschen
Das neue Reichsluftschutzgesetz
Alle Deutschen sind zur Dienstleistung verpflichtet
HHN, Nr. 294 v. 27. Juni 1935, S. 1

Das Luftschutzgesetz
ein Friedensinstrument für Deutschlands Sicherheit
HHN, Nr. 294 v. 27. Juni 1935, S. 2
s. a. FZ, Nr. 323 v. 27. Juni 1935, S. 2

ZSg. 101/5/208/Nr. 1418   27. Juni 1935

Es wird daran erinnert, dass eine Berichterstattung über Kriegsschiffneubauten, Stapelläufe usw. verboten ist. Das gleiche gilt
für die bevorstehenden Probefahrten der neuen Zerstörer, U-Boote
usw.

27.06.1935

s. a. ZSg. 110/1/85 v. 27. Juni 1935
ZSg. 101/3/187/Nr. 473 v. 23. April 1934
ZSg. 101/4/207/Nr. 962 v. 6. Dezember 1934
ZSg. 101/1/130 v. 20. Oktober 1933
ZSg. 101/6/48/Nr. 1531 v. 8. August 1935
ZSg. 101/6/97/Nr. 1632 v. 10. September 1935

Zu Typ und Anzahl der in Dienst gestellten Neubauten vgl. Handbuch zur deutschen Militärgeschichte 1648-1939, Bd. 4, VII, München 1979, S. 452-455.

ZSg. 101/5/208/Nr. 1419   27. Juni 1935

Es wird angeordnet, dass keinerlei Meldungen über das Geschenk an Mackensen bis auf weiteres veröffentlicht werden dürfen. Die Berichterstattung wird erst wieder frei, vom Tage der Uebergabe der Domäne an Mackensen durch den Führer. Das gilt auch für feuilletonistische Schilderungen des Gutes, der Gegend usw.

s. a. ZSg. 110/1/86 v. 27. Juni 1935
ZSg. 110/1/87 v. 28. Juni 1935: ... Es bestehen keine Bedenken, das von Heinrich Hoffmann verbreitete Bild über die Domäne Prüssow ((sic)) (das Geschenk an Mackensen) zu veröffentlichen.

Generalfeldmarschall von Mackensen (1849 - 1945) legte am 31. Juli 1935 die Ehrenmitgliedschaft im Stahlhelm nieder. Am 22. Oktober übergab ihm Hitler die Staatsdomäne Brüssow bei Stettin als "Erbhof", vgl. M. Domarus, Hitler. Reden und Proklamationen 1932-1945, Bd. 1, Neustadt a. d. Aisch 1962, S. 547. Zu dem Brief, in dem Mackensen die Niederlegung der Ehrenmitgliedschaft begründet, vgl. ZSg. 101/28/243-247 v. 5. August 1935 (Vertrauliche Information Nr. 45).
s. a. Sopade, 2. Jg. (1935), S. 1164 ((Unmut der Bauern wegen der Größe der Schenkung))

<u>Wichtige Gesetzesbeschlüsse</u>
Ehrung für Generalfeldmarschall von Mackensen - Letzte Kabinettssitzung vor der Sommerpause
... Angenommen wurde schließlich ... <u>ein Gesetz über die Abgabenbefreiung einer Dotation an den Generalfeldmarschall August von Mackensen.</u> Nach dem Willen des Führers und Reichskanzlers soll dem Dank des deutschen Volkes an den ruhmvollen Heerführer unvergänglicher Ausdruck verliehen werden. Das Preußische Staatsministerium hat daher beschlossen, die preußische Domäne Brüssow (Kr. Prenzlau) dem Führer und Reichskanzler für eine Übereignung an den Generalfeldmarschall von Mackensen als Dotation zur Verfügung zu stellen.
HHN, Nr. 293 v. 27. Juni 1935, S. 1

<u>Eine Schenkung für Mackensen</u>
... Gleichzeitig mit der Schenkung der preußischen Staatsdomäne Brüssow ergeht ein Reichsgesetz über die Abgabebefreiung dieser Dotation. Der Erlaß der Erbschaftssteuer wird dem Sohn Mackensen,

- 389 -   27./29.06.1935

der als deutscher Gesandter in Budapest tätig ist, zugute kommen.
Der Generalfeldmarschall, der aus einem bürgerlichen Hause stammte,
wurde von Wilhelm II., bei dem er sich größter Gunst erfreute, geadelt, tritt aber erst jetzt in den Kreis der Rittergutsbesitzer
ein.
NZZ, Nr. 1123 v. 27. Juni 1935, S. 2

ZSg. 101/5/208/Nr. 1420   27. Juni 1935

Ueber DNB wird heute ein kurzes Communiqué kommen über die Erhebung
eines 44%igen Wertzolles auf die rumänische Einfuhr. Diese Meldung
soll diskret ohne Kommentar veröffentlicht werden, da Aussicht besteht, dass man sich noch bis zum 1. Juli mit den Rumänen einigt,
und damit die gegenseitigen Zollzuschläge hinfällig werden.

Gesehen: Fa., D., K.   Hbg.   1 Uhr 30
                          Bresl. 1 " 40
                          Chemn. 1 " 50

s. a. ZSg. 110/1/85 v. 27. Juni 1935
      ZSg. 101/5/198/Nr. 1394 v. 18. Juni 1935
      ZSg. 101/6/53/Nr. 1547 v. 12. August 1935

Der zum 1. Juli 1935 verlangte Wertzoll wurde am 6. September 1935
wieder aufgehoben (vgl. Keesing 1935, 2111K. 2211J. 2247F.).
s. a. VB (N. A.), Nr. 179 v. 28. Juni 1935, S. 13

Bestellungen a. d. Pressekonferenz v. 29.6.35.

ZSg. 101/5/209/Nr. 1421   29. Juni 1935

Durch DNB kommt eine Meldung über die Auflösung der Konsumgenossenschaft Berlin-Lichtenberg. Ueber diese Meldung hinaus soll nichts
berichtet werden.

s. a. ZSg. 101/5/202/Nr. 1399 v. 21. Juni 1935
      ZSg. 101/6/47/Nr. 1525 v. 7. August 1935

29.06.1935

Konsumgenossenschaft Berlin-Lichtenberg löst sich auf
... Es ist jetzt Aufgabe derjenigen Kreise, denen die Auflösung
des Konsumvereins wirtschaftliche Erleichterung bringt, dafür zu
sorgen, daß die zur Entlassung kommenden Arbeiter und Angestellten
nicht der Arbeitslosigkeit anheimfallen.
VB (N. A.), Nr. 181 v. 30. Juni 1935, S. 15

ZSg. 101/5/209/Nr. 1422   29. Juni 1935

Der Auszug eines Artikels von Lammers "Führergedanke und Selbstverwaltung", soll von den Zeitungen nach dem DNB-Text veröffentlicht werden, unter Zitat der europäischen Revue.

s. a. ZSg. 110/1/88 v. 29. Juni 1935: ... in der Sonntagsausgabe zum Abdruck zu bringen. Die Quelle, "Europäische Revue", muß angegeben werden.

Hans-Heinrich Lammers (1879 - 1962), Jura-Studium in Breslau und Leipzig, vor dem 1. Weltkrieg Landrichter in Beuthen, nach seinem militärischen Einsatz Eintritt in das Reichsministerium des Innern; 1933 Staatssekretär in der Reichskanzlei; 1937 Reichsminister. 1939 - 1945 Mitglied und Geschäftsführer des Ministerrats für Reichsverteidigung; 1949 im "Wilhelmstraßenprozeß" zu 20 Jahren verurteilt; 1952 begnadigt.

Europäische Revue (1925 - 1944). Die Zeitschrift hatte auf Grund ihres großen Ansehens einigen publizistischen Freiraum. Sie erschien seit 1934 in der Deutschen Verlags-Anstalt. Anfang 1935 wurden einzelne Regierungsmitglieder aufgerufen, "eine Stellungnahme zu aktuellen Problemen" abzugeben, unter Hinweis auf den "internationalen Ruf", den die "Europäische Revue" seit langem habe. (Brief v. Staatssekretär W. Funk (RMVP) an Justizminister F. Gürtner v. 6. März 1935. BA: R 22/4103)
s. a. Karl Anton Rohan/Joachim Moras, Europäische Revue (1925 - 1944). In: W. Haacke und G. Pötter, Die politische Zeitschrift 1665 - 1965, Bd. 2 (1900 - 1980), Stuttgart 1982, S. 407 - 414

Dr. Hans-Heinrich Lammers:
Staatssekretär und Chef der Reichskanzlei
Führergedanke und Selbstverwaltung
... Auch der Nationalsozialismus ist tief durchdrungen von der Richtigkeit und der Bedeutung der Selbstverwaltung. Er erstrebt nicht, wie in mißverständlicher Auffassung des Begriffs der Totalität der nationalsozialistischen Bewegung manchmal angenommen wird, eine Totalität des Staates, die einer Selbstverwaltung keinen Raum läßt. Der Führer und Reichskanzler hat als der Schöpfer des neuen Staates bei verschiedenen Gelegenheiten die Notwendigkeit der Erhaltung der Selbstverwaltung betont; denn in ihr wirke sich die initiative Kraft des Volkes in der Verwaltung der öffentlichen Angelegenheiten aus; allein die Selbstverwaltung dürfe unter keinen Umständen so wie früher dem zersplitterten Willen des Volkes und den streitenden Parteien ausgeliefert werden. Hieraus

ergibt sich als eine der besonders wichtigen Aufgaben des Nationalsozialismus die Synthese zwischen Führergedanke und Selbstverwaltung, die Verwirklichung des germanischen Prinzips des Eigenlebens einer Gefolgschaft unter einem aus ihr hervorgewachsenen Führer.
...
Europäische Revue, 11. Jg. (1935), H. 7, S. 429 - 435
s. a. Germania, Nr. 182 v. 2. Juli 1935, S. 3

ZSg. 101/5/209/Nr. 1423   29. Juni 1935

Die Basler Nachrichten sind heute auf unbestimmte Zeit verboten worden. Diese Nachricht darf erst dann veröff((entlicht)) werden, wenn der DNB-Text vorliegt.

Gesehen: Fa., D., K.   Hbg.   12 Uhr 50
                         Bresl.   12 " 55
                         Chemnitz 12 " 56

s. a. ZSg. 102/1/40 (3) v. 30. Juni 1935
      ZSg. 110/1/88 v. 29. Juni 1935: ... (Angeblich sollen die "Basler Nachrichten" immer wieder bestimmte Vorschriften, die man ihnen von deutscher Seite gemacht hatte, übertreten haben, so daß jetzt ein Generalverbot erfolgte.) ...
s. a. ZSg. 102/1/27 (1) v. 1. Juli 1935: Nach unseren Erkundigungen hat kein aktueller Anlaß zum gestrigen Verbot der "Basler Nachrichten" geführt, sondern die allgemeine Haltung des Blattes. Dies zu Ihrer Information.

"Basler Nachrichten" im Reichsgebiet verboten
Der Vertrieb der schweizerischen Zeitung "Basler Nachrichten" im deutschen Reichsgebiet ist auf Veranlassung des Reichsministers für Volksaufklärung und Propaganda auf unbestimmte Zeit verboten worden.
HHN, Nr. 299 v. 30. Juni 1935, S. 3

H.S.:
Die "Basler Nachrichten" und der Parlamentarismus
WLZ, Nr. 160 v. 14. Juni 1935, S. 2

Als Gegenmaßnahme verbot der Schweizer Bundesrat die beiden deutschen Zeitungen "Der Stürmer" und "Der Alemanne" sowie die Schweizer Zeitung "Der Reichsdeutsche", vgl. Manchester Guardian Weekly, Nr. 1 v. 5. Juli 1935, S. 6. Angefangen hatte es mit dem zunächst zeitlich befristeten Verbot der Basler "Nationalzeitung", der Berner Zeitung "Der Bund" und der "Neuen Zürcher Zeitung" nach dem 30. Juni 1934. Es folgten Einfuhrverbote für den "Angriff", die "Berliner Börsen-Zeitung" und den "Völkischen Beobachter", vgl. NZZ, Nr. 1142 v. 30. Juni 1935, S. 1 und NZZ, Nr. 1146 v. 1. Juli 1935, S. 1.
s. a. ADAP, Serie C, Bd. IV, 1, Nr. 179

29./30.06.1935

ZSg. 101/5/210/Nr. 1424   29. Juni 1935

DNB-Rundruf v. 29. Juni 1935

Ueber die heutigen Auseinandersetzungen des Reichsministers Dr. Goebbels mit der Auslandspresse soll nur stark gekürzt und abgemildert berichtet werden.

Gesehen: D., Fa., K.   Hamburg 10 Uhr 10
                         Breslau 7.10
                         Chemnitz brfl.

s. a. HHN, Nr. 299 v. 30. Juni 1935, S. 2
      FZ, Nr. 330 v. 1. Juli 1935, S. 2
aber:
"Deutschland steht im Aufbau"
Dr. Goebbels' Rede in der Sportpalast-Kundgebung des Gautages
... Am Schluß seiner Rede beschäftigte sich Dr. Goebbels mit der tendenziösen Berichterstattung einer gewissen Auslandspresse, die ganz unnötigerweise den Nationalsozialismus auf schwere Probleme des kommenden Winters aufmerksam mache. Daß Deutschland mit Devisen- und Rohstoffknappheit zu kämpfen habe, wüßten die verantwortlichen Männer sehr gut, aber sie wüßten auch, daß die Härte des ganzen Kampfes das neue Reich nicht auf die Knie zwingen werde. Gewiß sei es noch ein weiter Weg bis zur restlosen Beseitigung unserer außenpolitischen Beengung, aber das könne ja wohl auch die Auslandspresse nicht bezweifeln, daß Deutschland auf diesem Wege nicht rückwärts, sondern vorwärts gekommen sei, und zwar aus eigener Kraft. "Deutschland", so schloß der Gauleiter seine Rede, "steht im Aufbau. Sein Volk ist nicht ohne Sorgen, aber es hat wieder Lebensmut. Wir haben ihm diesen Optimismus zurückgegeben. Ueber dem Reich hält der Führer die Wacht und hinter ihm steht die neue Nation."
Germania, Nr. 182 v. 2. Juli 1935, S. 3

ZSg. 102/1/40 (1)   30. Juni 1935

Ueber organisatorische und personelle Umgliederungen auf dem Gebiet des Artistenwesens sollen keinerlei Mitteilungen in den Zeitungen kommen.

s. a. ZSg. 110/1/88 v. 29. Juni 1935

30.06.1935

Auf Veranlassung der Reichskulturkammer wurde im Rahmen der Reichstheaterkammer die Fachschaft Artistik als anerkannte berufsständische Organisation aller im Varieté, Kabarett, Zirkus und auf Kleinkunstbühnen künstlerisch Tätigen gebildet. Veranlassung zu der Bildung gab die Auflösung der drei Artisten- und Varietédirektoren-Verbände. Das Archiv, Juli 1935, S. 620 (31. Juli)

ZSg. 102/1/40 (2)   30. Juni 1935

Aus bestimmten Gruenden wird die Anweisung gegeben, ueber die Verleihung des Titels "Professor" an den Muenchener Architekten Leonhard Gall nicht zu berichten.

Brückenweihe und Richtfest der Führerbauten in München
... Die Entwürfe zu sämtlichen Parteibauten wurden von Prof. Ludwig Troost ausgeführt und nach seinem Tode von seiner Gattin und seinem Mitarbeiter, Prof. Gall, in die Wirklichkeit umgesetzt. ...
Das Archiv, November 1935, S. 1064 (3. November)

Leonhard Gall (1884 - 1952) vollendete die neue Ludwigsbrücke, den Führerbau und den Verwaltungsbau der NSDAP. Der Architekt Ludwig Troost (geb. 1878) war im Januar 1934 gestorben.

1.07.1935   - 394 -

Bestellungen a. d. Pressekonferenz v. 1. Juli 1935.

ZSg. 101/6/1/Nr. 1425   1. Juli 1935

Das Reichswirtschaftsministerium bittet entsprechend früherer Anweisung das im Reichsgesetzblatt veröffentlichte Gesetz über Erhebung von Umlagen in der gewerblichen Wirtschaft nicht zu kommentieren. Dagegen ist der Abdruck des Wortlautes des Gesetzes gestattet.
s. a. ZSg. 110/1/89 v. 1. Juli 1935
      ZSg. 102/1/6 (1) v. 1. Juli 1935: ... Das Gesetz ist nicht zu kommentieren, als Kommentar koenne man die Rede von Dr. Brinkmann betrachten (die ja auch bei uns heute in ziemlicher enger raeumlicher Verbindung mit dem Gesetz erschienen ist).
s. a. ZSg. 102/1/4 (4) v. 14. Juni 1935
      ZSg. 101/6/94/Nr. 1626 v. 7. September 1935

Gesetz über Erhebung von Umlagen in der gewerblichen Wirtschaft vom 28. Juni 1935. (RGBl. 1935, I, S. 812)
Einziger Paragraph: Die Reichswirtschaftskammer kann Anordnungen treffen über die Erhebung und Verwendung von Umlagen durch Gruppen oder Vereinigungen von Unternehmern und Unternehmungen der gewerblichen Wirtschaft als Organe der Selbstverwaltung und über die Einziehung und Betreibung solcher Umlagen durch Industrie- und Handelskammern, Handwerkskammern oder sonstige öffentlich-rechtliche Vereinigungen von Unternehmern und Unternehmungen der gewerblichen Wirtschaft.

"Ausfuhrförderung aus eigener Kraft"
Direktor Brinkmann über den deutschen Außenhandel
Auf einer Veranstaltung der Außenhandelsstelle für Südwestfalen zu Hagen sprach vor den Führern der südwestfälischen Wirtschaft der Direktor der Golddiskontbank und Generalreferent im Reichswirtschaftsministerium, Dr. Brinkmann (Berlin) über das Thema "Der deutsche Außenhandel". ... Wie ein Kaufmann, der auf dem Binnenmarkt oder auf dem Außenmarkt seine Geschäfte treibt, aus der Summe von Gewinn- und Verlustgeschäften seine geschäftliche Grundlage herstellt und keiner daran denkt, es ihm übel zu nehmen, wenn er so verfährt, ebenso wenig kann man es doch wohl gewissen Gruppen von Gewerbetreibenden verargen, wenn sie zur Existenzsicherung zu einem in sich geschlossenen Ausgleich ihrer Innen- und Außengeschäfte zu gelangen suchen. ...
FZ, Nr. 330 v. 1. Juli 1935, S. 1 - 2
s. a. HHN, Nr. 180 v. 1. Juli 1935, S. 1

ZSg. 101/6/1/Nr. 1426   1. Juli 1935

Es wird gebeten, den Brief von Lord Allen an die "Times" im DNB-Auszug zu veröffentlichen.

- 395 -   1./2.07.1935

D., Fa., K.   Hbg.   brfl.
                      Bresl.   "
                      Chemn.   "

s. a. ZSg. 102/1/6 (2) v. 1. Juli 1935
      ZSg. 110/1/89 v. 1. Juli 1935
      ZSg. 102/1/46 (2) v. 2. Mai 1935

Germany and Britain
The Treatment of Minorities/To the Editor of the Times
The Times, Nr. 47,104 v. 1. Juli 1935, S. 12

"Wir müssen Deutschlands Hand ergreifen"
Ein neues Freundschaftsbekenntnis Lord Allens
HHN, Nr. 180 v. 1. Juli 1935, S. 2
s. a. FZ, Nr. 332 v. 2. Juli 1935, S. 1 - 2
      The Times, Nr. 47,107 v. 4. Juli 1935, S. 15

In der deutschen Fassung wurden 49 Zeilen ausgelassen, in denen
sich Lord Allen mit den Gründen auseinandersetzte, die die britische Regierung und Bevölkerung bis dahin mutmaßlich gehindert hatten, den Deutschen weiter entgegenzukommen: Genau wie im Fall der
Sowjetunion könne man sich weder mit der Einschränkung der Mei-
nungsfreiheit noch mit der Unterdrückung der Minderheiten abfinden. Gleichzeitig warf er seinen eigenen Landsleuten vor, nicht
gerade Vorbilder im Umgang mit Minderheiten zu sein.

Bestellungen a. d. Pressekonferenz v. 2.7.35.

ZSg. 101/6/2/Nr. 1427   2. Juli 1935

Die neue zweite Reise des französischen Dampfers Normandie soll
mit Zurückhaltung behandelt werden.

s. a. ZSg. 102/1/36 (2) v. 2. Juli 1935: Die deutsche Presse wurde
gebeten, bei der bevorstehenden zweiten Ueberfahrt der "Normandie"
vorsichtiger zu sein als mit den Meldungen ueber die erste, wo
zahlreiche Widerspreche gemeldet worden seien, das habe keinen
guten Eindruck ueber die Objektivitaet der deutschen Presse in
Frankreich und USA gemacht.

Die "Normandie", ein französischer Luxus-Liner lief am 3. Juli 1935
von Southampton in Richtung New York aus. Sie war mit neuen vier-
blättrigen Schrauben ausgestattet worden, nachdem die dreiblättri-
gen Schrauben auf der Jungfernfahrt heftige Schwingungen verursacht
hatten (vgl. The Times, Nr. 47,107 v. 4. Juli 1935, S. 13).

2.07.1935 - 396 -

s. a. Warum bekam die "Normandie" neue Schrauben?
NZ, Nr. 181 v. 3. Juli 1935, S. 2

ZSg. 101/6/2/Nr. 1428   2. Juli 1935

In den nächsten Tagen findet eine Versuchsfahrt mit heimischen Treibstoffen statt. Hierüber darf nichts berichtet werden.

s. a. ZSg. 102/1/36 (4) v. 2. Juli 1935
ZSg. 101/5/206/Nr. 1412 v. 24. Juni 1935
ZSg. 101/6/59/Nr. 1562 v. 19. August 1935

Dr. Otto Reismann:
Das Treibstoffproblem in Deutschland
... (748) Deutschland hat allerdings in den letzten Jahren auch den Bau von neuen Mineralölgewinnungsanlagen in Angriff genommen, und zwar auf der Basis einheimischer Rohöle. In Zukunft werden diese Werke günstige Resultate verstärkt ermöglichen, die weitere Devisenersparnisse bedeuten können. Ein gewinnbringender Export ist allerdings auf der Grundlage dieser Unternehmungen nicht zu erzielen, da die Selbstkosten für den synthetisch hergestellten Treibstoff zu hoch liegen. ... Deutschlands Ziel, Treibstoffe in erhöhtem Maße aus den heimischen Rohstoffen der Kohle, aus Holz und anderen Stoffen zu gewinnen, hat für die Zukunft die allergrößte Bedeutung. ... (749) Für die Gegenwart allerdings und für eine absehbare Zukunft wird Deutschland seinen Treibstoffbedarf aus einer Reihe von Quellen decken, die vorläufig als wirtschaftlicher zu betrachten sind und die auch bei einer organischen Entwicklung der künstlichen, deutschen Erzeugung nicht völlig entbehrt werden können. ...
Deutsche Wirtschafts-Zeitung, 32. Jg. (1935), Nr. 32 v. 8. August 1935, S. 747 - 749

Die Automobilindustrie befürchtete bei der Entwicklung neuer Treibstoffe Absatzschwierigkeiten für die laufende Fabrikation.

Zur Treibstoffpolitik
Kölnische Zeitung, Nr. 392 v. 5. August 1935, S. 7

ZSg. 101/6/2/Nr. 1429   2. Juli 1935

Bei Meldungen über Wettervoraussage wird eine bevorzugte Berücksichtigung des amtlichen Wetterbüros berücksichtigt. ((sic))
(DNB-Rundruf v. 2. Juli 1935)

s. a. ZSg. 102/1/36 (3) v. 2. Juli 1935: Den Zeitungen wurde nahegelegt, in bezug auf die Wettervorhersagen anderer Bueros als der

- 397 -   2.07.1935

amtlichen Wetterdienststelle skeptisch zu sein, und dem amtlichen
Wetterdienst den Vorzug zu geben. Insbesondere handle es sich hier
um langfristige Vorhersagen, die zum groessten Teil auf astrologischen Studien beruhten.
s. a. ZSg. 101/3/175/Nr. 450 v. 16. April 1934

ZSg. 101/6/2/Nr. 1430   2. Juli 1935

Zu der Notiz über die Zusammenarbeit österreichischer und tschechoslowakischer Polizeibehörden gegen Oesterreicher und deutschstämmige Tschechen darf auf Nachfrage das Staatsministerium [1] keinesfalls als Quelle angegeben werden.

Gesehen: D., Fa., K.   Hamburg brfl.
                         Breslau 7.00
                         Chemn. brfl.

[1] Gemeint ist das Preußische Staatsministerium.

Politisches Auslieferungsabkommen zwischen Prag und Wien geplant
... Wie wir weiteren sehr zuverlässigen Angaben entnehmen, hat diese Besprechung bereits erste Ergebnisse gezeitigt. So wurde Ende Juni österreichischerseits der tschechoslowakischen Polizei der Entwurf eines Abkommens vorgelegt, demzufolge die tschechoslowakische Polizei angewiesen werden soll, alle österreichischen Staatsangehörigen, die die tschechoslowakische Grenze nach Deutschland überschreiten wollen und nicht im Besitze eines deutschen Einreisevisums sind, anzuhalten und an Oesterreich auszuliefern. Als Gegenleistung im Rahmen des erwähnten Abkommens werden die tschechoslowakischen Behörden von Seiten Oesterreichs die Auslieferung tschechoslowakischer sudetendeutscher Militärflüchtlinge verlangen.
FZ, Nr. 334 v. 3. Juli 1935, S. 2
s. a. HHN, Nr. 182 v. 3. Juli 1935, S. 2
((Aus dem Kommentar)): Ein solches Abkommen ist, vor allem was den österreichischen Partner angeht, eine Ungeheuerlichkeit. ...

Polizeiliche Kooperation Tschechoslowakei-Österreich
Wie die Pressestelle des preußischen Staatsministeriums mitteilt, ...
BT, Nr. 308 v. 2. Juli 1935, S. 1

Beschlagnahme des "Berliner Tageblattes"
Der Verkauf der Dienstagsabendausgabe des "Berliner Tageblattes" wurde in später Abendstunde verboten. * Das nachträgliche Verbot einer Ausgabe des "Berliner Tageblattes" ist nach unseren, in Berlin eingezogenen Informationen eine Maßnahme von untergeordneter Bedeutung. Das Blatt brachte eine Meldung, über die angebliche Zusammenarbeit der österreichischen mit der tschechoslowakischen Polizei und versah diese Meldung mit dem Zusatz, daß es sich um

2.07.1935

eine Mitteilung der Pressestelle des Preußischen Staatsministeriums handle. Diese Quellenangabe war entweder unrichtig oder den amtlichen Stellen unerwünscht und wurde in der nächsten Ausgabe des "Berliner Tageblattes" mit dem Ausdruck der Entschuldigung widerrufen.
NZZ, Nr. 1164 v. 3. Juli 1935, S. 2
In der Ausgabe A, BT, Nr. 309 v. 3. Juli 1935 (M. A. Mittwoch) findet sich kein Nachweis für eine Entschuldigung.

ZSg. 102/1/36 (1)   2. Juli 1935

Zu dem bevorstehenden Besuch Becks in Berlin wurde zur Information fuer die Redaktionen selbst Folgendes gesagt: Der Besuch ist eine Erwiderung der verschiedenen Besuche deutscher Minister in Warschau, ausserdem beabsichtigt Beck, Gattin und Tochter in einem deutschen Kurort unterzubringen. Selbstverstaendlich werden bei dieser Gelegenheit alle Fragen besprochen werden, die beide Staaten interessieren. Ein bestimmtes Thema liegt den Besprechungen nicht zu Grunde, weshalb auch keine Beschluesse zu erwarten sind. Es handelt sich nur um eine allgemeine Aussprache auf der Basis der deutsch-polnischen freundschaftlichen Beziehungen. (Wenn Sie eine Meldung aus Warschau etwa mit diesem Inhalt haben, kann sie natuerlich gebracht werden. Auch koennte man im groesseren Zusammenhang das Vorstehende darlegen, man will nur nicht, dass nun in allen Blaettern eine gleichlautende kleine ergaenzende Notiz steht.)

s. a. ZSg. 101/6/3/Nr. 1431 v. 4. Juli 1935
    ZSg. 102/1/33 (6) v. 5. Juli 1935

Der polnische Außenminister kam am 3. Juli 1935 mit seiner Familie in Berlin an (vgl. FZ, Nr. 335 v. 4. Juli 1935).

<u>Die Mission des polnischen Außenministers</u>
(Drahtmeldung unseres Korrespondenten)
FZ, Nr. 333 v. 3. Juli 1935, S. 1
s. a. HHN, Nr. 181 v. 2. Juli 1935, S. 1

ZSg. 102/1/4 (1) (3. Juli 1935) [4. Juli 1935]

Wir haben gestern ein Werbeblatt ueber "Hitler-Freiplatz-Spende" geschickt. Heute wurde nun dazu festgestellt, dass auch diese Spende unter das allgemeine Sammelverbot faellt, weil es sich um "Geldwerteistungen" handle. Allerdings soll die Sache noch einmal endgueltig geklaert werden.

s. a. ZSg. 110/1/94 v. 3. Juli 1935

Sammelverbot bis 30. September
Der Reichs- und preußische Minister des Innern, Dr. Frick, hat im Benehmen des Reichsministers für Volksaufklärung und Propaganda, Dr. Goebbels, und Reichsschatzmeisters Pg. Schwarz für die Zeit vom 1. Juli bis 30. September 1935 ein allgemeines Sammelverbot erlassen. Im Sinne dieses Erlasses wird auch die angekündigte Sammlung für die Hitler-Freiplatzspende nicht durchgeführt.
HHN, Nr. 183 v. 4. Juli 1935, S. 1
s. a. FZ, Nr. 336 v. 4. Juli 1935, S. 2

Für die alten Kämpfer
Reichswerbewoche für die Hitler-Freiplatzspende
Die Reichswerbewoche für die Hitlerfreiplatzspende, die vom 13. bis 20. Juli stattfindet, soll 250 000 Freiplätze für die Erholung von alten Kämpfern der Bewegung schaffen. ...
Der Angriff, Nr. 152 v. 3. Juli 1935, S. 9

Ursprünglich handelte es sich bei der Freiplatzspende um eine "Hitlerspende des Reichslandbundes", zu der die in ihm organisierten deutschen Bauern im April 1933 aufgerufen wurden: "Da der Bauer zur Zeit kein Geld habe, solle er einen deutschen Blutsbruder aus den dumpfen, rauchigen Stadtkammern, der in den großen Städten im Ringen um die Wiedergewinnung der verführten Volksseele die schwerste Arbeit hatte, aufnehmen" (Das Archiv, April 1933, S. 333 (7. April)). In der weiteren Entwicklung sollten "50 000 Mitkämpfer von SS, SA und NSBO und Stahlhelm" zur "mehrwöchigen Erholung" auf dem Lande untergebracht werden (Das Archiv, Juni 1933, S. 597 (1. Juni)). 1935 wurde die Werbung für die Freiplatzspende der NS-Volkswohlfahrt übertragen. Zielgruppe waren "alle deutschen Volksgenossen und Volksgenossinnen", die aufgefordert wurden, "in diesem Jahr erneut für hilfs- und erholungsbedürftige Kämpfer der nationalsozialistischen Bewegung Ferienfreiplätze auf dem Lande, in kleinen Städten, in Kurorten zur Verfügung zu stellen." (Das Archiv, April 1935, S. 36 (3. April)). Im Sommer 1935 gab es Anlaß die Hitler-Freiplatzspende "als Aktion des Dankes gegenüber den alten Kämpfern der Bewegung", gegen die "Adolf Hitler-Spende der deutschen Wirtschaft" abzugrenzen: "während die Hitler-Freiplatzspende einen rein sozialen Charakter trägt, hat die Adolf Hitler-Spende der deutschen Wirtschaft den Zweck, der Partei und ihren verschiedenen Organisationen zu ermöglichen, die nationalpolitischen Aufgaben im neuen Deutschland zu erfüllen". (Das Archiv, August 1935, S. 673 (8. August)).

3.07.1935

Um die zahlreichen Sammlungen besser kontrollieren zu können, war am 1. November 1934 ein sogenanntes Sammlungsgesetz in Kraft getreten, das allerdings keinerlei Anwendung fand bei Sammlungen, die durchgeführt wurden "1. auf Anordnung der Reichsregierung oder einer obersten Reichsbehörde ... 2. ... einer Kreispolizeibehörde ... 3. von der Nationalsozialistischen Deutschen Arbeiterpartei, ihren angeschlossenen Gliederungen ..." (RGBl. 1934, I, S. 1086 - 1088). Die entsprechende "Sammlungsordnung der Nationalsozialistischen Deutschen Arbeiterpartei" wurde am 4. Juli 1935 erlassen (vgl. RGBl. 1935, I, S. 906 - 907).

ZSg. 102/1/4 (2)   (3. Juli 1935) [4. Juli 1935]

Sie haben vielleicht gesehen, dass DNB gestern abend eine Meldung mit der Entschliessung, die auf dem Kongress der Fidac in Paris gefasst worden ist, wieder zurueckgezogen hat. Die Entschliessung ist auch von den deutschen Frontkaempfern unterzeichnet. (Zurueckgezogen wurde sie, weil, wie ich hoerte, in einem Absatz davon die Rede ist, dass Vertraege nicht gebrochen werden duerfen. Die deutschen Frontkaempfer haetten deshalb unterschrieben, weil ja nach deutscher Auffassung die Vertragsverletzungen durch die Aufruestung der Anderen begangen wurde.) Es wurde noch einmal eindringlich gebeten, diese Entschliessung unter keinen Umstaenden zu veroeffentlichen. Man will spaeter, wenn die deutschen Vertreter zurueck sind, einen Kommentar dazu geben oder Richtlinien fuer Kommentare. Im uebrigen ist das Treffen der Fidac freundlich zu behandeln.

s. a. ZSg. 110/1/94 v. 3. Juli 1935
    ZSg. 101/5/194/Nr. 1392 v. 14. Juni 1935
    ZSg. 101/6/4/Nr. 1435 v. 5. Juli 1935

Fidac: Fédération interalliée des anciens combattants

Abschluß der internationalen Frontkämpfer-Tagung in Paris
Der erste Kongreß der Frontkämpfer sämtlicher ehemals am Weltkriege beteiligten Länder, der von dem Interalliierten Frontkämpferverband in Paris veranstaltet wurde, ist mit einer einstimmig angenommenen Entschließung beendet worden. Die Beratungen, die in einem Pariser Hotel stattfanden, sind geheimgehalten worden, um jede Polemik zu vermeiden. Nach den von dem Kongreß selbst ausgegebenen Mitteilungen hat sich die deutsche Delegation über den Kongreßverlauf befriedigt gezeigt. ...
FZ, Nr. 336 v. 4. Juli 1935, S. 2

Das Frontkämpfertreffen in Paris
(Drahtmeldung unseres eigenen Berichterstatters)
Der Kongreß des Verbandes der ehemaligen Kriegsteilnehmer der
alliierten Länder (Fidac), zu dem bekanntlich auch deutsche Vertreter eingeladen waren und der mit einer Entschließung über das
Problem des Friedens, der Abrüstung und der Sicherheit zu Ende
gegangen ist, wird im allgemeinen von der französischen Presse
beifällig aufgenommen. ...
HHN, Nr. 182 v. 3. Juli 1935, S. 2

Ex-Service Men and Peace
German Delegates in Paris
From our own Correspondent
... The resolution says that the ex-soldiers of all countries are
passionately attached to the maintenance of peace. They seek to
create confidence between nations through mutual disarmament.
This confidence cannot be durable unless international agreements
are respected. As soon as security is assured the effective
limitation of armaments is an essential condition of peace. ...
The Times, Nr. 47,106   v. 3. Juli 1935, S. 13
s. a. NZZ, Nr. 1160 v. 3. Juli 1935, S. 2

ZSg. 102/1/4 (3)   (3. Juli 1935) [4. Juli 1935]

DNB wird aus "Petit Journal" und "Information" die Mitteilung

wiedergeben, dass eine Reise Ribbentrops nach Paris vertagt sei.

Es sei vollkommen unerwuenscht, teilte das Buero Ribbentrop mit,

diese Verschiebung des Besuches irgendwie in den Ueberschriften

zum Ausdruck zu bringen.

s. a. ZSg. 110/1/94 v. 3. Juli 1935

Ribbentrop war im Vorfeld der Flottenverhandlungen mit Großbritannien zum Außerordentlichen Botschafter ernannt worden (VB (N.
A.), Nr. 153 v. 2. Juni 1935, S. 1).
Keine der überprüften Zeitungen erwähnte die Verschiebung der Reise Ribbentrops. Er nahm zu diesem Zeitpunkt an den Gesprächen mit
dem polnischen Außenminister in Berlin teil.

ZSg. 102/1/4 (4)   (3. Juli 1935) [4. Juli 1935]

Es wurde die Anweisung gegeben, ueber einen Prozess Schellhardt

vor dem Schoeffengericht nicht zu berichten. (Wie ich erfahren ha-

be, handelt es sich um eine Auseinandersetzung zwischen SA und

Stahlhelm.)

3./4.07.1935 - 402 -

s. a. ZSg. 110/1/94 v. 3. Juli 1935

Bestellungen aus der Pressekonferenz vom 4.7.35.

ZSg. 101/6/3/Nr. 1431 4. Juli 1935

Ueber die deutsch-polnischen Verhandlungen aus Anlass des Ministerbesuchs in Berlin kommt heute im Laufe des Nachmittags noch ein Kommuniqué heraus. Dies Kommuniqué dürfte jedoch erst für die Morgenausgaben in Frage kommen. In diesem Zusammenhang wird gebeten, bei Zitierungen von Auslandstimmen über den Beck-Besuch über Kombinationen der Auslandspresse über eine Vermittlungsaktion Polens zwischen Frankreich und Deutschland und über den Plan eines deutsch-polnischen Flottenabkommens nicht zu berichten.

s. a. ZSg. 110/1/95 v. 4. Juli 1935
ZSg. 102/1/47 (1) v. 4. Juli 1935: ... Vertraulich wurde noch gesagt, dass Beck heute nachmittag vielleicht einer Einladung Goerings in die Schorfheide [1] Folge leisten werde.
s. a. ZSg. 102/1/36 (1) v. 2. Juli 1935
ADAP, Serie C, Bd. IV, 1, Nr. 190

[1] In der Schorfheide hatten viele Prominente, unter ihnen Göring und Hitler, ein Jagdhaus.

Ergebnis der deutsch-polnischen Aussprache
...
Unveränderter Kurs
(Von unserer Berliner Schriftleitung)
... Die allgemeine Unterhaltung über alle europäischen Probleme, von denen die Paktfrage naturgemäß im Vordergrund stand, hat wieder die gemeinsamen Bedenken gegen das von Frankreich und Rußland befürwortete System des militärischen Bestandes bekräftigt. Auch die Zweifel an der Zweckmäßigkeit des russisch-französischen und russisch-tschechischen Militärbündnisses sind erneut und in beiderseitiger Übereinstimmung zur Sprache gekommen.
HHN, Nr. 184 v. 5. Juli 1935, S. 1

R(udolf) K(ircher):
Berliner Besprechungen
... Wir glauben aus dem Kommuniqué herauslesen zu können, daß sich die beiderseitigen Regierungen ein klares Bild von dem machen, was nun weiterhin im Interesse des Friedens in Europa zu geschehen hat. Bei den Berliner Unterhaltungen muß natürlich auch das Problem der Ostpakt-Entwürfe miteinbezogen worden sein. Gerade in dieser Be-

ziehung war schon bisher eine sehr wertvolle Uebereinstimmung in Berlin und Warschau zu beobachten. ... Im Anschluß an das Frühstück folgten Außenminister Beck mit Gemahlin und Tochter, Botschafter Lipski und die Begleitung des Ministers einer Einladung des Ministerpräsidenten General Göring und seiner Gattin in die Schorfheide. Unter Führung General Görings besichtigten die polnischen Gäste das Gut Hubertusstock. Nach einem Abendessen in kleinem Kreise im Jagdhaus Karinhall, an dem von deutscher Seite u. a. Reichs- und Staatsminister Kerrl, Botschafter von Ribbentrop, der deutsche Botschafter in Warschau Graf Moltke, Staatssekretär Körner und Generalforstmeister von Keudell teilnahmen, begaben sich die Gäste zum Anhalter Bahnhof, um Berlin 22.11 Uhr mit dem Ziel Bad Reichenhall zu verlassen.
FZ, Nr. 338 v. 5. Juli 1935, S. 1

ZSg. 101/6/3/Nr. 1432				4. Juli 1935

Das Propagandaministerium bittet in Zukunft grössere Trainingsberichte über den Rennfahrer Stuck nicht zu bringen, vielmehr derartige Huldigungen den eigentlichen Rennberichten vorzubehalten, wenn die Leistung entsprechend gewürdigt werden kann.

D., Fa., K.			Hbg. 12.52
				Br. 12.53
				Ch. 12.50

s. a. ZSg. 110/1/96 v. 4. Juli 1935
	ZSg. 102/1/47 (5) v. 4. Juli 1935
	ZSg. 101/5/49/Nr. 1114 v. 15. Februar 1935
	ZSg. 101/5/55/Nr. 1129 v. 20. Februar 1935
Am 28. Juli 1935 wurde auf dem Nürburgring der Große Preis von Deutschland ausgetragen. Hans Stuck belegte dabei den zweiten Platz hinter dem Italiener Nuvolari, vgl. Das Archiv, Juli 1935, S. 637.

ZSg. 102/1/47 (2)				4. Juli 1935

Es wurde daran erinnert, dass Zahlen ueber Sterilisationen nicht gebracht werden duerfen, auch nicht, wenn solche Angaben im Reichsgesundheitsdienst veroeffentlicht sind.

4.07.1935

s. a. ZSg. 110/1/95 v. 4. Juli 1935
ZSg. 101/5/169/Nr. 1339 v. 24. Mai 1935

ZSg. 110/1/95 (3) 4. Juli 1935

Die iranische Regierung hat kürzlich die Ansiedlung einer Provinz mit Bauern beschlossen. Diese Tatsache ist in der ausländischen Presse wiedergegeben worden, und es ist verschiedentlich die Folgerung gezogen worden, bei dieser Landverteilung würden auch Ausländer berücksichtigt. Das ist nicht der Fall. Infolgedessen besteht keine Veranlassung, Mitteilungen über derartige inneriranische Angelegenheiten zu geben.

s. a. ZSg. 102/1/47 (3) v. 4. Juli 1935

ZSg. 110/1/95 (5) 4. Juli 1935

Dr. Brauweiler rügte schliesslich irreführende Angaben, die bei Mitteilungen über das Welttreffen 1935 der Hitlerjugend unterlaufen sind. Beispielsweise seien Angehörige des Deutsch-Argentinischen Pfadfinderbundes als Angehörige der Hitler-Jugend bezeichnet worden. Es sei zu bitten, bei Meldungen über ausländische Teilnehmer an diesem Welttreffen der Hitlerjugend im Jahre 1935 hinsichtlich der Zugehörigkeit der ausländischen Organisationen nur die Formulierungen zu wählen, die in den amtlichen Mitteilungen enthalten sind.

s. a. ZSg. 102/1/47 (4) v. 4. Juli 1935
ZSg. 101/6/25/Nr. 1472 v. 22. Juli 1935

Ernst Brauweiler (1889 -   ), 1908 - 1914 Studium in Bonn, München, Berlin. Teilnahme am 1. Weltkrieg. 1919/20 Hauptschriftleiter der "Bergisch-Märkischen Zeitung" (Elberfeld), bis 1932 Hauptschriftleiter des "Hannoverschen Kuriers". Ab April 1933 Referent in der Presseabteilung der Reichsregierung im RMVP und gleichzeitig einer der Sprecher auf der Pressekonferenz, ab November 1942 Nachfolger von Karl Bömer als Leiter der Auslands-Presseabteilung im RMVP.

4./5.07.1935

Unter den im Juli in allen Teilen des Reiches veranstalteten dreiwöchigen Sommerlagern der Hitler-Jugend war das Deutschlandlager in Kuhlmühle bei Rheinsberg von besonderer Bedeutung, in dem vom 14. bis 31. Juli 1050 auslandsdeutsche Hitler-Jungen und Mitglieder anderer auslandsdeutscher Jugendgruppen mit Hitler-Jungen aus allen Teilen Deutschlands zusammen lebten. ... Das Archiv, Juli 1935, S. 533f. (14. Juli)

Bestellungen aus der Pressekonferenz 5.7.35.

ZSg. 101/6/4/Nr. 1433   5. Juli 1935

Es wird gebeten, das kürzlich erschienene amtliche österreichische Kriegswerk mit wohlwollender Zurückhaltung zu besprechen, keinesfalls dagegen kritische Polemiken daran zu knüpfen.

s. a. ZSg. 102/1/33 (2) v. 5. Juli 1935
ZSg. 110/1/97 v. 5. Juli 1935

Österreich-Ungarns letzter Krieg, 1914 - 1918. Hrsg. vom Österreichischen Bundesministerium für Heereswesen und vom Kriegsarchiv. 7 Bde. Wien: Verlag der Militärwissenschaftlichen Mitteilungen, 1931 - 1935

ZSg. 101/6/4/Nr. 1434   5. Juli 1935

Bekanntlich kehrte in diesen Tagen die Filmschauspielerin Lilian Harvey nach Deutschland zurück, um hier ein Engagement bei der Ufa abzusolvieren. Es wird gebeten, nicht gegen Lilian Harvey Stellung zu nehmen, sondern vielmehr ihre Rückkehr zu begrüssen, da es sich herausgestellt hat, dass ihre angeblichen seinerzeitigen deutschfeindlichen Aeusserungen auf einem irrtümlichen Interview der amerikanischen Presse beruhten und dass daher gegen Frl. Harvey nicht das geringste einzuwenden ist.

s. a. ZSg. 110/1/98 v. 5. Juli 1935
ZSg. 102/1/33 (4) v. 5. Juli 1935: ... Nachforschungen haetten nun ergeben, dass Lilian Harvey die ihr in jenem Interview in den Mund gelegten Ausdruecke nicht gebraucht habe. Die Beschaeftigung von Lilian Harvey beim deutschen Film werde ausdruecklich als sehr erwuenscht bezeichnet und die Presse werde ersucht, darauf Ruecksicht zu nehmen und sie keinesfalls anzugreifen.

5.07.1935 - 406 -

Lilian Harvey (1907 - 1968), englische Schauspielerin, Sängerin und Tänzerin, die beim Ballett und Revue beginnend, ihre meisten Filme in Deutschland drehte, häufig als Partnerin von Willy Fritsch. Ihre berühmtesten Filme sind "Die Drei von der Tankstelle" (1930) und "Der Kongreß tanzt" (1931). In Hollywood arbeitete sie wenig erfolgreich, kehrte zurück nach Deutschland und emigrierte 1939 nach Paris. Ab 1943 spielte sie nur noch Theaterrollen.

Lilian Harvey kam am 19. Juni 1935 nach Deutschland zurück. Bei ihrer Rückkehr wurde sie mit einer beträchtlichen "Reichsfluchtsteuer" belegt, gegen die sie erfolgreich Beschwerde einlegte, vgl. H. Borgelt, Das süßeste Mädel der Welt. Die Lilian-Harvey-Story, Bayreuth 1974, S. 164ff. Sie kam zu den Dreharbeiten von "Schwarze Rosen" von Paul Martin, mit Willy Fritsch und Willy Birgel, dem einzigen Film, in dem sie am Ende stirbt. Die Uraufführung war im Dezember 1935.

ZSg. 101/6/4/Nr. 1435   5. Juli 1935

Die Entschliessung des Frontkämpferbundes in Paris wird durch die Fachorgane der deutschen Frontkämpferverbände kritisch besprochen werden. Es wird gebeten, diese Besprechung der Fachorgane in den Tageszeitungen nicht gross aufzumachen.

Gesehen: D., K., Fa.   Hbg.   brfl.
                       Bresl. 1.00
                       Chemn. 1.15

s. a. ZSg. 102/1/33 (1) v. 5. Juli 1935: Die Entschliessung, die die Frontkaempfer in Paris gefasst haben und deren Wiedergabe zunaechst verboten wurde, wird nun ueberhaupt nicht fuer die Presse mehr zur Behandlung freigegeben. Sie werde nur in den Fachblaettern erscheinen. Wenn sie die Zeitungen von dort uebernehmen sollten, sei sie nicht gross aufzumachen. Auf Uebernahme lege man aber ueberhaupt keinen Wert.
s. a. ZSg. 110/1/97f. v. 5. Juli 1935
    ZSg. 102/1/4 (2) v. (3. Juli 1935) [4. Juli 1935]

ZSg. 102/1/33 (3)   5. Juli 1935

Der Presse ans Herz gelegt wurde ein von Staatssekretaer Meißner und Ministerialrat Keisenberg ((sic)) herausgegebenes Buch "Staats- und Verwaltungsrecht im Dritten Reich", Verlag fuer Sozialpolitik und Wirtschaft, Berlin.

Otto Meißner und Georg Kaisenberg, Staats- und Verwaltungsrecht im Dritten Reich, Berlin: Verlag für Sozialpolitik, Wirtschaft und Staat 1935

b.:
Staats- und Verwaltungsrecht im Dritten Reich
Das Staats- und Verwaltungsrecht, welches das Dritte Reich in der Arbeit der ersten beiden Jahre geschaffen hat, hat eine zusammenhängende Darstellung in dem Werk "Staats- und Verwaltungsrecht im Dritten Reich" gefunden. ... Als Herausgeber zeichnet der Staatssekretär und Chef der Präsidialkanzlei Dr. Otto Meißner sowie Dr. Georg Kaisenberg. Auf einem Umfang von 352 Seiten werden in 37 Paragraphen die Voraussetzungen und die rechtlichen Änderungen behandelt, die bisher durchgeführt worden sind. Das Werk gliedert sich in vier Teile: 1. Die Grundlage des Dritten Reichs, 2. Die politische Bewegung des Staates (die NSDAP), 3. Der Apparat des Staates, 4. Der Inhalt des Staates, d. h. Das Volk und seine organisierte Arbeit am Staate.
DAZ (B. A.), Nr. 340 v. 24. Juli 1935, S. 5

Georg Kaisenberg war Ministerialrat im Reichsinnenministerium.

ZSg. 102/1/33 (5) 5. Juli 1935

Das Ernaehrungsministerium hat eine Mitteilung ueber den Hanf- und Flachsanbau in Deutschland ausgegeben, die fuer die Wirtschaftspolitik durchgegeben wird. Im Anschluss an die Ausfuehrungen Kepplers am Montag ((1. Juli)) in der Pressekonferenz [1] wurde gebeten, von Betrachtungen ueber ein neues Flachsaufbereitungsverfahren abzusehen.

s. a. ZSg. 110/1/97 v. 5. Juli 1935
ZSg. 101/6/190/Nr. 1845 v. 19. November 1935
ZSg. 102/1/36 (2) v. 11. Dezember 1935
[1] s. a. ZSg. 101/28/183-193 v. 1. Juli 1935 (bes. 185f.) (Vertraulicher Informationsbericht)
= ZSg. 110/1/103-104 ((undatiert und unvollständig))

Ausdehnung des Flachsanbaus in Deutschland
Zunahme des Bestandes an Flachsrösten
... Der Anteil des deutschen Flachses an der Versorgung stellte sich 1932 auf weniger als 15 Prozent. Es ist aber zu berücksichtigen, daß sich inzwischen der deutsche Flachsverbrauch durch die Stärkung der Kaufkraft, die Begünstigung durch die Mode, den Heeresbedarf usw. etwa verdoppelt hat, so daß bis zur Deckung des Eigenbedarfs noch eine beträchtliche Ausdehnung der Anbaufläche nötig wäre. ... Auch die Hanf-Anbaufläche hat sich in diesem Jahr beträchtlich erhöht: von 210 Hektar auf 2685 Hektar, womit aber selbstverständlich erst ein recht kleiner Teil des eigenen Bedarfs befriedigt werden kann. Auch hier wird eine weitere Steigerung der Anbaufläche erstrebt.
FZ, Nr. 340 v. 6. Juli 1935, S. 3
s. a. HHN, Nr. 184 v. 6. Juli 1935, S. 12

5./6.07.1935   - 408 -

ZSg. 102/1/33 (6)   5. Juli 1935

Die Zeitungen, die Bildbeilagen haben oder in deren Verlag sonstige illustrierte Blaetter erscheinen, wurden nach Schluss der Pressekonferenz gebeten, ihren Redaktionen mitzuteilen, dass die Veroeffentlichung der Photographien Ribbentrops von Hoffmann (Ribbentrop in Hamburg und Ribbentrop jetzt beim Besuch Becks in Berlin) sehr erwuenscht sei.

s. a. ZSg. 102/1/45 (1) v. 12. September 1935
ZSg. 101/6/3/Nr. 1431 v. 4. Juli 1935 ((Beck))

Heinrich Hoffmann (1885 - 1957), Pressephotograph, seit 1920 Mitglied der NSDAP und Hitlers Photograph, seit 1933 Reichsbildberichterstatter, 1938 zum Professor ernannt, 1940 MdR. Seine Tochter Henriette war mit Baldur von Schirach verheiratet.

Bildunterschrift: Nach den erfolgreichen Londoner Verhandlungen zur Kriegsflottenbegrenzung: Der Führer und Reichskanzler empfängt den aus London zurückgekehrten Botschafter v. Ribbentrop, der die deutsche Flottendelegation leitete. (Heinrich Hoffmann)
Berliner Illustrirte Zeitung, 44. Jg. (1935), Nr. 27 v. 4. Juli 1935, Titelblatt

---

Bestellungen aus der Pressekonferenz 6.7.35

ZSg. 101/6/5/Nr. 1436   6. Juli 1935

Vertraulich!
Ueber die Aufsichtsratssitzung der Hapag-Lloyd-Union und die auf dieser Sitzung besprochenen organisatorischen Fragen und die Frage der Nordatlantik-Passage darf unter keinen Umständen etwas berichtet werden. In etwa 14 Tagen wird eine amtliche Mitteilung über die beschlossenen organisatorischen Veränderungen veröffentlicht werden. An dieser Anweisung strikstest gehalten werden. ((sic))

s. a. ZSg. 102/1/56 (1) v. 6. Juli 1935: Das Reichsministerium gab die zunaechst ganz allgemein gehaltene Anweisung, ueber Angelegenheiten von Hapag-Lloyd nichts zu berichten. Auf Rueckfrage wurde dies dahin erlaeutert, dass es sich in erster Linie um Fragen der Organisation der Nordatlantikpassage und der Aufsichtsratssitzung handle. Auf weitere Rueckfrage wurde vereinbart, dass das Ministe-

rium an die Landesstellen noch eine detaillierte Aufstellung der
Fragen gibt, die nicht behandelt werden sollen. In etwa 14 Tagen
wird eine amtliche Meldung ausgegeben werden.
s. a. ZSg. 101/28/7 v. 15. Januar 1935 (Vertraulicher Informationsbericht)
ZSg. 101/6/16 v. 17. (Juli) 1935

Nordatlantikdienst Hapag-Lloyd neugeordnet
Betriebsgesellschaften in Hamburg und Bremen
Die Verwaltungen der Hamburg-Amerika Linie und des Norddeutschen
Lloyds teilen mit: Im Zuge der Reorganisation der deutschen Großreedereien sind die Verwaltungen von Hapag und Lloyd unter Zustimmung ihrer Aufsichtsräte übereingekommen, die Geschäftsführung
ihrer Dienste nach und von New York auf zwei Betriebsgesellschaften zu übertragen. Zu diesem Zwecke wurde in Hamburg die Hamburger
Nordatlantikdienst GmbH, in Bremen die Bremer Nordatlantik Dienst
GmbH gegründet. Die bisher von Hapag und Lloyd im New-York-Dienst
beschäftigten Schiffe bleiben Eigentum der beiden Reedereien. Auch
wird die Führung der Dienste weiterhin unter der Flagge und dem
Namen von Hapag und Lloyd erfolgen. Das Reich wird die Fortführung
dieser Dienste in ähnlicher Weise erleichtern, wie es in immer
steigendem Ausmaße bei den ausländischen Wettbewerbslinien für den
Nordatlantik-Verkehr geschieht. ... Die ohnehin schon schwierige
Finanzlage der beiden Großreedereien hat sich infolge der Verluste
der letzten Jahre, die sich namentlich aus der Zuspitzung des internationalen Währungs- und Subventionskampfes ergaben, weiter ver-
schlechtert. Es erweist sich daher als notwendig, Sanierungsverhand-
lungen einzuleiten. Mit einer starken Zusammenlegung des Aktien-
kapitals wird gerechnet werden müssen.
HHN, Nr. 197 v. 18. Juli 1935, S. 1

ZSg. 101/6/5/Nr. 1437   6. Juli 1935

Ueber die letzte Rede des österreichischen Aussenministers Berger-
Waldenegg darf nichts berichtet werden.

s. a. ZSg. 102/1/56 (3) v. 6. Juli 1935: Zu einer Rede von Berger-
Waldenegg vor der Presse ueber die internationale Lage wurde auf
die frueheren, sich auf Oesterreich beziehenden Richtlinien hingewiesen, naemlich dass keinerlei Veranlassung bestehe, auf diese
Ausfuehrungen einzugehen.
s. a. ZSg. 101/5/19/Nr. 1051 v. 22. Januar 1935

Während der Beratungen über das Habsburger Gesetz definierte der
österreichische Außenminister das Vorhaben als eine "Gutmachung
von geschehenem Unrecht", die sich klar von der "Frage der Restauration" unterscheide, vgl. Wiener Zeitung, Nr. 183 v. 5. Juli
1935, S. 3.

6.07.1935 - 410 -

ZSg. 101/6/5/Nr. 1438   6. Juli 1935

Die Kommentare der englischen Morgenpresse über die technischen Flottennachverhandlungen zwischen Deutschland und England sollen nicht übernommen werden.

s. a. ZSg. 102/1/56 (2) v. 6. Juli 1935: Vom Buero Ribbentrop wurde gebeten, die Meldungen in der heutigen englischen Morgenpresse mit Kombinationen ueber den Inhalt der flottentechnischen Nachverhandlungen zwischen England und Deutschland nicht wiederzugeben. Zu der Meldung, dass England die Antwort uebereicht habe auf die deutsche Note, in der die Unvereinbarkeit zwischen franzoesisch-russischem Vertrag und Locarno [1] festgestellt wurde, wurde bemerkt, dass nichts im Wege stehe, im Kommentar nochmals auf den urspruenglichen deutschen Standpunkt hinsichtlich der Unvereinbarkeit einzugehen. Es darf, nach aussen gesehen, nicht der Eindruck entstehen, dass Deutschland sich mit den Argumenten der anderen abfinde.
s. a. ZSg. 102/1/66 (7) v. 22. Juni 1935
    ZSg. 101/6/9/Nr. 1447 v. 10. Juli 1935
    ADAP, Serie C, Bd. IV, 1, Nr. 193
[1] ZSg. 102/1/40 v. 26. Juni 1935

The Naval Talks
Applying the New Ratio/Submarine Policy/Future Building Programme
From our Naval Correspondent
... The future German programme is largely a matter of speculation at present, but important information should be disclosed in the course of the consultations now in progress. It is known that two battleships recently laid down, the Ersatz-Elsass and Ersatz-Hannover, are to be of a tonnage exceeding the 10.000 specified in the Versailles Treaty. It seems tolerably certain that Germany will enter upon the building of aircraft-carriers now that she has her own air force again. As to cruisers and destroyers, these types are classed together in the French and Italian navies under one heading as "light surface vessels," and provision for variation of the 35 per cent. ratio in the one category or the other is made accordingly in the recent German agreement. ...
The Times, Nr. 47,109 v. 6. Juli 1935, S. 12

Englische Antwortnote an Deutschland
"Locarno-Verpflichtungen nicht berührt!"
...
Die Flottenfrage wieder im Mittelpunkt
((Times, Daily Telegraph))
HHN, Nr. 185 v. 6. Juni 1935, S. 1
s. a. FZ, Nr. 340 v. 6. Juli 1935, S. 1

ZSg. 101/6/5/Nr. 1439   6. Juli 1935

Die Salzburger Festspiele, die am 22.-27.7. stattfinden, sollen zwar besprochen werden, aber nicht in allzu grosser Aufmachung.

- 411 -   6.07.1935

D., K., Fa.   Hbg.   12.45
                    Bresl. 12.45
                    Chem. 12.45

s. a. ZSg. 102/1/56 (4) v. 6. Juli 1935: Ueber die Salzburger
Festspiele ist Berichterstattung in knappem Rahmen moeglich, ueber
diesen Rahmen hinaus unerwuenscht.

Zur selben Zeit fanden in Heidelberg die Reichsfestspiele statt
(vgl. ZSg. 102/1/4 (2) v. 23. Mai 1935).

O. K.-z.:
"Apollo und Hyazinthus" von Mozart
FZ, Nr. 372 v. 24. Juli 1935, S. 1-2

ZSg. 101/6/6   (6. Juli 1935)

Bestellung für die Redaktion
Zu dem heute abend (Sonnabend) herauskommenden Erlass des Reichsjugendführers, empfiehlt es sich vielleicht ein paar Zeilen hinzuzufügen. Etwa in dem Sinne, dass jeder deutsche Waffenstudent die
Vorfälle in Heidelberg bedauere, dass man aber doch wohl diese Vorfälle (nicht) verallgemeinern dürfe für die im Nationalsozialismus
geeinten und nationalsozialistischen ((sic)) ausgerichteten übrigen Verbände. Das Propagandaministerium hat zu dem Erlass noch keine Stellung genommen. Dr. Kausch.

D., Fa., K.

s. a. ZSg. 101/6/14/Nr. 1451 v. 12. Juli 1935
      ZSg. 101/6/21 v. (20. Juli 1935)

H. J. und Studentenverbindungen unvereinbar
Ein wichtiger Befehl des Reichsjugendführers
HHN, Nr. 186 v. 7. Juli 1935, S. 2 ((Der erwünschte Kommentar
fehlt))

Korps Saxo-Borussia Heidelberg suspendiert
Unglaubliches Benehmen reaktionärer Korpsstudenten
Die Pressestelle der Universität teilt mit: Das akademische Dis-
ziplinargericht, bestehend aus dem Rektor, Professor Dr. Groh,
dem Führer der Dozentenschaft Dr. Schlüder und dem Führer der
Studentenschaft Dr. Scheel, hat gemäß dem Antrag des akademischen
Disziplinarbeamten, Ersten Staatsanwalts Haas, einstimmig das

6./8.07.1935   - 412 -

Korps Saxo-Borussia Heidelberg wegen gröblicher Verletzung der einer studentischen Vereinigung gegen Volk, Staat und Hochschule obliegenden Pflichten mit Wirkung vom Wintersemester 1935-36 an auf vier Semester suspendiert. Der angeschuldigte Student von Witzleben wurde mit der Entfernung von der Hochschule, verbunden mit Nichtanrechnung des Semesters bestraft. Die Studierenden von Arnim, von Koerber, von Dewitz und Menger wurden mit einem schriftlichen Verweis bestraft. Der Hauptverantwortliche, Erster Chargierter von Quast, konnte nicht bestraft werden, da er kein eingeschriebener Student war und nicht der Gerichtsbarkeit der Universität unterstand. Dem Urteil liegt folgender Tatbestand zugrunde: Am Dienstag, dem 21. Mai, hatten die Mitglieder des Korps Saxo-Borussia kurz vor Beginn der großen außenpolitischen Rede des Führers und Reichskanzlers die Rezeption eines Fuchses mit Wein und Sekt gefeiert. Während der Rede des Führers verließen sie das Korpshaus und begaben sich, teils in Autos, teils im Laufschritt in Frack oder Smoking in ein Heidelberger Lokal. Obwohl der Führer noch sprach, betraten sie ziemlich geräuschvoll die Wirtschaftsstube, wobei von Quast auf einer Sektflasche blies. Am 26. Mai wurde beim Spargelessen in einem anderen Heidelberger Gasthaus von Angehörigen des Korps in lautem Tischgespräch die Frage erörtert, wie man richtig Spargel esse, insbesondere, wie der Führer Spargel esse. Drittens hat das Korps Saxo-Borussia entgegen bestehender Vorschriften drei Angehörige als aktive Mitglieder geführt, die nicht immatrikuliert waren und von denen auch zwei keine Reifeprüfung abgelegt hatten. Einem dieser Nichtimmatrikulierten war die Erste Charge, einem anderen die Funktion eines Fuchsmajors übertragen.
VB (N. A.), Nr. 187 v. 6. Juli 1935, S. 1

Widerstand der Studentenkorps
... Nach einem Bericht der "N. S. Landpost", eines Organs des Reichsnährstands, sind mehrere Mitglieder des Heidelberger Korps Saxoborussia in ein Konzentrationslager eingeliefert worden.
NZZ, Nr. 1221 v. 12. Juli 1935, S. 2

NS-Studentenbund und Korporationen
Von Albert Derichsweiler, Reichsamtsleiter des NSD-Studentenbundes
VB (N. A.), Nr. 188 v. 7. Juli 1935, S. 1-2

Bestellung aus der Pressekonferenz 8.7.1935

ZSg. 101/6/7/Nr. 1440   8. Juli 1935

In einzelnen kleineren und mittleren Städten hat die Hitler-Jugend Dementis über angebliche Homosexuellen-Verhaftungen veröffentlicht. Diese Meldungen sollen unter keinen Umständen von der grossen Presse im Reich übernommen werden.

- 413 -   8.07.1935

s. a. ZSg. 102/1/30 (1) v. 8. Juli 1935: In den letzten Tagen
seien einige Dementis gegen Geruechte ueber Faelle von Homosexuali-
taet bei der Hitler-Jugend zu lesen gewesen. ...

ZSg. 101/6/7/Nr. 1441   8. Juli 1935

Der heute veröffentlichte Erlass des Reichserziehungsministers
über die Bedingungen für die Zugehörigkeit zur Reichsfachschaft
der Studierenden sind insofern beachtenswert, als die Arierbe-
stimmungen der N.S.D.A.P. zum ersten Mal auf eine Organisation
angewandt werden, die nicht unmittelbar zur Bewegung gehört. Damit soll gesagt werden, dass die Studentenschaft in der Verwirklichung des Parteiprogramms führend mitarbeiten will.

Gesehen: D., K., Fa.   Habg.   brfl.
                         Breslau brfl. 7.15
                         Chemnitz brfl.

s. a. ZSg. 102/1/30 (3) v. 8. Juli 1935 ((unvollständig))

Neue Aufnahmebestimmungen der Studentenschaft
Durchführung des Arierprinzips
... Wie wir zu diesem Erlaß des Reichserziehungsministers erfahren, werden damit zum erstenmal die Aufnahmebestimmungen der
NSDAP. auf Organisationen angewendet, die unter staatlicher Führung
stehen. Der Erlaß bedeutet einen weiteren Schritt vorwärts bei
der Durchführung des Arierprinzips. Die Studentenschaft, die schon
von jeher bestrebt war, die Grundsätze des nationalsozialistischen
Parteiprogramms in ihrer Organisation zu verwirklichen, hat sich
somit auch hier wieder in die erste Reihe gestellt.
HHN, Nr. 188 v. 9. Juli 1935, S. 2
s. a. FZ, Nr. 344 v. 9. Juli 1935, S. 1

ZSg. 102/1/30 (2)   8. Juli 1935

Aufmerksam gemacht wurde auf einen Aufsatz von Staatssekretaer
Reinhardt in der "Deutschen Steuer-Zeitung" zu der Verordnung
ueber die Fuehrung eines Wareneingangsbuches.

8./9.07.1935

Einführung eines Wareneingangsbuches
Staatssekretär im Reichsfinanzministerium, Reinhardt, hat auf der kürzlich in Dresden abgehaltenen fachwissenschaftlichen Woche der noch immer weit verbreiteten Steuerhinterziehung schärfsten Kampf angesagt. 80 Prozent aller Steuerpflichtigen, die ihre Bücher selbst führen, versteuern nach den amtlichen Feststellungen zu wenig. Durch Verordnung vom 20. Juni 1935 ist daher bestimmt worden, daß alle Betriebe, die nicht nach dem Handelsgesetzbuch zur Buchführung verpflichtet sind, vom 1. Oktober 1935 ein Wareneingangsbuch führen müssen. ...
HHN, Nr. 184 v. 5. Juli 1935, S. 6
s. a. FZ, Nr. 348 v. 11. Juli 1935, S. 8

Verordnung über die Führung eines Wareneingangsbuchs vom 20. Juni 1935 (Dresdner Verordnung)
Von Fritz Reinhardt, Staatssekretär im Reichsfinanzministerium
... (796) (11) Warum wird nicht die Führung eines Warenausgangsbuchs, sondern die Führung eines Wareneingangsbuchs verlangt? Weil der Wareneingang ein besserer Ausgangspunkt für die Durchführung von Prüfungen ist als der Warenausgang. Das Wareneingangsbuch wird im übrigen nur der Anfang einer Entwicklung auf dem Gebiet des Verlangens ordnungsmäßiger Aufzeichnungen sein. Im kommenden Steuerverwaltungsgesetz werden wir uns nicht auf den Wareneingang beschränken dürfen, wir werden auch Aufzeichnungen über den Warenausgang verlangen müssen mit der Maßgabe, daß die Nichterfüllung der Pflicht strafbar ist. Wir werden dann die Führung eines Warenbuchs mit zwei Betragspalten verlangen müssen: ...
Deutsche Steuer-Zeitung und Wirtschaftlicher Beobachter, 24. Jg. (1935), Nr. 27 v. 6. Juli 1935, S. 793-805
Die Verordnung trat am 1. Oktober 1935 in Kraft.

Bestellung aus der Pressekonferenz 9.7.1935.

ZSg. 101/6/8/Nr. 1442   9. Juli 1935

Im Reichsgesetzblatt erscheint im Laufe des heutigen Tages eine Verordnung über den Seidenbau (Seidenraupenzucht). DNB wird eine kurze Mitteilung über diese Verordnung veröffentlichen. Es wird gebeten, darüber hinaus keinerlei Einzelheiten zu erörtern.

s. a. ZSg. 102/1/33 (2) v. 9. Juli 1935
     ZSg. 101/6/28/Nr. 1485 v. 25. Juli 1935

Verordnung über den deutschen Seidenbau vom 8. Juli 1935 (RGBl. 1935, I, S. 909).
Die Verordnung trat am 1. August in Kraft. Sie regelte die Bedingungen des Seidenanbaus und Festsetzung der Preise.

- 415 -   9.07.1935

Hebung des Seidenbaues
... Die Verordnung soll dazu dienen, im Rahmen der Erzeugungsschlacht auch den deutschen Seidenbau und die Seidenkokonerzeugung zu steigern. ...
VB (N. A.), Nr. 192 v. 11. Juli 1935, S. 13
s. a. FZ, Nr. 348 v. 11. Juli 1935, S. 8
HHN, Nr. 189 v. 10. Juli 1935, S. 1

ZSg. 101/6/8/Nr. 1443   9. Juli 1935

Anfang nächster Woche kommen bekanntlich Vertreter der Britischen Frontkämpferlegion nach Deutschland. Sie werden neben Berlin auch Hamburg und München einen Besuch abstatten. Das Propagandaministerium bittet, diesen Besuch für Ende der Woche in freundlichen Artikeln vorzubereiten.

s. a. ZSg. 102/1/33 (1) v. 9. Juli 1935
     ZSg. 101/5/202/Nr. 1403 v. 21. Juni 1935
     ZSg. 102/1/50 (1) v. 12. Juli (1935) [1937]

Englische Frontkämpfer kommen
Am Dienstag und Mittwoch in Hamburg
(Drahtmeldung unserer Berliner Schriftleitung)
... Das deutsche Volk entbietet der Abordnung der englischen Frontkämpfer seinen Gruß. Sie werden Gelegenheit haben, den Geist des neuen Deutschlands kennenzulernen, sie werden den ungeheuren Aufschwung erleben, den das Deutschland Adolf Hitlers genommen hat. Darüber hinaus rechnen es sich die deutschen Frontkämpferverbände zur hohen Ehre an, Gastgeber sein zu dürfen für Menschen einer befreundeten Nation, die das Fronterlebnis wie sie gehabt haben. Darum grüßen die deutschen Frontkämpfer die englische Abordnung besonders kameradschaftlich auf deutschem Boden. ...
HHN, Nr. 192 v. 13. Juli 1935, S. 1
s. a. FZ, Nr. 353 v. 13. Juli 1935, S. 2

ZSg. 101/6/8/Nr. 1444   9. Juli 1935

Die Habsburger Frage kann von der deutschen Presse ruhig weiter ausführlich besprochen werden, jedoch wird gebeten, von direkten Beschimpfungen und Beleidigungen der Königin Zita Abstand nehmen zu wollen.

Gesehen: D., K., Fa.   Hbg. telef. 12.45
                         Br. telef. 12.45
                         Ch. telef. 12.55

9./10.07.1935 - 416 -

s. a. ZSg. 102/1/33 (3) v. 9. Juli 1935: ... Angeregt wird, von besonders scharfen Aeusserungen ueber die Exkaiserin Zita abzusehen, da sonst, da sie ja auch Koenigin von Ungarn gewesen sei, in Ungarn ein stimmungsmaessiger Widerstand eintreten koennte.
s. a. ZSg. 101/5/69/Nr. 1154 v. 2. März 1935
ZSg. 102/1/25 (4) v. 11. Juli 1935

Zita (1892 -   ), Prinzessin von Bourbon-Parma, war die Frau von Kaiser Karl I. von Österreich (1887 - 1922), der 1918 auf seinen Thron verzichtet hatte.

Gerüchte um Otto von Habsburg
Die zahlreichen Nachrichten der ausländischen Presse, die sich mit Otto von Habsburg und seiner geschäftstüchtigen Mutter befassen, sind um eine weitere vermehrt worden: ein halbamtliches Blatt in Belgrad will nämlich wissen, daß Ottos Verlobung mit der italienischen Prinzessin Maria in Kürze zu erwarten sei. ... Daß die Exkaiserin Zita eine Verbindung ihres Sohnes mit dem italienischen Königshaus zustande bringen möchte, ist verständlich: hat sich Italien doch bisher für eine Wiedereinsetzung der Habsburger nicht erwärmen können; und auf Italiens Entscheidung kommt bekanntlich in allen österreichischen Fragen viel an. ...
HHN, Nr. 188 v. 9. Juli 1935, S. 2

Von deutscher Seite wurde die Restauration des Hauses Habsburg befürchtet. Anlaß war die Annahme einer Regierungsvorlage über die Aufhebung der Landesverweisung und Rückgabe von Vermögenswerten des Hauses Habsburg-Lothringen (vgl. FZ, Nr. 338 v. 5. Juli 1935, S. 1-2).

Ungarn und die Habsburger
FZ, Nr. 344 v. 9. Juli 1935, S. 2

Bestellungen aus der Pressekonferenz vom 10.7.35.

ZSg. 101/6/9/Nr. 1445   10. Juli 1935

Der Reichswettkampf der SA soll in allen deutschen Zeitungen in guter Aufmachung jeweils berücksichtigt werden. Von den massgebenden Stellen der SA wird dazu ein ausreichendes Material zur Verfügung gestellt werden.

s. a. ZSg. 102/1/38 (3) v. 10. Juli 1935

Der Reichswettkampf ist ein Maßstab für das Können und die Einsatzbereitschaft der SA. Er ist kein Wettkampf im üblichen Sinne, denn er wird nicht an einem Tage und vor großer Zuschauermenge ausgetragen, sondern in zwei Monate dauernden Einzelkämpfen. Der

- 417 -   10.07.1935

Reichswettkampf besteht aus sieben Leistungsgruppen des gesamten
Ausbildungsgebietes der SA ((u. a. Weltanschauung, Leichtathletik,
Gepäckmarsch, Propagandafahrt, Einsatzübung im Gebäude, Klein-
kaliberschießen)). Das Archiv, Juni 1935, S. 377 (22. Juni)

Der Reichswettkampf unserer S.A.
Propaganda über Land
Leistungsprüfungen beweisen die Schlagkraft der Mannschaft
VB (N. A.), Nr. 195 v. 14. Juli 1935, S. 7

Die große weltanschauliche Prüfung
Der Reichswettkampf der SA
"Was lehrt uns SA - Männer das Leben des Führers für die Zukunft?"
- Das größte und einzige Vorbild der SA
VB (N. A.), Nr. 193 v. 12. Juli 1935, S. 7

Hamburgs SA marschiert!
HHN, Nr. 194 v. 15. Juli 1935, S. 5 ((m. Bild))

Alles sieht auf die SA
Die Vorbereitungen zum Reichswettkampf
Der Angriff, Nr. 161 v. 13. Juli 1935, S. 6

Kein Nachweis in der FZ.

ZSg. 101/6/9/Nr. 1446   10. Juli 1935

Ueber Differenzen innerhalb der deutschen Volksgruppen in Rumänien
soll nichts berichtet werden.

s. a. ZSg. 102/1/38 (4) v. 10. Juli 1935: Kuerzlich war bei DNB
eine Meldung, dass sich innerhalb der deutschen Gruppen in Rumaenien jetzt eine Loesung gefunden habe. Diese Meldung scheint nicht
ganz richtig zu sein, weshalb mit Ruecksicht auf die Differenzen,
die innerhalb der deutschen Erneuerungsbewegung in Rumaenien noch
vorhanden sind, gebeten wurde, diese ganze Frage nicht zu behandeln.

Zur deutschen Haltung gegenüber Rumänien nach dem Abschluß des
Wirtschaftsabkommens im März 1935 s. a. M. Broszat, Deutschland-
Ungarn-Rumänien. Entwicklung und Grundfaktoren nationalsozialisti-
scher Hegemonial- und Bündnispolitik 1938 - 1941. In: M. Funke
(Hrsg.), Hitler, Deutschland und die Mächte, Kronberg/Ts. 1978,
S. 528f.

Entscheidende Wendung in der deutschen Volksgruppe in Rumänien
... Das vorläufige Ziel, für das die Erneuerungsbewegung der
Deutschen in Rumänien unter schwersten Opfern gestritten hat, ist
erreicht. Der Vorkämpfer für das nationalsozialistische Gedanken-
gut unter dem Deutschtum Rumäniens, Rittmeister a. D. Fritz
Fabritius, ist mit 49 von 67 Stimmen zum Vorsitzenden des Verban-
des der Deutschen in Großrumänien gewählt worden, jener völkischen
Spitzenorganisation, die alle deutschen Siedlungsgebiete Rumäniens
umfaßt. ...
LNN, Nr. 190 v. 9. Juli 1935, S. 2

10.07.1935 - 418 -

ZSg. 101/6/9/Nr. 1447 10. Juli 1935

Ein Teil der englischen Morgenpresse stellt die Behauptung auf, dass das gestern verkündete Flottenbauprogramm bereits in vollem Umfange vor Beginn der Besprechungen in London in Angriff genommen worden sei. Herr v. Ribbentrop habe also die englische Regierung vor vollendete Tatsachen gestellt. Diese Version soll unter keinen Umständen verwertet werden.

Gesehen: D., K., Fa. Hbg. 12.55
 Br. 12.55
 Ch. 13.05

s. a. ZSg. 102/1/38 (1) v. 10. Juli 1935
Korrespondenten-Kommentar: Warum? Wir wollen den Eindruck erwecken als seien wir vertragstreu! Es ist offenbar noch nicht Zeit, eine Politik des Affronts gegen England zu treiben. Wenn die Engländer meinen, sie seien vor vollendete Tatsachen gestellt worden, wollen wir es wenigstens nicht bestätigen. Dafür werde die Zeit schon noch kommen.
s. a. ZSg. 101/6/5/Nr. 1438 v. 6. Juli 1935

German Naval Programme/Sarcastic Comment in Paris/Clandestine Building Denounced
The Times, Nr. 47,112 v. 10. Juli 1935, S. 14
Nach diesem Artikel kam die Information über den bereits erfolgten Baubeginn der zur Verhandlung anstehenden Schiffe aus dem französischen Marineministerium.
s. a. Naval Programmes
 ebd., S. 15 ((Kommentar))
s. a. FZ, Nr. 348 v. 11. Juli 1935, S. 2

ZSg. 102/1/38 (2) 10. Juli 1935

Gebeten wurde, die litauischen Bestrebungen nach Wahlverfaelschung im Memelland nach wie vor recht ausgiebig zu behandeln.

s. a. ZSg. 102/1/49 (4) v. 10. Mai 1935
 ZSg. 101/6/88/Nr. 1617 v. 4. September 1935

Rettungsversuch in Memel
FZ, Nr. 348 v. 11. Juli 1935, S. 3

Bestellungen aus der Pressekonferenz 11. Juli 1935.

ZSg. 101/6/11/Nr. 1448   11. Juli 1935

Die Presse wird gebeten, den Oberbürgermeister Dr. Gördeler ((sic)) bis auf weiteres nicht als Preiskommissar oder als Reichskommissar für Preisüberwachung zu bezeichnen. Wie erinnerlich, ist das Gesetz über den Preiskommissar mit dem ersten dieses Monats abgelaufen und bisher nicht verlängert worden. Die Funktion der Preisüberwachung werde gegenwärtig von den beteiligten Ressorts des Ernährungsministeriums, des Wirtschaftsministeriums und teilweise vom Propagandaministerium ausgeübt, wobei diese sich des bestehenden Verwaltungsapparates des früheren Reichskommissars bedienen. Es schweben noch Verhandlungen über die endgültige Regelung. Mit einer Wiederbetrauung Dr. Gördelers ist zu rechnen. Die Schwierigkeiten liegen darin, dass Gördeler erweiterte Kompetenzen gefordert hat, die vor allem auf den Widerstand des Reichsernährungsministeriums stossen.

s. a. ZSg. 102/1/25 (1) v. 11. Juli 1935: ... Vertraulich wurde heute dazu bemerkt, dass dies auf einen internen Erlass Hitlers zurueckgehe. ...

Gesetz über Bestellung eines Reichskommissars für Preisüberwachung vom 5. November 1934. § 1. Bis zum 1. Juli 1935 werden die durch das Gesetz über die Übertragung der Aufgaben und Befugnisse des Reichskommissars für Preisüberwachung vom 15. Juli 1933 ... dem Reichswirtschaftsminister und dem Reichsminister für Ernährung und Landwirtschaft übertragenen Aufgaben und Befugnisse durch einen Reichskommissar für Preisüberwachung ausgeübt. ... (RGBl. 1935, I, S. 1085)

Hitler konnte zwischen den rivalisierenden Parteien nicht vermitteln, und Goerdeler wurde nicht wieder eingesetzt. 1936 trat er von seinem Amt als Leipziger Oberbürgermeister zurück. G. Ritter, Carl Goerdeler und die Deutsche Widerstandsbewegung, Stuttgart 1954, S. 74ff.

ZSg. 101/6/11/Nr. 1449   11. Juli 1935

Es wird daran erinnert, dass es unerwünscht ist, sich mit den einzelnen Parteien des Auslandes zu befassen und insonderheit zu untersuchen, ob und wie weit irgend eine neu erscheinende Partei ausserhalb Deutschlands nationalsozialistisch ist oder nicht. Po-

11.07.1935 - 420 -

lemiken gegen die marxistischen Parteien sind selbstverständlich weiter gestattet.

Gesehen: D., K., Fa.   Hamburg   brieflich
                         Breslau   "
                         Chemnitz   "

s. a. ZSg. 102/1/25 (2) v. 11. Juli 1935: Es komme immer noch vor, dass deutsche Zeitungen sich fuer oder gegen auslaendische Parteien erklaeren. ...

ZSg. 101/6/12/Nr. 1450   11. Juli 1935

DNB-Rundruf 11.7.35,

Die Monatsstatistik der Boden- und kommunalen Kredit-Institute für Monat Mai darf nicht vor Sonnabend-Abend ((13.7.)) veröffentlicht werden.

Gesehen: D., Fa.   Hbg.   Bahnhofsbr.
                        Bresl. telef. 7.15 h
                        AZ   briefl.

Rückflüsse am Pfandbriefmarkt
Die Boden- und Kommunalkreditinstitute im Mai
HHN, Nr. 192 v. 13. Juli 1935, S. 9

ZSg. 102/1/25 (3)   11. Juli 1935

Eine Zeitung habe daran erinnert, dass der 14. Juli in gewissem Sinne ein Gedenktag fuer Eupen-Malmedy sei. An diesem Tag sei naemlich die Abstimmungszeit damals abgelaufen. An sich koenne man natuerlich diese Sache erwaehnen, aber man wuensche nicht, dass nun die ganze Presse diesen Tag etwa sozusagen als nationalen Gedenktag aufmache, um dann im Anschluss daran vielleicht die

11.07.1935

bekannten Faelle der Ausbuergerungen [1] zu eroertern. Bei der Behandlung belgischer Fragen sollte ueberhaupt die Vergangenheit etwas im Hintergrund stehen.

[1] s. a. ZSg. 102/1/40 (4) v. 31. Mai 1935
 ZSg. 101/6/140/Nr. 1724 v. 12. Oktober 1935

ZSg. 102/1/25 (4)   11. Juli 1935

Die Zusammenkunft des Prinzregenten Paul mit dem Koenig von Rumaenien in Sinaja bildete einen Anknuepfungspunkt fuer eine weitere Behandlung der Habsburger Frage in dem gestern abgegebenen Sinne einer Betrachtung vom europaeischen Standpunkt aus. Auch die gestrige Erklaerung von Oberst Adam haette in manchen Zeitungen etwas groesser aufgemacht sein koennen.

s. a. ZSg. 101/6/8/Nr. 1444 v. 9. Juli 1935
 ZSg. 102/1/45 (1) v. 12. Juli 1935
 ZSg. 102/1/50 (2) v. 12. Juli 1935
 ADAP, Serie C, Bd. IV, 1, Nr. 228

Paul I. (1901 - 1963), Kronprinz von Griechenland, ab 1947 König.

Carol II. (1893 - 1953), König von Rumänien, ging 1926 ins Exil nach Paris, kehrte 1930 zurück. 1940 nach außenpolitischen Mißerfolgen von General Antonescu zum Rücktritt gezwungen. Lebte bis zu seinem Tod im Ausland.

Die Aufhebung der Habsburger-Gesetze in Kraft getreten
(Drahtmeldung unseres Korrespondenten)
... Oberst Adam an die vaterländische Front
Der Generalsekretär der Vaterländischen Front Oberst Adam hat - wie DNB meldet - folgende Erklärung über die Habsburger Frage an alle Unterstellten der "Vaterländischen Front" gerichtet. ...
"Eine Propaganda aber, die im gegenwärtigen Stadium der inneren Entwicklung Oesterreichs und bei den gegebenen internationalen Spannungen auf eine unmittelbare Restauration abzielt, widerspricht den Interessen des Vaterlandes und ebenso den Interessen der Dynastie. Sie darf im Rahmen der Vaterländischen Front nicht geführt werden." ...
FZ, Nr. 349 v. 11. Juli 1935, S. 1
s. a. FZ, Nr. 347 v. 10. Juli 1935, S. 2
 VB (N. A.), Nr. 192 v. 11. Juli 1935, S. 3
 HHN, Nr. 190 v. 11. Juli 1935, S. 2

12.07.1935

ZSg. 101/6/14/Nr. 1451   12. Juli 1935

Deutsches Nachrichtenbüro. Berlin, 12. Juli 1935. (Zu)
Mitteilung an die Schriftleitungen.
Die Meldung der "Kölnischen Zeitung" vom 11.7. abends über Korporationen und Nationalsozialistischer Deutscher Studentenbund soll nicht übernommen werden. Meldungen in dieser Angelegenheit sind vorläufig nicht zu bringen.

D.   Breslau telef. 8.45
                    Hbg.   briefl.
                    Ch.   briefl.

s. a. ZSg. 101/6/13/Nr. 1456 v. 13. Juli 1935
      ZSg. 101/6/6 v. (6. Juli 1935)

Korporationen und NSD-Studentenbund
Nach einer Mitteilung des Leiters der Gemeinschaft studentischer Verbände Köln, Referendars Schorre, hat der Führer und Reichskanzler persönlich angeordnet, daß die Meldefrist zu den vom NSDStB veranstalteten Schulungslagern für Korporationen verlängert wird. Diese Frist war vom Reichsleiter des NSDStB, Derichsweiler, auf den 10. Juli festgesetzt worden. Eine von Dr. Lammers, dem Führer der GStV, angeregte Verlängerung hatte Pg. Derichsweiler von sich aus bereits abgelehnt. Meldungen der Korporationen zu den Schulungslagern erfolgen daher vorläufig nicht. * Wie der Westdeutsche Beobachter meldet, hatten an der Kölner Universität von 37 Korporationen nur drei ihre Meldung vollzogen, und zwar die fünf Bünde der Deutschen Burschenschaft und zwei Korporationen des ehemals katholischen Wissenschaftlichen Unitas-Verbandes.
KöZ, Nr. 346 v. 11. Juli 1935, S. 6

ZSg. 102/1/45 (1)   12. Juli 1935

Der Inhalt aus einigen Bemerkungen zu der Rede des englischen Aussenministers (Hoare) ist im wesentlichen der, dass gebeten wurde, die Rede zwar freundlich zu behandeln, aber sie doch nicht zu ueberschaetzen und sie nicht als eine Offenbarung zu betrachten. Im wesentlichen sei sie eben doch eine Darstellung der englischen Politik, eine Rechtfertigung dieser Politik vor den Stresa-Maechten. Zu den Darlegungen ueber den Ostpakt koennte man vermerken, dass Hoare alle Ereignisse uebergangen habe, die seit dem Auftauchen des Ostpaktentwurfes die Situation doch wesentlich geaendert haetten (franzoesisch-russische und tschechoslowakische Allianzen). Auch das sei etwas befremdend, dass Hoare den Donaupakt erwaehne in einem Augenblick, wo doch durch die Beseitigung der Habsburger Gesetze [1] eine ganz neue Lage in Osteuropa sich vorbereiten koennte. Die Rede des englischen Aussenministers koenne keineswegs geeignet sein, als Antwort auf die grosse Rede Hitlers vom 21. Mai [2] zu dienen. Was im uebrigen natuerlich auf den neuerlichen Appell an Deutschland von uns zu sagen waere, bleibe Hitler selbst vorbehalten, dessen Entscheidungen man nicht vorgreifen duerfe. Dem undurchsichtigen Ostpakt entgegenstellen koennte man, wie frueher schon, das deutsch-polnische Abkommen [3]. Vertraulich wurde noch vermerkt, dass vom Abschluss eines zweiseitigen Luftpaktes niemals die Rede gewesen sei.

s. a. ZSg. 110/1/99f. v. 12. Juli 1935
ZSg. 101/28/217-219 v. 12. Juli 1935 (Vertrauliche Information)
ZSg. 102/1/46 (5) v. 13. Juli 1935
ADAP, Serie C, Bd. IV, 1, Nr. 207, 218

[1] s. a. ZSg. 102/1/25 (4) v. 11. Juli 1935
[2] vgl. ZSg. 101/5/164/Nr. 1325 v. 21. Mai 1935
[3] deutsch-polnischer Nichtangriffspakt vom 26. Januar 1934

Sir Samuel Hoare (1880 - 1959), britischer konservativer Politiker, 1922 - 1924 und 1924 - 1929 Luftfahrtminister. 1931 - 1935 Staatssekretär für Indien, Mai - Dezember 1935 Außenminister. 1936 - 1937 Innenminister, Mai 1938 - April 1940 Luftfahrtminister, Juni 1940 - Oktober 1944 Sonderbotschafter in Madrid.

Hoares Jungfernrede
Realistische Außenpolitik: Nach dem Flottenabkommen der Ostpakt - Kollektive Verantwortlichkeit in dem Abessinienkonflikt
FZ, Nr. 351 v. 12. Juli 1935, S. 1-2

Laßt uns Realisten sein!
FZ, Nr. 352 v. 13. Juli 1935, S. 3 ((Kommentar))

ZSg. 102/1/45 (2)   12. Juli 1935

Die Meldung, dass der jugoslawische Gesandte in Berlin seinen Posten verlassen werde, sei wahrscheinlich zutreffend, man moege sie aber vorlaeufig noch nicht veroeffentlichen.

12.07.1935   - 424 -

s. a. ZSg. 110/1/101 v. 12. Juli 1935: Von der Nachricht, daß
der jugoslawische Gesandte in Berlin, Balugdwitsch ((sic)), ...
demnächst in den Ruhestand trete ...

Gesandter Balugdschitsch verläßt Berlin
Der langjährige südslawische Gesandte in der Reichshauptstadt,
Schivojin Balugdschitsch, ist in den Ruhestand versetzt worden.
Seine Nachfolge in Berlin wird, wie aus Mitteilungen der polnischen Presse hervorgeht, der bisherige Gesandte Südslawiens in
Warschau, Branko Lazarewitsch, antreten. Balugdschitsch, der in
die Redaktion der Belgrader "Politika" eintreten wird, hat Südslawien seit 1927 auf dem Berliner Gesandtenposten vertreten und
seitdem, als aufrichtiger Freund Deutschlands, mit bemerkenswertem Erfolge für die Annäherung zwischen den beiden Ländern gewirkt.
FZ, Nr. 367 v. 21. Juli 1935, S. 2

ZSg. 102/1/45 (3)   12. Juli 1935

In Sonnenburg wird zur Zeit ein Prozess gegen einen Gefangenenaufseher wegen Gefangenenbefreiung gefuehrt. Die regionale Presse
wird darueber berichten, deren Berichte die uebrige Presse nicht
uebernehmen duerfe.

s. a. ZSg. 110/1/99 v. 12. Juli 1935

Drei Jahre Zuchthaus wegen Gefangenen-Befreiung
Der ehemalige Strafanstaltsaushelfer Schmidt in Sonnenburg ist
von der Großen Strafkammer des Landgerichts Frankfurt (Oder) wegen fortgesetzter Bestechung im Amte und wegen vorsätzlicher Gefangenenbefreiung zu drei Jahren Zuchthaus und fünf Jahren Ehrverlust verurteilt worden. Schmidt hat im Jahre 1934 während seiner Beschäftigung als Strafanstaltsaufseher im Zuchthaus Sonnenburg für Handlungen, die eine Verletzung einer Amtspflicht enthielten, Geschenke von den Gefangenen angenommen und hat drei
Zuchthausgefangene, deren Beaufsichtigung ihm anvertraut war, entweichen lassen.
Frankfurter Oder-Zeitung v. 13./14. Juli 1935, S. 7

ZSg. 102/1/45 (4)   12. Juli 1935

Die gestrige Meldung ueber das grosse Bauprojekt fuer Moskau sei
doch erstaunlich unkritisch aufgemacht worden. Mindestens irgend-
((wo)) haette man einige Zweifel an der Durchfuehrbarkeit dieses
Projekts anbringen muessen.

- 425 -   12.07.1935

s. a. ZSg. 110/1/99 v. 12. Juli 1935: Nicht einverstanden ist das
Propagandaministerium mit der Aufmachung der Meldung vom Neuaufbau Moskaus.

Ein Stadtbauplan für Moskau
FZ, Nr. 352 v. 13. Juli 1935, S. 2

Sowjetrussische Zukunftsmusik
Moskau soll umgebaut werden
Ein Zehnjahresprogramm der Regierung - Man nimmt den Mund reichlich voll
... An der Durchführbarkeit dieses Planes, der außerordentlich
freigiebig mit Millionen- und Milliardenzahlen umspringt, dürften
immerhin einige Zweifel bestehen.
HHN, Nr. 191 v. 12. Juli 1935, S. 3

ZSg. 102/1/45 (5)   12. Juli 1935

Pressekarten fuer die Heidelberger Festspiele muessen von den
Zeitungen dort angefordert werden.

s. a. ZSg. 110/1/99 v. 12. Juli 1935
     ZSg. 102/1/4 (2) v. 23. Mai 1935
Die Reichsfestspiele Heidelberg dauerten vom 14. Juli bis zum 18.
August 1935.

ZSg. 102/1/50 (1)   12. Juli (1935) [1937]

Zu dem Besuch der englischen Frontkaempfer wurde vom Buero Ribbentrop nocheinmal gebeten, zur Begruessung doch einen Artikel zu
schreiben, in dem vor allem zwei Gesichtspunkte beruecksichtigt
werden moechten: Es sei nicht Sache der Frontkaempfer aktive Politik zu treiben, sondern durch Austauschung alter Erinnerungen und
gemeinsames Frontgefuehl eine gute Atmosphaere fuer die Politik
der Regierungen zu schaffen. Ferner sei es gerade Sache der Frontkaempfer, die heranwachsende Jugend im Geiste der Zusammenarbeit
und der gegenseitigen Achtung zu erziehen.

Korrespondenten-Kommentar: Schon mehrmals darauf hingewiesen. Man
will große Propaganda machen. Eine erstaunliche Anweisung! Ist
sie zur Einschläferung bestimmt? Wir wollen Eindruck machen.

12.07.1935

s. a. ZSg. 101/6/8/Nr. 1443 v. 9. Juli 1935
    ZSg. 101/6/13/Nr. 1454 v. 13. Juli 1935
    ZSg. 101/6/85 v. 3. September 1935

Über den Graben
... Die Waffenbrüderschaft hat die Politik der Nachkriegsjahre nicht bestimmt. Es ist also auch heute nicht die Rolle der Frontsoldaten, Diplomaten zu sein. Man kann auch so sagen: Es ist nicht möglich, die politischen Aufgaben, die sich stellen, rein aus dem Gefühl her zu lösen. ...
FZ, Nr. 354 v. 14. Juli 1935, S. 3

Englische Frontkämpfer kommen
Am Dienstag und Mittwoch in Hamburg
... Dem Frontkämpferbesuch kommt auch eine besondere politische Bedeutung zu. Frontkämpfer-Verbände können und wollen nicht selbständig Politik treiben. Sie können aber eine gute Atmosphäre schaffen. Keine Aufgabe ist aber in dem heutigen zerrissenen Europa wichtiger als diese. ... Es ist die Grundlage geschaffen worden für eine weitere Vertiefung von Beziehungen dieser in so vielen Lebensbereichen verwandten Völker.
HHN, Nr. 192 v. 13. Juli 1935, S. 1

ZSg. 102/1/50 (2)   12. Juli (1935) [1937]

Wie schon gestern oder vorgestern wurde noch einmal darauf hingewiesen, dass die Habsburger Frage in der Presse nicht einschlafen duerfe. Behandlung, wie gesagt, vom europaeischen, in erster Linie suedosteuropaeischen Rahmen aus.

s. a. ZSg. 102/1/25 (4) v. 11. Juli 1935
      ZSg. 102/1/45 (1) v. 12. Juli 1935
      ADAP, Serie C, Bd. IV, 1, Nr. 216, 228

Gegen Habsburg, für die griechische Monarchie
Die Besprechungen König Carols und Prinzregent Pauls
HHN, Nr. 194 v. 15. Juli 1935, S. 2

ZSg. 102/1/50 (3)   12. Juli (1935) [1937]

Die Leipziger Neuesten Nachrichten haben eine Meldung ueber die Verguetungen und Urlaubsregelungen fuer Personen, die zum Wehrdienst eingezogen sind. An sich ist ja seinerzeit als das schon vor dem Wehrgesetz erlassene Gesetz ueber die Beurlaubung der zur Teilnahme an anerkannten Sportkursen erging, ein Verbot erlassen worden, die Auswirkungen dieses Gesetzes, das heisst also die

12./13.07.1935

praktische Frage, wie die Verguetung fuer solche geregelt wird,
die zu achtwoechigen Kursen oder aehnlichen eingezogen werden, zu
behandeln. Das Kriegsministerium beabsichtigt morgen in der Pressekonferenz zu dieser Frage zu sprechen. Die Meldung der
Leipziger Neuesten Nachrichten soll bis dahin nicht etwa exzerpiert werden.

s. a. ZSg. 101/5/55/Nr. 1127 v. 20. Februar 1935
ZSg. 110/1/99 v. 12. Juli 1935
ZSg. 102/1/46 (4) v. 13. Juli 1935

Die Einziehung zu militärischen Übungen
Vergütungen und Urlaubsregelungen
(Drahtmeldung unserer Berliner Schriftleitung)
... Während alle staatlichen Betriebe ihren Beamten, Angestellten
und Arbeitern für die Zeit der Einziehung zu militärischen Übungen das Arbeitsentgelt weiter zahlen, ist ein finanzieller Zuschuß für viele private Unternehmungen und selbständige Berufe
durch den Staat gesichert. ... Es ist selbstverständlich, daß
für die Wehrpflichtigen aus freien Berufen, die wirtschaftlich
voll gesichert sind, solche Unterstützungen nicht in Frage kommen. ...
LNN, Nr. 192 v. 11. Juli 1935, S. 3

Bestellungen aus der Pressekonferenz 13.7.35.

ZSg. 101/6/13/Nr. 1452   13. Juli 1935

Es wird noch einmal mit Nachdruck an das Verbot erinnert, über
die Massnahmen der Exportförderung, die von Regierungsseite oder
von Seite der gewerblichen Wirtschaft unternommen werden, nichts
zu veröffentlichen, auch dann nicht, wenn sich diese Massnahmen
in Rundschreiben oder ähnlichen Erlassen widerspiegeln. Es ist
untersagt, Rundschreiben der Reichsstelle für Devisenbewirtschaftung [1], der Golddiskontbank usw. zu bringen.

[1] s. a. ZSg. 102/1/40 (5) v. 3. April 1935
s. a. ZSg. 102/1/46 (1) v. 13. Juli 1935: ... (Ein solches Rundschreiben der Golddiskontbank hatte ich gestern zunaechst fuer
unbedenklich gehalten. Es steht heute auch im Blatt. Die Feststellung in der Pressekonferenz ist zum Teil auf diese Meldu((ng))
zurueckzufuehren. Fackler)
Maxim Fackler (1904 -   ) war Mitglied der Berliner Redaktion
der FZ, nachdem er ein Jura-Studium absolviert hatte. Später ar-

13.07.1935   - 428 -

beitete er in der Zentralredaktion und als Korrespondent in Warschau und Rom. Nach dem Krieg war er zunächst bei der "Badischen Zeitung" (Freiburg), dann bei der "Süddeutschen Zeitung" (München) tätig.

s. a. ZSg. 101/6/1/Nr. 1425 v. 1. Juli 1935
      ZSg. 101/6/28/Nr. 1483 v. 25. Juli 1935
      ZSg. 101/6/47/Nr. 1526 v. 7. August 1935

Zusatzausfuhr - Gültigkeitsdauer der verbindlichen Zusagen
Die Golddiskontbank hat mitgeteilt: "Wie bekannt sein wird, hat sich mit Wirkung vom 1. Juli d. J. eine Neuregelung des Ausfuhrförderungsverfahrens als erforderlich erwiesen. An die Stelle der Genehmigungen durch Devisenstellen sind von diesem Zeitpunkt ab Prüfungen durch die für den Bereich der verschiedenen Wirtschaftsgruppen eingerichteten Prüfungsstellen getreten. ..."
FZ, Nr. 353 v. 13. Juli 1935, S. 3

ZSg. 101/6/13/Nr. 1453   13. Juli 1935

Artikel des früheren Postberaters der afghanischen Regierung Eugen Bonatz sollen nicht veröffentlicht werden. Herr Bonatz ist eine dunkle Persönlichkeit.

s. a. ZSg. 101/7/67/Nr. 90 v. 28. Januar 1936

ZSg. 101/6/13/Nr. 1454   13. Juli 1935

Die gesellschaftlichen Veranstaltungen während des Besuchs der englischen Frontkämpfer in Deutschland sind zur Berichterstattung freigegeben. Nicht frei dagegen ist der Inhalt der Beratungen und Besprechungen, die in Berlin, München und Hamburg stattfinden, vielmehr tragen diese Besprechungen absolut vertraulichen Charakter.

s. a. ZSg. 102/1/50 (1) v. 12. Juli (1935) [1937]
      ZSg. 101/6/8/Nr. 1443 v. 9. Juli 1935
      ZSg. 101/6/18/Nr. 1460 v. 18. Juli 1935

Die englischen Gäste am Ehrenmal
Feierliche Kranzniederlegung - Vorbeimarsch deutscher Verbände
HHN, Nr. 194 v. 15. Juli 1935, S. 1

Die englischen Frontkämpfer heute in Hamburg
HHN, Nr. 195 v. 16. Juli 1935, S. 1-2

- 429 -	13.07.1935

Kameraden
Den englischen Frontkämpfern zum Gruß!
ebd., S. 1

ZSg. 101/6/13/Nr. 1455	13. Juli 1935

Wie erinnerlich, ist eine Debatte über den sogenannten Volkswagen nicht erlaubt. Es ist Sorge dafür getroffen worden, dass auch in den Geschäftsberichten der Autofirmen das Problem des Volkswagens nicht mehr erörtert wird.

s. a. ZSg. 102/1/46 (2) v. 13. Juli 1935
ZSg. 101/5/177/Nr. 1361 v. 31. Mai 1935
ZSg. 101/6/65/Nr. 1579 v. 22. August 1935

Ein erfolgreiches Jahr der
Auto Union. Fast Verdoppellung des Wagenabsatzes - Auch Wertzahlen gestiegen - Hohe Anlageabschreibungen
HHN, Nr. 195 v. 16. Juli 1935, S. 10 ((ohne VW))

ZSg. 101/6/13/Nr. 1456	13. Juli 1935

Die gestrige Anweisung über die Veröffentlichung von Korporationsangelegenheiten bleibt nach wie vor in vollem Umfange aufrecht erhalten. Ueber die ganze Korporationsfrage wird in der nächsten Woche, wie uns heute vertraulich mitgeteilt wurde, eine endgültige Regelung getroffen werden!

Gesehen: D., K., Fa.	Hbg.	telef.
	Bresl.	"
	Chemn.	"

s. a. ZSg. 102/1/46 (3) v. 13. Juli 1935: Zu der gestrigen Meldung der "Koelnischen Zeitung", dass die Meldefrist für die Korporationen durch Anordnung Hitlers verlaengert worden sei, wurde heute noch einmal ausdruecklich festgestellt, dass die Presse sicherlich nicht berechtigt gewesen sei, eine Meldung zu bringen, die sich auf eine persoenliche Anordnung des Fuehrers und Reichskanzlers bezogen habe. Es gehoere zu den primitivsten Regeln, zu unterscheiden, ob solche Anordnungen amtlich bekanntgegeben werden oder nicht. Wenn eine Korporation irgendein Schreiben dieser Art erhalten habe, so koenne sie damit noch lange nicht zu einer Zeitung gehen und es abdrucken lassen. Bei dem erwaehnten Schreiben handelt es sich um eine persoenliche Aeusserung Hitlers. Ver-

13.07.1935 - 430 -

traulich wurde noch bemerkt, dass der Streit in wenigen Tagen beendigt sein duerfte.
s. a. ZSg. 101/6/14/Nr. 1451 v. 12. Juli 1935
    ZSg. 101/6/26/Nr. 1478 v. 23. Juli 1935

Am 15. Juli 1935 fand bei Hitler eine Unterredung zur Frage der Unterordnung der Korporationen unter den NSDStB statt, die keine eindeutige Klärung brachte. Dazu und zum Ende der Korporationen ab September 1935 vgl. A. Faust, Der Nationalsozialistische Deutsche Studentenbund. Studenten und Nationalsozialismus in der Weimarer Republik, Bd. 2, Düsseldorf 1973, S. 131f.

ZSg. 102/1/46 (4)   13. Juli 1935

Wir haben Ihnen gestern einen Auszug aus dem Reichsjugendpressedienst zugeschickt, der sich mit der Frage der Verguetung usw. fuer Personen befasst, die Militaerdienst leisten. An sich wollte das Kriegsministerium heute etwas authentisches zu dieser Fr((age)) sagen, die Mitteilung ist aber auf die naechste Woche verschoben worden. Unter diesen Umstaenden duerfte es nicht zweckmaessig sein, die brieflich uebersandte Meldung abzudrucken. Es wurde naemlich gesagt, dass die tatsaechlichen Grundlagen auf denen sie beruht, durch die zu erwartende Darlegung des Kriegsministeriums als ueberholt erscheinen werden.

s. a. ZSg. 102/1/50 (3) v. 12. Juli (1935) [1937]

ZSg. 102/1/46 (5)   13. Juli 1935

Gebeten wurde, wenn moeglich, in den Sonntagsblaettern noch einmal in dem Sinn auf die Rede des englischen Aussenministers einzugehen, als man die praktischen Vorschlaege Hitlers in seinen 13 Punkten aufgreife, auf die die verantwortlichen Staatsmaenner noch nicht geantwortet haetten, und andererseits die Problematik der Kollektivitaet darlege. Als Kollektivangelegenheiten seien zu betrachten: der Neun-Maechtevertrag ueber China [1], der italienisch-abessinische Vertrag von 1906 [2], der Locarnopakt [3], der u. a. durch das franzoesisch-sowjetrussische Buendnis [4] einen Knacks erlitten habe, und auch das Memelstatut [5].

13./15.07.1935

s. a. ZSg. 102/1/45 (1) v. 12. Juli 1935

1) Boxerprotokoll von 1901.
Der Boxeraufstand richtete sich gegen die Ansiedlung der Interessen ausländischer Mächte in China. Er wurde durch ein Expeditionskorps der Großmächte niedergeschlagen. Das Boxerprotokoll regelte die Zahlungen, die China von den beteiligten Ländern auferlegt wurden.

2) Italien bekam von Frankreich und Großbritannien die Zusage, das Gebiet zwischen der italienisch-abessinischen Grenze und Addis Abeba als italienisches Interessengebiet zu respektieren.

3) 1925, vgl. ZSg. 101/1/102 v. 19. September 1933

4) vgl. ZSg. 102/1/65 (1) v. 4. Mai 1935

5) Das Memelstatut war ein Teil der Memelkonvention vom 8. Mai 1924. Es sollte die Autonomie des Memelgebiets unter der Souveränität Litauens gewährleisten.

Britischer Realismus
In drei Fragenkomplexen
FZ, Nr. 355 v. 14. Juli 1935, S. 1

Bestellung aus der Pressekonferenz 15.7.1935.

ZSg. 101/6/15/Nr. 1457   15. Juli 1935

Für die Behandlung des englischen Frontkämpferbesuches in Deutschland wird im einzelnen noch folgendes bestimmt: Es sollen keine Namen von ausländischen Personen, die bei dem Empfang anwesend sind, genannt werden, sondern nur die Verbände selbst. Ferner sollen keine Interviews veröffentlicht werden und schliesslich sollen private Aufnahmen der Bildstelle des Propagandaministeriums vorgelegt werden zur Prüfung. Die von den grossen Photoanstalten gelieferten Bilder, Matern usw. sind geprüft, so dass da keine Schwierigkeiten bestehen.

s. a. ZSg. 102/1/26 (1) v. 15. Juli 1935
ZSg. 101/6/13/Nr. 1454 v. 13. Juli 1935

15.07.1935 - 432 -

Britische Frontkämpfer nach Berlin zurückgekehrt
Kranzniederlegung - Ohlsdorf - Besuch auf dem "Hein Godewind"
HHN, Nr. 197 v. 18. Juli 1935, S. 5 ((m. Bild))

ZSg. 101/6/15/Nr. 1458   15. Juli 1935

Aus gegebenem Anlass wird daran erinnert, dass das Problem der Währungsabwertung in Deutschland mit keiner Silbe, auch nicht in Nebensätzen, erörtert wird. Die vielfachen amtlichen Mitteilungen bedeuteten schon eine glatte Absage der Währungsabwertung. An dieser Stellungnahme hat sich nichts geändert. Gegen verschiedene Schriftleiter, die sich um diese Anweisung nicht kümmerten, wurden bereits Strafverfahren eingeleitet.

s. a. ZSg. 102/1/26 (3) v. 15. Juli 1935: ... In einem Fall sei gegen den verantwortlichen Schriftleiter mit aller Schaerfe eingeschritten worden. ... ((Gemeint ist Walter Schwerdtfeger, vgl. ZSg. 101/6/29 v. 25. Juli 1935))
s. a. ZSg. 101/4/122/Nr. 765 v. 25. September 1934
    ZSg. 101/6/138/Nr. 1711 v. 10. Oktober 1935

Deutsche Exportförderung
... Beachtung verdient aber, daß bei verschiedenen Verhandlungen zwischen ausländischen und deutschen Regierungsstellen in der letzten Zeit von ausländischer Seite betont wurde, daß das neue Exportförderungsverfahren immer noch einer <u>generellen Devalvation</u> in Deutschland <u>vorzuziehen</u> sei, da man glaubt, daß die deutsche Exportkonkurrenz auf diese Art wenigstens nicht so allgemein sei und nach Bedarf reguliert werden könne.
NZZ, Nr. 1272 v. 21. Juli 1935, S. 3

ZSg. 101/6/15/Nr. 1459   15. Juli 1935

Der Präsident des Reichsgesundheitsamtes [1] bittet, in der Oeffentlichkeit nicht das sogenannte Demeterbrot zu diskutieren. Es wird gegenwärtig noch geprüft, inwieweit das Demeterbrot bessere Qualität als das normale Roggenbrot darstellt.

Gesehen: K., D., Fa.   Hamburg briefl.
                       Breslau   "
                       Chemnitz   "

[1] Prof. Dr. Hans Reiter (1881 -   )
s. a. ZSg. 102/1/26 (5) v. 15. Juli 1935

- 433 -   15./16.07.1935

Demeterbrot ist eine Warenbezeichnung, die nur erlaubt ist für
Brot, das aus biologisch-dynamisch angebauten Zutaten gebacken
wird. Dabei müssen sowohl beim Anbau der Rohstoffe als auch bei
der Herstellung bestimmte, vom Demeter-Bund aufgestellte Richtlinien eingehalten werden. Die Anbauweise geht zurück auf die von
Rudolf Steiner gegründete anthroposophische Weltanschauung. 1935
wurde die Betätigung der Anthroposophen im Deutschen Reich verboten.

ZSg. 102/1/26 (2)   15. Juli 1935

Ein Berliner Blatt habe gestern in einem Artikel den Ausdruck gebraucht, "Herr Hitler". Dazu werde festgestellt, dass diese Bezeichnung nun endgueltig vermieden werden muesse.

ZSg. 102/1/26 (4)   15. Juli 1935

Ein Berliner Blatt habe gestern eine Notiz gebracht "Der erste
Journalist auf einer Briefmarke". Wie das Reichspostministerium
dazu mitteilt, soll es sich um eine luxemburgische Wohlfahrts-
markenserie handeln, deren Einnahmen zu gunsten der deutschen
Emigranten verwendet wird. Also Vorsicht.

ZSg. 102/1/42 (1)   16. Juli 1935

Mit Ruecksicht auf einen Artikel in einer Berliner Zeitung zum
Thema "Der gerechte Lohn" wurde daran erinnert, dass dieses Thema
frueher einmal als unerwuenschtes zur Behandlung in der Presse bezeichnet wurde.

s. a. ZSg. 101/5/142/Nr. 1294 v. 7. Mai 1935
     ZSg. 101/6/31/Nr. 1489 v. 26. Juli 1935

Erfolge der Mengenkonjunktur
Das vornehmste Ziel der nationalsozialistischen Wirtschaftspolitik
war von Beginn an, die Arbeitslosigkeit zu beseitigen. Die Erreichung dieses Zieles war nur möglich durch Festhalten des Preis-
und Lohnstandes. Wiederholt ist es von Verantwortlichen des neuen
Staates ausgesprochen worden, daß die gegenwärtigen, aus der Krise

16./17.07.1935   - 434 -

übernommenen Lohnsätze nicht als befriedigend angesehen werden
können, daß man jedoch erst dann zu einer Erhöhung schreiten kann,
wenn die Arbeitslosigkeit beseitigt worden ist. Von der Einsicht
des deutschen Arbeiters wurde gefordert, die Erreichung des Zieles
der Arbeitsschlacht durch vorläufigen Verzicht auf höhere Löhne zu
unterstützen. ...
Deutsche Wirtschafts-Zeitung, 32. Jg. (1935), Nr. 30 v. 25. Juli
1935, S. 705-707

ZSg. 102/1/42 (2)   16. Juli 1935

Die B. Z. von heute hat ein Bild mit dem vor einigen Tagen abge-
stuerzten hollaendischen Flugzeug. Das Luftfahrtministerium gab
dazu die Anweisung, im Interesse der Foerderung der Luftfahrt
solche Bilder nicht zu bringen. Da diese Anweisung aber etwas weit
geht, wird die Presseabteilung mit dem Luftfahrtministerium noch
einmal darueber sprechen.

Bild m. Unterschrift: Erschütternder Anblick der Trümmer des ab-
gestürzten holländischen Flugzeugs in der Nähe des Flugplatzes
Schiphol. Sechs Personen fanden bei der Katastrophe den Tod,
vierzehn wurden verletzt.
BZ am Mittag, Nr. 169 v. 16. Juli 1935, 1. Beiblatt
Bei dem Flugzeug handelte es sich um eine in Deutschland gebaute
Fokker-Maschine.

ZSg. 101/6/16   17. (Juli) 1935

DNB-Rundruf.

Bei Berichten über den Stuttgarter Devisenschieberprozess soll
der französische Vizekonsul Brun nicht genannt werden [1].

Die Notiz über Reorganisationen der Verwaltungen von Hapag und
Lloyd ist frühestens in den Donnerstag Morgen Ausgaben im vollen
Wortlaut und ohne jegliche Kommentierung zu bringen [2].

K., D., Fa.   Hbg.   briefl.
                      Breslau   "
                      Chemnitz   "

17./18.07.1935

1) Devisenschiebungen im Kuriergepäck
Mit einem Fall von Devisenschiebungen, die unter Benützung des Kuriergepäcks auswärtiger diplomatischer bzw. konsularischer Vertreter durchgeführt worden sind, hatte sich in den letzten Tagen, unserer Kenntnis nach zum erstenmal in Deutschland, das Stuttgarter Schöffengericht zu befassen. Wegen mehrfacher Devisenvergehen waren zwei Angestellte des französischen Konsulats in Stuttgart angeklagt, ferner zwei aus dem Elsaß gebürtige Frauen, für die Kapital ins Ausland gebracht worden war. ... Zum Schluß wurde besonders hervorgehoben, es könne keine Rede davon sein, daß das französische Konsulat in Stuttgart als solches mit den Schiebungen etwas zu tun habe; auch scheiden die Person des Leiters des Konsulats und die des gegenwärtigen Vizekonsuls für jeden Verdacht in dieser Richtung vollkommen aus.
Schwäbischer Merkur, Nr. 165 v. 18. Juli 1935, S. 6

2) s. a. ZSg. 101/6/5/Nr. 1436 v. 6. Juli 1935

Reorganisation bei Hapag und Lloyd
Kreuz-Z, Nr. 167 v. 19. Juli 1935, S. 12

ZSg. 101/6/18/Nr. 1460   18. Juli 1935

DNB-Rundruf 18.7.1935.

Ueber die heutigen Veranstaltungen anlässlich des Besuchs der englischen Frontkämpfer ist nur der DNB-Text zu veröffentlichen.

Gesehen: K., D., Fa.   Hamburg brfl.
                          Breslau telef.
                          Chemnitz brfl.

s. a. ZSg. 101/6/13/Nr. 1454 v. 13. Juli 1935

Die British Legion lädt deutsche Frontkämpfer ein
Aussprache über die Ausgestaltung der Beziehungen
... Der Führer des Kyffhäuserbundes, Oberst a. D. Reinhard, hatte am Donnerstag Nachmittag die Vertreter der British Legion zu einem Frühstück im Hotel Esplanade eingeladen. Zahlreiche Vertreter der deutschen Frontkämpferverbände hatten der Einladung gleichfalls Folge geleistet. ...
HHN, Nr. 198 v. 19. Juli 1935, S. 2

Nach Darstellung der Schweizer NZZ kam das Treffen mit den Vertretern des ehemaligen "Stahlhelm" nicht zustande, weil zum selben Zeitpunkt kurzfristig eine offizielle Einladung Görings ausgesprochen wurde, der die britischen Frontkämpfer nachkamen, vgl. NZZ, Nr. 1248 v. 17. Juli 1935, S. 2.

18./19.07.1935   - 436 -

Die britischen Frontkämpfer in Deutschland
Die Abordnung der Britischen Legion, die gegenwärtig durch Deutschland reist, um mit den verschiedenen Frontkämpferverbänden die Fühlung aufzunehmen, hat sich nach den hier vorliegenden Berichten eine Beschneidung des sorgfältig ausgearbeiteten Programms gefallen lassen müssen. Es ist ihr bis jetzt nicht gelungen, mit den Vertretern des "Stahlhelms" in Verbindung zu treten, obwohl eine Zusammenkunft am Berliner Sitz angesetzt worden war. ...
NZZ, Nr. 1264 v. 19. Juli 1935, S. 2

Bestellung aus der Pressekonferenz 19.7.1935.

ZSg. 101/6/17/Nr. 1461   19. Juli 1935

Es wird verboten, irgend welche Veröffentlichungen über den Fernsehsonderzug der Reichspost, der gegenwärtig im Brockengebiet arbeitet, vorzunehmen. Das gilt auch für Bilder.

s. a. ZSg. 102/1/51 (3) v. 19. Juli 1935: Die Reichspost bittet, ueber den fahrbaren Fernsehsender, der dieser Tage nach dem Harz abgefahren ist, vorlaeufig ueberhaupt nichts zu veroeffentlichen, auch keine Tatsachenberichte aus dem Harz.
s. a. ZSg. 101/5/135/Nr. 1279 v. 30. April 1935
      ZSg. 102/1/62 (2) v. 19. Oktober 1935

Die Vorbereitung des deutschen Fernseh-Sendenetzes
Auf der Jahrestagung des Verbandes deutscher Elektrotechniker in Hamburg wurde der technischen Welt und damit der Öffentlichkeit die großartige fahrbare Ultrakurzwellen-Sendeanlage vorgeführt, die in wenigen Wochen zum Brocken starten wird und dann weiter nacheinander in ganz Deutschland eingesetzt werden soll, um die günstigsten Standorte für die deutschen Fernsehsender zu ermitteln. ...
Die Sendung, 12. Jg. (1935), Nr. 28 v. 5. Juli 1935, S. 482

Fernseh-Versuche auf dem Brocken
Der fahrbare Fernsehsender ist dieser Tage auf dem Brocken eingetroffen und wird nun auf diesem höchsten Berg Norddeutschlands die geplanten Reichweitenversuche aufnehmen.
Die Sendung, 12. Jg. (1935), Nr. 31 v. 26. Juli 1935, S. 560

Zu den technischen Details des ersten fahrbaren Fernsehsenders, der ab 17. Juli auf dem Brocken arbeitete, s. G. Goebel, Das Fernsehen in Deutschland bis zum Jahre 1945. In: Archiv für das Post- und Fernmeldewesen, 5. Jg. (1953), Nr. 5 v. August 1953, S. 259-393, bes. S. 312.

ZSg. 101/6/17/Nr. 1462   19. Juli 1935

Es ist verboten, das Problem der Treibstoffversorgung auf den Reichsautobahnen zu erörtern.

s. a. ZSg. 102/1/51 (2) v. 19. Juli 1935: Generalinspektor Todt bittet die Presse, keinerlei Berichte, Artikel oder Notizen ueber die Treibstoffversorgung der Reichsautobahnen zu bringen. ...
s. a. ZSg. 101/6/38/Nr. 1508 v. 1. August 1935
Zur prekären deutschen Treibstoffsituation im Jahre 1935 vgl. W. Birkenfeld, Der synthetische Treibstoff 1933 - 1945, Göttingen u. a. 1964, S. 54ff.

ZSg. 101/6/17/Nr. 1463   19. Juli 1935

Es wird gebeten, eine DNB Meldung gut zu bringen, in der Gerüchten entgegengetreten wird, dass Reisen von Ausländern nach Deutschland wegen der Devisenschwierigkeiten undurchführbar seien.

Gesehen: D., K., Fa.   Hamburg briefl.
                         Breslau   "
                         Chemnitz   "

s. a. ZSg. 102/1/37 (8) v. 24. Juli 1935
Die deutschen Devisenvorschriften für den Reiseverkehr nach Deutschland
Es sind verschiedentlich Gerüchte verbreitet, daß Ausländer sich bei Reisen nach Deutschland durch Unkenntnis der deutschen Devisenvorschriften leicht eines Devisenvergehens schuldig machen könnten. Dagegen ist festzustellen, daß die nach Deutschland reisenden Ausländer lediglich folgende zwei Bestimmungen zu beachten haben:
1. Wer die bei der Einreise nach Deutschland mitgeführten in- oder ausländischen Zahlungsmittel bei der Wiederausreise ungehindert wieder mitnehmen will, läßt sich bei der Einreise von der deutschen Zollstelle eine "Grenzbescheinigung" ausstellen, in der die mitgeführten Zahlungsmittel vermerkt werden. Diese Zahlungsmittel können ohne Genehmigung wieder ins Ausland verbracht werden. ...
HHN, Nr. 199 v. 20. Juli 1935, S. 1

19.07.1935 - 438 -

ZSg. 101/6/19/Nr. 1464   19. Juli 1935

DNB-Rundruf. 19.7.1935.

Bei allen Vorgängen, die den Stahlhelm betreffen, ist die Presse bis auf weiteres angewiesen, keine anderen Meldungen als die, die über DNB kommen, zu veröffentlichen.

Gesehen: D., K., Fa.   Hamburg briefl.
                                Breslau telef. 6.55
                                Chemnitz briefl.

s. a. ZSg. 101/6/20/Nr. 1466 v. 20. Juli 1935

Nach der Umbenennung in "Nationalsozialistischer Deutscher Frontkämpferbund" (NSDFB) wurde die gesamte Organisation am 7. November 1935 aufgelöst. Am 19. Juli wurde der "Stahlhelm" in Thüringen verboten und in Schlesien aufgelöst, vgl. HHN, Nr. 199 v. 20. Juli 1935, S. 2.

aber:
Unterredung mit dem Reichsarbeitsminister
Seldte zum großen Soldatenbund
Kreuz-Z, Nr. A 168 v. 20. Juli 1935, S. 1-2
In diesem Gespräch unterstrich Seldte die Ähnlichkeiten zwischen NS-Bewegung und der "Stahlhelm"-Tradition: "Die Führerschaft Adolf Hitlers brachte auch den Zielen des Stahlhelm Erfüllung. Nunmehr brauchte sich der Kampf des Stahlhelm nicht mehr gegen die Schäden und Schädlinge der Systemzeit zu richten. Der Bund konnte sich der aufbauenden Arbeit Adolf Hitlers und seinem neuen Reich restlos zur Verfügung stellen. ..."

ZSg. 102/1/51 (1)   19. Juli 1935

Zu dem Wechsel im Berliner Polizeipraesidium wurde noch bemerkt, dass Herrn von Levetzow der Dank fuer seine Arbeit in den letzten zwei Jahren in Berlin ausgesprochen werden koenne. Zu Ihrer vertraulichen Information: Die in dem Kommuniqué erwaehnte Besprechung fand nicht in Berlin statt, sondern in Heiligendamm [1].

s. a. ZSg. 110/1/102 v. 19. Juli 1935: ... Offenbar bestand schon seit längerer Zeit die Absicht, ihn durch eine jüngere Kraft zu ersetzen. Einige Zeit hindurch erhielt sich sogar hartnäckig das Gerücht, dass Julius Streicher Polizeipräsident werden würde.

19.07.1935

Levetzow wird nun zum Vorwurf gemacht, dass er dem provozierenden Auftreten der Judenschaft gegenüber ein zu nachgiebiges Verhalten an den Tag gelegt hat. Es ist richtig, dass die Juden in Berlin seit geraumer Zeit wieder reichlich anmassend auftreten. ... Helldorfs Berufung wird nun allgemein als eine Verschärfung des Kurses der Berliner Judenschaft gegenüber ausgelegt, ...

s. a. ZSg. 102/1/51 (5) v. 19. Juli 1935

1) Heiligendamm: Gemeinde in Mecklenburg, das älteste deutsche Ostseebad

Magnus von Levetzow (1871 - 1939), Konteradmiral a. D., Polizeipräsident von Berlin, 1932 - 1933 MdR (NSDAP). Wegen Unterstützung des Kapp-Putsches aus der Marine verabschiedet.

Am 19. Juli 1935 wurde von Levetzow durch Wolf Heinrich Graf Helldorf (1896 - 1944), den Polizeipräsidenten von Potsdam abgelöst. Er ging unverzüglich gegen die jüdischen Geschäftsleute in Berlin vor.

Wechsel in der Leitung des Berliner Polizeipräsidiums
... "Der Reichs- und Preußische Minister des Innern hat bis zur endgültigen Genehmigung durch den Führer und Reichskanzler den Polizeipräsidenten von Levetzow von seinen Dienstgeschäften entbunden und mit ihrer vorläufigen Wahrnehmung mit sofortiger Wirkung den Polizeipräsidenten von Potsdam, SA-Gruppenführer Graf Helldorf, betraut. Im Verfolg dieser Neuernennung fand Freitag mittag eine Besprechung statt, an der mit Reichsminister und Gauleiter Dr. Goebbels der Staatskommissar der Hauptstadt Berlin, Dr. Lippert, Generalleutnant der Landespolizei Daluege, der stellvertretende Gauleiter Goerlitzer, Polizeipräsident SA-Gruppenführer Graf Helldorf und SA-Gruppenführer Uhland teilnahmen. ... Partei, Polizei und Verwaltung werden es als ihre Ehrenpflicht ansehen, in einträchtigem Zusammenwirken diesem großen Ziel zu dienen."
FZ, Nr. 365 v. 20. Juli 1935, S. 1
s. a. NZZ, Nr. 1264 v. 19. Juli 1935, S. 2

ZSg. 102/1/51 (4)   19. Juli 1935

Zu Ihrer Information: Voraussichtlich wird morgen naeheres ueber die Aufgaben von Kirchenminister Kerrl zu hoeren sein.

s. a. ZSg. 102/1/37 v. 22. Juli 1935

Hanns Kerrl (1887 - 1941), zunächst Reichskommissar für das Preußische Justizministerium, dann 1933/34 Preußischer Justizminister. 1934/35 Reichsminister ohne Geschäftsbereich. Am 16. Juli 1935 Ernennung zum Reichs- und Preußischen Minister für kirchliche Angelegenheiten.

19.07.1935

Die Neuregelung der Kirchenverhältnisse
... Im Vordergrunde steht Reichsminister Kerrl. Zu den Befugnissen, die auf ihn übergehen, gehört vor allem das Recht, die Mitglieder ausschließlich des Vorsitzenden der Beschlußstelle zu berufen. Er hat freie Hand. Vorausgesetzt wird lediglich, daß die Mitglieder zum Richteramt oder zum höheren Verwaltungsdienst befähigt sind. Man wird auch annehmen müssen, daß die Bestellung der Mitglieder jederzeit widerruflich ist. Schon darin und in der Bezeichnung "Beschlußstelle" kommt zum Ausdruck, daß nicht an die Schaffung eines besonderen Gerichts, eines kirchlichen Verfassungsgerichtshofes, gedacht ist. ...
FZ, Nr. 366 v. 20. Juli 1935, S. 1
Die Beschlußstelle sollte Streitigkeiten innerhalb der evangelischen Kirche regeln.

ZSg. 102/1/51 (5)   19. Juli 1935

Im "Tageblatt" von gestern abend werden Sie eine Meldung aus Koeln finden, nach der dort beim Regierungspraesidenten eine Besprechung stattfand, in der engere Zusammenarbeit zwischen Polizei und Partei vereinbart wurde, also eine aehnliche Sache wie sie in dem Kommuniqué ueber Levetzow fuer Berlin erwaehnt ist.

s. a. ZSg. 102/1/51 (1) v. 19. Juli 1935

Polizei und Bewegung
Engste Zusammenarbeit - Besprechung im Regierungspräsidium Köln
Drahtmeldung unseres Korrespondenten
In einer Besprechung, die im Kölner Polizeipräsidium zwischen der Gauleitung, der örtlichen SA-Führung und Regierungspräsidenten Diels stattfand, und an der auch sämtliche Offiziere der Schutzpolizei teilnahmen, wurde die Notwendigkeit einer stärkeren Zusammenarbeit der Polizeiorgane mit den Gliederungen der Partei erörtert. ... Allein die Partei und ihre SA hätten ein Recht auf die Strasse. Polizei und Bewegung müssten dabei in engster Form zusammenarbeiten. Der Polizeibeamte müsse im Gegensatz zu früher wissen, dass er nicht der Hüter einer "Ruhe und Ordnung" um ihrer selbst willen und auch nicht Vertreter einer blutleeren Staatsautorität sei, sondern mit den Männern der Bewegung den Nationalsozialismus zu verteidigen habe. ... Gerade der Polizeibeamte sei ein wichtiger Repräsentant des Nationalsozialismus. ...
BT, Nr. 336 v. 18. Juli 1935, S. 11

20.07.1935

Bestellung aus der Pressekonferenz. 20.7.1935.

ZSg. 101/6/20/Nr. 1465   20. Juli 1935

Vertraulich bittet das Reichswirtschaftsministerium, bei der Propaganda von Auslandsreisen sehr sorgfältig zu verfahren. Wenn auch Inserate, die für Auslandsreisen werben, nicht verboten werden sollen, so sollen doch in den Reisebeilagen propagandistische Artikel nur in geringem Umfange erscheinen. Selbstverständlich ausgenommen sind Reisen auf deutschen Schiffen und Reisen zu den volksdeutschen Gebieten im Auslande.

s. a. ZSg. 102/1/50 (1) v. 20. Juli 1935: ... Moeglich sei auch neben den Inseraten noch ein gelegentlicher Reisebericht aus dem Ausland.
s. a. ZSg. 110/1/105 v. 20. Juli 1935

ZSg. 101/6/20/Nr. 1466   20. Juli 1935

Die thüringische Staatszeitung bringt heute einen Artikel: "Quo vadis Stahlhelm?". Dieser Artikel ist nur für Thüringen bestimmt und soll nicht weiter abgedruckt werden.

Gesehen: D., K., Fa.   Hamburg 12.45 telef.
                          Breslau 12.45 telef.
                          Chemnitz 12.45 telef.

s. a. ZSg. 102/1/50 (2) v. 20. Juli 1935
     ZSg. 110/1/105 v. 20. Juli 1935
     ZSg. 101/6/19/Nr. 1464 v. 19. Juli 1935
     ZSg. 101/6/27/Nr. 1481 v. 24. Juli 1935

Der "Stahlhelm" wurde am 19. Juli 1935 in Thüringen verboten, vgl. NZZ, Nr. 1268 v. 21. Juli 1935, S. 2.

Quo vadis, "Stahlhelm"?
Von Werner Voß, Gaupresseamtsleiter
... Mit wachsendem Erstaunen bemerkte man, daß sich unter der Flagge des "Stahlhelm", der alten Reichskriegsflagge der Marine, auch in Thüringen immer mehr die Leute sammelten, die früher gar keinen Wert darauf gelegt hatten, Frontkämpfer genannt zu werden, und mit Mißtrauen verfolgte man das Verhalten der "Führer" dieses "Stahlhelm", die derartige Staatsfeinde in ihren Reihen aufnahmen.
...
Thüringische Staatszeitung, Nr. 167 v. 20. Juli 1935, S. 1-2

20.07.1935

Thüringische Staatszeitung (1924 - 1945), gegründet als "Der Nationalsozialist", ab 1. April 1933 als "Thüringische Staatszeitung" und Amtliches Organ der NSDAP in Weimar.

ZSg. 101/6/21 (20. Juli 1935)

Streng vertrauliche Bestellung für die Redaktion.

Streng vertraulich hören wir soeben, dass die Zeitung "Der Stürmer" auf drei Monate verboten ist wegen seines kürzlichen Angriffs auf den Staatssekretär Lammers. Es wird noch ein DNB-Rundruf ergehen, aus dem zu ersehen ist, dass eine Veröffentlichung dieses Verbots streng untersagt ist. gez. Dr. Kausch.

D., K., Fa.   Bresl. telef.
                Ch.   briefl.
                Hbg.   telef.

s. a. ZSg. 101/6/23/Nr. 1467 v. 20. Juli 1935
     ZSg. 101/6/22 v. 22. Juli 1935
     ZSg. 101/6/6 v. (6. Juli 1935)

Die Schande von Heidelberg
... Im "Korps Saxo Borussia" fanden und finden sich die Söhne solcher "Alter Herren" zusammen, die in Schlössern wohnen und den Landarbeiter mit Weib und Kind in Behausungen leben lassen, in denen man nicht einmal Tiere unterbringen möchte. Im "Korps Saxo Borussia" fanden und finden sich die Söhne solcher "Alter Herren" zusammen, die es lieber mit den Juden halten als mit denen, die Volk und Vaterland vor der Vernichtung durch Juden und Judenknechten retteten. ... Angesichts des Skandals von Heidelberg frägt man sich auf's Neue, welches die verschwiegenen Gründe sein mögen, die gewisse Herren veranlassen, für die Erhaltung von Unhaltbarem mit der Autorität ihrer Staatsstellungen und mit der Autorität des Namens hoher und höchster Persönlichkeiten zu wirken?! Wir kennen die geheimen Triebkräfte jener in Parteifarben getarnten Reaktionsfreunde. Auch ihnen wird das Handwerk noch einmal gelegt werden.
Der Stürmer, Nr. 29, Juli 1935, S. 8
Das Wochenblatt von Julius Streicher konnte ohne Unterbrechung erscheinen.

- 443 -   20.07.1935

ZSg. 101/6/23/Nr. 1467   20. Juli 1935

DNB-Rundruf vom 20.7.35.
Ueber das heute erfolgende Verbot des "Stürmer" darf in der Presse nicht berichtet werden.

D., K., Fa.   Hbg. telef.
                         Bresl. "
                         Chem. briefl.

s. a. ZSg. 102/1 v. 20. Juli 1935
      ZSg. 101/6/21 v. (20. Juli 1935)
      ZSg. 101/6/22 v. 22. Juli 1935

ZSg. 102/1/50 (3)   20. Juli 1935

Eine Ueberschrift "Inflation in Italien als Folge des Abessinienkonflikts" sei wohl nicht sehr zweckmaessig.

s. a. ZSg. 110/1/105 v. 20. Juli 1935: Die in einem Blatt groß aufgemachten ausländischen Pressestimmen über "Inflation in Italien" ... hätten in dieser Aufmachung nicht gebracht werden sollen ...
s. a. ZSg. 102/1/58 (5) v. 29. Mai 1935

ZSg. 102/1/50 (4)   20. Juli 1935

Im Anschluss an die Reise suedamerikanischer Journalisten nach Deutschland koenne man natuerlich Artikel ueber Suedamerika bringen, aber nicht so, wie es eine grosse Berliner Zeitung gemacht habe, die einen dieser Journalisten interviewte und dann einen Reklame-Artikel fuer das Blatt geschrieben habe, dem dieser Journalist angehoert.

s. a. ZSg. 110/1/105 v. 20. Juli 1935

20./22.07.1935   - 444 -

Am 19. Juli 1935 besuchten die südamerikanischen Journalisten auf ihrer Deutschlandreise aus Hamburg kommend Berlin, vgl. BLA, Nr. 173 v. 20. Juli 1935, S. 6.

ZSg. 101/6/22   22. Juli 1935

Betrifft: Vertrauliche Information über Stürmer-Verbot vom Sonnabend, den 20. Juli 1935.

Wie ich soeben vertraulich höre, ist das Verbot des "Stürmer", das am Sonnabend ausgesprochen wurde, nicht zur Durchführung gekommen. Es ist bereits wieder aufgehoben, die Zeitung wird weiter vertrieben; jedoch darf davon nicht gesprochen werden. Soweit Beschlagnahmen erfolgt waren, sind die Exemplare den Händlern wieder zugestellt worden. gez: Dertinger.

Fa.

s. a. ZSg. 101/6/21 v. (20. Juli 1935)
     ZSg. 101/6/23/Nr. 1467 v. 20. Juli 1935

Streicher und "Der Stürmer"
... Der "Angriff", das Blatt Dr. Goebbels', veröffentlichte am Dienstag ein Interview mit Julius Streicher, der dieser Tage auch selbst einen Vortrag in der Reichsführerschule in Bernau bei Berlin gehalten hat. Beide Tatsachen bestätigten den Eindruck, daß der Stern des fränkischen Gauleiters noch immer im Aufstieg begriffen ist. Streichers einziges Programm ist der Antisemitismus, dessen kompromißlose Verwirklichung er im "Stürmer" predigt; auf Grund dieses Programms scheint er aber noch eine große Zukunft zu haben, und jedenfalls rückte er in letzter Zeit ständig näher an die Reichshauptstadt heran, die nun mit seinen Methoden von den Juden "gesäubert" werden soll. ...
NZZ, Nr. 1288 v. 24. Juli 1935, S. 2

Pg. Streicher in Bernau
Die Judenfrage als Weltfrage - Keine Unbesonnenheit!
Der Angriff, Nr. 169 v. 23. Juli 1935, S. 1-2

22.07.1935

Bestellung aus der Pressekonferenz 22.7.1935.

ZSg. 101/6/24/Nr. 1468   22. Juli 1935

Streng vertraulich! Es ist jetzt die Entscheidung in der Frage des Reichsehrenmals erfolgt. Das Tannenberg-Nationaldenkmal wird gleichzeitig Reichsehrenmal werden. Es geht in die Verwaltung des Reiches über und wird von dem Oberpräsidenten der Provinz Ostpreussen betreut. Wann die Einweihung des Reichsehrenmals stattfindet, entscheidet der Führer. Ueber diese ganze Angelegenheit soll vorläufig unter keinen Umständen etwas in der Presse und Oeffentlichkeit verlauten. Diese Anweisung ist auch für den Fall gegeben, dass von anderer Seite Nachrichten hierüber ergehen.

s. a. ZSg. 102/1/32 (3) v. 22. Juli 1935
    ZSg. 101/6/39/Nr. 1510 v. 1. August 1935

Am 28./29. August 1914 hatte die deutsche Armee unter der Führung von Hindenburg und Ludendorff bei Tannenberg die russische besiegt. Im August 1934 wurde Hindenburg dort beigesetzt.
"Im Rahmen einer militärischen Trauerfeier wurden die sterblichen Überreste des verstorbenen ... v. Hindenburg am 88. Geburtstage des Feldmarschalls von dem Eckturm des Tannenberg - Nationaldenkmals, in dem der Sarg vorläufig beigesetzt worden war, in die Gruft des Mittelturms überführt. ... Aus diesem Anlaß erhob der Führer und Reichskanzler das Tannenberg-Denkmal zum "Reichsehrenmal Tannenberg". ..."
Das Archiv, Oktober 1935, S. 965 (2. Oktober)

ZSg. 101/6/24/Nr. 1469   22. Juli 1935

Streng vertraulich! Die Danziger Zeitungen u. a. auch das Danziger N. S. Organ [1] bringen sensationelle Mitteilungen über den Bruch der Zollunion durch Polen und einen Aufruf des Senatspräsidenten Greiser, durch den alle bisher mit Polen abgeschlossenen Verträge für nichtig erklärt werden. Dem Auswärtigen Amt liegen diese Nachrichten gegenwärtig zur Prüfung vor. Sie werden alsbald vom Berliner Büro aus Nachrichten oder Richtlinien über diese Angelegenheit erhalten.

s. a. ZSg. 102/1/32 (5) v. 22. Juli 1935: Zu Meldungen aus Danzig mit einer Erklaerung des Senatspraesidenten wegen der wirtschaftlichen Beziehungen zwischen Danzig und Polen, die einigen Kollegen vorlagen, konnte noch nichts gesagt werden.

22.07.1935   - 446 -

s. a. ZSg. 101/6/26/Nr. 1473 v. 23. Juli 1935
      ADAP, Serie C, Bd. IV, 1, Nr. 214, 215, 224

1) Der Danziger Vorposten (1931 - 1945)

Arthur Karl Greiser (1897 - 1946) seit 1930 stellvertretender Gauleiter in Danzig, 1933 Senatsvizepräsident, 1934 - 1939 Senatspräsident als Nachfolger von H. Rauschning, 1939 - 1945 Gauleiter und Reichsstatthalter im Gau Wartheland, SS-Obergruppenführer. 1945 an Polen ausgeliefert, 1946 zum Tode verurteilt und hingerichtet.

Polen verläßt gegenüber Danzig den Boden der Verträge
Die Danziger Zollverwaltung zur Abfertigung der polnischen Einfuhr nicht mehr zugelassen - Druckmaßnahmen mit dem Ziel, den Zloty einzuführen?
... Man wird die offizielle Stellungnahme Polens abwarten müssen, um die wahren Absichten dieser Maßnahmen zu erfahren. Danzig wird nach wie vor bereit sein, auf dem Verhandlungswege den Boden der Verständigungspolitik zu erhalten, und wird ebenso bereit sein, sein Deutschtum mit allen Mitteln und aller Fähigkeit zu erhalten und zu verteidigen. ...
Der Danziger Vorposten, Nr. 168 v. 22. Juli 1935, S. 1

ZSg. 101/6/24/Nr. 1470   22. Juli 1935

Das Reichskriegsministerium hebt ein früheres Verbot auf; es darf in Zukunft der Ausdruck "Ergänzungsbataillone" (E-Bataillone) verwendet werden.

          Gesehen: Fa., D., K.   Hamburg   Telefon.
                                   Chemnitz   "
                                   Breslau   "

s. a. ZSg. 101/5/202/Nr. 1401 v. 21. Juni 1935

Zu diesem Zeitpunkt ging der erste achtwöchige Lehrgang zu Ende.
Die Wehrpflicht der Reserve
NZZ, Nr. 1246 v. 17. Juli 1935, S. 2

A(lfred). I(ngemar). B(erndt)., SS-Obersturmbannführer:
8 Wochen "Kursoldat"
SS-Männer im E-Bataillon
Das Schwarze Korps, Nr. 23 v. 7. August 1935, S. 3-4

- 447 -   22.07.1935

Bestellung aus der Pressekonferenz. 22. Juli 1935.

ZSg. 101/6/25/Nr. 1471   22. Juli 1935

Es wird noch einmal daran erinnert, dass die Vorfälle in Belfast
mit grösster Ausführlichkeit in den deutschen Zeitungen behandelt
werden sollen. Wenn möglich, sollen die Berichte aus Belfast über
Brandstiftungen in Kirchen und sonstigen schweren Zusammenstössen
auf der ersten Seite regelmässig gebracht werden.
s. a. ZSg. 102/1/32 (4) v. 22. Juli 1935: Gebeten wurde, die Belfaster Unruhen gut aufzumachen.
s. a. ZSg. 102/1/67 bzw. 73 v. 23. Juli 1935
      ZSg. 101/6/27/Nr. 1479 v. 24. Juli 1935

Anlaß der Unruhen war der Oranier-Tag, der zurückgeht auf den Sieg
des protestantischen Wilhelms von Oranien über James II. im Jahre
1690.

Die Unruhen in Irland halten an
Eine protestantische Kirche in Brand gesetzt
HHN, Nr. 202 v. 23. Juli 1935, S. 1

Schatten des Todes über Belfast
(Von unserem Berichterstatter)
ebd. ((Kommentar))

Die Belfaster Unruhen ziehen größere Kreise
Pflastersteine statt Gewehre/Waffentransport in falsche Hände geraten
HHN, Nr. 203 v. 24. Juli 1935, S. 1

Schottland befürchtet Übergreifen der Unruhen
Es gärt weiter in Belfast - Bombenexplosion und Verhaftungen -
Streik
ebd.
Danach keine weiteren Berichte mehr. Die Anweisung wurde in der
Frankfurter Zeitung überhaupt nicht befolgt.

ZSg. 101/6/25/Nr. 1472   22. Juli 1935

Bei der Behandlung und Aufmachung des Welttreffens der Hitler-Jugend bittet die Reichsjugendführung zu beachten, dass zahlreiche
auslandsdeutsche Gäste nicht Angehörige der Hitler-Jugend sind.
Wenn generell die aus Südwestafrika und anderen deutschen Kolonialbezirken nach Deutschland kommenden Jungen als zur Hitler-Jugend
gehörig angesprochen werden, dann haben sie grösste Schwierigkei-

ten in ihren Heimatländern zu befürchten. Die gleiche Anweisung gilt auch für Bilder vom Welttreffen der Hitler-Jugend, bei denen ebenfalls Unterschriften wie "Hitler-Jungen aus Südwestafrika" unbedingt vermieden werden müssen. Auch über Erkrankungen im Lager soll nichts berichtet werden. In das Tropeninstitut sind 25 Hitler-Jungen eingeliefert worden, die an der Ruhr erkrankt sind. Es ist festgestellt worden, dass diese Erkrankungen schon auf der Ueberfahrt eingetreten sind.

Gesehen: Fa., D., K.   Hamburg briefl.
                           Breslau telef.
                           Chemnitz briefl.

s. a. ZSg. 102/1/32 (1) v. 22. Juli 1935: Zu dem Deutschlandlager der HJ bei Rheinsberg wurde noch einmal bemerkt, dass unter keinen Umstaenden die Jungen aus dem Ausland, deren Vaeter nicht Reichsdeutsche sind, als HJ-Mitglieder bezeichnet werden duerfen. ...
s. a. ZSg. 110/1/95 (5) v. 4. Juli 1935
    ZSg. 102/1/47 (4) v. 4. Juli 1935
    ZSg. 102/1/40 (5) v. 2. August 1935

ZSg. 102/1/37   22. Juli 1935

Bitte uebernehmen Sie eine kurze DNB-Meldung als DNB: Kerrl fuer drei Wochen in Urlaub gegangen. Zweck des Urlaubs ist, wie in der Pressekonferenz v e r t r a u l i c h gesagt wurde, den zahllosen Anfragen von kirchlicher Seite zu entgehen, bis Kerrl eingearbeitet ist.

s. a. ZSg. 102/1/51 (4) v. 19. Juli 1935
    ZSg. 101/6/96/Nr. 1631 v. 9. September 1935

Reichsminister Kerrl in Urlaub
Reichsminister Kerrl hat einen dreiwöchigen Urlaub angetreten. Dieser Urlaub dient dem Reichsminister dazu, sich auf die Bewältigung der ihm vom Führer gestellten neuen Aufgaben vorzubereiten.
HHN, Nr. 202 v. 23. Juli 1935, S. 2
s. a. FZ, Nr. 371 v. 23. Juli 1935, S. 2

23.07.1935

Bestellung aus der Pressekonferenz 23. Juli 1935.

ZSg. 101/6/26/Nr. 1473   23. Juli 1935

Es wird weiter gebeten, in der Danziger Angelegenheit nur die DNB-Meldungen aus Danzig zu übernehmen, im übrigen aber grösste Zurückhaltung zu üben. Im Laufe des heutigen Tages dürfte wahrscheinlich noch eine nähere Sprachregelung erfolgen, worüber das Berliner Büro eingehend berichten wird.

s. a. ZSg. 101/6/24/Nr. 1469 v. 22. Juli 1935
ZSg. 102/1/74 v. 23. Juli 1935: In einer aus anderem Anlass abgehaltenen Sonderpressekonferenz kam man kurz noch einmal auf die Danzig-polnische Spannung zu sprechen. Es wurde wiederholt, dass man die Sache mit Zurueckhaltung behandeln und keine Riesenueberschriften machen moege. Eine sachliche und ruhige Kritik, die sich an die Tatsachen-Meldungen anknuepfe, sei aber durchaus moeglich (heute mittag war zunaechst noch gebeten worden, sich auf Danziger Meldungen zu beschraenken, das gilt jetzt also nicht mehr). In den Kommentaren koenne man das Vorgehen der Polen bedauern, soll aber keineswegs das ganze deutsch-polnische Verhaeltnis wieder mit aufrollen.
Korrespondenten-Kommentar: Es ist noch nicht soweit!
s. a. ZSg. 110/1/106 v. 23. Juli 1935
    ZSg. 101/6/26/Nr. 1474 v. 23. Juli 1935
    ZSg. 101/6/30/Nr. 1486 v. 25. Juli 1935
    ADAP, Serie C, Bd. IV, 1, Nr. 224, 226, 227

Der polnische Rückfall
... Der polnische Schritt kann neue wirtschaftliche Not zur Folge haben, niemals aber eine etwa erstrebte Beseitigung der politischen Rechte Danzigs.
HHN, Nr. 203 v. 24. Juli 1935, S. 1 ((Kommentar))

Danzigs Protest gegen Polens Eingriff
Verstoß gegen die Rechtsgrundlagen - Danzig lehnt Durchführung der Verordnung ab
HHN, Nr. 203 v. 24. Juli 1935, S. 2

ZSg. 101/6/26/Nr. 1474   23. Juli 1935

Vertraulich wird mitgeteilt, dass der deutsche Botschafter in Warschau, von Moltke, gegenwärtig in Berlin weilt. Ueber diese Tatsache darf unter keinen Umständen berichtet werden.

s. a. ZSg. 110/1/106 v. 23. Juli 1935
    ZSg. 101/6/26/Nr. 1473 v. 23. Juli 1935
    ADAP, Serie C, Bd. IV, 1, Nr. 215, 224

23.07.1935   - 450 -

Hans Adolf Graf von Moltke (1884 - 1943), diplomatische Laufbahn, 1925 Botschaftsrat in Konstantinopel, 1931 Direktor der Ostabteilung im Auswärtigen Amt, ab 1934 Botschafter in Warschau, 1943 in Madrid.

ZSg. 101/6/26/Nr. 1475   23. Juli 1935

Vertraulich! Ueber das in einer katholischen Kirche Berlins veranstaltete Requiem für Dollfuß soll nicht berichtet werden.

s. a. ZSg. 110/1/106 v. 23. Juli 1935
      ZSg. 102/1/35 (6) v. 25. Juli 1935
      ADAP, Serie C, Bd. IV, 1, Nr. 232

Der österreichische Bundeskanzler Engelbert Dollfuß (1892 - 1934) wurde am 25. Juli 1934 bei einem nationalsozialistischen Putschversuch ermordet.

Trauergottesdienst in ganz Europa
... In Berlin wurde in der St. Ludgerus-Kirche ein Requiem zelebriert, dem Gesandter Ingenieur Tauschitz mit sämtlichen Mitgliedern der österreichischen Gesandtschaft und des Generalkonsulats sowie zahlreiche Angehörige der Berliner österreichischen Kolonie beiwohnten.
...
Wiener Zeitung, Nr. 203 v. 25. Juli 1935, S. 6

ZSg. 101/6/26/Nr. 1476   23. Juli 1935

Es soll dagegen berichtet werden entgegen der Anweisung der obersten nationalen Sportbehörde über das Grossglockner-Rennen.

s. a. ZSg. 110/1/106 v. 23. Juli 1935
Das Rennen auf der neu eröffneten Groß-Glockner-Straße fand am 4. August statt. Gewinner waren ein Italiener und ein Österreicher. Die Sportberichterstattung in der deutschen Tagespresse konzentrierte sich an diesem Tag auf die Austragung der Deutschen Leichtathletik-Meisterschaften in Berlin, vgl. VB (N. A.), Nr. 217 v. 5. August 1935, S. 3-4.

ZSg. 101/6/26/Nr. 1477   23. Juli 1935

Die deutsch-französischen Wirtschaftsverhandlungen in Paris sind wieder einmal unterbrochen worden. Die Presse wird gebeten, diese Unterbrechung nicht als eine Sensation aufzufassen. Die Verhandlungen werden in einiger Zeit wieder aufgenommen werden.

- 451 -   23.07.1935

s. a. ZSg. 110/1/106 v. 23. Juli 1935
    ZSg. 101/5/198/Nr. 1395 v. 18. Juni 1935
    ZSg. 101/6/65/Nr. 1580 v. 22. August 1935

Deutschland-Frankreich
HHN, Nr. 207 v. 28. Juli 1935, S. 9
Damit trat ab 1. August 1935 ein vertragsloser Zustand zwischen
Deutschland und Frankreich ein, vgl. Keesing, 2158 G (29. Juli
1935).

ZSg. 101/6/26/Nr. 1478   23. Juli 1935

Erörterungen über die Korporationsfrage sollen bis zu dem Zeitpunkt unterbleiben, in dem die angebahnten Verhandlungen zu einem Ergebnis geführt haben.

Gesehen: D., K., Fa.   Hamburg   telefonisch
                          Breslau   "
                          Chemnitz   "

s. a. ZSg. 110/1/106 v. 23. Juli 1935
    ZSg. 101/6/13/Nr. 1456 v. 13. Juli 1935
    ZSg. 101/6/80/Nr. 1609 v. 2. September 1935

_____

ZSg. 102/1/67   23. Juli 1935

Wie Sie wissen, ist schon einige Male in der Pressekonferenz gebeten worden, gegenueber den auslaendischen Hetzberichten ueber die Vorgaenge in Deutschland scharf Stellung zu nehmen, wobei in erster Linie gesagt werden sollte, dass die auslaendische Presse jede Kleinigkeit in Deutschland gewaltig aufbausche, waehrend sie an anderen, viel schwereren Ereignissen vorbeigehe, wie zum Beispiel in erster Linie an den blutigen Auseinandersetzungen in Irland. Heute abend wurde nun ziemlich kurzfristig eine Sonderpressekonferenz einberufen, in der mit groesster Eindringlichkeit diese Bitte wiederholt wurde. Es genuege nicht nur, wenn man die Meldungen ueber diese Zwischenfaelle in fremden Laendern gross aufmache, man muesse etwas dazu schreiben. "Ich richte an Sie", so sagte in dieser Konferenz Herr Stephan, "einen sehr energischen und dringenden Appell, dies unter allen Umstaenden zu tun. Sie koennen sich vorstellen, dass ich das nicht ohne Grund tue, sondern dass der ernsteste Anlass hierzu vorliegt. Die Ausfuehrung unserer Anweisung muss bis in die letzte Zeitung hinein durchgefuehrt werden. Wir erwarten, dass unter allen Umstaenden in der Mittwoch-Fruehausgabe ((24.7.)) in grosser Aufmachung ueber diese Dinge geschrieben wird". Wer Korrespondenten im Ausland habe, besonders in London, soll diese Korrespondenten umgehend alarmieren, um bei ihnen einen eigenen Bericht sowohl ueber die Belfaster Unruhen zu bestellen, als auch Artikel ueber die Doppelzuengigkeit der auslaendischen Presse. Wie wir in der letzten Woche in den Ausrichtungen aus der Pressekonferenz schon sagten, handelt es sich natuerlich nicht darum, die fremden Staaten, in denen irgendwelche Zwischenfaelle sich ereignet haben, anzugreifen, sondern nur die heuchlerische Auslandspresse. Was die Unruhen in Irland angeht, so wurde besonders auf eine DNB-Meldung aufmerksam gemacht, in der von grossen Befuerchtungen fuer aehnliche Vorkommnisse in Schottland berichtet wird.

ZSg. 102/1/73   23. Juli 1935

Ergaenzung zu Laufnr. 67, deren Ueberschrift heissen sollte: Sonderpressekonferenz. Es wurde darauf hingewiesen, dass nicht nur die angelsaechsische und franzoesische Presse, sondern auch die mehrerer anderer Laender ueber die juengsten Vorgaenge in Deutschland so geschrieben habe, als herrsche hier das Chaos, obwohl doch eigentlich neben zerschlagenen Fensterscheiben und etwa einem zertruemmerten Kaffeehaustisch nichts vorgefallen sei. An weiteren Ereignissen aus fremden Laendern, an denen die auslaendische Presse achtlos vorueberghe, wurde, teilweise wie schon kuerzlich, auf die Lynchjustiz in Amerika aufmerksam gemacht, auf Protestantenverfolgungen in Oesterreich, auf Pogrome in oestlichen Laendern, die immer wieder vorkaemen, schliesslich auf den jahrelangen Kampf in der Tschechoslowakei zwischen Regierung und Katholizismus. Diese Aufzaehlung moege man aber nicht so einfach abdrucken, sondern sie eigentlich nur als Hinweis betrachten.

s. a. ZSg. 101/6/27/Nr. 1479 v. 24. Juli 1935
ZSg. 101/6/33/Nr. 1496 v. 29. Juli 1935
ZSg. 101/6/25/Nr. 1471 v. 22. Juli 1935
ADAP, Serie C, Bd. IV, 1, Nr. 222

Antisemitische Ausschreitungen im Berliner Westen
Am Kurfürstendamm und in den angrenzenden Straßen des Berliner Westens kam es gestern abend zu antisemitischen Ausschreitungen. Das Ufa-Theater, wo am Vorabend Pfiffe (angeblich von jüdischer Seite) ertönt waren, hatte starken Besuch von S.A.-Leuten, die sich den schwedischen Film "Petterson und Bendel" [1] ansahen. ...
NZZ, Nr 1244 v. 16. Juli 1935, S. 2
s. a. NZZ, Nr. 1246 v. 17. Juli 1935, S. 1
NZZ, Nr. 1264 v. 19. Juli 1935, S. 2

[1] Es handelte sich dabei um einen antisemitischen Film aus Schweden, der das Prädikat "staatspolitisch wertvoll" erhalten hatte, vgl. NZZ, Nr. 1289 v. 24. Juli 1935, S. 2.

Deutschland
Nach offenbar einheitlicher Parole erhoben sich am Mittwoch die deutschen Zeitungen vom "Völkischen Beobachter" bis zur "Frankfurter Zeitung" zu einer neuen Offensive gegen die ausländische Presse. ...
NZZ, Nr. 1294 v. 25. Juli 1935, S. 2

Zweierlei Maß
(Von unserem eigenen Berichterstatter)
... Wie immer aber auch im einzelnen die Fäden in diesem verworrenen politischen Religionsspiel laufen mögen, eins jedenfalls muß gesagt werden, daß nämlich die britische Presse es nicht nötig hat, außer Landes zu gehen, wenn sie sich mit dem Problem Staat und Konfession beschäftigt. Sie kann im eigenen Lande genug Material finden, anstatt sich an der deutschen Reichsregierung zu reiben, wenn diese bemüht ist, eine reinliche Scheidung zwischen den Bereichen von Staat und Kirche durchzuführen, deren Überschneidung, wie die Geschichte bis zu den letzten Ereignissen in Nord-Irland zeigt, stets nur Unheil heraufbeschwört.
HHN, Nr. 204 v. 25. Juli 1935, S. 1

Blick auf Deutschland
FZ, Nr. 373 v. 24. Juli 1935, S. 1

Die Wirren in Irland
"Drei Lager"
(Drahtmeldung unseres Korrespondenten)
FZ, Nr. 374 v. 25. Juli 1935, S. 1-2

Karl Pfeifer:
Zwecklose Versuche
Unangebrachte Hetze gegen Deutschland
Die Auslandspresse sollte vor den eigenen Türen kehren
VB (N. A.), Nr. 206 v. 25. Juli 1935, S. 1-2

24.07.1935   - 454 -

Bestellung aus der Pressekonferenz. 24.7.1935.

ZSg. 101/6/27/Nr. 1479   24. Juli 1935

(ganz dringend) In der Pressekonferenz ist heute lebhaft Beschwerde seitens der Regierung geführt worden, dass im Widerspruch zu den Anweisungen die deutsche Presse noch immer nicht genügend die Vorgänge in Irland und Schottland aufgemacht und in entsprechenderweise artikelmässig behandelt hat. Es wird dringend erwartet, dass die Presse dies nachholt. Sämtliche Zeitungen werden aufs sorgfältigste daraufhin beobachtet werden. Der Wunsch zu einer so grossen Behandlung kommt von massgeblichster Seite.

s. a. ZSg. 102/1/67 bzw. 73 v. 23. Juli 1935
      ZSg. 110/1/108f. v. 24. Juli 1935
      ZSg. 102/1/37 (1) v. 24. Juli 1935: In der Pressekonferenz
sagte heute Herr Stephan, er habe den (un)angenehmen Auftrag sich noch einmal mit den Dingen aus der gestrigen Sonderkonferenz zu beschaeftigen. Im ganzen habe zwar die Presse die Sache richtig behandelt, aber leider haetten doch einzelne Zeitungen voellig versagt, und er koenne nur sagen, dass das an sehr hohen Stellen unangenehm aufgefallen sei. Garnichts eigenes habe in dieser Angelegenheit die "Boersenzeitung" gebracht. Aber auch andere Blaetter haetten, wie er beauftragt sei ausdruecklich festzustellen, nicht in dem Mass die gestrige Anweisung aufgenommen, wie es wuenschenswert gewesen waere, so haetten Lokalanzeiger [1] und DAZ [2] zwar die Meldungen ueber die Unruhen in Irland selbst gut aufgemacht, aber doch nur ((lahme Glossen)) dazu geschrieben. Als Beispiel im richtigen Sinne koenne er jedoch andere Berliner Blaetter nennen, wie die Morgenpost, das 12-Uhr Blatt, die Kreuz((z))eitung [3] und die Germania [4], was diese Zeitungen gebracht haetten, habe durchaus dem entsprochen, was in der gestrigen Pressekonferenz gesagt worden sei. Es sei den Herren am Regierungstisch immer unangenehm, wenn sie eine Art von Zensur austeilen muessten, da sie den Eindruck haetten, dass sie nicht zu diesem Zweck angestellt seien. Solche Zensuren seien ein sehr peinliches Geschaeft. Man muesse immer bedenken, dass die Presse andererseits auch nicht dazu da sei, zum Befehlsempfang in der Pressekonferenz zu erscheinen, sondern dass sie wissen muesste, welche staatspolitischen Aufgaben sie zu erfuellen habe. Es gehe nicht an, dass die Presse sich ueber das was von amtlichen Stellen mit groesstem Nachdruck gesagt werde, sich einfach hinwegsetze. Wie gesagt, habe allerdings der weitaus groesste Teil der Presse sehr wohl verstanden, um was es sich gehandelt habe. (Der Vertreter der Boersenzeitung gab eine Begruendung, warum sein Blatt nichts gebracht habe. Ihn selbst habe der Rundruf zu der Pressekonferenz nicht erreicht, er habe erst gegen 10 Uhr nachts von der Sache erfahren und dann dem Propagandaministerium gleich mitgeteilt, dass er sich nicht mehr in der Lage sehe, noch einen Artikel zu schreiben, da er am gestrigen Abend einen anderen ueber die Unterhausdebatte geschrieben habe. Einen zweiten zu verfassen, sei ihm physisch einfach unmoeglich gewesen, er sei

- 455 -   24.07.1935

naemlich der einzige Mann in der Redaktion [gewesen]). Was die Belfaster Unruhen selbst angeht, so wurde auf eine neue Meldung des DNB von heute vormittag aufmerksam gemacht, die man gut aufma((chen)) moege, von der Pressekonferenz wurde die Bitte geaeussert, in aehnlichen Faellen wie gestern noch mehr Unterlagen der Presse zur Verfuegung zu stellen. Im uebrigen wuerden die Zeitungen gebeten, aus diesem Vorfall doch ueberhaupt den Schluss zu ziehen, dass die deutsche Presse auch ohne riesigen Nachdruck amtlicher Stellen Dinge propagandistisch geschickt behandeln moege, die'fuer den aussenpolitischen Standpunkt des Reiches nuetzlich zu verwerten seien. Man habe den Eindruck, dass z. B. die englische und die italienische Presse auch ohne direkte Beeinflussung sehr viel besser funktioniere.

s. a. ZSg. 101/6/25/Nr. 1471 v. 22. Juli 1935

1) Die Lehre von Belfast
... In den Wunsch nach einer baldigen Beendigung dieser Erschütterungen wird jeder einstimmen. Nur muß an diesem Beispiel einmal ganz klar festgestellt werden, wie einseitig und unaufrichtig die Auslandspresse berichtet. Sie notiert die blutigen Ereignisse in Irland und Schottland und geht zur Tagesordnung über. Wenn in Deutschland aber der Staat wacht und die Behörden Unruhestifter rechtzeitig unschädlich machen, so dreht sie daraus eine Sensation. Damit ist diese Art der Berichterstattung als das bloßgestellt, was sie ist, als unehrliche Sensationshascherei.
BLA, Nr. 176 v. 24. Juli 1935, S. 1-2

2) Unsere Meinung
Nachdem die Unruhen in Belfast neun Todesopfer gefordert haben, befürchtet man jetzt auch ein Übergreifen auf Schottland. ... Uns Deutsche interessiert an diesen Vorfällen in erster Linie die Behandlung, die der größte Teil der Weltpresse ihnen zuteil werden läßt. Hier, wo wirklich religiöse Betätigung mit Gewalt unterdrückt wird, wo wirklich Mißhandlung, Körperverletzung und Totschlag an der Tagesordnung sind, schweigt der ausländischen Reporter Höflichkeit. Bei uns hat jetzt, nach der Geheimen Staatspolizei und der SA, auch Gauleiter Streicher, der bekanntlich am 1. April 1933 die Oberleitung des Abwehrboykotts gegen die jüdischen Geschäfte für das ganze Reich hatte und unbestritten als der schärfste Vorkämpfer des Antisemitismus in Deutschland gilt, einem Mitarbeiter des "Angriff" erklärt: Die Empörung alter Nationalsozialisten und Kämpfer über die jüdischen Unverschämtheiten könne er voll und ganz verstehen. "Aber" - so fuhr er fort - "eins ist not: Unbesonnenheiten müssen vermieden werden. Die größte Disziplin ist das beste! Die Judenfrage ist so ernst, daß alles unterlassen werden muß, was in der Welt zu Mißbedeutungen Anlaß geben könnte."
DAZ (B. A.), Nr. 340 v. 24. Juli 1935, S. 1

3) 121 Verhaftungen in Belfast
Kreuz-Z, Nr. 171 v. 24. Juli 1935, S. 3

4) Die blutigen Ausschreitungen in Belfast
Eine erschütternde Bilanz des Erzbischofs von Edinburgh
Germania, Nr. 204 v. 24. Juli 1935, S. 1

24.07.1935

ZSg. 101/6/27/Nr. 1480   24. Juli 1935

Der im Berliner Tageblatt veröffentlichte Bericht Geheimrat Sauerbruchs über die letzten Stunden Hindenburgs soll nicht nachgedruckt werden, weil der Bericht nicht authentisch ist.

s. a. ZSg. 102/1/37 (2) v. 24. Juli 1935: ... Die ganze Sache soll, wie wir hoerten, aus einem Blatt der Bibelgesellschaft stammen.
s. a. ZSg. 110/1/108 v. 24. Juli 1935
Bibelgesellschaft. Protestantischer Verein zur Herstellung und Verbreitung der Bibel. ... Die deutschen Bibelgesellschaften sind seit 1918 im Ausschuß der deutschen Bibelgesellschaft lose vereinigt und geben seit 1925 ein gemeinsames Nachrichtenblatt heraus. Der Neue Brockhaus, Bd. 1, Leipzig 1938, S. 300

Hindenburgs letzte Stunden
Professor Dr. Sauerbruch berichtet
BT, Nr. 345 v. 24. Juli 1935, S. 7
Nach diesem Bericht hat Hindenburg bei seiner letzten Begegnung mit Sauerbruch im Neuen Testament gelesen und sah danach dem Tod gefaßt entgegen.

ZSg. 101/6/27/Nr. 1481   24. Juli 1935

Die Erklärungen des Statthalters Loeper betreffend Stahlhelm, die in der mitteldeutschen Presse erschienen sind, dürfen von der Reichspresse nicht übernommen werden. Meldungen betreffend Stahlhelm dürfen nur DNB entnommen werden.

Gesehen: D., K., Fa.   Hamburg   telefonisch 12.55
                         Breslau   "   1.00
                         Chemnitz   "   1.00

s. a. ZSg. 102/1/37 (3) v. 24. Juli 1935: Sie haben uns gestern zur Information mitgeteilt, daß Statthalter Loeper Seldte geantwortet hat. ...
s. a. ZSg. 110/1/108 v. 24. Juli 1935
       ZSg. 101/6/20/Nr. 1466 v. 20. Juli 1935
       ZSg. 101/6/29 v. 25. Juli 1935
       ZSg. 102/1/88 (2) v. 26. Juli 1935

ZSg. 102/1/37 (4)   24. Juli 1935

Erinnert wurde auch an die Anweisung, Maenner in fuehrenden Stellungen anderer Staaten nicht persoenlich zu verunglimpfen, auch wenn man mit dem Staat selbst nicht in bestem Einvernehmen steht.

s. a. ZSg. 110/1/108 v. 24. Juli 1935

ZSg. 102/1/37 (5)   24. Juli 1935

Im Anschluss an einen Artikel in einem Berliner Blatt, in dem das verwandtschaftliche Verhaeltnis zwischen der Familie von Steuben und dem General von Steuben untersucht wird, wurde gebeten, diese Frage nicht weiter zu eroertern, weil sonst unnoetig Staub in USA aufgewirbelt wuerde. Die deutsche Familie habe uebrigens frueher einmal in einem Prozess erklaert, dass der General nicht mit ihr verwandt sei.

s. a. ZSg. 110/1/108 v. 24. Juli 1935

Die Steubengesellschaft war die führende kulturpolitische Vereinigung der Deutschamerikaner. Sie war 1919 gegründet worden und ging zurück auf Friedrich Wilhelm von Steuben (1730 - 1794), der ab 1777 am amerikanischen Unabhängigkeitskrieg gegen England teilnahm. 1778 wurde er von Washington zum Generalinspekteur des amerikanischen Heeres ernannt. Zum Zeitpunkt der Anweisung hielten sich 60 Mitglieder der Steubengesellschaft in Deutschland auf, vgl. VB (N. A.), Nr. 205 v. 24. Juli 1935, S. 2, Nr. 207 v. 26. Juli 1935, S. 3.
In Steubens Geburtsstadt Magdeburg gab es einen offiziellen Empfang durch den Bürgermeister und den Pastor der deutsch-reformierten Kirche, vgl. VB (N. A.), Nr. 208 v. 27. Juli 1935, S. 2.

Amerikanische Gäste bewundern Deutschland
Der stärkste Eindruck der Rundreise: Die Jugendbewegung
BLA, Nr. 174 A v. 22. Juli 1935, S. 4

ZSg. 102/1/37 (6)   24. Juli 1935

Das Reichsverkehrsministerium hat gebeten, die Korrespondenten aufmerksam zu machen auf die Einweihung des Neckar-Kanals am kommenden Sonntag ((28. Juli)).

24.07.1935   - 458 -

s. a. ZSg. 110/1/108 v. 24. Juli 1935

Theodor Heuß:
Neckarschiffahrt
Zur Eröffnung des Neckarkanals
FZ, Nr. 381 v. 28. Juli 1935, S. 1

Die Eröffnung des Neckarkanals
(Von unserem Sonderkorrespondenten)
FZ, Nr. 382 v. 29. Juli 1935, S. 2

ZSg. 102/1/37 (7)   24. Juli 1935

Der Direktor Mueller von der Bank der Deutschen Arbeit ist im
Einverstaendnis mit Ley aus der Bank ausgeschieden. Hierueber
soll nur im Handelsteil im Rahmen solcher Notizen berichtet
werden. [Zur Information koenne noch mitgeteilt werden], dass
Mueller Mitglied der Deutschen Arbeitsfront bleibe.

s. a. ZSg. 110/1/108 v. 24. Juli 1935
Bank der Deutschen Arbeit AG., Berlin
Wie mitgeteilt wird, ist Dir. Müller, Präsident der Bank, im Einverständnis mit dem Leiter der Deutschen Arbeitsfront Dr. Ley
ausgeschieden. Im Januar d. J. war Dir. Müller vom Vorstande in
den AR übergetreten und hatte dort an Stelle von Dr. Ley den Vorsitz übernommen.
FZ, Nr. 375 v. 25. Juli 1935, S. 3

ZSg. 102/1/37 (8)   24. Juli 1935

Das Reichswirtschaftsministerium machte auf zwei Meldungen aufmerksam, die noch durch DNB kommen werden, und um deren Abdruck
dringend gebeten wurde. Die eine wendet sich gegen Vernichtung
von Altoel, die andere beschaeftigt sich mit solchen Reisenden, die
ins Ausland gehen, ohne vorher ihre Devisenangelegenheiten richtig
in Ordnung gebracht zu haben, bitte uebernehmen Sie beide.

s. a. ZSg. 101/6/17/Nr. 1463 v. 19. Juli 1935

Altöle nicht vernichten!
... Es muß noch einmal nachdrücklich darauf hingewiesen werden,
daß jeder, der gebrauchtes Oel, im besonderen Motorenöl, vernichtet, verbrennt oder in sonst irgendeiner Form minderwertig verwendet, gewissenlos handelt. Es ist vielmehr Pflicht eines jeden

- 459 -   24./25.07.1935

Verbrauchers, dafür Sorge zu tragen, daß die <u>anfallenden Altöle
gesammelt</u>, sorglich aufbewahrt und, wenn genügend Ware aufgespei-
chert ist, der nächsten Regenerationsanlage zwecks vollwertiger
Wiederaufarbeitung zugeführt werden. ...
FZ, Nr. 375 v. 25. Juli 1935, S. 3
s. a. Der Angriff, Nr. 171 v. 25. Juli 1935, S. 10

<u>Reiseverkehr nach dem Ausland</u>
(Privattelegramm der "Frankfurter Zeitung")
... Es wird deshalb jedem Reisenden, der auf Grund eines Reise-
verkehrsabkommens ins Ausland fahren will, dringend nahegelegt,
<u>die Reise erst anzutreten</u>, wenn ihm die erforderlichen Reise-
zahlungsmittel von dem Reisebüro oder der Bank ausgehändigt worden sind. ...
FZ, Nr. 375 v. 25. Juli 1935, S. 1
s. a. HHN, Nr. 204 v. 25. Juli 1935, S. 2

Bestellung aus der Pressekonferenz 25.7.1935.

ZSg. 101/6/28/Nr. 1482   25. Juli 1935

Im "Daily Telegraph" wird die Nachricht verbreitet, dass der
preussische Staat den Welfenschatz für RM 500 000.-- gekauft
habe. Diese Nachricht trifft nicht zu und darf infolgedessen
nicht verbreitet werden.

s. a. ZSg. 102/1/35 (3) v. 25. Juli 1935
      ZSg. 110/1/110 v. 25. Juli 1935
      In beiden Fassungen wird der Wert mit 500 000 Pfund angege-
      ben.

<u>Welfenschatz</u>: Reliquienschatz des Hauses Braunschweig-Lüneburg,
Sammlung kirchlicher Geräte aus Edelmetall, Email und Elfenbein
von der vorromanischen bis zur spätgotischen Zeit.

ZSg. 101/6/28/Nr. 1483   25. Juli 1935

Die im Reichsanzeiger veröffentlichte Anordnung über die Beitreibung von Umlagen in der gewerblichen Wirtschaft darf nicht veröffentlicht werden.

s. a. ZSg. 102/1/35 (5) v. 25. Juli 1935: Ein Berliner Blatt habe,
wie das Wirtschaftsministerium mitteilte, in Rahmen einer Betrach-

25.07.1935   - 460 -

tung ueber die Montanindustrie die Exportumlage in der Form erwaehnt, dass ausgerechnet worden sei, der Entzug von fluessigen Mitteln durch die Exportabgabe komme einer Verzinsung des Kapitals von 4 - 5 % gleich. Angesichts des Verbotes seien derartige Darlegungen natuerlich vollkommen unmoeglich. Das gestern telephonisch einigen Zeitungen schon uebermittelte Verbot, die Verordnung der Reichswirtschaftskammer ueber Beitreibung von Umlagen in der gewerblichen Wirtschaft nicht zu veroeffentlichen, wurde heute wiederholt.
s. a. ZSg. 110/1/110 v. 25. Juli 1935
      ZSg. 101/6/13/Nr. 1452 v. 13. Juli 1935
      ZSg. 101/7/17/Nr. 26 v. 9. Januar 1936

Anordnung der Reichswirtschaftskammer über Beitreibung von Umlagen in der gewerblichen Wirtschaft vom 23. Juli 1935
DRPS, Nr. 170 v. 24. Juli 1935, S. 1
Die rückständigen Beiträge sollten durch die Industrie- und Handelskammern bzw. die Handwerkskammern beigetrieben werden.

ZSg. 101/6/28/Nr. 1484   25. Juli 1935

Vertraulich. Der Reichs- und preussische Minister des Inneren, Dr. Frick, hat vor einiger Zeit eine Vereinbarung getroffen, dass bis zum Ende dieses Monats die Selbstauflösung der altpreussischen Logen und ihrer Tochterorganisationen erfolgen soll. Ueber den Erlass und den Inhalt dieses Erlasses soll nichts berichtet werden. Dagegen können Einzelmeldungen über Auflösungen von Logen gebracht werden.

s. a. ZSg. 102/1/35 (7) v. 25. Juli 1935
      ZSg. 110/1/110 v. 25. Juli 1935
      ZSg. 101/3/20/Nr. 181 v. 16. Januar 1935
Die Vereinbarung über die Selbstauflösung der Altpreußischen Logen stammte vom 28. Mai 1935. Danach sollten die Auflösungsbeschlüsse der Logen und Tochterlogen bis zum 21. Juli vorliegen, s. dazu H. Neuberger, Freimaurerei und Nationalsozialismus, Hamburg 1980, Bd. II, S. 94ff. (Die Auflösung der Altpreußischen Großlogen), bes. S. 100f.

Das Ende der Freimaurerei in Deutschland
Wegbereiter einer jüdischen Weltrepublik/Auflösung der Altpreußischen Logen beschlossen
VB (N. A.), Nr. 220 v. 8. August 1935, S. 1-2

ZSg. 101/6/28/Nr. 1485 25. Juli 1935

Die Berichterstattung über den deutschen Seidenanbau kann ohne Beschränkung erfolgen, jedoch wird gebeten, dieses Problem nicht sensationell aufzumachen und ausserdem alle Hinweise auf die wehrpolitische Bedeutung der Seidenraupenzucht zu unterlassen.

Gesehen: K., D., Fa. Hamburg telefonisch 12.45
                      Breslau   "   12.45
                      Chemnitz   "   1.15

s. a. ZSg. 102/1/35 (1) v. 25. Juli 1935
      ZSg. 110/1/110 v. 25. Juli 1935
      ZSg. 101/6/8/Nr. 1442 v. 9. Juli 1935

Niedersachsen: Seidenraupenzucht steht gut
Die Reichsfachgruppe der Seidenbauer in Celle teilt mit, daß die Zuchten in ganz Deutschland im vollen Gange sind. Von allen Seiten treffen günstige Nachrichten über das Schlüpfen der Brut und die Entwicklung der Raupen ein. Die Maulbeeranlagen haben sich vom Frost erholt.
Hannoverscher Kurier, Nr. 340/41 v. 25. Juli 1935, S. 11

s. a.
Dr. H. M.:
Die Anfänge der Seidenraupenzucht in Westfalen
RWZ, Nr. 403 v. 11. August 1935, S. 11

Es gab auch etliche Buchveröffentlichungen zu diesem Thema, z. B. Georg Zeller, Die neuzeitliche Zucht der Seidenraupe als Nebenerwerb. Neubearb. v. Ludwig Heller, 5. Aufl. Leipzig 1935
G. B. Siedhoff, Der deutsche Seidenanbau als Beitrag zur Rohstoffversorgung der Textilindustrie, Leipzig 1936

ZSg. 101/6/29 25. Juli 1935

Vertrauliche Bestellung an die Redaktion:
Es hat sich herausgestellt, dass in die Auslandspresse aus den vertraulichen Bestellungen des Deutschen Nachrichten Büros einige Indiskretionen gelangt sind. Es wird daher vom Propagandaministerium den Schriftleitern zur dringlichen Pflicht gemacht, die roten Blätter des DNB (vertrauliche Mitteilungen, Rundrufe, etc.) sorgfältig

25.07.1935   - 462 -

aufzuheben oder sofort zu vernichten, damit das Material nicht in
unrechte Hände kommt. Nachdem die Indiskretionen aus der Pressekonferenz aufgehört haben, hat sich bei dem vertraulichen Dienst
des DNB eine neue Quelle der Auslandsinformationen ergeben, die
natürlich das Reich sehr schädigen. Das DNB wird auch in Zukunft
alle derartigen Mitteilungen im verschlossenen Brief versenden im
Gegensatz zu früherem Brauch. Wir bitten, dieses Ersuchen an alle
Mitglieder der Redaktion zu übermitteln. Dr. Kausch.

s. a. ZSg. 110/1/110f. v. 25. Juli 1935: ... Nachdem die Indiskretionen aus der Pressekonferenz abgestellt werden konnten, sind in
den letzten Tagen in der Auslandspresse vertrauliche Weisungen des
DNB veröffentlicht worden, so z. B. die Weisung betr. (111) das
Interview Seldte in der Kreuzzeitung. Das seien Dinge, die nicht
in der Pressekonferenz gesagt worden waren. Man sei sich klar,
dass hier bei der geradezu furchtbaren Strafe, der der kürzlich
Verhaftete entgegensehe, (es ist davon die Rede, dass Schwerdtfeger
ger von der B. B. Z. unter 5 Jahre Zuchthaus nicht davonkommen
wird! Die Redaktion), Indiskretionen nicht mehr vorkommen
könnten. Er wolle aber darauf hinweisen, dass auch eine Unvor-
sichtigkeit mit derartigen vertraulichen Anweisungen des DNB ausserordentlich gefährlich sei. Deshalb müsse in den Redaktionen
die allergrößte Vorsicht Platz greifen, da es sich auch hier um
vertrauliche Anweisungen handele, die im Interesse des Reiches
geheimgehalten werden müßten. Aus der Versammlung wurde hierzu
angeregt, solche Weisungen vom DNB in geschlossenen Umschlägen
und nicht mit dem übrigen Material zusammen an die Redaktionen
zu versenden. Ein weiterer Vorschlag ging dahin, das Unwichtige
vom Wichtigen zu trennen, weil die Häufung der Rundrufe solche
Zwischenfälle verursachen könne. ...
s. a. ZSg. 101/6/27/Nr. 1481 v. 24. Juli 1935
Für diese "vertrauliche Bestellung" liegt keine Überlieferung in
ZSg. 102 vor.

Zu Schwerdtfeger s. ZSg. 110/1/97 v. 5. Juli 1935: In der heutigen
Pressekonferenz teilte Ministerialrat Jahncke eine sehr ernste
Sache mit: Der Börsenjournalist Schwerdtfeger von der "Berliner
Börsenzeitung" ist am Dienstag von der Geheimen Staatspolizei verhaftet worden, weil er seit einigen Monaten laufend täglich Informationen aus der Pressekonferenz an Auslandsjournalisten weitergegeben hat. Er hat bereits gestanden. Es ist festgestellt worden,
dass ein Verschulden der "Berliner Börsenzeitung" nicht vorliegt,
sondern dass sie Pressekonferenz-Informationen in jeder Form richtig bearbeitet hat. Da aber Schwerdtfeger immerhin eine bedeutende Stellung in der Redaktion innehatte, war es notwendig, ihn vertraulich zu informieren. Er hat alle vertraulichen Mitteilungen
aus der Pressekonferenz sofort wörtlich weitergegeben. ...
s. a. Kap. 2.e) Androhung und Durchführung von Sanktionen gegenüber Journalisten und ZSg. 101/6/15/Nr. 1458 v. 15. Juli 1935, S.
432. NZZ, Nr. 1273 v. 24. Juli 1936, S. 2
Walter Schwerdtfeger wurde im Juli 1936 zu lebenslangem Zuchthaus
verurteilt, vgl. DP, 26. Jg. (1936), Nr. 32 v. 8. August 1936, S.
400.

Unterredung mit dem Reichsarbeitsminister
Seldte zum großen Soldatenbund
Kreuz-Z, Nr. A 168 v. 20. Juli 1936, S. 1-2

Die Farbe des Papiers, auf dem die jeweiligen DNB-Nachrichten verbreitet wurden, war ein Hinweis auf den Grad der Vertraulichkeit, mit dem die Informationen zu behandeln waren. Die Skala reichte vom "Grünen Dienst", der das unbedenkliche Material enthielt über den "Blauen Dienst", und den "Roten Dienst" zum "Weißen Dienst", der nur Personen "in den höchsten Funktionen des NS-Regimes zugänglich gemacht wurde", vgl. K.-D. Abel, Presselenkung im NS-Staat, Berlin 1968, S. 57. "Gelbe" Nachrichten hatten die Auflage nicht wörtlich veröffentlicht zu werden; Mitteilungen deren Empfänger nur Schriftleitungen waren, wurden "rosa" eingefärbt.
BA: Findbuch R 34, Deutsches Nachrichtenbüro, Koblenz 1981, S. XV
s. ZSg. 110/1/113 v. 2. August 1935: ... Endlich betonte ORR. Stephan, dass die gelben Zettel, die vom DNB in diesem Zusammenhang verbreitet werden, nicht zum wörtlichen Abdruck verwendet werden dürfen. Diese gelben Zettel müssten ebenso sorgfältig behandelt und ebenso vernichtet werden, wie Informationen von amtlicher Stelle. Dieses Material dürfe auf keinen Fall in fremde Hände fallen. In diesem Zusammenhang verwies ein Vertreter auf die Unklarheiten, die dadurch entstehen könnten, dass auch Vorversandmaterial auf gelb abgezogen werde.

ZSg. 101/6/30/Nr. 1486   25. Juli 1935

DNB-Rundspruch.

Die Presse soll sich in den nächsten Tagen in eigenen Berichten und auch bei Wiedergabe von ausländischen Pressestimmen zu Danzig-Polen grösster Zurückhaltung befleissigen und insbesondere keinesfalls in der Sache oder im Ton aufputschen.

D., Fa., K.   Hbg.   briefl.
                   Bresl.
                   Chemn. briefl.

s. a. ZSg. 102/1/53 v. 25. Juli 1935
     ZSg. 101/6/26/Nr. 1473 v. 23. Juli 1935
     ZSg. 102/1/36 (2) v. 1. August 1935

Polnische Antwort auf die Danziger Note
Der Rechtsstandpunkt der Danziger Regierung unverändert
HHN, Nr. 205 v. 26. Juli 1935, S. 2
s. a. FZ, Nr. 378 v. 27. Juli 1935, S. 1

25.07.1935

ZSg. 102/1/35 (2)   25. Juli 1935

Im Hinblick auf jetzt wieder erfolgte Verhaftungen verschiedener Fleischermeister wegen Preiserhoehungen, wurde erneut gebeten, diese Massnahmen nicht zum Anlass eines allgemeinen Angriffs auf das Fleischergewerbe selbst zu benuetzen.

s. a. ZSg. 110/1/110 v. 25. Juli 1935
    ZSg. 102/1/33 (4) v. 18. Juni 1935
    ZSg. 101/6/34/Nr. 1497 v. 29. Juli 1935

<u>13 Münchener Metzgermeister in Schutzhaft genommen</u>
VB (N. A.), Nr. 206 v. 25. Juli 1935, S. 4

s. a.
<u>Warum sind Obst und Gemüse so teuer?</u>
FZ, Nr. 377 v. 26. Juli 1935, S. 2

ZSg. 102/1/35 (4)   25. Juli 1935

Das Postministerium gab vertraulich bekannt, dass die Reichspost die Errichtung eines Hilfspostzuges mit fahrbarem Postamt und besonderen Fernsprechzellen und Schreibraeumen fuer die Presse plane. Der Zug soll versuchsweise zum Parteitag benuetzt werden. Vorlaeufig ist hierueber aber noch nichts zu veroeffentlichen.

s. a. ZSg. 110/1/110 v. 25. Juli 1935
Der 7. Reichsparteitag in Nürnberg fand vom 10. - 16. September 1935 statt.

<u>Fahrbares Postamt für Nürnberg</u>
<u>Wichtige Neuerung der Deutschen Reichspost</u>
Der Angriff, Nr. 208 v. 6. September 1935, S. 2

ZSg. 102/1/35 (6)   25. Juli 1935

Dass der 25. Juli kein Anlass sei, Rueckblicke auf die Ereignisse vor einem Jahr in Oesterreich zu bringen, sei wohl selbstverstaendlich.

s. a. ZSg. 110/1/110 v. 25. Juli 1935
    ZSg. 101/6/26/Nr. 1475 v. 23. Juli 1935

- 465 -   26.07.1935

Anweisungen aus der Pressekonferenz. Berlin, den 26. Juli 1935

ZSg. 101/6/31/Nr. 1487   26. Juli 1935

Ueber eine neue grosse Abwrackaktion und die vom Reich hierfür gewährten Zuschüsse soll nicht berichtet werden.

ZSg. 101/6/31/Nr. 1488   26. Juli 1935

In einzelnen Teilen des Reiches tauchen aufsehenerregende Meldungen über das Auftreten des Kartoffel-Käfers auf. Derartige Meldungen sollen nicht gleich veröffentlicht werden, sondern erst der Hauptstelle für Pflanzenschutz zur Prüfung vorgelegt werden. In vielen Fällen hat sich herausgestellt, dass es sich gar nicht um das Auftreten des Kartoffelkäfers handelt.

s. a. ZSg. 101/4/157/Nr. 850 v. 24. Oktober 1934
     ZSg. 102/1/53 (1) v. 13. September 1935

Die Hauptstelle für Pflanzenschutz gehörte zum Reichsnährstand. Jede Landesbauernschaft (gebietl. Untergliederung) verfügte über ein derartiges Amt, das 1937 in Pflanzenschutzamt umbenannt wurde.

Achtet auf den Kartoffelkäfer
Der Kartoffelkäfer bedeutet eine ungeheure Gefahr für den Kartoffel-Anbau Deutschlands. Bei einer Ansiedlung des Käfers würden sich unsere Kartoffelerträge stark vermindern, der Erzeugungspreis dieses Volksnahrungsmittels dagegen infolge der Bekämpfungsmaßnahmen stark verteuern. Infolge der ungeheuren Vermehrungsfähigkeit des Käfers - ein Käferpaar kann im Jahr über 31 Millionen Nachkommen liefern - ist ein Ausmerzen eingeschleppter Käfer und ein Fernhalten aus unserem Lande nur möglich, wenn jedes Auftreten des Käfers schnell und rechtzeitig gemeldet wird. Deshalb achtet auf den gelb- und schwarzgestreiften Käfer und seine roten oder orangegelben Larven! Meldung über das Auftreten des Käfers an die zuständigen Polizeiwachen und an das Institut für angewandte Botanik, Hamburg 86, Bei den Kirchhöfen 14.
HHN, Nr. 206 v. 27. Juli 1935, S. 7 ((Abbildung der Siegelmarke))

Der Kartoffelkäfer
Um die Bevölkerung durch Aufklärung über den Kartoffelkäfer auf diesen Schädling und die durch ihn drohenden Gefahren aufmerksam zu machen und sie zur Mitwirkung bei der rechtzeitigen Feststellung bei einer etwaigen Einschleppung heranzuziehen, werden auch in diesem Jahre die farbigen Kartoffelkäfer-Siegelmarken wieder herausgegeben. Eine kostenlose Abgabe ist leider nicht möglich. Die Reichsdruckerei ist jedoch wie in den Vorjahren bereit, die

26.07.1935

Siegelmarken zum Herstellungspreise abzugeben. 1000 Stück kosten 3,50 RM., 100 Stück 45 Rpf. Die Siegelmarken sind zum Aufkleben auf Briefbogen und als Paket- und Briefverschlußmarken recht geeignet.
...
Kreuz-Z, Nr. 165 v. 17. Juli 1935, S. 4

ZSg. 101/6/31/Nr. 1489   26. Juli 1935

Der Hannoversche Kurier hat sich auf Grund des Materials des Reichsarbeitsblattes mit den Löhnen bei den Reichsautobahnen befasst. Der Artikel ist wenig sachkundig und soll nicht nachgedruckt werden. Ueberhaupt wird grösste Vorsicht bei Behandlung des Lohnproblems dringend empfohlen.

s. a. ZSg. 102/1/42 (1) v. 16. Juli 1935
    ZSg. 101/6/202/Nr. 1898 v. 2. Dezember 1935

Hannoverscher Kurier (1854 - 1944), nationalliberal, Auflage 50 - 60 000 Stadtausgabe (1932) bzw. 26 817 (1934). (Hdb. d. dt. Tagespresse, 4. Aufl. 1932, S. 152, 5. Aufl. 1934, S. 114)

Das "Reichsarbeitsblatt" war das Amtsblatt des Reichsarbeitsministeriums. Der Artikel konnte in der Reichsausgabe des "Hannoverschen Kuriers" nicht nachgewiesen werden.
Zu den schlechten Arbeitsbedingungen und der schlechten Bezahlung, s. a. Sopade, 2. Jg. (1935), Juli, S. 786ff. (Die Zustände bei der Reichsautobahn)

Dr. jur. Carl Birkenholz, Referent bei dem Generalinspektor für das deutsche Straßenwesen:
Nationalsozialistische Sozialpolitik auf den Reichsautobahnen
... (202) Jeder arbeitsfähige Zugewiesene kann mit einer Beschäftigungsdauer von 1 Jahr vom Beginn der Strecke rechnen. Die Formen einer nationalsozialistischen Sozialpolitik zeigen sich außer der Formung des Arbeitsverhältnisses in der Gestaltung der Lohnverhältnisse, in den Möglichkeiten, durch erhöhte Leistung erhöhten Verdienst zu erhalten, in der Gewährung von Entfernungs- und Trennungszulagen, in der Tarifordnung über Schlechtwettertage, in der Arbeitsvermittlung durch Heranziehung großstädtischer Arbeiter und solcher aus Not- und Grenzgebieten, in der Unterbringung in einwandfreien Privatquartieren und Wohnlagern, in der Gemeinschaftsverpflegung, in der Gewährung von Wochenendheimfahrten, in der Einschaltung der NS-Gemeinschaft "Kraft durch Freude" für die Arbeiter in den Wohnlagern der Reichsautobahnen. ... (203) Die gewerkschaftlichen Bestrebungen, hohe Löhne zu erzwingen, teilweise ohne Rücksicht auf die Struktur des Gebietes, zum anderen die frühere Festsetzung der Löhne ohne Bedachtnahme auf das benachbarte Tarifgebiet, lassen oft den Verdacht aufkommen, daß der Lohn nicht um des Lohnes, sondern um der Macht willen festgesetzt worden ist. Denn es ist erstaunlich zu sehen, wie stark die Lohnunterschiede bei einer Strecke von nur 30 km sind. ...
Reichsarbeitsblatt, 15. Jg. N. F. (1935), Nr. 19 v. 5. Juli 1935, S. II 201-II 207

- 467 -   26.07.1935

Je nach Gebiet schwankten die Löhne zwischen 50 - 74 Pf. pro Stunde.

ZSg. 101/6/31/Nr. 1490   26. Juli 1935

DNB-Rundruf

Ueber eine deutsche Ein- und Ausfuhr-Clearing-Gesellschaft in New York soll von der Presse bis auf weiteres nichts berichtet werden.

Gesehen: D., Fa., K.   Hbg.   briefl.
                           Bresl. telef.
                           Chemn. briefl.

s. a. ZSg. 102/1/52 v. 25. Juli 1935
Clearing bedeutet das Verrechnen von Eingängen und Außenständen.

ZSg. 102/1/88 (1)   26. Juli 1935

In einer kleineren sozusagen zusaetzlichen Pressekonferenz wurden die Zeitungen eben auf eine Anweisung hingewiesen, die durch die Landesstellen des Ministeriums Ihnen schon bekannt sein wird, naemlich darauf, dass die Berichte ueber den Komintern-Kongress in Moskau gross aufzumachen sind. In Glossen oder Artikeln sei dazu die Doppelzuengigkeit der sowjetrussischen Politik ironisch festzunageln. Auf der einen Seite Weltrevolutionstendenzen, auf der anderen Seite durch Herrn Litwinow in Genf Voelkerbunds- d. h. Friedens- und Verstaendigungspolitik. Schlagartig muesse morgen frueh in der ganzen Presse diese Beleuchtung des Kongresses zu lesen sein. Man moechte nicht morgen mittag feststellen muessen, dass einige Zeitungen versagt haetten. Grosse Dinge werden Sie ja nun wohl nicht mehr schreiben koennen, aber vielleicht kann man in der Aufmachung, in der Ueberschrift und vielleicht in einer kurzen Vorbemerkung oder einem kurzen Nachwort der Anweisung doch noch schnell Rechnung tragen. In dem DNB-Bericht von heute morgen muss uebrigens bei der Erwaehnung von Thälmann hinzugefuegt werden: Thälmann in Abwesenheit.

26.07.1935

Komintern (Kommunistische Internationale). Internationaler Zusammenschluß von Parteien und Gruppen der äußersten Linken auf Initiative Lenins (1919). Als Reaktion darauf fanden sich die faschistischen Staaten 1936 im Antikominternpakt zusammen.
Zu Thälmann s. ZSg. 101/4/139/Nr. 810 v. 5. Oktober 1934
   Er war zu diesem Zeitpunkt in Haft.

s. a. ZSg. 102/1/10 v. (26. Juli 1935): Ich bin doch etwas erstaunt ueber die Aufmachung des Komintern-Kongresses. Dass fuer die Reichsausgabe nichts mehr geschrieben werden konnte, ist mir zwar klar, aber dann haette doch der Bericht selbst einen groesseren und besseren Platz erhalten und vor allem vollstaendiger sein muessen. Das Wort vom "Generalstab der Weltrevolution", das auf dem Kongress nach dem DNB-Bericht gefallen ist, haette wohl nicht fehlen duerfen. Den Wuenschen auf grosse Aufmachung haette man doch wohl auch durch eine lebhaftere Ueberschrift entsprechen koennen, worauf ich gestern in der Ausrichtung hingewiesen hatte. Es wird sich empfehlen, die beabsichtigte Glosse heute auf die erste Seite zu stellen und nicht auf die dritte.

s. a. ZSg. 102/1/10 FFT v. 27. Juli 1935: Wir bringen heute an der Spitze des Blattes eine Kominternglosse [1]. Bitte beruecksichtigen Sie im uebrigen, dass wir durch unseren Leitartikel vom Montag [2] die ganze Frage Komintern in dem Sinne, der in der Pressekonferenz nachher als wuenschenswert bezeichnet wurde, von uns aus eroeffnet haben, so dass man uns wirklich kein Versaeumnis in dieser Angelegenheit vorwerfen kann. Ausserdem haben wir in der gestrigen Notiz [3] auf den Leitartikel noch besonders Bezug genommen. Ihre Ausrichtung kam erst hier an, als der Umbruch der ersten Seite bereits im wesentlichen fertig war.

1) Der Kongreß der Paradoxe
   Die Tagung der Komintern
   FZ, Nr. 380 v. 28. Juli 1935, S. 1
2) Die Komintern tritt an
   FZ, Nr. 370 v. 23. Juli 1935, S. 3
3) Der Kominternkongreß eröffnet
   Thälmann zum Ehrenvorsitzenden gewählt
   FZ, Nr. 378 v. 27. Juli 1935, S. 2

Russisches Falschspiel
... Wenn man unter diesem Gesichtspunkt Herrn Litwinows Rolle betrachtet, so muß man seine Tätigkeit als Vorsitzender des Völkerbundsrates sehr skeptisch beurteilen. Der Völkerbund und insonderheit sein jeweils regierendes Haupt sollte ja die Aufgabe haben, die Anstrengungen der Völker auf die Sicherung des Friedens zu lenken. Mit vielen Wörtern versucht Herr Litwinow auch den Eindruck einer treuen Pflichterfüllung in diesem Sinne zu erwecken und das gelingt ihm um so leichter, als die Weltöffentlichkeit bisher so wenig Notiz von der Doppelzüngigkeit nahm, die in dem Auftreten Rußlands in Genf und den Kriegsgelüsten der bolschewistischen Machthaber und ihres internationalen Anhangs liegt. Diese Doppelzüngigkeit wird freilich durch die Moskauer Tagung so deutlich, daß auch die harmlosesten Gemüter in anderen europäischen Ländern stutzig werden müßten. ...
HHN, Nr. 206 v. 27. Juli 1935, S. 1 ((Kommentar))

26.07.1935

Weltrevolutionäre Propaganda
HHN, Nr. 206 v. 27. Juli 1935, S. 1

ZSg. 102/1/88 (2)   26. Juli 1935

In der gleichen Konferenz wurde noch darauf hingewiesen, dass
einige Zeitungen das Verbot des Stahlhelms in Ostpreussen ohne
die Begruendung gebracht haetten. Diese muesste unbedingt nachgeholt werden, und zwar an prominenter Stelle der Zeitung. (Die
Begruendung fehlt z. B. im Lokalanzeiger).

s. a. ZSg. 101/6/27/Nr. 1481 v. 24. Juli 1935
Landesverband des Stahlhelm aufgelöst
BLA, Nr. 178 A v. 26. Juli 1935, S. 3
s. a. FZ, Nr. 378 v. 27. Juli 1935, S. 1 ((m. Begründung))
   HHN, Nr. 205 v. 26. Juli 1935, S. 1
Begründung: "Trotz der Auflösung des Stahlhelm-Studentenringes
im Dezember 1933 bestand diese Organisation unter der Leitung
des Hochschulgruppenführers Bistrick fort und arbeitete im
engsten Einvernehmen mit der Landesleitung Ostpreußen des NSDFB
weiter. ..."

ZSg. 102/1/88 (3)   26. Juli 1935

Schliesslich wurde auch noch auf die gestrige Veroeffentlichung
im Angriff, die DNB in die Provinz weitergegeben hat, hingewiesen,
auf die Geschichte mit der Schwester Alfonsa und den 50 000 Mark.
Seltsamerweise sei kaum eine Zeitung auf die Sache eingegangen,
die doch beinahe in jedem Satz Stoff zu einer Glosse biete.

Für 50 000 Mark in den Himmel
Die Zahlkarte der Schwester Alfonsa und die ewige Seligkeit/"...
damit Sie doch hineinkommen!"
Der Angriff, Nr. 171 v. 25. Juli 1935, S. 1-2
Der Bericht präsentiert den Brief einer Ordensschwester an einen
Viehhändler, in dem sie ihm anbietet, für ihn zu beten, damit er
in den Himmel kommt. Gleichzeitig sollte er 50 000 Mark für den
Kirchen- und Klosterbau in Hannover stiften.

27.07.1935   - 470 -

Bestellung aus der Pressekonferenz 27.7.1935.

ZSg. 101/6/32/Nr. 1491   27. Juli 1935

Durch DNB kommt heute eine Mitteilung über die Oelsaatenförderung
für 1936. Diese Meldung soll gut gebracht werden, weil im August
die Aussaat für Oelsaaten vorgenommen wird und daher alle Bauern
darauf aufmerksam gemacht werden sollen.

    s. a. ZSg. 101/6/36/Nr. 1504 v. 31. Juli 1935
Die Ölsaatenanbauförderung für 1936
Bereitstellung der erforderlichen Mittel
HHN, Nr. 206 v. 27. Juli 1935, S. 10

ZSg. 101/6/32/Nr. 1492   27. Juli 1935

Mitteilungen und Gerichtsurteile über sogenannte Mischehen usw.
sollen vorläufig nicht mehr gebracht werden. Das Reichsjustizministerium teilt vertraulich mit, dass heute eine zentrale Anweisung an die Standesämter ergangen ist, wonach in Zukunft keinerlei Eheschliessungen zwischen Volljuden und Vollariern mehr statthaft sind; dagegen sind weiterhin statthaft Eheschliessungen von
Leuten, die weder Volljuden noch Vollarier sind.

    s. a. ZSg. 102/1/40 (1) v. 27. Juli 1935
        ZSg. 110/1/112 v. 27. Juli 1935
        ZSg. 101/5/202/Nr. 1404 v. 21. Juni 1935
Die Rassengesetze waren das zentrale Thema des 7. Reichspartei-
tags vom 10. - 16. September in Nürnberg.

ZSg. 101/6/32/Nr. 1493   27. Juli 1935

Die Lutherakademie in Sondershausen [1] veranstaltet in Bälde eine
Tagung, die (rein) theologisch-wissenschaftlichen Charakter hat.
DNB wird die Berichterstattung über diese Tagung übernehmen. Da-
rüber hinaus sind Berichte unerwünscht.

    s. a. ZSg. 102/1/40 (3) v. 27. Juli 1935: ... die Tagung ... die
... der Vorbereitung des Weltkongresses diene. ...
        ZSg. 110/1/112 v. 27. Juli 1935

27.07.1935

Tagung der Lutherakademie
Kreuz-Z, Nr. A 192 v. 17. August 1935, S. 4
s. a. Kreuz-Z, Nr. A 238 v. 10. Oktober 1935, S. 2 ((Bericht))
Es war die 4. Tagung der Lutherakademie.
[1]) Sondershausen (Thüringen)

ZSg. 101/6/32/Nr. 1494   27. Juli 1935

Die Vorgänge in New York sollen in grosser Aufmachung behandelt werden. Es sind auch Kommentare erwünscht, die auf die Ungeheuerlichkeit der Vorgänge hinweisen und besonders betonen, was wohl die Amerikaner sagen würden, wenn ein amerikanisches Schiff in einem deutschen Hafen derartig belästigt würde. In diesem Zusammenhang kann auf die ganze Auslandshetze, die seit Wochen wieder in stärkerem Umfange eingesetzt hat, nochmals eindringlich hingewiesen werden [1]).

Gesehen: D., Fa., K.   Hamburg   telefonisch
                         Breslau   "
                         Chemnitz   "

s. a. ZSg. 102/1/40 (2) v. 27. Juli 1935: Gebeten wurde, den kommunistischen Ueberfall auf die "Bremen" in New York aus staatspolitischen Gruenden gross aufzumachen. ...
s. a. ZSg. 110/1/112 v. 27. Juli 1935
      ZSg. 102/1/39 (2) v. 30. Juli 1935
      ZSg. 101/6/93/Nr. 1623 v. 6. September 1935
      ADAP, Serie C, Bd. IV, 1, Nr. 237
[1]) s. a. ZSg. 102/1/67 bzw. 73 v. 23. Juli 1935
      ZSg. 101/6/33/Nr. 1496 v. 29. Juli 1935

Kommunistische Tumulte in New York bei Abfahrt der "Bremen"
Moskauer Hetzer am Werk/New Yorker Polizei mußte schießen
HHN, Nr. 206 v. 27. Juli 1935, S. 1

s. a. ... Man kann sich nach den Erfahrungen, die wir gerade in den letzten Wochen gemacht haben, unschwer vorstellen, wie dramatisch gewisse Kreise im Auslande den Vorfall behandeln würden, wenn er sich in einem deutschen Hafen gegenüber einem deutschen ((sic)) Schiff fremder Flagge abgespielt hätte, und welche weitgehenden Schlüsse über die Zustände in Deutschland sie daraus ziehen würden. Daß es jetzt in dem großen amerikanischen Hafen zu einer so zügellosen Demonstration gegen ein deutsches Schiff kommen konnte, wäre ohne die Wühlarbeit der deutschfeindlichen Streife nicht denkbar. Deutschland darf wohl hoffen, daß es den amerikanischen Behörden gelingen wird, die Wiederkehr solcher beschämender Ereignisse zu verhindern.
FZ, Nr. 380 v. 28. Juli 1935, S. 1 ((Kommentar))

27./29.07.1935   - 472 -

ZSg. 102/1/40 (4)   27. Juli 1935

Schon heute werde darauf aufmerksam gemacht, dass die deutsche
Presse am 2. August des Todestages Hindenburgs in wuerdiger Form
gedenken muesse.

s. a. ZSg. 110/1/112 v. 27. Juli 1935
Es ist bemerkenswert, daß diese Anweisung nicht in ZSg. 101 überliefert ist, vermutlich erübrigte sie sich bei dem deutschnationalen Hintergrund der Adressaten.

Hindenburg
Zu seinem Todestage, dem 2. August
... Möge das deutsche Volk sich jedoch stets der Haltung und des
Handelns befleißigen, wie es Hindenburg vorgelebt hat, möge ihm
Hindenburg nicht nur eine erhebende Erinnerung, sondern ein mahnen-
des Vorbild sein, dann kann es allen Stürmen der Zukunft getrost
entgegensehen.
HHN, Nr. 211 v. 1. August 1935, S. 1

Vor einem Jahre
FZ, Nr. 389 v. 2. August 1935, S. 1

Hindenburg
Kreuz-Z, Nr. A 179 v. 2. August 1935, S. 1-2

DNB-Rundsprüche vom 29.7.35.

ZSg. 101/6/33/Nr. 1495   29. Juli 1935

Die Presse wird auf das italienische Explosionsunglück hingewiesen und gebeten, ihre Anteilnahme in angemessener Form zu bekun-
den.

s. a. ZSg. 101/6/34/Nr. 1498 v. 29. Juli 1935

Explosion in einer italienischen Pulverfabrik - Zahlreiche Tote
HHN, Nr. 207 v. 28. Juli 1935, S. 1

Die Explosionskatastrophe in Italien
Zahl der Todesopfer noch unbestimmt
HHN, Nr. 208 v. 29. Juli 1935, S. 1

Die Explosionskatastrophe in Norditalien
Das schwere Unglück, das die italienische Nation bewegt, ruft auch
in Deutschland lebhafte Anteilnahme und ehrliches Mitgefühl wach.

Noch ist das Ausmaß des schmerzlichen Verlustes nicht voll zu ermessen. Nach den letzten Feststellungen fehlen von der betroffenen Belegschaft 31 Frauen und 3 Männer. ...
FZ, Nr. 384 v. 30. Juli 1935, S. 1
Das Unglück ereignete sich in der Versandabteilung der Firma.

ZSg. 101/6/33/Nr. 1496   29. Juli 1935

An massgebender Stelle herrscht grösste Unzufriedenheit über die lässige Art, mit der die deutsche Presse bisher der Aufgabe nachgekommen ist, sich mit Unruhen im Ausland zu beschäftigen und aufzuzeigen, in welchem Missverhältnis die sensationelle Aufbauschung von Vorgängen in Deutschland zu den tatsächlichen Vorfällen im Ausland steht. Alle derartigen Tatsachenmeldungen über solche Auslandsvorfälle sollen geschickt, wirkungsvoll und sensationell kommentiert werden.

Gesehen: D., Fa., K.   Hbg.   7.16
                           Bresl. 7.18
                           Chemn. 7.17

s. a. ZSg. 102/1/67 bzw. 73 v. 23. Juli 1935
      ZSg. 101/6/27/Nr. 1479 v. 24. Juli 1935

Groteskes Mißverhältnis
... Wenn man in Amerika oder England, in Frankreich oder sonstwo in der Welt sich am Bolschewismus infizieren will, bitte sehr; aber man lasse Deutschland dabei aus dem Spiel. In Deutschland werden die Hoheitszeichen fremder Staaten und Schiffe geachtet, hier brennen keine Kirchen, hier wird nicht gestreikt, sondern der Arbeitslosigkeit zu Leibe gegangen, dem Klassenkampf die Grundlagen entzogen, das öffentliche Leben von politischen Ansprüchen der Konfessionen befreit, die innere Gemeinschaft gefestigt und gefördert. Wenn die Welt also Greuelmeldungen und Sensationen braucht, in fast allen Ländern liefert das öffentliche Leben genügend Stoff. Man quäle also die armen Auslandskorrespondenten in Berlin nicht länger mit der Anweisung, unbedingt "Kriegsberichte" zu geben, die man sich im eigenen Lande auf dem Schauplatz der inneren Krisen und der bolschewistischen Zersetzungsarbeit viel leichter verschaffen kann.
HHN, Nr. 209 v. 30. Juli 1935, S. 1 ((Kommentar))

29.07.1935

Bestellung aus der Pressekonferenz. 29.7.1935.

ZSg. 101/6/34/Nr. 1497   29. Juli 1935

Meldungen einiger Korrespondenzen über einheitliche Fleischpreisfestsetzungen in Berlin sind unrichtig und dürfen nicht gebracht werden.

  s. a. ZSg. 102/1/35 (2) v. 25. Juli 1935
      ZSg. 101/6/119/Nr. 1671 v. 25. September 1935

ZSg. 101/6/34/Nr. 1498   29. Juli 1935

Es wird dringend nochmals ersucht, das italienische Explosionsunglück mit Worten des Beileides zu begleiten.

  s. a. ZSg. 101/6/33/Nr. 1495 v. 29. Juli 1935

ZSg. 101/6/34/Nr. 1499   29. Juli 1935

Der Bund Lausitzer Wenden beabsichtigt in den nächsten Tagen ein Kreistreffen zu veranstalten. Es werden noch Anweisungen ergehen, ob hierüber berichtet werden darf. Bis dahin haben alle Veröffentlichungen zu unterbleiben.

Gesehen: D., Fa., K.   Hamburg telef. 12.35 Uhr
                           Breslau   "   12.35 Uhr
                           Chemnitz "   12.40 Uhr

  s. a. ZSg. 102/1/66 (2) v. 31. Januar 1935
      ZSg. 102/1/52 (5) v. 5. September 1935

ZSg. 101/6/35/Nr. 1500   30. Juli 1935

Bestellung aus der Pressekonferenz 30.7.1935.

Auf der Autobahnstrecke Berlin-Stettin ist eine Wohnbaracke in der Gegend von Schmölln abgebrannt. Die Nachricht darf gebracht werden, jedoch soll nichts über die Ursache des Brandes veröffentlicht werden.

Gesehen: D., K., Fa.   Hamburg   telefonisch
                        Breslau   "
                        Chemnitz   "

s. a. ZSg. 102/1/39 (1) v. 30. Juli 1935
Die Barackenbrände wurden zu dieser Zeit aus allen Teilen des Reiches gemeldet und als Reaktion auf die harten Arbeitsbedingungen gewertet, vgl. Sopade, 2. Jg. (1935), Juli, S. 787.

ZSg. 102/1/39 (2)   30. Juli 1935

Vertraulich wurde mitgeteilt, dass auf den muendlichen Protest des deutschen Geschaeftstraegers beim Staatsdepartment in Washington wegen des Ueberfalls auf die "Bremen" der zustaendige Beamte sich sofort entschuldigt habe, eine amtliche Antwort auf den schriftlichen deutschen Protest stehe jedoch noch aus. Was die Arbeitsverweigerung [1] fuer den deutschen Masseur Kreß durch den Buergermeister von New York anbelangt, so wurde, ebenfalls vertraulich, mitgeteilt, dass Kreß selbst bittet, den Fall nicht weiter zu verfolgen, da er unterdessen in einer guten anderen Stellung untergekommen sei.

s. a. ZSg. 101/6/32/Nr. 1494 v. 27. Juli 1935
      ZSg. 101/6/40/Nr. 1511 v. 2. August 1935
[1] Erregung im New Yorker Deutschtum
FZ, Nr. 377 v. 26. Juli 1935, S. 2
s. a. HHN, Nr. 207 v. 28. Juli 1935, S. 1
Der Bürgermeister von New York hatte einem deutschen Reichsangehörigen, Paul Kreß, die Verlängerung seiner Gewerbeerlaubnis, die er seit 1931 hatte, verweigert. Daraufhin wurde für den 30. Juli eine Protestversammlung geplant.

30./31.07.1935

ZSg. 102/1/39 (3)   30. Juli 1935

Zu dem Verrechnungsabkommen zwischen Deutschland und der belgisch-luxemburgischen Wirtschaftsunion wurde noch erwaehnt, dass die belgische Regierung selbst gewisse Schwierigkeiten haben werde, das Abkommen vor dem eigenen Lande zu vertreten. Der Sache werde am besten damit gedient, wenn man der belgischen Regierung das Urteil ausstelle, dass sie einsichtsvoll und wirtschaftlich vernuenftig gehandelt habe.

Zahlungsabkommen zwischen Deutschland und der belgisch-luxemburgischen Wirtschaftsunion
HHN, Nr. 206 v. 27. Juli 1935, S. 1

Das deutsch-belgische Abkommen
... Im Gegensatz zu Frankreich haben die belgischen Vertreter erkannt, daß der Hauptschaden der bisherigen Verrechnungsabkommen in der bürokratischen Erschwerung des Handels besteht, die ... zu einer dauernden Schrumpfung des Warenaustausches führen muß. ...
FZ, Nr. 384 v. 30. Juli 1935, S. 2

Bestellung aus der Pressekonferenz 31. Juli 1935.

ZSg. 101/6/36/Nr. 1501   31. Juli 1935

Es wird gebeten, den Tennisspieler Roderich Menzel nicht mehr als Tschechen zu bezeichnen. Er ist Sudetendeutscher.

s. a. ZSg. 102/1/42 (1) v. 31. Juli 1935

Roderich Menzel (1907 -   ), Ps. Clemens Parma, Michael Morawa, Schriftsteller, Herausgeber und Tennisspieler, 1927 - 1938 Mitarbeiter am "Prager Tagblatt", 1939 - 1945 Sprachleiter beim Reichs-Rundfunk. Er wurde in Reichenberg geboren: "Bezirksstadt in Nord-Böhmen, die bedeutendste Stadt im deutschen Siedlungsgebiet der Tschechoslowakei mit 38 600 Ew. (30 000 Deutsche), liegt an der Görlitzer Neiße, 340 - 410 m ü. M., nahe der Reichsgrenze". Der Neue Brockhaus, Bd. 3, Leipzig, 1938, S. 684

- 477 -   31.07.1935

ZSg. 101/6/36/Nr. 1502   31. Juli 1935

"Associated Press" bringt eine Meldung, dass Mussolini sich für
den abessinischen Feldzug ein Panzerhemd habe machen lassen. Diese
Meldung ist unwahr. Die Zeitungen, die diese Meldung gebracht haben, sollen das widerrufen.

s. a. ZSg. 102/1/42 (2) v. 31. Juli 1935: ... dass sich Mussolini
bei einer bestimmten amerikanischen Firma eine kugelsichere Weste
gekauft habe. ...

ZSg. 101/6/36/Nr. 1503   31. Juli 1935

Es wird gebeten, eine Meldung des "Schwarzen Korps" über das
Reichspatentamt nicht zu veröffentlichen, nach der das Reichspatentamt einer Angestellten, die einen Juden geheiratet hat, dennoch RM 750.-- Uebergangsgeld gezahlt hatte. Die Tatsache ist
richtig, jedoch war die jüdische Abstammung des betreffenden Mannes ursprünglich unbekannt. Das Mädchen ist zur Rückzahlung aufgefordert worden.

s. a. ZSg. 102/1/42 (3) v. 31. Juli 1935: In der heutigen Nummer
des "Schwarzen Korps" ist von einem Fall von Rassenschande beim
Reichspatentamt die Rede ...

Das Schwarze Korps (1935 - 1945), Zeitung der Schutzstaffeln der
NSDAP. Organ der Reichsführung SS, Hauptschriftleiter: Gunter
d'Alquen.
Die Meldung konnte nicht nachgewiesen werden.

ZSg. 101/6/36/Nr. 1504   31. Juli 1935

Im Reichsanzeiger wird eine Verordnung über Oelkuchen veröffentlicht, die eine Preissteigerung ankündet. Diese Nachricht darf nur
im Zusammenhang mit dem DNB Kommentar veröffentlicht werden.

Gesehen: D., Fa., K.   Chemnitz telefonisch 2.05 Uhr
                            Breslau   "
                            Hamburg   brieflich

31.07.1935

s. a. ZSg. 102/1/42 (5) v. 31. Juli 1935
ZSg. 101/6/32/Nr. 1491 v. 27. Juli 1935

Oelhaltige Futtermittel und Futtermehle
Neuregelung der Monopolzuschläge
Der Vorsitzende des Verwaltungsrats der Reichsstelle für Getreide, Futtermittel und sonstige landwirtschaftliche Erzeugnisse hat durch eine am 31. Juli im Deutschen Reichsanzeiger veröffentlichte Anordnung die Ölkuchenmonopolzuschläge für die Zeit vom 1. August bis 31. Dezember 1935 derart festgesetzt, daß die bis zum 31. Juli 1935 in Geltung befindlichen Monopolzuschläge im allgemeinen etwa verdoppelt worden sind. Dabei ist aber von den sich aus dieser Berechnungsgrundlage ergebenden Beträgen ein Abzug von 5 RM je Tonne gemacht worden. Nach den gleichen Gesichtspunkten sind die Monopolzuschläge und damit die Verbraucherpreise für Reisfuttermehl, Maisfuttermehl usw. geregelt worden.
HHN, Nr. 210 v. 31. Juli, S. 10

ZSg. 101/6/37/Nr. 1505　　　　　　　　31. Juli 1935

DNB-Rundspruch 31.7.35.

Ueber die Einrichtung von fünf neuen Ostseebädern für "Kraft durch Freude" soll vorerst nichts berichtet werden.

D., Fa., K.　　　　Hbg.　briefl.
　　　　　　　　　Ch.　　"
　　　　　　　　　Bresl. telef.

Auftrag des Führers: Fünf große KdF-Seebäder
Erhöhung für Hunderttausende/Erstes KdF-Seebad bei Binz
Der Angriff, Nr. 176 v. 31. Juli 1935, S. 1
Jedes der 5 Seebäder sollte 20 000 Urlauber fassen können.

ZSg. 102/1/42 (4)　　　　　　　　　　31. Juli 1935

Von der NSK wurde gebeten, die Anmeldungen zum Reichsparteitag bis spaetestens 15. August nach Nuernberg einzureichen.

Der Parteitag in Nürnberg begann am 10. September.